Nichterwerbsmäßige Pflegepersonen in der Sozialversicherung

Europäische Hochschulschriften Recht

European University Studies in Law

Publications Universitaires Européennes de Droit

Band/Volume 6731

Sophie Charlotte Bahr

Nichterwerbsmäßige Pflegepersonen in der Sozialversicherung

PETER LANG

Bibliografische Information der Deutschen Nationalbibliothek
Die Deutsche Nationalbibliothek verzeichnet diese Publikation in der Deutschen Nationalbibliografie; detaillierte bibliografische Daten sind im Internet über http://dnb.d-nb.de abrufbar.

Zugl.: Freiburg (Breisgau), Univ., Diss., 2022

D 25
ISSN 0531-7312
ISBN 978-3-631-88854-4 (Print)
E-ISBN 978-3-631-88867-4 (E-PDF)
E-ISBN 978-3-631-88868-1 (EPUB)
DOI 10.3726/b20136

Peter Lang – Berlin · Bern · Bruxelles · New York · Oxford · Warszawa · Wien

Diese Publikation wurde begutachtet.

www.peterlang.com

Meinen Eltern

Vorwort

Die vorliegende Arbeit wurde im Sommersemester 2022 von der Rechtswissenschaftlichen Fakultät der Albert-Ludwigs-Universität Freiburg als Dissertationsschrift angenommen.

Die mündliche Prüfung fand am 12. und 13. Juli 2022 statt. Die Arbeit befindet sich auf dem Stand ihrer Fertigstellung im Oktober 2021, soweit nicht anders angegeben.

Meiner Doktormutter Prof. Dr. Katharina von Koppenfels-Spies gilt mein Dank für die Betreuung meines Promotionsvorhabens und die bereichernden und lehrreichen Jahre an ihrem Institut für Sozialrecht, die den Grundstein für meine fachliche Entwicklung gelegt haben. Prof. Dr. Bernd Schütze danke ich herzlich für die Übernahme und zügige Anfertigung des Zweitgutachtens. Ich bedanke mich herzlich für die Förderung dieses Promotionsvorhabens durch ein Stipendium des Cusanuswerks, ohne das diese Arbeit finanziell und zeitlich nicht zu realisieren gewesen wäre.

Besonders bedanken möchte ich mich für die Unterstützung und den Rückhalt durch meine Familie, FreundInnen und KollegInnen, die dieses Projekt begleitet haben und ohne deren Bestärkung und Geduld diese Arbeit nicht fertiggestellt worden wäre, allen voran meinem Vater, Dr. Philip Kraut, Dr. Annett Madadi und Jan Riechelmann. Dr. Gerd Giesen danke ich für die Hilfe bei der Endkorrektur.

Berlin, im November 2022
Sophie Charlotte Bahr

Inhaltsübersicht

Inhaltsverzeichnis

Abkürzungsverzeichnis

1. SGB XI-ÄndG	Erstes SGB XI-Änderungsgesetz
a. A.	andere Ansicht
a. A. o.	alle Angaben oben
a. F.	alte Fassung
AiB	Arbeitsrecht im Betrieb
ALG	Arbeitslosengeld
ALV	Arbeitslosenversicherung
AuA	Arbeit und Arbeitsrecht
Aufl.	Auflage
BB	Betriebsberater
BBG	Beitragsbemessungsgrenze
BGBl.	Bundesgesetzblatt
BMFSFJ	Bundesministerium für Familie, Senioren, Frauen und Jugend
BMG	Bundesgesundheitsministerium
BPUVZ	Zeitschrift für betriebliche Prävention und Unfallversicherung
BR	Behindertenrecht
Breith	Breithaupt
BT-Drucks.	Bundestags-Drucksache
bzw.	beziehungsweise
DAngVers	Die Angestelltenversicherung
DB	Der Betrieb
d. E.	des Entwurfs
Die BG	Die BG: betriebliche Prävention und Unfallversicherung
DIW	Deutsches Institut für Wirtschaftsforschung e. V.
DRV	Die Rentenversicherung
Ed.	Edition
EL	Ergänzungslieferung
ErbR	Zeitschrift für die gesamte erbrechtliche Praxis

f./ ff.	folgende, fortfolgende
FamFR	Familienrecht und Familienverfahrensrecht
FamRZ	Zeitschrift für das ganze Familienrecht
Fn.	Fußnote
FPR	Familie, Partnerschaft, Recht
FS	Festschrift
FuR	Familie und Recht
ggf.	gegebenenfalls
GKV	Gesetzliche Krankenversicherung
GRV	Gesetzliche Rentenversicherung
GUV	Gesetzliche Unfallversicherung
GuP	Gesundheit und Pflege
h. M.	herrschende Meinung
IAB	Institut für Arbeitsmarkt- und Berufsforschung
i. d. F.	in der Fassung
i. d. g. F.	in der geltenden Fassung
i. d. S.	in diesem Sinne
i. E.	im Ergebnis
i. R. d.	im Rahmen des
i. S. v.	im Sinne von
i. V. m.	in Verbindung mit
i. w. S.	im weiteren Sinne
jew.	jeweils
Krit.	Kritisch
KrV	Kranken- und Pflegeversicherung
KVdR	Krankenversicherung der Rentner
lfd.	laufend
Lfg.	Lieferung
m. Anm.	mit Anmerkung
MD	Medizinischer Dienst
MdE	Minderung der Erwerbsfähigkeit
m. E.	mein Ermessen
MedR	Medizinrecht
Mio.	Millionen
m. w. N.	mit weiteren Nachweisen
m. z. N.	mit zahlreichen Nachweisen

NDV	Nachrichtendienst des Deutschen Vereins für Öffentliche und Private Fürsorge
n. F.	neue Fassung
NJW	Neue Juristische Wochenschrift
Nr.	Nummer
NZA	Neue Zeitschrift für Arbeitsrecht
NZS	Neue Zeitschrift für Sozialrecht
NZV	Neue Zeitschrift für Verkehrsrecht
PEA	Personen mit eingeschränkter Alltagskompetenz
PersV	Die Personalvertretung
PflR	Pflegerecht
PKV	Private Krankenversicherung
PNG	Pflegeneuausrichtungsgesetz
PPV	Private Pflegeversicherung
PSG	Pflegestärkungsgesetz
r + s	Recht und Schaden
RdA	Recht der Arbeit
Rn.	Randnummer
Rspr.	Rechtsprechung
RV	Rentenversicherung
rv	Die Rentenversicherung
Rz.	Randzeichen
S.	Seite / Satz
SGB	Sozialgesetzbuch
SGb	Die Sozialgerichtsbarkeit
SOEP	Sozio-oekonomisches Panel
SoFo	Sozialer Fortschritt
SoSi	Soziale Sicherheit
SozPflVRV	Verordnung über die Gewährung und Berechnung von Renten der Sozialpflichtversicherung
SozR	Sozialrecht
SozVers	Die Sozialversicherung
SPV	Soziale Pflegeversicherung
st. Rspr.	ständige Rechtsprechung

SV FDGB	Sozialversicherung des Freien Deutschen Gewerkschaftsbundes
Urt.	Urteil
UV	Unfallversicherung
vgl.	vergleiche
VSSAR	Vierteljahresschrift für Sozial- und Arbeitsrecht
VSSR	Vierteljahresschrift für Sozialrecht
WzS	Wege zur Sozialversicherung
z. B.	zum Beispiel
ZESAR	Zeitschrift für europäisches Sozial- und Arbeitsrecht
ZEV	Zeitschrift für Erbrecht und Vermögensnachfolge
ZfF	Zeitschrift für das Fürsorgewesen
ZfS	Zeitschrift für Schadensrecht
ZFSH/SGB	Zeitschrift für die sozialrechtliche Praxis
ZQP	Zentrum für Qualität in der Pflege
ZSR	Zeitschrift für Sozialreform
ZTR	Zeitschrift für Tarifrecht

Einführung

I. Gegenstand der Arbeit

Die soziale Pflegeversicherung (SPV) sichert seit 1995 als jüngster Sozialversicherungszweig das Risiko der Pflegebedürftigkeit ab. Auch nach der großen Pflegereform durch die Pflegestärkungsgesetze, insbesondere der Neuregelung des Pflegebedürftigkeitsbegriffs durch das Pflegestärkungsgesetz II (PSG II) zum 1.1.2017, liegt weiter ein Fokus der Gesundheitspolitik auf der Verbesserung der Situation der Pflegebedürftigen und der Pflegenden. Die derzeitige Form der Versorgung der Pflegebedürftigen wird durch den demografischen Wandel und den Wandel der Lebensverhältnisse infrage gestellt.[1] Die steigende Zahl älterer Personen und die Alterung der Gesellschaft werden zu einem Anstieg der Zahl der Pflegebedürftigen führen, da mit höherem Lebensalter der Anteil der Pflegebedürftigen an der gleichaltrigen Bevölkerung (Pflegequote) steigt.[2] Dem stehen in Verbindung mit der geringen Geburtenrate immer weniger erwerbstätige Beitragszahler gegenüber, wodurch die umlagebasierte Finanzierung strapaziert wird. Da weniger Personen in der „mittleren" Generation als häusliche Pflegepersonen infrage kommen, droht ein Anstieg der Nachfrage nach professionellen häuslichen oder stationären Pflegeleistungen, die die Finanzierung weiter auf die Probe stellen. Personen, die häuslich pflegen, müssen zunehmend mehrere Pflegebedürftige versorgen oder erfahren durch Erwerbstätigkeit und Pflege eine Doppelbelastung.

Zum Jahresende 2021 erhielten knapp 4,6 Mio. Pflegebedürftige Leistungen nach dem SGB XI, bis zum Jahr 2050 soll ihre Zahl auf 6,5 Mio. steigen.[3] Eine überragende Rolle bei der Pflege und Betreuung der Pflegebedürftigen spielen

---

1 BT-Drucks. 12/5262, 62, 64; auch in Hinblick auf die Versorgung von Demenzerkrankten, BT-Drucks. 14/6949, 9; Schlussbericht der Enquete-Kommission „Demographischer Wandel", BT-Drucks. 14/8800, 239 ff.; siehe auch *Brosius-Gersdorf*, Demografischer Wandel, S. 70 ff. *Dietz*, in: Herausforderung demografischer Wandel, S. 192 (201 ff.) hält die Pflegeversicherung für den am meisten durch den demografischen Wandel gefährdeten Zweig. Zur zukünftigen Entwicklung *Kehl*, ZSR 2016, 49 (62 ff.) m. w. N.; *Dudel*, SoFo 2015, 14.

2 Vgl. Statistisches Jahrbuch 2019, S. 136. – Da die ältere Bevölkerung „vitaler" älter wird, steigt die Pflegebedürftigkeit aber nicht im gleichen Maße wie das Bevölkerungsalter, BT-Drucks. 12/5262, 62 f.

3 BMG, Zahlen und Fakten zur Pflegeversicherung, S. 1, 20.

Privatpersonen, um deren sozialversicherungsrechtliche Absicherung es in der vorliegenden Arbeit gehen soll. 51,3 % der Pflegebedürftigen werden häuslich und „lediglich durch Angehörige" versorgt, erhalten also regelmäßig ausschließlich Pflegegeld und keine Leistungen durch einen ambulanten Pflegedienst nach §§ 36, 38 SGB XI.[4] Für bundesweit durchschnittlich 27,4 % der Pflegebedürftigen werden Leistungen zur Rentenversicherung von Pflegepersonen erbracht.[5] Die Versorgung der Pflegebedürftigen in Deutschland ruht auf den Schultern von Familienangehörigen, Freunden und Nachbarn.[6] Die Familie[7] ist als viel zitierter „größter Pflegedienst der Nation"[8] nicht wegzudenken. Die Pflege eines Pflegebedürftigen wird oft auf mehrere Personen verteilt, die jeweils substanzielle Anteile der Pflege übernehmen.[9] Die Zahl der nicht beruflichen Hauptpflegepersonen in Deutschland wird auf rund 2,47 Mio. geschätzt, mit den weiteren pflegenden Privatpersonen wird von insgesamt mindestens doppelt so vielen Personen ausgegangen.[10] Die Zahl der Personen, die als Pflegeperson Leistungen zur sozialen Sicherung erhalten, ist in den vergangenen Jahren rasant gestiegen, von 419.000 Personen (2016) zunächst auf 718.000 Personen (2017) auf 1,2 Mio. Personen (2020).[11]

Die besondere Situation von pflegenden Angehörigen wurde bereits vor Einführung der Pflegeversicherung aufgegriffen. Eine Anerkennung von Pflegezeiten

---

4 Statistisches Bundesamt, Pflegestatistik 2019, S. 19.

5 BARMER Pflegereport 2020, S. 113.

6 Nach Ergebnissen einer Studie (Abschlussbericht Evaluation PNG PSG I, S. 53) ist bei 93 % der häuslich gepflegten Personen mindestens eine Privatperson an der Pflege beteiligt, also auch bei Pflegebedürftigen, die Leistungen durch einen Pflegedienst erhalten.

7 Pflegende Privatpersonen sind ganz überwiegend mit dem Pflegebedürftigen verwandt oder verheiratet: Nach einer Befragung aus dem Jahr 2018 pflegten 34 % der Pflegepersonen ihren Partner, 39 % ein (Schwieger-)Elternteil, 15 % ihr Kind (*Geiss/Pupeter/Schneekloth*, S. 97).

8 Vgl. BT-Drucks. 12/5262, 64.

9 So gaben in einer Befragung 43,4 % der Hauptpflegepersonen an, dass sich noch mindestens eine weitere Person regelmäßig für mindestens vier Stunden wöchentlich an der Pflege beteilige (BARMER Pflegereport 2018, S. 118). Nach Ergebnissen einer Befragung aus dem Jahr 2018 erreichte bei durchschnittlich 40 % der Pflegebedürftigen auch die zweite Pflegeperson eine Pflegezeit von mehr als zehn Wochenstunden, bei 5 % sogar mehrere weitere Pflegepersonen (*Geiss/Pupeter/Schneekloth*, S. 96).

10 BARMER Pflegereport 2018, S. 100 f. Schon für 2015 wurde auf Basis des SOEP eine Zahl von 4,5 Mio. Pflegenden ermittelt (BARMER Pflegereport 2017, S. 143 ff.).

11 BMG, Zahlen und Fakten zur Pflegeversicherung, S. 13.

als Berücksichtigungszeiten in der Rentenversicherung (§ 57 II SGB VI a. F.) und die Gleichstellung freiwilliger Beiträge mit Pflichtbeiträgen (§ 177 SGB VI a. F.) waren mit der Rentenreform 1992 eingeführt worden.[12] Eine beschränkte Verfügbarkeit aufgrund der Pflege stand einem Anspruch auf Arbeitslosengeld oder -hilfe nicht entgegen, § 103 I 2, 3 AFG.

Mit der Einführung des SGB XI wurde in § 19 SGB XI der Begriff der Pflegeperson als zentraler Begriff der Pflege durch Privatpersonen festgelegt. Pflegepersonen im Sinne des SGB XI sind nach § 19 S. 1 SGB XI „Personen, die nicht erwerbsmäßig einen Pflegebedürftigen im Sinne des § 14 SGB XI in seiner häuslichen Umgebung pflegen". Erreicht die Pflegeperson die Mindestpflegezeit von wenigstens zehn Stunden wöchentlich, verteilt auf regelmäßig mindestens zwei Tage in der Woche, erhält sie nach § 19 S. 2 SGB XI Leistungen zur sozialen Sicherung nach § 44 SGB XI. Dies gilt für Pflegepersonen von gesetzlich wie privat versicherten Pflegebedürftigen gleichermaßen.[13] Diese Leistungen zur sozialen Sicherung beinhalten die Versicherungspflicht in der Rentenversicherung (GRV), Unfallversicherung (GUV) und Arbeitslosenversicherung (ALV) nach § 3 S. 1 Nr. 1a SGB VI, § 2 I Nr. 17 SGB VII und § 26 IIb SGB III. Hinzu treten Sonderregelungen nach § 44a SGB XI zur Aufrechterhaltung des Versicherungsschutzes für Beschäftigte, die aufgrund einer akuten Pflegesituation für bis zu zehn Tage an der Arbeit gehindert sind (§ 2 PflegeZG) sowie ein Beitragszuschuss für die Kranken- und Pflegeversicherung von Beschäftigten, die eine Freistellung nach § 3 PflegeZG in Anspruch nehmen.

Die Leistungen zur sozialen Sicherung fangen spezifische Problematiken auf, die sich ergeben, wenn die Pflege nicht erwerbsmäßig im Familienverband oder

---

12 In der Rentenversicherung der DDR (SV FDGB) war die Pflege einer versicherungspflichtigen Tätigkeit gleichgestellt, vgl. § 14 Zweite Verordnung über die Gewährung und Berechnung von Renten der Sozialpflichtversicherung (SozPflVRV 2 i. d. F. v. 26.7.1984): „Für Werktätige, die zeitweise durch die Betreuung eines ständig pflegebedürftigen Familienangehörigen an der Ausübung einer Berufstätigkeit gehindert waren, werden die Jahre der Pflege als versicherungspflichtige Tätigkeit angerechnet."

13 Besonderheiten der privaten Pflegeversicherung sowie der Beihilfe können in diesem Rahmen nur am Rande behandelt werden. Neben den Leistungen nach dem SGB XI bestehen subsidiär Leistungen der Hilfe zur Pflege nach dem SGB XII. Diese sehen auch die Erstattung von Aufwendungen zur Alterssicherung der Pflegeperson nach § 64f I SGB XII an den Pflegebedürftigen vor. Diese Leistungen werden im Überblick dargestellt – eine Absicherung weiterer ehrenamtlicher Helferinnen und Helfer, die in anerkannten Projekten gefördert durch die SPV nach §§ 45a ff. SGB XI Pflegebedürftige und Pflegepersonen im Alltag unterstützen, soll hier außen vor bleiben.

unter Haushaltsangehörigen erfolgt und es daher an einer Beschäftigung fehlt, die sonst Anknüpfungspunkt der Sozialversicherung ist.[14] Hier soll die soziale Sicherung der Pflegepersonen greifen und die Sicherungslücke füllen. Sie setzt zudem – in der Funktionenbeschreibung nach *Igl*[15] – einen individuellen Anreiz zur Förderung der Pflegebereitschaft und bietet Schutz vor besonderen haftungsrechtlichen Risiken des Engagements.

Die vorliegende Arbeit widmet sich vorwiegend der Analyse, wer dem versicherungspflichtigen Personenkreis der Pflegepersonen i. S. d. § 19 SGB XI angehört und einer Untersuchung der Wechselwirkungen der verschiedenen Sozialversicherungszweige. Die Rechtsstellung der Pflegeperson in der Pflegeversicherung strahlt aus auf ihre Absicherung in den einzelnen Versicherungszweigen, auch wenn die Absicherung selbst nach Maßgabe dieser Versicherungszweige erfolgt. Dieser Mechanismus erfordert, die Regelungen nicht isoliert oder lediglich „durch die Linse" der Pflegeversicherung zu betrachten, sondern diese im spezialgesetzlichen Kontext der Versicherungszweige zu untersuchen und zu hinterfragen. Von besonderem Interesse ist dabei, in welchem Maße durch die verschiedenen Grundprinzipien und allgemeinen Regelungen der Versicherungszweige Divergenzen der Absicherung entstehen und wie diese einzuordnen sind. Vor diesem Hintergrund sollen Impulse gegeben werden in Hinblick auf zukünftige Gesetzesreformen.

Nach der Übergangsregelung des § 141 IV–VII SGB XI spielt das alte Recht noch eine Rolle für die Versicherungszeiten und -beiträge der Pflegepersonen in der Rentenversicherung für Zeiten bis zum 31.12.2016 sowie die Versicherungspflicht in der Unfallversicherung bei Pflegetätigkeiten, die seit vor dem Inkrafttreten des Pflegestärkungsgesetzes II zum 1.1.2017 ausgeübt werden. Auch wenn das alte Recht die Rechtsprechung und Verwaltungspraxis dadurch noch für einige Zeit begleiten wird, soll der Fokus dieser Arbeit auf der aktuellen Rechtslage nach dem Pflegestärkungsgesetz II liegen.

Im rechtswissenschaftlichen Schrifttum findet sich die umfangreichste übergreifende Analyse des Gesamtsystems bei *Tofall*[16] aus dem Jahre 1997, der sich der Thematik zeitnah nach Inkrafttreten der Regelungen des SGB XI widmete und diese als Teil des damals neu geschaffenen Versicherungszweiges ergründete.

14 Vgl. *Igl*, ZFSH/SGB 1994, 561 (562 ff.); *Seewald*, SGb 2010, 448 (449).

15 Vgl. *Igl*, Rechtsfragen des freiwilligen sozialen Engagements, S. 38, 109 f.; *Igl*, SGb 2002, 705 (707).

16 Vgl. *Tofall*, Soziale Sicherung der Pflegepersonen, Bayreuth 1997.

Weitere Arbeiten zur sozialversicherungsrechtlichen Absicherung der Pflegeperson beschränken sich überwiegend auf einzelne Versicherungszweige (und insbesondere die Rentenversicherung), Gesetzesreformen oder einzelne Aspekte wie das Erfordernis der Mindestpflegezeit und die versicherungspflichtige Tätigkeit der Pflegeperson in der Unfallversicherung.[17] Der Haftungsausschluss nach § 106 II SGB VII wird allgemein in Arbeiten zu den §§ 104 ff. SGB VII aufgegriffen.[18] Die Absicherung der Pflegeperson in der Arbeitslosenversicherung ist dagegen kaum untersucht.

Daneben bestehen sozialwissenschaftliche und ökonomische Analysen zu Pflegeversicherung und Pflegepersonen.[19]

II. Gang der Untersuchung

Die Untersuchung geht entsprechend der Verweisungstechnik des Gesetzes in drei wesentlichen Schritten vor.

Im ersten Schritt wird der Pflegepersonenbegriff im Sinne der Pflegeversicherung behandelt, der Grundlage der Versicherungspflicht in der Renten-, Arbeitslosen- und Unfallversicherung ist. Ein Schwerpunkt liegt auf der Definition der versicherten Tätigkeit „Pflege" als Grund und Gegenstand der sozialen Sicherung der Pflegeperson, wie sie sich aus dem System der Pflegeversicherung und der Stellung der Pflegeperson darin ergibt. Neben den Tatbestandsmerkmalen der Pflegeperson werden auch gemeinsame Voraussetzungen der Versicherungspflicht untersucht, wie die Mindestpflegezeit nach § 19 S. 2 SGB XI. Die Kenntnis der hier behandelten grundlegenden Problematiken ist für das weitere Verständnis unentbehrlich.

Ausgehend von den Analysen des ersten Abschnitts werden im zweiten Schritt die spezialgesetzlichen Regelungen der Leistungen zur sozialen Sicherung im Sinne von §§ 19 S. 2, 44 SGB XI betrachtet.

Im Unterabschnitt zur Rentenversicherung gilt ein besonderes Augenmerk zum einen den Auswirkungen der Versicherungspflicht und der darauf gezahlten Beiträge auf die Rentenbiografie der Pflegepersonen und zum anderen den weiteren rentenversicherungsrechtlichen Vorgaben, welche die Absicherung

17 Die Literaturhinweise finden sich an Ort und Stelle im Hauptteil der Untersuchung.

18 Insbesondere *Lepa*, S. 119 ff.; *Fries*, S. 133 ff., 283 ff.

19 Hier sind insbesondere die BARMER Pflegeberichte, die Studie zu den Wirkungen des PWG und die Studie zu den Wirkungen des PNG und PSG I zu nennen sowie die Arbeiten zu Pflege in Rentenversicherungsbiografien von Czaplicki.

bestimmen. Der Unterabschnitt zur Arbeitslosenversicherung widmet sich ausführlich den vergangenen Gesetzesreformen und Umbrüchen in der Absicherung von der früheren Rahmenfristverlängerung bis hin zur heutigen Versicherungspflicht sowie der Frage der Arbeitslosigkeit während und nach der Pflege. Das Unterkapitel zur Unfallversicherung analysiert die Absicherung beim Pflegeunfall und den Haftungsausschluss der an der Pflege beteiligten Personen untereinander sowie die haftungsersetzenden Leistungen. Im Abschnitt zur Kranken- und Pflegeversicherung der Pflegeperson wird insbesondere der Beitragszuschuss nach § 44a I SGB XI während einer Freistellung nach § 3 PflegeZG behandelt und in Zusammenhang mit den Leistungen zur sozialen Sicherung der Pflegeperson nach § 44 SGB XI gebracht.

Der dritte Teil widmet sich der kurzzeitigen Arbeitsverhinderung nach § 2 PflegeZG und der währenddessen gewährten Entgeltersatzleistung Pflegeunterstützungsgeld nach § 44a III SGB XI.

Im vierten Teil werden die wesentlichen Ergebnisse zusammengefasst.

A. Der Begriff der Pflegeperson nach § 19 SGB XI und die Voraussetzungen ihrer Absicherung nach § 44 SGB XI

Der Begriff der Pflegeperson in § 19 SGB XI ist der zentrale Begriff der sozialen Sicherung der häuslich Pflegenden:

> „Pflegepersonen im Sinne dieses Buches sind Personen, die nicht erwerbsmäßig einen Pflegebedürftigen im Sinne des § 14 in seiner häuslichen Umgebung pflegen. Leistungen zur sozialen Sicherung nach § 44 erhält eine Pflegeperson nur dann, wenn sie eine oder mehrere pflegebedürftige Personen wenigstens zehn Stunden wöchentlich, verteilt auf regelmäßig mindestens zwei Tage in der Woche, pflegt."

§ 44 SGB XI und § 2 I Nr. 17 SGB VII[20] nehmen Bezug auf die „Pflegepersonen im Sinne des § 19 SGB XI". § 26 IIb 1 SGB III[21] und § 3 S. 1 Nr. 1a SGB VI[22] beziehen sich auf die „Pflege als Pflegeperson", ohne § 19 SGB XI zu nennen (§ 26 IIb 1 SGB III) beziehungsweise definieren selbst nochmals die „nicht

---

20 „Kraft Gesetzes sind versichert [...] Pflegepersonen im Sinne des § 19 Satz 1 und 2 des Elften Buches bei der Pflege eines Pflegebedürftigen mit mindestens Pflegegrad 2 im Sinne der §§ 14 und 15 Absatz 3 des Elften Buches; die versicherte Tätigkeit umfasst pflegerische Maßnahmen in den in § 14 Absatz 2 des Elften Buches genannten Bereichen sowie Hilfen bei der Haushaltsführung nach § 18 Absatz 5a Satz 3 Nummer 2 des Elften Buches."

21 „Versicherungspflichtig sind Personen in der Zeit, in der sie als Pflegeperson einen Pflegebedürftigen mit mindestens Pflegegrad 2 im Sinne des Elften Buches, der Leistungen aus der Pflegeversicherung nach dem Elften Buch oder Hilfe zur Pflege nach dem Zwölften Buch oder gleichartige Leistungen nach anderen Vorschriften bezieht, nicht erwerbsmäßig wenigstens zehn Stunden wöchentlich, verteilt auf regelmäßig mindestens zwei Tage in der Woche, in seiner häuslichen Umgebung pflegen, wenn sie unmittelbar vor Beginn der Pflegetätigkeit versicherungspflichtig waren oder Anspruch auf eine laufende Entgeltersatzleistung nach diesem Buch hatten. Versicherungspflicht besteht auch, wenn die Voraussetzungen durch die Pflege mehrerer Pflegebedürftiger erfüllt werden."

22 „Versicherungspflichtig sind Personen in der Zeit, [...] in der sie eine oder mehrere pflegebedürftige Personen mit mindestens Pflegegrad 2 wenigstens zehn Stunden wöchentlich, verteilt auf regelmäßig mindestens zwei Tage in der Woche, in ihrer häuslichen Umgebung nicht erwerbsmäßig pflegen (nicht erwerbsmäßig tätige Pflegepersonen), wenn der Pflegebedürftige Anspruch auf Leistungen aus der sozialen Pflegeversicherung oder einer privaten Pflege-Pflichtversicherung hat."

erwerbsmäßig tätige Pflegeperson" (§ 3 S. 1 Nr. 1a SGB VI), jeweils unter Nennung der Voraussetzungen des § 19 SGB XI.

Über den Begriff der Pflegeperson hinaus werden weitere Voraussetzungen für ihre Versicherungspflicht aufgestellt. Für die soziale Sicherung der Pflegepersonen erfüllt § 44 SGB XI die Funktion einer Einweisungsvorschrift, die nicht selbst die Modalitäten der Versicherungspflicht festlegt, sondern Hinweise gibt, in welchen Bereichen Vorschriften zur Verbesserung der sozialen Sicherung der Pflegeperson bestehen.[23] Entscheidend sind die spezialgesetzlichen Regelungen der für die jeweiligen Versicherungsbereiche einschlägigen Bücher des SGB.[24] Die spezialgesetzlichen Versicherungspflichtregelungen für nicht erwerbsmäßig tätige Pflegepersonen sind nicht nur im Verhältnis zu § 44 i. V. m. § 19 S. 2 SGB XI, sondern auch im Verhältnis zueinander jeweils autonom auszulegen.[25]

Tatsächlich überschneiden sich die Voraussetzungen vielfach, was durch das PSG II[26] nochmals forciert werden sollte.[27] Die Leistungsträger erstellen mit den „Gemeinsamen Rundschreiben" Empfehlungen an die Verwaltungen zur einheitlichen Rechtsauslegung und Verwaltungspraxis.[28]

In diesem Kapitel werden die gemeinsamen sowie die pflegeversicherungsbezogenen Voraussetzungen behandelt, die die Stellung der Pflegepersonen in der Pflegeversicherung und den versicherungspflichtigen Personenkreis in den spezialgesetzlichen Versicherungszweigen bestimmen.

I. Pflege einer pflegebedürftigen Person

Pflegepersonen nach § 19 SGB XI sind Personen, die eine oder mehrere Personen pflegen, die i. S. d. § 14 SGB XI pflegebedürftig sind. Die Pflegebedürftigkeit nach § 14 SGB XI normiert i. V. m. § 15 SGB XI den Versicherungsfall der Pflegeversicherung. Die Leistungen zur sozialen Sicherung der Pflegeperson sind somit grundsätzlich an den Versicherungsfall der gepflegten Person gebunden. Es wird auch von einer abgeleiteten Leistungsberechtigung gesprochen.[29] Daher

---

23 Vgl. BT-Drucks. 12/5262, 116 zu § 40 SGB XI des Entwurfs.

24 BSG, Urt. v. 5.5.2010 – B 12 R 6/09 R, BSGE 106, 126, juris Rn. 18; BT-Drucks. 12/5262, 116 (§ 40 d. E.).

25 BSG, Urt. v. 5.5.2010 – B 12 R 6/09 R, BSGE 106, 126, juris Rn. 20.

26 Zweites Pflegestärkungsgesetz v. 21.12.2015, BGBl. I, 2424.

27 Vgl. BT-Drucks. 18/5926, 151.

28 Vgl. insbesondere GemRdschr RVAloV v. 13.12.2016 und GemRdschr UV v. 17.12.2006.

29 Vgl. LPK-SGB XI/*Kuhn-Zuber* § 19 Rn. 3.

ist an dieser Stelle mit Bezug auf die gepflegte Person bereits teilweise ein Blick in das Leistungsrecht zu werfen.

Der Begriff der Pflegebedürftigkeit nach § 14 SGB XI ist für die Pflegeperson in zweierlei Hinsicht entscheidend: einerseits, um den Leistungsfall der gepflegten Person festzustellen, und andererseits für die Frage, welche Tätigkeiten der Pflege und Betreuung durch die Pflegeperson rechtserheblich für ihre soziale Sicherung sind. § 14 II SGB XI setzt die maßgeblichen pflegefachlich begründeten Kriterien in sechs Bereichen fest, nach denen das Vorliegen von gesundheitlich bedingten Beeinträchtigungen der Selbstständigkeit oder der Fähigkeiten, also die Pflegebedürftigkeit i. S. d. SGB XI, festzustellen ist. Die erbrachte *Pflege* durch die Pflegeperson anstelle der häuslichen Pflegehilfe ist Grund und Gegenstand ihrer Absicherung, weshalb sich die versicherte Tätigkeit der Pflegeperson mit den Leistungen nach § 36 SGB XI deckt.[30] Der Mindestumfang der Pflegetätigkeit nach § 19 S. 2 SGB XI muss durch die maßgeblichen Pflegetätigkeiten erreicht werden.

Der Begriff der Pflegebedürftigkeit wurde durch das PSG II umfassend neu geregelt. Bis zum 1.1.2017 war der tägliche Zeitbedarf eines Familienangehörigen oder einer anderen nicht als Pflegekraft ausgebildeten Pflegeperson zu bestimmten, in § 14 IV SGB XI a. F. abschließend aufgezählten gewöhnlichen und regelmäßig wiederkehrenden Verrichtungen entscheidend zur Feststellung der Pflegebedürftigkeit und -stufe nach § 15 III SGB XI a. F. Aufgrund des abschließenden Charakters der Aufzählung ergaben sich Rechtsstreitigkeiten, welche spezifischen Tätigkeiten unter die Verrichtungen des § 14 IV SGB XI a. F. zu fassen seien.

Die heute in § 14 II SGB XI genannten Bereiche sind ebenfalls abschließend, aber entscheidend erweitert im Vergleich zum Pflegebedürftigkeitsbegriff vor Inkrafttreten des PSG II. Insbesondere sind nun kognitive oder psychische Einschränkungen umfasst, die zuvor als nicht verrichtungsbezogene Bedarfe nicht abgebildet wurden. Auch dadurch stieg die Zahl der Pflegebedürftigen in der sozialen Pflegeversicherung von 2,75 Mio. am Jahresende 2016 sprunghaft auf knapp 3,34 Mio. am Jahresende 2017.[31] Dies hat auch Auswirkungen auf die Absicherung der Pflegeperson. Durch die Erweiterung der erheblichen Bedarfe und die Abkehr von der Verrichtungsbezogenheit des Pflegebedürftigkeitsbegriffs sind wesentlich mehr Tätigkeiten der Pflegeperson auch als Pflegetätigkeit

30 BT-Drucks. 18/5926, 151.

31 Vgl. BMG, Zahlen und Fakten zur Pflegeversicherung, S. 4.

zu werten und tragen somit zum Erreichen der Mindestpflegezeit bei und stehen unter Versicherungsschutz.

Dieser Abschnitt widmet sich den zwei Anknüpfungspunkten an die Pflegebedürftigkeit. Zunächst werden der Begriff der Pflegebedürftigkeit und die Anknüpfung an den Leistungsfall der gepflegten Person zum Gegenstand, sodann die „Pflege" als rechtserhebliche Tätigkeit der Pflegeperson.

1. Die pflegebedürftige Person

Die Leistungen an die Pflegeperson knüpfen daran an, dass die gepflegte Person pflegebedürftig im Sinne des SGB XI ist und somit ein Leistungsfall ihrer Pflegeversicherung vorliegt.

a) Pflegebedürftigkeit nach §§ 14, 15 SGB XI

Nach § 14 I SGB XI sind Personen pflegebedürftig, die gesundheitliche Beeinträchtigungen der Selbstständigkeit oder der Fähigkeiten aufweisen und deshalb der Hilfe durch andere bedürfen. Sie können körperliche, kognitive oder psychische Beeinträchtigungen oder gesundheitlich bedingte Belastungen oder Anforderungen nicht selbstständig kompensieren oder bewältigen. Die Pflegebedürftigkeit muss auf Dauer, d. h. voraussichtlich[32] für mindestens sechs Monate, und mit der in § 15 SGB XI festgelegten Schwere gegeben sein. In § 14 II SGB XI sind die maßgeblichen Kriterien zur Feststellung von Beeinträchtigungen der Selbstständigkeit oder der Fähigkeiten definiert, unterteilt in die Bereiche (1) Mobilität, (2) kognitive und kommunikative Fähigkeit, (3) Verhaltensweisen und psychische Problemlagen, (4) Selbstversorgung, (5) Bewältigung und selbstständiger Umgang mit krankheits- oder therapiebedingten Anforderungen und Belastungen und (6) Gestaltung des Alltagslebens und sozialer Kontakte. Nach § 15 SGB XI i. V. m. Anl. 1 und Anl. 2 wird erfasst, inwiefern und mit welcher Schwere Beeinträchtigungen der Selbstständigkeit oder der Fähigkeiten in diesen Kategorien bei dem Pflegebedürftigen vorliegen. Die Kategorien werden gegeneinander gewichtet und aus dieser Gesamtschau ergibt sich die Einordnung des Versicherten in einen Pflegegrad nach § 15 III SGB XI. Pflegebedürftig nach §§ 14, 15 SGB XI ist im Ergebnis, wer in diesem Verfahren mindestens

---

32 BSG, Urt. v. 17.3.2005 – B 3 P 2/04 R, SozR 4-3300 § 14 Nr. 6: Prognose ist entscheidend, der tatsächliche Geschehensablauf kann nur zu einer Befristung der Leistung führen.

12,5 Gesamtpunkte erreicht und daher zumindest den niedrigsten Pflegegrad 1 erfüllt.

b) Leistungsanspruch oder -bezug des Pflegebedürftigen

Der Pflegepersonenbegriff und die Einweisungsvorschriften der §§ 19, 44 I, IIa, IIb SGB XI setzen nicht voraus, dass der Pflegebedürftige einen Leistungsanspruch aufgrund seiner Pflegebedürftigkeit, insbesondere auf Pflegegeld nach § 37 SGB XI, hat oder Leistungen bezieht.[33] Es handelt sich jedoch um Voraussetzungen der Absicherung in der Renten- und Arbeitslosenversicherung, die die Bindung an den Leistungsfall des Pflegebedürftigen zeigen.

aa) Rentenversicherung: Anspruch

Die Rentenversicherungspflicht nach § 3 S. 1 Nr. 1a SGB VI setzt voraus, dass der Pflegebedürftige einen Anspruch auf Leistungen aus der gesetzlichen oder einer privaten Pflegeversicherung (PPV) hat. Er muss daher pflegeversichert sein und die grundsätzlichen Anspruchsvoraussetzungen erfüllen.

(1) Versicherung des Pflegebedürftigen

Der Pflegebedürftige muss pflegeversichert sein, also zum nach §§ 20 ff. SGB XI versicherungspflichtigen Personenkreis gehören oder einen Pflege-Pflichtversicherungsvertrag mit einem privaten Versicherungsunternehmen abgeschlossen haben. Die Versicherungspflicht nach § 3 S. 1 Nr. 1a SGB VI erstreckt sich auch auf die Pflegepersonen von Pflegebedürftigen, die nicht in der SPV, sondern in einer privaten Pflege-Pflichtversicherung versichert sind.

Eine Versicherung des Pflegebedürftigen liegt in der Regel vor, da seit der Einführung der Auffangversicherung nach § 5 I Nr. 13 SGB V und der Versicherungspflicht in der privaten Krankenversicherung nach § 193 III 1 VVG eine korrespondierende Versicherungspflicht in der Pflegeversicherung (§ 20 I 2 Nr. 12 bzw. § 23 SGB XI) besteht.

Die Pflegeversicherung des Pflegebedürftigen ist beitragspflichtig für die soziale Sicherung der Pflegeperson ihres Versicherten, § 170 I Nr. 6 SGB VI. Für die soziale Sicherung der Pflegepersonen von privat Pflegeversicherten ergibt sich nur in der Hinsicht eine Änderung, als dass die privaten Pflegeversicherungsunternehmen beitragspflichtig (§ 170 I Nr. 6b SGB VI) bzw. bei Beihilfe- oder Heilfürsorgeberechtigten jeweils anteilig der Dienstherr

33 Hauck/Noftz/*Wagner* SGB XI § 19 Rn. 15.

und die Pflegeversicherungsträger bzw. Versicherungsunternehmen sind (§ 170 I Nr. 6c SGB VI).

(2) Leistungsfall Pflegebedürftigkeit

Der Anspruch setzt den Leistungsfall der Pflegebedürftigkeit voraus.

Bei der Feststellung der Pflegebedürftigkeit durch die privaten Pflegeversicherungsunternehmen sind nach § 23 VI SGB XI dieselben Maßstäbe anzulegen wie in der gesetzlichen Pflegeversicherung. Damit soll ein gleichwertiger Versicherungsschutz sichergestellt werden.[34] Die Begutachtung zur Feststellung der Pflegebedürftigkeit eines nach § 23 I SGB XI i. V. m. § 193 III VVG zum Abschluss und zur Aufrechterhaltung eines Pflege-Versicherungsvertrags verpflichteten Versicherungsnehmers erfolgt daher unter Zugrundelegung der Maßstäbe der §§ 14, 15 SGB XI und am Verfahren nach § 18 SGB XI orientiert sowie unter Beachtung der nach § 17 SGB XI erlassenen Begutachtungsrichtlinien (vollständige materielle Gleichwertigkeit und die weitestgehende verfahrensrechtliche Parallelität).[35] Der Pflegebedürftige muss mindestens Pflegegrad 2 haben.[36]

(3) Vorversicherungszeit, § 33 II SGB XI

Voraussetzung eines Anspruchs nach dem SGB XI ist, dass der Pflegebedürftige die Vorversicherungszeit nach § 33 II SGB XI erfüllt hat, also in den letzten zehn Jahren vor Antragstellung mindestens zwei Jahre als Mitglied versichert oder familienversichert war.[37] Ohne Erfüllung der Vorversicherungszeit fehlt ein Leistungsanspruch dem Grunde nach.[38] Der durch die Vorversicherungszeit verfolgte Schutz der Solidargemeinschaft[39] schlägt damit auf die Leistungen

---

34 Vgl. BT-Drucks. 12/5952, 38.

35 Dazu Udsching/Schütze/*Vieweg* § 23 Rn. 32; vgl. BSG, Urt. v. 25.11.2015 – B 3 P 3/14 R, SozR 4-3300 § 40 Nr. 13 juris Rn. 13.

36 Dazu unten S. 133 ff.

37 Nach Art. 6 VO (EG) 883/2004 (ehem. Art. 18 VO (EWG) 1408/71) werden auch zurückgelegte Beitragszeiten in der EU bzw. den assoziierten Staaten anerkannt. Leistungen bei Pflegebedürftigkeit werden wie Leistungen bei Krankheit behandelt (EuGH, Urt. v. 5.3.1998 – C-160/96 – Molenaar Rz. 24). Anzurechnen sind Versicherungszeiten, wenn das Sicherungssystem im anderen Mitgliedsstaat strukturell vergleichbar mit der deutschen Pflegeversicherung ist, indem Leistungen bei Pflegebedürftigkeit als solche oder als Teil der Krankenbehandlung vorgesehen sind (jurisPK-SGB XI/*Trésoret*, § 33 Rn. 91). Hierzu auch bei Fn. 258.

38 Hauck/Noftz/*Wagner* SGB XI § 19 Rn. 15.

39 Vgl. BT-Drucks. 12/5262, 110.

an die Pflegeperson durch. Dies entspricht der Stellung der Pflegeperson in der Pflegeversicherung, da die Pflegeperson hier allenfalls den Träger der Hilfe zur Pflege entlasten würde, der die Kosten professioneller Pflegeleistungen übernehmen müsste, wenn der Pflegebedürftige die Vorversicherungszeit nicht erfüllt.

(4) Antrag, § 33 I SGB XI

An der Frage, ob der Pflegebedürftige die Leistung nach § 33 I SGB XI beantragt hat, entscheidet sich oftmals das Schicksal der sozialen Sicherung der Pflegeperson.

Der Antrag ist nach § 33 I 2 SGB XI maßgeblich für den Beginn der Leistungen, zunächst des *Pflegebedürftigen* (zum Antrag der *Pflegeperson* S. 148 f.). Er ist aber nicht nur verfahrensauslösend, sondern auch anspruchsbegründend.[40] Er hat materiell-rechtliche Wirkung, da über die Leistung nach dem zum Zeitpunkt des Antrags geltenden Recht entschieden wird.[41]

Ein Anspruch des Pflegebedürftigen besteht dem Grunde nach daher erst ab Antragstellung. Folglich tritt die Versicherungspflicht nach § 3 I Nr. 1a SGB VI erst ab Antragstellung des Pflegebedürftigen auf Leistungen an ihn ein bzw. nach § 33 I 2, 3 SGB XI frühestens ab Vorliegen der Anspruchsvoraussetzungen oder bei späterem Antrag ab Beginn des Monats des Antrags des Pflegebedürftigen.[42]

(5) Leistungen der sozialen oder privaten Pflegeversicherung

Es kommen grundsätzlich alle Ansprüche nach § 28 SGB XI bei häuslicher Pflege infrage. Bei häuslicher ehrenamtlicher Pflege werden Pflegegeld (§ 37 SGB XI, auch als Kombinationsleistung nach § 38 SGB XI), Verhinderungspflege (§ 39 SGB XI), Maßnahmen zur Wohnumfeldverbesserung (§ 40 IV SGB XI), Tages- und Nachtpflege (§ 41 SGB XI), Kurzzeitpflege (§ 42 SGB XI), Pflegekurse (§ 45 SGB XI), Angebote zur Unterstützung im Alltag (§ 45a SGB XI) und der Entlastungsbetrag (§ 45b SGB XI) geleistet.

---

40 jurisPK-SGB XI/*Trésoret*, § 33 Rn. 49 m. w. N.

41 Hauck/Noftz/*Reimer* SGB XI § 33 Rn. 9a.

42 Kreikebohm/Roßbach/*Segebrecht* § 3 Rn. 14; LPK-SGB VI/*Reinhardt* § 3 Rn. 12; *Winter*, RV 2002, 61 (62); *Koch*, RV 2002, 64 (76 f.); a. A. Krauskopf/*Wagner* SGB XI § 44 Rn. 14; Hauck/Noftz/*Fichte* SGB VI § 3 Rn. 54: Hauck/Noftz/*Wagner* SGB XI § 19 Rn. 15: Der Antrag habe lediglich verfahrens- und keine materiellrechtliche Bedeutung.

Die soziale Sicherung der Pflegeperson setzt nicht voraus, dass der Pflegebedürftige Pflegegeld gem. § 37 SGB XI erhält. Ein Anspruch in der privaten Pflegeversicherung besteht nach den Vorgaben des Versicherungsvertrages.[43]

(6) Ruhen des Anspruchs

Da ein Leistungsanspruch „dem Grunde nach" genügt, ist unschädlich, wenn der Anspruch ruht,[44] etwa weil der Pflegebedürftige nach § 13 I SGB XI vorrangige Leistungen nach BVG, SGB VII oder der Unfallversorgung und der Unfallhilfe aus öffentlichen Kassen erhält. Seine Pflegeperson wird nicht schlechter gestellt als die Pflegeperson eines Pflegebedürftigen, dessen Leistungsanspruch sich allein aus dem SGB XI ergibt.[45] Liegt lediglich einer dieser Ansprüche vor, aber kein Anspruch dem Grunde nach aus der gesetzlichen oder einer privaten Pflegeversicherung, genügt dies nicht. Ebenso genügt ein Anspruch auf Leistungen der Hilfe zur Pflege nach dem SGB XII nicht.[46] Das Beitragsrecht der Rentenversicherung knüpft in § 166 II SGB VI an die durch den Pflegebedürftigen *bezogenen* Leistungen an, weist aber keinen Regelungsgehalt hinsichtlich der Versicherungspflicht auf.[47] Die Leistungen an die Pflegeperson werden somit nicht ausschließlich parallel zu den Leistungen an den Pflegebedürftigen erbracht.

Ein Ruhen der Pflegeversicherungsleistungen kommt infrage nach § 34 I Nr. 2 SGB XI, wenn der Pflegebedürftige vorrangige Leistungen der Unfallversicherung bei Hilflosigkeit nach § 44 SGB VII bezieht. Der Hilflosigkeitsbegriff ist am Pflegebedürftigkeitsbegriff des § 14 SGB XI orientiert.[48] Bei

---

43 Nach dem Gleichwertigkeitsgebot des § 23 I 2 SGB XI muss der Vertrag über die PPV Vertragsleistungen vorsehen, die nach Art und Umfang der Leistungen den Leistungen der SPV entsprechen. An die Stelle von Sachleistungen tritt die Kostenerstattung in gleicher Höhe nach § 23 I 3 SGB XI. Zur PPV in der Pflegereform *Reuther,* KrV 2015, 104.

44 GemRdschr RVAloV v. 13.12.2016, II 1.1.8, S. 37; Krauskopf/*Wagner* SGB XI § 44 Rn. 14; KassKomm/*Weber* SGB XI § 19 Rn. 7; KassKomm/*Guttenberger* SGB VI § 3 Rn. 6; Kreikebohm/Roßbach/*Segebrecht* § 3 Rn. 12; LPK-SGB VI/*Reinhardt* § 3 Rn. 11; *Petersen,* DAngVers 1994, 260 (261); BSG, Urt. v. 27.1.2000 – B 12 P 1/99 R, SozR 3-3300 § 56 Nr. 1, juris Rn. 20; a. A. ohne Begründung BeckOK-SozR/*v. Koch* SGB VI § 3 Rn. 14: Leistungen müssten tatsächlich erbracht werden.

45 KassKomm/*Weber* SGB XI § 19 Rn. 7; *Petersen,* DAngVers 1994, 260 (261); BSG, Urt. v. 27.1.2000 – B 12 P 1/99 R, SozR 3-3300 § 56 Nr. 1, juris Rn. 20.

46 GemRdschr RVAloV v. 13.12.2016, II 1.1.8, S. 37.

47 Dazu unten S. 181.

48 LPK-SGB VII/*Streubel* § 44 Rn. 7.

Pflegebedürftigkeit mit Pflegegrad 2 liegt auch Hilflosigkeit vor.[49] Bei der Bemessung des Pflegegeldes der Unfallversicherung gem. § 44 I SGB VII[50] sind auch Aufwendungen für die Alterssicherung der unentgeltlich pflegenden *Pflegeperson* zu berücksichtigen, wenn dies geboten ist, um einem Pflegebedürftigen die Betreuung durch einen Angehörigen zu ermöglichen.[51] Dies gilt jedoch nur für Aufwendungen zu einer freiwilligen Versicherung nach § 7 I 1 SGB VI, die wiederum ausscheidet, wenn schon eine Versicherungspflicht der Pflegeperson nach § 3 S. 1 Nr. 1a SGB VI (oder aus anderen Gründen) vorliegt.[52] Die Leistungen nach § 44 SGB XI an die Pflegeperson ruhen daher nicht nach § 34 I Nr. 2 SGB XI, wenn der Pflegebedürftige Leistungen nach § 44 SGB VII erhält, weil der Kollisionsfall nicht eintreten kann, dass über das unfallversicherungsrechtliche Pflegegeld „gleichartige Leistungen" im Sinne des § 34 I Nr. 2 SGB XI zur sozialen Sicherung der Pflegeperson erbracht werden.[53]

Für die Alterssicherung der Pflegeperson eines nach § 44 SGB VII Leistungsberechtigten, die § 3 S. 1 Nr. 1a SGB VI erfüllt, kommen daher weiterhin die in § 170 I Nr. 6 SGB VI genannten Stellen auf. Die vormals unter Umständen zu übernehmenden Kosten freiwilliger Beiträge zur Arbeitslosenversicherung[54] entfallen nun schon mangels einer freiwilligen Weiterversicherungsmöglichkeit.

(7) Zwischenergebnis

Die Versicherungspflicht nach § 3 S. 1 Nr. 1a SGB VI setzt damit voraus, dass die gepflegte Person pflegeversichert und pflegebedürftig mit mindestens Pflegegrad 2 ist, die Vorversicherungszeit nach § 33 II SGB XI erfüllt und einen Antrag auf Leistungen nach § 33 I SGB XI gestellt hat. Es ist jedoch nicht schädlich, wenn der Anspruch des Pflegebedürftigen nach § 34 I Nr. 2 SGB XI bei Bezug des unfallversicherungsrechtlichen Pflegegeldes ruht.

---

49 Vgl. KassKomm/*Ricke* SGB VII § 44 Rn. 3: bei Pflegestufe I.

50 Zu Pflegegeld und Pflege in der GUV siehe *Benz*, NZS 2004, 125.

51 BSG, Urt. v. 24.1.1990 – 2 RU 15/89, SozR 3-2200 § 558 Nr. 1 juris Rn. 15; BSG, Urt. v. 8.12.1998 – B 2 U 5/98 R, SozR 3-2200 § 558 Nr. 3 juris Rn. 22; BSG, Urt. v. 14.12.1999 – B 2 U 37/98 R, SozR 3-2200 § 558 Nr. 4; Schulin HS-UV/*Benz* § 44 Rn. 42; hierzu auch *Jung*, SGb 2000, 438 f.; kritisch *Benz*, NZS 2004, 125 (129); *Benz*, Die BG 2001, 89 (95); *Benz*, Die BG 1993, 180 (184); *Benz*, WzS 1991, 105 (108 ff.).

52 BSG, Urt. v. 27.1.2000 – B 12 P 1/99 R, SozR 3-3300 § 56 Nr. 1, juris Rn. 18.

53 BSG, Urt. v. 27.1.2000 – B 12 P 1/99 R, SozR 3-3300 § 56 Nr. 1, juris Rn. 18 f.; anders noch BSG, Urt. v. 24.1.1990 – 2 RU 15/89, SozR 3-2200 § 558 Nr. 1 und BSG, Urt. v. 14.12.1999 – B 2 U 37/98 R, SozR 3-2200 § 558 Nr. 4 juris Rn. 20 m. w. N.

54 KassKomm/*Ricke* SGB VII § 44 Rn. 8 zit. RdSchr. HVBG Reha 020/2006.

bb) Arbeitslosenversicherung: Leistungsbezug

Die Arbeitslosenversicherungspflicht nach § 26 IIb SGB III setzt wie die Rentenversicherungspflicht voraus, dass der Pflegebedürftige pflegeversichert und mit mindestens Pflegegrad 2 pflegebedürftig ist. Sie knüpft darüber hinaus jedoch nicht an den Anspruch, sondern an den *Bezug* von Leistungen aus der Pflegeversicherung nach dem SGB XI, der Hilfe zur Pflege nach dem SGB XII oder gleichartigen Leistungen nach anderen Vorschriften an.

(1) Bezug von Leistungen nach dem SGB XI

Der Pflegebedürftige kann Leistungen nach dem SGB XI beziehen, wenn er versichert ist, die Vorversicherungszeit nach § 33 II SGB XI erfüllt und einen Antrag nach § 33 I SGB XI gestellt hat. Da der Bezug vorausgesetzt wird, ist ein Ruhen der Leistungen nach dem SGB XI grundsätzlich schädlich für die Versicherungspflicht nach § 26 IIb SGB III, wenn der Pflegebedürftige nicht eine andere der genannten Leistungen bezieht.

§ 34 III SGB XI trifft Ausnahmen hierzu, wenn der Anspruch des Pflegebedürftigen für die Dauer der häuslichen Krankenpflege gem. § 34 II SGB XI (bei mit den Pflegesachleistungen nach § 36 SGB XI deckungsgleichem Anspruch) oder bei vorübergehendem Auslandsaufenthalt des Versicherten gem. § 34 I Nr. 1 SGB XI ruht (wobei die Leistungen nach §§ 37, 38 SGB XI bis zu sechs Wochen weitergezahlt werden, § 34 I Nr. 1 S. 2 SGB XI). Für die Dauer häuslicher Krankenpflege, bei vorübergehendem Auslandsaufenthalt des Pflegebedürftigen und während der ersten vier Wochen einer vollstationären Krankenhausbehandlung oder einer stationären Leistung zur medizinischen Rehabilitation bleibt die Versicherungspflicht bestehen. Hier wird das Schicksal der „Nebenleistung" der sozialen Sicherung der Pflegeperson geregelt, wenn die Hauptleistung an den Pflegebedürftigen ruht.[55] In den Fällen des § 34 III SGB XI ist daher entgegen dem Wortlaut des § 26 IIb SGB III kein Bezug von Leistungen erforderlich.

(2) Bezug von Leistungen der Hilfe zur Pflege

Die Versicherungspflicht nach § 26 IIb SGB III während des Bezugs von Leistungen der Hilfe zur Pflege hat einen begrenzten Anwendungsbereich. Die Hilfe zur Pflege nach §§ 61 ff. SGB XII ergänzt bei finanzieller Bedürftigkeit der Versicherten die aufgrund des Teilleistungssystems der Pflegeversicherung ungedeckten

---

55 jurisPK-SGB XI/*Padé* § 34 Rn. 30.

Bedarfe an Pflegeleistungen.[56] Die Pflegebedürftigkeitsbegriffe des SGB XI und des § 61a SGB XII sind weitgehend identisch.[57] Die Leistungen der Hilfe zur Pflege nach §§ 61 ff. SGB XII sind nach § 13 III SGB XI nachrangig gegenüber den Leistungen nach dem SGB XI. Ein Leistungsbezug ausschließlich nach dem SGB XII (und nicht nur aufstockend) bei bestehender Pflegebedürftigkeit i. S. d. SGB XI kommt infrage, wenn die Vorversicherungszeit nach § 33 II SGB XI nicht erfüllt wird oder vorläufig ein Bedarf gedeckt werden muss, weil sich die Leistungen nach SGB XI verzögern.[58] Die Pflegeperson ist währenddessen nach § 26 IIb SGB III abgesichert, vor der Wartezeiterfüllung jedoch nicht nach § 3 S. 1 Nr. 1a SGB VI, da ein Anspruch dem Grunde nach noch nicht besteht.

(3) Bezug von gleichartigen Leistungen

„Gleichartige Leistungen nach anderen Vorschriften" i. S. d. § 26 IIb SGB III sind Leistungen einer privaten Pflege-Pflichtversicherung, der Beihilfestelle oder Leistungen nach § 44 SGB VII.[59] Während das Ruhen der Pflegeversicherungsleistungen nach § 34 I Nr. 2 SGB XI im Rahmen des § 3 S. 1 Nr. 1a SGB VI nicht schädlich ist, weil ein Anspruch dem Grunde nach genügt, bezieht sich § 26 IIb SGB III auf den Bezug der vorrangigen Leistung selbst.

(4) Zwischenergebnis

Die Versicherungspflicht nach § 26 IIb SGB III tritt damit ein, wenn die gepflegte Person pflegebedürftig mit mindestens Pflegegrad 2 ist und entweder gesetzlich pflegeversichert ist, die Vorversicherungszeit nach § 33 II SGB XI erfüllt, einen Antrag auf Leistungen nach § 33 I SGB XI gestellt hat und die Leistungen nicht ruhen oder wenn sie Leistungen der Beihilfestelle nach § 44 SGB VII oder aus einer privaten Pflege-Pflichtversicherung bezieht. Auch der Bezug der nachrangigen Leistung der Hilfe zur Pflege nach dem SGB XII genügt, etwa als vorläufige Leistung oder wenn die Vorversicherungszeit nach § 33 II SGB XI nicht erfüllt wird.

---

56 Rund 30 % der stationär versorgten Pflegebedürftigen und 7 % der ambulant versorgten Pflegebedürftigen erhalten Hilfe zur Pflege, BARMER Pflegereport 2021, S. 130. Vor der Einführung der sozialen Pflegeversicherung stellte die Sozialhilfe die Regelleistung bei Pflegebedürftigkeit dar (vgl. auch BT-Drucks. 12/5262, 61).

57 BT-Drucks. 18/9518, 2 f.; *Klie*, NDV 2020, 15.

58 Schellhorn/*H. Schellhorn* § 61 Rn. 28.

59 Hauck/Noftz/*Reimer* SGB XI § 44 Rn. 40. Nach LPK-SGB III/*Reinhard* § 28a Rn. 5 (2. Aufl. 2015) zudem ausländische gesetzliche Pflegeversicherungen.

cc) Unfallversicherung

Die Versicherungspflicht in der Unfallversicherung (GUV) setzt keinen Leistungsanspruch voraus, sodass auch die Pflegeperson eines Pflegebedürftigen versichert ist, der die Vorversicherungszeit nach § 33 II SGB XI nicht erfüllt.[60] Durch den Verweis auf § 15 III SGB XI setzt § 2 I Nr. 17 SGB VII voraus, dass die Pflegebedürftigkeit festgestellt wurde.[61] Dies ist auch rückwirkend möglich.[62] Der Pflegebedürftige muss das Feststellungsverfahren durch seinen Antrag in Gang setzen (vgl. § 18 III SGB XI), auch wenn er wegen vorrangiger Ansprüche (oder mangels Erfüllung der Vorversicherungszeit) nicht mit einem Anspruch rechnet, weil statt dem Vorliegen der materiellen Voraussetzungen die rechtlichen Feststellungen entscheidend sind.[63]

c) Zwischenergebnis und Wertung

Der Pflegepersonenbegriff setzt voraus, dass die gepflegte Person pflegebedürftig i. S. d. §§ 14, 15 SGB XI ist. Über die spezialgesetzlichen Voraussetzungen wird die soziale Sicherung in Renten- und Arbeitslosenversicherung zudem an die Leistungen an den Pflegebedürftigen gebunden, sodass die Vorversicherungszeiten nach § 33 II SGB XI erfüllt sein müssen und der Pflegebedürftige einen Antrag auf Leistungen nach § 33 I SGB XI gestellt haben muss.

Für die Rentenversicherungspflicht ist das Ruhen der Leistungen an den Pflegebedürftigen unschädlich. Für die Arbeitslosenversicherung wird vorausgesetzt, dass die Leistungen nach dem SGB XI oder eine vergleichbare Leistung auch bezogen werden. Das Ruhen der Leistungen nach dem SGB XI ohne Bezug weiterer Leistungen ist lediglich in den Fällen des § 34 III SGB XI unschädlich für die Versicherung nach § 26 IIb SGB III. Wenn der Pflegebedürftige vergleichbare Leistungen bezieht, während er die Wartezeit nach § 33 II SGB XI noch nicht erfüllt, tritt Versicherungspflicht nach § 26 IIb SGB III ein, aber nicht nach § 3 S. 1 Nr. 1a SGB VI. § 26 IIb SGB III erfasst durch den Bezug auf vergleichbare Leistungen auch Fälle, in denen wegen der vorrangigen Leistungen der Anspruch

60 Hauck/Noftz/*Wagner* SGB XI § 19 Rn. 16; Lauterbach/*Schwerdtfeger* § 2 Rn. 605.

61 *Schlaeger*, SGb 2016, 684 (687); *Leube*, ZFSH/SGB 2017, 204 (205).

62 *Schlaeger*, SGb 2016, 684 (687); *Leube*, ZFSH/SGB 2017, 204 (205); LPK-SGB XI/*Kuhn-Zuber* § 44 Rn. 55; KassKomm/*Lilienfeld* SGB VII § 2 Rn. 112. In diesem Fall treten zunächst die GKV und GRV ein und der Unfallversicherungsträger ist erstattungspflichtig nach § 103 I SGB X.

63 Anders zum vorherigen Recht Hauck/Noftz/*Wagner* SGB XI § 19 Rn. 16; GemRdschr UV v. 17.12.2006, 1.3.3, S. 5: kein Antrag des Pflegebedürftigen erforderlich.

nach dem SGB XI ruht, was wiederum für § 3 S. 1 Nr. 1a SGB VI genügt, sodass die Vorschriften hier im Ergebnis gleichlaufen. Neben die Anforderungen der „vergleichbaren Leistungen“ tritt in § 26 IIb SGB III das Erfordernis der Pflegebedürftigkeit nach §§ 14, 15 SGB XI, womit sich der Kreis der Berechtigenden auch nicht vollständig auf andere Absicherungsregime verschiebt. Gründe für die unterschiedlichen Anknüpfungspunkte sind nicht ersichtlich. Daher bleibt zu fragen, weshalb mit dem PSG II nicht die Gelegenheit ergriffen wurde, die Voraussetzungen der § 3 S. 1 Nr. 1a SGB VI und § 26 IIb SGB III in diesem Hinblick anzupassen.

2. Die Pflege durch die Pflegeperson

Grund und Gegenstand der Versicherung der Pflegeperson sind die Pflege des Pflegebedürftigen. Als Pflegeperson erhält Leistungen zur sozialen Sicherung nach § 44 SGB XI wer wenigstens zehn Stunden wöchentlich, verteilt auf regelmäßig mindestens zwei Tage in der Woche, *pflegt*. Die Pflegeperson ist „bei der Pflege“ unfallversichert nach § 2 I Nr. 17 SGB VII.

Die Pflegetätigkeit einer pflegenden Person hatte nach altem Recht eine herausragende Bedeutung, weil schon der Pflegebedürftigkeitsbegriff des § 14 SGB XI a. F. selbst primär auf den zeitlich bemessenen Umfang der Hilfe zu bestimmten Verrichtungen abstellte. Der Begriff der „Pflege“ muss nach neuer Rechtslage für das Leistungsrecht sowie die Grenzen der Anerkennung von Tätigkeiten der Pflegeperson als Pflegetätigkeit neu bestimmt werden. Das SGB XI trifft keine Legaldefinition, welche Pflegetätigkeiten nach §§ 19, 44 SGB XI zur Gewährung von Rentenvorteilen, Schutz in der Arbeitslosenversicherung oder Unfallversicherungsschutz führen sollen.[64] Der Pflegebegriff ist durch Auslegung zu ermitteln, insbesondere anhand der systematischen Stellung sowie des Zwecks der Leistungen an die Pflegeperson nach dem SGB XI. Die Pflegebedürftigkeit ist von anderen Formen der Hilfebedürftigkeit abzugrenzen, die anderweitig sozial abgesichert sind oder im Privatbereich des Pflegebedürftigen liegen. Tätigkeiten der Pflegeperson in diesen Bereichen sind von Pflegetätigkeiten abzugrenzen.

Im Folgenden soll zunächst die Stellung der Pflegeperson und ihrer Pflegetätigkeit in der Pflegeversicherung betrachtet werden und anschließend anhand dessen bestimmt werden, welche Tätigkeiten der Pflegeperson rechtserheblich für ihre soziale Sicherung sind.

---

64 Vgl. zur alten Rechtslage BSG, Urt. v. 5.5.2010 – B 12 R 6/09 R, BSGE 106, 126, juris Rn. 14; BSG, Urt. v. 9.11.2010 – B 2 U 6/10 R, SozR 4-2700 § 2 Nr. 16, juris Rn. 18.

a) Die Pflegeperson in der Pflegeversicherung

Die Pflegeperson erhält zwar selbst Leistungen aus der Pflegeversicherung in Form der sozialen Absicherung, sie übernimmt aber auch Tätigkeiten, die durch die Pflegeversicherung an den Pflegebedürftigen zu leisten wären. Sie ist Leistende und Leistungsempfängerin.

aa) Pflegeperson als Leistende in der Pflegeversicherung

Die Pflegeversicherung sah von Beginn an Leistungen vor, um die Pflegebereitschaft der pflegenden Angehörigen, Freunde oder Nachbarn zu fördern und damit die Pflegeversicherung zu entlasten. Dazu dienen unter anderem das Pflegegeld[65] und die Leistungen zur sozialen Sicherung der Pflegeperson[66]. Die Leistungen zur sozialen Sicherung der Pflegepersonen können nicht isoliert von den Leistungen betrachtet werden, die der Pflegebedürftige bei der Versorgung durch eine Pflegeperson erhält. Dabei spielen insbesondere der Teilleistungscharakter der Pflegeversicherung und der Vorrang der häuslichen Pflege eine Rolle.

(1) „Teilkasko"-Versicherung, § 4 II SGB XI

Die tragende Rolle von Privatpersonen bei der Pflege ist seit Einführung der Pflegeversicherung in deren Strukturprinzipien angelegt. In der „neuen Kultur der Pflege und des Helfens", die gemäß der Gesetzesbegründung mit dem SGB XI geschaffen werden sollte, sollte die häusliche Pflege als die in der Familie und Gesellschaft unverzichtbare menschenwürdige Versorgung Hilfebedürftiger auch durch Unterstützungsleistungen anerkannt werden.[67] Der Schlüsselbegriff der sozialen Pflegeversicherung ist die *Unterstützung* im Gegensatz zur Vollleistung. Die soziale Pflegeversicherung bietet keine vollumfängliche Abdeckung der Pflegekosten, sondern lediglich eine soziale Grundsicherung in Form eines Kernsicherungssystems.[68] Eine „Rund-um-die-Uhr-Versorgung" wurde vom Gesetzgeber als wirtschaftlich kaum zu verantworten und nicht geboten angesehen.[69] Die soziale Pflegeversicherung ist gewissermaßen eine

65 BT-Drucks. 12/5262, 112.
66 BT-Drucks. 12/5262, 4, 82.
67 Vgl. BT-Drucks. 12/5262, 62, 67.
68 BT-Drucks. 12/5262, 90.
69 BT-Drucks. 12/5952, 18.

Teilkaskoversicherung.[70] Die vollständige Sicherstellung der Pflege obliegt dem Pflegebedürftigen und seinen Angehörigen, die Pflegeversicherung leistet lediglich ergänzend, § 4 II SGB XI.

Auf der anderen Seite liegt der Bedarf an „Hilfe durch andere" auch vor, wenn der Pflegebedürftige einen Anspruch auf Pflegeleistungen durch Privatpersonen hätte oder die notwendigen Leistungen ohne Hilfe einer Versicherung bezahlen könnte.[71]

(2) Vorrang der häuslichen Pflege, § 3 SGB XI

Gemäß dem Vorrang der häuslichen Pflege, der als Strukturprinzip in § 3 SGB XI vorangestellt wird und den Versicherungszweig durchzieht,[72] soll die Pflegeversicherung mit ihren Leistungen vorrangig die häusliche Pflege und die Pflegebereitschaft der Angehörigen und Nachbarn unterstützen, damit die Pflegebedürftigen möglichst lange in ihrer häuslichen Umgebung bleiben können, wie ganz überwiegend von ihnen gewünscht wird.[73] Die Stärkung der häuslichen Pflege durch – zeitlich vor den stationären Leistungen eingeführte – Leistungen sollte mit verhindern, dass es bei Einführung der Pflegeversicherung zu einem „Sog" oder einem „Abschieben" in die Pflegeheime käme.[74] Hauptgründe für die Förderung der häuslichen Pflege in der sozialen Pflegeversicherung sind die Sicherstellung der Finanzierbarkeit der Pflege durch die Pflegeversicherung und die Vermeidung der Überlastung der Sozialhilfeträger.[75] Da die finanziellen

---

70 Vgl. BT-Drucks. 14/8800, 229; KassKomm/*Koch* SGB XI § 4 Rn. 8. Wie die SPV ist auch die PPV grundsätzlich eine „Teilkasko"-Versicherung. Staatlich gefördert wird die ergänzende private Pflegevorsorge nach §§ 126 ff. SGB XI („Pflege-Bahr").

71 Hauck/Noftz/*Luthe* SGB XI § 14 Rn. 31.

72 Hierzu vertiefend *von Mielecki*, S. 30 ff.

73 BT-Drucks. 12/5262, 65, 90; *Hajek et. al.*, Gesundheitswesen 2018, 685 (688). Zur Bedarfsgerechtigkeit *Niens et. al.*, ZSR 2017, 517.

74 BT-Drucks. 12/5262, 77, 89.

75 BT-Drucks. 12/5262, 61 f., 81. Tatsächlich können die Kosten der häuslichen nicht erwerbsmäßigen Pflege die Kosten der stationären Pflege einzelfallabhängig übersteigen (*von Mielecki*, S. 120 ff., 127 zur alten Rechtslage). Neben den Ausgaben der Pflegeversicherung umfassen die tatsächlichen Kosten der häuslichen Pflege auch die gegebenenfalls durch eine Aufgabe, Reduzierung oder Nichtaufnahme einer Erwerbstätigkeit entstehenden finanziellen Defizite der Pflegeperson(-en) oder Spätfolgen der Belastungen für Pflegepersonen durch die Pflege, vgl. *Rebeggiani*/*Stöwhase*, SoFo 2018, 79 (90 ff.) zu entgangenen Beiträgen. Zur ökonomischen Sicht auf informelle Pflege vgl. auch *Schneider*, ZSR 2006, 493.

Mittel begrenzt seien, müssten sie im Interesse der Solidargemeinschaft optimal genutzt werden.[76] Es sollte ein Anreiz zur häuslichen nichtprofessionellen Versorgung Pflegebedürftiger gesetzt werden, indem einerseits das Pflegegeld zur Verfügung gestellt wurde und andererseits Rentennachteile kompensiert wurden.[77]

(3) Sicherstellung der Pflege durch Pflegepersonen

Ausgangspunkt der sozialen Sicherung der Pflegeperson ist der Versicherungsfall des Pflegebedürftigen.

Die häufigste Konstellation der häuslichen Pflege ist, dass der Pflegebedürftige Pflegegeld nach § 37 SGB XI erhält.[78] Hier leistet die soziale Pflegeversicherung statt Sachleistungen durch einen ihrer Leistungserbringer einen Geldbetrag, wenn der Pflegebedürftige die erforderlichen Pflege- und Betreuungsmaßnahmen „in geeigneter Weise selbst sicherstellt", § 37 I 2 SGB XI. Das Pflegegeld ist auch bei der Pflege durch z. B. einen Angehörigen zweckgebunden zur Sicherstellung der Versorgung des Pflegebedürftigen einzusetzen und ersetzt die Leistungen der häuslichen Pflegehilfe nach § 36 SGB XI (Sachleistungssurrogat).[79]

Der Anspruch nach § 37 SGB XI setzt einerseits voraus, dass die Pflege vollumfänglich sichergestellt wird. Andererseits sind die gezahlten Beträge verhältnismäßig gering im Vergleich zum Bedarf an Pflege und Betreuung: So beträgt das Pflegegeld beim höchsten Pflegegrad 5 monatlich 901 EUR, § 37 I 3 Nr. 4 SGB XI. Bei schwerstpflegebedürftigen Personen entspricht der

---

76 BT-Drucks. 12/5262, 90. Mit 14,7 Mrd. von insgesamt 50,2 Mrd. EUR wurden 2021 29,3 % der Leistungsausgaben der SPV für die stationäre Pflege erbracht, obwohl nur 22,4 % der Leistungsbezieher stationär versorgt wurden (vgl. BMG, Zahlen und Fakten zur Pflegeversicherung, S. 1, 6).

77 Zu weiteren Anreiz- und Entlastungsleistungen auch *Janda,* VSSAR 2020, 297.

78 Vgl. Statistisches Bundesamt, Pflegestatistik 2019, S. 18 f.

79 BT-Drucks. 12/5262, 110, 112. *Schulin,* NZS 1994, 433 (441) weist darauf hin, dass das Pflegegeld aufgrund der verringerten Leistungshöhe zur häuslichen Pflegehilfe nur ein partielles Sachleistungssurrogat darstellt, sofern es BT-Drucks. 12/5262, S. 112 entsprechend nicht nur als finanzielle Zuwendung für Ehrenamtliche verwendet wird, sondern um professionelle Hilfe „einzukaufen"; ebenso KassKomm/*Leitherer* SGB XI § 37 Rn. 15. *Schütte,* NDV 2007, 211 (217) spricht von einer öffentlich-rechtlichen Überlagerung der privatrechtlichen Beziehung zwischen Pflegebedürftigem und Pflegeperson.
Europarechtlich wird das Pflegegeld als Geldleistung behandelt, hierzu unten bei Fn. 257.

zeitliche Aufwand für Pflege und Betreuung aber mehr als einer Vollzeittätigkeit.[80] Das Pflegegeld soll seiner Höhe nach kein Entgelt darstellen, sondern den Pflegebedürftigen in den Stand versetzen, Angehörigen und sonstigen Pflegepersonen eine „materielle Anerkennung“, auch zur Erhaltung der Pflegebereitschaft, für ihren Einsatz zukommen zu lassen.[81] Die Sicherstellung mit dem Pflegegeld „dessen Umfang entsprechend“ i. S. d. § 37 I 2 SGB XI bedeutet daher nicht etwa eine Sicherstellung der Pflege im üblicherweise mit der jeweiligen Summe „einkaufbaren“ Umfang, sondern bezieht sich auf die unterschiedliche Höhe des Pflegegeldes nach Pflegegraden – der Pflegebedürftige muss seine Pflege also seinem Pflegegrad entsprechend sicherstellen, gegebenenfalls auch unter zusätzlichem Einsatz sonstiger Einkünfte.[82] Die ausreichende Versorgung des Pflegebedürftigen darf nicht durch die Wahl des Pflegegeldes gefährdet sein.[83] Dies wird im Rahmen der verpflichtenden regelmäßigen Pflegeberatungen nach § 37 III SGB XI auch überprüft. Es wird auf die gesundheitliche Situation des Pflegebedürftigen, die Belastung und Belastbarkeit der Pflegeperson, das soziale Umfeld der konkreten Pflegesituation und die Wohnsituation des Pflegebedürftigen geachtet und gravierende Pflegemängel werden dokumentiert.[84] Wird in diesem Zuge festgestellt, dass die Pflege nicht hinreichend sichergestellt ist, bereits Pflegeschäden eingetreten sind oder eine „gefährliche Pflegesituation“ vorliegt, kann das Pflegegeld gekürzt oder entzogen werden, weil die wesentliche Anspruchsvoraussetzung der Sicherstellung nach § 37 I 2 SGB XI nicht erfüllt wird.[85] Ebenso ist das Pflegegeld nach § 37 VI SGB XI zu kürzen, wenn die Beratungsbesuche nach § 37 III SGB XI nicht abgerufen werden.[86] Hier erfährt

---

80 Vgl. Abschlussbericht Evaluation PNG PSG I, S. 62.

81 BT-Drucks. 12/5262, 112. Vertiefend sogleich, S. 101 ff. Das Pflegegeld muss nicht an die Pflegeperson weitergegeben werden, KassKomm/*Leitherer* SGB XI § 37 Rn. 27; vgl. schon *Krasney*, SGb 1996, 253 (254 f.).

82 BSG, Urt. v. 17.12.2009 – B 3 P 5/08 R, SozR 4-3300 § 37 Nr. 3, juris Rn. 15; Udsching/Schütze/*Wahl* § 37 Rn. 8; Krauskopf/*Sieper* SGB XI § 37 Rn. 10 f.; BeckOK-SozR/*Giesbert* SGB XI § 37 Rn. 18; krit. KassKomm/*Leitherer* SGB XI § 37 Rn. 15, 27.

83 BSG, Urt. v. 17.12.2009 – B 3 P 5/08 R, SozR 4-3300 § 37 Nr. 3, juris Rn. 15; BSG, Urt. v. 24.7.2003 – B 3 P 4/02 R, BSGE 91, 174, juris Rn. 21.

84 Begutachtungs-RL v. 22.3.2021, 4.10.3, F 5.3.

85 BSG, Urt. v. 17.12.2009 – B 3 P 5/08 R, SozR 4-3300 § 37 Nr. 3, juris Rn. 15; vgl. *Heinz*, PflR 2014, 346. Zur subjektiven Qualität häuslicher Pflege: *Niens/Hille/Marggraf*, ZSR 2019, 115.

86 Zur Vereinbarkeit insbes. mit Art. 13 I GG vgl. BSG, Urt. v. 24.7.2003 – B 3 P 4/02 R, BSGE 91, 174, juris Rn. 21.

die eigentlich aus den Grundsätzen der Selbstbestimmung nach § 2 SGB XI und Eigenverantwortung nach § 6 SGB XI resultierende Möglichkeit, selbst die Pflege zu regeln, ihre Grenze.[87] Die häusliche Pflege ist nicht vorrangig vor der Sicherstellung der Pflege.[88]

Die Pflege während des Pflegegeldbezuges muss nicht zwingend durch eine Pflegeperson erfolgen.[89] Angesichts der nicht durch Versicherungsleistungen abgedeckten Kosten der professionellen Pflege und des dort prävalenten Zeit- und Personalmangels stellt sich die Angehörigenpflege aber für weite Teile der Bevölkerung alternativlos dar.[90] Wenn der Pflegebedürftige das Pflegegeld verwendet, um Pflegeleistungen durch eine erwerbsmäßige Pflegeperson zu erhalten,[91] muss er die Pflege insgesamt sicherstellen, also auch ergänzend eigene finanzielle Mittel einsetzen. Auch die häusliche Pflegehilfe wird nach § 36 III SGB XI – dem Teilleistungscharakter des § 4 II SGB XI entsprechend – nur bis zu einem nach dem Pflegegrad gestaffelten Gesamtwert erbracht.[92] §§ 36, 37 SGB XI beziehen sich zudem lediglich auf Leistungen innerhalb der Kriterien nach § 14 II SGB XI und auf die Haushaltsführung.[93]

---

87 BeckOK-SozR/*Giesbert* SGB XI § 37 Rn. 21.

88 Vgl. Begutachtungs-RL v. 22.3.2021, 4.10.3, F 5.3; Udsching/Schütze/*Udsching* § 3 Rn. 3.

89 Das Pflegegeld enthielt in § 37 I 2 SGB XI zunächst die Voraussetzung, dass eine Pflegeperson die Versorgung übernehme. Es kann aber auch zum Einsatz erwerbsmäßiger Pflegekräfte eingesetzt werden, die keine Leistungserbringer der Pflegeversicherung sind, BT-Drucks. 13/3696, 13.

90 Vgl. Bevölkerungsbefragung des Allensbacher Instituts im Rahmen des DAK Pflegereports 2019, S. 50 ff.

91 Also gerade nicht Sachleistungen im Sinne des § 36 SGB XI, da diese nur durch geeignete Pflegekräfte erbracht werden, die entweder von der Pflegekasse oder bei ambulanten Pflegeeinrichtungen, mit denen die Pflegekasse einen Versorgungsvertrag abgeschlossen hat, angestellt sind (vgl. BSG, Beschl. v. 17.3.2015 – B 3 P 1/15 S, B 3 P 1/15 B, NZS 2015, 508 juris Rn. 10; dazu kritisch *Weber/Philipp*, NZS 2016, 931) oder einen Einzelvertrag mit der Pflegekasse geschlossen haben, § 36 IV 2, 3 SGB XI. Per Einzelvertrag zugelassene Pflegekräfte dürfen nach § 77 I 3, 4 SGB XI kein Beschäftigungsverhältnis mit dem Pflegebedürftigen eingehen.

92 Abschlussbericht Evaluation PNG PSG I, S. 159: Bei Pflegebedürftigen in Privathaushalten fielen 2016 im Schnitt 269 EUR an zusätzlichen privaten Ausgaben im Zusammenhang mit der Pflege an. 25 % der Bezieher von ausschließlich Sachleistungen nahmen selbst finanzierte professionelle Hilfen in Anspruch (ebd., S. 157).

93 Im Rahmen des § 39 SGB XI ist im Gegensatz dazu der *plausible Pflegeaufwand* zu erstatten, nicht nur für die Verrichtungen nach § 14 II SGB XI (vgl. BSG, Urt. v. 17.5.2000 – B 3 P 8/99 R, SozR 3-3300 § 39 Nr. 2, juris Rn. 25). Zu beachten ist

Pflegepersonen haben daher eine tragende Rolle bei der Sicherstellung der Pflegeanteile, die nicht monetär oder als Sachleistung von der Pflegeversicherung übernommen werden. Sie ergänzen wesentlich die Teilabsicherung durch die Pflegeversicherung: Bei 93 % aller häuslich versorgten Pflegebedürftigen ist laut einer Studie mindestens eine Privatperson an der Pflege beteiligt.[94] Gleichzeitig wird vorausgesetzt, dass die Pflege schon aus privater Verpflichtung oder Verbundenheit erfolgt oder dass anderweitig Mittel für sie aufgebracht werden. Die Pflegepersonen sind eine „Ressource", mit deren nicht erwerbsmäßiger Arbeit die Ansprüche des Pflegebedürftigen sichergestellt werden können und werden als solche gefördert.[95] Ohne eine explizite Regelung der sozialen Sicherung als Pflegeperson würde eine Absicherung jedoch oftmals daran scheitern, dass bei einer familiären Prägung der Pflegetätigkeit das Vorliegen eines Beschäftigungsverhältnisses verneint wird – und zudem die Beschäftigungsähnlichkeit, womit auch ein Versicherungsschutz nach § 2 II SGB VII ausscheidet.[96]

(4) Zwischenergebnis

Es ist demnach festzustellen, dass die Pflegeperson die beschränkte Leistungspflicht nach dem SGB XI gegenüber dem Pflegebedürftigen ergänzt, indem sie die Pflege i. S. d. § 37 I 2 SGB XI sicherstellt bzw. den neben der häuslichen Pflegehilfe erforderlichen Pflegeanteil nach § 4 II SGB XI erbringt.

bb) Pflegeperson als Leistungsempfängerin in der Pflegeversicherung

Die Leistungen zur sozialen Sicherung der Pflegeperson unterscheiden sich von anderen sozialversicherungsrechtlichen Konstruktionen, in denen aus fremder Versicherung oder Mitgliedschaft abgeleitete Ansprüche entstehen, wie bei der Familienversicherung nach § 10 SGB V oder den Hinterbliebenenrenten nach §§ 46 ff. SGB VI.

---

aber die Begrenzung nach § 39 III SGB XI auf die Höhe des Pflegegeldes, wenn die Ersatzpflegeperson mit dem Pflegebedürftigen bis zum zweiten Grade verwandt oder verschwägert ist oder mit ihm in häuslicher Gemeinschaft lebt.

94 Abschlussbericht Evaluation PNG PSG I, S. 53.

95 *Brockmann*, in: Rechtstatsachen, 105 f. mit Verweis auf *Mätzke*, Leviathan 2011, 385; *Krasney*, SGb 1996, 253 f.

96 Dazu unten S. 258.

(1) Sekundärrisiko

Die Leistungen zur sozialen Sicherung der Pflegeperson erfolgen nicht zur Absicherung eines Sekundärrisikos, also aufgrund eines Wegfalls der Vorsorgefähigkeit, der im primär versicherten Risiko angelegt ist.[97]

Die Absicherung in einem anderen Versicherungszweig als Nebenleistung zu einer Primärleistung aus einer Versicherung erfolgt, wenn die Einbuße an sozialer Sicherung ein Sekundärrisiko des leistenden Versicherungszweiges darstellt. Dies ist etwa der Fall in der Arbeitslosenversicherung, wenn dem Leistungsträger der Entgeltersatzleistung auch das Sekundärrisiko des Vorsorgeverlusts durch die Beitragspflicht zur Rentenversicherung auferlegt wird.[98] So ist der Leistungsträger des Arbeitslosengeld(ALG I)-Anspruchs auch beitragspflichtig zur Rentenversicherung des Arbeitslosen, § 170 I Nr. 2b) SGB VI, da bei Arbeitslosigkeit mit dem Arbeitsentgelt grundsätzlich auch die Grundlage der Rentenversicherungspflicht entfällt. Die sachliche Zuständigkeit z. B. für eine Entgeltersatzleistung wird ganzheitlich erweitert um die Zahlungsverantwortung für die parallel notwendig zu erbringenden Leistungen zur Alterssicherung und so der Finanzierungsverantwortung der Rentenversicherung entzogen.[99]

Mit der Pflegebedürftigkeit einer Person entfällt für ihren Pfleger nicht unweigerlich die Grundlage seiner Alterssicherung, sodass ein Vorsorgeverlust damit einherginge. Dies wäre der Fall, wenn man davon ausgehen müsste, dass die Pflege nur anstatt einer Erwerbstätigkeit ausgeübt werden könnte. Schon das Gesetz selbst setzt aber mit § 3 S. 3 SGB VI voraus, dass eine Erwerbstätigkeit von mehr als 30 Stunden wöchentlich neben der Pflege erfolgen kann. Weiterhin ergibt sich hieraus, dass die soziale Sicherung nur subsidiär erfolgt. Der Vorsorgeverlust ist die mittelbare Folge der Förderung der häuslichen ehrenamtlichen Pflege, wenn die Pflegeperson zugunsten der Pflege nicht oder nur reduziert erwerbstätig ist. Ein Sekundärrisiko entsteht als Nebenkonsequenz des Leistungsfalls. Hier tritt die (mutmaßliche) Nebenkonsequenz schon nicht beim Versicherten selbst ein. Die Leistungen zur sozialen Sicherung der Pflegeperson erfolgen somit nicht als Absicherung eines Sekundärrisikos der Pflegebedürftigkeit.

---

97 Vgl. *Hase,* S. 196 f. m. w. N.; a. A. LPK-SGB XI/*Kuhn-Zuber* § 19 Rn. 3.

98 SRH/*Ruland* § 17 Rn. 7; eingehend *Ruland,* DRV 2008, 167.

99 *Rust,* SGb 2001, 649 (651); *Ruland,* DRV 1995, 28 (32); Hauck/Noftz/*Fichte* SGB VI § 3 Rn. 9.

(2) Anreiz zur Leistung auf das Primärrisiko

Eine Parallele ist vielmehr zu Anreizleistungen zu ziehen wie bei den Satzungsleistungen zur Prävention und Gesundheitsförderung nach § 20 SGB V, mit denen mittelbar versicherungsfreundliches Verhalten erreicht werden soll. Dazu gehört auch die über die Leistungen nach dem SGB XI hinausgehende Sicherstellung der Pflege. Über einen Ausgleich von Familienarbeit hinaus sollen Pflegegeld und soziale Sicherung der Pflegeperson gerade durch den Anreiz mittelbar die Versorgung des Pflegebedürftigen sicherstellen, also das Primärrisiko abdecken. Der Anreiz an die Pflegeperson soll dazu führen, dass sie als Ressource dazu bereitsteht, die sozialen Rechte des Pflegebedürftigen zu verwirklichen, während die Pflegeversicherung nur eine Teilabsicherung leistet.[100] Auch im Schadensersatzrecht wird die Leistung an die Pflegeperson dem Pflegebedürftigen zugeordnet.[101] Die Leistungen nach § 64f I SGB XII sind ebenfalls eine Nebenleistung zum Anspruch des Pflegebedürftigen.

cc) Zwischenergebnis

Die Pflegeperson erfüllt in der Pflegeversicherung eine vor allem leistende Funktion. Ihre Tätigkeit ergänzt die Teilleistungen der Pflegeversicherung und dient dem Vorrang der häuslichen Pflege. Auch als Empfängerin der Leistungen zur sozialen Sicherung steht aus Sicht der Pflegeversicherung nicht die Absicherung eines (ihres) Sekundärrisikos im Vordergrund, sondern ein Anreiz dafür, dass Leistungen übernommen werden, die das Primärrisiko der Pflegebedürftigkeit der gepflegten Person abdecken.

b) Pflege und Pflegebedürftigkeit

Da die Pflegeperson eine wesentliche Funktion in der Versorgung von Pflegebedürftigen im Teilleistungssystem der Pflegeversicherung erfüllt, stellt sich im Folgenden die Frage, welche Tätigkeiten der Pflegeperson rechtserheblich für ihre soziale Sicherung sind: lediglich Tätigkeiten, die durch das Teilleistungssystem

---

100 *Brockmann*, in: Rechtstatsachen, 105 (106); *Mätzke*, Leviathan 2011, 385 (401).

101 Tritt die Pflegebedürftigkeit durch Schädigung ein, stellen die Rentenversicherungsbeiträge der Pflegeperson des Geschädigten einen normativen Schaden nach § 843 BGB dar (BGH, Urt. v. 10.11.1998 – VI ZR 354/97, BGHZ 140, 39, juris Rn. 19). Der Ersatzanspruch für sie geht als Anspruch „des Geschädigten" nach § 116 SGB X auf die Pflegeversicherung über (BGH, Urt. v. 10.11.1998 – VI ZR 354/97, BGHZ 140, 39, juris Rn. 12 ff.); a. A. noch *Jahnke*, VersR 1996, 924; *Budel*, r + s 1997, 133 (134 f.); *Arnau*, NZV 1997, 30 (31); *Küppersbusch*, NZV 1997, 30 (31).

erbracht werden würden oder auch darüber hinausgehende Tätigkeiten, und was dies jeweils beinhaltet. Dies entscheidet, mit welchen Tätigkeiten der Mindestpflegeaufwand nach § 19 S. 2 SGB XI, die Erheblichkeitsschwelle zu den Leistungen zur sozialen Sicherung, erfüllt werden kann und welche Tätigkeit unfallversichert ist.

aa) Vorfrage: Akzessorietät der Pflegetätigkeit der Pflegeperson zur Pflegeversicherung

Pflegeperson ist, wer „pflegt“. Das SGB XI enthält keine Definition, was darunter zu verstehen ist. Unter den spezialgesetzlichen Regelungen definiert alleine § 2 I Nr. 17 SGB VII, dass die versicherte Tätigkeit pflegerische Maßnahmen in den in § 14 II SGB XI genannten Bereichen sowie Hilfen bei der Haushaltsführung nach § 18 Va 3 Nr. 2 SGB XI umfasst. Da die spezialgesetzlichen Regelungen im Verhältnis zu §§ 44, 19 SGB XI und auch im Verhältnis zueinander autonom auszulegen sind, ist aus dem Fehlen einer Aufzählung wie in § 2 I Nr. 17 SGB VII noch kein Gegenschluss möglich.[102] Mangels einer darüber hinausgehenden Definition der Pflegetätigkeit im SGB XI ist diese durch Auslegung zu ermitteln.[103]

Nach der Gesetzesbegründung zum PSG II sind „Pflege“ im Sinne der sozialen Sicherung der Pflegeperson alle pflegerischen Maßnahmen in den in § 14 II SGB XI genannten Bereichen sowie Hilfen bei der Haushaltsführung.[104] Hierfür sprechen auch der systematische Zusammenhang und der Zweck der Norm. Abzustellen ist auf die Pflegetätigkeiten, die durch professionelle Pflegekräfte im Rahmen der häuslichen Pflegehilfe nach § 36 SGB XI erbracht werden würden. Die Pflegeversicherung leistet nach § 4 II SGB XI bei häuslicher Pflege nur ergänzend zu familiärer, nachbarschaftlicher oder sonstiger ehrenamtlicher Pflege und Betreuung. Schon aus diesem Teilleistungsprinzip heraus besteht kein Raum für eine weite Auslegung der Leistungsvoraussetzungen.[105] Die Pflegeperson erfüllt eine grundsätzlich leistende Funktion in der Pflegeversicherung.[106]

---

102 BSG, Urt. v. 5.5.2010 – B 12 R 6/09 R, BSGE 106, 126, juris Rn. 20 ff.; a. A. noch LSG Essen, Urt. v. 3.6.2005 – L 4 RJ 58/04, rv 2006, 75, juris Rn. 41.

103 Vgl. BSG, Urt. v. 5.5.2010 – B 12 R 6/09 R, BSGE 106, 126, juris Rn. 14; BSG, Urt. v. 9.11.2010 – B 2 U 6/10 R, SozR 4-2700 § 2 Nr. 16, juris Rn. 18.

104 BT-Drucks. 18/5926, 129.

105 So schon zur alten Rechtslage auch BSG, Urt. v. 5.5.2010 – B 12 R 6/09 R, BSGE 106, 126, juris Rn. 19; BSG, Urt. v. 5.5.2010 – B 12 R 9/09 R, juris Rn. 19.

106 Bereits oben S. 50 ff.

Die Leistungen nach §§ 19, 44 SGB XI erfolgen aus der Versicherung des Pflegebedürftigen heraus aufgrund seines Leistungsfalls. Daraus folgt, dass sie und ihre Voraussetzungen *akzessorisch* zu den Leistungen an den Pflegebedürftigen sind und nicht günstigeren, leichter zu erfüllenden Bedingungen unterliegen können als diese.[107] Die „flankierende Maßnahme" der sozialen Sicherung geht nicht über die „Hauptregelung" der Pflegeversicherung hinaus.[108] Die Leistungen an die Pflegeperson sollen zwar ihre Bereitschaft fördern, die begrenzten Leistungen an den Pflegebedürftigen zu ergänzen. Dies führt aber nicht dazu, dass die Leistungen an die Pflegeperson frei von der grundsätzlichen Begrenzung sind, sondern das Strukturprinzip des § 4 II SGB XI wirkt hier fort.[109]

bb) Pflegerische Maßnahmen in den Bereichen des § 14 II SGB XI

Entscheidend ist daher, was die pflegerischen Maßnahmen in den in § 14 II SGB XI genannten Bereichen umfassen. Aufgrund der leistungsrechtlichen Funktion der Pflegeperson in der Pflegeversicherung ist auch deren versicherte Tätigkeit leistungsrechtlich zu bestimmen.

(1) Exkurs: Verrichtungen im Leistungsrecht statt als Versicherungsfall

Der Pflegebedürftigkeitsbegriff des § 14 I SGB XI beinhaltet, dass eine Person gesundheitlich bedingte Beeinträchtigungen der Selbstständigkeit oder der Fähigkeiten aufweist und aufgrund dessen körperliche, kognitive oder psychische Beeinträchtigungen oder gesundheitlich bedingte Belastungen oder Anforderungen nicht selbstständig ohne die Hilfe durch andere kompensieren oder bewältigen kann. Die konkreten Hilfstätigkeiten, die sie zur Kompensation und Bewältigung benötigt, sind nicht Teil des Pflegebedürftigkeitsbegriffs oder der Feststellung der Pflegebedürftigkeit. Stattdessen normiert § 14 II SGB XI einen Katalog an Kriterien, anhand derer die Schwere der Beeinträchtigungen der Selbstständigkeit oder der Fähigkeiten mit dem pflegefachlich begründeten neuen Begutachtungsinstrument (NBA) des § 15 SGB XI in Verbindung mit den Anlagen 1 und 2 erfasst wird. Hierin unterscheiden sich der Begriff der

107 Vgl. LSG Celle, Urt. v. 12.2.2002 – L 3 P 7/01, juris Rn. 19; LSG Stuttgart, Urt. v. 27.1.2010 – L 2 R 2922/08, juris Rn. 31 f. Nicht entschieden in BSG, Urt. v. 23.9.2003 – B 12 P 2/02 R, SozR 4-2600 § 3 Nr. 1, juris Rn. 22 aber noch mit Tendenz in diese Richtung.

108 So schon zur alten Rechtslage LPK-SGB VII/*Richter* § 2 Rn. 204 (4. Aufl. 2014).

109 Vgl. BSG, Urt. v. 5.5.2010 – B 12 R 6/09 R, BSGE 106, 126, juris Rn. 22; BSG, Urt. v. 5.5.2010 – B 12 R 9/09 R, juris Rn. 22.

Pflegebedürftigkeit des PSG II und deren Feststellung maßgeblich von der früheren Rechtslage.

Nach § 14 I SGB XI a. F. war die Hilfe zu bestimmten gewöhnlichen und regelmäßig wiederkehrenden Verrichtungen im Ablauf des täglichen Lebens Anknüpfungspunkt der Pflegebedürftigkeit. § 14 IV SGB XI a. F. zählte die Verrichtungen als Kriterien der Pflegebedürftigkeit auf. Die Hilfe im Sinne des § 14 I SGB XI a. F. bestand nach § 14 III SGB XI a. F. in der Unterstützung, in der teilweisen oder vollständigen Übernahme der Verrichtungen im Ablauf des täglichen Lebens oder in Beaufsichtigung oder Anleitung mit dem Ziel der eigenständigen Übernahme dieser Verrichtungen. Eruiert wurde nach § 15 III SGB XI a. F.[110] der Zeitaufwand eines Familienangehörigen oder einer anderen, nicht als Pflegekraft ausgebildeten Pflegeperson für die benötigten Verrichtungen aus diesem Katalog.[111] Die früheren Pflegestufen waren mit dem Zeitaufwand auch an den Kosten des Hilfebedarfs orientiert.[112] Die Pflegetätigkeit der Pflegeperson war somit bestimmend für den Leistungsfall.

Die Kriterien des § 14 II SGB XI n. F. lassen sich dagegen oftmals nicht „nahtlos" in eine bestimmte Pflegetätigkeit übertragen, da personenbezogen die Fähigkeiten und Selbstständigkeit erhoben werden, sodass sich ein generelles Bild des Pflegebedürftigen ergibt, ohne eine Fokussierung auf bestimmte Tätigkeiten. So wird bei dem „Erkennen von Personen aus dem näheren Umfeld" aus Modul 2 eine reine Fähigkeit ermittelt, ohne dass damit eine bestimmte Hilfe oder Belastung der Pflegeperson korrespondiert.[113]

Der neue Pflegebedürftigkeitsbegriff sollte gerade keinen konkreten Bedarf innerhalb der Pflegegrade abbilden, sondern den Grad der Selbstständigkeit.[114] Der Pflegegrad lässt nicht auf das quantitative Ausmaß des Kompensationsbedarfs schließen.[115] Der (Pflege-)Bedarf bezeichnet nicht mehr das „Maß des

---

110 Die Zeitvorgaben wurden erst mit dem 1. SGB XI-ÄndG gesetzlich festgeschrieben, um Transparenz und Rechtssicherheit zu verstärken (BT-Drucks. 13/4091, 41). Zuvor wurden die Zeitangaben in der Pflegebedürftigkeits-RL und der Begutachtungsanleitung vorgesehen und von der Begutachtungspraxis angewendet. Hierzu *Udsching*, VSSR 1996, 271.

111 Hierzu LPK-SGB XI/*Klie* Vor §§ 14–19 Rn. 2 (4. Aufl. 2014).

112 BeckOK-SozR/*Pfitzner* SGB XI § 14 Rn. 40 ff.

113 Vgl. BeckOK-SozR/*Pfitzner* SGB XI § 14 Rn. 44, 46.

114 BT-Drucks. 18/9518, 86.

115 BeckOK-SozR/*Pfitzner* SGB XI § 14 Rn. 52 ff. Insofern bestehe im allgemeinen Beeinträchtigungsausgleich eine Parallele der Neuausrichtung der Pflegeversicherungsleistungen zum Blindengeld, dessen Anspruch nicht von einem bestimmten Bedarf

Benötigten".[116] Mit dem neuen Verständnis von Pflegebedürftigkeit sollte der Fokus von einer defizitorientierten, verrichtungsbezogenen („benötigt wöchentlich x Minuten Hilfe zur Ganzkörperwäsche") zu einer Betrachtung des Ausmaßes der Selbstständigkeit des Pflegebedürftigen („kann die Körperwäsche selber durchführen, aus Sicherheitsgründen aber nicht ohne Anwesenheit einer anderen Person") wechseln.[117]

Dennoch versichert die Pflegeversicherung weiter das Risiko einer Beeinträchtigung der Selbstständigkeit und der Fähigkeiten, für deren Ausgleich dann Leistungen gewährt werden sollen – eine gewisse Defizitorientierung ist dem versicherten Risiko immanent.[118] Nach *Pfitzner* kommt man der tatsächlichen Bedeutung näher, wenn man gedanklich den Begriff der Pflege durch den Begriff der „Ausgleichsleistungen für Beeinträchtigungen" ersetzt.[119]

Der Pflegebegriff setzt weiter auch nach Aufgabe des strengen Verrichtungsbezugs voraus, dass eine gewisse räumliche Nähe gegeben ist. Die Beaufsichtigung rein durch Videoüberwachung ist daher keine Pflegetätigkeit in diesem Sinne.[120] Die Unterstützung durch organisatorische, koordinierende oder administrative Hilfe zur Pflege aus der Ferne oder Betreuung insbesondere mithilfe technischer Hilfsmittel durch sogenannte „Distance Caregivers" wird in der Zukunft eine weitere Rolle spielen.[121] Hier hat der Gesetzgeber mit der Ausweitung des Leistungsspektrums auf digitale Pflegeanwendungen nach §§ 39a, 40a, 40b, 78b SGB XI zuletzt einen großen Schritt getan.[122]

(2) Abschließender Katalog

Der Katalog der wesentlichen Aspekte der Pflegebedürftigkeit ist abschließend normiert.[123] In § 14 II SGB XI werden Kriterien abschließend aufgezählt, die für das Vorliegen von gesundheitlich bedingten Beeinträchtigungen

abhängig gemacht werde (ebd. Rn. 94). Zur Pauschalierung der Rentenversicherungsbeiträge siehe S. 178 ff.

116 BeckOK-SozR/*Pfitzner* SGB XI § 14 Rn. 5.

117 Vgl. BT-Drucks. 18/5926, 119. Krit. zur Umsetzung BeckOK-SozR/*Pfitzner* SGB XI § 14 Rn. 82 ff.

118 BeckOK-SozR/*Pfitzner* SGB XI § 14 Rn. 48a ff.; Hauck/Noftz/*Luthe* SGB XI § 14 Rn. 25; GesR/*P. Baumeister* SGB XI § 14 Rn. 35.

119 BeckOK-SozR/*Pfitzner* SGB XI § 14 Rn. 7.

120 BT-Drucks. 18/5926, 120.

121 Hierzu Bericht des Beirats zur Vereinbarkeit von Pflege und Beruf, 19 f. m. w. N.

122 Hierzu *Braun*, NZS 2021, 710.

123 BT-Drucks. 18/5926, 109 ff.

der Selbstständigkeit oder der Fähigkeiten maßgeblich sind. Der Aufzählung ist wie schon nach alter Rechtslage kein „insbesondere" vorangestellt, das auf einen beispielhaften, nicht abschließenden Charakter der Aufzählung schließen ließe.[124] Darüber hinaus liegt der Auswahl der 64 Kriterien ein achtjähriger Prozess zugrunde, bei dem diese entsprechend dem Stand der pflegefachlichen Forschung entwickelt, fachwissenschaftlich abgesichert und praktisch erprobt wurden und nun in ihrer Gesamtschau und Gewichtung eine Einordnung in Leistungsgruppen ergeben sollen.[125] Die konkreten Kriterien werden unter die folgenden sechs Bereiche bzw. Module gefasst: (1) Mobilität, (2) kognitive und kommunikative Fähigkeiten, (3) Verhaltensweisen und psychische Problemlagen, (4) Selbstversorgung, (5) Bewältigung von und selbstständiger Umgang mit krankheits- oder therapiebedingten Anforderungen und Belastungen und (6) Gestaltung des Alltagslebens und sozialer Kontakte. Der abschließende Charakter des Katalogs der maßgeblichen Kriterien spiegelt wider, dass die Pflegebedürftigkeit umfassend erfasst sein soll[126] und verhindert den Eingriff in die gesetzgeberische Wertentscheidung zur Gewichtung der Schwere der Beeinträchtigung und des wiedergegebenen pflegefachlichen aktuellen Stands.

Allein die Kriterien des Moduls 3 (Verhaltensweisen und psychische Problemlagen) sind nicht abschließend gefasst, sondern erfassen neben den dort genannten Beispielen auch „sonstige pflegerelevante inadäquate Handlungen".[127] Die Module werden bei der Feststellung der Pflegebedürftigkeit nach § 15 II 8 SGB XI gegeneinander gewichtet, sodass eine Überbewertung des Moduls 3 trotz dieser Öffnung nicht droht. Um die gesetzgeberischen Entscheidungen nicht zu verfälschen, sind die Kriterien des § 14 II SGB XI n. F. nicht ausweitend „lebensnah" am allgemeinen Sprachgebrauch auszulegen, sondern am Maßstab der pflegefachlichen Begründung.[128]

---

124 Vgl. zu § 14 IV SGB XI a. F. *Baumeister*, VSSR 2000, 399 (403); LPK-SGB XI/*Klie*, Vor §§ 14–19 Rn. 7 (4. Aufl. 2014).

125 BT-Drucks. 18/5926, 109 f.; KassKomm/*Weber* SGB XI § 14 Rn. 10.

126 Vgl. BT-Drucks. 18/5926, 60, 109.

127 Begutachtungs-RL v. 22.3.2021, 4.9.3, F 4.3; KassKomm/*Weber* SGB XI § 14 Rn. 10.

128 Hauck/Noftz/*Luthe* SGB XI § 14 Rn. 29. BeckOK-SozR/*Pfitzner* SGB XI § 14 Rn. 179 ff., 183 will am Gesetzeswortlaut auslegen, da es an einer Konkretisierung der „Pflegebedürftigkeit" außerhalb der festgelegten Kriterien fehle. Zur „lebensnahen" Auslegung der Kriterien nach alter Rechtslage BSG, Urt. v. 27.8.1998 – B 10 KR 4/97 R, BSGE 82, 276 juris Rn. 17; BSG, Urt. v. 31.8.2000 – B 3 P 14/99 R, SozR 3-3300 § 14 Nr. 15, juris Rn. 18.

Die abschließende Aufzählung umfasst zahlreiche Bereiche, die nach alter Rechtslage vom Begriff der Pflegebedürftigkeit ausgenommen waren und somit auch die Leistungspflicht der als „Teilkasko"-Versicherung ausgelegten sozialen Pflegeversicherung begrenzten. § 14 IV SGB XI a. F. bestimmte in erster Linie den Versicherungsfall, für den unter dem Gesichtspunkt der Rechtssicherheit eindeutige Kriterien geschaffen und justiziabel gemacht werden sollten.[129]

Nicht umfasst vom Pflegebedürftigkeitsbegriff und den Leistungen nach dem SGB XI ist weiterhin, was in der Gesetzesbegründung zum PflegeVG unter „ergänzende Pflege und Betreuung i. S. v. § 4 II 1 SGB XI" gefasst wurde.[130]

Der Begriff der ergänzenden Pflege und Betreuung umfasst in einem ganzheitlichen Ansatz die gesamte auch psychosoziale Versorgung eines Pflegebedürftigen über die Leistungen der häuslichen Pflege hinaus, etwa auch die Bildung, Erholung und Kommunikation.[131] Auch im umfassenden Ansatz des Pflegebedürftigkeitsbegriffs nach dem PSG II unterstreichen der abschließende Charakter des § 14 II SGB XI und die daraus folgende Begrenzung des Berechtigtenkreises weiter den Teilabsicherungscharakter der Pflegeversicherung.[132]

(3) Pflegerische Maßnahmen nach dem Leistungsrecht

Die Pflegeperson erfüllt auf ehrenamtlicher Basis die Funktion der häuslichen Pflegehilfe. Die ehrenamtliche „Pflege" durch die Pflegeperson ist daher deckungsgleich mit der häuslichen Pflegehilfe nach § 36 I 1 SGB XI, die körperbezogene Pflegemaßnahmen, pflegerische Betreuungsmaßnahmen und Hilfen bei der Haushaltsführung umfasst.[133]

Der in § 14 I SGB XI n. F. vorausgesetzte Hilfebedarf wird nicht definiert. Der Maßstab des §§ 14, 15 SGB XI i. V. m. den Anl. 1 und 2 berücksichtigt teilweise den bestehenden Hilfebedarf (z. B. im Modul 5), teilweise bedient er sich aber Kriterien, denen keine bestimmte Tätigkeit oder Belastung des Pflegenden gegenübersteht.[134]

---

129 BT-Drucks. 12/5262, 95; *Schulin*, NZS 1994, 433 (438); *Welti*, SoFo 2010, 39 (40 f.); KassKomm/*Weber* SGB XI § 14 Rn. 2: bis heute. Kritik schon früh bei *Udsching*, VSSR 1996, 271 (277 ff.).

130 Vgl. BT-Drucks. 12/5262, 101 für den Begriff.

131 KassKomm/*Koch* SGB XI § 4 Rn. 8; Hauck/Noftz/*Schwedler* SGB XI § 4 Rn. 16; BT-Drucks. 12/5262, 90.

132 Vgl. BT-Drucks. 18/5926, 109.

133 BT-Drucks. 18/5926, 151; Udsching/Schütze/*Rasch* § 44 Rn. 41.

134 BeckOK-SozR/*Pfitzner* SGB XI § 14 Rn. 42.

Soweit sich die Kriterien auf bestimmte Verrichtungen übertragen lassen, ist als Pflegetätigkeit in diesen Bereichen in Anlehnung an § 14 III SGB XI a. F. jedenfalls die Unterstützung, die teilweise oder vollständige Übernahme der Verrichtungen und die Beaufsichtigung oder Anleitung mit dem Ziel der eigenständigen Übernahme dieser Verrichtungen umfasst. Mit der Reform durch das PSG II sollten diese Formen der Hilfeleistung nicht mehr den Leistungsfall der Pflegebedürftigkeit bestimmen, aber als Leistungen beibehalten werden.[135] Darüber hinaus sind auch solche Hilfen in Form von Anleitung, Motivation und Schulung von der Pflege umfasst, die die Selbstständigkeit und Fähigkeiten des Pflegebedürftigen stärken, insbesondere in den Bereichen kognitive und kommunikative Fähigkeiten, Verhaltensweisen und psychische Problemlagen, Bewältigung von und selbstständiger Umgang mit krankheits- oder therapiebedingten Anforderungen und Belastungen und Gestaltung des Alltagslebens und sozialer Kontakte.[136]

Bei einer Einschränkung der Selbstständigkeit ist jede personelle Hilfe als Pflege in diesem Sinne zu werten, die als unterstützende Handlung notwendig wird. Hier ist eine Orientierung an den Begutachtungsrichtlinien möglich, die die Stufen der Selbstständigkeit anhand der notwendigen bzw. ausreichenden Unterstützungshandlungen differenzieren.

Als Hilfestellungen kommen bei überwiegender Selbstständigkeit das unmittelbare Zurechtlegen oder Richten von Gegenständen, die Aufforderung zur Durchführung der Tätigkeit, die Unterstützung bei der Entscheidungsfindung, eine partielle Beaufsichtigung und Kontrolle, die punktuelle Übernahme von Teilhandlungen der Aktivität und die Anwesenheit aus Sicherheitsgründen infrage.[137] Bei überwiegender Unselbstständigkeit kommen als weitergehende Unterstützung die ständige motivierende Begleitung einer Aktivität, die ständige Anleitung, die ständige Beaufsichtigung und Kontrolle und die Übernahme von Teilhandlungen infrage. Bei Unselbstständigkeit reichen diese Tätigkeiten nicht mehr aus, sondern alle oder nahezu alle Teilhandlungen müssen anstelle des Pflegebedürftigen durchgeführt werden.[138] Diese Tätigkeiten sind daher vom Begriff der Pflegetätigkeit umfasst.

---

135 Krauskopf/*Gebhardt* SGB XI § 14 Rn. 7.

136 BT-Drucks. 18/5926, 110.

137 Vgl. Begutachtungs-RL v. 22.3.2021, 4.8.3.

138 Vgl. Begutachtungs-RL v. 22.3.2021, 4.8.3.

(4) Insbesondere: Betreuungsleistungen

Auch pflegerische Betreuungsleistungen sind Pflegetätigkeiten i. S. d. §§ 19, 44 SGB XI. Als pflegerische Betreuungsmaßnahmen kommen die in § 36 II 3 SGB XI genannten Unterstützungsleistungen zur Bewältigung und Gestaltung des alltäglichen Lebens im häuslichen Umfeld infrage, insbesondere Unterstützung bei der Bewältigung psychosozialer Problemlagen oder von Gefährdungen, bei der Orientierung, Tagesstrukturierung, Kommunikation, Aufrechterhaltung sozialer Kontakte oder bedürfnisgerechten Beschäftigungen im Alltag und Maßnahmen zur kognitiven Aktivierung.[139] Als Beschäftigungen, die den individuellen Bedürfnissen Rechnung tragen, kommen z. B. Musik hören, Zeitung lesen oder das Betrachten von Fotoalben infrage.[140]

Pflegerische Betreuungsmaßnahmen fallen insbesondere aufgrund von Einschränkungen im Bereich der kognitiven und kommunikativen Fähigkeiten (Modul 2) und Verhaltensweisen und psychischen Problemlagen (Modul 3) an. Bei der Einstufung in einen Pflegegrad werden Modul 2 und 3 nach § 15 II 8 Nr. 2 SGB XI zusammen mit 15 % gewichtet, sodass auch die schwerste Beeinträchtigung in diesen Bereichen, die eine ständige Anwesenheit der Pflegeperson erfordert, nicht zur Einstufung mit dem höchsten Pflegegrad führen kann, wenn weitere Fähigkeiten nicht beeinträchtigt sind.

Kognitiv und psychisch beeinträchtigte Pflegebedürftige erreichten nach alter Rechtslage aufgrund der Beschränkung auf bestimmte körperbezogene Pflegemaßnahmen in § 14 IV SGB XI a. F. durchschnittlich geringere Pflegestufen als Pflegebedürftige mit körperlichen Beeinträchtigungen, was durch das PSG II ausgeglichen werden sollte.[141] Ohne Verrichtungsbezug war eine „allgemeine" Beaufsichtigung und Betreuung lediglich ergänzende Pflege und Betreuung nach § 4 II 1 SGB XI und auch für §§ 19, 44 SGB XI unbeachtlich.[142]

---

139 Dies nimmt Bezug auf § 124 II SGB XI i. d. F. v. 1.1.2013 bis 31.12.2016, vgl. BT-Drucks. 18/5926, 120.

140 BT-Drucks. 18/6688, 140.

141 Vgl. BT-Drucks. 18/5926, 107 f., 119.

142 Vgl. BSG, Urt. v. 5.5.2010 – B 12 R 6/09 R, BSGE 106, 126, juris Rn. 13 m. zust. Anm. Marschner; Parallelentscheidung BSG, Urt. v. 5.5.2010 – B 12 R 9/09 R, juris Rn. 13 ff.; BSG, Urt. v. 6.10.2010 – B 12 R 21/09 R, SGb 2010, 705, juris Rn. 11; BSG, Urt. v. 28.9.2011 – B 12 R 9/10 R, SozR 4-2600 § 3 Nr. 6 juris Rn. 18; BSG, Urt. v. 4.12.2014 – B 5 RE 4/14 R, SGb 2015, 92, juris Rn. 14. Anders die ganz herrschende Ansicht zuvor: BT-Drucks. 12/5262, 101; LSG Mainz, Urt. v. 29.4.2009 – L 4 R 46/08, juris Rn. 29; LSG Mainz, Urt. v. 21.5.2008 – L 4 R 27/08, juris Rn. 23; LSG Hamburg, Urt. v. 8.11.2007 – L 3 R 202/05, juris Rn. 27; LSG Chemnitz, Urt. v. 20.9.2006 – L 4 P 17/

Unter Aufgreifen der Kritik der Pflegewissenschaften soll der mit dem PSG II in Kraft getretene Pflegebedürftigkeitsbegriff umfassend die Beeinträchtigung von Selbstständigkeit und Fähigkeiten erfassen.[143] Das neue Begutachtungsinstrument nach § 15 SGB XI bietet eine detailliertere und umfassendere[144] Berücksichtigung der bisherigen Kriterien und zusätzliche Berücksichtigung von Einschränkungen in den Bereichen „kognitive und kommunikative Fähigkeiten", „Verhaltensweisen und psychische Problemlagen", „Bewältigung von und selbstständiger Umgang mit krankheits- oder therapiebedingten Anforderungen und Belastungen" und „Gestaltung des Alltagslebens und sozialer Kontakte". Die Fähigkeiten des Pflegebedürftigen werden nach der Anl. 1 zu § 15 SGB XI daraufhin untersucht, ob er die Tätigkeiten/Fähigkeiten in den Modulen noch selbstständig, überwiegend selbstständig, überwiegend unselbstständig oder unselbstständig erfüllen kann. Physische wie psychische Einschränkungen werden in einer einheitlichen Begutachtung erfasst.

Für Personen mit „erheblich eingeschränkter Alltagskompetenz" (PEA), mit einem erheblichen Bedarf an allgemeiner Beaufsichtigung und Betreuung, wurden zuletzt vor der Reform durch das PSG II im Leistungsrecht in §§ 45a, 45b sowie §§ 123, 124 SGB XI a. F. Zusatzleistungen vorgesehen. Die Feststellung der beschränkten Alltagskompetenz als Leistungsvoraussetzung erfolgte getrennt zur Feststellung der Pflegestufe als Versicherungsfall. Die Leistungen zur sozialen Sicherung der Pflegepersonen wurden nicht in Hinblick auf die Betreuung der PEA ergänzt.

Ohne einen anderweitigen, verrichtungsbezogenen Hilfebedarf lag keine Pflegebedürftigkeit vor, sodass die Pflegepersonen dieser Personen auch keine Leistungen nach § 44 SGB XI erhielten.[145]

Mit dem gleichberechtigten Aufgehen der „eingeschränkten Alltagskompetenz" im neuen Pflegebedürftigkeitsbegriff können Pflegebedürftige mit lediglich

03, juris Rn. 31; LSG Essen, Urt. v. 3.6.2005 – L 4 RJ 58/04, rv 2006, 75, juris Rn. 40 f. KassKomm/*Gürtner* SGB XI § 19 Rn. 13 (51. EL 2006); Udsching/*Udsching* § 19 Rn. 14 (2. Aufl. 2000); Hauck/Noftz/*Wagner* SGB XI § 19 Rn. 27 (27. EL 2007); Krauskopf/*Linke* § 44 Rn. 12 (60. EL Jan. 2008); LPK-SGB XI/*Gallon* § 19 Rn. 10 (3. Aufl. 2009); *Schmitt*, § 2 Rn. 128 (2. Aufl. 2004); Schulin HS-PV/*Leitherer* § 19 Rn. 36; *Koch*, WzS 2002, 97 (100); *Maschmann*, SGb 1995, 325 (326); *Schmitt*, RdA 1997, 86 (88).

143 Siehe hierzu GKV-Spitzenverband (Hrsg.), Maßnahmen zur Schaffung eines neuen Pflegebedürftigkeitsbegriffs.

144 GesR/*P. Baumeister* SGB XI § 14 Rn. 47 (1. Aufl 2015).

145 KassKomm/*Gürtner* SGB VI § 3 Rn. 6 (EL 87 Sept. 2015).

körperlichen Einschränkungen nach neuem Recht nicht mehr wie zuvor mit Pflegestufe III den höchsten Pflegegrad 5 erreichen.[146]

Die pflegerische Betreuung ist mit dem PSG II zur gleichwertigen und regelhaften Leistung geworden.[147]

Nach neuer Rechtslage stellt sich die Frage, wie sich die Betreuungsleistungen von Tätigkeiten abgrenzen lassen, die auf dem Zusammenleben mit dem Pflegebedürftigen beruhen und ob eine zeitliche Grenze ihrer Berücksichtigungsfähigkeit besteht.

(a) Bezug zu einem Kriterium des § 14 II SGB XI

Aufgrund des weiterhin abschließenden Leistungsfalls (vgl. S. 61) müssen Beaufsichtigung und Betreuung einem Kriterium des § 14 II SGB XI zuzuordnen sein, damit sie für die Leistungen an die Pflegeperson berücksichtigungsfähig sind. Eine nicht in einem Kriterium der Pflegebedürftigkeit begründete Betreuung ist daher weiter unbeachtlich.[148] Die Abgrenzung der Pflege und Betreuung zu Tätigkeiten, die im gemeinsamen Zusammenleben anfallen, ist durch den neuen Pflegebedürftigkeitsbegriff erschwert.[149] Auch hier ist letztlich der Bezug zu einem Kriterium des § 14 II SGB XI entscheidend.

(b) Begrenzung der Berücksichtigungsfähigkeit

Bei der Pflegetätigkeit der Pflegeperson ist nicht nach deren Belastungsgrad zu differenzieren. Die Berücksichtigung der Tätigkeiten ist auch nicht anderweitig begrenzt.

Die Pflegetätigkeit der Pflegeperson unterliegt keiner Gewichtung der Module wie die Feststellung der Pflegebedürftigkeit selbst. Es kann also mit der Tätigkeit aus nur einem Bereich die Mindestpflegezeit erfüllt werden.

Dies gilt auch, wenn eine Tätigkeit zeitlich mehr Raum einnimmt als das Kriterium im Rahmen der Pflegebedürftigkeit, auf dem sie beruht.

Es kommt auch nicht auf eine bestimmte Beanspruchung der Pflegeperson an. Unter Bezug auf die Feststellung der Pflegebedürftigkeit findet sich keine

---

146 BeckOK-SozR/*Pfitzner* SGB XI § 14 Rn. 66 ff. zur „Herabstufung" somatisch Erkrankter. Mittelbar zeige der Gesetzgeber durch die Entwertung, dass er die bisherige Anerkennung für den Pflegeaufwand der Pflegepersonen der Betroffenen durch das Pflegegeld für überbewertet halte (ebd. Rn. 74).

147 BT-Drucks. 18/5926, 120.

148 Vgl. *Bereiter-Hahn/Mehrtens* § 2 Rn. 33.10.

149 BeckOK-SozR/*Pfitzner* SGB XI § 14 Rn. 138.

Grundlage für eine Mindestschwelle für den Belastungsgrad der Pflegeperson, da ausdrücklich auch geringe Beeinträchtigungen der Selbstständigkeit bereits in die Begutachtung des Pflegebedürftigen einfließen. Die Beaufsichtigung eines Pflegebedürftigen, die neben der bloßen Präsenz und Kontrolle nur in geringem Maße Tätigwerden erfordert, zählt daher voll in die Mindestpflegezeit.[150] Ein Beaufsichtigungsbedarf ist nicht nur erheblich, wenn er eine Pflegeperson zeitlich und örtlich bindet und an anderen Tätigkeiten hindert.[151]

Demenzbedingte Einschränkungen der kognitiven und kommunikativen Fähigkeiten können ein ständiges Sich-bereit-Halten erfordern, ohne dass konkret eingegriffen werden müsste. Dies ist voll zu berücksichtigen und kann zeitlich außerordentlich ins Gewicht fallen, etwa bei einer selbstschädigenden Tendenz (Modul 3). Auch in anderen Bereichen kann es zu erheblichen Zeiten kommen, wenn die Pflegeperson anwesend sein, aber selbst keine weitere Verrichtung vornehmen muss, z. B. bei der Begleitung zu zeitlich ausgedehnten Besuchen medizinischer oder therapeutischer Einrichtungen (Modul 5).

Nach altem Recht ließ sich die Betreuungstätigkeit oftmals schon nicht anhand des Pflegebedürftigkeitsbegriffs abbilden, weil ein Verrichtungsbezug vorliegen musste.[152] Ein Bedarf an ständiger Anwesenheit und Aufsicht der Pflegeperson zur Vermeidung einer möglichen Selbst- oder Fremdgefährdung wurde nicht als Pflegebedarf berücksichtigt, weil dies keinem der in § 14 SGB XI a. F. genannten Pflegebereiche, Verrichtungen oder Hilfeleistungen entsprach und daher unerheblich war. Zu den Hilfeleistungen nach § 14 III SGB XI a. F. zählten zwar auch die Beaufsichtigung und Anleitung des Pflegebedürftigen. Selbst wenn ein Verrichtungsbezug vorlag, wurde eine Beaufsichtigung und Kontrolle durch die Pflegeperson nach der Rechtsprechung aber nur berücksichtigt, soweit die Pflegeperson dabei nicht nur verfügbar und einsatzbereit, sondern auch zeitlich und örtlich in der Weise gebunden war, dass sie an der Erledigung anderer Dinge

---

150 Anders noch BSG, Urt. v. 26.11.1998 – B 3 P 13/97, SozR 3-3300 § 14 Nr. 8.

151 A. A. Hauck/Noftz/*Luthe* SGB XI § 14 Rn. 29, der an der bisherigen Rspr. festhält.

152 Hierzu BSG, Urt. v. 26.11.1998 – B 3 P 13/97, SozR 3-3300 § 14 Nr. 8, juris Rn. 20; zur Ungleichbehandlungsproblematik: BVerfG, Nichtannahmebeschl. v. 22.5.2003 – 1 BvR 1077/00, SozR 4-3300 § 14 Nr. 1; BVerfG, Nichtannahmebeschl. v. 22.5.2003 – 1 BvR 452/99; Anm. *Baumeister*, NZS 2004, 191. LPK-SGB XI/*Klie* Vor §§ 14–19 Rn. 7 (4. Aufl. 2014); *Roller*, Pflegebedürftigkeit, S. 247 ff.; *Baumeister*, VSSR 2000, 399 (448 ff.); 4. Altenbericht, BT-Drucks. 14/8822, 326.

(z. B. der allgemeinen Haushaltsführung) oder am Schlafen gehindert war.[153] Die Beaufsichtigung und Kontrolle waren also praktisch nur dann als Hilfe berücksichtigungsfähig, wenn sie ihrer Intensität nach der Übernahme der Verrichtung für den Pflegebedürftigen gleichkamen.[154] Ein Bedarf an einer Hilfsperson, die sich im häuslichen Umfeld stets ruf- und einsatzbereit hielt, dieses kaum verlassen konnte, aber andere Tätigkeiten vornehmen konnte, blieb also unberücksichtigt, selbst wenn die Hilfsperson sich zu einer „Katalog-Verrichtung" bereithielt.[155]

Dies ist überholt. Die Hauptbefürchtung nach alter Rechtslage war aufgrund der doppelten Anknüpfung an Pflegezeiten nicht nur für die Leistungen an die Pflegeperson, sondern vor allem für die Feststellung der Pflegestufe, dass eine vollumfängliche Berücksichtigung zur höheren Pflegestufe hätte führen können, ohne dass dies der „tatsächlichen Belastung" der Pflegeperson entsprochen hätte.[156] Die Abkehr von der Zeitbemessung und die Gewichtung der Module verhindern diese befürchtete Überbewertung bei der Feststellung der Pflegebedürftigkeit.[157] Eine Überbewertung ist bei der Absicherung der Pflegeperson nicht zu erwarten.

---

153 BSG, Beschl. v. 8.5.2001 – B 3 P 4/01 B, juris Rn. 4; BSG, Urt. v. 24.6.1998 – B 3 P 4/97 R, SozR 3-3300 § 14 Nr. 5, juris Rn. 12; BSG, Urt. v. 19.2.1998 – B 3 P 7/97 R, SozR 3-3300 § 15 Nr. 1, juris Rn. 13; BSG, Urt. v. 19.2.1998 – B 3 P 6/97 R.

154 BSG, Beschl. v. 8.5.2001 – B 3 P 4/01 B, juris Rn. 4; kritisch *Baumeister*, VSSR 2000, 399 (422 ff.).

155 Beispiel: Wenn ein Pflegebedürftiger aufgrund der Gefahr plötzlich eintretender Unterzuckerungen durch eine Diabetes-mellitus-Erkrankung einen allgemeinen Aufsichtsbedarf hatte, zählte dies also nicht in die Pflegebedürftigkeit, weil die Einsatzbereitschaft noch keine Hilfeleistung nach § 14 III SGB XI a. F., sondern nur eine Voraussetzung für die Möglichkeit der Hilfeleistung darstellte. Soweit tatsächlich bei einer Unterzuckerung durch die Pflegeperson z. B. Zucker in Form von Saft zugeführt wurde, war dies grundsätzlich eine Hilfe bei der Ernährung nach § 14 IV SGB XI a. F., für die der Zeitaufwand zu bemessen war (BSG, Urt. v. 6.8.1998 – B 3 P 17/97 R, SozR 3-3300 § 14 Nr. 6, juris Rn. 14). Auch wenn sich die Pflegeperson also stets bereithalten musste, um bei einer Unterzuckerung einzuschreiten, war nur der kurze Zeitaufwand für die konkrete Verrichtung des Einflößens des Saftes, soweit es stattfinden musste, berücksichtigungsfähig: Er fiel also gegebenenfalls gar nicht ins Gewicht, weil es zu selten „zum Ernstfall" kam und dieser in zu kurzer Zeit zu beheben war.

156 Vgl. BSG, Urt. v. 26.11.1998 – B 3 P 13/97, SozR 3-3300 § 14 Nr. 8, juris Rn. 19.

157 Auch noch geringe Selbstständigkeit und Fähigkeiten führen im Gegenzug dazu, dass die Beeinträchtigung nicht mit der höchsten Einzelpunktzahl berücksichtigt wird. Gleichzeitig kann bei einer Verteilung jeweils leichter Beeinträchtigungen auf verschiedene Module ein verhältnismäßig hoher Pflegegrad erreicht werden, hierzu

Für die Pflegeperson ist gegebenenfalls leichter als nach altem Recht, die Mindestpflegezeit nach § 19 S. 2 SGB XI zu erreichen. Dies beruht aber im vorliegenden Fall wesentlich auf einer Erweiterung des Pflegebedürftigkeitsbegriffs. Allgemeine Aufsichts- und Betreuungstätigkeiten aufgrund von demenziellen oder psychischen Erkrankungen finden nunmehr mit den Modulen 2 und 3 einen Anknüpfungspunkt im Katalog des § 14 II SGB XI. In den konkreten Rentenleistungen wird durch die Anknüpfung an den Pflegegrad nach § 166 II SGB VI die Gewichtung der Module berücksichtigt, sodass die nach altem Recht angestrebte Relativierung allgemeiner Aufsichts- und Betreuungsbedarfe erreicht wird. Für den Unfallversicherungsschutz sind weiter die allgemeinen Regeln zur Kausalität des Pflegeunfalls anzuwenden.

Mit der Berücksichtigung auch eines Bedarfs an allgemeiner Aufsicht und Betreuung kann nunmehr abgebildet werden, dass derartige Betreuungstätigkeiten die Pflegeperson zeitlich und örtlich stark binden und etwa einer Erwerbstätigkeit entgegenstehen. So wandten Hauptpflegepersonen von Personen mit „Pflegestufe 0", also lediglich eingeschränkter Alltagskompetenz ohne verrichtungsbezogenen Pflegebedarf nach § 123 SGB XI a. F., einer Repräsentativerhebung 2016 zufolge durchschnittlich 24,8 Stunden wöchentlich für die Betreuung auf.[158] Diese Personen erhielten nach alter Rechtslage keine Leistungen zur sozialen Sicherung trotz dieses Aufwandes.

(5) Keine Beschränkung auf den formell festgestellten Pflegebedarf

Versichert sind nicht nur Maßnahmen in Bereichen, die bei der Feststellung der Pflegebedürftigkeit berücksichtigt wurden: Die versicherten Tätigkeiten sind materiell kongruent zur Pflegebedürftigkeit, aber nicht formell.

Besondere Bedeutung erlangt dies in der gesetzlichen Unfallversicherung, wo über das Erreichen der Mindestpflegezeit hinaus auch entscheidend ist, ob eine konkrete einzelne Tätigkeit, bei der sich ein Unfall ereignet, versichert ist.

§ 2 I Nr. 17 SGB VII umfasst als versicherte Tätigkeiten „pflegerische Maßnahmen in den in § 14 II SGB XI genannten Bereichen sowie Hilfen bei der Haushaltsführung nach § 18 Va 3 Nr. 2 SGB XI". Damit sind auch Maßnahmen in Bereichen erfasst, die einem Kriterium zuzuordnen sind, das sich nach der

---

BeckOK-SozR/*Pfitzner* SGB XI § 14 Rn. 24 ff. Dieser bemängelt, dass das System sowohl geringe Beeinträchtigungen überbewerte als auch schwerwiegende Defizite unterbewerte (ebd. Rn. 160 ff).

158 Abschlussbericht Evaluation PNG PSG I, S. 62.

Feststellung der Pflegebedürftigkeit ergeben hat oder dabei nicht eingeflossen ist.[159] Die versicherte Pflege ist nicht kongruent mit den formal festgestellten Beeinträchtigungen, die bei der Feststellung der Pflegebedürftigkeit Grundlage der Leistungen an den Pflegebedürftigen geworden sind.[160] Hierzu fehlt es an einer ausdrücklichen Regelung: § 2 I Nr. 17 SGB VII bezieht sich auf § 14 II SGB XI sowie nach § 15 III SGB XI auf die Feststellung des Pflegegrades, aber nicht auf die Feststellung gemäß § 15 II SGB XI i. V. m. Anl. 1.[161] Dies wird auch durch die Gesetzesbegründung gestützt, wonach Versicherungsschutz bestehen sollte „in allen Bereichen, die im neuen § 14 II SGB XI als maßgebend für die künftige Feststellung von Pflegebedürftigkeit berücksichtigt werden"[162]. Da die Gesetzesbegründung davon spricht, dass die Bereiche „künftig berücksichtigt *werden*" und nicht „berücksichtigt *wurden*" oder „maßgeblich *waren*", bezieht sie sich auf die nach dem *neuen* Pflegebedürftigkeitsbegriff berücksichtigungsfähigen Tätigkeiten.[163] Aus dem Bezug auf § 15 III SGB XI folgt nicht, dass nur Tätigkeiten versichert sind, die sich auf einen Bedarf beziehen, der in das Pflegegutachten eingeflossen und so Grundlage der Einordnung in den Pflegegrad geworden ist.[164] Anderenfalls wäre der Schutz der Pflegeperson davon abhängig, ob der Pflegebedarf zutreffend, vollständig und stets aktuell erfasst wäre, auch ohne dass sie Kenntnis des genauen Inhalts des Bescheids hätte.[165]

Auch die Hilfe bei vorübergehenden, nur kurz oder neu aufgetretenen Beeinträchtigungen ist versichert.[166] Es ist allerdings erforderlich, dass eine Konnexität

---

159 Im Rahmen des NBA ist möglich, dass Pflegetätigkeiten anfallen, aber nicht in den Pflegegrad einfließen, weil sehr selten auftretende Einschränkungen bei der Begutachtung mit 0 Punkten bewertet werden, etwa in Modul 3 bei Verhaltensweisen und psychischen Problemlagen, die sehr selten auftreten oder i. R. d. Moduls 5, wenn eine Maßnahme der Kriterien 5.1–5.7 weniger als einmal täglich anfällt.

160 LPK-SGB XI/*Kuhn-Zuber* § 44 Rn. 49; KassKomm/*Lilienfeld* SGB VII § 2 Rn. 114; EvKSW/*v. Koppenfels-Spies* § 2 Rn. 128; BeckOK-SozR/*Wietfeld* SGB VII § 2 Rn. 219.1; GesR/*P. Baumeister* SGB XI § 19 Rn. 17.

161 Vgl. zu § 2 I Nr. 17 SGB VII a. F. BSG, Urt. v. 9.11.2010 – B 2 U 6/10 R, SozR 4-2700 § 2 Nr. 16; *Spellbrink*, Sozialrecht aktuell 2013, 59 (62).

162 BT-Drucks. 18/5926, 151.

163 Vgl. BeckOK-SozR/*Wietfeld* SGB VII § 2 Rn. 219.1.

164 So aber *Bereiter-Hahn*/*Mehrtens* § 2 Rn. 33.10; Lauterbach/*Schwerdtfeger* § 2 Rn. 613; *Schlaeger*, SGb 2016, 684 (688).

165 KassKomm/*Lilienfeld* SGB VII § 2 Rn. 114; BeckOK-SozR/*Wietfeld* SGB VII § 2 Rn. 219.1; EvKSW/*v. Koppenfels-Spies* § 2 Rn. 128.

166 *Leube*, ZFSH/SGB 2017, 204 (207). Vgl. auch BSG, Urt. v. 9.11.2010 – B 2 U 6/10 R, SozR 4-2700 § 2 Nr. 16, juris Rn. 21 f.

zwischen der gesundheitlich bedingten Beeinträchtigung und der Pflege vorliegt, sich die Tätigkeit also auf eine beim konkreten Pflegebedürftigen bestehende Beeinträchtigung bezieht.[167] Erst durch den Bezug auf den Bedarf des Pflegebedürftigen werden Tätigkeiten zur *Pflege*, die auch unabhängig von einer Beeinträchtigung erbracht werden könnten wie die soziale Betreuung oder die hauswirtschaftliche Versorgung.[168] So können Tätigkeiten auch erst „zur Pflege werden“: Übernimmt die Pflegeperson z. B. die Wäsche der Kleidung für den Pflegebedürftigen schon zu einem Zeitpunkt, zu dem er diese selbst noch verrichten könnte, handelt es sich nicht um Pflege. Verschlechtert sich sein Gesundheitszustand und er könnte die Wäschepflege selbst nicht mehr verrichten, liegt eine Pflegetätigkeit vor.

(6) Haushaltsführung

Durch den Bezug auf den neuen Pflegebedürftigkeitsbegriff ergibt sich im Rahmen der Haushaltsführung eine systematische, wenn auch nicht inhaltliche Änderung.

Anders als nach § 14 IV Nr. 4 SGB XI a. F. ist die Haushaltsführung nicht mehr Teil des Pflegebedürftigkeitsbegriffs, *Pflege* im Sinne des § 19 SGB XI und § 2 I Nr. 17 SGB VII sind neben den pflegerischen Maßnahmen in den in § 14 II SGB XI aufgezählten Bereichen aber auch Hilfen bei der Haushaltsführung nach § 18 Va 3 Nr. 2 SGB XI.[169]

Einschränkungen der Selbstständigkeit und der Fähigkeiten zur Haushaltsführung werden als „Modul 8“ nach § 18 Va 3 Nr. 2 SGB XI erhoben (Einkaufen für den täglichen Bedarf, Zubereitung einfacher Mahlzeiten, einfache Aufräum- und Reinigungsarbeiten, aufwendige Aufräum- und Reinigungsarbeiten einschließlich Wäschepflege, Nutzung von Dienstleistungen, Umgang mit finanziellen Angelegenheiten und Behördenangelegenheiten[170]). Die Kriterien

---

167 GesR/*P. Baumeister* SGB XI § 19 Rn. 15.

168 GesR/*P. Baumeister* SGB XI § 19 Rn. 16.

169 BT-Drucks. 18/5926, 117, 129, 151.

170 Die Verrichtungen wurden zuvor durch die Begutachtungs-RL (vgl. Begutachtungs-RL v. 8.6.2009, D 4.4, S. 60 ff.) weiter konkretisiert, bestätigt etwa durch BSG, 28.6.2001 – B 3 P 12/00 R, SGb 2001, 549, juris Rn. 16: „Das Einkaufen (lfd. Nr. 16) umfasst z. B. auch den Überblick, welche Lebensmittel wo eingekauft werden müssen, Kenntnis des Wertes von Geldmünzen und Banknoten und Kenntnis der Genieß- bzw. Haltbarkeit von Lebensmitteln. Das Kochen (lfd. Nr. 17) umfasst die gesamte Zubereitung der Nahrung, wie Aufstellen eines Speiseplans (z. B. Zusammenstellung der Diätnahrung sowie Berücksichtigung einer konkreten Kalorienzufuhr) für die richtige Ernährung unter Berücksichtigung von Alter und Lebensumständen. Das Reinigen

werden statt als „hauswirtschaftliche Versorgung" (§ 14 IV SGB XI a. F.) als „Hilfe bei der Haushaltsführung" erfasst, um sie an den mit dem PSG II verfolgten Paradigmenwechsel weg von der passiven Versorgung hin zur Unterstützung bei der verbleibenden Fähigkeit zur Haushaltsführung anzupassen – auch wenn konkret eine vollständige Übernahme der Tätigkeit erfolgt.[171] Der Hilfebedarf wird in § 18 Va SGB XI spezifiziert und ist Teil der pflegefachlichen Versorgung,[172] auch durch Pflegepersonen.[173]

Die Haushaltsführung fließt im Gegensatz zur alten Rechtslage nach §§ 14 IV Nr. 4, 15 III SGB XI a. F. nicht in die Feststellung der Pflegebedürftigkeit ein, weil die Beeinträchtigungen, die zu einem Unterstützungsbedarf bei der Haushaltsführung führen, eine Folge der Einschränkungen in den Bereichen nach § 14 II SGB XI sind und bereits dort berücksichtigt werden (vgl. § 14 III SGB XI), etwa wenn eine Beeinträchtigung der Mobilität auch das selbstständige Einkaufen erschwert.[174] Die Haushaltsführung ist weiter bedeutend für die Bewältigung der Pflegesituation, die Verbesserung der häuslichen Versorgung und damit die Stärkung der Selbstständigkeit der Pflegebedürftigen, weshalb die verbleibenden Fähigkeiten und Selbstständigkeit zu evaluieren sind und Grundlage der Pflegeplanung werden sollen[175] sowie durch die häusliche Pflegehilfe nach § 36 I 1 SGB XI erbracht werden. Die neu umfasste Unterstützung bei geschäftlichen Belangen (Nutzung von Dienstleistungen, Umgang mit finanziellen und Behördenangelegenheiten) soll nach der Gesetzesbegründung nur geleistet werden, wenn die Aktivitäten aus pflegefachlicher Sicht besonders wichtig sind, um im eigenen Haushalt zu bleiben.[176]

Die Mindestpflegezeit kann auch ausschließlich durch Hilfen zur Haushaltsführung erfüllt werden.[177]

---

der Wohnung (lfd. Nr. 18) beschränkt sich auf den allgemein üblichen Lebensbereich. Der Begriff Waschen der Wäsche und Kleidung (lfd. Nr. 20) umfasst die gesamte Pflege der Wäsche und Kleidung (z. B. Bügeln, Ausbessern). Das Beheizen (lfd. Nr. 21) umfasst auch die Beschaffung und Entsorgung des Heizmaterials."

171 BT-Drucks. 18/5926, 121.

172 BT-Drucks. 18/5926, 121; vgl. bereits Expertenbeirat Pflegebedürftigkeitsbegriff, S. 32.

173 BT-Drucks. 18/5926, 117, 151; *EvKSW/v. Koppenfels-Spies* § 2 Rn. 129.

174 BT-Drucks. 18/5926, 117.

175 BT-Drucks. 18/5926, 117.

176 BT-Drucks. 18/5926, 121.

177 So schon zur alten Rechtslage *Leube*, SGb 1998, 97 (98); *Koch*, WzS 2002, 97 (101); *Marburger*, RV 2013, 121 (122 f.); Hauck/Noftz/*Wagner* SGB XI § 19 Rn. 28.

In diesem Bereich ergeben sich erhebliche Schwierigkeiten bei der Abgrenzung zwischen den Handlungen, die für den Pflegebedürftigen aufgrund seiner Pflegebedürftigkeit vorgenommen werden und denen, die aus dem Zusammenleben heraus „mitübernommen" werden. In der Unfallversicherung ist hier nach dem sachlichen bzw. inneren Zusammenhang zu fragen. Nach alter Rechtslage enthielt § 2 I Nr. 17 SGB VII a. F. noch die weitere Voraussetzung, dass die hauswirtschaftliche Versorgung dem Pflegebedürftigen überwiegend zugute kommen musste.[178] Auch bei der Mindestpflegezeit besteht kein Raum mehr für eine Begrenzung der Berücksichtigung, sofern eine Anknüpfung an einen Bereich nach § 14 II SGB XI besteht (vgl. oben S. 67 ff.).

§ 18 Va SGB XI erfasst z. B. mit dem Umgang mit finanziellen Angelegenheiten auch das Geldabheben, das nach alter Rechtslage nur im engen Zusammenhang zum Einkaufen umfasst war.[179] Die Reinigung der Wohnung umfasst auch die turnusmäßige Reinigung des Hausflurs im Mehrfamilienhaus („Kehrwoche").[180] Gartenarbeiten sind nicht umfasst.[181]

cc) Abgrenzung zu Leistungsbereichen anderer Träger

Tätigkeiten der Pflegepersonen, die Bereichen zuzuordnen sind, die in der Leistungsverantwortung anderer Träger liegen, sind nicht vom Begriff der Pflegetätigkeit im Sinne der §§ 19, 44 SGB XI umfasst. Insbesondere ist eine Abgrenzung zur Teilhabe und zur häuslichen Krankenpflege erforderlich.

(1) Abgrenzung zur Teilhabe, insbesondere außerhäusliche Aktivitäten

Eine Abgrenzung zu Tätigkeiten in den Bereichen der Teilhabe ist bei Betreuungsleistungen insbesondere im Rahmen von außerhäuslichen Aktivitäten notwendig.

178 Dazu unten S. 272 ff.

179 Hierzu LSG München, Urt. v. 27.3.2013 – L 2 U 516/11, UV-Recht Aktuell 2013, 754, juris Rn. 27 ff.; vgl. auch der frühere § 548 I 2 RVO, der das Abheben von Lohn unter Versicherungsschutz stellte, aber nicht in das SGB VII übernommen wurde.

180 So reicht bei Wegeunfällen der private Bereich auch im Mehrfamilienhaus bis zur Außentür des Gebäudes, vgl. BSG, Urt. v. 5.7.2016 – B 2 U 5/15 R, BSGE 122, 1, juris Rn. 21.

181 Wie schon nach alter Rechtslage, vgl. *Schlaeger,* SGb 2013, 199 (203) zit. LSG Mainz Urt. v. 15.12.2010 – L 4 U 275/09 (n. v.); krit. *Schlaeger,* WzS 2013, 163 (164).

(a) Pflegetätigkeiten außerhalb der eigenen Häuslichkeit

Auch Tätigkeiten außerhalb der eigenen Häuslichkeit des Pflegebedürftigen sind als Pflegetätigkeiten zu werten, wenn sie einem Modul nach § 14 II SGB XI zuzuordnen sind.[182]

Unterstützungstätigkeiten in den Bereichen des § 14 II SGB XI, die das „Hinausbewegen“ aus dem häuslichen Bereich betreffen, sind als Pflegetätigkeit einzuordnen, wenn sie sich auf die *häusliche* Alltagsgestaltung beziehen.

Hieran sind die pflegerischen Betreuungsmaßnahmen von den Unterstützungstätigkeiten im Bereich der Teilhabe zu unterscheiden.

Nach § 36 II 3 SGB XI umfassen pflegerische Betreuungsmaßnahmen Unterstützungsleistungen zur Bewältigung und Gestaltung des alltäglichen Lebens im häuslichen Umfeld. Die Gesetzesbegründung nennt als Beispiele hierfür Spaziergänge in der näheren Umgebung zur Aufrechterhaltung sozialer Kontakte, die Ermöglichung des Besuchs von Freunden und Bekannten, die Begleitung zum Friedhof oder zum Gottesdienst und die Gestaltung des Alltags durch Unterstützung bei Hobby und Spiel.[183] Die BegutachtungsRL fasst unter die „Betreuung zur Interaktion mit Personen im direkten Kontakt“ im Rahmen des § 14 II Nr. 6 SGB XI den Kontakt zu Angehörigen, Pflegepersonen, Mitbewohnern oder Besuchern[184] und unter die „Kontaktpflege zu Personen außerhalb des direkten Umfelds“ das Aufrechterhalten bestehender Kontakte zu Freunden, Bekannten oder Nachbarn.[185] Entscheidend ist, dass Betreuungsmaßnahmen stets einen Bezug auf die alltägliche Freizeitgestaltung im Zusammenhang mit einem Haushalt oder der häuslichen Umgebung aufweisen.[186] Sie werden

---

182 BSG, Urt. v. 22.8.2000 – B 2 U 15/99 R, SozR 3-2200 § 539 Nr. 52, juris Rn. 21; BSG, Urt. v. 9.11.2010 – B 2 U 6/10 R, SozR 4-2700 § 2 Nr. 16, juris Rn. 13; Lauterbach/*Schwerdtfeger* § 2 Rn. 611, 616; EvKSW/*v. Koppenfels-Spies* § 2 Rn. 126; BeckOK-SozR/*Wietfeld* SGB VII § 2 Rn. 215; *Gitter*, VSSR 1996, 1 (8).

183 BT-Drucks. 18/5926, 120 übernimmt die Begründung zu § 124 SGB XI a. F. (BT-Drucks. 17/9369, 53). Hilfen zu Spaziergängen und Besuchen von kulturellen Veranstaltungen wurden im Gesetzesentwurf zum PflegeVG noch als nicht durch die SPV finanzierbar ausgeschlossen und vorrangig dem ehrenamtlichen Bereich durch Angehörige, ehrenamtliche Helfer oder soziale Hilfsdienste zugesprochen (BT-Drucks. 12/5952, 97).

184 Begutachtungs-RL v. 22.3.2021, 4.9.6, F 4.6.5.

185 Begutachtungs-RL v. 22.3.2021, 4.9.6, F 4.6.6.

186 BT-Drucks. 18/6688, 141. Im Gegensatz dazu wird bei der Feststellung der *Pflegebedürftigkeit* die Beeinträchtigung der Selbstständigkeit personenbezogen und unabhängig vom jeweiligen (Wohn-)Umfeld ermittelt, BT-Drucks. 18/5926, 109.

in Bezug auf das alltägliche Leben im häuslichen Umfeld erbracht und erstrecken sich ausweislich der Gesetzesbegründung auch auf die Unterstützung bei Aktivitäten mit engem räumlichen Bezug hierzu.[187] In diesem Rahmen können auch außerhäusliche Aktivitäten *Pflege* sein und in die Mindestpflegezeit nach § 19 S. 2 SGB XI hineinzählen.[188]

Im Gegensatz zur früheren Rechtslage ist dabei nicht erforderlich, dass die Pflegetätigkeiten für die Aufrechterhaltung der Lebensführung zu Hause unumgänglich sind, indem sie Krankenhausaufenthalte oder stationäre Pflege vermeiden und das persönliche Erscheinen des Pflegebedürftigen notwendig machen.[189] Nach alter Rechtslage begrenzte dies das Herausbewegen aus dem häuslichen Bereich vor allem auf Arztbesuche oder den Besuch von Krankengymnasten, Sprachtherapeuten, Apotheken und Behörden.[190] Diese Tätigkeiten wurden den Verrichtungen zur Mobilität zugeordnet.

(b) Außerhäusliche Aktivitäten nach § 18 Va 3 Nr. 1 SGB XI

Der Bezug auf das alltägliche häusliche Umfeld muss auch gegeben sein, damit außerhäusliche Aktivitäten nach § 18 Va 3 Nr. 1 SGB XI als Pflegetätigkeiten zu werten sind. Dies ist nicht der Fall, wenn diese ein Ziel der Teilhabe verfolgen. Die Beeinträchtigungen der Selbstständigkeit oder der Fähigkeiten im Bereich der außerhäuslichen Aktivitäten werden bei der Pflegebegutachtung nach § 18 Va 1 SGB XI festgestellt. Die in § 18 Va 3 Nr. 1 SGB XI benannten „außerhäuslichen Aktivitäten"[191] sind wie die Beeinträchtigung bei der

---

187 BT-Drucks. 18/6688, 141.

188 So auch KassKomm/*Weber* SGB XI § 19 Rn. 8.

189 Nach alter Rechtslage gefasst unter „Verlassen und Wiederaufsuchen der Wohnung" im Rahmen der Mobilität nach § 14 IV Nr. 3 SGB XI a. F. Vgl. hierzu BSG, Urt. v. 18.9.2008 – B 3 P 5/07 R, SozR 4-3300 § 14 Nr. 7, juris Rn. 11 m. w. N.; *Leube*, NZS 1995, 343 (345); BT-Drucks. 12/5952, 97.

190 Vgl. BT-Drucks. 12/5262, 97; BSG, Urt. v. 24.6.1998 – B 3 P 4/97 R, SozR 3-3300 § 14 Nr. 5, juris Rn. 13 f.; BSG, Urt. v. 6.8.1998 – B 3 P 17/97 R, SozR 3-3300 § 14 Nr. 6, juris Rn. 15 ff.; BSG, Urt. v. 9.11.2010 – B 2 U 6/10 R, SozR 4-2700 § 2 Nr. 16, juris Rn. 15.

191 Vgl. § 18 Va 3 Nr. 1 SGB XI: Verlassen des Bereichs der Wohnung oder der Einrichtung, Fortbewegen außerhalb der Wohnung oder der Einrichtung, Nutzung öffentlicher Verkehrsmittel im Nahverkehr, Mitfahren in einem Kraftfahrzeug, Teilnahme an kulturellen, religiösen oder sportlichen Veranstaltungen, Besuch von Schule, Kindergarten, Arbeitsplatz, einer Werkstatt für behinderte Menschen oder Besuch einer Einrichtung der Tages- oder Nachtpflege oder eines Tagesbetreuungsangebotes, Teilnahme an sonstigen Aktivitäten mit anderen Menschen.

Haushaltsführung keine Kriterien der Pflegebedürftigkeit, um in § 14 II SGB XI bereits erfasste Beeinträchtigungen der Selbstständigkeit oder Fähigkeiten, die auch zu einer Beeinträchtigung im Bereich der außerhäuslichen Aktivitäten führen, nicht doppelt zu berücksichtigen.[192]

Daraus ergibt sich, dass der Gesetzgeber davon ausgeht, dass § 18 Va 3 Nr. 1 SGB XI jedenfalls auch Pflegetätigkeiten erfasst, die Bereichen des § 14 II SGB XI zuzuordnen sind. Sofern die Tätigkeit einem Bereich nach § 14 II SGB XI zuzuordnen ist, ist zu fragen, ob im konkreten Fall auch ein Bezug auf das konkrete häusliche Umfeld vorliegt. So unterliegen die Kontaktpflege mit Personen im direkten Kontakt sowie die Kontaktpflege mit Personen außerhalb des direkten Umfelds, aber mit Bezug auf den häuslichen Alltag, dem § 14 II Nr. 6 SGB XI, während die Begleitung zum Gottesdienstbesuch als Teilnahme an einer religiösen Veranstaltung keine *Pflege*tätigkeit ist, weil sie sich aus dem häuslichen Alltag hinausbewegt.[193] Auch die in § 18 Va 3 Nr. 2 SGB XI erfasste Unterstützung bei geschäftlichen Belangen zielt auf die Hilfen, die aus pflegefachlicher Sicht besonders wichtig sind, um im eigenen Haushalt bleiben zu können.[194] Die Begleitung des Pflegebedürftigen zur Tages- oder Nachtpflege wird durch die teilstationäre Pflege umfasst, § 41 I 2 SGB XI, und zählt somit zur Pflegetätigkeit. Nach alter Rechtslage wurde eine Begleitung zum Pflegeort nicht berücksichtigt, selbst wenn sie zur Aufrechterhaltung der Lebensführung zu Hause erforderlich war, weil sie auf den persönlichen Verhältnissen beruhte, dabei aber ein abstrakter Maßstab galt.[195]

Die außerhäuslichen Aktivitäten werden im Zuge des Versorgungsplans nach § 7a I 3 SGB XI berücksichtigt. Hiernach erfolgt eine Gesamtbetrachtung der erforderlichen Sozialleistungen auch anderer Sozialleistungsträger, die z. B. auch einen Bedarf an Teilhabeleistungen aufgrund einer Behinderung berücksichtigt, der durch die Rehabilitationsträger nach § 6 I SGB IX erbracht wird.

§ 18 Va 3 Nr. 2 SGB XI umfasst auch Bereiche, die über den Leistungsbereich der sozialen Pflegeversicherung hinausgehen, insbesondere den Besuch

192 BT-Drucks. 18/5926, 117. Nach BeckOK-SozR/*Pfitzner* SGB XI § 14 Rn. 176 kann § 14 II SGB XI grundsätzlich auch Beeinträchtigungen berücksichtigen, die sich nur im außerhäuslichen Bereich zeigen.

193 So im Ergebnis auch *Leube*, SGb 2020, 87 (90); *Schlaeger*, SGb 2016, 684 (689).

194 Vgl. BT-Drucks. 18/5926, 121.

195 Vgl. BSG, Urt. v. 21.2.2002 – B 3 P 12/01 R, SozR 3-3300 § 14 Nr. 19, juris Rn. 12 (Pflege war wegen Gesundheitszustand der Pflegeperson nur in deren Wohnung möglich); siehe auch BSG, Urt. v. 28.9.2011 – B 12 R 9/10 R, SozR 4-2600 § 3 Nr. 6, juris Rn. 22 m. w. N. zum abstrakten Maßstab.

von Schule, Kindergarten, Arbeitsplatz oder einer Werkstatt für behinderte Menschen.

Die soziale Pflegeversicherung umfasst nicht Bereiche, die über die häusliche alltägliche Freizeitgestaltung hinaus die volle, wirksame und gleichberechtigte Teilhabe am Leben in der Gesellschaft fördern sollen.[196] Die Gestaltung von Alltagsleben und sozialen Kontakten im Rahmen der Pflegversicherungsleistungen zieht einen engen häuslichen Radius, über den hinaus die Teilhabe in der Gesellschaft im Sinne des SGB IX zum Tragen kommt. Die Leistungen zur Teilhabe dienen nicht der Kompensation und Verminderung von Beeinträchtigungen wie die Pflegeversicherung, sondern sollen drohende Behinderungen verhüten oder bereits vorliegende Behinderungen und deren Folgen beseitigen oder mildern und die behinderten Menschen in die Gesellschaft und Gemeinschaft integrieren.[197] Die Grenzziehung ist problematisch, wo eine gesundheitliche Beeinträchtigung der Selbstständigkeit oder der Fähigkeiten eine volle, wirksame und gleichberechtigte Teilhabe am Leben in der Gesellschaft verhindern kann, da der Ausgleich der Beeinträchtigung auch die Teilhabe fördert.[198] Die Leistungen zur Teilhabe gehen über den engeren, häuslichen Lebensbereich als Bezugspunkt der Pflegeleistungen hinaus und weisen ein aktives Element der Eingliederung in soziale Zusammenhänge auf, das nicht nur mittelbare Folge der Maßnahmen ist, sondern notwendige Bedingung.[199] Es kommt hier also auf die Zielrichtung der Tätigkeit an.

Hilfebedarfe zur Aufrechterhaltung der Erwerbstätigkeit[200] oder zur Bildung[201] sind nicht für die Aufrechterhaltung der Lebensführung zu Hause

---

196 Vgl. § 1 S. 1 SGB IX. Die Leistungen der Eingliederungshilfe bleiben nach § 13 III 3 SGB XI unberührt, hierzu auch *Rasch,* NDV 2015, 318 (321), *Fuchs*, SoSi 2017, 237. Weiterführend zur Abgrenzung *Wilcken* (2011).

197 BeckOK-SozR/*Pfitzner* SGB XI § 13 Rn. 7 f.; KassKomm/*Koch* SGB XI § 13 Rn. 10; Krauskopf/*Unterpaul* SGB XI § 13 Rn. 14; Hauck/Noftz/*Luthe* SGB XI § 14 Rn. 18. Da Pflegebedürftige in der Regel auch in ihrer Teilhabe erheblich eingeschränkt sind, spielt auch die Abgrenzung der Hilfe zur Pflege zur Eingliederungshilfe eine Rolle, BT-Drucks. 18/9959, 8. Hierzu *Fuchs,* SoSi 2017, 237; *Rasch,* NDV 2015, 318 (321 f.).

198 BeckOK-SozR/*Pfitzner* SGB XI § 14 Rn. 212.

199 Hauck/Noftz/*Luthe* SGB XI § 14 Rn. 18 f.: also nur eine „Akzentverschiebung", die sich an der verstärkten sozialintegrativen Komponente entscheidet.

200 Vgl. BSG, Urt. v. 6.8.1998 – B 3 P 17/97 R, SozR 3-3300 § 14 Nr. 6, juris Rn. 15; BSG, Urt. v. 24.6.1998 – B 3 P 4/97 R, SozR 3-3300 § 14 Nr. 5, juris Rn. 14.

201 Vgl. BSG, Urt. v. 26.11.1998 – B 3 P 13/97, SozR 3-3300 § 14 Nr. 8; BSG, Urt. v. 5.8.1999 – B 3 P 1/99 R, SozR 3-3300 § 15 Nr. 8, juris Rn. 13.

erheblich, sondern der Teilhabe zuzuordnen. Hilfen zum Besuch von Schule, Kindergarten, Arbeitsplatz oder einer Werkstatt für behinderte Menschen sind daher keine Pflegetätigkeiten.[202] Der Pflegebedürftige kann als Schwerbehinderter[203] auch Leistungen zur Rehabilitation und Teilhabe erhalten, die sich spezifisch auf diese Bedarfe richten, z. B. die Leistungen zur Teilhabe am Arbeitsleben (§ 5 Nr. 2 SGB IX; §§ 49–63 SGB IX)[204], Leistungen zur Teilhabe an Bildung (§ 5 Nr. 4 SGB IX; § 75 SGB IX)[205] oder Leistungen zur sozialen Teilhabe (§ 5 Nr. 5 SGB IX; §§ 76–84 SGB IX)[206].

(c) Zwischenergebnis

Die Hilfen zu außerhäuslichen Aktivitäten sind als Pflegetätigkeiten zu werten, wenn sie einem Kriterium nach § 14 II SGB XI zuzuordnen sind und sich auf den alltäglichen häuslichen Bereich beziehen. Dies ist insbesondere bei § 18 Va 3 Nr. 1 SGB XI zu prüfen, der nicht nur pflegerelevante Tätigkeiten aufführt, sondern auch Bereiche der Teilhabe.

(2) Umgang mit krankheits- oder therapiebedingten Anforderungen; krankheitsspezifische Pflegemaßnahmen (Modul 5)

Seit Inkrafttreten des PSG II wird auch berücksichtigt, ob der Pflegebedürftige selbstständig mit krankheits- oder therapiebedingten Anforderungen und Belastungen umgehen oder diese bewältigen kann, § 14 II Nr. 5 SGB XI.

(a) Konkrete Pflegesituation

Das Modul 5 kommt zum Tragen, wenn eine individuelle Bedarfslage durch krankheits- oder therapiebedingte Anforderungen vorliegt. Es ist anders als die

---

202 BT-Drucks. 18/6688, 141; BT-Drucks. 18/5926, 120; auch schon BT-Drucks. 17/9369, 53.

203 Vgl. *Welti*, SoFo 2010, 39 (41).

204 Zu den sonstigen Hilfen nach § 49 III Nr. 7 zählt auch das Bereitstellen eines Beförderungsdienstes (NPGWJ/*Jabben* § 49 Rn. 18).

205 Diese umfassen auch Leistungen, die notwendig sind zur Aufsuchung des Lernortes und/oder zur Teilnahme an der Vermittlung von Bildungsinhalten, NPGWJ/*Winkler* § 75 Rn. 18; BeckOK-SozR/*Jabben* SGB IX § 75 Rn. 4; BT-Drucks. 18/9522, 259.

206 Insbesondere Assistenzleistungen nach § 78 SGB IX. Diese umfassen die vollständige oder teilweise Übernahme von Handlungen zur Alltagsbewältigung sowie die Begleitung des Leistungsberechtigten, § 78 II 2 Nr. 1 SGB IX. Neben der eigenständigen Lebensführung dienen sie auch der Freizeitgestaltung bei Sport, kulturellem Leben und Gestaltung von Beziehungen zu Mitmenschen, BT-Drucks. 18/9522, 261.

anderen Module auf die Beeinträchtigung in der konkreten Pflegesituation bezogen, nicht auf einen gegebenenfalls hypothetischen Bedarf.[207] Hier findet sich noch eine maßnahmenbezogene Bemessung. Bei der Begutachtung werden nur Maßnahmen berücksichtigt, die auf Dauer, d. h. voraussichtlich für mindestens sechs Monate vorkommen.[208] In die Pflegebegutachtung fließt nach Anl. 1 zu § 15 SGB XI nur die Häufigkeit der Hilfeleistungen ein, nicht der individuelle Aufwand zur jeweiligen Maßnahme.[209] Die Einzelpunkte zeigen nicht typisierend den Aufwand, sodass derselben Punktzahl eine ganz unterschiedliche Belastung der Pflegeperson gegenüberstehen kann.[210] Nur zeitlich ausgedehnte Arztbesuche oder Besuche medizinischer oder therapeutischer Einrichtungen werden doppelt gewertet.[211]

Da die Pflegetätigkeiten nicht voraussetzen, dass der konkrete Pflegebedarf im entsprechenden Bereich festgestellt wurde (vgl. S. 70), sind auch hier grundsätzlich alle in § 14 II Nr. 5 SGB XI genannten Bereiche versichert, unabhängig davon, ob sie in der Pflegebegutachtung berücksichtigt wurden.

(b) Kein Verrichtungsbezug

Die Tätigkeiten im Bereich des § 14 II Nr. 5 SGB XI sind aus sich heraus als Pflegetätigkeiten relevant. Im Gegensatz zur früheren Rechtslage ist nicht mehr erforderlich, dass die krankheitsspezifische Pflegemaßnahme *verrichtungsbezogen* ist. Nach § 15 III 3 SGB XI i. d. F. vom 1.4.2007 bis 31.12.2016 waren nur solche krankheitsspezifischen Pflegemaßnahmen zu berücksichtigen, bei denen der behandlungspflegerische Hilfebedarf untrennbarer Bestandteil einer Verrichtung nach § 14 IV SGB XI a. F. war oder mit einer solchen Verrichtung notwendig in einem unmittelbaren zeitlichen und sachlichen Zusammenhang stand.

---

207 BeckOK-SozR/*Pfitzner* SGB XI § 14 Rn. 298a ff.

208 Vgl. Anl. 1 zu § 15 SGB XI zu Modul 5; BeckOK-SozR/*Pfitzner* SGB XI § 14 Rn. 298c.

209 Die Hilfeleistungen werden zudem in Teilmodulen berücksichtigt, für die bei der Gewichtung nach Anl. 1 und Anl. 2 Höchstpunkte bestehen. Dadurch kann vorkommen, dass eine höhere Anzahl von Hilfeleistungen aus einem Teilmodul weniger in die Bewertung einfließt als eine geringere Zahl von Hilfeleistungen, die sich auf zwei Teilmodule verteilt, BeckOK-SozR/*Pfitzner* SGB XI § 14 Rn. 298g ff.

210 Kritisch BeckOK-SozR/*Pfitzner* SGB XI § 14 Rn. 299.

211 Trotz der Aufzählung in § 14 II Nr. 5c) ist auch der zeitlich ausgedehnte *Arztbesuch* doppelt zu werten, vgl. Text der Anl. 1: „Handelt es sich um zeitlich ausgedehnte Arztbesuche oder Besuche von anderen medizinischen oder therapeutischen Einrichtungen, werden sie doppelt gewertet.", BeckOK-SozR/*Pfitzner* SGB XI § 14 Rn. 310a.

Die Regelung kodifizierte bestehende Rechtsprechung.[212] Der objektive zeitliche Zusammenhang setzte voraus, dass nach objektiven Kriterien (insbesondere medizinischen Erfordernissen) eine gleichzeitige Durchführung von Grundverrichtung und medizinischer Hilfeleistung erforderlich war, also die Verrichtungen nicht bloß aus praktischen Gründen zusammen erfolgten.[213] Ohne einen Verrichtungsbezug kam gegebenenfalls höchstens eine Versicherung nach § 2 I Nr. 13a SGB VII infrage bei akuter Gefahr für den Pflegebedürftigen.[214]

Die Zurechnung zu einer Verrichtung erfolgte, wie oben behandelt, bei außerhäuslichen Aktivitäten, wenn die Tätigkeit zur Sicherung der Existenz und der Aufrechterhaltung der Lebensführung zu Hause unumgänglich war, insbesondere also bei Arztbesuchen im Rahmen der „Mobilität" nach § 14 IV Nr. 3 SGB XI a. F., aber auch beim Abholen eines Rezepts beim Arzt und Einlösen in der Apotheke als „Einkaufen" im Rahmen der hauswirtschaftlichen Versorgung nach § 14 IV Nr. 4 SGB XI a. F.[215] Arztbesuche oder das Abholen eines Rezeptes in der Apotheke werden nun eigens erfasst.[216]

Sofern die Tätigkeit keiner Verrichtung des § 14 II SGB XI oder den Hilfen bei der Haushaltsführung zuzuordnen ist, besteht dagegen kein Versicherungsschutz nach § 2 I Nr. 17 SGB VII.[217]

---

212 BT-Drucks. 16/3100, 104. Zur Rspr.: BSG, Urt. v. 19.2.1998 – B 3 P 3/97 R, BSGE 82, 27; BSG, Urt. v. 24.6.1998 – B 3 P 4/97 R, SozR 3-3300 § 14 Nr. 5, juris Rn. 11; BSG, Urt. v. 27.8.1998 – B 10 KR 4/97 R, BSGE 82, 276, juris Rn. 16.

213 Zum Beispiel Kompressionsstrumpf-Anziehen im zeitlichen Zusammenhang mit der Verrichtung "Aufstehen" und "Zu-Bett-Gehen" (BSG, Urt. v. 30.10.2001 – B 3 KR 2/01 R, SozR 3-2500 § 37 Nr. 3, juris Rn. 19); zu „Mukoviszidose-Kindern" BSG, Urt. v. 29.4.1999 – B 3 P 13/98 R, SozR 3-3300 § 14 Nr. 11, juris Rn. 12 ff; untrennbare Bestandteile: Sondenernährung, Stomaversorgung zur Darmentleerung, Katheterisierung zur Blasenentleerung (BSG, Urt. v. 22.8.2001 – B 3 P 23/00 R, USK 2001-84, juris Rn. 14 f.), Pflegebad statt normalem Bad und anschließende Hautbehandlung bei Neurodermitis (BSG, Urt. v. 26.11.1998 – B 3 P 20/97 R, SozR 3-3300 § 14 Nr. 9, juris Rn. 20) – also wenn die Verrichtung der Grundpflege durch eine Maßnahme der Behandlungspflege ersetzt wird (BSG, Urt. v. 8.10.2014 – B 3 P 4/13 R, SozR 4-3300 § 14 Nr. 8, juris Rn. 22). Zur Gesetzes- und Rechtsprechungsentwicklung der doppelten Berücksichtigung bis zum Inkrafttreten des PSG II siehe BSG, Urt. v. 17.6.2010 – B 3 KR 7/09 R, BSGE 106, 173, juris Rn. 21 ff.

214 Vgl. BSG, Urt. v. 12.12.2006 – B 2 U 39/05 R, SozR 4-2700 § 2 Nr. 9.

215 Vgl. LSG München, Urt. v. 11.11.2014 – L 2 U 254/14, UV-Recht Aktuell 2015, 567, juris Rn. 46.

216 BeckOK-SozR/*Wietfeld* SGB VII § 2 Rn. 219; *Schlaeger*, SGb 2016, 684 (689).

217 Ein Schutz besteht dabei in der GUV sowie bei der ambulanten Hospizarbeit durch Ehrenamtliche und Familienangehörige nicht, wenn nicht *auch* § 2 I Nr. 17 SGB VII

(c) Erfasste Tätigkeiten und Verhältnis zur häuslichen Krankenpflege

Trotz der unterschiedlichen Leistungsfälle „Krankheit“ und „Pflegebedürftigkeit“ der Kranken- und Pflegeversicherung gibt es Überschneidungsbereiche, in denen die Pflegemaßnahmen zur Behandlungspflege in Bereiche der Pflegebedürftigkeit beziehungsweise in das Leistungsspektrum des SGB XI hineinreichen können.[218] Dies betrifft vor allem *krankheitsspezifische Pflegemaßnahmen*, also Maßnahmen der Behandlungspflege, bei denen der behandlungspflegerische Hilfebedarf aus medizinisch-pflegerischen Gründen regelmäßig und auf Dauer untrennbarer Bestandteil einer pflegerischen Maßnahme innerhalb der Kriterien nach § 14 II SGB XI ist oder mit einer solchen notwendig in einem unmittelbaren zeitlichen und sachlichen Zusammenhang steht, § 15 V 3 SGB XI. Behandlungspflege ist eine Pflegemaßnahme, die durch eine bestimmte Krankheit verursacht wird, speziell auf den Krankheitszustand der erkrankten Person abgestimmt ist und dazu beiträgt, die Krankheit zu heilen, ihre Verschlimmerung zu verhüten oder Krankheitsbeschwerden zu verhindern oder zu lindern, wobei diese Maßnahmen typischerweise nicht von einem Arzt, sondern von Vertretern medizinischer Hilfsberufe oder auch von Laien erbracht werden.[219]

Bei der Pflegebegutachtung werden auch Kriterien berücksichtigt, die zu einem Hilfebedarf führen, für den Leistungen nach dem SGB V vorgesehen sind, § 15 V SGB XI, wie z. B. das Anziehen von Kompressionsstrümpfen.[220]

§ 14 II Nr. 5 SGB XI umfasst Maßnahmen der selbstständigen Krankheitsbewältigung, also Verrichtungen, die durch die erkrankte Person bei Vorhandensein ihrer körperlichen, kognitiven und psychischen Fähigkeiten (auch mithilfe von Anleitung, Motivation oder Schulung) selbst durchgeführt werden könnten.[221] Erfasst ist insbesondere die sog. *einfache Behandlungspflege*, die nicht die

erfüllt wird, da bei familiärer Prägung auch die Versicherung nach § 2 I Nr. 9 SGB VII ausscheidet, vgl. *Igl*, SGb 2002, 705 (713 f.).

218 Siehe hierzu *Igl*, SGb 1999, 111 (116 f.).

219 BSG, Urt. v. 17.3.2005 – B 3 KR 35/04 R, BSGE 94, 205, juris Rn. 21; BSG, Urt. v. 28.1.1999 – B 3 KR 4/98 R, BSGE 83, 254, juris Rn. 23; BSG, Urt. v. 19.2.1998 – B 3 P 3/97 R, BSGE 82, 27, juris Rn. 22 m. Anm. *Igl*, SGb 1999, 111. Also z. B. das Verabreichen von Medikamenten, Injektionen, Anlegen von Verbänden, Spülungen, Einreibungen, Unterstützung bei Inhalationen, Katheterisierung, Einläufe, Dekubitusversorgung (*Udsching*, VSSR 1996, 271 (280 ff.)).

220 Vgl. BSG, Urt. v. 30.10.2001 – B 3 KR 2/01 R, SozR 3-2500 § 37 Nr. 3.

221 BT-Drucks. 18/5926, 110; Hauck/Noftz/*Luthe* SGB XI § 14 Rn. 65; KassKomm/*Weber* SGB XI § 14 Rn. 26; *Wingenfeld/Büscher/Gansweid*, Abschlussbericht Begutachtungsinstrument, S. 54.

Fachkunde eines Gesundheitsberufs erfordert und regelmäßig von Familienmitgliedern erbracht wird.[222] Die Tätigkeiten sind daher als Pflegetätigkeiten der Pflegepersonen zu berücksichtigen.

Im Bereich der professionellen Pflegeleistungen kann Behandlungspflege auch als häusliche Krankenpflege nach § 37 SGB V erbracht werden.[223] Für Versicherte, bei denen ein Pflegegrad 2 festgestellt wurde, wird nach § 37 II SGB V Behandlungspflege zum Ziel der Sicherung einer Behandlung (Behandlungssicherungspflege) geleistet, während die „Grundpflege und hauswirtschaftlichen Versorgung“[224] in der Zuständigkeit der Pflegeversicherung verbleiben.[225] Behandlungssicherungspflege nach § 37 II SGB V kann auch zeitlich unbegrenzt verordnet werden.[226]

Die unterschiedlichen Zuständigkeiten für Grund- und Behandlungspflege nach § 37 II SGB V würden in Überschneidungsbereichen von Grundpflege und Behandlungspflege an sich eine kompetenzrechtliche Abgrenzung notwendig machen. Stattdessen besteht für krankheitsspezifische Pflegemaßnahmen eine doppelte Zuständigkeit, vgl. § 15 V SGB XI.

(d) Bedeutung des § 37 III SGB V für die Pflegeperson

Die Überschneidungsbereiche zur Krankenversicherung stellen vor die Frage, welche Auswirkungen die Vorschriften zur häuslichen Krankenpflege auf die Leistungen zur sozialen Sicherung an die Pflegeperson haben.

Die Leistungen zur sozialen Sicherung der Pflegeperson ruhen nicht, wenn der Pflegebedürftige Leistungen der häuslichen Krankenpflege nach § 37 SGB V erhält, auch wenn diese deckungsgleich mit Leistungen der Pflegeversicherung sind, § 34 III SGB XI. Die Pflegeperson muss aber weiterhin tatsächlich pflegen.

---

222 Vgl. zum Begriff i. R. d. §§ 53 ff. SGB V a. F.: BSG, Urt. v. 17.4.1996 – 3 RK 28/95, SozR 3-2500 § 53 Nr. 10, juris Rn. 25 f.

223 Siehe zur Geschichte *Igl/Welti*, VSSR 1995, 117 (118 ff.); *Igl*, SGb 1999, 111 (112 f.).

224 Für die Maßnahmen zur Grundpflege i. S. d. § 37 SGB V wird auf den (für § 37 SGB V nicht abschließenden) Katalog des § 14 IV Nr. 1–3 SGB XI a. F. bzw. die Module 1 und 4 des § 14 II SGB XI verwiesen (BeckOK-SozR/*Knispel* SGB V § 37 Rn. 30).

225 Anders die Krankenhausersatzpflege, bei der auch Tätigkeiten der Grundpflege und hauswirtschaftlichen Versorgung geleistet werden, § 37 I 3 SGB V. Bei der Krankenhausbehandlung werden nach § 39 I 3 SGB V die Unterkunft und Verpflegung erbracht, so auch nach § 37 I SGB V, wenn der erkrankte Pflegebedürftige „eigentlich ins Krankenhaus gehört“, *Igl*, SGb 1999, 111 (114).

226 KKW/*Joussen* SGB V § 37 Rn. 13; Krauskopf/*Wagner* SGB V § 37 Rn. 15; BeckOK-SozR/*Knispel* SGB V § 37 Rn. 20.

Sofern Aufgaben übernommen werden und die Pflegeperson dadurch die Mindestpflegezeit nicht mehr erreicht, sind die Regelungen zur vorübergehenden Unterbrechung der Pflegetätigkeit anzuwenden.

Dem Anspruch auf (professionelle) Krankenpflege kann das Vorhandensein einer Pflegeperson entgegenstehen. Der Anspruch besteht nach § 37 III SGB V nur, soweit eine im Haushalt lebende Person den Kranken in dem erforderlichen Umfang nicht pflegen und versorgen kann (negative Anspruchsvoraussetzung[227]). In der Krankenversicherung besteht ein Vorrang der Selbsthilfe vor Inanspruchnahme der Versichertensolidargemeinschaft,[228] während die Pflegeversicherung im Gegensatz dazu Leistungen vorsieht, um die Bereitschaft von ehrenamtlichen Pflegepersonen zur Übernahme der Pflege zu fördern. In der Subsidiarität des Anspruchs auf Behandlungspflegeleistungen liegt noch ein Grund für die Berücksichtigung der *krankheitsspezifischen Pflegemaßnahmen*: Die besondere Förderung der Bereitschaft zur häuslichen Pflege im Gegensatz zur Entlastung der gesetzlichen Krankenversicherung durch Angehörige erfordert, dass Verrichtungen, die gerade nicht von fachlich qualifizierten Krankenpflegekräften erbracht werden müssen und die die Pflegepersonen im Gegenzug erheblich belasten, auch bei der Bemessung des Pflegebedarfs einfließen müssen,[229] wenn die sonstigen Voraussetzungen vorliegen. Die ehrenamtliche

227 BeckOK-SozR/*Knispel* SGB V § 37 Rn. 10; GesR/*Brosius-Gersdorf* SGB V § 37 Rn. 58; Krauskopf/ *Wagner* SGB V § 37 Rn. 28. Da § 37 III SGB V eine negative Anspruchsvoraussetzung ist, greift § 34 II SGB XI in diesen Fällen grundsätzlich nicht, da kein vorrangiger Anspruch i. d. S. besteht (so auch *Frey*, S. 100). Das Pflegegeld ruht daher nicht. Es kommt sogar ein Anspruch nach § 36 SGB XI infrage, sofern die Maßnahmen auch nach § 36 SGB XI erbracht werden können. Eine Anwendung des § 37 III SGB V in der SPV widerspräche dem Vorbehalt des Gesetzes nach § 31 SGB I und der Gesamtkonzeption der SPV. Dies führt auch dazu, dass die häusliche Krankenpflege nach § 37 III SGB V durch den Haushaltsangehörigen erbracht werden muss, dieser aber gegebenenfalls Leistungen durch die SPV erhalten kann, sofern es sich um einen dauerhaften Bedarf handelt.

228 Vgl. BeckOK-SozR/*Knispel* SGB V § 37 Rn. 10; weitere Selbsthilfevorbehalte: § 38 III SGB V, § 45 I 1 SGB V, § 24g S. 2 i. V. m. § 37 III SGB V, § 24h S. 1 SGB V, § 32 III SGB VII, § 42 SGB VII i. V. m. § 54 SGB IX, § 54 II 1 SGB VII, §§ 36 ff. ALG; zudem verweisen zahlreiche andere Vorschriften auf § 37 III SGB V, dazu: *Frey*, S. 146 ff. Nach Schulin HS-KV/*Schulin* § 6 Rn. 64 ist die Nutzbarmachung familiärer Hilfe systemkonform vor dem Hintergrund des Solidargedankens der beitragsfreien Familienversicherung.

229 Vgl. BSG, Urt. v. 19.2.1998 – B 3 P 5/97 R, SozR 3-3300 § 14 Nr. 3 juris Rn. 15; BSG, Urt. v. 8.10.2014 – B 3 P 4/13 R, SozR 4-3300 § 14 Nr. 8, juris Rn. 17. *Igl*, SGb 1999,

häusliche Krankenpflege in der gesetzlichen Krankenversicherung erfolgt insgesamt unentgeltlich und ihre Kosten sind auch nicht erstattungsfähig nach § 37 IV SGB V.[230] Schon zur Förderung der häuslichen Pflege sind also auch krankheitsspezifische Pflegemaßnahmen, die dem Verantwortungsbereich der Pflegeperson zugewiesen werden, zu berücksichtigen.[231] Dies wiegt in geringem Maße die Gebotswirkung des § 37 III SGB V auf, wenn mit der Rechtsprechung der Anspruch nach § 37 SGB V schon entfällt, sollten die Maßnahmen der Behandlungspflege „ohne nachvollziehbaren Grund" nicht durch eine Pflegeperson durchgeführt werden.[232] Der Ausschluss nach § 37 III SGB V betrifft vor allem Familien, in denen chronisch kranke oder behinderte Kinder oder Jugendliche versorgt werden, da hier vielfach die ununterbrochene Präsenz und Verfügbarkeit von Hilfspersonen erforderlich sind, die mit professionellen Pflegekräften schlecht plan- und realisierbar sind (im Gegensatz zur Pflege der „aus Altersgebrechlichkeit" Pflegebedürftigen) – das BSG weist darauf hin, dass die Forderung nach Beachtlichkeit der Behandlungspflege daher oft aus diesem Kreis kam.[233] Der Ausschluss der Behandlungspflege aus der versicherten Tätigkeit der Pflegeperson wurde schon früh kritisiert, da hier ein erhebliches Unfallpotenzial bestehe.[234] Die Unterscheidung sei zudem aus Sicht der Pflegenden nicht nachvollziehbar.[235]

---

111 (114) sprach von einem „sozialleistungsrechtlichen Hautgoût", das aus der Konstellation sonst aufsteige.

230 GesR/*Brosius-Gersdorf* SGB V § 37 Rn. 62. § 37 IV SGB V setzt voraus, dass Kosten für die selbst beschaffte Kraft entstanden sind. Angemessen sind die Kosten, wenn sie einer ortsüblichen Vergütung entsprechen.

231 Vgl. BSG, Urt. v. 17.4.1996 – 3 RK 28/95, SozR 3-2500 § 53 Nr. 10, juris Rn. 26.

232 Das „Können" i. S. d. § 37 III SGB V setzt aufgrund der Intensität des Eingriffs zahlreicher pflegerischer Maßnahmen in Intimbereiche vor dem Hintergrund des Art. 1 I 1 GG das Einverständnis (aktive und passive Pflegebereitschaft) beider Seiten zur Pflege voraus. Ein genereller Ausschluss würde eine ungerechtfertigte Besserstellung von Alleinlebenden darstellen, die ohne Weiteres die Leistungen erhielten. Bei einer Weigerung ohne nachvollziehbaren Grund, insbesondere gegenüber der Pflege durch Personen, die bereits pflegen, bei einfachen Maßnahmen ohne Berührung der Intimsphäre oder bei „kollusivem Zusammenwirken" von Pflegebedürftigem und Pfleger durch Weigerung, bisher durchgeführte Maßnahmen weiter durchzuführen, sei § 37 III SGB V erfüllt (BSG, Urt. v. 30.3.2000 – B 3 KR 23/99 R, BSGE 86, 101, juris Rn. 18). Kritisch *Köbl,* in: Rechtsdogmatik und Rechtsvergleich, 393 (397).

233 BSG, Urt. v. 17.3.2005 – B 3 KR 9/04 R, BSGE 94, 192, juris Rn. 25 m. w. N.

234 So *Leube*, NZS 1995, 343 (345).

235 *Gitter*, VSSR 1996, 1 (13).

Durch die Aufgabe der Voraussetzung des Verrichtungsbezugs und die Aufnahme der Bereiche des § 14 II Nr. 5 SGB XI werden somit schließlich auch Tätigkeiten als Pflegetätigkeiten erheblich und versichert, die gerade aus dem Versicherungsspektrum der gesetzlichen Krankenversicherung auf den privaten Bereich verschoben wurden, ohne dass in der Vergangenheit wie in der Pflegeversicherung im Gegenzug Leistungen vorgesehen wurden. Die Versicherung dieser Tätigkeiten erfolgt aber weiterhin nicht aufgrund der Subsidiarität nach § 37 III SGB V, sondern aufgrund des pflegerischen Zusammenhangs des nunmehr erweiterten Katalogs des Pflegebedürftigkeitsbegriffs.

(e) Zwischenergebnis

Die auf die Bewältigung von und den selbstständigen Umgang mit krankheits- oder therapiebedingten Anforderungen und Belastungen bezogenen krankheitsbezogenen Pflegemaßnahmen nach § 14 II Nr. 5 SGB XI sind somit voll als Pflegetätigkeit zu berücksichtigen und setzen insbesondere nicht voraus, dass ein Bezug auf andere Bereiche des § 14 II SGB XI vorliegt. Die Pflegetätigkeiten in diesem Bereich sind insoweit doppelt zu berücksichtigen, als dass sie sowohl der Pflege- als auch der Krankenversicherung zuzuordnen sind. Sie zählen somit auch dann zu den erheblichen Pflegetätigkeiten der Pflegeperson, wenn eine Leistung durch die häusliche Krankenpflege möglich wäre.

dd) Zwischenergebnis

Die Pflegetätigkeiten der Pflegeperson sind akzessorisch zu den für die Feststellung der Pflegebedürftigkeit relevanten Bereichen nach § 14 II SGB XI. Diese sind abschließend aufgezählt, sodass auch für die Pflegetätigkeiten der Pflegeperson gilt, dass lediglich solche rechtlich relevant sind, die einem der Bereiche zuzuordnen sind. Die Pflegetätigkeiten der Pflegeperson sind unabhängig davon berücksichtigungsfähig, ob eine Einschränkung in dem betreffenden Bereich bei der Feststellung der Pflegebedürftigkeit miteinbezogen wurde. Mit dem PSG II hat hier eine Erweiterung auf Betreuungstätigkeiten stattgefunden, die nicht mehr nur mit Bezug auf die anderen Bereiche berücksichtigt werden. Eine weitere Erweiterung liegt darin, dass Hilfen zu krankheits- und therapiebedingten Anforderungen im Rahmen des § 14 II Nr. 5 SGB XI als Pflegetätigkeiten zählen. Außerhäusliche Tätigkeiten in den in § 14 II SGB XI genannten Bereichen sind als Pflege zu berücksichtigen, wenn sie sich auf das alltägliche häusliche Leben beziehen.

3. Vorübergehende Unterbrechung der Pflegetätigkeit

Wird die ansonsten ausgeübte Pflege unterbrochen, kann dies zu einer Unterbrechung der Leistungen zur sozialen Sicherung führen.

a) Unterbrechung der Pflege

§ 3 S. 1 Nr. 1a SGB VI und § 26 IIb SGB III ordnen die Versicherungspflicht „in der Zeit, in der sie […] pflegen", an. Daher besteht grundsätzlich keine Versicherungspflicht in der Zeit, in der die Pflege (auch vorübergehend) unterbrochen wird.[236]

Die Absicherung nach § 2 I Nr. 17 SGB VII besteht schon aus der Natur des Versicherungszweiges heraus nur bei der Ausübung der Pflege.

b) Ausnahmen, § 34 III SGB XI

§ 34 III SGB XI regelt Ausnahmefälle, in denen trotz einer Unterbrechung der Pflege weiter Leistungen zur Renten- und Arbeitslosenversicherung erbracht werden.

---

236 BSG, Urt. v. 22.3.2001 – B 12 P 3/00 R, SozR 3-2600 § 3 Nr. 5, juris Rn. 27: Etwas anderes ergibt sich auch nicht aus dem Monatsprinzip des § 122 I SGB VI, wonach der Monat die kleinste rentenrechtliche Zeiteinheit ist (Hauck/Noftz/*Fichte* SGB VI § 122 Rn. 6). § 122 I SGB VI dehnt nicht die Versicherungspflicht auf Zeiten aus, in denen der Tatbestand innerhalb eines Monats nicht erfüllt war. § 122 SGB VI ist nur für die Berechnung rentenrechtlicher Zeiten anwendbar (juris PK-SGB VI/*Dankelmann* § 122 Rn. 7). Insofern entsteht bei einer kurzfristigen Unterbrechung keine Lücke in den Rentenzeiten (BT-Drucks. 12/5262, 111). Aufgrund von § 122 I SGB VI kann die SPV auf die Meldung der Unterbrechung der Pflegetätigkeit von unter einem Monat beim Rentenversicherungsträger verzichten (GemRdschr RVAloV v. 13.12.2016, IV 1.2, S. 87). Bei einer Unterbrechung von unter einem Monat bleibt daher das Versicherungsverhältnis bestehen und die Beitragsbemessungsgrundlage ist um die Unterbrechungstage zu kürzen (*Schmidt,* ZFSH/SGB 1998, 402 (406); *Koch,* RV 2002, 64 (80); *Winter*, RV 2002, 61 (62)). Nicht als Unterbrechungstage gelten der Aufnahme- und der Entlassungstag in die Kurzzeitpflege sowie am ersten und am letzten Tag der Verhinderungspflege (*Koch*, RV 2002, 64 (82); GemRdschr RVAloV v. 13.12.2016, II 1.4, S. 40).

aa) Häusliche Krankenpflege, stationärer Aufenthalt

Die Leistungen nach § 44 SGB XI ruhen nicht während der häuslichen Krankenpflege und während der ersten vier Wochen einer vollstationären Krankenbehandlung oder stationären Leistung zur medizinischen Rehabilitation.

Die Pflegetätigkeit wird hier aus in der Person des Pflegebedürftigen liegenden Gründen (teilweise) unterbrochen. Während dieser Zeit besteht weiter die Pflegebereitschaft, weshalb auch das Pflegegeld nach § 34 II SGB XI weitergezahlt wird.[237] Dies spiegelt sich auch in den Leistungen an die Pflegeperson wider.

bb) Erholungsurlaub der Pflegeperson von der Pflege

Nach dem zum 1.7.2008 eingefügten § 34 III Var. 3 SGB XI werden die Leistungen auch weitergewährt, wenn die Pflegeperson für bis zu sechs Wochen im Kalenderjahr zu ihrem Erholungsurlaub die Pflege unterbricht.[238]

Der Grund der Unterbrechung liegt hier in der Person des Pflegenden. Die Regelung wäre an sich in § 3 SGB VI anzusiedeln.[239] Durch die Bindung an das Kalenderjahr besteht der volle Überbrückungszeitraum von sechs Wochen unabhängig davon, ob die Pflege erst im Laufe des Jahres aufgenommen wurde. Ein Erholungsurlaub „von der Pflege" liegt vor, wenn die Pflegeperson nach eigener Feststellung die Pflege vorübergehend niederlegt, um sich von dieser zu erholen.[240] Damit sollten Renteneinbußen der Pflegenden – vor allem Frauen – vermieden, aber auch eine Wertschätzung der Pflege ausgedrückt werden.[241]

cc) Weitere Unterbrechungen, insbesondere aufgrund von Krankheit

Andere Ausnahmen zur Unterbrechung der Pflege sind nicht geregelt. Es gilt der Grundsatz, dass in diesen Zeiträumen keine Versicherungspflicht besteht.[242] Dies umfasst insbesondere auch die Unterbrechung aufgrund einer Krankheit der Pflegeperson.

Aus systematischen Gründen erscheint hier eine Anpassung im Rahmen kommender Gesetzesreformen geboten, die eine Ausnahme nach § 34 III SGB XI auch bei Erkrankung der Pflegeperson vorsieht.

---

237 Vgl. zu BT-Drucks. 13/3696, 12 zu § 34 II SGB XI.

238 Anders noch BSG, Urt. v. 22.3.2001 – B 12 P 3/00 R, SozR 3-2600 § 3 Nr. 5, juris Rn. 28.

239 jurisPK-SGB XI/*Padé* § 34 Rn. 32.

240 Vgl. GemRdschr RVAloV v. 13.12.2016, II 1.4, S. 41.

241 BT-Drucks. 16/8525, 96.

242 Hauck/Noftz/*Reimer* SGB XI § 44 Rn. 27; LPK-SGB XI/*Kuhn-Zuber* § 44 Rn. 27. Siehe aber Fn. 236.

Eine Erweiterung der Ausnahmen nach § 34 III SGB XI insbesondere um die krankheitsbedingte Unterbrechung der Pflege würde einen Gleichklang mit der Verhinderungspflege bilden und honorieren, dass trotz der Erkrankung von einer fortbestehenden Pflegebereitschaft auszugehen und das Ereignis nicht durch die Pflegeperson steuerbar ist. Die Pflegeperson ist in gleichem Maße auf die späteren Rentenleistungen angewiesen.[243]

Im Rahmen der Verhinderungspflege wird vorausgesetzt, dass die Pflegeperson aufgrund einer Erkrankung an der Pflege gehindert sein kann und entsprechend zur Überbrückung ein weiterer Bedarf des Pflegebedürftigen zu seiner Versorgung besteht. Die Verhinderungspflege nach § 39 SGB XI beinhaltet die Kosten einer notwendigen Ersatzpflege für längstens sechs Wochen je Kalenderjahr, wenn eine Pflegeperson wegen Erholungsurlaubs, *Krankheit* oder aus anderen Gründen an der Pflege gehindert ist. Neben der Verhinderungspflege soll auch die Kurzzeitpflege nach § 42 SGB XI die Pflegeperson bei einer Erkrankung entlasten oder ihr einen Urlaub ermöglichen.[244] Die Notwendigkeit von Pflegeunterbrechungen ist evident, auch wenn die Pflegepersonen die Pflege außerhalb eines Arbeitsverhältnisses und somit ohne Arbeitnehmerschutzrechte übernehmen. Im Hinblick auf die Erhaltung der Arbeitskraft ist entscheidend, dass die Pflegeperson nicht trotz einer eigentlich vorliegenden Krankheit weiterpflegt, wobei die Pflege mit zunehmendem Pflegegrad den zeitlichen Umfang einer Vollzeitbeschäftigung einnimmt oder übersteigt.[245] Die Unterbrechung der Pflege bei Krankheit schützt nicht nur den Pflegebedürftigen, sondern auch die Pflegeperson.

Es werden in dieser Zeit nicht nur die Kosten einer Ersatzkraft übernommen, sondern auch das Pflegegeld wird nach § 37 II 2 SGB XI zur Hälfte der bisher ausgezahlten Summe für bis zu sechs Wochen der Verhinderungspflege bzw. acht Wochen der Kurzzeitpflege fortgezahlt.[246] Dies dient der Stärkung der

---

243 Siehe hierzu *Czaplicki*, SoFo 2016, 105 (110 f.): Die Anwartschaften durch Pflege übersteigen statistisch die Anwartschaften durch Erwerbsarbeit für die pflegenden Frauen. Dies ist darauf zurückzuführen, dass zuvor nur Einnahmen unter den beitragspflichtigen Einnahmen nach § 166 II SGB VI erwirtschaftet wurden bzw. dass vielfach zuvor keine sozialversicherungspflichtige Beschäftigung bestand.

244 BT-Drucks. 12/5262, 67, 113

245 Vgl. zum Zeitaufwand Abschlussbericht Evaluation PNG PSG I, S. 62.

246 Bei der stundenweisen Verhinderungspflege von bis zu acht Stunden am Tag wird das Pflegegeld nicht gekürzt (BT-Drucks. 17/9369, 40). Siehe hierzu GemRdschr Leistungsrecht v. 21.4.2020, zu § 39 1 (5), S. 189 ff. und BSG, Urt. v. 20.4.2016 – B 3 P 4/14 R, BSGE 121, 108, juris Rn. 12 f.

häuslichen Pflege, weil auch während der Kurzzeit- oder Verhinderungspflege die finanziellen Belastungen in der Pflegesituation fortbestehen, insbesondere auch ein Lohnausfall.[247]

Da schon für die Zeit eines Erholungsurlaubs die Leistungen nach § 44 SGB XI weitergewährt werden, wenn die Pflegeperson aus einem eigenen Entschluss heraus zu Erholungszwecken die Pflege unterbricht, besteht umso mehr ein Raum für die Weitergewährung in dem Fall, dass sie unfreiwillig durch eine Erkrankung an der Pflege gehindert ist.

Dafür spricht auch die frühere Rechtslage. Historisch bestand eine Ausnahme bei einer Pflegeunterbrechung aufgrund von Krankheit bereits nach § 177 SGB VI a. F. Für die Gleichstellung von freiwilligen Beiträgen mit Pflichtbeiträgen nach § 177 III SGB VI i. d. F. v. 1.1.1992 bis 31.3.1995 war eine Unterbrechung der Pflegetätigkeit von längstens einem Kalendermonat im Kalenderjahr nicht nur wegen eines Erholungsurlaubs, sondern auch aufgrund einer Krankheit oder einer anderweitigen Verhinderung unschädlich.

Denkbar wäre, die Leistungen zur sozialen Sicherung jedenfalls für die Dauer einer Verhinderungspflege nach § 39 SGB XI weiter zu gewähren. Damit wäre unabhängig vom konkreten – vorübergehenden – Verhinderungsgrund die Kontinuität der Absicherung der Pflegeperson gewährleistet. Über den Erholungsurlaub und die Krankheit hinaus wäre zu überlegen, ob nicht auch andere Verhinderungen aus wichtigem Grund anzuerkennen wären.[248] Durch die Höchstzeit von insgesamt sechs Wochen sind die Missbrauchsmöglichkeiten gering. Bei einer direkten Anknüpfung an die Verhinderungspflege wäre zu bedenken, dass der Anspruch nach § 39 I 2 SGB XI erst besteht, wenn die Pflegeperson den Pflegebedürftigen vor der erstmaligen Verhinderung mindestens sechs Monate in seiner häuslichen Umgebung gepflegt hat. § 34 III SGB XI sieht dagegen keine Wartezeit vor. Mit Blick auf die arbeitsrechtlichen Regelungen wäre für die Pflegeunterbrechung zum Erholungsurlaub eine sechsmonatige „Vorpflegezeit" nicht abwegig (vgl. § 4 BUrlG), im Krankheitsfall aber kaum zu vertreten (vgl. § 3 III EFZG).

---

247 BT-Drucks. 17/9369, 40. Zuvor bestand kein Anspruch auf eine Fortzahlung des Pflegegeldes, BSG, Urt. v. 22.3.2001 – B 12 P 3/00 R, SozR 3-2600 § 3 Nr. 5, juris Rn. 29.

248 Für den „wichtigen Grund" kommt es ohnehin auf die Beurteilung der Pflegeperson an, sodass die Pflegekasse jeden plausiblen Grund anzuerkennen hat, der die ausreichende Sicherstellung der Pflege vorübergehend verhindert (LPK-SGB XI/*Richter* § 39 Rn. 7).

4. Auslandsaufenthalt

Eine Absicherungslücke entsteht nicht bei vorübergehender Pflege im Ausland und dauerhafter Pflege in EU- und EWR-Staaten oder in der Schweiz.

Hält sich der Pflegebedürftige vorübergehend für bis zu sechs Wochen im Ausland auf, werden die Leistungen zur sozialen Sicherung der Pflegeperson weiter erbracht, § 34 III SGB XI. Geht der Auslandsaufenthalt darüber hinaus, gilt diese Ausnahme nicht und das grundsätzliche Ruhen der Leistung nach § 34 I 1 Nr. 1 SGB XI tritt ein.

Um während des vorübergehenden Auslandsaufenthalts des Pflegebedürftigen nach § 34 III SGB XI weiter Leistungen zur sozialen Sicherung zu erhalten, muss die Pflegeperson den Pflegebedürftigen auch weiterpflegen.[249] Da auch bei einem *Inlandsurlaub* die Leistungen zur sozialen Sicherung der Pflegeperson nur weiter gewährt werden, wenn die Pflegeperson weiterpflegt, ist § 34 III SGB XI im Zusammenhang mit § 3 SGB IV zu sehen und so auszulegen, dass die Leistungen zur sozialen Sicherung bei vorübergehendem *Auslandsaufenthalt* nur weitergeleistet werden, wenn die Pflegeperson dort weiterpflegt.[250] Es handelt sich um eine Ausnahme zur Begrenzung der Leistungen auf das Hoheitsgebiet der Bundesrepublik Deutschland, nicht um eine Ausnahme bei Unterbrechung der Pflege wie bei den anderen Tatbeständen des § 34 III SGB XI.[251]

Damit ist auch die Pflegetätigkeit im Ausland unfallversichert sowie die Rückreise, wenn es sich nicht um einen gemeinsamen Erholungsurlaub mit dem Pflegebedürftigen handelt und die Reise für die Pflegeperson maßgeblich durch die Tendenz geprägt ist, am Urlaubsort Pflegeleistungen zu erbringen.[252] In entsprechender Anwendung des § 4 IV SGB IV ist erforderlich, dass die Auslandsreise im Rahmen eines (sonst kontinuierlich im Inland ausgeübten) bestehenden

---

249 BSG, Urt. v. 22.3.2001 – B 12 P 3/00 R, SozR 3-2600 § 3 Nr. 5, juris Rn. 35; Krauskopf/*Reissenberger-Safadi* SGB XI § 34 Rn. 18; jurisPK-SGB XI/*Padé* § 34 Rn. 31; GemRdschr Ausland v. 13.2.2018, 5, 6, S. 13 f.; a. A. Udsching/Schütze/*Lungstras* SGB XI § 34 Rn. 21; KassKomm/*Leitherer* SGB XI § 34 Rn. 37 verweist auf die Mindestpflegezeit.

250 BSG, Urt. v. 22.3.2001 – B 12 P 3/00 R, SozR 3-2600 § 3 Nr. 5, juris Rn. 35; jurisPK-SGB XI/*Padé* § 34 Rn. 31.

251 Und auch die Gesetzesbegründung ging im Fall der häuslichen Krankenpflege davon aus, dass die Pflegeperson weiter die Pflege fortsetze, BT-Drucks. 12/5952, 39; Krauskopf/*Reissenberger-Safadi* SGB XI § 34 Rn. 17.

252 LSG Essen, Urt. v. 17.9.2010 – L 4 U 57/09, SGb 2011, 292, juris Rn. 32.

Pflegeverhältnisses stattfindet.[253] Die „Weisung" i. S. d. § 4 IV SGB IV ist der Wunsch des Pflegebedürftigen.[254]

Findet die Pflege innerhalb eines anderen EU- oder EWR-Staates oder in der Schweiz statt, entsteht die Versicherungspflicht der Pflegeperson ohne eine zeitliche Begrenzung wie nach § 34 III SGB XI. Die Leistungen zur sozialen Sicherung der Pflegeperson sind in Anwendung der VO (EG) 883/2004 exportfähig. Die Pflegeversicherung ist eine Leistung bei Krankheit i. S. d. Art. 3 I a) der VO (EG) 883/2004.[255] Entgegen der gesetzgeberischen Vorstellung zu § 37 SGB XI[256] wird das Pflegegeld europarechtlich als Geldleistung bewertet und ist so exportierbar nach Art. 21 VO (EG) Nr. 883/2004.[257] Die Leistungen an die Pflegeperson sind nach Sicht des EuGH akzessorisch zum Pflegegeld, somit selbst Leistungen bei Krankheit, und damit exportierfähig nach VO 1408/71 (VO 883/2004/EG).[258]

5. Fazit

Die soziale Sicherung der Pflegeperson erfolgt aufgrund und bei der Pflege eines Pflegebedürftigen. Bei der Feststellung der Pflegebedürftigkeit der gepflegten Person werden lediglich die Einschränkungen der Selbstständigkeit und der Fähigkeiten in den nach § 14 II SGB XI genannten Bereichen berücksichtigt. Durch die Aufgabe des verrichtungsbezogenen Pflegebedürftigkeitsbegriffs und die Einführung des NBA wurde dieser Katalog wesentlich erweitert, sodass insbesondere ein allgemeiner Beaufsichtigungs- oder Betreuungsbedarf aufgrund kognitiver oder psychischer Einschränkungen abgebildet werden kann. Die

---

253 *Linder/Schlaeger*, SGb 2011, 295 (296 f.); Udsching/Schütze/*Lungstras* § 34 Rn. 21.

254 *Linder/Schlaeger*, SGb 2011, 295 (297).

255 EuGH, Urt. v. 5.3.1998 – C-160/96 – Molenaar Rn. 24. Derzeit wird eine Änderung der Verordnung geplant, nach der die Leistungen der Pflegeversicherung als eigener Zweig der Systeme der sozialen Sicherung erfasst werden sollen. Hierzu *Eichenhofer*, ZESAR 2017, 371; *Kaeding*, ZESAR 2019, 206; *Ternes/Eisenbarth*, ZESAR 2019, 329. Zu den europäischen Pflegeleistungen im Vergleich *Schulz*, DIW Wochenbericht 13/2012, 10.

256 BT-Drucks. 12/5262, 82, 110; zur Diskussion *Krasney*, SGb 1996, 253 (255 f.).

257 EuGH, Urt. v. 5.3.1998 – C-160/96 – Molenaar Rn. 35; *Lenze*, ZESAR 2008, 371; *Joussen*, ZESAR 2002, 62 mit Überlegungen zur Versicherungspflicht der Pflegeperson als Arbeitnehmer.

258 EuGH, Urt. v. 8.7.2004 – C-31/02, C-502/01 – Gaumain-Cerri und Barth Rn. 27; m. Anm. *Eichenhofer*, ZESAR 2005, 397; *Bokeloh*, DRV 2018, 192. Siehe hierzu auch GemRdschr Ausland v. 13.2.2018.

frühere Befürchtung der Überbewertung einer Einschränkung in einem Bereich wird durch eine Gewichtung der Module vermieden. Betreuungstätigkeiten zählen unabhängig von einer engen zeitlichen und örtlichen Bindung der Pflegeperson als Pflege. Der Begriff der *Pflege* durch die Pflegeperson ist abstrakt kongruent zum Versicherungsfall der Pflegeversicherung, sodass die Erweiterung des Pflegebedürftigkeitsbegriffs auch den Pflegebegriff betrifft. Die *Pflege* als versicherte Tätigkeit umfasst das Leistungsspektrum der Sachleistungen der Pflegeversicherung, sodass neben den in § 14 II SGB XI genannten Modulen auch Leistungen zur Haushaltsführung erfasst werden. Pflegepersonen ergänzen die Teilabsicherung durch die Pflegeversicherung. Durch die Erweiterung des Pflegebedürftigkeitsbegriffs ergeben sich Überschneidungen zum Bereich des Krankenversicherungsrechts und zu den Leistungen zur Teilhabe. Bei außerhäuslichen Aktivitäten ist das entscheidende Abgrenzungskriterium der nach § 14 II SGB XI umfassten Tätigkeiten zu den der Rehabilitation zuzuordnenden Aktivitäten der Bezug auf die häusliche alltägliche Freizeitgestaltung. Krankheitsspezifische Pflegemaßnahmen i. S. d. § 15 V SGB XI, die aus medizinisch-pflegerischen Gründen regelmäßig und auf Dauer untrennbarer Bestandteil einer pflegerischen Maßnahme in den in § 14 II SGB XI genannten Bereichen sind oder mit einer solchen notwendig in einem unmittelbaren zeitlichen und sachlichen Zusammenhang stehen, sind bei Durchführung durch die Pflegeperson der Pflege zuzurechnen. Tätigkeiten nach § 14 II Nr. 5 SGB XI müssen keinen „Verrichtungsbezug" zu Tätigkeiten in den anderen Modulen des § 14 II SGB XI aufweisen. Die Leistungen zur sozialen Sicherung der Pflegeperson werden nur erbracht, wenn diese auch pflegt. Die in § 34 III SGB XI normierten Ausnahmefälle von diesem Grundsatz weichen ab von den Fällen des Anspruchs des Pflegebedürftigen bei Verhinderung der Pflegeperson nach § 39 SGB XI. Es ist insbesondere zu bemängeln, dass die Leistungen im Krankheitsfall der Pflegeperson nicht weitergewährt werden.

II. Nichterwerbsmäßigkeit der Pflege

Die Leistungen zur sozialen Sicherung werden nur an Personen erbracht, die nicht erwerbsmäßig pflegen. Das SGB kennt keine Legaldefinition der Nichterwerbsmäßigkeit. Synonym wird die Pflege auch als ehrenamtlich bezeichnet.[259]

259 BSG, Urt. v. 6.6.2002 – B 3 P 2/02 R, SozR 3-3300 § 39 Nr. 5, juris Rn. 20; BT-Drucks. 12/5262, 101; Hauck/Noftz/*Wagner* SGB XI § 19 Rn. 18; GesR/*P. Baumeister* SGB XI § 19 Rn. 23; vgl. auch §§ 4 II 1, 45, 75 II 1 Nr. 9 SGB XI. *Igl*, SGb 2002, 705 (706 f.) zum Begriff des „neuen" Ehrenamtes.

Die Pflege durch Angehörige, Freunde, Nachbarn und weitere Ehrenamtliche wird in Anlehnung an *informal care* in Abgrenzung zur berufsmäßigen Pflege auch als informelle Pflege bezeichnet.[260] Die Nichterwerbsmäßigkeit ist das wesentliche Unterscheidungsmerkmal der Pflegeperson nach § 19 SGB XI als pflegende Privatperson zur berufsmäßigen Pflegekraft, die über ihre berufliche Tätigkeit sozial abgesichert ist.

Von den Leistungen nach §§ 19, 44 SGB XI ausgeschlossen sind Personen, die die Pflege nach ihrem objektiven Erscheinungsbild „als Erwerb" oder „wie einen Erwerb" betreiben, indem sie durch Pflege als selbstständige Erwerbstätigkeit Arbeitseinkommen erzielen oder die Pflege als Hauptpflicht in einem entgeltlichen Beschäftigungsverhältnis verrichten.[261] Dabei bedeutet Erwerbstätigkeit die üblicherweise auf dem Arbeitsmarkt angebotene Arbeit zur Gewinnerzielung.[262] Erwerbsmäßige Pflege liegt vor, wenn die Pflege einen Teil der Berufstätigkeit der Pflegeperson darstellt und dazu dient, ihren Lebensunterhalt ganz oder teilweise zu sichern.[263] Die Pflege ist Teil der Berufstätigkeit, wenn die Pflegeperson eine abgeschlossene Ausbildung in einem pflegerischen Beruf oder einem Beruf, dessen Leitbild die Pflege mitumfasst, hat und gegen Entgelt pflegerisch tätig wird.[264] Ohne eine Ausbildung in einem Pflegeberuf kommt eine erwerbsmäßige Pflege auch infrage, wenn hinreichende Berufserfahrung in diesem Bereich besteht, etwa als angelernte Pflegehilfskraft. Die Pflege darf nicht nur ausnahmsweise und kurzfristig durchgeführt werden, sondern muss dazu bestimmt sein, durch Einkommenserzielung zum Lebensunterhalt beizutragen.[265] Ausgeschlossen sind Personen, die bei einer Pflegeeinrichtung nach § 71 SGB XI oder einer

260 Vgl. *Kehl*, ZSR 2016, 49 (50); *Scheele*, S. 6 ff. m. w. N.; als Abgrenzung zur Pflege durch Personen mit Qualifikation zu marktüblichen Preisen: *Schneider*, ZSR 2006, 493 (494).

261 BSG, Urt. v. 31.1.2002 – B 13 RJ 7/01 R, SozR 3-2600 § 44 Nr. 16, juris Rn. 38; BSG, Urt. v. 18.7.1996 – 4 RA 25/95, SozR 3-2600 § 249b Nr. 1, juris Rn. 22; GemRdschr RVAloV v. 13.12.2016, II 1.1.3, S. 19.

262 BSG, Urt. v. 31.1.2002 – B 13 RJ 7/01 R, SozR 3-2600 § 44 Nr. 16, juris Rn. 36 m. w. N.

263 BSG, Urt. v. 6.6.2002 – B 3 P 2/02 R, SozR 3-3300 § 39 Nr. 5, juris Rn. 22 zu § 39 S. 4 SGB XI a. F.; GemRdschr RVAloV v. 13.12.2016, II 1.1.3, S. 19.

264 Also alle Ausbildungsberufe nach § 71 III SGB XI, die als Pflegefachkraft qualifizieren (Pflegefachfrau/-mann, Gesundheits- und KrankenpflegerIn, Gesundheits- und KinderkrankenpflegerIn, AltenpflegerIn, HeilerziehungspflegerIn, HeilerzieherIn) und die Tätigkeit als DorfhelferIn oder Gemeindeschwester, wenn sie entgeltlich erfolgt (BSG, Urt. v. 6.6.2002 – B 3 P 2/02 R, SozR 3-3300 § 39 Nr. 5, juris Rn. 22 zu § 39 S. 4 SGB XI a. F., GemRdschr RVAloV v. 13.12.2016, II 1.1.3, S. 19).

265 BSG, Urt. v. 6.6.2002 – B 3 P 2/02 R, SozR 3-3300 § 39 Nr. 5, juris Rn. 22 mit Verweis auf Udsching/*Udsching* § 19 Rn. 7 f. (2. Aufl. 2000), demzufolge Erwerbsmäßigkeit in

Pflegekasse gem. § 77 II SGB XI angestellt sind oder einen Einzelvertrag nach § 77 I SGB XI geschlossen haben.[266] Ebenfalls ausgeschlossen sind Jugendliche im FSJ und Zivildienstleistende[267] sowie Au-pairs und Ordensangehörige.[268]

Die Nichterwerbsmäßigkeit ist von hoher Relevanz als Abgrenzungskriterium, da sie nicht nur bestimmt, in welchen Fällen die Leistungen nach §§ 19, 44 SGB XI erbracht werden, sondern auch als Unterscheidungsmerkmal zu den „professionellen" Pflegeleistungen dient. In der Gesamtkonzeption des SGB XI bilden die Leistungen bei nicht erwerbsmäßiger Pflege insbesondere durch Familienangehörige einen eigenen Leistungsmodus, der neben §§ 19, 44 SGB XI auch in § 77 I 1 Hs. 2 SGB XI und §§ 37, 39 III 1 SGB XI aufgegriffen wird. Die Leistungen für Pflegepersonen stellen eine Besonderheit auf dem Gebiet der nicht erwerbsmäßigen beziehungsweise ehrenamtlichen Tätigkeit dar.[269]

Da die Pflegeversicherung im Rahmen dieses „Leistungsmodus" Anreizleistungen an nicht erwerbsmäßige Pflegepersonen aufgrund der Pflege vorsieht, ist bei der Feststellung der Erwerbsmäßigkeit kein hinreichendes Kriterium, ob Pflegepersonen Leistungen *aufgrund* der Pflege erhalten. Die ehrenamtliche Pflegetätigkeit mit finanzieller Anerkennung insbesondere in Form des weitergeleiteten Pflegegeldes ist von der erwerbsmäßigen Pflegetätigkeit im Rahmen eines Beschäftigungsverhältnisses (oder einer selbstständigen Erwerbstätigkeit) nach den allgemeinen Regeln des SGB IV abzugrenzen.[270] Dabei fließt auch die Höhe einer gegebenenfalls gezahlten Gegenleistung ein. Zudem kommt ins Spiel, dass die Pflege weit überwiegend unter Familienangehörigen ausgeübt wird. Einem Beschäftigungsverhältnis steht entgegen, wenn die Pflege schon aus einer familienrechtlichen Verpflichtung heraus erfolgt. Es sind die Kriterien

---

Abgrenzung zur Liebhaberei vorliege, wenn die Einkommenserzielung nicht nur eine völlig untergeordnete Bedeutung habe. Bei selbstständiger Tätigkeit sei im Rahmen des KSVG ausreichend, wenn aus der Tätigkeit ein mehr als unbedeutender Beitrag zur Bestreitung des Lebensunterhaltes erzielt werden solle, auch wenn der Ertrag unterhalb der Geringfügigkeitsgrenze des § 8 SGB IV liege. Das Urteil verweist weiter auf LPK-SGB XI/*Gallon* § 19 Rn. 7 (1. Aufl. 1998), wonach der Umfang der Pflege zu berücksichtigen sei.

266 Udsching/Schütze/*Udsching*, § 19 Rn. 8, zur Beschäftigung und Selbstständigkeit in der professionellen Pflege siehe *Hofmann*, NZS 2015, 41.

267 BT-Drucks. 12/5262, 101.

268 Diese Personengruppen sind schon als solche abgesichert, *Koch*, RV 2002, 64 (71 f.).

269 *Igl*, SGb 2002, 705 (708).

270 BT-Drucks. 12/5262, 101.

anwendbar, nach denen auch eine familienhafte oder ehrenamtliche Betätigung von einer Erwerbstätigkeit abgegrenzt wird.[271] Die nicht erwerbsmäßige Pflege ist überwiegend die Pflege durch Angehörige. Das Kriterium der Nichterwerbsmäßigkeit geht aber über eine bestimmte Nähebeziehung hinaus.[272]

Da die Nichterwerbsmäßigkeit also *ex negativo* definiert wird, ist hierzu zunächst eine Abgrenzung zur Pflege in einem Beschäftigungsverhältnis vorzunehmen. Im nächsten Schritt ist zu betrachten, wie die Tätigkeit „als Erwerb" von der unentgeltlichen Tätigkeit und der Tätigkeit gegen finanzielle Anerkennung abzugrenzen ist. Schließlich sind die Besonderheiten zu beachten, die sich im Rahmen der Nichterwerbsmäßigkeit dadurch ergeben, dass die Pflege überwiegend innerhalb der Familie ausgeübt wird.

1. Beschäftigungsverhältnis, Abgrenzung zur Selbstständigkeit

Nichterwerbsmäßigkeit liegt nicht vor, wenn die Pflegeperson die Pflege im Rahmen eines Beschäftigungsverhältnisses oder einer selbstständigen Tätigkeit ausübt.[273] Dabei sind die besonderen Kriterien der Beschäftigung und Selbstständigkeit in der häuslichen Pflege zu betrachten.

a) Kriterien der Beschäftigung

Die Feststellung der Beschäftigung nach den allgemeinen Regeln erfolgt anhand verschiedener Indizien, die in einer Gesamtbetrachtung gegeneinander gewichtet werden müssen.[274] Eine Beschäftigung liegt gem. § 7 I SGB IV vor, wenn nicht selbstständige Arbeit, insbesondere in einem Arbeitsverhältnis, erbracht wird,[275] wofür die persönliche Abhängigkeit und damit Weisungsgebundenheit und Eingliederung in die Arbeitsorganisation des Weisungsgebers entscheidende

---

271 BSG, Urt. v. 31.1.2002 – B 13 RJ 7/01 R, SozR 3-2600 § 44 Nr. 16, juris Rn. 38.

272 BSG, Urt. v. 18.7.1996 – 4 RA 25/95, SozR 3-2600 § 249b Nr. 1, juris Rn. 13.

273 BSG, Urt. v. 31.1.2002 – B 13 RJ 7/01 R, SozR 3-2600 § 44 Nr. 16, juris Rn. 38; BSG, Urt. v. 18.7.1996 – 4 RA 25/95, SozR 3-2600 § 249b Nr. 1, juris Rn. 22; GemRdschr RVAloV v. 13.12.2016, II 1.1.3, S. 19.

274 KassKomm/*Zieglmeier* SGB IV § 7 Rn. 82 ff.

275 BT-Drucks. 7/4122, 31. Die zivilrechtliche Unwirksamkeit des Arbeitsvertrages steht der Beschäftigung nicht entgegen (BSG, Urt. v. 10.8.2000 – B 12 KR 21/98 R, BSGE 87, 53). Zu denken ist im Pflegebereich insbesondere an 24-Stunden-Pflege-Modelle. Hierzu *Brors/Böning*, NZA 2015, 846; *Knopp*, NZA 2015, 851; NZS 2016, 445; *Thüsing/Beden/Denzer/Bleckmann/Pöschke*, NZS 2021, 321. Diese Pflegekräfte sind keine Pflegepersonen i. S. d. § 19 SGB XI (LPK-SGB XI/*Kuhn-Zuber* § 19 Rn. 31).

Anhaltspunkte sind.[276] Im Einzelnen kann die Abgrenzung schwierig sein. Teilweise wird ein Beschäftigungsverhältnis erst dann angenommen, wenn ein Vertragsschluss stattfindet, in dessen Rahmen eine Geschäftsbeziehung mit Rechten und Pflichten dokumentiert wird und dieser Vertrag anschließend auch durchgeführt wird.[277] Jedenfalls bei einer Gestaltung als vollgültiger Arbeitsvertrag, bei dem etwa auch die sozialrechtliche Behandlung als Beschäftigung und die Abführung von Sozialversicherungsbeiträgen vereinbart wird, liegt – auch zwischen Familienangehörigen – ein abhängiges Beschäftigungsverhältnis vor.[278] Die Pflege aufgrund eines Beschäftigungsverhältnisses zwischen dem Pflegebedürftigen und einer externen Pflegekraft wird als Arbeitgebermodell bezeichnet.[279] Die Abgrenzung zur Beschäftigung ist insbesondere für den Pflegebedürftigen relevant, der sonst „wie jeder andere Arbeitgeber“ die Sozialversicherung seines Beschäftigten sicherzustellen hätte.[280]

b) Insbesondere: Rechtsbindungswillen

Das Kriterium eines Vertragsschlusses ist aber wenig aufschlussreich, da die regelmäßig erbrachte Pflege in rechtlich verfestigten Strukturen stattfindet. Erklärt sich eine Pflegeperson dazu bereit, die Pflege sicherzustellen oder übernimmt sie die Pflege, liegt in der Regel auch ein Rechtsbindungswille vor.[281] Dafür sprechen die existenzielle Bedeutung der Pflegeleistungen für den Pflegebedürftigen und die hohe Belastung der Pflegeperson.[282] Die Sicherstellung der Pflege betrifft ganz unmittelbar die Selbstständigkeit und Fähigkeiten des

---

276 Vgl. § 611a I BGB und st. Rspr. BSG, Urt. v. 28.9.2011 – B 12 R 17/09 R, SGb 2011, 633, juris Rn. 16 m. w. N.

277 *Maschmann*, SGb 1995, 325; Hauck/Noftz/*Wagner* SGB XI § 19 Rn. 21.

278 Vgl. BSG, Urt. v. 29.11.1990 – 2 RU 18/90, SozR 3-2200 § 539 Nr. 6, juris Rn. 16.

279 Hierzu *Degener,* Das ambulante Pflegeverhältnis; *Neumann,* NZS 1995, 397 (398). Über § 77 SGB XI können sich Pflegekräfte als Einzelpersonen zulassen lassen und somit die Beträge nach § 36 SGB XI abrechnen. Ein Beschäftigungsverhältnis mit dem Pflegebedürftigen ist aber ausgeschlossen (*Schmitt,* RdA 1997, 86 (91 f.)).

280 Vgl. BT-Drucks. 12/5262, 101.

281 *O'Sullivan,* S. 284 stellt zudem auf die persönliche Verbindung ab und das bestehende Vertrauensverhältnis. Je enger das Verhältnis sei und je mehr der Pflegebedürftige auf die Pflegeperson angewiesen, desto eher liege Rechtsbindungswillen vor. Selbst, wenn die Tätigkeit unentgeltlich erfolgt: Ein Rechtsbindungswille und Unentgeltlichkeit schließen einander nicht aus. Auch gesetzlich geregelte Schuldverhältnisse wie z. B. die Leihe setzen unentgeltliches Handeln voraus (*Looschelders,* § 5 Rn. 7).

282 *Urban,* S. 170.

Pflegebedürftigen zur Lebensführung, sodass die Versorgung nicht bloß auf der Basis einer bloßen Gefälligkeit erfolgen kann.

Wenn es sich nicht um nur gelegentliche Hilfstätigkeiten handelt, die einen untergeordneten Rang innerhalb des zu erfüllenden Hilfebedarfs einnehmen und auf deren Erfüllung der Pflegebedürftige nicht angewiesen ist, liegt also grundsätzlich eine auch rechtliche Verbindlichkeit vor.[283]

c) Selbstständigkeit

Auch bei einer selbstständigen Pflegetätigkeit sind die Leistungen nach §§ 19, 44 SGB XI ausgeschlossen.

Bei der Abgrenzung zur Selbstständigkeit sind die Umstände entscheidend, die das Gesamtbild der Tätigkeit prägen, und welche Merkmale dabei überwiegen. Kennzeichnend für Selbstständigkeit sind – im Gegensatz zur Eingliederung in einen fremden Betrieb und Weisungsgebundenheit des Beschäftigten – das eigene Unternehmerrisiko, das Vorhandensein einer eigenen Betriebsstätte und die freie Verfügung über die eigene Arbeitskraft und Tätigkeit.[284]

Dafür spricht, wenn eine Vergütung in Höhe des üblichen Stundensatzes vereinbart wurde, die nur für tatsächlich erbrachte Pflege, nicht aber für ausgefallene Stunden oder bei vorzeitigem Abbruch des Einsatzes erbracht wird, und die Tätigkeit regelmäßig oder häufig wiederkehrend und planmäßig für mehrere oder wechselnde Pflegebedürftige erbracht wird.[285] Spricht das Gesamtbild in diesen Fällen sowohl für abhängige Beschäftigung als auch selbstständige Tätigkeit, ist auf den Inhalt der geschlossenen Vereinbarung abzustellen.[286]

d) Eingeschränkte Weisungen

In der Abgrenzung zur selbstständigen Tätigkeit wird relevant, dass das Pflegeverhältnis insoweit von einem „normalen" Dienstverhältnis abweicht, als dass die Pflege durch besondere Abhängigkeiten und die Notwendigkeit der Leistungen

---

283 *O'Sullivan*, S. 284; vgl. auch Udsching/Schütze/*Udsching* § 19 Rn. 12, der bei Pflege von mindestens zehn Stunden nach festgelegten Einsatzzeiten eines Pflegeplanes und gegen Weiterleitung des Pflegegeldes regelmäßig die Beschäftigung der Pflegeperson annimmt.

284 St. Rspr, BSG, Urt. v. 14.3.2018 – B 12 KR 13/17 R, BSGE 125, 183, juris Rn. 16 m. w. N.

285 Lauterbach/*Schwerdtfeger* § 2 Rn. 635a; GemRdschr UV v. 17.12.2006, 1.3.5.3.1, S. 7.

286 BSG, Urt. v. 18.3.1999 – B 3 P 9/98 R, BSGE 84, 1, juris Rn. 20; BSG, Urt. v. 29.11.1990 – 2 RU 18/90, SozR 3-2200 § 539 Nr. 6, juris Rn. 16.

für den Pflegebedürftigen geprägt ist.[287] Die Pflegeperson geht der Pflege gegebenenfalls frei von Weisungen überwiegend selbstständig nach bzw. geben die objektiven Pflegeanforderungen schon vor, wie die Pflege und die dazugehörigen Tätigkeiten durchzuführen sind. Ein eingeschränktes Weisungsrecht und eine Verfeinerung „zur dienenden Teilhabe am Arbeitsprozess" sind vor allem bei Diensten höherer Art anzunehmen – hier erhält die Eingliederung in den „übergeordneten Organismus" des Betriebs ein höheres Gewicht.[288] Dies kann auch für die Pflege angenommen werden.[289] Eine Gebundenheit der Arbeitsabläufe ist sowohl in anderen Bereichen des Arbeitslebens als auch bei ehrenamtlichen Tätigkeiten gegeben.[290] Während die zu erbringenden Tätigkeiten durch die Anforderungen der Pflege weitgehend festgelegt sind, kann der Pflegebedürftige den Ort der Pflege (in der eigenen Wohnung oder an einem anderen Ort) sowie die Form der Pflege festlegen und die Person bestimmen, die die Pflege übernimmt (Privatperson, zugelassene Pflegeeinrichtung, andere gewerbliche Einrichtung).

e) Entgeltlichkeit

Neben den oben genannten Kriterien ist auch zu berücksichtigen, ob die Pflegeperson ein Entgelt erhält. Entgeltlichkeit ist kein konstituierendes Element der Beschäftigung, aber ein Indiz und kann wie etwa im Rahmen des § 5 I Nr. 1 SGB V als zusätzliches Merkmal über die Versicherungspflicht als Beschäftigter entscheiden.[291] Die Art und Höhe des Entgelts spielen eine übergeordnete Rolle bei der Feststellung der Erwerbsmäßigkeit, auf die im folgenden Abschnitt vertieft eingegangen wird.

f) Zwischenergebnis

Bei der Feststellung, ob die Pflege im Rahmen einer Beschäftigung oder einer selbstständigen Tätigkeit erfolgt, sind daher zwar die allgemeinen Kriterien

287 *O'Sullivan*, S. 298; *Degener*, S. 103.

288 BSG, Urt. v. 29.3.1962 – 3 RK 74/57, BSGE 16, 289, juris Rn. 36 f.; BSG, Urt. v. 14.3.2018 – B 12 KR 13/17 R, BSGE 125, 183, juris Rn. 16 m. w. N.

289 Offen gelassen in BSG, Urt. v. 29.11.1990 – 2 RU 18/90, SozR 3-2200 § 539 Nr. 6, juris Rn. 16.

290 *Greiner*, NZA 2015, 285 (286); *Seewald*, SGb 2001, 213 (219) mit dem Beispiel der freiwilligen Feuerwehr.

291 Ausführlich KKW/*Berchtold*, SGB IV § 7 Rn. 8; *Gagel*, in: FS Krasney, 147 (150 f.) m. w. N.; zum Entgelt bei familienhafter Mithilfe unten S. 121 ff.

anzulegen. Die rechtliche Verfestigung selbst ist aber kein hinreichender Anhaltspunkt, da die Pflege aufgrund ihrer existenziellen Bedeutung nicht auf einer Gefälligkeitsbasis erfolgt, wenn sie regelmäßig erbracht wird. Eine Weisungsgebundenheit kann insoweit reduziert sein, als dass durch die Pflegeumstände bereits die Tätigkeiten vorgegeben werden.

2. Insbesondere: Unentgeltlichkeit und das weitergeleitete Pflegegeld

Das Vorliegen eines Beschäftigungsverhältnisses führt zur Annahme von Erwerbsmäßigkeit; Erwerbsmäßigkeit kann aber auch vorliegen, wenn es an einem Beschäftigungsverhältnis fehlt.[292] Hierbei kommt es entscheidend auf die Gegenleistung an, die der Pflegende erhält. Im Bereich der häuslichen Pflege ist ein besonderes Augenmerk dem durch den Pflegebedürftigen weitergeleiteten Pflegegeld zu widmen.

a) Erwerbsabsicht und Aufwandsentschädigung

aa) Erwerbsabsicht

In der Rechtsprechung des BSG zur Erwerbsmäßigkeit wird die Betätigung am Arbeitsmarkt zur Gewinnerzielung, also als Mittel zum Erwerb von Einkünften,[293] oder die Einkommenserzielung als Beitrag zum Lebensunterhalt im Rahmen von nicht nur ausnahmsweise oder kurzzeitig durchgeführter Pflege[294] vorausgesetzt. Die Erwerbsabsicht ist nach der Rechtsprechung des BAG aber keine notwendige Bedingung für die Arbeitnehmereigenschaft. Fehlt es an diesem typischerweise vom Arbeitnehmer mit der Arbeit verfolgten Ziel, ist dies ein Indiz gegen das Vorliegen eines Arbeitsverhältnisses.[295] Ehrenamtliche Tätigkeit ist hingegen durch die Verfolgung ideeller Zwecke und Unentgeltlichkeit geprägt.[296]

---

292 Udsching/Schütze/*Udsching* § 19 Rn. 11; *Dalichau* § 19 Rn. 59.

293 BSG, Urt. v. 31.1.2002 – B 13 RJ 7/01 R, SozR 3-2600 § 44 Nr. 16, juris Rn. 36 m. w. N.

294 BSG, Urt. v. 6.6.2002 – B 3 P 2/02 R, SozR 3-3300 § 39 Nr. 5, juris Rn. 22; auch nach KassKomm/*Weber* SGB XI § 19 Rn. 11 ist das Bestreiten des Lebensunterhalts aus Einnahmen aus der Pflegetätigkeit ein Faktor zur Abgrenzung im Einzelfall.

295 BAG, Urt. v. 29.8.2012 – 10 AZR 499/11, BAGE 143, 77, juris Rn. 16.

296 BSG, Urt. v. 16.8.2017 – B 12 KR 14/16 R, BSGE 124, 37, juris Rn. 31.

bb) *Aufwandsentschädigungen und Entgelt*

Auf vielen Gebieten des Ehrenamtes kann die Unentgeltlichkeit allerdings nicht in Reinform erwartet werden, weil auch die nicht am Markt getätigten, nicht in einem Austauschverhältnis stattfindenden Dienstleistungen von einem marktwirtschaftlichen Gepräge erfasst werden – abzugrenzen ist dann zwischen pauschalierten Aufwandsentschädigungen und tatsächlichem Entgelt.[297] Die Höhe einer gewährten Leistung (in Geld oder als Sachleistung) und ihr Verhältnis zu Umfang und Art der verrichteten Tätigkeit sind entscheidende Kriterien dafür, ob es sich um ein Entgelt, also einen Gegenwert zur Leistung handelt. Allgemein wird eine ehrenamtliche Prägung einer Tätigkeit angenommen, wenn sie zwar entgeltlich stattfindet, aber unterhalb des Marktpreises entlohnt und freiwillig außerhalb der Berufstätigkeit ausgeübt wird und somit die vordergründige Entlohnung in der gesellschaftlichen Anerkennung der dem Ehrenamt inhärenten Ehre liegt.[298]

Die Gesetzesbegründung verwendet den Begriff der „finanziellen Anerkennung" bei ehrenamtlicher (also nicht erwerbsmäßiger) Pflegetätigkeit in Abgrenzung zur erwerbsmäßigen Pflege im Rahmen eines Beschäftigungsverhältnisses,[299] womit vorausgesetzt wird, dass nicht jede Zahlung an die Pflegeperson zur Erwerbsmäßigkeit führt und nicht jede Zahlung ein Beschäftigungsverhältnis voraussetzt. Für ein Entgelt, das im Verhältnis zur Pflegeleistung und in der Art seiner Gewährung als Gegenleistung zu betrachten ist, spricht, wenn die Pflege zwischen den Parteien stundenweise oder in bestimmten Schichten vereinbart ist; dagegen spricht, wenn die Pflegeperson eine pauschale Summe erhält, die alle Pflegetätigkeiten abdeckt ungeachtet der tatsächlich erbrachten Pflegeleistungen, oder wenn ein pauschaler Unterhalt geleistet wird.

b) *Pflegegeld*

Der Hauptfall der „finanziellen Anerkennung" bei Pflegetätigkeit ist das weitergereichte Pflegegeld nach § 37 SGB XI. Der Gesetzesentwurf geht vom Vorliegen von Nichterwerbsmäßigkeit aus, wenn ein im Haushalt lebender Familienangehöriger die Pflege sicherstellt und im Gegenzug das Pflegegeld weitergereicht bekommt.[300] Dies wird im nächsten Satz der Begründung ausgeführt: Die

297 *Igl*, SGb 2002, 705 (708).
298 *Nothacker*, S. 23 f.
299 BT-Drucks. 12/5262, 101.
300 BT-Drucks. 12/5262, 101.

Leistungen zur sozialen Sicherung wären nicht erforderlich, wenn sich die Pflege meist im Rahmen sozialversicherungspflichtiger Beschäftigungsverhältnisse vollziehen würde. Nur hier entsteht eine Absicherungslücke. Diese Absicherungslücke ist keine Voraussetzung, sodass weiterhin erwerbsmäßige Pflege vorliegt, auch wenn die entgeltliche Beschäftigung mit dem Gegenstand der Pflege z. B. aufgrund von Geringfügigkeit oder Versicherungsfreiheit nicht sozialversicherungspflichtig ist.[301] Nach der Rechtsprechung des BSG kann nur dann regelmäßig davon ausgegangen werden, dass die Pflege dazu bestimmt ist, durch Einkommenserzielung zum Lebensunterhalt beizutragen, wenn sie regelmäßig gegen eine vereinbarte Vergütung vorgenommen wird und diese Vergütung die Höhe des Pflegegeldes übersteigt.[302] Die Unbeachtlichkeit des Pflegegeldes für die Nichterwerbsmäßigkeit der Pflegeperson auch außerhalb des Familienverbandes ist systematisch konsequent und mit dem Zweck des Pflegegeldes zu begründen.

aa) Pflegegeld als reduziertes Sachleistungssurrogat

Das Pflegegeld ist seiner Natur nach ein reduziertes Sachleistungssurrogat, das befördern soll, dass die Pflege unentgeltlich übernommen wird.[303] Mit dem Pflegegeld soll der Pflegebedürftige seine Pflege durch erwerbsmäßige oder nicht erwerbsmäßige Pflegepersonen selbst sicherstellen und gestalten können. Das Pflegegeld soll kein Entgelt für die erbrachte Pflege darstellen oder einen Verdienstausfall der Pflegeperson kompensieren, wenn sie ihre Erwerbstätigkeit zugunsten der Pflege einschränkt oder aufgibt, sondern dem Pflegebedürftigen ermöglichen, Angehörigen oder sonstigen Pflegepersonen eine materielle Anerkennung für die mit großem Einsatz und Opferbereitschaft im häuslichen Bereich sichergestellte Pflege zukommen zu lassen und einen Anreiz für die Aufrechterhaltung der Pflegebereitschaft zu bieten.[304]

Diese Stellung nahm historisch bereits das sozialhilferechtliche Pflegegeld nach § 69 III BSHG a. F. ein. Auch dieses hatte die sozialpolitische

---

301 Vgl. BSG, Urt. v. 18.7.1996 – 4 RA 25/95, SozR 3-2600 § 249b Nr. 1, juris Rn. 23; *Dalichau* § 19 Rn. 48.

302 BSG, Urt. v. 6.6.2002 – B 3 P 2/02 R, SozR 3-3300 § 39 Nr. 5, juris Rn. 22.

303 BT-Drucks. 12/5262, 110. Zur europarechtlichen Wertung siehe Fn. 257.

304 BT-Drucks. 12/5262, 112; BT-Drucks. 16/7439, 59. Dagegen *Köbl*, in: FS Krasney, 251 (263 ff), die dem Grundsatz, dass Pflegegeld kein Entgelt darstellen solle, nur entnimmt, dass dieses kein marktmäßiges Äquivalent der Pflege darstelle; nicht jedoch, dass dieses anrechnungsfrei bleibe.

Zweckbestimmung, Barmittel an die Hand zu geben, mit denen die Pflegebereitschaft von nahestehenden Personen oder Nachbarn angeregt und erhalten werden und so die Pflege sichergestellt werden konnte. Es diente gerade nicht dazu, den Pflegeaufwand abzugelten, indem es der Pflegeperson als wirtschaftliches Entgelt für ihre Pflegeleistung zugewendet wurde, um wie Erwerbseinkommen ihren allgemeinen Unterhaltsbedarf zu decken. Das weitergeleitete Pflegegeld des § 69 III BSHG a. F. wurde hier nicht als Einkommen berücksichtigt.[305]

---

305 BVerwG, Urt. v. 4.6.1992 – 5 C 82/88, BVerwGE 90, 217, juris Rn. 11; BVerwG, Urt. v. 14.3.1991 – 5 C 8/87, BVerwGE 88, 86, juris Rn. 14 m. w. N. Einnahmen für Pflegeleistungen sind nach § 3 Nr. 36 EStG steuerfrei (für die Pflegeperson; für den Pflegebedürftigen nach § 3 Nr. 1a EStG, Blümich/*Valta*, EStG § 3 Nr. 36 Rn. 2), wenn die Pflegeleistungen durch einen Angehörigen oder andere Personen erbracht werden, die damit eine sittliche Pflicht nach § 33 II EStG gegenüber dem Pflegebedürftigen erfüllen; dies gilt auch, wenn kein Anspruch aus der SPV besteht, dieser nicht geltend gemacht wird oder in denen die Zahlung durch einen Dritten erfolgt (Kirchhof/*v. Beckerath* § 3 Nr. 36 Rn. 69). Daher ist das weitergereichte Pflegegeld nach § 1 I Nr. 4 ALG II-V nicht nach § 11 SGB II als Einkommen zu berücksichtigen (BeckOK-SozR/*Pfitzner* SGB XI § 13 Rn. 14a; BeckOK-SozR/*Hannes* Alg II-V § 1 Rn. 51 f.). Eine allgemeine Regel besteht dazu nicht. Das Pflegegeld wird nach § 13 V SGB XI nicht als Einkommen bei Sozialleistungen und bei Leistungen nach dem Asylbewerberleistungsgesetz, deren Gewährung von anderen Einkommen abhängig ist, berücksichtigt. Dem Wortlaut nach erfasst dies nicht die Pflegeperson, weil das Pflegegeld dem Pflegebedürftigen zusteht (BeckOK-SozR/*Pfitzner* SGB XI § 13 Rn. 14 ff.; Krauskopf/*Unterpaul* SGB XI § 13 Rn. 17; *Köbl*, in: FS Krasney, 251 (254 ff.); a. A. KassKomm/*Koch* SGB XI § 13 Rn. 20). § 13 V SGB XI ist jedenfalls auf die Pflegeperson anzuwenden, soweit das Einkommen von Pflegebedürftigem und Pflegeperson zusammen berücksichtigt wird (KassKomm/*Koch* SGB XI § 13 Rn. 20; Udsching/Schütze/*Udsching* § 13 Rn. 28). Dem Gemeinsamen Rundschreiben des GKV-Spitzenverbandes und der Verbände der Pflegekassen auf Bundesebene zufolge ist § 13 V SGB XI auch auf die Pflegeperson anzuwenden, der das Pflegegeld weitergereicht wird (GemRdschr Leistungsrecht v. 21.4.2020, § 13 Nr. 6, S. 47 mit Bezug auf BSG, Urt. v. 8.12.1992 – 1 RK 11/92, BSGE 71, 299). Für die Anrechnung bei Unterhaltsansprüchen wird in § 13 VI SGB XI eine Ausnahme normiert, weil nach Ansicht des Gesetzgebers diese nicht mit dem sozialpolitischen Anliegen der Förderung und Stärkung der häuslichen Pflege vereinbar ist. So soll der Unterhaltsanspruch der geschiedenen Ehefrau gegenüber dem geschiedenen Ehemann nicht mehr gekürzt werden, wenn sie Pflegegeld für die Pflege eines gemeinsamen pflegebedürftigen Kindes bezieht, BT-Drucks. 14/407, 4. Ausdrückliche Regeln treffen auch § 18a I 2 Nr. 1 SGB IV, § 34 IIIb 3 Nr. 1 und § 96a II 3 Nr. 1 SGB VI. Zu § 240 II 4 SGB V siehe auch unten S. 298, 313 f.

bb) Unentgeltliche Ergänzung der Teilleistung

Wenn das Pflegegeld nicht als Entgelt dienen soll, wird im Umkehrschluss vorausgesetzt, dass sich die Pflegeperson auch ohne ein Entgelt zur Pflege bereit erklärt. Mit dem Grundgedanken der unentgeltlichen Pflege wird auch die unterschiedliche Leistungshöhe der Pflegesachleistungen nach § 36 SGB XI einerseits und des Pflegegeldes § 37 SGB XI andererseits gerechtfertigt. Der Gesetzgeber darf nach Ansicht des BVerfG[306] davon ausgehen, dass die Entscheidung zur familiären Pflege nicht abhängig von der Höhe der Vergütung sei, die eine professionelle Pflegekraft für diese Leistung erhielte, da nicht nur eine sittliche, sondern auch eine rechtliche Beistandspflicht der Ehegatten untereinander (§ 1353 BGB) bzw. zwischen Eltern und Kindern (§ 1618a BGB) bestehe. Das Pflegegeld hingegen sei kein Entgelt. Die materielle Anerkennung diene nur als Anreiz und stärke gleichzeitig die Eigenverantwortlichkeit und Selbstbestimmung, da das Pflegegeld zur freien Gestaltung der Pflege eingesetzt werden könne. Da das Pflegegeld also lediglich eine bestehende wie auch rechtliche Beistandspflicht unterstütze und nicht dazu diene, eine sonst fehlende Pflege durch bezahlte professionelle Pflegekräfte erst einzukaufen, sei gerechtfertigt, das Pflegegeld in vergleichsweise niedrigerer Höhe zu gewähren. Statt ein höheres Pflegegeld und so einen höheren Anreiz zur Pflegebereitschaft zu leisten, dürfe der Gesetzgeber die Förderung des familiären Zusammenhalts – also die Förderung, den Beistandspflichten zur Pflege nachzukommen – auch dadurch verwirklichen, dass er den Pflegebedürftigen die Wahl zwischen den verschiedenen Formen der Pflege lasse und wegen der besonderen Pflichtenbindung von Familienangehörigen das Pflegegeld lediglich als materielle Anerkennung vorsehe.[307] Das Pflegegeld setzt einen Anreiz zum familiensolidarischen

---

306 BVerfG, Nichtannahmebeschl. v. 26.3.2014 – 1 BvR 1133/12, NZS 2014, 414, juris Rn. 21 ff.

307 Gleichwohl sieht sich diese Konzeption Kritik gegenüber. Zunächst stimmt die Annahme nicht, dass das Pflegegeld überhaupt nicht dazu diene, Pflegeleistungen „einzukaufen", da das Pflegegeld die einzige Geldleistung ist, mit der der Pflegebedürftige die Pflege durch erwerbsmäßige Pflegepersonen, die nicht als Leistungserbringer der Pflegeversicherung zulassen sind, mitfinanzieren kann. Diese ist mit einer erheblichen finanziellen Belastung verbunden, wenn sie allein mit dem Pflegegeld finanziert werden, das weniger als die Hälfte des Anspruchs der häuslichen Pflegehilfe beträgt. Das Pflegegeld als Anreizleistung für nicht erwerbsmäßige Pflege sieht sich dagegen der Kritik gegenüber, einerseits nicht wirksam zu sein, aber andererseits wie schon der Vorrang der häuslichen Pflege und das Teilleistungsprinzip der Pflegeversicherung in massivem Maße unentgeltliche Leistungen von Angehörigen vorauszusetzen

Verhalten.[308]

Nahestehende werden als Leistungserbringer ausgeschlossen und auf das Pflegegeld verwiesen. So können Verwandte oder Verschwägerte bis zum dritten Grad oder Haushaltsangehörige des Pflegebedürftigen nach § 77 I 1 Hs. 2 SGB XI keinen Einzelvertrag mit der Pflegekasse schließen. Sie sollen nicht über die Zulassung als Leistungserbringer umgehen, dass das Pflegegeld als bei häuslicher Angehörigenpflege vorgesehener Leistung deutlich unterhalb der Höhe der häuslichen Pflegehilfe liegt, um den Finanzrahmen der sozialen Pflegeversicherung nicht zu überschreiten.[309] Das wird damit gerechtfertigt, dass diese lediglich ergänzend zur familiären, nachbarschaftlichen oder sonstigen ehrenamtlichen Pflege und Betreuung leistet, Angehörige aber in Ausübung von Beistandspflichten nach § 1353 bzw. § 1618a BGB und weiterer „sittlicher Pflichten" pflegten.[310] Damit wird in § 77 I 1 Hs. 2 SGB XI die Grundauffassung wie schon zur Hilfe zur Pflege nach BSHG fortgeführt, dass Angehörigenpflege grundsätzlich unentgeltlich zu erfolgen habe.[311] Diese zeigt sich auch darin, dass durch die Verhinderungspflege die Aufwendungen nach § 39 III 1 SGB XI bei Pflege durch „Pflegepersonen", die mit dem Pflegebedürftigen bis zum zweiten Grade verwandt oder verschwägert sind oder mit ihm in häuslicher Gemeinschaft leben, nur bis zur Höhe des Pflegegeldes ersetzt werden, außer die Ersatzpflege wird erwerbsmäßig ausgeübt, § 39 III 2 SGB XI. Schon zum sozialhilferechtlichen Pflegegeld ging der Gesetzgeber davon aus, dass die Pflegeleistungen durch nahestehende Personen unentgeltlich geleistet werden. Eine Kostenübernahme wurde erst für besondere Pflegekräfte nach § 69 II 3 BSHG vorgesehen, die daneben und anstatt dessen die Pflege übernahmen.[312] Pflegende Angehörige

---

oder sogar eine Refamilialisierung anzustreben und darunter besonders auf pflegende Frauen abzuzielen, die unter Verzicht auf Erwerbstätigkeit „gegen ein Taschengeld" äußerst fordernde Pflegeleistungen durchführen sollen. Siehe hierzu *Kunstmann,* S. 281 ff.; *Brockmann,* in: Rechtstatsachen, 105 (119 f.); *Schütte*, NDV 2007, 211 (213) jeweils m. w. N. sowie *Schütte*, in: Reform der Pflegeversicherung, S. 152 ff.

308 *Köbl,* in: Rechtsdogmatik und Rechtsvergleich, 393 (395).

309 So BT-Drucks. 13/3696, 16.

310 BSG, Urt. v. 18.3.1999 – B 3 P 9/98 R, BSGE 84, 1, juris Rn. 22. Weil der Familienangehörige nicht über die Grenze des Zumutbaren hinaus zur Pflege verpflichtet sei (dazu S. 123 ff.), soll dies auch in den Fällen verfassungsmäßig sein, in denen die Pflege über die familienrechtliche Beistandspflicht hinaus erbracht werde.

311 Vgl. BSG, Urt. v. 18.3.1999 – B 3 P 9/98 R, BSGE 84, 1, juris Rn. 23.

312 BVerwG, Urt. v. 4.6.1992 – 5 C 82/88, BVerwGE 90, 217, juris Rn. 11; BVerwG, Urt. v. 14.3.1991 – 5 C 8/87, BVerwGE 88, 86, juris Rn. 14 m. w. N.; BVerwG,

können auch heute nicht als besondere Pflegekräfte angestellt werden.[313] Ähnliche Wertungen fanden sich in § 558 III 3 RVO, der nur bei „fremder", also nicht durch Familienangehörige erfolgender Wartung und Pflege eine Erhöhung des Pflegegeldes ermöglichte.[314] Auch die Leistungen nach §§ 53 ff. SGB V a. F. bei Schwerstpflegebedürftigkeit sollten die Pflegebedürftigen und pflegenden Angehörigen spürbar unterstützen und entlasten, „ohne deren Eigenverantwortung zu schmälern"[315].

cc) Zwischenergebnis

Das Pflegegeld ist die bestimmende Leistung bei nicht erwerbsmäßiger Pflege, weil es seiner Natur nach eine Aufwandsentschädigung ist. Die Höhe des Pflegegeldes ist gleichzeitig Ausdruck der „Teilkasko"-Absicherung und Indikator für die Trennung der Leistungsbereiche der nicht erwerbsmäßigen und der erwerbsmäßigen Pflege. Die Familie als der „größte Pflegedienst der Nation"[316] erhält eine Anerkennung, aber kein marktmäßiges Entgelt, weil davon ausgegangen wird, dass sie unentgeltlich tätig wird und werden muss.

c) Implikationen für die soziale Sicherung der Pflegeperson

Das weitergeleitete Pflegegeld wird nicht als Entgelt gesehen und ist damit „unschädlich" für die Nichterwerbsmäßigkeit der Pflegeperson. Damit wird von der Zielsetzung der Versicherungsleistung auf die Gestaltung zwischen Pflegebedürftigem und Pflegeperson geschlossen: Das Pflegegeld ist kein Entgelt im Privatverhältnis, weil es vonseiten der Pflegeversicherung schon nicht zur

---

Beschl. v. 4.8.1998 – 5 B 39/98, juris Rn. 2; BVerfG, 20.9.2001 – 1 BvR 1791/94, NJW 2002, 742.

313 Vgl. LSG Stuttgart, Urt. v. 25.9.2019 – L 7 SO 4668/15, ZFSH/SGB 2019, 679, juris Rn. 61 ff. m. w. N. Besondere Pflegekräfte sind „fremde" Personen, also Personen, die nicht dem privaten Umfeld des Pflegebedürftigen entstammen. Nach § 64f III SGB XII sollen die Kosten übernommen werden, wenn die Sicherstellung der häuslichen Pflege im Arbeitgebermodell erfolgt. Das Arbeitgebermodell wird in § 63b IV SGB XII legaldefiniert als die Sicherstellung der Pflege durch von dem Pflegebedürftigen selbst beschäftigte *besondere* Pflegekräfte. Nach der Änderung durch das PSG III ist das Arbeitgebermodell die einzige Möglichkeit, besondere Pflegekräfte zu beschäftigen – zuvor konnten diese nach § 65 I 2 Var. 1 SGB XII a. F. häusliche Pflege ohne Einschaltung von Pflegediensten erbringen.

314 Dazu *Benz*, Die BG 1993, 180 (183).

315 So BT-Drucks. 11/2237, 182.

316 Vgl. BT-Drucks. 12/5262, 64.

Weitergabe als Entgelt dienen soll. Dieser Zweck des Pflegegeldes in der Konzeption des SGB XI ist auch bei der sozialen Sicherung der Pflegeperson zu beachten. Leitet der Pflegebedürftige das Pflegegeld an die Pflegeperson für die Pflege weiter, erfüllt er genau den Zweck des Pflegegeldes. Würde die vorgesehene Verwendung doch wiederum zur Annahme der Erwerbsmäßigkeit führen, widerspräche dies der Gesamtkonzeption der Leistungen bei nicht erwerbsmäßiger Pflege. Dies gilt unabhängig davon, ob das Pflegegeld ohne weitere Abrede an die Pflegeperson weitergeleitet wird und sogar nur dem Haushaltseinkommen zufließt oder ob ein förmlicher Vertrag eingegangen wird, in dem es als Vergütung der Pflege vereinbart wird. Mit dem Pflegegeld kann der Pflegebedürftige nicht nur die pflegebedingten Aufwendungen der Pflegeperson ausgleichen, sondern ihr auch eine vertraglich nicht geschuldete finanzielle Anerkennung zukommen lassen, ohne dass Erwerbsmäßigkeit vorliegt.[317]

Wird die Pflege regelmäßig gegen eine vereinbarte Vergütung vorgenommen, die das Pflegegeld nicht übersteigt, ist davon auszugehen, dass die Pflege nicht dazu bestimmt ist, durch Einkommenserzielung zum Lebensunterhalt beizutragen.[318] In der Verwaltungspraxis und Rechtsprechung hat sich die Formel eingebürgert, dass die Pflege durch Familienangehörige, Nachbarn oder Bekannte sich grundsätzlich deshalb als nicht erwerbsmäßig, also ehrenamtlich, darstelle, weil in der Regel keine eigenständige Vergütung für die Pflege vereinbart sei, sondern als Anerkennung für die aufopfernde Hilfe das Pflegegeld weitergereicht werde.[319]

Das gilt aber auch, wenn über die Pflege selbst, wie dies in der Regel der Fall ist, eine Vereinbarung vorliegt. Die Vorstellung, dass eine nicht erwerbsmäßige Pflegeperson regelmäßig „nicht vertraglich zur Pflege verpflichtet“ ist, geht insoweit fehl, als dass schon die Pflegegeldgewährung davon abhängt, dass die Pflege sichergestellt wird, § 37 I 2 SGB XI. Dafür ist erforderlich, dass etwa die Pflegeperson nach einem mit dem Pflegebedürftigen abgestimmten Zeitplan verfügbar ist und Hilfeleistungen nicht nur zufällig erbracht werden.[320] Für die

---

317 BSG, Urt. v. 18.7.1996 – 4 RA 25/95, SozR 3-2600 § 249b Nr. 1, juris Rn. 26.

318 BSG, Urt. v. 6.6.2002 – B 3 P 2/02 R, SozR 3-3300 § 39 Nr. 5, juris Rn. 22.

319 BSG, Urt. v. 6.6.2002 – B 3 P 2/02 R, SozR 3-3300 § 39 Nr. 5, juris Rn. 22; GemRdschr RVAloV v. 13.12.2016, II 1.1.2, S. 18.

320 KKW/*Philipp* SGB XI § 37 Rn. 2; Udsching/Schütze/*Wahl* § 37 Rn. 8; so auch schon für § 57 II SGB V a. F. BSG, Urt. v. 14.9.1994 – 3/1 RK 35/93, SozR 3-2500 § 57 Nr. 3, juris Rn. 34 – differenzierend KassKomm/*Leitherer* SGB XI § 37 Rn. 26; BeckOK-SozR/*Giesbert* SGB XI § 37 Rn. 20. Im Gegensatz dazu nimmt Udsching/Schütze/*Udsching* § 19 Rn. 12, 10 wegen der erforderlichen langfristigen Vereinbarungen regelmäßig ein Beschäftigungsverhältnis i. S. d. § 7 SGB IV an, wenn die Pflegeperson für ihre

Vorgängervorschrift § 57 I 1 SGB V a. F. war eine Sicherstellung in ausreichendem Umfang erforderlich. Aus dieser folgerte die Rechtsprechung, dass Pflegepersonen zeitlich in einem solchen Umfang verfügbar sein mussten, dass die Pflege sichergestellt war; bei mangelnder Sicherstellung wurde auf die häusliche Pflegehilfe gem. § 55 SGB V a. F. verwiesen.[321] § 37 I 2 SGB XI verlangt im Gegensatz zu § 57 I 1 SGB V a. F. keine Sicherstellung „in ausreichendem Umfang", sondern nur eine Versorgung „dem Umfang des Pflegegeldes entsprechend".[322] Gleichzeitig müssen aber die Voraussetzungen für die ambulante Pflege vorliegen und die Pflege muss tatsächlich sichergestellt sein.[323] Dies führt zu einer Verpflichtung des Pflegebedürftigen, sich nicht nur in dem Umfang Pflege zu beschaffen, den er mit der gezahlten Summe an Pflegegeld üblicherweise erlangen kann, sondern Pflege in dem Umfang zu beschaffen, wie es seiner Pflegestufe entspricht.[324] Erlangt die Pflegekasse Erkenntnisse, dass die erforderlichen Leistungen nicht oder nur zufällig erbracht werden, soll Pflegebedürftigen nach erfolglosem Ablauf einer angemessenen Frist das Pflegegeld gekürzt werden können.[325] Eine rechtliche Verfestigung ist aufgrund des Sicherungsbedarfs des Pflegebedürftigen in der Regel gegeben, selbst wenn die Pflege auch aufgrund einer familienrechtlichen Verpflichtung erfolgt. Somit ist auch dann von Nichterwerbsmäßigkeit auszugehen, wenn die Beteiligten eine Pflicht zur Weitergabe des Pflegegeldes vereinbaren.

In der Praxis ist der Pflegegeld-Betrag ein „absolut" unschädlicher Betrag („Anerkennungs-Grenzbetrag"), auch wenn Sachleistungen bezogen werden und daher nur Kombinationsleistungen nach § 38 SGB XI ausgezahlt werden oder ausschließlich Sachleistungen bezogen werden.[326]

Pflegetätigkeit von mindestens zehn Wochenstunden ein Entgelt in Höhe des Pflegegeldes erhalte, was aber im Falle des § 3 S. 2 SGB VI unschädlich sei.

321 BSG, Urt. v. 14.4.1994 – 3/1 RK 35/93, SozR 3-2500 § 57 Nr. 3, juris Rn. 34.

322 KassKomm/*Leitherer* SGB XI § 37 Rn. 26.

323 *Krasney*, SGb 1996, 253 (255); siehe hierzu *Urban*, S. 171 ff.

324 BSG, Urt. v. 17.12.2009 – B 3 P 5/08 R, SozR 4-3300 § 37 Nr. 3, juris Rn. 15.

325 LPK-SGB XI/*Plantholz* § 37 Rn. 8.

326 GemRdschr RVAloV v. 13.12.2016, II 1.1.2, S. 18; Hauck/Noftz/*Wagner* SGB XI § 19 Rn. 20; LPK-SGB VII/*Hedermann* § 2 Rn. 198; LPK-SGB XI/*Kuhn-Zuber* § 19 Rn. 7; Lauterbach/*Schwerdtfeger* § 2 Rn. 607 – teilen sich mehrere Pflegepersonen die Pflege, ist das Pflegegeld anteilig im Verhältnis zum Umfang der Pflege zu berücksichtigen (so auch BT-Drucks. 12/5262, 159).

d) Bestimmt zur Sicherung des Lebensunterhalts

Erwerbsmäßigkeit liegt vor, wenn die Pflege dazu dient, durch Einkommenserzielung den Lebensunterhalt ganz oder teilweise zu sichern, und nicht nur ausnahmsweise und kurzzeitig ausgeübt wird. Nach der Rechtsprechung dient die Pflege zur Sicherung des Lebensunterhalts, wenn sie regelmäßig gegen eine vereinbarte Vergütung vorgenommen wird und diese Vergütung die Höhe des Pflegegeldes übersteigt.[327] An sich wäre hier also an das subjektive Merkmal anzuknüpfen, ob eine Absicht besteht, Einkommen als materiellen Gewinn zu erzielen, statt nur einen Aufwendungsersatz zu erhalten.[328] Dieses subjektive Merkmal wird objektiviert. Es werden nicht die persönlichen Verhältnisse berücksichtigt, aus denen sich ergeben könnte, dass eine Vergütung in oder unterhalb der Höhe des Pflegegeldes zum Lebensunterhalt dient. Stattdessen schlägt hier die oben behandelte systematische Stellung des Pflegegeldes durch.

Im Tatsächlichen wird das Pflegegeld oft zum Lebensunterhalt dienen. Bei einer konkreten Betrachtung kann je nach Lebensstandard auch schon eine Vergütung unterhalb der Geringfügigkeitsgrenze des § 8 SGB IV zum Lebensunterhalt beitragen.[329] Das weitergeleitete Pflegegeld bleibt tatsächlich nur dann bei der Deckung des Lebensunterhalts außer Betracht, wenn die Pflegeperson anderweitig finanziell abgesichert ist. Statistisch ist ihr Haushaltseinkommen in weiten Teilen so gering,[330] dass davon auszugehen ist, dass das weitergereichte

---

327 Vgl. BSG, Urt. v. 6.6.2002 – B 3 P 2/02 R, SozR 3-3300 § 39 Nr. 5, juris Rn. 22 zu § 39 S. 4 SGB XI a. F.; so auch die Verwaltungspraxis: GemRdschr RVAloV v. 13.12.2016, II 1.1.3, S. 19 f. Vgl. aber BSG, Urt. v. 18.7.1996 – 4 RA 25/95, SozR 3-2600 § 249b Nr. 1, juris Rn. 25 zu § 249b SGB VI, wonach eine Tätigkeit „wie ein Erwerbstätiger, aber ohne Gewinnerzielungsabsicht", grundsätzlich als „erwerbsmäßig" gesehen wurde, wenn Einkünfte erzielt werden, die über einen Aufwendungsersatz hinausgehen; es werde auch hier „etwas erworben". Davon wurde das Pflegegeld ausgenommen.

328 So Hauck/Noftz/*Wagner* SGB XI § 19 Rn. 18 f.; a. A. Udsching/Schütze/*Udsching* § 19 Rn. 9: Dem Kriterium fehle die Trennschärfe. Nach *Maschmann*, SGb 1995, 325 sind die allgemeinen Regeln hier nicht anwendbar, die nicht erwerbsmäßige Pflege sei nicht die Pflege ohne Gewinnerzielungsabsicht, sondern der Gegenbegriff zur Pflegeleistung auf vertraglicher Basis als Beschäftigter oder Selbstständiger.

329 *Dalichau* § 19 Rn. 48; Udsching/Schütze/*Udsching* § 19 Rn. 9 bei selbstständiger Tätigkeit.

330 Vgl. BARMER Pflegereport 2018, S. 117: 44,2 % der Hauptpflegepersonen (die Angaben hierzu machten) gaben an, ein Haushaltnettoeinkommen von unter 1.000 EUR zu haben.

Pflegegeld den Lebensunterhalt mitsichert.[331] Die Vorstellung, dass nicht erwerbsmäßige Pflegepersonen bei ihren Überlegungen zur Übernahme der Pflege ihre ökonomischen Verhältnisse außer Betracht lassen, geht an der Realität vorbei. Dies muss auch der Einführung des Pflegegeldes zugrunde gelegen haben, da hier die Empfänglichkeit von Pflegepersonen für finanzielle Vorteile – auch zur Deckung des Lebensunterhalts – gezielt genutzt wird, um sie zur Übernahme der Pflege zu bewegen.[332] Wird die Pflege jahrelang ausgeübt, wird auch das weitergeleitete Pflegegeld zum festen Einkommensbestandteil. Auch die Regelungen des § 34 I, II SGB XI fußen auf dieser Vorstellung.

e) *Fiktion des § 3 S. 2 SGB VI*

Bestehen dennoch Hinweise darauf, dass ein Beschäftigungsverhältnis vorliegt, in dem das Pflegegeld als Entgelt verwendet wird, kommt in der Rentenversicherung die Fiktion des § 3 S. 2 SGB VI zum Tragen. Demnach gelten Pflegepersonen, die für ihre Tätigkeit von dem oder den Pflegebedürftigen ein Arbeitsentgelt erhalten, das das dem Umfang der jeweiligen Pflegetätigkeit entsprechende Pflegegeld i. S. d. § 37 SGB XI nicht übersteigt, als nicht erwerbsmäßig tätig; sie sind insoweit nicht nach § 1 S. 1 Nr. 1 SGB VI versicherungspflichtig.

Durch den Begriff des Arbeitsentgelts und den Verweis auf § 1 S. 1 Nr. 1 SGB VI ist der Anwendungsbereich dieser Norm dem Wortlaut nach auf die Fälle beschränkt, in denen ein Beschäftigungsverhältnis vorliegt.[333]

Das Pflegegeld entspricht dem Pflegeumfang, wenn bei vollständiger Weiterleitung des Pflegegeldes die Pflege voll übernommen wird bzw. bei anteiliger

---

331 Nach einer Befragung aus dem Jahr 2018 verwendeten neben weiteren Zwecken 64 % der befragten Pflegepersonen das Pflegegeld zur Aufwandsentschädigung für die Hauptpflegeperson, 70 % zur Deckung der durch die Pflege entstehenden laufenden Ausgaben, 46 % für nicht in der Pflegeversicherung vorgesehene Sachleistungen und 29 % zur Deckung der laufenden Kosten zum Lebensunterhalt (Mehrfachnennungen möglich), *Geiss/Pupeter/Schneekloth*, S. 48.

332 BeckOK-SozR/*Pfitzner* SGB XI § 19 Rn. 19.

333 GemRdschr RVAloV v. 13.12.2016, II 1.1.3, S. 20. Während das Gemeinsame Rundschreiben davon ausgeht, dass diese Fälle eher selten auftreten, geht Udsching/Schütze/*Udsching* § 19 Rn. 12 davon aus, dass bei Pflege von mindestens zehn Wochenstunden und Weiterleitung des Pflegegeldes regelmäßig ein Beschäftigungsverhältnis vorliegt. *Maschmann*, SGb 1995, 325 (327) hält dagegen die Terminologie für misslungen, da zwar von einem „Arbeitsentgelt" gesprochen werde, aber es hier nicht um nicht erwerbsmäßige Pflege und nicht um ein entgeltliches Beschäftigungsverhältnis ginge.

Pflege nur der entsprechende Anteil des Pflegegeldes gezahlt wird.[334] Auch außerhalb der Rentenversicherung wird davon ausgegangen, dass nach einem verallgemeinerungsfähigen Prinzip im Sinne des § 3 S. 2 SGB VI die Pflege auch hier nicht erwerbsmäßig ist, wenn der Pflegebedürftige der Pflegeperson lediglich eine finanzielle Anerkennung bis zu der Höhe des dem Umfang der Pflegetätigkeit entsprechenden Pflegegeldes gewährt.[335] Da aber keine dem § 3 S. 2 SGB VI entsprechende Fiktion in der Unfall- oder Arbeitslosenversicherung besteht, liegt Erwerbsmäßigkeit der Pflege vor, wenn sie in einem Beschäftigungsverhältnis erfolgt, auch wenn das Entgelt *unterhalb* der Höhe des Pflegegeldes liegt.[336] Somit ist in der Unfall- und Arbeitslosenversicherung ausdrücklich zu prüfen, ob eine Beschäftigung vorliegt, während in der Rentenversicherung selbst bei deren Vorliegen bei einem Arbeitsentgelt bis zur Höhe des Pflegegeldes von einer nicht erwerbsmäßigen Pflege auszugehen ist. Hier ist das MiLoG zu beachten, durch das eine unter Mindestlohn beschäftigte Pflegeperson nach § 1 I MiLoG einen Anspruch auf weitere Vergütung hat. Wird dadurch § 3 S. 2 SGB VI nicht mehr erfüllt, ist auch in der Rentenversicherung Versicherungspflicht als Beschäftigter gegeben.

f) Pflegegeld als absolute Grenze, Stundenlohn

Nach manchen Stimmen der Literatur ist regelmäßig Erwerbsmäßigkeit anzunehmen, wenn das Entgelt die Höhe des Pflegegeldes überschreitet, weil damit ein mehr als unbedeutender Beitrag zur Bestreitung des Lebensunterhalts regelmäßig gegeben ist.[337] Entscheidend ist dementgegen aber weiterhin eine

---

334 BT-Drucks. 12/5262, 159.

335 Hauck/Noftz/*Wagner* SGB XI § 19 Rn. 20; *Schmitt,* RdA 1997, 86 (87). BSG, Urt. v. 18.7.1996 – 4 RA 25/95, SozR 3-2600 § 249b Nr. 1, juris Rn. 26; für § 249b SGB VI. Für die GUV: BSG, Urt. v. 26.6.2014 – B 2 U 9/13 R, SozR 4-2700 § 2 Nr. 29, juris Rn. 19; Hauck/Noftz/*Riebel* SGB VII § 2 Rn. 258; Schulin HS-UV/ *Schlegel* § 18 Rn. 94; KBHB/*Becker* § 2 Rn. 784; *Bereiter-Hahn/Mehrtens* § 2 Rn. 33.4; Lauterbach/*Schwerdtfeger* § 2 Rn. 607; jurisPK-SGB VII/*Bieresborn* § 2 Rn. 531; GemRdschr UV v. 17.12.2006, 1.3.1, S. 3 f. Für die ALV: NK SGB III/*Scheidt* § 26 Rn. 55.

336 BSG, Urt. v. 26.6.2014 – B 2 U 9/13 R, SozR 4-2700 § 2 Nr. 29, juris Rn. 19; GemRdschr RVAloV v. 13.12.2016, II 1.1.3, S. 20.

337 Udsching/Schütze/*Udsching* § 19 Rn. 11; *Dalichau* § 19 Rn. 51, 59; KKW/*Philipp* SGB XI § 19 Rn. 3 (nicht aber bei nahen Angehörigen).

Gesamtschau anhand des Einzelfalls.[338] Demnach kann im Einzelfall auch bei „Überschreiten" des Pflegegeldes Nichterwerbsmäßigkeit vorliegen.

Wenn der Pflegeaufwand nicht vollständig übernommen wird, legt der Bezug in § 3 S. 2 SGB VI auf das dem Umfang der jeweiligen Pflegetätigkeit entsprechende Pflegegeld nahe, aus dem individuellen, in Zeit bemessenen Hilfebedarf, dem Pflegegeld und den erbrachten Pflegestunden einen Grenzstundenlohn zu errechnen, oberhalb dessen Erwerbsmäßigkeit anzunehmen ist.[339] Dieser würde aber nicht nur zwischen den Pflegebedürftigen verschiedener Pflegegrade stark divergieren, sondern von Monat zu Monat gegebenenfalls auch beim selben Pflegebedürftigen.[340] Aufgrund der hohen zeitlichen Belastung, die mit der Sicherstellung der Pflege einhergeht, und der im Verhältnis dazu geringen Beträge des Pflegegeldes von 316 bis höchstens 901 EUR im Monat wäre der mit dem Pflegegeld verbundene Stundenlohn im niedrigen Eurobereich anzusiedeln.[341] Hier bleibt also noch einiger Raum etwa zum Marktpreis bzw. Mindestlohn, der bei der häuslichen Pflege in einem Beschäftigungsverhältnis geschuldet wäre.

Auch die Aufstockung der Zahlung an die Pflegeperson vom Pflegegeld zum Existenzminimum aus eigenen nicht zweckgebundenen Mitteln führt zu einem Stundensatz deutlich darunter. Soll der Lebensunterhalt durch eine Tätigkeit nur teilweise gesichert werden, kann sie den Beschäftigten nicht in seiner gesamten

338 GemRdschr RVAloV v. 13.12.2016, II 1.1.2, S. 18; BT-Drucks. 12/5262, 159; LPK-SGB XI/*Kuhn-Zuber* § 19 Rn. 8; Hauck/Noftz/*Wagner* SGB XI § 19 Rn. 21; *Marburger*, RV 2013, 121 (122).

339 So bei *Maschmann*, SGb 1995, 381 (384).

340 BeckOK-SozR/*Pfitzner* SGB XI § 19 Rn. 16.

341 In den Repräsentativerhebungen zum Abschlussbericht zur Wirkung des PNG und PSG I von 2017 wurde der durchschnittliche Zeitaufwand der Hauptpflegepersonen aufgeschlüsselt auf die Pflegestufen erhoben. Im Jahr 2016 wandten Hauptpflegepersonen eines Pflegebedürftigen der Pflegestufe I durchschnittlich 25 Wochenstunden für die Pflege auf, Hauptpflegepersonen der Pflegebedürftigen mit Pflegestufe II durchschnittlich 38,7 Stunden und der Pflegestufe III 46,8 Stunden (Abschlussbericht Evaluation PNG PSG I, S. 61 f.), also entschieden mehr als die 10,5, 21 oder 35 Stunden nach § 15 III SGB XI a. F., selbst wenn man bedenkt, dass es sich dabei um Untergrenzen handelte. Die Versorgung eines Pflegebedürftigen der Pflegestufe II, der nach § 140 II 3 SGB XI in den Pflegegrad 3 oder bei Vorliegen einer eingeschränkten Alltagskompetenz nach § 45a SGB XI a. F. in den Pflegegrad 4 übergeleitet wurde, erreichte durchschnittlich bereits den Umfang einer Vollzeitbeschäftigung. Legt man 165 Stunden im Monat für die Pflege und Betreuung eines Pflegebedürftigen an, erreicht eine Pflegeperson mit dem Pflegegeld für Pflegegrad 3 oder 4 einen „Stundenlohn" in Höhe von 3,30 EUR bzw. 4,41 EUR.

Arbeitskraft binden und verhindern, dass das Existenzminimum durch weitere Arbeit abgedeckt wird. Diese Tätigkeiten sind von anderen Motiven überlagert, das Entgelt stellt keine Gegenleistung dar. Da eine Pflegetätigkeit als Arbeitnehmer rechtmäßigerweise nur zu den zwingenden Voraussetzungen des Mindestlohns erfolgen kann, ist die nicht marktmäßige Entlohnung jedenfalls auch ein Indiz in der Gesamtschau zur Feststellung der Nichterwerbsmäßigkeit.[342] Nur hier wird die Pflege „wie ein Erwerb" betrieben. Daher spricht für die Nichterwerbsmäßigkeit, wenn mit der finanziellen Vergütung der Pflegeperson keine erwerbsmäßige Pflege finanziert werden könnte.[343] Die Anerkennung der Nichterwerbsmäßigkeit schützt den Pflegebedürftigen und die Pflegeperson vor der Beitragslast bei Beschäftigung und bietet über die Beitragsgrundlage nach § 166 II SGB VI (in 2022 bis zu 3.290 EUR (W) bzw. 3.150 EUR (O) bei Pflegegrad 5) ein wesentlich besseres Absicherungsniveau als über ein Arbeitsentgelt in Höhe des Pflegegeldes (901 EUR bei Pflegegrad 5).

Ein das Pflegegeld überschreitender Betrag kann auch eine Aufwandsentschädigung oder eine Schenkung darstellen.[344] Für eine Aufwandsentschädigung müssen tatsächliche Aufwendungen im Sinne eines Vermögensopfers (§ 670 BGB) – und nicht etwa der Einsatz der eigenen Arbeitskraft – angefallen sein. Eine Schenkung nach § 516 BGB ist ihrer Natur nach unentgeltlich und scheidet aus, wenn objektiv eine Gegenleistung mit der Zuwendung verbunden und subjektiv zur Geschäftsgrundlage der unentgeltlichen Überlassung gemacht wurde.[345] Denkbar ist eine remuneratorische Schenkung, bei der auf die Leistung

---

342 BeckOK-SozR/*Pfitzner* SGB XI § 19 Rn. 21 wirft die Frage auf, ob die Vereinbarung einer Vergütung deutlich unterhalb der ortsüblichen Vergütung insbesondere außerhalb persönlicher Bindung angesichts des § 291 StGB (Wucher) zulässig ist. Zum Anspruch ausländischer Betreuungskräfte auf den gesetzlichen Mindestlohn siehe BAG, Urt. v. 24.6.2021 – 5 AZR 505/20.

343 KassKomm/*Weber* SGB XI § 19 Rn. 11. KKW/*Philipp* SGB XI § 19 Rn. 3: bei nahen Angehörigen, weil es sonst zu einer „unsinnigen Begründung von Beschäftigungsverhältnissen untereinander unterhaltspflichtiger Personen" käme.

344 jurisPK-SGB VII/*Bieresborn* § 2 SGB VII Rn. 531; *Bereiter-Hahn/Mehrtens* § 2 Rn. 33.4.

345 Vgl. Staudinger/*Chiusi* § 516 Rn. 39; BGH, Urt. v. 17.1.1990 – XII ZR 1/89, NJW-RR 1990, 386, juris Rn. 15. Dies gilt bei konditionaler (MüKo/*Koch* § 516 Rn. 27; *Keim,* FamRZ 2004, 1081 (1082)) wie kausaler Verknüpfung (BGH, Urt. v. 2.10.1991 – XII ZR 132/90, NJW 1992, 293). Je höher das Interesse des Zuwendenden an der Zweckerreichung ist, desto näher liegt die Annahme einer kausalen Verknüpfung zwischen Schenkung und Schenkungszweck und damit Entgeltlichkeit (BGH,

der Pflegeperson hin eine rechtlich nicht geschuldete Leistung des Pflegebedürftigen erfolgt.[346] In den oftmals vorkommenden Fällen, in denen etwa ein Grundstück mit dem Motiv oder dem Zweck zu Lebzeiten „schenkungsweise“ übertragen wird, dass der Begünstigte „im Gegenzug“ pflegerisch tätig werde, wird also zu differenzieren sein, ob zum Zeitpunkt der Zuwendung ausdrücklich vereinbart wurde, dass der begünstigte Teil eine Pflegetätigkeit aufnehmen werde, ob dies zur Geschäftsgrundlage wurde oder ob diese Vorstellung lediglich ein inneres Motiv des Zuwendenden blieb.[347]

g) Zwischenergebnis

Erwerbsmäßigkeit setzt voraus, dass die Einkommenserzielung als Beitrag zum Lebensunterhalt dient. Die Ehrenamtlichkeit oder Nichterwerbsmäßigkeit ist durch die Unentgeltlichkeit geprägt. Dies setzt nicht voraus, dass keinerlei Geld an die Pflegeperson fließt. Vielmehr besteht ein marktwirtschaftliches Gepräge auch hier. Daher sind Aufwandsentschädigungen möglich, ohne dass diese zu Entgeltlichkeit führen. Vielmehr kommt es darauf an, ob es sich um eine Gegenleistung handelt.

Für eine ehrenamtliche Prägung spricht, wenn die Pflege unter Marktpreis „entlohnt“ wird. Bei der Pflege findet dies insbesondere durch das weitergereichte Pflegegeld statt, das voraussetzt und (bei der Weiterleitung) dazu dient, dass gegen eine nur geringe Geldzahlung und überwiegend ohne Gegenleistung die Pflege übernommen wird.

Urt. v. 13.11.2012 – X ZR 80/11, NJW-RR 2013, 618, juris Rn. 21; MüKo/*Koch* § 516 Rn. 29).

346 Staudinger/*Chiusi* § 516 Rn. 53; BGH, Urt. v. 11.11.1981 – IVa ZR 182/80, NJW 1982, 436, juris Rn. 11; *Keim*, FamRZ 2004, 1081 (1083).

347 Bei den in einem in der Landwirtschaft gebräuchlichen Übergabevertrag vereinbarten Leistungen des Übernehmers zur Versorgung des scheidenden Übergebers (Leibgedinge und Wohnrecht) bei gleichzeitigem Einrücken des Übernehmers in die Existenzgrundlage des Übergebers liegt nach der Rspr. des BSG keine erwerbsmäßige Pflegetätigkeit vor (BSG, Urt. v. 26.6.2014 – B 2 U 9/13 R, SozR 4-2700 § 2 Nr. 29, juris Rn. 24). Dafür spricht die zivilrechtliche Wertung, wonach i. d. R. keine Gegenleistung im eigentlichen Sinne für die Übertragung des Grundbesitzes vorliegt, sondern eine aus dem zugewendeten Vermögen zu leistende Auflage (BGH, Urt. v. 7.4.1989 – V ZR 252/87, BGHZ 107, 156, juris Rn. 19). Die dingliche Belastung des Grundstücks mindert nur den Wert des Grundstücks. Zudem spreche auch der Schutzzweck des § 2 I Nr. 17 SGB VII dafür, auch Pflegepersonen zu erfassen, die aufgrund eines Leibgedinges zur Pflege verpflichtet seien.

Wenn nur das Pflegegeld weitergereicht wird, ist dies unschädlich für die Nichterwerbsmäßigkeit, weil dieses gerade für Fälle der Nichterwerbsmäßigkeit konzipiert ist. Dabei wird fingiert, dass das Pflegegeld nicht zum Lebensunterhalt dient, unabhängig von den tatsächlichen finanziellen Verhältnissen. In den Fällen, in denen nach den allgemeinen Kriterien ein Beschäftigungsverhältnis vorliegt, bei dem das Pflegegeld als Entgelt verwendet wird, greift in der Rentenversicherung nach § 3 S. 2 SGB VI eine gesetzliche Fiktion, dass keine Erwerbsmäßigkeit vorliegt. Das Pflegegeld stellt dagegen keine absolute Grenze dar, sodass auch bei Überschreiten des Pflegegeldbetrages im Einzelfall Nichterwerbsmäßigkeit vorliegen kann, wenn der gezahlte Betrag sich nicht dem marktmäßigen Lohn annähert oder Motive erkennbar sind, dass es sich gerade um keine Gegenleistung handeln soll.

3. Besonderheiten innerhalb der Familie

Die Rechtsstellung der Pflegepersonen wird ganz maßgeblich dadurch geprägt, dass überwiegend innerhalb von Familien gepflegt wird,[348] weil die persönlichen Beziehungen zwischen Pflegebedürftigem und Pflegeperson eine Rolle bei der Bewertung spielen, ob Erwerbsmäßigkeit vorliegt.[349]

Auch die Pflege eines Familienangehörigen kann im Rahmen eines Beschäftigungsverhältnisses erfolgen.[350] Schwierigkeiten bei der Abgrenzung liegen darin, dass familienrechtliche Verpflichtungen bestehen sowie wenn in einem entgeltlichen Beschäftigungsverhältnis bei der Ausübung des Weisungsrechts, bei der Arbeitszeit oder bei der Höhe der Entlohnung auf die familiäre Beziehung Rücksicht genommen wird.[351]

---

348 Die ehrenamtliche Pflege wird von Verwandten und Freunden der Pflegebedürftigen getragen. Die überwiegende Zahl der Pflegebedürftigen wird von nächsten Angehörigen gepflegt. Vgl. *Geiss/Pupeter/Schneekloth*, S. 97: zu 34 % der/die Ehepartner/in, zu 32 % ein Kind, zu 7 % Schwiegerkind und zu 15 % ein Elternteil des Pflegebedürftigen. Sonstige Verwandte machen 5 % der Hauptpflegepersonen aus, 7 % sind nicht verwandte Nachbarn, Freunde oder Bekannte.

349 KassKomm/*Weber* SGB XI § 19 Rn. 11.

350 LSG Mainz, Urt. v. 26.7.2001 – L 1 AL 6/00, NZS 2002, 166, juris Rn. 17 m. w. N. Zu Beschäftigungsverhältnissen zwischen Familienangehörigen *Richardi*, in: FS Schwab, 1027 (1028 ff.).

351 BSG, Urt. v. 19.2.1987 – 12 RK 45/85, SozR 2200 § 165 Nr. 90, juris Rn. 15. Die familienrechtlichen Mitarbeitsverpflichtungen für von den Eltern unterhaltene Kinder im elterlichen Hausstand gem. § 1619 BGB kommen hier nicht infrage, da sich diese Pflicht nur auf die Tätigkeit der Eltern, aber nicht auf Dienste an ihrer Person bezieht

Die Begriffe „Pflegepersonen" und „pflegende Angehörige" werden oft synonym gebraucht, sind es aber nicht. Der Pflegepersonenstatus nach § 19 S. 1 SGB XI setzt gerade kein familiäres Verhältnis zum Pflegebedürftigen voraus.[352] Die Absicherung als Pflegeperson in der Renten-, Arbeitslosen- und Unfallversicherung ist nicht abhängig von Verwandtschaft oder Verwandtschaftsgrad. Anders verhält es sich beim Beitragszuschuss nach § 44a SGB XI, der über den Bezug auf die Pflegezeit nur für die in § 7 III PflegeZG abschließend aufgezählten nahen Angehörigen infrage kommt.[353]

Das Pflegeversicherungsrecht ist hinsichtlich der Motive oder internen Absprachen, aus denen die Pflegeperson die Pflege übernimmt, neutral.[354] Die Gesetzesbegründung nennt neben Familienangehörigen auch Nachbarn, Freunde und sonstige ehrenamtliche Helfer als Pflegepersonen.[355] Der als Pflegepersonen in Betracht kommende Personenkreis wird in § 19 S. 1 SGB XI nicht weiter begrenzt, womit die Vorschrift offen für gesellschaftlichen Wandel ist, in dem mit dem Wandel der Konstellationen, in denen Menschen zusammenleben, auch verschiedene Personen als Pflegepersonen tätig werden und Leistungen der sozialen Sicherung erhalten können.[356]

Auch unter Familienangehörigen gelten die oben erläuterten Grundsätze zur Nichterwerbsmäßigkeit. Darüber hinaus ist hier weiter zu untersuchen, unter welchen Bedingungen eine abhängige Beschäftigung unter Angehörigen überhaupt infrage kommt, inwieweit schon eine Vermutung der Nichterwerbsmäßigkeit bei familiärer Pflege besteht und ob eine rechtliche Verpflichtung zur Pflege bestehen kann, die die Erwerbsmäßigkeit ausschließt.

(MüKo/*v. Sachsen Gessaphe*, § 1619 Rn. 20; BeckOK-BGB/*Pöcker* § 1619 Rn. 5.1; *Doering-Striening*, FamFR 2012, 531 (532)).

352 Anders als § 28a I Nr. 1 SGB III a. F., der sich nur an „Angehörige" richtete. Eine Legaldefinition der Angehörigen wurde nicht vorgenommen (KKW/*Berchtold* SGB III § 28a Rn. 5, 4. Aufl. 2015). Wie i. R. d. § 8 SGB III wurde sich mit der Definition der Angehörigen nach § 16 V SGB X beholfen (LPK-SGB III/*Reinhard* § 28a Rn. 5 (2. Aufl. 2015); BeckOK-SozR/*Ulmer* SGB III § 28a Rn. 1 (43. Edition 2016). A. A. Eicher/Schlegel/*Schlegel* § 28a Rn. 36: Zur Einheitlichkeit mit der Absicherung in der GRV und GUV bestehe das Antragsrecht für alle Pflegepersonen, auch Nicht-Angehörige. Auch die Vorläuferregelungen bezogen sich auf die Angehörigenpflege (hierzu S. 217 ff.).

353 Kritisch *Brockmann*, in: FS Igl, 196 (207).

354 *Köbl*, in: FS Krasney, 251 (253).

355 BT-Drucks. 12/5262, 101.

356 Hauck/Noftz/*Wagner* SGB XI § 19 Rn. 18.

a) *Abhängige Beschäftigung unter Angehörigen*

Bei einer Tätigkeit für einen Familienangehörigen ist die abhängige Beschäftigung von der familienhaften Mithilfe aus familienrechtlicher Verpflichtung nach den Umständen des Einzelfalles abzugrenzen. Diese Grundsätze werden auch bei der Beurteilung von Pflegearrangements angewendet.[357] Hier hat sich mit der *Meistersohn*-Rechtsprechung und im Folgenden die Formel gebildet, dass ein abhängiges Beschäftigungsverhältnis anzunehmen ist, wenn der Beschäftigte auf die Verwertung seiner Arbeitskraft angewiesen ist, er in den Betrieb nach Art eines Arbeitnehmers eingegliedert und dementsprechend dem Weisungsrecht des Betriebsinhabers – wenn auch in abgeschwächter Form – unterworfen ist und schließlich für seine Mitarbeit Arbeitsentgelt bezieht.[358] Auch bei der familiären Mitarbeit ist entscheidend auf den Willen der Beteiligten abzustellen, wenn die tatsächlichen Verhältnisse sowohl die Wertung zulassen, dass eine abhängige Beschäftigung vorliegt, als auch die, dass die Tätigkeit aus familienrechtlicher Pflicht erfolgt.[359]

aa) *Eingliederung und Weisungsgebundenheit*

Wenn die Abhängigkeit unter Eheleuten, nicht ehelichen Lebenspartnern oder Verwandten allgemein weniger stark ausgeprägt ist und deshalb das Weisungsrecht möglicherweise nur eingeschränkt ausgeübt wird, spricht dies der Rechtsprechung nach nicht gegen ein Beschäftigungsverhältnis.[360]

bb) *Arbeitsentgelt*

Das Beschäftigungsverhältnis unter Familienangehörigen setzt bei der Pflege voraus, dass ein Entgelt hierfür erbracht wird. Hier gelten die bereits oben erläuterten Grundsätze, insbesondere dass das weitergeleitete Pflegegeld und auch gegebenenfalls eine

---

357 BSG, Urt. v. 19.2.1987 – 12 RK 45/85, SozR 2200 § 165 Nr. 90, juris Rn. 16; BSG, Urt. v. 4.2.1998 – B 9 V 28/96 R, SozR 3-3100 § 35 Nr. 8, juris Rn. 16.

358 BSG, Urt. v. 5.4.1956 – 3 RK 65/55, BSGE 3, 30, juris Rn. 30 (Meistersohn); BSG, Urt. v. 29.3.1962 – 3 RK 83/59, BSGE 17, 1, juris Rn. 14; BSG, Urt. v. 19.2.1987 – 12 RK 45/85, SozR 2200 § 165 Nr. 90, juris Rn. 14; BSG, Urt. v. 23.6.1994 – 12 RK 50/93, BSGE 74, 275, juris Rn. 18.

359 Küttner/*Schlegel* Familiäre Mitarbeit Rn. 47.

360 BSG, Urt. v. 29.6.1972 – 2 RU 81/69, BSGE 34, 207, juris Rn. 30; BSG, Urt. v. 30.1.1990 – 11 RAr 47/88, BSGE 66, 168, juris Rn. 22; BSG, Urt. v. 21.4.1993 – 11 RAr 67/92, SozR 3-4100 § 168 Nr. 11, juris Rn. 21.

darüber hinausgehende Gegenleistung nicht schon die Annahme einer Beschäftigung bzw. Erwerbsmäßigkeit begründen.

Ein Arbeitsentgelt nach § 14 SGB IV kann grundsätzlich auch in Form der laufenden Gewährung von Wohnung, Kost, Heizung oder anderen Sachbezügen erfolgen.[361] Dies kommt insbesondere bei gemeinsamer Haushaltsführung zum Tragen. Die Gewährung von nur freiem Unterhalt einschließlich eines geringfügigen Taschengeldes, der keinen Gegenwert für die Arbeit darstellt, spricht gegen ein entgeltliches Beschäftigungsverhältnis; verhältnismäßig nicht geringfügige laufende Bezüge, insbesondere in Höhe des ortsüblichen oder des tariflichen Lohnes, sprechen wie auch die Entrichtung von Lohnsteuer für das Vorliegen eines Beschäftigungsverhältnisses.[362] Der insgesamt erreichte Wert der Leistung ist von Belang. Gewisse Zugeständnisse aus Rücksicht auf die familiäre Beziehung sind üblich, eine unverzichtbare Mindestanforderung an ein entgeltliches Beschäftigungsverhältnis unter Angehörigen ist aber, dass die Bezüge für die erbrachte Dienstleistung noch den Charakter einer Gegenleistung für geleistete Arbeit haben und über einen etwa gewährten freien Unterhalt, ein Taschengeld oder eine Anerkennung für Gefälligkeiten hinausgehen.[363]

Bleibt die Bezahlung untertariflich bzw. unterhalb des Mindestlohnes, soll dies ein Indiz für die Nichterwerbsmäßigkeit darstellen, aber keinen zwingenden Rechtssatz, womit ein Beschäftigungsverhältnis nicht ausgeschlossen wäre.[364] Anderenfalls würden hier aber schon bei Beträgen, mit denen selbst keine erwerbsmäßige Pflege finanziert werden könnte, Beschäftigungsverhältnisse unter Personen begründet, die einander gegebenenfalls ohnehin unterhaltspflichtig wären.[365] Daher besteht eine Vermutung der Nichterwerbsmäßigkeit.[366]

---

361 KKW/*v. Koppenfels-Spies* SGB IV § 14 Rn. 8.

362 BSG, Urt. v. 5.4.1956 – 3 RK 65/55, BSGE 3, 30, juris Rn. 30; BSG, Urt. v. 29.3.1962 – 3 RK 83/59, BSGE 17, 1, juris Rn. 14; BSG, Urt. v. 19.2.1987 – 12 RK 45/85, SozR 2200 § 165 Nr. 90, juris Rn. 14; BSG, Urt. v. 23.6.1994 – 12 RK 50/93, BSGE 74, 275, juris Rn. 18. Siehe *Maschmann,* SGb 1995, 381 (384) zum Drittvergleich.

363 BSG, Urt. v. 19.2.1987 – 12 RK 45/85, SozR 2200 § 165 Nr. 90, juris Rn. 15; BSG, Urt. v. 16.4.1985 – 12 RK 53/83, BSGE 58, 67, juris Rn. 17 nennt Art und Umfang der gewährten Leistungen als wichtigstes Unterscheidungsmerkmal. Zum Abstellen auf die marktüblichen Kosten nach § 843 BGB auch bei unentgeltlicher Pflege durch Angehörige siehe BGH, Urt. v. 8.6.1999 – VI ZR 244/98, NJW 1999, 2819; BeckOK-BGB/*Spindler* § 843 Rn. 23 m. w. N.

364 BSG, Urt. v. 12.9.1996 – 7 RAr 120/95, SGb 1996, 539, juris Rn. 20; BSG, Urt. v. 17.12.2002 – B 7 AL 34/02 R, NZA 2003, 548, juris Rn. 15.

365 So KKW/*Philipp* SGB XI § 19 Rn. 3.

366 Hierzu sogleich S. 121 ff.

cc) Erbe als Entgelt

Die Frage nach der Gegenleistung und damit Entgeltlichkeit stellt sich auch, wenn die Pflegeperson gerade aufgrund der Pflege besonders beim Erbe berücksichtigt wird.

(1) Erbeinsetzung, Versprechen der Erbeinsetzung und Erbvertrag

Wird der Pflegeperson zugesichert, für die Pflege als Erbe eingesetzt zu werden oder ein Vermächtnis zu erhalten, handelt es sich um keine Schenkung von Todes wegen, sondern um ein Entgelt.[367]

Wird die Pflege in erkennbarer Erwartung einer späteren Vergütung durch Erbeinsetzung zunächst unentgeltlich erbracht und das – nach § 2302 BGB nichtige – Versprechen der Erbeinsetzung nicht erfüllt, greift § 612 I BGB, der das Vorliegen einer Vergütungsvereinbarung fingiert.[368]

Daneben kann eine Verfügung durch Erbvertrag gem. § 1941 I BGB getroffen werden. Der Erbvertrag ist seiner Natur nach ein abstraktes, unentgeltliches Geschäft, das kein schuldrechtlicher und kein gegenseitiger Vertrag ist.[369] Ein „entgeltlicher Erbvertrag" liegt vor, wenn mit dem Erbvertrag ein Verpflichtungsvertrag (wie etwa zur Pflege) abgeschlossen wird und die Verträge im wirtschaftlichen Zusammenhang stehen.[370] Die Rechte treten erst mit dem Erbfall

---

367 Vgl. Staudinger/*Richardi*/*Fischinger* § 611a Rn. 1360.

368 Wenn einer normalerweise vergütenswerten Dienstleistung eine Vergütungserwartung zugrunde liegt, ist im Falle des Fehlschlagens der Erwartung eine Vergütung als vereinbart anzunehmen, wird also auf vertraglicher Grundlage geschuldet, BAG, Urt. v. 24.6.1965 – 5 AZR 443/64, AP Nr. 23 zu § 612 BGB m. w. N. § 612 BGB wird auch angewendet, wenn die Entgeltabsprache ungültig ist (hier nach § 2302 BGB), BAG, Urt. v. 5.8.1963 – 5 AZR 79/63, AP Nr. 20 zu § 612 BGB m. w. N. A. A. Staudinger/*Richardi*/*Fischinger* § 612 Rn. 10, 15: Weg über das Bereicherungsrecht; eingehend *Haas*/*Holla*, ZEV 2002, 169. Eine Tätigkeit aus familienrechtlicher Verpflichtung ist grundsätzlich unentgeltlich, womit eine Vergütung den Umständen nach nicht zu erwarten ist. Fehlt es an der Verpflichtung (s. u.), führt dies aber nicht ohne Weiteres zur Annahme einer Vergütungserwartung (Staudinger/*Richardi*/*Fischinger* § 612 Rn. 24; ErfK/*Preis* BGB § 612 Rn. 13).

369 Staudinger/*Kanzleiter* Einl. zu §§ 2274 ff. Rn. 7.

370 Staudinger/*Kanzleiter* Einl. zu §§ 2274 ff. Rn. 7, 8 m. w. N. Verpflichtungsvertrag und Erbvertrag sind zwei strikt voneinander getrennte Rechtsgeschäfte. Gegenseitig vereinbarte Verpflichtungen sind nicht Teil des Erbvertrages. Entgegen der Bezeichnung als entgeltlicher Erbvertrag ist daher klarstellenderweise von einem entgeltlichen Verpflichtungsvertrag zu sprechen, dessen „Entgeltlichkeit" im Abschluss eines Erbvertrages besteht. Beispiel: *Litzenburger*, in: Hannes Formularbuch, B. 1.02 Einseitige Erbeinsetzung als Gegenleistung für Pflegepflicht (Erb- und Pflegevertrag) Rn. 1–36.

ein, es entsteht keine Anwartschaft, sondern nur eine tatsächliche Aussicht, da der Erblasser lediglich in der Verfügung von Todes wegen gebunden ist, aber frei zur Verfügung unter Lebenden bleibt, § 2286 BGB.[371]

Dabei ist jedoch nach den allgemeinen Grundsätzen zu untersuchen, ob die Erbeinsetzung als Gegenleistung dienen soll oder ob diese auch ohne die Pflege erfolgt wäre.

(2) Ausgleichsrecht nach § 2057a BGB

Ist die Pflegeperson ein Abkömmling und hat sie den Erblasser während längerer Zeit gepflegt,[372] ohne ein angemessenes Entgelt dafür zu erhalten, kommt ein Ausgleichsrecht nach § 2057a I 2, II BGB bei der Erbauseinandersetzung infrage.[373] Sie muss durch die Pflege dazu beigetragen haben, dass das Vermögen des Erblassers erhalten oder vermehrt wurde, z. B. dadurch, dass die Mehrkosten der fiktiven Heimunterbringung erspart wurden.[374] Der Hintergrund der Regelung liegt darin, dass der pflegende Abkömmling durch seinen Einsatz zum

---

371 Staudinger/*Kanzleiter* Einl. zu §§ 2274 ff. Rn. 5, 10.

372 Pflegeleistungen i. S. d. § 2057a BGB umfassen die Pflegeleistungen i. S. d. § 14 SGB XI, *Schneider*, ZEV 2018, 380 (381). Das OLG Schleswig, Urt. v. 22.11.2016 – 3 U 25/16, NJW 2017, 1891, juris Rn. 58 entschied bereits zum alten Pflegebedürftigkeitsbegriff, dass auch die bloße Anwesenheit, um gegebenenfalls pflegerisch eingreifen zu können, Pflege i. S. v. § 2057a BGB darstelle, da die Norm auch diese Tätigkeit honorieren wolle. Somit ist auch mindestens der neue, erweiterte Pflegebedürftigkeitsbegriff erfasst. Vgl. *Kollmeyer*, NJW 2017, 1849 (1849 f.).

373 Eingehend zur Regelung *Schneider*, ZEV 2018, 380 m. w. N.; weiterführend auch *Windel*, ErbR 2010, 241 m. w. N. mit einem Gesetzgebungsvorschlag für einen erbrechtlichen Ausgleich für Pflegeleistungen. Nach Rechtslage vor dem 1.1.2010 umfasste § 2057a I 2 BGB Abkömmlinge, die *unter Verzicht auf berufliches Einkommen* während längerer Zeit gepflegt hatten. Dies wurde aufgegeben, da gerade Hausfrauen, die die Pflege übernahmen, „leer ausgingen", weil sie nicht auf berufliches Einkommen verzichteten (BT-Drucks. 16/8954, 17). § 2057b BGB-E sah vor, alle gesetzlichen Erben zum Ausgleich zu berechtigen und für die Höhe der Ausgleichung die Sätze der häuslichen Pflegehilfe nach § 36 III SGB XI anzusetzen. Diese unterschiedliche Wertung im Vergleich zur Angehörigenpflege im Rahmen des SGB XI wurde damit begründet, dass es nicht um staatliche Leistungen, sondern um eine erbrechtliche Auseinandersetzung ginge (BT-Drucks. 16/8954, 18; dazu ausführlich *Köbl*, in: FS Frank, 158 ff.). Um Folgeprobleme und Abgrenzungsfragen zu vermeiden, wurde § 2057b BGB-E nicht übernommen (BT-Drucks. 16/13543, 12).

374 *Kollmeyer*, NJW 2017, 1849 (1851); OLG Schleswig, Urt. v. 22.11.2016 – 3 U 25/16, NJW 2017, 1891 auch zur Bestimmung der Höhe.

Vorteil aller miterbenden Abkömmlinge die Erbmasse erhalten oder gemehrt hat, nicht die Entlohnung der Tätigkeit an sich.[375]

Daher ist das Recht aus § 2057a BGB kein Entgelt.[376]

b) Vermutung der Nichterwerbsmäßigkeit bei familiärer Pflege

Bei der Pflege durch Angehörige wird die Nichterwerbsmäßigkeit der Pflege grundsätzlich ungeachtet der Höhe der finanziellen Zuwendung auch oberhalb der Summe des Pflegegeldes widerleglich vermutet.[377]

Für eine Vermutung der Nichterwerbsmäßigkeit im engen Familienkreis und bei bestehender Hausgemeinschaft zwischen Pflegeperson und Pflegebedürftigem spricht, dass das Pflegearrangement und auch die Aufnahme in den Haushalt in der Regel aus persönlicher Verbindung eingegangen werden, zumal wenn die Entgeltanteile beim gemeinsamen Wirtschaften nicht trennbar sind. Dies gilt auch, wenn Pflegeperson und Pflegebedürftiger lediglich freundschaftlich oder sonst verbunden und nicht verwandt oder verschwägert sind.[378]

Besteht ein gemeinsames Wirtschaften, bietet die Höhe des Pflegegeldes keine Orientierungshilfe, da die Zahlung nicht nur eine Anerkennung aufgrund der Pflege, sondern auch Miet- und Kostgeld umfassen kann oder schlicht keine weitere Aufschlüsselung der Finanzen erfolgt, weil eine gemeinsame Haushaltskasse

---

375 Staudinger/*Löhnig* BGB § 2057a Rn. 26.

376 *Doering-Striening*, FamFR 2012, 531 (534). Zur Berechnung siehe *Schneider*, ZEV 2018, 380 (382 ff.).

377 LSG Celle, Urt. v. 25.5.2004 – L 7 AL 231/02, juris Rn. 26; LSG München, Urt. v. 13.5.2013 – L 3 U 91/12, NZS 2013, 793, juris Rn. 34 (Vorinstanz zu BSG Urt. v. 26.6.2014); GemRdschr UV v. 17.12.2006, 1.3.1, S. 3; Hauck/Noftz/*Riebel* SGB VII § 2 Rn. 258; Hauck/Noftz/*Wagner* SGB XI § 19 Rn. 21; LPK-SGB VII/*Hedermann* § 2 Rn. 198; LPK-SGB XI/*Kuhn-Zuber* § 19 Rn. 7; *Bereiter-Hahn*/*Mehrtens* § 2 Rn. 33.4; KBHB/*Becker* § 2 Rn. 786; BeckOK-SozR/*Wietfeld* SGB VII § 2 Rn. 214; jurisPK-SGB VII/*Bieresborn* § 2 Rn. 531; KKW/*Holtstraeter* SGB VII § 2 Rn. 51; Lauterbach/*Schwerdtfeger* § 2 Rn. 606; *Dalichau* § 19 Rn. 60; *Fries*, S. 135; *Jung*, SGb 2015, 456 (457); *Köbl*, in: FS Schwab, 997 (1005); a. A. *Maschmann*, SGb 1995, 325 (327); *Doering-Striening*, FamFR 2012, 531 (533) mit Verweis auf BSG, Urt. v. 19.2.1987. Ausdrücklich offengelassen durch BSG, Urt. v. 26.6.2014 – B 2 U 9/13 R, SozR 4-2700 § 2 Nr. 29, juris Rn. 22; vgl. dagegen noch BSG, Urt. v. 19.2.1987 – 12 RK 45/85, SozR 2200 § 165 Nr. 90, juris Rn. 17, wonach keine Vermutung gegen ein Beschäftigungsverhältnis bei Pflegeverhältnissen unter nahen Angehörigen bestehe.

378 Ebenso LSG Celle, Urt. v 25.5.2004 – L 7 AL 231/02, juris Rn. 26 ff; LPK-SGB XI/*Kuhn-Zuber* § 19 Rn. 7.

besteht.[379] Besteht eine gemeinsame Haushaltsführung mit der Pflegeperson, bei der diese vollständig ohne eigene Einkünfte vom Pflegebedürftigen unterhalten wird, ist davon auszugehen, dass die finanziellen Leistungen des Pflegebedürftigen als Beiträge zum gemeinsamen Lebensunterhalt aufgrund der gemeinsamen Haushaltsführung erfolgen und nicht aufgrund der Pflegetätigkeit. Diese Pflegepersonen ohne eigene Einkünfte sind besonders schutzbedürftig und gerade ihre Pflege soll gefördert und unterstützt werden, was unterminiert würde, wenn die Erwerbsmäßigkeit angenommen würde.[380] Eine widerlegliche Vermutung der Nichterwerbsmäßigkeit der Pflege durch Familienmitglieder findet sich auch bei der Verhinderungspflege nach § 39 SGB XI, wenn die Ersatzpflegeperson bis zum zweiten Grad mit dem Pflegebedürftigen verwandt oder verschwägert ist oder mit ihm in häuslicher Gemeinschaft lebt. Für Personen, die dem Pflegebedürftigen nicht nahestehen, ist keine zusätzliche Prüfung notwendig, ob die Pflege erwerbsmäßig ausgeübt wird.[381]

Die Vermutung wird widerlegt, wenn das Pflegeverhältnis wie eine Geschäftsbeziehung objektivierbar rechtlich als Beschäftigung geregelt wird, ein Entgelt definiert wird,[382] also ein schriftlicher Arbeitsvertrag vorliegt und Lohnsteuer oder Sozialversicherungsbeiträge abgeführt werden.[383] Eine Erbeinsetzung erschüttert die Vermutung nicht.

---

379 Hauck/Noftz/*Wagner* SGB XI § 19 Rn. 21.

380 BSG, Urt. v. 26.6.2014 – B 2 U 9/13 R, SozR 4-2700 § 2 Nr. 29, juris Rn. 21. Vgl. die Meistersohn-Rspr. BSG, Urt. v. 5.4.1956 – 3 RK 65/55, BSGE 3, 30, juris Rn. 27 ff.: Auch die Deckung des Lebensunterhalts wird „unschädlich" gestellt, wenn sie als „freier Unterhalt", also als Sachleistung erfolgt. Dieser Rechtsprechung liegt die Konstellation zugrunde, dass sich die Beteiligten einen Haushalt und einen Betrieb teilen. Der mutmaßlich Beschäftigte erhält Kost und Logis (und ggf. ein Taschengeld) durch den Betriebsinhaber und arbeitet in dessen Betrieb mit, bis er den Betrieb übernimmt und gegebenenfalls den früheren Betriebsinhaber im Rahmen eines Altenteils versorgt. Die Meistersohn-Rechtsprechung wurde erst notwendig, als sich auch in Handwerksbetrieben ein Paradigmenwechsel zeigte, von der sozialen Sicherung der mitarbeitenden Familie durch den Betrieb selbst weg hin zur Eingliederung in die Sozialversicherung.

381 BSG, Urt. v. 6.6.2002 – B 3 P 2/02 R, SozR 3-3300 § 39 Nr. 5, juris Rn. 23 für § 39 S. 4 SGB XI i. d. F. bis 30.6.2008. Der Wortlaut des § 39 SGB XI wurde in der Folge klarstellend angepasst (BT-Drucks. 16/7439, 56).

382 Zum Beispiel auch der Form nach als Stundenlohn, vgl. BSG, Urt. v. 16.4.1985 – 12 RK 53/83, BSGE 58, 67, juris Rn. 17.

383 Hauck/Noftz/*Wagner* SGB XI § 19 Rn. 21.

Werden neben dem Angehörigen weitere Personen gepflegt, für deren Pflege ein ortsübliches oder gewerbliches Entgelt gezahlt wird, wodurch sich ihre Pflege als Teil der Erwerbsmäßigkeit der Pflegeperson darstellt, greift die Vermutung nicht, sondern es ist im Einzelnen darzulegen, weshalb hier keine Erwerbsmäßigkeit vorliegt.[384]

c) *Familienrechtliche Pflicht zur Pflege*

Für die Leistungen nach § 44 SGB XI ist das Bestehen einer familienrechtlichen Pflicht zur Pflege weder erforderlich noch schädlich.[385] Es wird aber als Argument für die Nichterwerbsmäßigkeit der Pflege und die geringeren Leistungen bei Pflege durch Familienangehörige angebracht, dass die Pflege grundsätzlich unentgeltlich zu erfolgen habe, auch da die Pflegenden zur Pflege verpflichtet seien: Bewege sich die Pflege in den Grenzen einer durch familienrechtliche Beistandspflichten bestehenden Pflegeverpflichtung, erhalte sie dadurch ihr rechtlich wesentliches Gepräge und es liege kein Beschäftigungsverhältnis vor.[386]

Die Relevanz der unfallversicherungsrechtlichen Absicherung bei der Pflege zeigt sich an dieser Stelle besonders: Ein Unfallversicherungsschutz als Beschäftigter oder Wie-Beschäftigter ist ausgeschlossen, wenn die zum Unfall führende Tätigkeit durch die verwandtschaftlichen Beziehungen geprägt ist. Ohne eine ausdrückliche Normierung in § 2 I Nr. 17 SGB VII bliebe die familienhaft geprägte Pflege daher unversichert. Auch die Wie-Beschäftigung ist nicht einschlägig, da eine nach Art, Umfang und Zeitdauer der jeweiligen Verrichtung, dem Grad der Verwandtschaft und dem tatsächlichen Umfang der Gemeinschaft übliche Tätigkeit nicht arbeitnehmerähnlich ist.[387] Es liegt keine Beschäftigung vor bei Pflege, die im Rahmen familiärer Beistandspflichten erfolgt.

---

384 LSG Celle, Urt. v. 25.5.2004 – L 7 AL 231/02, juris Rn. 28.

385 BSG, Urt. v. 26.6.2014 – B 2 U 9/13 R, SozR 4-2700 § 2 Nr. 29, juris Rn. 25 (zu § 2 SGB VII).

386 Vgl. BSG, Urt. v. 18.3.1999 – B 3 P 9/98 R, BSGE 84, 1, juris Rn. 20; BSG, Urt. v. 25.10.1989 – 2 RU 4/89, SozR 2200 § 539 Nr. 134, juris Rn. 21; BSG, Urt. v. 20.4.1993 – 2 RU 38/92, SozR 3-2200 § 539 Nr. 25, juris Rn. 13 jew. m. w. N. Hierzu auch *Fries*, S. 136 ff. m. w. N.

387 Vgl. BSG, Urt. v. 25.10.1989 – 2 RU 4/89, SozR 2200 § 539 Nr. 134, juris Rn. 21 f. m. w. N. zur Rspr.; Beispiele bei KassKomm/*Lilienfeld* SGB VII § 2 Rn. 136 ff. Nach § 541 I Nr. 5 RVO a. F. waren die dort genannten Personen – Pflegepersonen ausdrücklich ausgenommen – versicherungsfrei bei unentgeltlicher Beschäftigung im Haushalt. Unentgeltliche Haushaltstätigkeiten der in § 4 IV SGB VII genannten Verwandten und Partner sind nicht nach § 2 II SGB VII versichert. Hierzu auch S. 258 f.

aa) Beistands- und Unterhaltspflichten

Die Pflege des Ehegatten kann aus der Beistandsverpflichtung aus § 1353 I 2 BGB erfüllt werden. In diesem Fall findet die Pflege ihren Rechtsgrund in der ehelichen Lebensgemeinschaft, eine Rechtspflicht zur persönlichen Pflege des Pflegebedürftigen wie etwa bei der Fürsorgepflicht im Krankheitsfall ist daraus aber nicht abzuleiten.[388] Im Eltern-Kind-Verhältnis besteht eine Beistandspflicht aus § 1618a BGB, die auch bei der Pflege von längerer Dauer und in größerem Umfang das Verhältnis prägt.[389]

Die Pflicht zur Mitwirkung an der Pflege kann auch vom Unterhaltsanspruch nach § 1360 BGB umfasst sein.[390] Der Unterhalt umfasst mit den persönlichen Bedürfnissen der Ehegatten nach § 1360a I BGB auch den Pflege- und Betreuungsaufwand bei dauerhaften Körper- und Gesundheitsschäden.[391] Der Ehepartner kann – schon aufgrund des erforderlichen Einvernehmens nach § 1356 I, II BGB – nicht gegen seinen Willen zur höchstpersönlichen Übernahme der Pflege verpflichtet werden, muss jedoch gegebenenfalls anfallende Pflegekosten übernehmen.[392] Der Pflege- und Betreuungsaufwand wird auch aus dem Verwandtenunterhalt nach §§ 1601 ff. BGB geschuldet, da dieser

388 *O'Sullivan*, S. 120 ff., insbes. 141; vgl. auch BGH, Urt. v. 22.2.1995 – XII ZR 80/94, NJW 1995, 1486, juris Rn. 16; MüKo/*Roth* § 1353 Rn. 31; Staudinger/*Voppel* § 1353 Rn. 53. A. A. BSG, Urteil vom 18.3.1999 – B 3 P 9/98 R, BSGE 84, 1, juris Rn. 20: Die Beistandspflicht aus § 1353 BGB umschließe im Regelfall auch die Pflicht zur Pflege.

389 BSG, Urt. v. 25.10.1989 – 2 RU 4/89, SozR 2200 § 539 Nr. 134, juris Rn. 22; LSG Mainz, Urt. v. 26.7.2001 – L 1 AL 6/00, NZS 2002, 166, juris Rn. 20: auch für Stiefkinder nach § 1754 BGB. BSG, Urteil vom 18.3.1999 – B 3 P 9/98 R, BSGE 84, 1, juris Rn. 20; Staudinger/*Lugani* § 1618a Rn. 39 ff.; *Ludyga*, FPR 2012, 54 (55) gehen von einer Rechtspflicht zur Pflege aus, nach MüKo/*v. Sachsen Gessaphe* § 1618a Rn. 14; *Wellenhofer*, in: FS Brudermüller, 923 f. nur einzelfallabhängig; gegen eine Pflicht zur Pflege *Doering-Striening*, FamFR 2012, 531 (532); *Heinz*, ZFSH/SGB 2015, 413 (420). Siehe auch die Nachweise bei *Windel*, ErbR 2010, 241 (244).

390 *V. Mielecki*, S. 177; *O'Sullivan*, S. 214 f.; BGH, Urt. v. 6.10.1992 – VI ZR 305/91, NJW 1993, 124, juris Rn. 19; BGH, Urt. v. 22.2.1995 – XII ZR 80/94, NJW 1995, 1486. Nach *Graba*, NJW 2016, 833; *Graba*, NZFam 2019, 49 soll die Betreuung als originäre Unterhaltsart und nicht nur als Ersatz für Barunterhalt zu sehen sein, da der erweiterte Unterhaltsbegriff Sachleistung und Betreuung (§ 1360 S. 2 BGB, § 1606 III 2 BGB) dem Barunterhalt gleichstellt.

391 BGH, Urt. v. 6.10.1992 – VI ZR 305/91, NJW 1993, 124, juris Rn. 19 m. w. N.

392 BGH, Urt. v. 6.10.1992 – VI ZR 305/91, NJW 1993, 124, juris Rn. 21 f.; *v. Mielecki*, S. 176 f. m. w. N. Als unvertretbare persönliche Dienstleistung ist eine Pflicht zur Pflege analog § 888 III ZPO nicht vollstreckbar, *Ludyga*, FPR 2012, 54 (58).

nach § 1612 BGB als Barunterhalt zu erbringen ist, aber nicht als persönliche Pflegeleistung.[393]

Die persönlich erbrachte Pflege eines Pflegebedürftigen, mit dem eine engste verwandtschaftliche Beziehung besteht, ist daher einerseits stark familienhaft geprägt, auch bei längerer Dauer und größerem Umfang der Pflege.[394] Im Gegenzug besteht zwischen Eltern und Kindern andererseits keine Pflicht zur Entlohnung der Pflege, sondern nach § 685 II BGB bei Unterhaltsleistungen sogar eine gegenseitige Schenkungsvermutung.[395]

bb) Grenzen

Die Beistandspflichten nach § 1618a BGB bzw. § 1353 I 2 BGB werden durch eine individuelle Opfer- und Zumutbarkeitsgrenze begrenzt.[396] Die Reichweite der familiären Beistandspflichten bestimmt sich nach Alter, Gesundheitszustand und den übrigen Verhältnissen wie weiteren Verpflichtungen oder einer Erwerbstätigkeit sowie der Enge der tatsächlichen Beziehung.[397] Die Grenze

---

393 *Ludyga*, FPR 2012, 54 (56); *Doering-Striening*, FamFR 2012, 531 (532); *O'Sullivan*, S. 166 ff., 172 ff, 216 ff.; BGH, Urt. v. 2.3.1994 – XII ZR 215/92, NJW 1994, 1530; BGH, Urt. v. 25.5.1994 – XII ZR 78/93, NJW 1994, 2234. Nach § 1612 I 2 BGB kann der Unterhalt in natura durch persönliche Pflege erfolgen, als ausnahmsweise zugelassenes unterhaltsrechtliches Erfüllungssurrogat (*Doering-Striening*, FamFR 2012, 531 (532)), auch ohne dass die pflegebedürftigen Eltern dies beeinflussen können (*Ludyga*, FPR 2012, 54 (56) m. w. N.). Zum Elternunterhalt *Ludyga*, NZS 2011, 606; *Wellenhofer*, in: FS Brudermüller, 923 (925 f.); *Doering-Striening/Haußl/Schürmann*, FamRZ 2020, 137.

394 BSG, Urt. v. 25.10.1989 – 2 RU 4/89, SozR 2200 § 539 Nr. 134, juris Rn. 22.

395 *Doering-Striening*, FamFR 2012, 531 (533). Zur sittlichen Pflicht einer Schenkung für langjährige Pflege (Anstandsschenkung nach § 2330 BGB, die den Pflichtteilsergänzungsanspruch ausschließt): BGH, Urt. v. 7.3.1984 – IVa ZR 152/82, NJW 1984, 2939, juris Rn. 17; BGH, Urt. v. 26.4.1978 – IV ZR 26/77, WM 1978, 905; dagegen aber BGH, Urt. v. 9.4.1986 – IVa ZR 125/84, NJW 1986, 1926, juris Rn. 9; *Keim*, FamRZ 2004, 1081 (1085). Zur Rückforderung der Schenkung nach § 528 BGB i. V. m. § 93 SGB XII bei Verarmung des Pflegebedürftigen s. *Ludyga*, NZS 2012, 121 (insbes. 125 f.).

396 *Ludyga*, FPR 2012, 54 (56 f.) m. w. N.; *Doering-Striening*, FamFR 2012, 531 (532); *Windel*, ErbR 2010, 241 (244); Staudinger/*Lugani* § 1618a Rn. 35.

397 BSG, Urt. v. 29.11.1990 – 2 RU 18/90, SozR 3-2200 § 539 Nr. 6, juris Rn. 23; BSG, Urt. v. 20.4.1993 – 2 RU 38/92, SozR 3-2200 § 539 Nr. 25, juris Rn. 13 m. w. N.; *Ludyga*, FPR 2012, 54 (57); vgl. die Gesetzesbegründung zu § 1618a, BT-Drucks. 8/2788, 36: „Dieser Satz soll verdeutlichen, daß Leistung und Anspruch zwischen den Generationen in der Familie je nach Fähigkeit und Bedürftigkeit auf Gegenseitigkeit beruhen."

familiärer Solidarität ist erreicht, wenn die notwendige Hilfe substanzielle Teile der Arbeitskraft und der Zeit des Beistehenden einnimmt.[398] Wenn die Schwere der Krankheit oder Behinderung bei einem volljährigen Kind die Pflegeanforderungen so erhöht, dass sie die Kräfte und Qualifikation einer ganztägigen berufsmäßigen Pflegeperson erfordern, wird die Grenze überschritten, welche höchstpersönlichen Pflegeleistungen aufgrund der familienrechtlichen Beistandspflicht erwartet werden könnten.[399] Daher kommt ein Beschäftigungsverhältnis bei der Pflege von Familienangehörigen grundsätzlich nur infrage, wenn entweder eine familienrechtliche Beistandspflicht nicht besteht oder die Pflegeanforderungen so hoch sind, dass sie in der Regel eine berufsmäßige Pflegekraft erfordern und damit die Grenzen dessen überschritten wären, was aufgrund der familienrechtlichen Beistandspflicht erwartet werden könnte.[400]

cc) Folgen der überobligatorischen Pflege

Aus dem Überschreiten der familienrechtlichen Beistandspflicht folgt nicht unweigerlich die Annahme der Erwerbsmäßigkeit der Pflege. Es ist weiterhin auf die tatsächlichen Verhältnisse abzustellen.[401]

Die Pflege innerhalb der durch die persönliche Zumutbarkeits- und Opfergrenze begrenzten Beistandspflichten ist schon vom System her notwendigerweise nicht die einzige Form der nicht erwerbsmäßigen Pflege; ihr Überschreiten widerlegt nicht die Vermutung der Nichterwerbsmäßigkeit. Das SGB XI trifft keine Aussage über Grenzen der Zumutbarkeit des Pflegeaufwands oder eine

---

398 Staudinger/*Lugani* § 1618a Rn. 35.

399 BSG, Urt. v. 29.11.1990 – 2 RU 18/90, SozR 3-2200 § 539 Nr. 6, juris Rn. 23; BSG, Urt. v. 4.2.1998 – B 9 V 28/96 R, SozR 3-3100 § 35 Nr. 8, juris Rn. 16; BSG, Urt. v. 18.3.1999 – B 3 P 9/98 R, BSGE 84, 1, juris Rn. 20; BGH, Urt. v. 22.2.1995 – XII ZR 80/94, NJW 1995, 1486, juris Rn. 16: „... die Pflege eines Schwerstbehinderten geht jedenfalls weit über das hinaus, was im Rahmen der gegenseitigen Beistands- und Unterhaltspflicht der Ehegatten gemäß §§ 1353, 1360 BGB üblicherweise an Krankenpflege geschuldet wird, und ist insoweit überobligatorisch" (ebenso BSG, Urt. v. 2.12.2010 – B 9 V 2/10 R, SozR 4-3100 § 35 Nr. 5, juris Rn. 48). *Doering-Striening*, FamFR 2012, 531 (532): daher erst recht keine Pflicht zur persönlichen oder unentgeltlichen Pflege gegenüber einem selbstständig gewordenem Kind nach § 1618a BGB.

400 BSG, Urt. v. 18.3.1999 – B 3 P 9/98 R, BSGE 84, 1, juris Rn. 20; BSG, Urt. v. 29.11.1990 – 2 RU 18/90, SozR 3-2200 § 539 Nr. 6, juris Rn. 23; Staudinger/*Lugani* § 1618a Rn. 35; Udsching/Schütze/*Udsching* § 19 Rn. 13.

401 BSG, Urt. v. 18.3.1999 – B 3 P 9/98 R, BSGE 84, 1, juris Rn. 20.

Opfergrenze. Im Rahmen des Anspruchs auf vollstationäre Versorgung floss nach alter Rechtslage eine Zumutbarkeitsgrenze ein. Über § 43 IV SGB XI a. F. wurde eine „nicht erforderliche" stationäre Versorgung sanktioniert.[402] Die Erforderlichkeit konnte angenommen werden, wenn die Überforderung der Pflegeperson drohte oder bereits eingetreten war, die aufgrund individueller psychischer Belastung auch schon bei geringem Pflegeaufwand für möglich erachtet wurde.[403] Eine absolute Grenze besteht aber nicht. Der Vorrang der häuslichen Pflege und das Teilleistungsprinzip beziehen sich auf alle Pflegegrade. Insbesondere ist auch die häusliche Versorgung eines Pflegebedürftigen mit Pflegegrad 5 in häuslicher Umgebung alleine durch eine einzelne Pflegeperson durchaus vorgesehen. Diese Pflege überschreitet im Durchschnitt den Umfang der Vollzeit.[404] Die Anforderungen der Pflegesituation werden in Befragungen als sehr hoch angegeben.[405] Ob die Opfergrenze dieser Angehörigen planmäßig überschritten wird, lässt sich nicht pauschal beantworten, weil die Grenze selbst mit der ständigen Rechtsprechung von individuellen Faktoren abhängt. Die Annahme, dass ehrenamtlich pflegende Angehörige vielfach regelmäßig ihre persönliche Opfergrenze überschreiten, ist aber, wenn nicht kennzeichnend für die häusliche Pflege, jedenfalls nicht untypisch. Im Falle schwerwiegendsten Pflegebedarfs

---

402 Siehe hierzu *v. Mielecki*, S. 75, 142 f. Diese Regelung entfiel mit dem PSG II, da einerseits vorausgesetzt wurde, dass die Pflegebedürftigen in der Regel „gute Gründe" für die Wahl der vollstationären Pflege hätten und auch wenn die vollstationäre Pflege nicht erforderlich sei, die Sanktionierung dennoch unangemessen belaste (BT-Drucks. 18/6688, 70, 142).

403 Begutachtungs-RL v. 8.6.2009, D 5.5, S. 67 f.

404 Nach den Ergebnissen des Abschlussberichtes Evaluation PNG PSG I, S. 61 f. wurden Hauptpflegepersonen von Pflegebedürftigen der höchsten Pflegestufe III 2016 durchschnittlich 46,8 Stunden wöchentlich pflegerisch tätig.

405 In der TNS-Studie von 2016 schätzten unter den Befragten bei Pflegestufe III 34 % die häusliche Pflegesituation als nur mit Schwierigkeiten und 2 % als eigentlich gar nicht mehr zu bewältigend ein; Hauptpflegepersonen gaben zu 26 % an, sehr stark belastet zu sein (Abschlussbericht Evaluation PNG PSG I, S. 62 ff.). Dies führt dazu, dass auch die Gewalt in der Pflege ein virulentes Thema ist, einerseits was die Gewalt durch Pflegepersonen aufgrund von Überlastungszuständen angeht, andererseits, was krankheitsbedingt gewaltförmige Verhaltensweisen durch die Pflegebedürftigen gegenüber der Pflegeperson betrifft. In einer repräsentativen Befragung des Zentrums für Qualität in der Pflege berichteten 11 % der Pflegenden, in den letzten sechs Monaten körperliche Gewalt (z. B. Beißen, Schlagen, Treten) durch den Pflegebedürftigen erfahren zu haben, 45 % berichteten von psychischer Gewalt (z. B. Drohen, Beleidigen) (*Eggert/Schnapp/Sulmann*, S. 15).

regelmäßig pauschal eine Beschäftigung anzunehmen, entzöge den Schutz der sozialen Sicherung nach § 44 SGB XI, der ausdrücklich vorgesehen ist, und dränge den Pflegebedürftigen gegebenenfalls in die Arbeitgeberrolle. Die Pflege ist damit, auch wenn überobligatorisch in ihrem Umfang grundsätzlich wesentlich familienhaft geprägt und führt nicht ohne Weiteres zur Annahme eines Beschäftigungsverhältnisses.

4. Fazit

Die Nichterwerbsmäßigkeit der Pflege als entscheidendes Kriterium der Pflegetätigkeit der Pflegeperson setzt voraus, dass die Pflege nicht als oder wie ein Erwerb betrieben wird. Ausgeschlossen sind daher Pflegepersonen, die als selbstständige Pflegetätigkeit oder im Rahmen eines Beschäftigungsverhältnisses gegen Entgelt pflegen. Die Beschäftigung ist nach allgemeinen Kriterien festzustellen, wobei durch die objektiven Pflegeanforderungen das Weisungsrecht eingeschränkt sein kann.

Da das Pflegegeld kein Entgelt ersetzen, sondern den Pflegebedürftigen nur in den Stand versetzen soll, der Pflegeperson eine finanzielle Anerkennung für die Pflege zukommen zu lassen, führt es nicht zur Erwerbsmäßigkeit der Pflege, wenn der Pflegebedürftige das Pflegegeld für die Pflege an die Pflegeperson weiterleitet. Das Pflegegeld ist die bestimmende Leistung bei Pflege durch nahestehende Personen, da einerseits davon ausgegangen wird, dass diese Personen die Pflege grundsätzlich unentgeltlich erbringen und andererseits ihre Pflegebereitschaft gefördert werden soll. Die rechtliche Verfestigung des Pflegearrangements ist kein Indiz für Erwerbsmäßigkeit, da schon die Gewährung des Pflegegeldes von der Sicherstellung der Pflege abhängt. Die Sicherung des Lebensunterhalts mithilfe des Pflegegeldes ist ebenfalls kein Indiz für die Erwerbsmäßigkeit. Die Fiktion des § 3 S. 2 SGB VI ist nur in der Rentenversicherung anwendbar.

Für ein Beschäftigungsverhältnis innerhalb der Familie ist ebenfalls die persönliche Abhängigkeit maßgeblich, diese kann aber aufgrund des familiären Verhältnisses reduziert sein. Bei der Pflege durch Familienangehörige spielen der freie Unterhalt und das gemeinsame Wirtschaften eine große Rolle, die beide gegen eine Erwerbsmäßigkeit der Pflege sprechen. Es besteht eine Vermutung der Nichterwerbsmäßigkeit der Pflege. Die Pflege bis zur persönlichen Zumutbarkeits- und Opfergrenze erfolgt innerhalb einer familienrechtlichen Beistandspflicht (§§ 1353 I 2, 1618a BGB) und ist familiär geprägt. Auch über diese hinaus kann die Pflege nicht erwerbsmäßig sein.

III. Häusliche Umgebung

Pflegeperson ist, wer den Pflegebedürftigen „in seiner häuslichen Umgebung" pflegt, § 19 S. 1 SGB XI. Versichert als *häusliche* Pflege ist dagegen nicht nur die Pflege in der häuslichen Umgebung, da dieses Merkmal nicht die Pflegetätigkeit an sich betrifft, sondern das generelle Pflegearrangement, indem es die ambulante von der stationären Leistung abgrenzt.[406] Die häusliche Umgebung ist der eigene Haushalt des Pflegebedürftigen oder ein Haushalt, in den dieser aufgenommen wurde. Pflegeperson und Pflegebedürftiger müssen nicht zusammenwohnen.[407]

Die Pflege muss ihrem Charakter nach häusliche Pflege sein.[408] Daher besteht auch Versicherungsschutz bei einem Unfall außerhalb der häuslichen Umgebung bei Pflegehandlungen für eine pflegebedürftige Person, deren Versorgung ihrem Gesamtcharakter nach häusliche Pflege darstellt.[409] Tätigkeiten mit Bezug zur häuslichen Alltagsgestaltung nach § 14 II SGB XI können auch in den außerhäuslichen Bereich führen.[410]

Die stationäre Pflege schließt die Eigenschaft als Pflegeperson und den Bezug von Leistungen nach § 44 SGB XI grundsätzlich aus. Lebt der Pflegebedürftige in einem Altenwohnheim, einem Wohnheim für Menschen mit Behinderung oder einer vergleichbaren Behinderteneinrichtung, die keine zugelassene stationäre Pflegeeinrichtung nach § 72 SGB XI oder eine Einrichtung nach § 71 IV SGB XI ist, kann häusliche Pflege vorliegen, wenn dem Pflegebedürftigen in der Einrichtung außerhalb seiner eigenen Wohnung ein Mindestmaß an eigenständiger

---

406 Krauskopf/*Wagner* SGB XI § 44 Rn. 16; LPK-SGB XI/*Plantholz* § 71 Rn. 10; Schulin HS-PV/*Leitherer* § 16 Rn. 14.

407 Vgl. BARMER Pflegereport 2018, S. 118: Etwa zwei Drittel wohnen in einem Haushalt.

408 *Gitter*, VSSR 1996, 1 (8).

409 LPK-SGB VII/*Hedermann* § 2 Rn. 202; Lauterbach/*Schwerdtfeger* § 2 Rn. 611; Hauck/Noftz/*Riebel* SGB VII § 2 Rn. 262; BSG, Urt. v. 22.8.2000 – B 2 U 15/99 R, SozR 3-2200 § 539 Nr. 52, juris Rn. 21 mit Bezug auf *Gitter*, VSSR 1996, 1 (8): Hilfe bei Blasenentleerung für einen häuslich gepflegten Pflegebedürftigen ist auch versicherte Tätigkeit, wenn auf dem Rückweg von einem Arztbesuch außerhäuslich; hierzu schon oben B.I.2.c.bb; ebenso BSG, Urt. v. 9.11.2010 – B 2 U 6/10 R, SozR 4-2700 § 2 Nr. 16, juris Rn. 13. Das wurde auch auf Urlaubsreisen des Pflegebedürftigen übertragen, bei denen die Pflegeperson im Ausland die Pflege weiter sicherstellt (LSG Essen, Urt. v. 17.9.2010 – L 4 U 57/09, SGb 2011, 292, juris Rn. 25). Dabei liegt eine Entsendung vor, hierzu S. 91.

410 Lauterbach/*Schwerdtfeger* § 2 Rn. 611, 616; BeckOK-SozR/*Wietfeld* SGB VII § 2 Rn. 215. Dazu auch schon oben S. 74 ff.

Lebensführung und selbstständiger Wahl der Pflegeform verbleibt und nicht sämtliche Leistungen ausschließlich von der Einrichtung in Anspruch genommen werden müssen.[411] Nur hier besteht ein Haushalt. Werden diese Voraussetzungen nicht erfüllt, kann häusliche Pflege in Zeiträumen vorliegen, in denen der Pflegebedürftige in einem Privathaushalt gepflegt wird, also etwa am Wochenende und in den Ferien im familiären Haushalt bei sonstiger internatsmäßiger Unterbringung.[412]

In den ersten vier Wochen einer vollstationären Krankenhausbehandlung oder einer stationären Leistung zur medizinischen Rehabilitation des Pflegebedürftigen werden die Leistungen zur sozialen Sicherung nach §§ 44, 44a SGB XI fortgezahlt, § 34 III SGB XI.[413] Danach enden sie, auch wenn die Pflegeperson innerhalb der stationären Einrichtung zusätzliche Pflegeleistungen erbringt. Gleichzeitig können bei der Betreuung minderjähriger pflegebedürftiger Angehöriger die arbeitsrechtlichen Freistellungsansprüche nach § 3 V PflegeZG und § 2 V FPfZG infrage kommen. Sie bestehen bei der Betreuung „in häuslicher und außerhäuslicher Umgebung", um Eltern zu ermöglichen, bei stationärer Unterbringung oder längeren Krankenhausaufenthalten die Kinder „insbesondere in zeitaufwändigen und Nähe bedürftigen Lebens- oder Behandlungsphasen eng zu betreuen"[414]. Der Anspruch zur Begleitung in der letzten Lebensphase nach § 3 VI PflegeZG besteht auch bei stationärer oder Hospiz-Unterbringung des nahen Angehörigen.[415]

---

411 GemRdschr RVAloV v. 13.12.2016, II 1.1.7, S. 36; BSG, Urt. v. 12.5.1998 – B 5/4 RA 6/97 R – SozR 3-2600 § 249b Nr. 2, juris Rn. 16; Hauck/Noftz/*Wagner* SGB XI § 19 Rn. 24; *Mrozynski*, SGb 1995, 104 (110); BT-Drucks. 12/5262, 112; vgl. auch § 36 IV 1 SGB XI. Ausreichende Selbstbestimmungsmöglichkeiten unter wirtschaftlichen Gesichtspunkten nach LPK-SGB XI/*Plantholz* § 71 Rn. 10.

412 GemRdschr RVAloV v. 13.12.2016, II 1.1.7, S. 36.

413 Bei der medizinischen Rehabilitation der Pflegeperson kann sie den Pflegebedürftigen in die Rehabilitationseinrichtung „mitnehmen" (*Hesse*, SoFo 2016, 103 (104)). Er erhält dort Leistungen der Kurzzeitpflege, § 42 IV SGB XI i. V. m. § 23 V 1 und § 40 III 1 SGB V. Hierzu unten S. 317 ff.

414 BT-Drucks. 18/3124, 33. Das Pflegegeld wird in den ersten vier Wochen einer Krankenhausbehandlung und bei Aufnahme in Vorsorge- oder Rehabilitationseinrichtungen (§ 107 SGB V) nach § 34 II 2 SGB XI in voller Höhe fortgezahlt. Eltern pflegebedürftiger, stationär untergebrachter Kinder können eine vollständige oder teilweise befristete Freistellung von ihrer Beschäftigung verlangen, erhalten jedoch nur unter den oben genannten Voraussetzungen (begrenzt fortgezahltes) Pflegegeld und (begrenzt fortgezahlte) Leistungen zur sozialen Sicherung nach § 34 III SGB XI.

415 BT-Drucks. 18/3124, 40.

IV. Mindestpflegezeit nach § 19 S. 2 SGB XI und Pflegegrad 2

Um Leistungen zur sozialen Sicherung zu erhalten, muss die Pflegeperson einen Mindestpflegeaufwand von wenigstens 10 Stunden wöchentlich, verteilt auf regelmäßig mindestens zwei Tage, erfüllen, § 19 S. 2 SGB XI.

Der Mindestzeitaufwand findet sich explizit in den spezialgesetzlichen Regelungen § 26 IIb SGB III und § 3 S. 1 Nr. 1a SGB VI.

§ 2 I Nr. 17 SGB VII verweist in der seit dem 1.1.2017 gültigen Fassung auf § 19 S. 2 SGB XI und damit ebenfalls auf den Mindestzeitaufwand. Somit ist die Mindestpflegezeit Leistungsvoraussetzung für alle Leistungen zur sozialen Sicherung der Pflegeperson. § 44 I 1, IIa, IIb 1 SGB XI, § 26 IIb 1 SGB III, §§ 3 S. 1 Nr. 1a, 166 II SGB VI, § 2 I Nr. 17 SGB VII setzen neben der Mindestpflegezeit voraus, dass der Pflegebedürftige Pflegegrad 2 erreicht.

Im Folgenden soll untersucht werden, wie sich die Mindestpflegezeit und die Voraussetzung des Pflegegrades 2 in das System der Pflegeversicherung einordnen und welchen Zweck sie verfolgen. Anschließend soll auf die zeitlichen Anforderungen an die Pflege im Konkreten eingegangen werden.

1. Mindestpflegezeit als Erheblichkeitsschwelle

a) Ziel der Mindestpflegezeit

§ 19 S. 2 SGB XI zieht eine Erheblichkeitsgrenze, damit nicht bereits aufgrund von geringfügigen, gelegentlichen oder alltäglichen Unterstützungsleistungen wie einem einmaligen wöchentlichen Einkauf Leistungen zur sozialen Sicherung gewährt werden.[416] Sie soll als eine „maßvolle Mindestanforderung an den pflegerischen Aufwand der Pflegeperson" dienen.

b) Kein Bestandteil der Definition

Der Mindestpflegeaufwand ist nicht Teil der Definition der Pflegeperson, sondern legt lediglich eine Leistungsvoraussetzung zu ihrer sozialen Sicherung fest.[417] Indem die Mindestpflegezeit als Voraussetzung der Leistungen zur sozialen

---

416 BT-Drucks. 18/5926, 117.

417 BSG, Urt. v. 7.9.2004 – B 2 U 46/03 R, SozR 4-2700 § 2 Nr. 3, juris Rn. 16; KassKomm/*Weber* SGB XI § 19 Rn. 13; GesR/*P. Baumeister* SGB XI § 19 Rn. 26; Hauck/Noftz/*Wagner* SGB XI § 19 Rn. 2, 8; Udsching/Schütze/*Udsching* § 19 Rn. 5; *Leube*, ZfS 2006, 48 (51); *Spellbrink*, Sozialrecht aktuell 2013, 59 (60).

Sicherung mit dem 1. SGB XI-ÄndG zum 25.6.1996 in den § 19 S. 2 SGB XI ausgelagert wurde, korrespondiert der Begriff der Pflegeperson nicht mehr zwingend mit den Leistungen nach § 44 SGB XI.[418] Da der Pflegepersonenstatus im weiten Sinne nach § 19 S. 1 SGB XI keinen Mindestpflegeaufwand voraussetzt, bestehen der Anspruch auf Verhinderungspflege (§ 39 SGB XI),[419] Pflegekurse (§ 45 SGB XI)[420] und die Angebote zur Entlastung von Pflegepersonen (§ 45a SGB XI)[421] unabhängig vom Umfang der Pflegetätigkeit, sofern die sonstigen Voraussetzungen vorliegen.

c) *Zeitbemessung nach neuem Recht: Konkrete Bemessung*

Die Mindestpflegezeit setzt eine zeitliche Bemessung der Pflegetätigkeit der Pflegeperson voraus, obwohl für die Feststellung der Pflegebedürftigkeit nicht mehr der zeitlich bemessene Pflegeaufwand erheblich ist, sondern die verbleibenden Fähigkeiten und die Selbstständigkeit abstrakt festgestellt werden. Mit dem PSG II und der damit verbundenen Aufgabe des verrichtungs- und zeitbezogenen Pflegebedürftigkeitsbegriffs wurde dieser zeitliche Anknüpfungspunkt für den Eintritt der Versicherungspflicht der Pflegeperson erhalten.[422] Die vormalige zeitliche Anknüpfung in § 166 II SGB VI für die versicherungspflichtigen Einnahmen wurde durch eine abstrakte Regelung ersetzt.[423]

Für die Mindestpflegezeit ist auf den konkreten, tatsächlichen Zeitaufwand der Pflegeperson abzustellen.[424] Einen anderen Anknüpfungspunkt bietet das SGB XI nicht mehr. Für nicht körperbezogene Hilfebedarfe bestehen aufgrund

---

418 Hauck/Noftz/*Wagner* SGB XI § 19 Rn. 7 f. Die Teilung des § 19 SGB XI erlangt weitere Bedeutung bei der unfallversicherungsrechtlichen Regelung, hierzu eingehend S. 261 ff.

419 KassKomm/*Leitherer* SGB XI § 39 Rn. 7; Udsching/Schütze/*Udsching* § 19 Rn. 5; LPK-SGB XI/*Richter* § 39 Rn. 6; *Leube*, ZfS 2006, 48 (50 f.).

420 Vgl. schon zuvor BT-Drucks. 12/5262, 116: Pflegekurse nach § 45 SGB XI sollten „nicht nur für Pflegepersonen im engen Sinne des (§ 17 SGB XI d. E.)" angeboten werden.

421 LPK-SGB XI/*Kuhn-Zuber* § 19 Rn. 19.

422 *Wingenfeld/Büscher/Gansweid*, Abschlussbericht Begutachtungsinstrument, S. 99; Expertenbeirat Pflegebedürftigkeitsbegriff, S. 37: „bezüglich des Anknüpfungspunkts zu überprüfen".

423 Dazu unten S. 177 ff.

424 So auch GesR/*P. Baumeister* SGB XI § 19 Rn. 30; a. A. Krauskopf/*Wagner* § 44 Rn. 17: festhalten am abstrakten objektiven Maßstab; BeckOK/*Molitor* SGB XI § 44 Rn. 7; *Leube*, SGb 2020, 87 (88).

der Vielfalt der nun von § 14 II SGB XI umfassten pflegerischen Betreuungsmaßnahmen schon keine abstrakt objektiven Maßstäbe.[425] Während nach altem Recht ein objektiver Maßstab für die Feststellung der Pflegebedürftigkeit[426] angelegt wurde,[427] lässt sich nach neuem Recht eine Vergleichbarkeit der Pflegepersonen erst dadurch herstellen, dass auf die tatsächliche zeitliche Bindung der Pflegeperson abgestellt wird, da schon keine Maßstäbe für eine zeitliche Objektivierung bestehen.[428] Pflegepersonen werden so über ihre zeitliche Bindung gleichbehandelt. Es kann gerade auch auf die individuelle Konstitution und die persönlichen Umstände abgestellt werden. Über die versicherungspflichtigen Einnahmen werden in der Rentenversicherung die Angaben weiter relativiert.

d) Pflegegrad 2

Die Leistungen der Pflegeversicherung setzen eine bestimmte Erheblichkeit des Pflegebedarfs voraus. § 44 I 1, IIa, IIb 1 SGB XI, § 26 IIb 1 SGB III, §§ 3 S. 1 Nr. 1a, 166 II SGB VI und § 2 I Nr. 17 SGB VII setzen neben der Mindestpflegezeit voraus, dass der Pflegebedürftige mindestens Pflegegrad 2 erreicht.

aa) Systematik der Pflegeversicherung

Auch die Leistungen an den Pflegebedürftigen werden überwiegend erst bei erheblichen Beeinträchtigungen der Selbstständigkeit oder der Fähigkeiten (Pflegegrad 2) erbracht.[429] Für Pflegebedürftige mit Pflegegrad 1 werden abweichend

---

425 GesR/*P. Baumeister* SGB XI § 19 Rn. 30.

426 BSG, Urt. v. 21.2.2002 – B 3 P 12/01 R, SozR 3-3300 § 14 Nr. 19 juris Rn. 12 ff. Die Notwendigkeit zu einer Objektivierung des Pflegebedarfs wurde auch als Argument für die Begrenzung der relevanten Tätigkeiten auf den Katalog des § 14 IV SGB XI a. F. herangezogen, vgl. BSG, Urt. v. 5.5.2010 – B 12 R 6/09 R, BSGE 106, 126, juris Rn. 23.

427 Vgl. BSG, Urt. v. 5.5.2010 – B 12 R 6/09 R, BSGE 106, 126, juris Rn. 23; BSG, Urt. v. 28.9.2011 – B 12 R 9/10 R, SozR 4-2600 § 3 Nr. 6 juris Rn. 21 ff.; anders noch Hauck/Noftz/*Wagner* SGB XI § 19 Rn. 27.

428 Anders BeckOK-SozR/*Molitor* SGB XI § 44 Rn. 7; *Leube*, SGb 2020, 87 (88), die eine Vergleichbarkeit mit einem objektiven Maßstab herstellen wollen.

429 Vgl. § 28 I SGB XI: Voraussetzung für häusliche Pflegehilfe nach § 36 I 1 SGB XI, Pflegegeld nach § 37 I 1 SGB XI, Verhinderungspflege nach § 39 I 2 SGB XI, Teilstationäre Pflege nach § 41 I 1 SGB XI, Kurzzeitpflege nach § 42 I 1 SGB XI, Vollstationäre Pflege nach § 43 III SGB XI. Pflegebedürftige mit Pflegegrad 1 erhalten für Leistungen zur vollstationären Pflege lediglich einen Zuschuss von 125 EUR monatlich nach § 43 III SGB XI.
Die bis zum 31.12.2016 gültigen Fassungen enthielten keine Beschränkung und erfassten auch Pflegepersonen von Pflegebedürftigen mit der niedrigsten Pflegestufe I. Mit

vom allgemeinen Leistungskatalog des § 28 I SGB XI die in § 28a I SGB XI genannten Leistungen erbracht (Beratungsangebote, Zuschüsse, Versorgung mit Pflegehilfsmitteln, Maßnahmen zur Wohnumfeldverbesserung), die auf die Sicherstellung der häuslichen Versorgungssituation abstellen. Das beruht auf der Vorstellung, dass Personen mit Pflegegrad 1 überwiegend körperlich beeinträchtigt sind.[430] Die Voraussetzung des Pflegegrades 2 auch für die Leistungen zur sozialen Sicherung der Pflegeperson ist daher kongruent mit dem anderen Leistungsrecht.[431] Dafür spricht auch die systematische Stellung der Leistungen zur sozialen Sicherung der Pflegepersonen in § 28 I Nr. 10 SGB XI bei den Leistungen, die ab erheblicher Pflegebedürftigkeit des Pflegebedürftigen gewährt werden.

bb) Mindestpflegezeit

Die Voraussetzung von Pflegegrad 2 beruht zudem auf der Vorstellung, dass Pflegepersonen von Pflegebedürftigen mit Pflegegrad 1 die Mindestpflegezeit nicht erreichen. Der Gesetzesentwurf der Bundesregierung zum PSG II sah vor, in § 19 SGB XI eine – widerlegbare[432] – Vermutung mit einem Satz 3 einzufügen, wonach Pflegepersonen eines Pflegebedürftigen mit Pflegegrad 1 weniger als zehn Stunden wöchentlich pflegen.[433] Die Vermutungsregelung wurde im Gesetzgebungsverfahren nicht übernommen.[434] Der Bundesrat hatte kritisiert, dass § 19 S. 3 SGB XI d. E. eine Möglichkeit impliziere, die Vermutung zu widerlegen, aber dafür keine Rechtsfolge vorgesehen sei. Die Vermutungsregelung könne daher eine nicht zu erfüllende Erwartungshaltung wecken.[435]

Dies trägt nicht, da im Rahmen des Gesetzgebungsverfahrens die Regelungen entsprechend hätten angepasst werden können. Neben die entsprechende Vermutungsregelung hätte eine Regelung treten können für den Fall, dass die

---

Pflegestufe I lag bereits eine erhebliche Pflegebedürftigkeit vor (vgl. § 15 I 1 Nr. 1 SGB XI a. F.). Pflegebedürftige mit Pflegestufe I wurden mindestens in den Pflegegrad 2 übergeleitet, § 140 II SGB XI.

430 BT-Drucks. 18/5926, 62.

431 BT-Drucks. 18/5926, 118, 151. KassKomm/*Lilienfeld* SGB VII § 2 Rn. 111 sieht einen Grund der Nichtberücksichtigung der Pflegepersonen eines Pflegebedürftigen mit Pflegegrad 1 darin, dass auch keine Sach- und Geldleistungen an den Pflegebedürftigen erbracht werden.

432 BT-Drucks. 18/5926, 116 f.

433 BT-Drucks. 18/5926, 32. Hierzu *Müller/Becker*, BB 2016, 3000.

434 Vgl. BT-Drucks. 18/6688, 140.

435 BR-Drucks. 345/1/15, 36.

Vermutung widerlegt wird. Pflegepersonen von Pflegebedürftigen mit Pflegegrad 1 erreichen zudem statistisch die Mindestpflegezeit.[436] Wenn Pflegepersonen von Pflegebedürftigen anderer Pflegegrade die Mindestpflegezeit nicht erreichen, steht ihnen die Additionspflege offen, worüber sie diese mit den Pflegezeiten anderer Pflegebedürftiger aufstocken können. Anders als nach alter Rechtslage bei der Unbeachtlichkeit der Zeiten für die nicht verrichtungsbezogene Betreuung von Demenzkranken mit „Pflegestufe 0"[437] kann für den Ausschluss der Pflegepersonen von Pflegebedürftigen mit Pflegegrad 1 auch nicht die Art der Tätigkeit als Argument herhalten. Es ist zu bezweifeln, ob hier solche Unterschiede vorliegen, dass innerhalb desselben Versicherungsfalls eine derartige Ungleichbehandlung vor Art. 3 GG bestehen kann.[438]

2. Zeitliches Mindestmaß

Die Mindestpflegezeit beträgt zehn Stunden wöchentlich, verteilt auf regelmäßig mindestens zwei Tage in der Woche.

a) *Berücksichtigungsfähige Pflegetätigkeiten*

Die *Pflege* im Sinne des § 19 S. 2 SGB XI ist abstrakt kongruent zum Pflegebedürftigkeitsbegriff des § 14 SGB XI.[439] In die Mindestpflegezeit hinein zählen alle – und ausschließlich – die Pflege- und Betreuungsmaßnahmen in den in § 14 II SGB XI genannten Bereichen sowie die Hilfen bei der Haushaltsführung, ausführlich oben S. 57 ff.

Bei einem allgemein beaufsichtigungsbedürftigen Pflegebedürftigen, bei dem die Pflegeperson selten eingreifen muss, sind nicht nur sporadisch anfallende

---

436 Vgl. *Geiss/Pupeter/Schneekloth*, S. 105: Nach dieser Erhebung pflegten Hauptpflegepersonen von Pflegebedürftigen mit Pflegegrad 1 durchschnittlich 21,7 Stunden wöchentlich.

437 Wenn die Betreuungszeit auch laut Abschlussbericht Evaluation PNG PSG I, S. 62 im Jahr 2016 durchschnittlich 24,8 Wochenstunden betrug.

438 Aufgeworfen von *Schlaeger*, SGb 2016, 684 (687). Statistisch betrifft diese Begrenzung nur die Pflegenden weniger Personen. 7,2 % der Pflegebedürftigen sind in Pflegegrad 1 eingeordnet, während mit 43,5 % die meisten Pflegebedürftigen in Pflegegrad 2 eingeordnet sind (vgl. Statistisches Bundesamt, Pflegestatistik 2019, S. 19).

439 Vgl. BSG, Urt. v. 5.5.2010 – B 12 R 6/09 R, BSGE 106, 126, juris Rn. 13; BSG, Urt. v. 28.9.2011 – B 12 R 9/10 R, SozR 4-2600 § 3 Nr. 6 juris Rn. 19; BSG, Urt. v. 4.12.2014 – B 5 RE 4/14 R, SGb 2015, 92, juris Rn. 14; ausführlich bereits oben S. 58 ff.

einzelne Verrichtungen zeitlich zu berücksichtigen, sondern auch die allgemeine Betreuung selbst. Aufgrund des erweiterten Pflegebegriffs ist noch mehr als zuvor möglich, auch bei niedrigem Pflegegrad neben der Pflegehilfe (§ 36 SGB XI) Leistungen zur sozialen Sicherung zu erhalten.[440] In die Mindestpflegezeit zählten nach alter Rechtslage nur die Verrichtungen in den in § 14 IV SGB XI a. F. genannten Bereichen, nicht jedoch die ergänzende Pflege und Betreuung. Für die Berücksichtigung von Betreuungszeiten kommt es nunmehr nicht mehr auf die zeitliche und örtliche Bindung und einen Verrichtungsbezug an.

b) Wenigstens zehn Stunden in der Woche

Die Pflegeperson muss wenigstens zehn Stunden wöchentlich pflegen.

Das entspricht einem Pflegeaufwand von montags bis freitags täglich zwei Stunden oder zwei mehr als halben Arbeitstagen. Der Gesetzesentwurf zum PSG II spricht von einer „maßvollen Mindestanforderung"[441]. Eine Begründung für die konkrete Höhe findet sich nicht. Der Zeitumfang wird nach eigenen Angaben von Pflegepersonen in Befragungen überwiegend erreicht.[442]

Mit zehn Stunden nähert sich der Mindestpflegebedarf der vorherigen Untergrenze von 10,5 Stunden der Pflegestufe I an sowie den zehn Stunden des § 177 I SGB VI a. F. Die Umwandlung in Pflichtbeiträge auf Antrag nach § 177 I SGB VI i. d. F. vom 1.1.1992 bis 31.3.1995 setzte voraus, dass für die Pflege regelmäßig wöchentlich mindestens zehn Stunden aufgewendet wurden.[443] Mit Einführung des SGB XI wurde ab dem 1.1.1995 die Mindestpflegezeit in § 19 SGB XI auf 14 Stunden wöchentlich festgelegt.

Hierdurch ergab sich aber eine Diskrepanz zur Pflegebedürftigkeit.

Hatte der Pflegebedürftige (nur) einen wöchentlichen Pflegebedarf von 10,5 Stunden und erreichte damit Pflegestufe I nach § 15 III SGB XI a. F.,

440 So schon zuvor, soweit zeitlicher Pflegebedarf „ungedeckt" blieb, BT-Drucks. 12/5262, 101; *Koch*, RV 2002, 64 (65). Vgl. nun auch § 166 II SGB VI.

441 BT-Drucks. 18/5926, 117.

442 Nach einer Repräsentativerhebung aus dem Jahr 2018 wandten Hauptpflegepersonen im Durchschnitt wöchentlich 34,3 Stunden für die Pflege auf (*Geiss/Pupeter/Schneekloth*, S. 105). Höhere Zahlen finden sich etwa bei einer anderen Studie, die neben den Verrichtungen nach § 14 IV SGB XI a. F. auch Zeitbedarfe für Betreuung und Beaufsichtigung, Arztbesuche, Organisatorisches und Wegezeiten erhob. Hier gaben die Hauptpflegepersonen einen Zeitaufwand von durchschnittlich 49,3 Stunden an (*Hielscher/Kirchen-Peters/Nock/Ischebeck*, S. 74).

443 Sowie anschließend nach § 279e I Nr. 2 SGB VI vom 1.4.1995 bis 31.12.2011.

erreichte seine Pflegeperson die Mindestpflegezeit nicht und erhielt somit keine Leistungen zur sozialen Sicherung.[444] Im Rahmen des PNG wurde erwogen, die Mindestpflegezeit auf 10,5 Stunden anzupassen und durch die Harmonisierung sicherzustellen, dass „jede volle Pflege eines Pflegebedürftigen der Stufe I zu einer rentenrechtlichen Anerkennung“[445] führe. Es wurde an der 14-Stunden-Grenze festgehalten, da angenommen wurde, dass eine Pflegeperson aufgrund von unter zwei Stunden Pflege pro Tag nicht unbedingt ihre Berufstätigkeit einstellen oder reduzieren müsste.[446] Nach neuem Recht sind die Anforderungen gleichgezogen: Der Pflegebedürftige muss Pflegegrad 2 aufweisen, die Pflegeperson eine Mindestpflegezeit aufweisen, die dem nach gesetzgeberischer Vorstellung entspricht (hierzu oben S. 133 f.).

c) *Zeitliche Verteilung*

Die Voraussetzung der Verteilung der Pflegetätigkeit auf zwei Tage in der Woche wird in den Gesetzesmaterialien nicht weiter begründet, aber stößt auf Bedenken. Bei Pflegebedürftigen mit hohem Pflegebedarf ist nicht unrealistisch, dass an einem Tag zehn Stunden Pflegeleistungen auch derselben Pflegeperson anfallen.[447] Die regelmäßige Übernahme der Pflege an einem Tag der Woche stellt hier keine geringfügige oder gelegentliche Unterstützungsleistung dar, die nach der Gesetzesbegründung nicht zu Leistungen zur sozialen Sicherung führen sollte.[448] Es ist nicht ersichtlich, warum hier der Sozialversicherungsschutz verwehrt wird, aber gewährt wird, wenn daneben auch nur eine kurze Pflegeleistung

444 So in dem BSG, Urt. v. 7.9.2004 – B 2 U 46/03 R, SozR 4-2700 § 2 Nr. 3 zugrunde liegenden Fall: Hier erteilte das BSG der Mindestpflegezeit als Voraussetzung des § 2 I Nr. 17 SGB VII a. F. insgesamt eine Absage. In der Renten- und Arbeitslosenversicherung blieb es weiter bei der Diskrepanz. Vgl. auch BSG, Urt. v. 29.4.1999 – B 3 P 11/98 R, WzS 2000, 158, juris Rn. 14: Pflegegeldanspruch nicht erst ab 14 Stunden Pflegebedarf. Laut Hauck/Noftz/*Wagner* SGB XI § 19 Rn. 28 wurde in der Praxis bei Pflegestufe I des Pflegebedürftigen auch formularmäßig das Erreichen der Mindestpflegezeit bestätigt.

445 BT-Drucks. 17/9669, 5 (Änderungsvorschlag des BR auf Gesetzesentwurf der BReg).

446 BT-Drucks. 17/9669, 20 (Gegenäußerung der BReg); BT-Drucks. 17/10170, 13 (Ausschuss für Gesundheit).

447 Nach einer Erhebung pflegen 85 % der Pflegepersonen täglich, davon 41,8 % täglich mehr als 13 Stunden und zwei Drittel auch nachts (BARMER Pflegereport 2018, S. 124).

448 Vgl. BT-Drucks. 18/5926, 117.

an einem zweiten Tag erfolgt.[449] Auch ist zweifelhaft, ob in letzterem Fall ein anderes Unfallrisiko vorliegt oder ein größeres Bedürfnis nach dem Haftungsausschluss nach § 106 II SGB VII besteht.[450]

d) Regelmäßigkeit und Dauerhaftigkeit

Daneben stellt sich die Frage, wie regelmäßig und dauerhaft die Mindestpflegezeit erreicht werden muss.

aa) Regelmäßigkeit

Der Wortlaut des § 19 S. 2 SGB XI fordert Pflege von „wenigstens zehn Stunden wöchentlich, verteilt auf regelmäßig mindestens zwei Tage in der Woche", womit sich das Merkmal der Regelmäßigkeit syntaktisch auf die Verteilung auf zwei Tage bezieht.

Allgemein wird darüber hinaus gefordert, dass die Mindestpflegezeit regelmäßig erreicht wird.[451] Bei Intervall- oder unregelmäßiger Pflege liegt durchgehende Versicherungspflicht vor, wenn im Durchschnitt die Mindestpflegezeit erreicht wird,[452] ansonsten in den Zeiten, in denen der Mindestpflegeaufwand erreicht wird.[453] Wenn der Zeitraum zwischen den Pflegeintervallen mindestens einen Monat umfasst, wird Regelmäßigkeit verneint.[454] Dafür spricht, dass das Versicherungsrecht von dem Prinzip durchzogen ist, dass nur vorübergehende oder zufällige Umstände nicht der versicherungsrechtlichen Beurteilung zugrunde gelegt werden sollen, sondern die Pflichtversicherung ein auf Dauer angelegtes Rechtsverhältnis ist.[455] Zur Feststellung, ob die Mindestpflegezeit erfüllt wird, ist ein Zeitraum von zwei Monaten zu betrachten.[456] Die Pflege ist

---

449 So auch BeckOK-SozR/*Pfitzner* SGB XI § 19 Rn. 10; KassKomm/*Lilienfeld* SGB VII § 2 Rn. 108; GesR/*P. Baumeister* SGB XI § § 19 Rn. 31.

450 So auch *Schlaeger*, SGb 2016, 684 (686).

451 GemRdschr RVAloV v. 13.12.2016, II 1.1.5.1, S. 22; Kreikebohm/Roßbach/*Segebrecht* § 3 Rn. 7, 10; Lauterbach/*Schwerdtfeger* § 2 Rn. 610c: „fortlaufend über einen längeren Zeitraum nicht nur vorübergehend".

452 GemRdschr RVAloV v. 13.12.2016, II 1.1.5.1, S. 22 f.; KassKomm/*Weber* SGB XI § 19 Rn. 13; LPK-SGB XI/*Kuhn-Zuber* § 19 Rn. 12; Lauterbach/*Schwerdtfeger* § 2 Rn. 610a.

453 GemRdschr RVAloV v. 13.12.2016, II 1.1.5.2, S. 23 f.

454 Kreikebohm/Roßbach/*Segebrecht* § 3 Rn. 10.

455 Hauck/Noftz/*Fichte* SGB VI § 3 Rn. 46; in diese Richtung auch BT-Drucks. 12/5262, 160.

456 Lauterbach/*Schwerdtfeger* § 2 Rn. 610a, 610c; EvKSW/*v. Koppenfels-Spies* § 2 Rn. 124; *Schlaeger*, SGb 2016, 684 (686); *Bereiter-Hahn/Mehrtens* § 2 Rn. 33.9. Entsprechend

regelmäßig auf zwei Tage verteilt, wenn dies in diesem Beobachtungszeitraum ganz überwiegend der Fall ist.[457]

bb) Dauerhaftigkeit

Zudem muss die Pflege dauerhaft erfolgen, also parallel zum Geringfügigkeitsbegriff in § 8 I Nr. 2 SGB IV a. F.[458] vorausschauend auf mehr als zwei Monate oder 60 Tage im Kalenderjahr angelegt.[459] Teilweise wird schon aus dem Wortsinn

---

§ 8 I Nr. 2 SGB IV n. F. soll nach BeckOK-SozR/*Wietfeld* SGB VII § 2 Rn. 213 ein Drei-Monats-Zeitraum entscheidend sein. *Leube*, SGb 2020, 87 (88) hält einen Monat für ausreichend. In diese Richtung auch KassKomm/*Weber* SGB XI § 19 Rn. 13.

457 KassKomm/*Lilienfeld* SGB VII § 2 Rn. 109.

458 *Schlaeger*, SGb 2016, 684 (686); *Arndt/Kubath*, DAngVers 1997, 77 (79).

459 BeckOK-SozR/*v. Koch* SGB VI § 3 Rn. 12; GemRdschr RVAloV v. 13.12.2016, II 1.1.4, II 1.1.5, S. 20, 22 ff. mit zahlreichen Fallbeispielen; Lauterbach/*Schwerdtfeger* § 2 Rn. 610c; *Schlaeger*, SGb 2016, 684 (686). So auch *Leube*, SGb 2020, 87 (88), der aber Ausnahmen für die Verhinderungspflege und vorzeitige Beendigung der Pflege vorsieht. Kreikebohm/Roßbach/*Segebrecht* § 3 Rn. 8 will befristete Pflegetätigkeiten ausschließen, die im Voraus auf weniger als zwei Monate befristet werden. Krauskopf/*Wagner* SGB XI § 44 Rn. 20 fordert ebenfalls eine dauerhafte Ausübung der Pflege. Statt einer bei einer bestimmten Mindestdauer soll dies der Fall sein, wenn die Pflege auf unbestimmte Dauer übernommen wird, weil nur dann die Einschränkung der Erwerbstätigkeit und der daraus resultierenden sozialen Sicherung eintritt. Entgegen der Anhebung des § 8 I Nr. 2 SGB IV auf drei Monate zum 1.1.2019 (der den § 115 SGB IV a. F. übernahm) ist weiter bei der etablierten Zwei-Monats-Grenze zu verbleiben (a. A. BeckOK-SGB VII/*Wietfeld* § 2 Rn. 213). § 115 SGB IV a. F. sollte Probleme für die Saisonarbeit bei der Einführung des Mindestlohns abfedern, aber die geringfügige Beschäftigung nicht generell ausweiten (BT-Drucks. 18/2010, 27; kritisch zur Neufassung KKW/*Berchtold* SGB IV § 8 Rn. 7). Gegen eine Übernahme des Drei-Monats-Zeitraums spricht, dass die Rspr. zu § 8 I SGB IV selbst einen anderen Regelmäßigkeits-Begriff hat. Entgeltgeringfügige Beschäftigung nach § 8 I Nr. 1 SGB IV wird von der zeitgeringfügigen Beschäftigung nach § 8 I Nr. 2 SGB IV dadurch unterschieden, dass entgeltgeringfügige Beschäftigung laufend oder regelmäßig und zeitgeringfügige Beschäftigung nur gelegentlich ausgeübt wird (st. Rspr., zuletzt BSG, Urt. v. 5.12.2017 – B 12 KR 16/15 R, SozR 4-2400 § 8 Nr. 8, juris Rn. 11). Regelmäßigkeit i. d. S. setzt voraus, dass die Beschäftigung bei vorausschauender Betrachtung von vornherein auf ständige Wiederholung gerichtet ist. § 8 I Nr. 2 SGB IV richtet sich an Personen, für deren Beschäftigung die Versicherungspflicht nicht „passt" und die aufgrund der kurzen Dauer des sonst eintretenden Versicherungsverhältnisses nur Kosten und Umstände, aber keinen Nutzen hätten. Die Lage ist anders bei berufsmäßiger Ausübung der Beschäftigung und Übersteigen des Entgelts von 450 EUR (BSG, Urt. v. 5.12.2017 – B 12 KR 16/15 R, SozR 4-2400

der „Pflege“ abgeleitet, dass eine Tätigkeit auf Dauer vorausgesetzt wird.[460] Hier besteht die Gefahr, eine Geringfügigkeitsregelung qua Auslegung hinzuzufügen, wo die bestehenden Geringfügigkeitsregelungen nicht angewendet werden sollten und mit § 5 II 1 Nr. 3 SGB VI a. F. lediglich eine eigene Entgeltgeringfügigkeit, aber keine Zeitgeringfügigkeit vorgesehen wurde.[461] Aufgrund der wöchentlichen Zeitvorgabe ist jedoch eine gewisse Mindestzeit vorauszusetzen.[462]

cc) Ersatzpflegepersonen

Ersatzpflegepersonen i. S. v. § 39 III SGB XI sind mangels Dauerhaftigkeit der Pflege von der Versicherung in Renten- und Arbeitslosenversicherung ausgeschlossen.[463] Das Schicksal der Alterssicherung der Hauptpflegeperson während der Unterbrechung bestimmt sich nach § 34 III SGB XI. In der Unfallversicherung besteht dagegen ein Sicherungsbedürfnis bei der konkreten Pflegehandlung, bei der die Pflegeperson verunfallen kann oder sich bei Pflegeunfällen einem Haftungsrisiko aussetzt. Dieses besteht gleichermaßen – wenn nicht mangels Erfahrung sogar vermehrt – bei Ersatzpflegepersonen. Bis zur Reform durch das PSG II wurde mit der Rechtsprechung davon ausgegangen, dass der Unfallversicherungsschutz auch bei kurzzeitiger Pflege bestünde.[464] Daher wird der Unfallversicherungsschutz für Ersatzpflegepersonen teilweise weiter bejaht.[465]

---

§ 8 Nr. 8, juris Rn. 17). Für die Pflegepersonen entstehen keine Kosten für ihre soziale Sicherung. Die Rentensicherung der Pflegepersonen beruht zudem auf dem Ausschluss von Berufstätigkeit durch die Pflege. § 8 I Nr. 2 SGB IV liegt nicht zwangsläufig bei allen Beschäftigungen vor, die unter drei Monate Dauer aufweisen, sondern nimmt berufsmäßige Tätigkeiten aus. Dies soll die Beschäftigten schützen. Eine Anwendung auf die Pflegeperson hätte das gegenteilige Ergebnis, nämlich den Entzug von Schutz.

460 *Gitter*, VSSR 1996, 1 (10); *Leube*, ZfS 2006, 48 (51); *Leube*, SGb 2020, 87.

461 Hauck/Noftz/*Fichte* SGB VI § 3 Rn. 43 mit Verweis auf BT-Drucks. 12/5262, 160.

462 Hauck/Noftz/*Fichte* SGB VI § 3 Rn. 43.

463 GemRdschr RVAloV v. 13.12.2016, II 1.1.4, S. 20; a. A. Hauck/Noftz/*Fichte* SGB VI § 3 Rn. 43; SRH/*Spellbrink* § 16 Rn. 70.

464 Dazu unten S. 253 ff.

465 So SRH/*Spellbrink* § 16 Rn. 70. *Schlaeger*, SGb 2016, 684 (686) verneint den Unfallversicherungsschutz der Ersatzpflegeperson, „was ein weiterer Grund ist, die Sinnhaftigkeit dieser Zeitgrenze für das SGB VII zu hinterfragen“. a. A. *Bereiter-Hahn/Mehrtens* § 2 Rn. 33.9.

3. Additionspflege und Mehrfachpflege

Leistungen zur sozialen Sicherung können auch erbracht werden, wenn eine Pflegeperson mehrere Pflegebedürftige pflegt (Additionspflege) oder mehrere Pflegepersonen einen Pflegebedürftigen pflegen (Mehrfachpflege).

a) Additionspflege

Bei der Additionspflege erfüllt die Pflegeperson die Mindestpflegezeit durch die Pflege mehrerer Pflegebedürftiger.

Die Additionsfähigkeit von Tätigkeiten ist eingeschränkt. Für die Rentenversicherung ist der Wortlaut des § 3 S. 1 Nr. 1a SGB VI „eine oder mehrere pflegebedürftige Personen mit mindestens Pflegegrad 2" eindeutig, dass nur Pflegetätigkeiten an Personen mit mindestens Pflegegrad 2 additionsfähig sind. § 26 IIb 1 SGB III nennt als Grundbedingung die Pflege eines Pflegebedürftigen mit mindestens Pflegegrad 2. § 26 IIb 2 SGB III eröffnet die Möglichkeit, die Voraussetzungen durch die Pflege „mehrerer Pflegebedürftiger" zu erfüllen, womit i. V. m. S. 1 mehrere Pflegebedürftige mit Pflegegrad 2 gemeint sind.[466] Für die gesetzliche Unfallversicherung ist der Wortlaut uneindeutig. Für die Mindestpflegezeit verweist § 2 I Nr. 17 SGB VII lediglich auf § 19 S. 2 SGB VII, der selbst wiederum keine Begrenzung der Addition auf Pflegetätigkeiten lediglich bei einem Pflegebedürftigen mit mindestens Pflegegrad 2 kennt. Eine Addition lediglich der Pflege von Personen mit Pflegegrad 2 wäre im Sinne des durch das PSG II bezweckten „Gleichklangs"[467] zu den Regelungen in Renten- und Arbeitslosenversicherung. Gleichsam ist das Ergebnis widersinnig. Der Gesetzgeber ging davon aus, dass mit der Pflege eines Pflegebedürftigen mit Pflegegrad 1 die Mindestpflegezeit nicht zu erreichen sei.[468] Pflegepersonen müssen die Mindestpflegezeit aber nicht durch die Pflege lediglich einer Person erfüllen. Wenn die Einschränkung erheblich für die Feststellung der Pflegestufe I ist, leuchtet nicht ein, dass Hilfen hierzu nicht additionsfähig sein sollen. Die Begrenzung ist nur durch die Akzessorietät der Leistungen zu begründen, die für den Pflegebedürftigen ganz überwiegend erst ab Pflegegrad 2 erbracht werden. Eine Differenzierung nach Schwere der Tätigkeit erfolgt erst im Beitragsrecht, nicht bei der Zeitbemessung.

---

466 So BT-Drucks. 18/5926, 146 f.

467 BT-Drucks. 18/5926, 151.

468 BT-Drucks. 18/5926, 117 f., 129, 147, 149.

Die Additionspflege wurde erst mit dem PNG zum 1.1.2013 in § 19 S. 2 SGB XI, § 28a I Nr. 1 SGB III und § 3 S. 1 Nr. 1a SGB VI zugelassen. Zuvor musste die Mindestpflegezeit durch die Pflege *eines* Pflegebedürftigen erfüllt werden.[469] Das führte dazu, dass die Tätigkeit selbst – wie bei zusammengezählten geringfügigen Beschäftigungen – nicht entscheidend war. Es bestand Versicherungspflicht für eine Pflegeperson, die einen Pflegebedürftigen 14 Stunden pflegte, aber nicht für eine Pflegeperson, die zusammengerechnet erheblich mehr pflegte, aber mehrere Pflegebedürftige jeweils weniger als 14 Stunden.[470] Die Versicherungspflicht war damit streng akzessorisch zu Eintritt, Bestehen und Beendigung der Pflege *einer* Person mit Anspruch auf Leistungen aus der Pflegeversicherung.[471] Es bestand keine entsprechende Regelung in § 166 II SGB VI oder zur Koordinierung, wenn die Pflegebedürftigen bei verschiedenen Pflegekassen versichert sind (heute § 44 VI SGB XI[472]).

b) Mehrfachpflege

Bei der Mehrfachpflege pflegen mehrere Pflegepersonen einen Pflegebedürftigen. Die Mehrfachpflege war von Anfang an vorgesehen. Wenn beide Personen jeweils die Mindestpflegezeit erfüllten, sollten sie auch beide versicherungspflichtig sein. Der zeitliche Pflegebedarf des Gepflegten musste hoch genug sein, dass beide Pflegepersonen die Mindestpflegezeit erfüllen konnten.[473] Die Mehrfachpflege ist weit verbreitet: Durchschnittlich sind etwa 2 Personen an den Pflegeaufgaben beteiligt.[474]

---

469 BT-Drucks. 17/9369, 40, 54, 56 f.

470 KassKomm/*Weber* SGB XI § 19 Rn. 14; Hauck/Noftz/*Fichte* SGB VI § 3 Rn. 45; jurisPK-FuB/*Beetz* Kap. 24.1 Rn. 10. Die Gesetzesbegründung nannte als Anwendungsbeispiel der neu zugelassenen Additionspflege Eltern mit zwei pflegebedürftigen Kindern, bei denen der weniger pflegende Elternteil nun durch die Addition der Pflegezeiten versicherungspflichtig werde (BT-Drucks. 17/9369, 40).

471 BSG, Urt. v. 4.12.2014 – B 5 RE 4/14 R, SGb 2015, 92, juris Rn. 19.

472 Vgl. BT-Drucks. 17/10170, 17. Zum Verfahren: *Marburger*, RV 2013, 121 (124).

473 BT-Drucks. 12/5262, 101: Wenn zwei Pflegepersonen einen Pflegebedürftigen pflegen, muss dieser mindestens 28 Stunden pro Woche pflegebedürftig sein, damit beide Pflegepersonen 14 Stunden/Woche pflegen, siehe den vorigen Abschnitt zur Additionspflege.

474 So eine Befragung aus dem Jahr 2018: bei Pflegegrad 1 durchschnittlich 1,9 Personen, bei Pflegegrad 5 durchschnittlich 2,4 Personen. Nach weiteren Ergebnissen war bei lediglich 35 % der Pflegebedürftigen in Privathaushalten nur eine Privatperson an der Pflege beteiligt, bei 56 % zwei oder mehrere Personen. Je höher der Pflegegrad, desto wahrscheinlicher erfüllte auch die zweite Pflegeperson (32 % bei Pflegegrad 2, 51 % bei Pflegegrad 3, 45 % bei Pflegegrad 4, 57 % bei Pflegegrad 5) oder sogar eine dritte

In der Rentenversicherung findet eine Aufteilung der Beiträge und damit Anwartschaften statt.[475]

4. Begutachtung

Der MD bzw. ein anderer von der Pflegekasse beauftragter Gutachter stellt nach § 44 I 2 SGB XI fest, ob die Pflegeperson die Mindestpflegezeit erreicht. Bei Mehrfachpflege wird zudem ihr Anteil am Gesamtpflegeaufwand ermittelt, § 44 I 3–5 SGB XI. Die Feststellungen werden der Pflegeperson nach § 44 I 7 SGB XI auf Wunsch übermittelt, damit sie diese überprüfen und gegebenenfalls eine Korrektur direkt bei der Pflegeversicherung anstrengen kann vor Einbezug der Rentenversicherung.[476] Der Unfallversicherungsträger muss durch eigene Ermittlungen selbstständig das Vorliegen der Mindestpflegezeit prüfen, da die Meldepflicht nach § 44 III SGB XI nicht die Mindestpflegezeit umfasst und keine Norm vorliegt, die eine Bindung an das Verfahren der Rentenversicherung vorschreibt.[477]

5. Fazit

Die Pflegeperson muss die oben diskutierte *Pflege* in einem Mindestumfang erbringen, um Leistungen zur sozialen Sicherung zu erhalten. Die Mindestpflegezeit ist seit ihrer Ausgliederung in § 19 S. 2 SGB XI kein Teil der Definition der Pflegeperson. Sie ist Voraussetzung der Versicherungspflicht nach § 3 S. 1 Nr. 1a SGB VI, § 26 IIb SGB III und § 2 I Nr. 17 SGB VII und bildet dort eine Erheblichkeitsschwelle für den Zugang zur Versicherungspflicht.

Die zusätzliche Voraussetzung, dass der Pflegebedürftige mindestens Pflegegrad 2 haben muss, ist Ausfluss des Mindestpflegezeiterfordernisses und systematisch kongruent damit, dass das volle Leistungsspektrum der Pflegeversicherung erst Pflegebedürftigen mit Pflegegrad 2 offensteht.

Pflegeperson (5 % bei Pflegegrad 2, 6 % bei Pflegegrad 3, 6 % bei Pflegegrad 4, 11 % bei Pflegegrad 5) eine Pflegezeit von zehn Wochenstunden (*Geiss/Pupeter/Schneekloth*, S. 94 ff.).

475 Siehe hierzu unten S. 186 f.

476 BT-Drucks. 18/5926, 129.

477 *Leube*, ZFSH/SGB 2017, 204 (206); zudem spreche der Sozialdatenschutz gegen eine Weiterleitung, *Leube*, SGb 1998, 97 (100); dagegen soll nach KassKomm/*Lilienfeld* SGB VII § 2 Rn. 109 in Anwendung von § 44 I 2–5 SGB XI auch hier die nach dem SGB XI zuständige Stelle die Feststellungen treffen.

Die Pflege muss regelmäßig mindestens zehn Stunden die Woche, verteilt auf regelmäßig zwei Tage, erfolgen und auf mindestens zwei Monate im Jahr angelegt sein. Pflegezeiten sind addierbar, setzen aber voraus, dass die gepflegten Personen Pflegegrad 2 haben.

V. Bezug auf Pflegepersonen in anderen Bereichen des SGB XI

Der Begriff der Pflegeperson nach § 19 SGB XI ist seinem Wortlaut nach eine Legaldefinition „im Sinne dieses Buches", also für das gesamte SGB XI.[478] Die systematische Stellung im zweiten Kapitel zum leistungsberechtigten Personenkreis spricht aber dafür, dass § 19 SGB XI nur dort einschlägig ist, wo eine Leistung an eine Pflegeperson erfolgen soll.

Dadurch ist im Ergebnis bei Normen, die „Pflegepersonen" betreffen, zu prüfen, ob die Definition anwendbar ist oder ob sich aus Regelungszweck und Sinnzusammenhang ergibt, dass der Begriff in diesem Fall abweichend verwendet wird.[479]

Anwendbar ist der Begriff des § 19 SGB XI im Rahmen des § 39 SGB XI. Leistungen der Verhinderungspflege nach § 39 SGB XI kommen infrage, wenn eine Pflegeperson i. S. d. § 19 SGB XI an der Pflege gehindert ist: Bei Ausfall einer professionellen Pflegekraft nach §§ 36, 71 oder 77 SGB XI hat die Pflegekasse weiter Sachleistungen nach § 36 SGB XI zu erbringen.[480] Die Mindestpflegezeit muss nicht erfüllt werden.[481] Die Verhinderungspflege soll den erheblichen psychischen und physischen Anstrengungen Rechnung tragen, die die Pflegepersonen mit der Pflege trotz ihres eigenen, oft fortgeschrittenen Alters und angeschlagenen Gesundheitszustandes auf sich nehmen.[482] Es soll vermieden werden, dass der Pflegebedürftige stationär aufgenommen werden muss, wenn die Pflegeperson erkrankt oder anderweitig ausfällt. Hat sich der Pflegebedürftige mithilfe des Pflegegeldes selbst professionelle Pflegeleistungen beschafft,

478 So Udsching/Schütze/*Udsching* § 19 Rn. 5; LPK-SGB XI/*Kuhn-Zuber* § 19 Rn. 18.

479 Hauck/Noftz/*Wagner* SGB XI § 19 Rn. 8; LPK-SGB XI/*Kuhn-Zuber* § 19 Rn. 18; GesR/*P. Baumeister* SGB XI § 19 Rn. 3, 35 f.

480 KassKomm/*Weber* SGB XI § 19 Rn. 2; KassKomm/*Leitherer* SGB XI § 39 Rn. 7, 9; KKW/*Philipp* SGB XI § 19 Rn. 1, § 39 Rn. 6; Krauskopf/*Linke* SGB XI § 39 Rn. 5; LPK-SGB XI/*Richter* § 39 Rn. 6; Udsching/Schütze/*Wahl* § 39 Rn. 5.

481 KassKomm/*Leitherer* SGB XI § 39 Rn. 7; Udsching/Schütze/*Wahl* § 39 Rn. 5; KKW/*Philipp* SGB XI § 39 Rn. 2.

482 BT-Drucks. 12/5262, 113 (zu § 35 d. E.).

muss er bei Ausfall dieser Pflegekraft selbst für Ersatz sorgen oder in der Zwischenzeit Sachleistungen in Anspruch nehmen, erhält aber keine Leistungen der Verhinderungspflege.[483]

Andere Normen verwenden den Pflegepersonenbegriff abweichend.

So behandelt § 90 II SGB XI die Vergütung der ambulanten Leistungen von „Pflegepersonen" und meint damit die einzelnen beruflichen Vertragspflegekräfte nach § 77 SGB XI und gerade nicht ehrenamtlich pflegende Angehörige und Nachbarn.[484] Die „Pflegekurse für Angehörige und ehrenamtliche Pflegepersonen" nach § 45 SGB XI richten sich an „Angehörige und sonstige an einer ehrenamtlichen Pflegetätigkeit interessierte Personen", setzen also noch nicht voraus, dass die Pflege schon stattfindet.[485] Im Fall des Pflegegeldes wurde bereits mit dem 1. SGB XI-ÄndG die Voraussetzung der Pflege „durch eine Pflegeperson" in § 37 SGB XI gestrichen, um klarzustellen, dass die Gewährung von Pflegegeld nicht voraussetzt, dass die Pflege ehrenamtlich erfolgt.[486]

VI. Ausschlussgründe, Versicherungsfreiheit

Im Folgenden sollen mit der Erwerbstätigkeit neben der Pflege, der Arbeitsunfähigkeit und dem Alter der Pflegeperson drei potenzielle Ausschlussgründe für die Leistungen zur sozialen Sicherung im Überblick betrachtet werden. § 44 SGB XI verweist auf die Regelungen der jeweils einschlägigen Fachzweige der Sozialversicherung. Entscheidend für die Versicherungspflicht der Pflegeperson sind diese spezialgesetzlichen Regelungen und damit auch die allgemeinen Regeln der jeweiligen Versicherungszweige.

483 Krauskopf/*Linke* SGB XI § 39 Rn. 5; a. A. LPK-SGB XI/*Kuhn-Zuber* § 19 Rn. 24; GesR/*P. Baumeister* SGB XI § 19 Rn. 36.

484 BT-Drucks. 12/5262, 148 f. (zu § 99 d. E.); LPK-SGB XI/*Kuhn-Zuber* § 19 Rn. 30.

485 Nach der Gesetzesbegründung sollten Pflegekurse nicht nur für Pflegepersonen „im engeren Sinne" des § 19 SGB XI (§ 17 d. E.) angeboten werden, BT-Drucks. 12/5262, 116 (zu § 41 d. E.). Somit war auch nicht erforderlich, dass die in § 19 SGB XI zunächst enthaltene Mindestpflegezeit erfüllt werden musste.

486 BT-Drucks. 13/3696, 13; siehe auch schon BT-Drucks. 12/5262, 112 (zu § 33 d. E.).

1. Erwerbstätigkeit und Lohnersatzleistungen neben der Pflege

Die Erwerbstätigkeit neben der Pflege kann zum Ausschluss der Versicherung als Pflegeperson in der Arbeitslosen- und Rentenversicherung führen.

Für die Arbeitslosenversicherung der Pflegepersonen nach § 26 IIb SGB III besteht Subsidiarität gem. § 26 III 5 SGB III, sobald eine andere Versicherungspflicht besteht. Eine versicherungspflichtige Beschäftigung schließt damit die Versicherungspflicht als Pflegeperson aus. Nach § 44 I 1 SGB XI und § 3 S. 3 SGB VI besteht keine Versicherungspflicht nach § 3 S. 1 Nr. 1a SGB VI, wenn die Pflegepersonen neben der Pflege regelmäßig mehr als 30 Stunden wöchentlich erwerbstätig sind.[487]

Da die Unfallversicherung ohnehin nur punktuell versichert, ist sie unabhängig von einer daneben ausgeübten Beschäftigung und deren Umfang.[488]

2. Arbeitsunfähigkeit oder eigene Pflegebedürftigkeit der Pflegeperson

Auch eine arbeitsunfähige oder selbst pflegebedürftige Pflegeperson kann eine Pflegeperson i. S. v. § 19 SGB XI sein, sofern sie imstande ist, die häusliche Pflege des (anderen) Pflegebedürftigen sicherzustellen.[489]

Pflegepersonen, die eine Rente wegen Erwerbsminderung beziehen, können nach § 3 S. 1 Nr. 1a SGB VI versicherungspflichtig sein.[490] Die nicht erwerbsmäßige Pflegetätigkeit ist keine Erwerbstätigkeit nach § 44 II SGB VI und steht nicht der Erwerbsunfähigkeit entgegen.[491]

Die Versicherungspflicht in der Arbeitslosenversicherung ist nach § 28 I Nr. 2 SGB III ausgeschlossen, wenn die Pflegeperson aufgrund der Minderung ihrer Leistungsfähigkeit dauernd nicht mehr verfügbar ist. Dies ist der Fall ab Beginn des Bezugs einer unbefristeten Rente wegen voller Erwerbsminderung.[492] In diesen Fällen besteht kein Sicherungsbedürfnis in der Arbeitslosenversicherung.

---

487 Dazu unten S. 160 ff.

488 Krauskopf/*Wagner* SGB XI § 44 Rn. 35; Udsching/Schütze/*Rasch* § 44 Rn. 38.

489 *Koch*, RV 2002, 64 (72).

490 LPK-SGB XI/*Kuhn-Zuber* § 44 Rn. 21; GemRdschr RVAloV v. 13.12.2016, II 1.7.5, S. 47.

491 BSG, Urt. v. 31.1.2002 – B 13 RJ 7/01 R, SozR 3-2600 § 44 Nr. 16, juris Rn. 41 ff.

492 GemRdschr RVAloV v. 13.12.2016, II 1.7.5, S. 47.

3. Regelaltersgrenze und Rentenbezug

Das Erreichen der Regelaltersgrenze in der Rentenversicherung nach § 35 S. 2 SGB VI bzw. § 235 II SGB VI führt in der Arbeitslosenversicherung zur Versicherungsfreiheit nach § 28 I Nr. 1 SGB III mit Ablauf des Monats, in dem die Regelaltersgrenze erreicht wird.

In der Rentenversicherung tritt Versicherungsfreiheit ein, wenn eine Vollrente wegen Alters bezogen wird und zudem die Regelaltersgrenze überschritten ist, § 5 IV 1 Nr. 1 SGB VI.[493] Beschäftigte oder Selbstständige können auf diese Versicherungsfreiheit verzichten (§ 5 IV 2–4 SGB VI), Pflegepersonen jedoch nicht.[494] Um weiter versicherungspflichtig zu sein und Zuschläge an Entgeltpunkten nach §§ 66 IIIa, 76d SGB VI zu erhalten, kann eine Pflegeperson aus dem Vollrentenbezug in den Teilrentenbezug wechseln und so die Versicherungsfreiheit nach § 5 IV I Nr. 1 SGB VI umgehen.[495]

VII. Beginn und Ende der Versicherungspflicht

Die Versicherungspflicht ist in ihrer Dauer nicht begrenzt und besteht, solange die Voraussetzungen erfüllt werden. Sie endet regelmäßig mit dem Tag, an dem die Voraussetzung der Pflegebedürftigkeit mit mindestens Pflegegrad 2, die häusliche Pflege oder die Erfüllung der Mindestpflegezeit endet, eine Pflege- sowie Leistungsunterbrechung über die Grenzen des § 34 III SGB XI hinausgeht oder ein Ausschlusstatbestand oder Versicherungsfreiheit eintritt.[496] Über die Bezugnahme auf den Leistungsanspruch des Pflegebedürftigen (§ 3 S. 1 Nr. 1a SGB VI) respektive dessen Leistungsbezug (§ 26 IIb SGB III) sind die Dauerversicherungen der Pflegeperson von der Versicherung des Pflegebedürftigen abhängig. § 2 I Nr. 17 SGB VII setzt die Feststellung des Pflegegrads des Pflegebedürftigen nach § 15 III SGB XI voraus.

---

493 Siehe hierzu *Rolfs*, NZS 2017, 164.

494 *Matlok/Fecher*, DRV 2017, 1 (8).

495 Dazu ausführlich unten S. 173 ff.

496 GemRdschr RVAloV v. 13.12.2016, II 1.3, S. 38 f. Die Pflegesituation dauert in der Regel über Jahre an. Einer Hochrechnung zufolge ist für die 2019 in die Pflegebedürftigkeit eingetretenen Personen eine Pflegedauer von etwa 6 Jahren zu erwarten; bei Pflegebedürftigkeit, die nach dem 60. Lebensjahr eintritt, von 4,3 Jahren (BARMER Pflegereport 2021, S. 96). Die Pflegedauer unterscheidet sich wesentlich danach, welche Kombination von Pflege und Erwerbstätigkeit gewählt wurde, hierzu ausführlich *Czaplicki*, Pflege- und Erwerbstätigkeit im Lebensverlauf, S. 287 ff.

Die Versicherungspflicht der Pflegeperson endet bei Tod des Pflegebedürftigen an dessen Todestag, während das Pflegegeld im Gegensatz dazu nach § 37 II 3 SGB XI noch bis zum Ende des Sterbemonats gezahlt wird.[497]

Pflegende Jugendliche sind frühestens ab dem vollendeten 15. Lebensjahr versicherungspflichtig, parallel zum Alter der Erwerbsfähigkeit.[498]

VIII. Antragserfordernis, § 33 I 1 SGB XI

Die Versicherungspflicht der Pflegeperson setzt keinen Antrag nach § 33 I SGB XI voraus.

§ 3 S. 1 Nr. 1a SGB VI und § 26 IIb SGB III finden sich jeweils im Abschnitt der gesetzlichen Versicherungspflicht und treten folglich qua Gesetz mit Vorliegen der Voraussetzungen ein.[499] Auch die Versicherungspflicht nach § 2 I Nr. 17 SGB VII tritt mit Vorliegen der gesetzlichen Voraussetzungen ein und ist nicht von einem Antrag abhängig.[500] Die Versicherung der Pflegeperson ist beitragsfrei nach §§ 129 I Nr. 7, 185 II 1, 2 SGB VII, womit schon keine Leistung der Pflegekasse i. S. d. § 11 SGB I vorliegt.[501]

---

497 LPK-SGB XI/*Kuhn-Zuber* § 44 Rn. 28.

498 LPK-SGB XI/*Kuhn-Zuber* § 44 Rn. 26; Krauskopf/*Wagner* SGB XI § 44 Rn. 9; GemRdschr RVAloV v. 13.12.2016, II 1.2, S. 38; vgl. § 5 JArbSchG. Die Zahl pflegender Kinder und Jugendlicher wird auf 230.000 geschätzt (*Lux/Eggert*, in: ZQP-Report Junge Pflegende, S. 14 ff.). Siehe hierzu im Speziellen den ZQP-Report Junge Pflegende und das BMFSFJ-Projekt „Pausentaste" (https://pausentaste.de, abgerufen am 24.11.2022) für Kinder und Jugendliche, die sich um ihre Familien kümmern. Die Pflegezeit und Familienpflegezeit stehen explizit auch den zu ihrer Berufsausbildung Beschäftigten offen und werden nicht auf die Berufsausbildungszeiten angerechnet, §§ 4 I 5 PflegeZG, 2 IV FPfZG.

499 GemRdschr RVAloV v. 13.12.2016, II 1.2, S. 38; BT-Drucks. 17/10170, 17; Hauck/Noftz/*Reimer* SGB XI § 44 Rn. 26, 37; Hauck/Noftz/*Fichte* SGB VI § 3 Rn. 54; LPK-SGB XI/*Kuhn-Zuber* § 44 Rn. 10; LPK-SGB VI/*Reinhardt* § 3 Rn. 12; Schulin HS-RV/*Voelzke* § 16 Rn. 166; Kreikebohm/Roßbach/*Segebrecht* § 3 Rn. 14; BeckOK-SozR/*Baumeister* SGB XI § 33 Rn. 4; in diese Richtung auch KassKomm/*Leitherer* SGB XI § 33 Rn. 5.

500 KassKomm/*Koch* SGB XI § 44 Rn. 17; Hauck/Noftz/*Reimer* SGB XI § 44 Rn. 32; *Schlaeger*, SGb 2013, 199 (205); GemRdschr UV v. 17.12.2006, 1.3.4, S. 5. Davon zu unterscheiden ist die Erbringung der Leistungen, die in der GUV nach § 19 S. 2 SGB IV ebenfalls von Amts wegen erfolgt.

501 Hierzu insbesondere S. 260.

Für ein Antragserfordernis nach § 33 I SGB XI in der Renten- und Arbeitslosenversicherung könnte zwar sprechen, dass die Beiträge nach § 170 I Nr. 6 a) SGB VI bzw. § 347 Nr. 10 a) SGB III für Pflegepersonen gesetzlich Pflegeversicherter durch deren Pflegekasse getragen werden. Es handelt sich um Leistungen nach §§ 28 I Nr. 10, 44 SGB XI. Da Leistungen der Pflegeversicherung nach § 19 SGB IV und § 33 I 1 SGB XI einen Antrag voraussetzen, wird teilweise vertreten, dass auch der Versicherungsschutz der Pflegeperson einen Antrag voraussetzt.[502] Dies wird auch durch die Gesetzesbegründung zum PflegeVG gestützt, die von Antragserfordernis und Antragsberechtigung der Pflegeperson ausging.[503] Dagegen spricht aber schon der Wortlaut der Norm. Das Antragserfordernis nach § 33 I 1 SGB XI betrifft Leistungen an *Versicherte*, die Pflegeperson ist aber aus der Versicherung der Pflegeperson abgesichert.[504] § 44 SGB XI ist zudem lediglich eine Einweisungsvorschrift und bestimmt nicht selbst den Eintritt der Versicherungspflicht. Problematisch ist dies, wenn eine Pflegeperson einen Pflegebedürftigen über Jahre gepflegt, ihrerzeit aber keinen Antrag gestellt hat, z. B. weil sie nicht von den Ansprüchen wusste.[505] Für den Antrag soll daher sprechen, dass die Pflegekasse oder das private Pflegeversicherungsunternehmen anderenfalls keine Kenntnis von der Versicherungspflicht erhält.[506] Da die Versicherungspflicht aber über die Bindung an Anspruch bzw. Leistungsbezug des Pflegebedürftigen *dessen* Antrag voraussetzt und nach § 37 III SGB XI die Pflegekasse bei Pflegeberatungen die Sicherstellung der Pflege feststellt, erhält sie in der Regel auch Kenntnis von den zugrunde liegenden Tatsachen.

IX. Verfahren

Aufgrund der Vielzahl der beteiligten Akteure stellt sich die Frage, welche Stellen welche Feststellungen im Verwaltungsverfahren treffen.

---

502 Krauskopf/*Wagner* SGB XI § 44 Rn. 29; KassKomm/*Guttenberger* SGB VI § 3 Rn. 4; KassKomm/*Koch* SGB XI § 44 Rn. 15 (bringt andererseits vor, dass Pflegepersonen nicht zu den Antragspflichtversicherten gehören).

503 BT-Drucks. 12/5262, 109, 116. Dagegen aber die des PNG, BT-Drucks. 17/10170, 17.

504 BeckOK-SozR/*Baumeister* SGB XI § 33 Rn. 4.

505 Heutzutage wird daher bereits auf dem Antrag auf Pflegeleistungen nach einer Pflegeperson gefragt und dieser der „Fragebogen zur Zahlung der Beiträge zur sozialen Sicherung für nicht erwerbsmäßig tätige Pflegepersonen" zugesendet. Mangels eines Antragserfordernisses hat dieser keine rechtsbegründende Wirkung, sondern dient der Informationsbeschaffung, vgl. GemRdschr RVAloV v. 13.12.2016, I 2, S. 8 f.

506 KassKomm/*Koch* SGB XI § 44 Rn. 16.

1. Feststellung von Pflegebedürftigkeit und Mindestpflegezeit

Das Vorliegen der Pflegebedürftigkeit und des Pflegegrades werden nach § 18 SGB XI durch den Medizinischen Dienst (MD) oder andere unabhängige Gutachter (vgl. § 97d SGB XI) im Auftrag der Pflegekasse geprüft und festgestellt. Die Richtlinien nach § 17 SGB XI stellen dabei eine Einheitlichkeit der Beurteilungspraxis sicher. Für privat Pflegeversicherte erfolgt dies durch Medicproof, den medizinischen Dienst des PKV-Verbandes.

In der Verwaltungspraxis werden bei Antrag auf Pflegegeld die Pflegepersonen des Versicherten angegeben sowie ob es sich um nahe Angehörige handelt und ob sie mehr als 30 Stunden pro Woche erwerbstätig sind, in Pflegezeit gehen oder eine Vollrente wegen Alters beziehen. Die Informationspflicht des § 7 II SGB XI bezieht sich auch auf die Leistungen zur sozialen Sicherung der Pflegeperson. Die Pflegekassen versenden daher einen „Fragebogen zur Zahlung der Beiträge zur sozialen Sicherung für nicht erwerbsmäßig tätige Pflegepersonen“ und daran anschließend Erinnerungsschreiben, wenn der Fragebogen nicht zurückgesendet wird.[507]

Der MD oder ein anderer von der Pflegekasse beauftragter unabhängiger Gutachter ermittelt im Einzelfall, ob die Pflegeperson mindestens zehn Stunden wöchentlich, verteilt auf regelmäßig mindestens zwei Tage in der Woche, pflegt (§ 44 I 2 SGB XI) sowie bei Mehrfachpflege, welchen Umfang die Pflegetätigkeit im Verhältnis zum Gesamtpflegeaufwand einnimmt (§ 44 I 3 SGB XI). Nach alter Rechtslage stellte der MDK im Einzelfall fest, ob und in welchem Umfang die häusliche Pflege durch eine Pflegeperson erforderlich war, § 44 I 3 SGB XI a. F. Die Feststellung wurde dem MDK übertragen, da die Selbsteinschätzung des Pflegebedürftigen oder der Pflegeperson über den erforderlichen Pflegeaufwand aufgrund der Erheblichkeit der Pflegezeiten für § 166 II SGB VI nicht genügte.[508] Der Pflegebedürftige oder die Pflegeperson hatten darzulegen und auf Verlangen glaubhaft zu machen (vgl. § 23 I SGB X), dass die Pflegeleistungen in diesem Umfang tatsächlich erbracht wurden, insbesondere, wenn häusliche Pflegehilfe in Anspruch genommen wurde, § 44 I 4, 5 SGB XI a. F. Dies erfolgte etwa durch Pflegetagebücher.[509] Nach derzeitiger Rechtslage werden die Angaben der Pflegeperson zugrunde gelegt (§ 44 I 4 SGB XI) ohne Darlegungs- und

507 Hierzu und zum o. g. Verfahren GemRdschr RVAloV v. 13.12.2016, I 2, S. 8.

508 BT-Drucks. 13/3696, 14.

509 Hauck/Noftz/*Reimer* SGB XI § 44 Rn. 43.

Glaubhaftmachungspflicht, womit das Verfahren erleichtert wurde.[510] Die Gutachter prüfen die Angaben auf ihre Nachvollziehbarkeit.[511]

Nach § 44 I 6 SGB XI trifft die nach dem SGB XI für die Pflegeleistungen zuständige Stelle auf Grundlage der Ermittlungen nach § 44 I 2–5 SGB XI die Feststellungen zu Pflegezeiten und zum Pflegeaufwand bzw. bei Mehrfachpflege zum Einzel- und Gesamtpflegeaufwand. Die Feststellungen nach § 44 I 6 SGB XI haben keinen Regelungscharakter und können daher erst durch einen Widerspruch angegriffen werden, wenn sie in einem Bescheid münden, der die Versicherungspflicht feststellt oder ablehnt.[512] Durch die Übermittlung nach § 44 I 7 SGB XI soll die Pflegeperson aber schon zuvor zeitnah die Angaben überprüfen und bei der Pflegekasse eine Korrektur anstrengen können.[513]

Da die Regelungen zur Feststellung der Mindestpflegezeit in § 44 I SGB XI unter den Vorschriften zur Rentenversicherung angesiedelt sind und es an entsprechenden Regelungen in § 44 IIa und IIb SGB XI fehlt, sind die Träger der Unfall- und der Arbeitslosenversicherung nicht an die Ermittlungen und Feststellungen des MD gebunden und haben durch eigene Ermittlungen zu prüfen, ob die Mindestpflegezeit erfüllt wird.[514] Den Trägern der Unfall- und Arbeitslosenversicherung werden nach § 44 III SGB XI die Pflegeperson sowie über die Meldung der beitragspflichtigen Einnahmen nach § 166 II SGB VI der Pflegeumfang gemeldet sowie die Verteilung der Pflege auf verschiedene Personen. Die Träger können auf Basis dieser Angaben entscheiden und zudem nach § 20 SGB X eigene Feststellungen treffen.[515]

Durch die Bezugnahme des § 2 I Nr. 17 SGB VII auf die Feststellung des Pflegegrades nach § 15 III SGB XI besteht der Unfallversicherungsschutz der Pflegeperson nur, wenn bei dem Pflegebedürftigen ein Pflegegrad festgestellt wurde.[516] Die Unfallversicherung ist somit an die Feststellung des Pflegegrades durch die Pflegekasse

510 Hauck/Noftz/*Reimer* SGB XI § 44 Rn. 43.

511 GemRdschr RVAloV v. 13.12.2016, II 1.1.6.2, S. 34.

512 Hauck/Noftz/*Reimer* SGB XI § 44 Rn. 44.

513 BT-Drucks. 18/5926, 129.

514 *Leube*, ZFSH/SGB 2017, 204 (206); für die frühere Gesetzesfassung *Leube*, SGb 1998, 97 (100). A. A. Hauck/Noftz/*Reimer* SGB XI § 44 Rn. 40, 44; KassKomm/*Lilienfeld* SGB VII § 2 Rn. 109. GemRdschr RVAloV v. 13.12.2016, II 1.1.6.3, S. 34 ff. differenziert nicht zwischen ALV und GRV.

515 Vgl. Hauck/Noftz/*Riebel* SGB VII § 2 Rn. 261.

516 Hauck/Noftz/*Riebel* SGB VII § 2 Rn. 261a; *Bereiter-Hahn/Mehrtens* § 2 Rn. 33.8; *Leube*, ZFSH/SGB 2017, 204 (205).

gebunden.[517] Die Pflegeperson ist auch versichert, wenn rückwirkend festgestellt wird, dass zum Unfallzeitpunkt ein Pflegegrad vorlag.[518] Dem Unfallversicherungsträger obliegt die Feststellung, ob die Tätigkeit, infolge derer sich der Arbeitsunfall ereignete, eine versicherte Tätigkeit war, also einem der in § 14 II SGB XI genannten Bereiche zuzuordnen ist.[519]

2. Meldung

Die Pflegekasse oder das private Pflegeversicherungsunternehmen melden die versicherungspflichtige Pflegeperson den zuständigen Renten- und Unfallversicherungsträgern sowie der Bundesagentur für Arbeit, § 44 III SGB XI.[520] Die Meldepflicht ist eine Sonderregelung zu § 28a SGB IV.[521] § 44 VI SGB XI enthält Meldepflichten für Pflegepersonen bei Additionspflege bei Beteiligung mehrerer Pflegekassen oder Pflegeversicherungsunternehmen. Ab der Meldung nach § 44 III SGB XI wird nach § 199 S. 3 SGB VI vermutet, dass ein Versicherungspflichtverhältnis bestand und der Beitrag wirksam gezahlt wurde.[522] Auch die Meldung nach § 44 III SGB XI ist nicht konstitutiv für den Versicherungsschutz der Pflegeperson in der Unfallversicherung, sondern dient nur zur Erleichterung der Ermittlungen.[523]

---

517 GemRdschr UV v. 17.12.2006, S. 5; KassKomm/*Lilienfeld* SGB VII § 2 Rn. 111; LPK-SGB VII/*Hedermann* § 2 Rn. 206; *Leube*, ZFSH/SGB 2017, 204 (205). Nach alter Rechtslage war der Unfallversicherungsträger mangels Bezugnahme in § 2 I Nr. 17 SGB VII auf das Feststellungsverfahren nach § 15 III SGB XI a. F. nicht an die Feststellungen der Pflegekassen gebunden, vgl. Kater/Leube/*Leube* § 2 Rn. 398; *Leube*, NZS 1995, 343 (344).

518 GemRdschr UV v. 17.12.2006, 1.3.4, S. 5; *Leube*, ZFSH/SGB 2017, 204 (205); *Schlaeger*, SGb 2013, 199 (205).

519 *Leube*, ZFSH/SGB 2017, 204 (208).

520 Siehe zum Verfahren die „Vereinbarung zur Beitragszahlung und zum Meldeverfahren für Pflegepersonen zwischen der Deutschen Rentenversicherung Bund und dem Verband der privaten Krankenversicherung e. V.".

521 Udsching/Schütze/*Rasch* § 44 Rn. 48.

522 BeckOK-SozR/*v. Koch* SGB VI § 199 Rn. 6; KassKomm/*Peters* SGB VI § 199 Rn. 6.

523 BT-Drucks. 12/5952, 40 (anders noch BT-Drucks. 12/5262, 116); Hauck/Noftz/*Reimer* SGB XI § 44 Rn. 48; LPK-SGB XI/*Kuhn-Zuber* § 44 Rn. 69; Udsching/Schütze/*Rasch* § 44 Rn. 48; KassKomm/*Koch* SGB XI § 44 Rn. 17; Krauskopf/*Wagner* SGB XI § 44 Rn. 54; *Leube*, ZFSH/SGB 2017, 204 (205). Die Meldung findet in der Praxis auch nicht statt, da die Spitzenverbände der Pflegekassen und der Bundesverband der Unfallkassen nach § 44 III 3 SGB XI einvernehmlich auf die Einrichtung eines Meldeverfahrens verzichtet haben (GemRdschr UV v. 17.12.2006, 3.2, S. 16).

3. Feststellung der Versicherungspflicht

Über das Bestehen der Versicherungs- und Beitragspflicht entscheidet der Versicherungsträger, bei dem die behauptete Versicherungspflicht bestehen würde. Somit entscheidet der Rentenversicherungsträger über das Vorliegen der Versicherungspflicht nach § 3 S. 1 Nr. 1a SGB VI.[524] Dies gilt auch jeweils für die Arbeitslosen- und Unfallversicherung.[525] Die Pflegekassen können nicht die Beitragspflicht und Beitragshöhe für Pflegepersonen feststellen, dies folgt auch nicht aus ihrer Beitragstragung.[526] Gleiches gilt auch für die privaten Versicherungsunternehmen, die sonst bei Pflegepersonen privat Versicherter verbindlich durch Verwaltungsakt über die Rentenversicherungspflicht entscheiden könnten, ohne eine entsprechende Beleihung dazu.[527] Hält der Pflegeversicherungsträger seine Beitragspflicht (nach eigener Feststellung) für gegeben, hat er diese zu erfüllen, auch wenn die Versicherungspflicht noch nicht durch Verwaltungsakt des zuständigen Trägers festgestellt wurde.[528] Ist die strittige Kernfrage, ob Pflegezeiten und Pflegeaufwand den erforderlichen Umfang der Versicherungspflicht des zuständigen Versicherungszweiges erreichen, ist also zunächst eine

---

524 BT-Drucks. 18/5926, 129; BSG, Urt. v. 5.5.2010 – B 12 R 6/09 R, BSGE 106, 126, juris Rn. 10; BSG, Urt. v. 22.3.2001 – B 12 P 3/00 R, SozR 3-2600 § 3 Nr. 5, juris Rn. 16; BSG, Urt. v. 23.9.2003 – B 12 P 2/02 R, SozR 4-2600 § 3 Nr. 1, juris Rn. 15; GemRdschr RVAloV v. 13.12.2016, II 3, S. 53 f.

525 Hauck/Noftz/*Timme* SGB III § 26 Rn. 54.

526 BSG, Urt. v. 22.3.2001 – B 12 P 3/00 R, SozR 3-2600 § 3 Nr. 5, juris Rn. 17; vgl. auch BSG, Urt. v. 13.8.1996 – 12 RK 15/96, SozR 3-4100 § 155 Nr. 4. Die Befugnis der Pflegekasse zur Feststellung der Versicherungspflicht der Pflegeperson folgt nicht aus § 23 I 5 SGB IV. Die erstmalige Fälligkeit der Beiträge zur Rentenversicherung der Pflegeperson ist nach § 23 I 5 SGB IV abhängig von dem Zeitpunkt, „zu dem der Träger der Pflegeversicherung die Versicherungspflicht der Pflegeperson festgestellt hat oder ohne Verschulden hätte feststellen können“. Dem Pflegeversicherungsträger fehlt tatsächlich jedoch die Kompetenz, mit Wirkung für andere Versicherungsträger die Versicherungspflicht festzustellen. In der Vorschrift des § 23 SGB IV liegt auch keine solche Kompetenzzuweisung, sondern es handelt sich um eine Vorschrift zur Fälligkeit. Die von der Vorschrift vorausgesetzte Feststellung ist somit nicht die rechtswirksame Feststellung im Sinne eines Verwaltungsaktes, sondern die Erkennbarkeit der Beitragspflicht für den Pflegeversicherungsträger als Kostenträger (LPK-SGB IV/*Lüdtke*/*Winkler* § 23 Rn. 11).

527 BSG, Urt. v. 23.9.2003 – B 12 P 2/02 R, SozR 4-2600 § 3 Nr. 1, juris Rn. 15; *Wahl* jurisPR-SozR 11/2004 Anm. 4.

528 BSG, Urt. v. 23.9.2003 – B 12 P 2/02 R, SozR 4-2600 § 3 Nr. 1, juris Rn. 14; Hauck/Noftz/*Knospe* SGB IV § 23 Rn. 55; Krauskopf/*Wagner* SGB XI § 44 Rn. 31.

Entscheidung über die Versicherungspflicht durch den Rentenversicherungsträger herbeizuführen und sodann dagegen der Rechtsweg zu beschreiten.[529] Für eine Leistungsklage gegen die Pflegekasse oder das Pflegeversicherungsunternehmen fehlt es am Rechtsschutzinteresse. Hat der Rentenversicherungsträger entschieden, dass die Pflegeperson versicherungspflichtig ist, können Pflegepersonen zur Durchsetzung der Beitragszahlung von der Rentenversicherung den Beitragseinzug verlangen, nicht jedoch gegen die Pflegeversicherung auf Zahlung der Beiträge klagen.[530]

---

529 BSG, Urt. v. 23.9.2003 – B 12 P 2/02 R, SozR 4-2600 § 3 Nr. 1, juris Rn. 16; KKW/*Berchtold* SGB VI § 3 Rn. 6.

530 BSG, Urt. v. 23.9.2003 – B 12 P 2/02 R, SozR 4-2600 § 3 Nr. 1, juris Rn. 11.

B. Spezialgesetzliche Regelungen

Nachdem im vorangegangenen Abschnitt die übergreifenden Fragen der Pflegeversicherung in Bezug auf die Pflegeperson und die von ihr ausgeübte Pflegetätigkeit behandelt wurden, widmet sich der folgende Abschnitt den sogenannten spezialgesetzlichen Regelungen, also den Regelungen zur Absicherung der Pflegeperson in den verschiedenen Zweigen der Sozialversicherung.

Die Pflegetätigkeit dient bei diesen Regelungen als Anknüpfungspunkt für die Versicherungspflicht, die Versicherung selbst richtet sich jedoch nach den Regelungen der jeweiligen Versicherungszweige.

I. Rentenversicherung

Die Rentenversicherungspflicht der Pflegepersonen ist das Kernstück der sozialen Absicherung der Pflegeperson. Von den schätzungsweise 4,6 Mio. Pflegepersonen[531] ist nur ein Teil auch rentenversicherungspflichtig in dieser Eigenschaft. Durch neuere Gesetzesreformen hat sich die Zahl der rentenversicherten Pflegepersonen entschieden erhöht. So waren zum Jahresende 2016 rund 419.000 Pflegepersonen als solche rentenversichert, zum Jahresende 2020 bereits rund 1,2 Mio. Personen (2020).[532] Im folgenden Kapitel soll untersucht werden, wie die Alterssicherung der Pflegepersonen in die gesetzliche Rentenversicherung eingebettet ist und welche Synergieeffekte sich dabei ergeben.

1. Versicherungspflicht

Für die Tatbestandsmerkmale des Pflegepersonenbegriffs gelten die Ausführungen in Teil A. Im Folgenden soll auf die besonderen Tatbestandsmerkmale der Versicherungspflicht nach § 3 S. 1 Nr. 1a SGB VI eingegangen werden.

a) Versicherungspflicht für Pflegepersonen, § 3 S. 1 Nr. 1a SGB VI: Historische und systematische Einordnung

Versicherungspflichtig nach § 3 S. 1 Nr. 1a SGB VI sind Personen, die eine oder mehrere pflegebedürftige Personen wenigstens zehn Stunden wöchentlich, verteilt auf regelmäßig mindestens zwei Tage in der Woche, in ihrer häuslichen

531 Siehe Fn. 10.

532 BMG, Zahlen und Fakten zur Pflegeversicherung, S. 13.

Umgebung nicht erwerbsmäßig pflegen (nicht erwerbsmäßig tätige Pflegepersonen). Die Voraussetzungen entsprechen dem Pflegepersonenbegriff des § 19 SGB XI. Zudem setzt § 3 S. 1 Nr. 1a SGB VI voraus, dass der Pflegebedürftige mindestens Pflegegrad 2 erreicht und Anspruch auf Leistungen nach dem SGB XI oder aus einer privaten Pflege-Pflichtversicherung hat. Die Versicherungspflicht besteht nach § 3 S. 3 SGB VI nicht, wenn die Pflegeperson neben der Pflege mehr als 30 Stunden wöchentlich beschäftigt oder selbstständig tätig ist. Die Nichterwerbsmäßigkeit wird nach § 3 S. 2 SGB VI vermutet, wenn die Pflegeperson lediglich eine Zahlung in Höhe des jeweils dem Pflegegrad und dem Pflegeanteil der Pflegeperson am Gesamtpflegebedarf entsprechenden Pflegegeldes erhält.

aa) Berücksichtigungszeiten als Vorgängerregelung zur Versicherungspflicht

Vor Einführung der Versicherungspflicht zum 1.4.1995 konnten sich Pflegepersonen nach § 1233 RVO bzw. § 7 SGB VI bei eigener Beitragstragung freiwillig versichern. Nach § 177 I SGB VI i. d. F. vom 1.1.1992 bis 31.3.1995 konnten freiwillige Beiträge für Zeiten der nicht erwerbsmäßigen häuslichen Pflege auf Antrag zu Pflichtbeiträgen umgewandelt werden.[533] Freiwillige Beiträge im Gegensatz zu Beiträgen aus einer Pflichtversicherung gelten vollwertig als Beiträge nach § 55 I 1 SGB VI, wenn nicht explizit Pflichtbeiträge vorausgesetzt oder freiwillige Beiträge diesen gleichgestellt werden.[534] So setzt etwa die Rente wegen Erwerbsminderung Pflichtbeiträge voraus (§ 43 I 1 Nr. 2, II 1 Nr. 2 SGB VI). § 177 I SGB VI a. F. setzte als Pflegebedürftigkeitselement voraus, dass der Pflegebedürftige „nicht nur vorübergehend so hilflos ist, daß er für die gewöhnlichen und regelmäßig wiederkehrenden Verrichtungen im Ablauf des täglichen Lebens in erheblichem Umfang fremder Hilfe dauernd bedarf“ sowie einen regelmäßigen wöchentlichen Mindestpflegeaufwand von zehn Stunden.[535] Versicherte, die wegen der Pflege eines i. S. d. § 177 I Nr. 1 SGB VI a. F. Pflegebedürftigen von mindestens zehn Wochenstunden nur eingeschränkt einer Beschäftigung nachgingen, konnten nach § 177 II SGB VI a. F. ihre Pflichtbeiträge aufstocken und so Beiträge und damit Anwartschaften für bis zu das Doppelte ihres tatsächlich erzielten Arbeitsentgelts bzw. auf Nachweis für ein darüber hinausgehendes, entgangenes Arbeitsentgelt erbringen.[536] Pflegende konnten durch die aufgestockten

533 Dazu *Krauthausen/Schmidt*, DRV 1994, 379; *Straub*, ZFSH/SGB 1992, 237.
534 KassKomm/*Guttenberger* SGB VI § 7 Rn. 11.
535 Hierzu *Igl*, ZFSH/SGB 1994, 561 (571).
536 Dazu *Krauthausen/Schmidt*, DRV 1994, 379 (384).

Beiträge selbst vorsorgen und entgangenes Einkommen aufgrund der Pflege für die Alterssicherung als Pflichtbeiträge kompensieren so wie heute auch die ehrenamtlich engagierten Beschäftigten nach §§ 163 III, 165 I Nr. 5 SGB VI. War die Pflegeperson nach § 177 SGB VI a. F. berechtigt zur Beitragszahlung oder Umwandlung freiwilliger Beiträge, konnte sie auf Antrag die Pflegezeiten als Berücksichtigungszeiten anerkennen lassen nach § 57 II SGB VI i. d. F. vom 1.1.1992 bis 31.3.1995 und so ohne Beitragszahlungen rentenrechtliche Zeiten erlangen.[537]

bb) Einführung der Versicherungspflicht durch das PflegeVG

Seit dem 1.4.1995 sind Pflegepersonen versicherungspflichtig nach § 3 S. 1 Nr. 1a SGB VI. Freiwillige Beiträge durch die Sozialhilfe für die Alterssicherung der Pflegepersonen, die nicht leistungsberechtigt für die Leistungen nach § 44 SGB XI sind, können für Zeiträume seit dem 1.4.1995 nicht mehr in Pflichtbeiträge umgewandelt werden.[538] Die Beiträge werden durch die Pflegekasse bzw. -versicherungsunternehmen getragen, bei denen der Pflegebedürftige versichert ist.[539] Die Pflegeperson erhält Pflichtbeitragszeiten durch die Pflege und ist vollumfänglich mit allen Synergieeffekten in die Rentenversicherung einbezogen, ohne dass neue Regelungen im Leistungsrecht getroffen wurden. Die Rentenversicherungspflicht der Pflegeperson hat seit ihrer Einführung zum 1.4.1995 zwei Änderungen erlebt, und zwar durch das PNG und das PSG II. Zunächst setzte sie die nicht erwerbsmäßige Pflege eines Pflegebedürftigen i. S. d. § 14 SGB XI mit Anspruch auf Leistungen nach dem SGB XI oder aus einer privaten Pflege-Pflichtversicherung in seiner häuslichen Umgebung von wenigstens 14 Stunden wöchentlich voraus. Da die Mindeststundenzahl nach § 3 S. 1 Nr. 1a SGB VI in der bis zum 31.12.2012 gültigen Fassung durch die

537 Die Regelungen gelten für die Zeiten zwischen dem 1.1.1992 und 31.3.1995 fort nach §§ 249b, 279e SGB VI. Mit Einführung der Versicherungspflicht war diese Regelung nicht mehr erforderlich (BT-Drucks. 12/5262, 160). Um den vollen denkbaren Zeitraum an Berücksichtigungszeiten gutgeschrieben zu erhalten, musste der Antrag spätestens am 31.3.1992 gestellt werden, vgl. § 249b S. 2 SGB VI (BSG, Urt. v. 10.12.2013 – B 13 R 91/11 R, SozR 4-2600 § 249b Nr. 1, juris Rn. 24 m. w. N. m. Anm. *Mrozynski*, SGb 2015, 41). Zur verfassungsrechtlichen Zulässigkeit des Antragserfordernisses im Vergleich zur Kindererziehung vgl. BVerfG, Nichtannahmebeschl. v. 11.1.2016 – 1 BvR 1687/14, NZS 2016, 224.

538 *Krauthausen/Schmidt*, DRV 1994, 379 (391). Siehe auch BSG, Urt. v. 14.12.1999 – B 2 U 37/98 R, SozR 3-2200 § 558 Nr. 4, juris Rn. 18.

539 Dazu unten S. 188 ff.

Pflege *eines* Pflegebedürftigen erreicht werden musste, war die Versicherungspflicht bei Additionspflege ausgeschlossen.[540] Mit Wirkung zum 1.1.2013 wurde diese durch das PNG ermöglicht, indem § 3 S. 1 Nr. 1a SGB VI ein 2. Halbsatz angefügt wurde: „dies gilt auch, wenn die Mindeststundenzahl nur durch die Pflege mehrerer Pflegebedürftiger erreicht wird". Der jetzige Wortlaut knüpft an die Zeit an, in der „eine oder mehrere pflegebedürftige Personen" gepflegt werden.

cc) Änderungen durch das PSG II

Zum 1.1.2017 änderte sich durch das PSG II mit dem neuen Pflegebedürftigkeitsbegriff der Anknüpfungspunkt der Rentenversicherung der Pflegeperson. Die Erweiterung des Leistungsfalls der Pflegeversicherung erweitert auch den Kreis der Pflegepersonen und ihre versicherten Tätigkeiten (hierzu schon oben S. 49 ff.). Die Mindestpflegezeit wurde auf zehn Stunden gesenkt, muss sich aber regelmäßig auf zwei Tage pro Woche verteilen.

dd) Weitere Versicherungsmöglichkeiten der Pflegeperson

Besteht keine Versicherungspflicht nach § 3 S. 1 Nr. 1a SGB VI, kann die Pflegeperson sich freiwillig nach § 7 SGB VI versichern.

Für Pflegepersonen von Pflegebedürftigen, die Hilfe zur Pflege erhalten, werden nach § 64f I SGB XII[541] die Aufwendungen für die Beiträge zu einer angemessenen Alterssicherung übernommen, wenn diese nicht anderweitig (z. B. nach § 3 S. 1 Nr. 1a SGB VI) sichergestellt ist.[542]

---

540 Vgl. BSG, Urt. v. 4.12.2014 – B 5 RE 4/14 R, SGb 2015, 92, juris Rn. 15.

541 § 64f I SGB XII seit 1.1.2017/ § 65 SGB XII i. d. F. vom 1.1.2005 bis 31.12.2016/ § 69b II BSHG i. d. F. vom 1.4.1995 bis 31.12.2004/ § 69 II 2 BSHG seit dem 3. ÄndG zum BSHG 1974 (dazu *Brosche*, ZfF 1979, 32) i. d. F. bis 31.3.1995.

542 Eine angemessene Alterssicherung liegt bei versicherungspflichtigen Pflegepersonen durch die Berechnungsgrundlage in § 166 II SGB VI vor (LPK-SGB XI/*Kuhn-Zuber* § 44 Rn. 35). § 64f I SGB XII übernimmt die Regelung des § 65 II SGB XII (§ 69b II BSHG). Nach § 65 I SGB XII und seinen Vorgängervorschriften bestand der Anspruch auf Aufwendungen zur Alterssicherung lediglich als Ermessensleistung für Pflegebedürftige, die kein Pflegegeld durch die Sozialhilfe erhielten (siehe auch *Igl*, ZFSH/SGB 1994, 561 (574); SGb 2003, 6 (8)). Ursprünglich hatte der Pflegegeldanspruch zusätzliche Anforderungen. Dies war in § 64 SGB XII a. F. entfallen, weshalb § 65 I SGB XII a. F. bereits leer lief (BT-Drucks. 18/9518, 96). Angemessenheit wird für die Beiträge, aber auch für die damit zu erreichende Alterssicherung vorausgesetzt (BeckOK-SozR/*Kaiser* SGB XII § 64f Rn. 2). Angemessen sichergestellt ist die

Dabei handelt es sich um einen Anspruch des Pflegebedürftigen, nicht der Pflegeperson.[543]

b) *Keine Versicherungspflicht bei geringfügiger Pflege*

Geringfügige Pflege soll nicht zur Versicherungspflicht führen. Dies ergibt sich aus dem Kontext der Pflege- wie auch der Rentenversicherung.

aa) *Mindestpflegezeit, Pflegegrad 2*

Wie auch in den anderen Versicherungszweigen setzt § 3 S. 1 Nr. 1a SGB VI voraus, dass die Pflegeperson die Mindestpflegezeit i. S. d. § 19 S. 2 SGB XI von wenigstens zehn Stunden wöchentlich, verteilt auf regelmäßig mindestens zwei Tage in der Woche, erfüllt und der Pflegebedürftige pflegebedürftig mit mindestens Pflegegrad 2 ist (hierzu oben S. 131 ff.). Die in die Mindestpflegezeit zählenden Pflegetätigkeiten sind kongruent mit dem Pflegebedürftigkeitsbegriff bzw. dem Leistungsspektrum der Pflegeversicherung.[544] Die Mindestpflegezeit kann durch die Pflege mehrerer Pflegebedürftiger mit mindestens Pflegegrad 2 erreicht werden.

bb) *Geringfügigkeit*

Die Geringfügigkeitsregelung nach § 5 II 1 Nr. 3 SGB VI a. F. wurde mit dem PSG II nicht übernommen, da das Ziel, Leistungen zur Rentenversicherung für

---

Alterssicherung im Sinne dieser Regelung des Sozialhilferechts, wenn bei prognostischer Beurteilung der im maßgeblichen Beurteilungszeitpunkt bekannten Umstände zu erwarten ist, dass die Pflegeperson im Alter keine Hilfe zum Lebensunterhalt beanspruchen müssen wird (BVerwG, Urt. v. 22.3.1990 – 5 C 40/86, BVerwGE 85, 102, juris Rn. 11; BVerwG, Urt. v. 22.6.1978 – V C 17.77, BVerwGE 56, 81, juris Rn. 13). Dies ist auch der Fall, wenn der Lebensunterhalt durch einen Dritten gesichert ist, z. B. durch Unterhaltsleistungen oder einen abgeleiteten Hinterbliebenenrentenanspruch (BVerwG, Urt. v. 22.6.1978 – V C 31.77, BVerwGE 56, 88, juris Rn. 12) auch aus betrieblicher Alterssicherung des Ehegatten (BVerwG, Urt. v. 10.9.1992 – 5 C 25/88, NVwZ-RR 1993, 194, juris Rn. 11); a. A. OVG Berlin, Urt. v. 29.1.1981 – 6 B 36.78, FEVS 31, 177 für eine Bemessung nach Pflegeaufwand. Für eine Orientierung an § 166 II SGB VI: LSG Darmstadt, Urt. v. 5.7.2017 – L 4 SO 139/16, NZS 2017, 836 juris Rn. 21.

543 BSG, Urt. v. 2.2.2012 – B 8 SO 15/10 R, BSGE 110, 93, juris Rn. 15.

544 BSG, Urt. v. 5.5.2010 – B 12 R 6/09 R, BSGE 106, 126; dazu oben S. 57 ff.

Pflege im nur geringfügigen Umfang auszuschließen, schon durch die Voraussetzung der Mindestpflegezeit „weitestgehend sichergestellt“ sei.[545]

Versicherungsfreiheit nach § 5 II 1 Nr. 3 SGB VI a. F. konnte nur bei Mehrfachpflege eintreten[546] und konnte dazu führen, dass abhängig vom Verhältnis zum Gesamtpflegeaufwand derselbe zeitliche Pflegeumfang in einem Fall versicherungspflichtig war, im anderen versicherungsfrei.[547]

cc) Erheblichkeitsschwellen in § 3 SGB VI

Auch die anderen Tatbestände des § 3 SGB VI erfordern eine Erheblichkeit des zugrunde liegenden Verhältnisses oder des Anknüpfungsgrundes wie den Bezug der Lohnersatzleistungen nach § 3 S. 1 Nr. 3 SGB VI, deren Voraussetzungen wiederum vorliegen müssen. Die Tatbestände nach § 3 SGB VI sind abhängig von einem besonderen Status oder der Zuerkennung einer anderen Leistung, die einen sozialpolitisch anerkannten Hinderungsgrund für das Aufbauen eigener Rentenanwartschaften darstellen. Restriktive Voraussetzungen dieser Leistung können den Blick der Versicherten auf die Notwendigkeit von Eigenvorsorge lenken, damit ist aber noch nichts über den sonstigen Zugang der Pflegeperson zu sozialer Sicherung gesagt. Die Pflegeperson reiht sich hier insofern ein, als dass ihr besonderer Versicherungsgrund ebenfalls extern ist und auf Pflegeversicherungsebene erst ab Pflegegrad 2 das volle Leistungsspektrum zur Verfügung steht.

c) 30-Stunden-Grenze, § 3 S. 3 SGB VI

Pflegepersonen, die neben der Pflege regelmäßig mehr als 30 Stunden wöchentlich beschäftigt oder selbstständig tätig sind, sind nicht nach § 3 S. 1 Nr. 1a SGB VI versicherungspflichtig, § 3 S. 3 SGB VI.

Der Gesetzesentwurf zum PflegeVG sah ursprünglich vor, Vollzeitbeschäftigte oder selbstständig Tätige auszuschließen (§ 3 S. 3 SGB VI d. E.) und damit Leistungen nur für Personen zu erbringen, die nicht oder nur halbtägig weniger als 20 Stunden (§ 40 I Nr. 1 S. 1 SGB XI d. E.) erwerbstätig waren.[548] Nach der

545 BT-Drucks. 18/6688, 143. Nach § 3 S. 1 Nr. 1a SGB VI des Entwurfs sollte zunächst neben dem Mindestpflegezeitaufwand ein addierter Mindestpflegeaufwand nach § 44 I 3–5 SGB XI d. E. vorausgesetzt werden. Hierzu BT-Drucks. 18/5926, 36 f., 58, 129, 150.

546 Vgl. *Koch*, WzS 2002, 97 (113 f.); Hauck/Noftz/*Fichte* SGB VI § 5 Rn. 108.

547 Hauck/Noftz/*Fichte* SGB VI § 5 Rn. 106.

548 BT-Drucks. 12/5262, 22, 47, 82, 116.

Begründung zum Gesetzesentwurf konnten auch Berufstätige Pflegepersonen sein, wenn sie trotz der Berufstätigkeit die angemessene Versorgung und Betreuung sicherstellten, aber die Verbesserung der Alterssicherung der Pflegeperson war nur notwendig, wenn sie aufgrund der Pflege keine oder nur eine halbtägige Erwerbstätigkeit ausübten.[549]

Die Norm verfolgt also einen doppelten Zweck: Leistungen nur für verfügbare Pflegepersonen vorzusehen sowie nur für Personen, die eine Absicherungslücke vorwiesen.[550] Im Laufe des Gesetzgebungsverfahrens wurde die Grenze des § 3 S. 3 SGB VI auf 30 Wochenstunden gesenkt, um die Motivation zu einer ehrenamtlichen Tätigkeit neben dem Beruf und die Akzeptanz der häuslichen Pflege für die Pflegeperson zu fördern.[551]

§ 3 S. 3 SGB VI beruht auf der Prämisse, dass die Alterssicherung der Pflegeperson eine Versorgungslücke ausgleicht, die nicht entsteht, wenn die Erwerbstätigkeit nicht aufgrund der Pflege eingeschränkt, aufgegeben oder nicht wiederaufgenommen wird.[552] Dies unterscheidet die Versicherungspflicht der Pflegeperson von anderen Versicherungspflichttatbeständen der Rentenversicherung, die zu einer kumulativen Absicherung bis zur Beitragsbemessungsgrenze führen.[553] Angewendet wird § 3 S. 3 SGB VI als Vorschrift, die die tatsächliche Verfügbarkeit zur Pflege betrifft. Es wird davon ausgegangen, dass in Vollzeit Erwerbstätige keine Kapazitäten haben, um daneben die pflegerische Versorgung substanziell sicherzustellen.[554]

Es ist fraglich, ob § 3 S. 3 SGB VI eine geeignete Vorschrift ist, um die Leistungen zur sozialen Sicherung der Pflegeperson auf Fälle zu begrenzen, in denen eine Versorgungslücke vorliegt und dafür sorgt, dass nur Personen die

---

549 BT-Drucks. 12/5262, 101.

550 Hauck/Noftz/*Fichte* SGB VI § 3 Rn. 56.

551 BT-Drucks. 12/5952, 22, 40. Ab 30 Stunden beginnt z. B. auch der Vollzeitbegriff des § 1 VI BEEG.

552 BeckOK-SozR/*v. Koch* SGB VI § 3 Rn. 15; Löschau/*Löschau* § 3 Rn. 54.

553 Anders etwa auf Leistungsebene nach § 89 SGB VI. Auch die Hinterbliebenenrenten sind subsidiär zum eigenen Einkommen nach § 97 SGB VI, da sie eine Unterhaltersatzfunktion haben und eine Absicherungslücke voraussetzen (KassKomm/*Gürtner* SGB VI § 97 Rn. 2; siehe auch *Köbl*, ZFSH/SGB 2002, 594). Der Anspruch besteht nicht bei Wiederheirat (vgl. § 46 I 1, II 1 SGB VI) bzw. während der Zeit der nachfolgenden Ehe (§ 46 III SGB VI) und ist bei der kleinen Witwenrente auf 24 Monate beschränkt (§ 46 I 2 SGB VI), da anschließend wieder für sich selbst gesorgt werden kann (BT-Drucks. 14/4595, 41 f., 44; umstritten, vgl. *Sodan*, NZS 2005, 561 (563)).

554 Hauck/Noftz/*Fichte* SGB VI § 3 Rn. 56 f.

Leistungen erhalten, die die Pflege auch sicherstellen. Die Regelung soll im Folgenden an ihren Regelungszielen untersucht werden, und ein Vorschlag dazu soll erarbeitet werden, wie diese Ziele anderweitig erreicht werden können.

aa) Versorgungslücke

§ 3 S. 3 SGB VI beruht auf der Vorstellung, dass eine Absicherungslücke bei einer vollzeitnahen Erwerbstätigkeit nicht auftritt. § 3 S. 1 Nr. 1a SGB VI erfasst nicht nur kausale, also auf der Pflege beruhende Lücken in der Absicherung, da anders als im SGB III nicht eine andere Versicherung fortgesetzt wird. Zu untersuchen ist, inwieweit § 3 S. 3 SGB VI seinem Ziel gerecht wird, Versorgungslücken abzudecken.

(1) Geringverdiener in Vollzeit, Hochverdiener in Teilzeit

Die Vorschrift setzt keine Rentenabsicherung durch die Erwerbstätigkeit generell oder in einer bestimmten Höhe voraus.[555] Die pauschale Anknüpfung an den zeitlichen Umfang der Erwerbstätigkeit statt an die tatsächliche Rentenabsicherung ist ungeeignet zur Erreichung des Gesetzeszwecks, nur Absicherungslücken zu erfassen und schließt Geringverdiener aus, die auch durch eine Vollzeittätigkeit keine ausreichende Absicherung erlangen können: Bei Vollzeitarbeit im Niedriglohnsektor ist nicht vorauszusetzen, dass ein Versicherter später durch die gesetzliche Rente alleine sein Existenzminimum abdecken kann.[556] Dies wird verstärkt, wenn die Berufswahl im Niedriglohnsektor auf die parallel bestehende Pflegeverantwortung zurückgeht. Hochbezahlte teilzeitbeschäftigte Pflegepersonen mit ausreichender Absicherung werden dagegen nicht von § 3 S. 3 SGB VI erfasst.

555 Hauck/Noftz/*Fichte* SGB VI § 3 Rn. 57.

556 Dies zeigt schon eine einfache Dreisatzrechnung: Hat ein Versicherungspflichtiger ein Jahreseinkommen von brutto 20.000 EUR (entsprechend einer 40-Stunden-Woche und einem Bruttolohn oberhalb des Mindestlohns von 9,50 EUR), liegt dies noch unter der Hälfte des vorläufigen Durchschnittsentgelts für 2021 i. H. v. 41.541 EUR nach Anl. 1 SGB VI. Er erreicht nach § 70 I SGB VI rund 0,48 EP für das Beitragsjahr. Nach 35 vergleichbaren Versicherungsjahren hätte er Anwartschaften von 16,8 EP, die bei einem aktuellen Rentenwert von 34,19 EUR (West), Zugangsfaktor von 1 und ohne weitere Maßnahmen wie die Aufwertung durch die Grundrentenregelung heute eine Rente von rund 574,39 EUR ergeben würde.

(2) Anderweitige Versicherungspflicht wegen Entgeltersatzleistungen

Gleiches gilt für Anwartschaften aus einer anderweitigen Versicherungspflicht, wie etwa nach § 3 S. 1 Nr. 3 SGB VI während des Bezugs von ALG I.[557] Diese Versicherten können durch die zusätzliche Absicherung als Pflegeperson profitieren und so höhere Anwartschaften erreichen. Teilweise wird daher vertreten, dass § 3 S. 3 SGB VI analog anzuwenden sei, wenn Bezieher von Entgeltersatzleistungen bereits nach § 3 S. 1 Nr. 3 SGB VI versicherungspflichtig sind, um diese nicht ungerechtfertigt besserzustellen.[558] Selbst wenn man eine planwidrige Regelungslücke attestiert, was eine hier aber fragliche konsequente Restregelung impliziert, besteht keine vergleichbare Interessenlage. Zunächst wird nach § 166 I Nr. 2 SGB VI nicht dasselbe Absicherungsniveau wie in einer vorangegangenen Erwerbstätigkeit erreicht. Zudem soll nicht jede parallele Absicherung unter § 3 S. 3 SGB VI fallen, da Teilzeitarbeit neben der Pflege ausdrücklich zugelassen wird.[559]

Damit lässt sich die an sich nicht beabsichtigte Doppelversorgung bei Versicherungspflicht während des Bezugs von Entgeltersatzleistungen nicht durch die analoge Anwendung von § 3 S. 3 SGB VI vermeiden.

(3) Mehrfachversicherung in der Rentenversicherung

§ 3 S. 3 SGB VI widerspricht insofern der sonstigen Systematik der §§ 1 ff. SGB VI, als dass parallel bestehende Tatbestände grundsätzlich additiv berücksichtigt werden. In der Rentenversicherung knüpft die Versicherungspflicht an die Tätigkeit an und es können verschiedene versicherungspflichtige Lebenssachverhalte zu nebeneinander bestehender mehrfacher Versicherungspflicht führen, sofern nicht für einen der Sachverhalte die Versicherungspflicht ausdrücklich gesetzlich ausgeschlossen wurde.[560] Die versicherungsfreien Personen nach § 5 SGB VI werden aufgrund der vorrangigen Absicherung in speziellen Sicherungssystemen oder aus anderen Gründen als nicht schutzbedürftig ausgeschlossen.[561]

557 Das LSG Mainz, Urt. v. 18.5.2005 – L 4 RA 6/04, Breith 2005, 874, juris Rn. 24 verneint richtigerweise eine Anwendung des § 3 S. 3 SGB VI.

558 So Schulin HS-RV/*Voelzke* § 16 Rn. 178; Hauck/Noftz/*Fichte* SGB VI § 3 Rn. 59.

559 Das LSG Mainz, Urt. v. 18.5.2005 – L 4 RA 6/04, Breith 2005, 874, juris Rn. 25 lehnt die Anwendung des § 3 S. 3 SGB VI daher zu Recht ab.

560 KassKomm/*Guttenberger* SGB VI § 1 Rn. 6 m. w. N.

561 KassKomm/*Guttenberger* SGB VI § 5 Rn. 2; SRH/*Axer* § 14 Rn. 5; *Eichenhofer*, Sozialrecht Rn. 273; *Ruland*, DRV 2000, 395 (398).

Eine Subsidiarität von Versicherungspflichttatbeständen untereinander im selben Versicherungszweig ist untypisch.[562]

Bei Beschäftigungen oder selbstständigen Tätigkeiten von weniger als 30 Wochenstunden greift § 3 S. 3 SGB VI nicht ein.[563] Nur diese Pflegepersonen profitieren von der additiven Berücksichtigung. Da § 3 S. 3 SGB VI auch in der Freistellungsphase der Altersteilzeit nicht einschlägig ist, besteht sogar bei weiterer Absicherung aus einer Beschäftigung von mehr als 30 Wochenstunden kein Ausschluss nach § 3 S. 3 SGB VI.

(4) Korrektiv: Beitragsbemessungsgrenze

Die Rentenabsicherung ist nach oben durch die Beitragsbemessungsgrenze (BBG) begrenzt. Die BBG gewährleistet nicht, dass lediglich eine Versorgungslücke der Pflegepersonen überbrückt wird. Sie dient aber der Vermeidung einer Übersicherung.

In der Beitragsbemessungsgrenze liegt eine Grenze der staatlichen Sicherung der gesetzlichen Rentenversicherung als erster Säule der Alterssicherung, über die hinaus möglich ist, sich privat abzusichern.[564] Die Beitragsbemessungsgrenze begrenzt die Beitragspflicht im System der Rentenversicherung, das anders als etwa die gesetzliche Krankenversicherung keine Entgeltgrenze zur Versicherungsfreiheit kennt, und dient so dazu, den Eingriff durch die Beitragserhebung für Arbeitgeber und Arbeitnehmer in einer erträglichen Grenze zu halten.[565] Die Begrenzung des versicherbaren, also beitragspflichtigen Einkommens ist auch ein Grundprinzip der Rentenversicherung, das deren grundsätzliches Sicherungsziel im System des Drei-Säulen-Systems der Alterssicherung bestimmt.[566] Die Rentenversicherung kennt mit der Beitragsbemessungsgrenze auch eine Leistungsbemessungsgrenze.[567]

Die Beitragsbemessungsgrenze ist nach § 22 II SGB IV bei mehreren nebeneinander bestehenden Versicherungsverhältnissen nicht nur bei Beschäftigung oder selbstständiger Tätigkeit[568] anwendbar, sondern auch für ein Nebeneinander

---

562 Vgl. Zur Subsidiarität der GRV *Ruland*, DRV 2000, 395.

563 Kreikebohm/Roßbach/*Segebrecht* § 3 Rn. 19; BT-Drucks. 12/5952, 52 f.

564 Löschau/*Löschau* § 159 Rn. 11; Hauck/Noftz/*Sieslack* SGB VI § 159 Rn. 4.

565 Löschau/*Löschau* § 159 Rn. 11.

566 Schulin HS-RV/*Schmidt* § 49 Rn. 166, 168. Zum Mehr-Säulen-Prinzip *Eichenhofer*, SoFo 2018, 909; *Fachinger*, SoFo 2018, 929.

567 SRH/*Ruland* § 17 Rn. 162.

568 Vgl. Hauck/Noftz/*Udsching* SGB IV § 22 Rn. 7; Krauskopf/*Stäbler* SGB IV § 22 Rn. 17.

von Pflege und Erwerbstätigkeit[569] und für die Pflege mehrerer Personen.[570] Die Einkommen werden für die Beitragsberechnung im Verhältnis ihrer Höhe zueinander so vermindert, dass sie zusammen höchstens die Beitragsbemessungsgrenze erreichen, § 22 II 1 SGB IV.

Überschreitet die Pflegeperson die BBG durch das Zusammentreffen von Pflege und Erwerbsarbeit, profitiert sie davon, dass ihr Erwerbseinkommen teilweise beitragsfrei wird. Hinsichtlich der entfallenden Rentenbelastung für die „Einnahmen" nach § 166 II SGB VI liegt ein Vorteil ausschließlich des Pflegeversicherungsträgers vor. Die BBG mindert ihm gegenüber keinen Eingriff, da er als Träger der mittelbaren Staatsverwaltung im Rahmen der ihm übertragenen öffentlichen Aufgabe (§ 28 I Nr. 10 SGB XI) nicht grundrechtsfähig ist,[571] entspricht aber der Leistungsbemessungsgrenze der Rentenversicherung, da die höchstmögliche Absicherung erreicht wird.[572]

(5) Abstellen auf die tatsächliche Absicherung

Um dem Regelungsziel entsprechend bestehende Absicherungslücken abzudecken, könnte auch auf die tatsächlichen Anwartschaften abgestellt werden, wie dies in früheren Regelungen vorgesehen war.

Eine Rentenversicherungsregelung zur Lückenfüllung fand sich etwa bei der Anerkennung von Kindererziehungszeiten (KEZ), die ursprünglich nur

---

569 *Schmidt*, ZFSH/SGB 1998, 402 (410 f.); KKW/*Roßbach* SGB IV § 22 Rn. 10.

570 Hauck/Noftz/*Finke* SGB VI § 166 Rn. 42; *Arndt*/*Kubath*, DAngVers 1997, 77 (78); *Schmidt*, ZFSH/SGB 1998, 402 (406).

571 BVerfG, Beschl. v. 2.5.1967 – 1 BvR 578/63 – Sozialversicherungsträger Leitsatz.

572 So werden nach § 70 II SGB VI i. V. m. der Anl. 2b auch Kindererziehungszeiten nur bis zum der BBG entsprechenden Höchstwert berücksichtigt: Die Ausgestaltung der Höchstwerte am Maßstab der BBG ist nach Ansicht der Rspr. verfassungsgemäß, da sie dem im Rentensystem gewachsenen und bewährten Prinzip der Beitragsbemessungsgrenze als Leistungsbemessungsgrenze entspricht (BSG, Urt. v. 17.12.2002 – B 4 RA 46/01 R, SozR 3-2600 § 70 Nr. 6, juris Rn. 30 ff.; BVerfG, Nichtannahmebeschl. v. 29.8.2007 – 1 BvR 858/03, juris Rn. 8, 11; zuletzt BSG, Urt. v. 16.10.2019 – B 13 R 14/18 R, SozR 4-2600 § 70 Nr. 3, juris Rn. 19 ff. m. w. N.). Dies ist insoweit zu kritisieren, als dass anders als bei monetärer Beitragszahlung § 70 II SGB VI i. V. m. Anl. 2b nicht dazu führt, dass die Versicherten von der Beitragsbelastung erleichtert werden, sondern dass der weiterhin erbrachte „volle" generative Beitrag nicht mehr (voll) honoriert wird (daher ablehnend *Lindner*, NZS 2014, 686 (690 f.); *Lindner*, NZS 2018, 565 (568); *Lindner*, NZS 2020, 468 (469); zweifelnd *v. Koppenfels-Spies*, NZS 2021, 632 (637 f.).

eingreifen sollte, wenn keine soziale Absicherung bestünde.[573] Statt auf den zeitlichen Umfang einer parallel ausgeübten Erwerbstätigkeit abzustellen, erfolgte nach § 70 II SGB VI i. d. F. bis 30.6.1998 eine Aufstockung der Kindererziehungszeiten auf 0,75 Entgeltpunkte (EP) im Jahr.[574] Wurden bereits durch andere Beiträge 0,75 EP erreicht, wirkten sich die KEZ nicht mehr aus.[575] Der Ausschluss der Versicherungspflicht der Pflegepersonen erst ab einer vollzeitnahen Erwerbstätigkeit war demgegenüber ein Fortschritt,[576] aber systematisch weniger passgenau.

Anders als bei den Kindererziehungszeiten werden die Pflegezeiten anhand ihrer Beitragsbemessungsgrundlage nach § 70 I SGB VI bemessen, die Beiträge also einer nochmaligen Umrechnung in Entgeltpunkte unterzogen.

---

573 BT-Drucks. 10/2677, 30. Hierzu auch *Rust*, SGb 2001, 649 (651 ff.); *Schulin/Karuth*, NZS 1996, 273.

574 Da für die Versicherungspflicht nach § 3 S. 1 Nr. 1 SGB VI die Beiträge nach § 177 II–IV SGB VI pauschal abgegolten werden, scheidet für die Ermittlung der Entgeltpunkte für Kindererziehungszeiten nach § 56 SGB VI eine Berechnung nach § 70 I SGB VI anhand der erbrachten Beiträge im Verhältnis zum Durchschnittseinkommen aus.

575 So die Rspr. zu den Vorgängerregelungen §§ 32a V AVG, 1255a V RVO, BSG, Urt. v. 19.4.1990 – 1 RA 83/88, DAngVers 1991, 96 m. w. N. Diese Regelung war verfassungswidrig, vgl. BVerfG, Beschl. v. 12.3.1996 – 1 BvR 609/90, 1 BvR 692/90, BVerfGE 94, 241, juris Rn. 60 ff. Sie genügte nicht den Anforderungen des Art. 3 I GG, da ohne einen rechtfertigenden Grund die Kindererziehungsleistungen ungleich behandelt wurden. Es wurde keine Lückenfüllung normiert, da keine Unterbrechung der Versicherungsbiografie vorausgesetzt wurde. Aufgrund der Funktion der Kindererziehung als generativer Beitrag im Umlagesystem der Rentenversicherung ist ihr Wert nicht davon abhängig, ob die Erziehungsperson auf die Rentenaufwertung angewiesen ist oder ein Sicherungsdefizit vorliegt. Der Wert wird nicht von einer parallel ausgeübten Erwerbstätigkeit der Erziehungsperson geschmälert und muss „bedarfsunabhängig“ in Kindererziehungszeiten Niederschlag finden. Hierzu auch *Maier*, SGb 1997, 1; *Both*, SozVers 1997, 14. Für die wiederum gedeckelte Erhöhung der Entgeltpunkte nach § 70 IIIa SGB VI bemüht die Gesetzesbegründung dagegen explizit den Begriff des „Nachteilsausgleichs“ (BT-Drucks. 14/4595, 48), um zu betonen, dass es sich um einen verfassungsmäßigen Ausgleich eines durch Kindererziehung entstehenden Nachteils in der Rentenversicherung handelt, der auch im Rentenrecht ausgeglichen werden muss (*Stahl*, DRV 2001, 320 (322 f.)).

576 So *Krauthausen/Schmidt*, DRV 1994, 379 (388).

(6) *Auswirkungen bei Streichen des § 3 S. 3 SGB VI*

Der Ausschluss nach § 3 S. 3 SGB VI ist ein entscheidender Faktor, der zur Verkleinerung des Kreises der versicherungspflichtigen Pflegepersonen führt. Hochrechnungen zufolge sind unter den Pflegepersonen im erwerbsfähigen Alter von 16 bis 64 Jahren 28 % in Vollzeit beschäftigt.[577] Würde § 3 S. 3 SGB VI gestrichen, wäre einerseits mit einem sprunghaften Anstieg der Versicherungspflichtigen zu rechnen. Erwerbstätige Pflegepersonen erbringen andererseits statistisch weniger tägliche Pflegestunden als nicht erwerbstätige Pflegepersonen sowie eher am Wochenende als werktags.[578] Entsprechend wären dabei im Schnitt geringere beitragspflichtige Einnahmen anzusetzen. Die Sachverständigenkommissionen der Gleichstellungsberichte schlagen die vermehrte additive Anrechnung von Alterssicherung aus Pflege und Erwerbstätigkeit vor, um die gleiche gesellschaftliche Wertschätzung der Sorgetätigkeit Kindererziehung wie auch Pflege zum Ausdruck zu bringen.[579] Anders als bei den Kindererziehungszeiten[580] ist die

577 Zahlen für das Jahr 2018: 28 % im Bundesdurchschnitt (25 % West; 41 % Ost). Daneben waren 25 % in nichtgeringfügiger Teilzeit beschäftigt (*Geiss/Pupeter/Schneekloth*, S. 101). Hochrechnungen für das Jahr 2012 nennen für Pflegeleistende mit pflegebedürftiger Person im Haushalt eine Vollzeiterwerbsquote von 28,4 %, für Pflegeleistende außerhalb von „Pflegehaushalten" sogar eine Quote von 40,3 % (*Geyer/Schulz*, DIW-Wochenbericht 14/2014, 294 (298 ff.)). Nach der Analyse von *Schäufele/Köhler/Hendlmeier*, in: ZQP Themenreport Vereinbarkeit von Beruf und Pflege, S. 44 ff. lag die Erwerbsbeteiligung der Hauptpflegepersonen von Demenzerkrankten bei 33,9 % bei leichtem und 21,7 % bei mittelschwerem und schwerem Demenzschweregrad, davon waren jeweils 43,8 % in Vollzeit tätig. Aufgrund von § 3 S. 3 SGB VI sind die Daten der Rentenversicherung (wie bei *Stegmann/Mika*, DRV 2007, 771) auf die nicht vollzeit(-nah) Erwerbstätigen beschränkt.

578 *Geyer/Schulz*, DIW-Wochenbericht 14/2014, 294 (297); BARMER GEK Pflegereport 2015, S. 199 ff.; 208 f. Vor allem Männer pflegen aufgrund ihrer höheren Erwerbstätigkeit überwiegend eine Stunde täglich, in höherem Alter länger, BARMER Pflegereport 2017, S. 146 f. Die wenig pflegenden Erwerbstätigen hätten besonders von der Absenkung der Mindestpflegezeit von 14 auf 10 Stunden profitiert, sind aber weiter durch § 3 S. 3 SGB VI ausgeschlossen. Zu pflegenden Söhnen *Auth/Dierkes/Leiber/Leitner*, ZSR 2016, 79.

579 BT-Drucks. 17/6240, 226; BT-Drucks. 18/12840, 194; *Klammer*, SoFo 2017, 359 (369). Als im Rahmen des Gesetzgebungsverfahrens zum PflegeVG die „erlaubte" Erwerbstätigkeit in § 3 S. 3 SGB VI von 20 auf 30 Stunden erhöht wurde, wurde noch klargestellt, dass „hierin keine Automatik für eine erweiterte Anerkennung von Kindererziehungszeiten in der Rentenversicherung zu sehen sei", BT-Drucks. 12/5952, 22.

580 Vgl. oben Fn. 575.

Anerkennung von Pflegezeiten als Lückenschließung konzipiert und rentensystematisch zulässig. Die monatliche Beitragsbemessungsgrenze 2022 beträgt 7.050 EUR (West)/ 6.750 EUR (Ost), also mehr als das Doppelte des Durchschnittseinkommens (Bezugsgröße 3.290 EUR West/ 3.150 EUR Ost). Zwar wäre bei Streichen des § 3 S. 3 SGB VI noch die Beitragsbemessungsgrenze anzuwenden, diese stellt de facto aber keine Begrenzung dar. Die BBG erreichen bei derzeitiger Rechtslage erst überdurchschnittlich verdienende Berufstätige, die daneben einen oder mehrere erheblich Pflegebedürftige versorgen, oder – im absoluten Einzelfall – Personen, die mehr als zwei Pflegebedürftige mit Pflegegrad 5 ohne häusliche Pflegehilfe versorgen. Anders als bei den Kindererziehungszeiten, bei denen eine Fremdbetreuung nicht angerechnet wird und somit eine Vereinbarkeitslösung nicht anwartschaftsmindernd wirkt, schlagen sich professionelle Pflegeleistungen oder die Pflege durch eine weitere Pflegeperson nach § 166 II SGB VI nieder. Die BBG als Höchstgrenze trifft keine Aussage über eine „ausreichende" Absicherung. Die Aufstockung von Beiträgen wäre für die Pflege im Gegensatz zur Kindererziehung nicht unzulässig (dazu sogleich) und würde den ungeeigneten pauschalen Anknüpfungspunkt der Subsidiarität durch einen konkreten Anknüpfungspunkt in der Leistungshöhe ersetzen, der auch systemtypischer wäre. Anders als die Begrenzung der Anrechnung nach § 70 II SGB VI müsste die Regelung beitragsbezogen (etwa als eigene BBG) sein, wenn die derzeitige Beitragszahlung beibehalten werden und nicht ebenfalls eine Pauschallösung eingeführt werden soll.

bb) Verfügbarkeit

§ 3 S. 3 SGB VI stellt also nicht auf die konkrete Absicherung ab und dient nicht der Begrenzung der Versicherung auf Absicherungslücken. Daneben dient die Regelung aber auch dazu, zu honorieren, dass die Versorgung des Pflegebedürftigen sichergestellt wird, und beruht auf der Prämisse, dass die Pflegeperson neben einer Vollzeittätigkeit oder vollzeitnahen Tätigkeit nicht verfügbar ist.

(1) Tatsächliche Arbeitszeit

Seinem Wortlaut nach bezieht sich § 3 S. 3 SGB VI auf Pflegepersonen, die neben der Pflege regelmäßig mehr als 30 Stunden wöchentlich beschäftigt oder selbstständig tätig sind. Das ist der Fall, wenn tatsächlich langfristig regelmäßig über 30 Stunden wöchentlich gearbeitet wird oder eine Entgeltersatzleistung interimsweise eingebettet in eine solche Erwerbstätigkeit erbracht wird.[581] Für

581 Vgl. BeckOK-SozR/*v. Koch* SGB VI § 3 Rn. 15–16a; Kreikebohm/Roßbach/*Segebrecht*

die Arbeitszeit kommt es auf die tatsächlichen Verhältnisse an, der Inhalt des Arbeitsvertrags dient (lediglich) als Indiz.[582] § 3 S. 3 SGB VI ist erfüllt, wenn in einer dauerhaft, d. h. auf mehr als zwei Monate, angelegten Tätigkeit die 30-Stunden-Grenze regelmäßig überschritten wird.[583] Dabei sind auch Vor- und Nacharbeitszeiten zu berücksichtigen, wie sie bei Lehrkräften oder in künstlerischen oder geistigen Berufen vorkommen.[584] Wird die Berufstätigkeit für die Pflege durch einen unbezahlten Urlaub oder nach § 3 PflegeZG unterbrochen, besteht von Anfang an Versicherungspflicht nach § 3 S. 1 Nr. 1a SGB VI.[585] Bei der Altersteilzeit im Blockmodell tritt die Versicherungspflicht ab der Freistellungsphase ein.[586] Eine stufenweise Wiedereingliederung in eine sonst über 30 Stunden wöchentlich ausgeübte Erwerbstätigkeit erfüllt § 3 S. 3 SGB VI, auch wenn aktuell noch unter 30 Stunden wöchentlich gearbeitet wird.[587]

(2) Anwendung bei Bezug von Entgeltersatzleistungen

Der Förderungsgedanke des § 3 S. 1 Nr. 1a SGB VI erfordert eine enge Auslegung des § 3 S. 3 SGB VI.[588] Wie oben behandelt, wird § 3 S. 3 SGB VI nicht schon analog angewandt, wenn die Pflegeperson anderweitig versicherungspflichtig ist während des Bezugs einer Entgeltersatzleistung.

---

§ 3 Rn. 20 f.; *Koch*, WzS 2002, 97 (110 ff.); GemRdschr RVAloV v. 13.12.2016, II 1.7, S. 44 ff.

582 Hauck/Noftz/*Fichte* SGB VI § 3 Rn. 58.

583 Kreikebohm/Roßbach/*Segebrecht* § 3 Rn. 20; GemRdschr RVAloV v. 13.12.2016, II 1.7.1, S. 44.

584 GemRdschr RVAloV v. 13.12.2016, II 1.7.1, S. 44 f.

585 Nach GemRdschr RVAloV v. 13.12.2016, II 1.7.8, S. 48 gilt dies auch für die Versicherungspflicht nach § 26 IIb SGB III. Dies beruht offensichtlich auf der alten Rechtslage. In der GRV setzt § 3 S. 3 SGB VI kein Versicherungsverhältnis aufgrund der Erwerbstätigkeit voraus. Die Subsidiarität des § 26 III 5 SGB III besteht zu einer weiteren Versicherungspflicht. Nach § 7 III 1 SGB IV gilt eine Beschäftigung gegen Arbeitsentgelt für längstens einen Monat als fortbestehend, solange das Beschäftigungsverhältnis ohne Anspruch auf Arbeitsentgelt fortbesteht. Da § 26 IIb SGB III nicht mehr an die Pflegezeit knüpft und die Fiktion des § 7 III 1 SGB IV nicht durch dessen S. 4 ausgeschlossen wird, tritt die Versicherungspflicht nach § 26 IIb SGB III bei unbezahltem Urlaub erst nach Ablauf eines Monats ein.

586 BeckOK-SozR/*v. Koch* SGB VI § 3 Rn. 16; Kreikebohm/Roßbach/*Segebrecht* § 3 Rn. 21; GemRdschr RVAloV v. 13.12.2016, II 1.7.9, S. 48.

587 BeckOK-SozR/*v. Koch* SGB VI § 3 Rn. 16; GemRdschr RVAloV v. 13.12.2016, II 1.7.4, S. 46.

588 LSG Mainz, Urt. v. 18.5.2005 – L 4 RA 6/04, Breith 2005, 874, juris Rn. 25.

Eine Anwendung des § 3 S. 3 SGB VI kommt aber infrage, wenn die Entgeltersatzleistungen interimsweise innerhalb einer Berufstätigkeit bezogen werden und die Berufstätigkeit daher grundsätzlich fortbesteht. Bei einer kurzzeitigen Unterbrechung und Bezug von Krankengeld, Verletztengeld, Versorgungskrankengeld, Übergangsgeld und Pflegeunterstützungsgeld oder Mutterschaftsgeld aufgrund einer über 30 Stunden betragenden Tätigkeit ist § 3 S. 3 SGB VI weiter erfüllt.[589] In diesen Fällen kann zwar Verfügbarkeit vorliegen, es handelt sich aber um vorübergehende Tatbestände, bei denen immer noch von einer regelmäßigen Erwerbstätigkeit auszugehen ist, vgl. auch die Wertung des § 7 III SGB IV. Anders liegt dies bei Arbeitslosengeld I und II, Altersübergangsgeld und Vorruhestandsgeld, bei denen die Erwerbstätigkeit beendet ist. Diese bzw. die zugrunde liegende Berufstätigkeit schließen die Versicherungspflicht nicht nach § 3 S. 3 SGB VI aus.[590] Bei Bezug von Arbeitslosengeld bei beruflicher Weiterbildung ist § 3 S. 3 SGB VI erfüllt, wenn die Maßnahme mehr als 30 Wochenstunden umfasst und die berufliche Weiterbildung im Rahmen einer Beschäftigung erfolgt.[591] Während der Elternzeit und des Bezugs von Elterngeld kann Versicherungspflicht nach § 3 S. 1 Nr. 1a SGB VI bestehen.[592] Familienhafte Mitarbeit, die nicht die Voraussetzungen der Beschäftigung erfüllt, erfüllt nicht § 3 S. 3 SGB VI.[593]

---

589 BeckOK-SozR/*v. Koch* SGB VI § 3 Rn. 16, 16a; Hauck/Noftz/*Reimer* SGB XI § 44 Rn. 22; Kreikebohm/Roßbach/*Segebrecht* § 3 Rn. 21; GemRdschr RVAloV v. 13.12.2016, II 1.7.4, S. 46 f.

590 BeckOK-SozR/*v. Koch* § 3 Rn. 16; Kreikebohm/Roßbach/*Segebrecht* § 3 Rn. 21; Hauck/Noftz/*Reimer* SGB XI § 44 Rn. 22; GemRdschr RVAloV v. 13.12.2016, II 1.7.3, S. 45 f.; LSG Mainz, Urt. v. 18.5.2005 – L 4 RA 6/04, Breith 2005, 874, juris Rn. 24 ff.; a. A. Schulin HS-RV/*Voelzke* § 16 Rn. 178; Hauck/Noftz/*Fichte* SGB VI § 3 Rn. 59, der § 3 S. 3 SGB VI als Ausschluss der kumulativen Versicherungspflicht versteht und daher erfüllt sieht, soweit während des Bezugs der Entgeltersatzleistung Leistungen zur Alterssicherung erfolgen. Damit sollen Bezieher einer Entgeltersatzleistung nicht bessergestellt werden als Beschäftigte. Zur Auswirkung der Pflege auf die Arbeitslosigkeit siehe S. 226 ff.

591 GemRdschr RVAloV v. 13.12.2016, II 1.7.4, S. 46.

592 GemRdschr RVAloV v. 13.12.2016, II 1.7.6, S. 47; BeckOK-SozR/*v. Koch* SGB VI § 3 Rn. 16; Kreikebohm/Roßbach/*Segebrecht* § 3 Rn. 21; Hauck/Noftz/*Fichte* SGB VI § 3 Rn. 59. In der Arbeitslosenversicherung ist bei Zusammentreffen die Versicherungspflicht nach § 26 IIa SGB III bei Erziehung vorrangig vor der Versicherungspflicht als Pflegeperson, § 26 III 6 SGB III.

593 Hauck/Noftz/*Fichte* SGB VI § 3 Rn. 57; *Koch*, WzS 2002, 97 (112).

(3) Anwendung von § 3 S. 3 SGB VI trotz Erfüllen der Mindestpflegezeit

Die Prämisse des § 3 S. 3 SGB VI zur Nichtverfügbarkeit kann in den Fällen als widerlegt betrachtet werden, in denen vollzeiterwerbstätige Pflegepersonen die Mindestpflegezeit erreichen. § 3 S. 3 SGB VI erfasst auch die Personen, die die Mindestpflegezeit durch die Pflege am Wochenende oder in den Abend- und Nachtstunden an sich erfüllen würden.[594] Erwerbstätige Pflegende wenden statistisch am Wochenende mehr Zeit zur Pflege auf.[595] Die Sicherstellung der Pflege muss auch wie bereits festgestellt nicht alleine durch die (eine) Pflegeperson erfolgen.

Der Ausschluss ist nicht damit begründbar, dass die Erwerbstätigkeit die Sicherstellung der Pflege ausschließt, da die Pflegeversicherung nicht nur die Kombination von ehrenamtlichen und professionellen Leistungen ausdrücklich ermöglicht (vgl. §§ 38, 39, 41, 42 SGB XI), sondern die ehrenamtliche Pflegeperson auch nicht alleine die Pflege sicherstellen muss, da die Mehrfachpflege ausdrücklich zugelassen ist. § 166 II SGB VI setzt zudem voraus, dass auch wenn der Anspruch auf häusliche Pflegehilfe nach § 36 SGB XI voll ausgeschöpft wird, weiterhin eine nennenswerte und honorierungswürdige Leistung der Pflegeperson erforderlich ist, um den Bedarf des Pflegebedürftigen zu decken, und dies auch bei Pflegegrad 2. Der Pflegegeldanspruch des Pflegebedürftigen setzt nach § 37 I 2 SGB XI voraus, dass er seine Pflege selbst in geeigneter Weise sicherstellt, dazu bereits oben S. 54. Eine Sicherstellung der Pflege durch die Pflegeperson liegt demnach vor, wenn sie einen signifikanten Teil der Pflege übernimmt, also jedenfalls die Mindestpflegezeit erfüllt. Wenn außerhalb der Zeiten der Erwerbstätigkeit Pflegetätigkeiten anfallen, etwa in Kombination mit häuslicher Pflegehilfe oder einer anderen Pflegeperson, wirkt die Pflegeperson an der Sicherstellung der Versorgung des Pflegebedürftigen mit. Die auf bestimmte Zeiten eingeschränkte Verfügbarkeit wird im Fall der Erwerbstätigkeit anders behandelt als eine Einschränkung außerhalb einer Erwerbstätigkeit, ohne dass dies mit einer gleichzeitig bestehenden Sicherungslücke begründet werden könnte. Auch andere kapazitätsbegrenzende Faktoren wie parallele Kindererziehung bleiben außer Betracht oder werden im Falle der Pflege mehrerer Pflegebedürftiger ausdrücklich zugelassen, obwohl auch hier fraglich sein kann, ob sie daneben zur Sicherstellung der Pflege fähig sind.[596]

---

594 Udsching/Schütze/*Udsching* § 19 Rn. 7.

595 *Geyer/Schulz*, DIW-Wochenbericht 14/2014, 294 (297).

596 Hauck/Noftz/*Fichte* SGB VI § 3 Rn. 57 will daher prüfen, „ob die Betreffenden aufgrund ihrer anderweitigen Belastungen zu einer ordnungsgemäßen Pflegetätigkeit überhaupt in der Lage sind“. Für die soziale Sicherung der Pflegeperson sind, soweit

cc) Bewertung

Gemessen an seinem Ziel, keine Leistungen zur Rentensicherung der Pflegeperson zu erbringen, wenn diese bereits eine ausreichende Absicherung vorweist, greift § 3 S. 3 SGB VI nicht passgenau.

Die Anknüpfung an die Erwerbstätigkeit lässt auch keine Rückschlüsse auf die Sicherstellung der Pflege zu. Die Quote der Vollzeiterwerbstätigkeit von Pflegepersonen zeigt, dass die Annahme, eine Sicherstellung der Pflege könne daneben nicht stattfinden, an der Realität eines signifikanten Teils der gelebten Pflegeverhältnisse vorbeigeht. Die Pflegeversicherung ist ausdrücklich offen für ergänzende Pflegemodelle. Für Erwerbstätige mit Familienverpflichtungen besteht in der Regel eine Doppelbelastung, die weit über eine 40-Stunden-Woche hinausgeht. Es ist fraglich, warum diese gerade hier und gerade rentenrechtlich sanktioniert werden soll, wenn dies an anderer Stelle im Rentenrecht durch Mehrfachbeschäftigung bis hin zum Erreichen der BBG toleriert wird und sich anderweitig nicht an zeitlicher Verfügbarkeit oder etwa Arbeitnehmerschutzrecht orientiert. Der Ausschluss in § 3 S. 3 SGB VI stellt somit eine Hürde zum Bezug der Leistungen zur sozialen Sicherung auf, die vollzeiterwerbstätige Pflegende an einem höheren Maßstab als erforderlich misst, ihren signifikanten Beitrag zur Versorgung der Pflegebedürftigen negiert und zugleich nicht prüft, ob bei ihnen eine Absicherungslücke besteht.

Die Vorschrift sollte daher durch eine tatsächlich lückenfüllende Lösung ersetzt werden, sofern aufrechterhalten wird, dass Ziel der Regelung lediglich die Erfassung einer Versorgungslücke sein soll. Denkbar wäre auch, die Grenze bis auf die Beitragsbemessungsgrenze entfallen zu lassen und die Pflege so nach den allgemeinen Regeln wie die Erwerbstätigkeit und Kindererziehung anzuerkennen.

Die Kostenbegrenzung durch § 3 S. 3 SGB VI ist den Folgekosten durch die Ausgleichsmaßnahmen gegenüberzustellen, die aus dem geringeren Rentenniveau der Pflegeperson notwendig werden, wenn diese aufgrund der Doppelbelastung gegebenenfalls früher aus dem Erwerbsleben ausscheiden.

---

weiterhin die Mindestpflegezeit plausibel gemacht werden kann, keine Konsequenzen vorgesehen, wenn die Pflegetätigkeit nicht ordnungsgemäß oder in ausreichendem Maß erfolgt. Anders verhält es sich mit dem Pflegegeld, das von der Sicherstellung der Pflege nach § 37 I 2 SGB XI abhängt.

d) *Zuständiger Träger*

Der zuständige Träger ergibt sich nach §§ 126 ff. SGB VI.

2. Versicherungsfreiheit

Auf die Versicherung als Pflegeperson sind die allgemeinen Regelungen zur Versicherungsfreiheit anwendbar, insbesondere Ausschlussgründe in der Person der Pflegeperson nach § 5 SGB VI.[597]

a) *Vollrente wegen Alters, Regelaltersgrenze, § 5 IV 1 Nr. 1 SGB VI*

Nach § 5 IV 1 Nr. 1 SGB VI sind Personen versicherungsfrei, die nach Ablauf des Monats, in dem sie die Regelaltersgrenze erreicht haben, eine Vollrente wegen Alters beziehen. Diese Regelung zur Versicherungsfreiheit betrifft die Pflegepersonen aufgrund ihres Altersprofils besonders: 68 % sind 55 Jahre alt oder älter, 38 % 65 Jahre oder älter.[598] Männer pflegen häufiger im höheren Alter.[599] Die Pflege von PEA erfolgt besonders häufig innerhalb derselben (älteren) Generation.[600]

aa) *Kumulative Voraussetzungen: Vollrente und Regelaltersgrenze*

Seit Inkrafttreten des FlexirentenG müssen die Voraussetzungen der Vollrente wegen Alters und Überschreitens der Regelaltersgrenze kumulativ vorliegen. Damit tritt die Versicherungsfreiheit später als nach alter Rechtslage ein: Nach § 5 IV Nr. 1 SGB IV i. d. F. bis 31.12.2016 waren Personen versicherungsfrei, die eine Vollrente wegen Alters bezogen, auch wenn die Regelaltersgrenze noch nicht erreicht war. Dies begrenzte die Zahl der Pflegepersonen, die Leistungen zur Alterssicherung nach § 44 I SGB XI erhielten.[601]

Nach neuer Rechtslage sind Pflegepersonen, die nach Überschreiten der Regelaltersgrenze eine Teilrente beziehen oder die vor Überschreiten der Regelaltersgrenze eine Vollrente beziehen, weiter versicherungspflichtig.

---

597 KassKomm/*Guttenberger* SGB VI § 3 Rn. 5.

598 Abschlussbericht Evaluation PNG PSG I, S. 57 f.

599 BARMER Pflegereport 2017, S. 146 f.

600 BARMER Pflegereport 2015, S. 204: Pflegepersonen von Personen mit eingeschränkter Alltagskompetenz waren im Schnitt 74 Jahre (Männer) bzw. 66 Jahre (Frauen) alt.

601 *Hesse*, SoFo 2016, 103 (105).

Der Bezug einer Erwerbsminderungsrente steht der Versicherungspflicht weiter nicht entgegen.[602]

bb) Erreichen des Sicherungsziels

Die Versicherungsfreiheit nach § 5 IV 1 SGB VI beruht darauf, dass das Sicherungsziel der Rentenversicherung an diesem Punkt bereits erreicht ist oder nicht mehr erreicht werden kann.[603] Für die Rentenversicherung ist dagegen vorteilhaft, Personen möglichst lange als Beitragszahler zu erhalten. Für eine zunehmende Zahl an Rentnern bedeutet der Rentenbezug auch nicht den endgültigen Abschied aus dem Erwerbsleben.[604] Erwerbstätige verbleiben länger im Beruf, auch weil zunehmend Personen einem prekären Ruhestand entgegenblicken.[605] Personen mit diskontinuierlichen Erwerbsverläufen oder Tätigkeiten im Niedriglohnbereich bilden oftmals keine unterhaltssichernden Anwartschaften und sind auf ein zusätzliches Einkommen neben der Rente angewiesen. Personen im höheren Lebensalter sind zunehmend erwerbstätig: Nach Ergebnissen des Mikrozensus 2018 waren 60,4 % der 60- bis 65-Jährigen (2008: 35 %) und 17 % der 65- bis 70-Jährigen (2008: 7,6 %) erwerbstätig.[606]

Die Versicherungsfreiheit nach § 5 IV 1 Nr. 1 SGB VI greift in der n. F. erst später ein und ist für Beschäftigungen dispositiv nach § 5 IV 2 SGB VI. Der Bezug einer Vollrente bedeutet somit nicht den Austritt aus der erwerbstätigen Bevölkerung und den Abschluss der Alterssicherung. Erwerbstätige Vollrentner können mit nachhaltigem Effekt ihre Rente aufbessern, statt nur kurzfristig von einer Lohnzahlung zu profitieren.[607] Pflegepersonen sind vielfach Frauen mit diskontinuierlichen Erwerbsbiografien und entsprechend geringer eigener

602 Die Entgeltpunkte werden nach § 75 II SGB VI für die Erwerbsminderungsrente nicht mehr berücksichtigt, aber schon bei einer anschließenden Altersrente.

603 KassKomm/*Guttenberger* SGB VI § 5 Rn. 37; Hauck/Noftz/*Fichte* SGB VI § 5 Rn. 123.

604 *Schmidt,* RVaktuell 2017, 215 (216) zu Altersgrenzen in der GRV.

605 Vgl. zur Altersarmut den 7. Altenbericht BT-Drucks. 18/10210, 56 ff. Zur Problematik der Bestimmung von „Armut" und den unterschiedlichen Begriffen in Sozialpolitik und Sozialrecht weiterführend *Eichenhofer*, SoFo 2018, 327.

606 Statistisches Jahrbuch 2019, S. 370.

607 Zuvor konnten Abschläge im Zugangsfaktor aufgrund vorzeitigen Rentenbezugs nicht mehr durch Erwerb weiterer Anwartschaften (mit besserem Zugangsfaktor) ausgeglichen werden. Es bestand lediglich die Möglichkeit, in dem Zeitfenster zwischen dem 55. Lebensjahr und dem Rentenbezug im Vorhinein mit Ausgleichszahlungen die Abschläge aufgrund der vorgezogenen Rente auszugleichen, vgl. §§ 109 V 4, 187a SGB VI.

Absicherung.[608] Die Kommission zum ersten Gleichstellungsbericht empfahl, im Zuge der allgemeinen Flexibilisierung von Erwerbs- und Rentenphase und vor dem Hintergrund des demografischen Wandels auch für Pflegepersonen „im Rentenalter“ Leistungen zur Verbesserung ihrer Rentenanwartschaften zu erbringen.[609] Weil die Pflege nicht mit Überschreiten der Regelaltersgrenze endet, entspreche die Altersgrenze der Rentenversicherung nicht der Lebensrealität von Pflegepersonen.[610] Teilweise wurde vor Inkrafttreten des FlexirentenG gefordert, Pflegezeiten während des Rentenbezugs mit mindestens 0,5 EP zu bewerten.[611] Die Pflege im Rentenalter hindert die Pflegeperson nicht an der Erwerbstätigkeit in der primären Erwerbsphase, aber gegebenenfalls daran, eine Erwerbstätigkeit neben der Rente aufzunehmen.

Die Erwerbsphase ist nicht mehr strikt von der Rentenphase getrennt. Schon die Teilrente sollte als Instrument zum Übergang zwischen Erwerbsleben und Ruhestand dienen.[612] Für Arbeitnehmer flexibilisiert das FlexirentenG den Übergang von der Erwerbs- in die Ruhestandsphase, was insbesondere der zunehmenden Zahl älterer Erwerbstätiger zugutekommen soll.[613] Es werden ein Nebeneinander von Erwerbstätigkeit und Rente (auch nach Erreichen der Regelaltersgrenze) und die Kompensierung der sonst bestehenden Abschläge aufgrund vorzeitiger Inanspruchnahme der Rente ermöglicht.

cc) Weitere Rentenzuschläge nach Renteneintritt

Die nach Beginn einer Altersrente hinzugekommenen Entgeltpunkte führen zu Zuschlägen nach §§ 66 IIIa, 76d SGB VI. Sie werden mit Ablauf des Kalendermonats des Erreichens der Regelaltersgrenze berücksichtigt, danach einmal jährlich zum 1.7., § 66 IIIa 1 SGB VI. Dadurch können rentenbeziehende Pflegepersonen einen vergleichsweise unmittelbaren Geldvorteil aus der Pflege erhalten, sofern sie nicht der Versicherungsfreiheit unterliegen. Durch die Zahlung im anschließenden Jahr kommt die Regelung im Rentenalter weniger einer Versicherung gleich als einer gestaffelten verzögerten Leistung, da die Pflegepersonen auch nicht selbst beitragspflichtig zu ihrer Versicherung sind. Da durch den

608 Vgl. Gutachten zum 1. Gleichstellungsbericht, BT-Drucks. 17/6240, 211, 226.
609 Vgl. Gutachten zum 1. Gleichstellungsbericht, BT-Drucks. 17/6240, 244 f.
610 Gutachten zum 1. Gleichstellungsbericht, BT-Drucks. 17/6240, 226.
611 *Kerschbaumer/Schulze Buschoff*, SoSi 2016, 353 (357).
612 *Schmidt*, RVaktuell 2017, 215 (221 f.); Hauck/Noftz/*Fichte* SGB VI § 42 Rn. 2 m. w. N.
613 BT-Drucks. 18/9787, 22.

demografischen Wandel das Pflegepotenzial sinkt, ist die Leistung an ältere und rentenbeziehende Pflegepersonen positiv als Anreiz zur Pflege zu vermerken.

dd) Disposition über die Versicherungsfreiheit

Die Versicherungsfreiheit nach § 5 IV 1 Nr. 1 SGB VI ist nur für Beschäftigte nach § 5 IV 2 SGB VI dispositiv, die so selbst bestimmen können, ob sie Beiträge in die Rentenversicherung entrichten wollen.[614] Pflegepersonen können einen ähnlichen Effekt erzielen und nach Erreichen der Regelaltersgrenze die Beitragspflicht der Pflegeversicherung wieder aufleben lassen, wenn sie aus dem Vollrentenbezug in den Teilrentenbezug wechseln und § 5 IV Nr. 1 SGB VI umgehen.[615] Die Teilrente kann zwischen mindestens 10 % und maximal 99 % der Vollrente festgelegt werden, § 42 II SGB VI. Wird nach Erreichen der Regelaltersgrenze statt der Vollrente eine Teilrente bezogen und gleichzeitig eine ehrenamtliche Pflegetätigkeit ausgeübt, erhöht sich in der Wirkung des § 66 IIIa 1 SGB VI die Rente jeweils zum 1.7. des Folgejahres entsprechend den neu hinzugekommenen Entgeltpunkten. Für die nach Erreichen der Regelaltersgrenze hinzugekommenen Entgeltpunkte wird nach § 77 II S. 1 Nr. 2b, S. 4 SGB VI für jeden Kalendermonat zudem ein neuer Zugangsfaktor ermittelt. Um diese Rechte wahrnehmen zu können, muss auch nach § 7 II SGB XI über die Neuregelung und ihre Ausübung informiert werden.[616] Es stellt sich die Frage, warum der Pflegeperson nicht gleich ein Dispositionsrecht eingeräumt wird wie den Beschäftigten und Selbstständigen.

b) Beamte, berufsständische Versorgung, § 5 IV 1 Nr. 2, § 6 V SGB VI

Die Versicherungsfreiheit von Beamten und den anderen in § 5 I SGB VI genannten Personen betrifft nur die Tätigkeit, für die Versorgungsanwartschaften gewährleistet werden. Pflegende Beamte sind als Pflegeperson versicherungspflichtig, stoßen aber ggf. auf die Schwierigkeit, dass sie die Wartezeit nicht erfüllen und die Beiträge sich so nicht verwirklichen. Diese Fälle gleicht

---

614 Arbeitgeber müssen nach § 172 I 1 SGB VI auch bei Versicherungsfreiheit ihrer Arbeitnehmer die Hälfte des Arbeitgeberbeitrags erbringen.

615 *Ruland*, SGb 2017, 121 (122); LPK-SGB XI/*Kuhn-Zuber* § 44 Rn. 21. Vgl. auch als ausdrücklicher Rententipp der DRV: https://www.deutsche-rentenversicherung.de/DRV/DE/Ueber-uns-und-Presse/Presse/Meldungen/2020/200127_pflege_und_teilrente.html (abgerufen 24.11.2022).

616 *Klammer*, SoFo 2017, 359 (370); auch Gutachten zum 2. Gleichstellungsbericht, BT-Drucks. 18/12840, 194 f.

§ 50d I BeamtVG durch einen Pflegezuschlag zum Ruhegeld aus, der sich an § 166 II SGB VI orientiert, § 50d III BeamtVG.[617]

Wenn sie nach Erreichen der Altersgrenze eine Versorgung beziehen, greift die Versicherungsfreiheit nach § 5 IV 1 Nr. 2 SGB VI personenbezogen, also auch für eine Pflegetätigkeit.

Für Personen, die Pflichtmitglieder in einer berufsständischen Versorgungseinrichtung sind, kann sich die Versicherungsfreiheit auf Antrag nach § 6 V 2 SGB VI auch auf die Pflegetätigkeit erstrecken. Sie erhalten auf Antrag Leistungen nach § 44 II SGB XI, die denen des § 44 I SGB XI entsprechen, und können so ihre berufsständische Versorgung verbessern.[618]

c) Nicht gesetzlich Versicherte, § 5 IV 1 Nr. 3 SGB VI

Wer bis zum Erreichen der Regelaltersgrenze nicht versichert war oder danach eine Erstattung seiner Beiträge erhalten hat, ist versicherungsfrei, § 5 IV 1 Nr. 3 SGB VI. Dies wird durch jegliche Beitragszeiten ausgeschlossen, auch Kindererziehungszeiten.[619] Beschäftigte und Selbstständige können nach § 5 IV 2, 4 SGB VI auf die Versicherungsfreiheit verzichten. Für Pflegepersonen ist dies nicht möglich.

3. Beiträge: Bemessung und Höhe

Für die Versicherungszeiten werden Beiträge erhoben. Hier gelten die allgemeinen Regeln. Die Beiträge werden in Höhe des Beitragssatzes von 18,6 % nach § 158 SGB VI von der Beitragsbemessungsgrundlage erhoben, § 157 SGB VI.

a) Beitragspflichtige Einnahmen nach § 166 II SGB VI

Die beitragspflichtigen Einnahmen der Pflegeperson bestimmen sich aus sozialen Schutzgesichtspunkten nicht nach einer gegebenenfalls erfolgten Zahlung oder dem Pflegegeld, sondern nach § 166 II SGB VI fiktiv in Prozent der Bezugsgröße und entsprechen so der allgemeinen Entgeltentwicklung.[620]

---

617 BT-Drucks. 14/7064, 38.

618 BT-Drucks. 13/3696, 14 f.; KassKomm/*Koch* SGB XI § 44 Rn. 10.

619 Vgl. *Koch*, WzS 2002, 97 (115).

620 BT-Drucks. 12/5262, 160; KassKomm/*Wehrhahn* SGB VI § 166 Rn. 5.

aa) Pauschale Bemessung am Pflegeaufwand

Die beitragspflichtigen Einnahmen orientieren sich pauschal am Aufwand der Pflegeperson, indem auf den Pflegegrad und die Beteiligung professioneller Pflegekräfte an der Versorgung des Pflegebedürftigen abgestellt wird.

Beitragspflichtige Einnahmen der Pflegeperson in % der Bezugsgröße, § 166 II SGB VI

	Durch den Pflegebedürftigen bezogene Leistung		
	§ 37 SGB XI	**§ 38 SGB XI**	**§ 36 SGB XI**
Pflegegrad 5	100 %	85 %	70 %
Pflegegrad 4	70 %	59,5 %	49 %
Pflegegrad 3	43 %	36,55 %	30,1 %
Pflegegrad 2	27 %	22,95 %	18,9 %

Beitragspflichtige Einnahmen der Pflegeperson anhand der Bezugsgröße 2022 (W/O) in EUR

	Durch den Pflegebedürftigen bezogene Leistung					
	§ 37 SGB XI		**§ 38 SGB XI**		**§ 36 SGB XI**	
Pflegegrad 5	3.290,00	3.150,00	2.796,50	2.677,50	2.303,00	2.205,00
Pflegegrad 4	2.303,00	2.205,00	1.957,55	1.874,25	1.612,10	1.543,50
Pflegegrad 3	1.414,70	1.354,50	1.202,50	1.151,33	990,29	948,15
Pflegegrad 2	888,30	850,50	755,06	722,95	621,81	595,35

Bei Inanspruchnahme von Kombinationsleistungen (§ 38 SGB XI) oder häuslicher Pflegehilfe (§ 36 SGB XI) erfolgt gegenüber dem Höchstwert bei Inanspruchnahme von Pflegegeld (§ 37 SGB XI) ein Abschlag von 15 % bzw. 30 %.[621] Die Stufung nach unten zwischen den Höchstbeträgen der jeweiligen Pflegegrade beträgt 62,7 %, 61,4 % und 70 %.[622]

621 BT-Drucks. 18/5952, 150.

622 Vgl. § 166 II SGB VI: 27 % auf 43 %, 43 % auf 70 %, 70 % auf 100 %.

Die Leistungen zur Rentenversicherung der Pflegeperson sollen einerseits ausgleichen, dass aufgrund der Pflege keine Anwartschaften durch Erwerbstätigkeit gebildet werden.[623] Andererseits wird in der Höhe der Leistungen nach § 166 II SGB VI eine Belastungsorientierung vorgenommen.[624]

Der Höchstbetrag der beitragspflichtigen Einnahmen nach § 166 II SGB VI je nach Pflegegrad übersteigt jedenfalls den jeweiligen Höchstbetrag der häuslichen Pflegehilfe nach § 36 SGB XI.[625] Mit den höheren Leistungen liegt ein Anreiz vor, auch die Versorgung von Personen mit hohem Pflegegrad zu übernehmen. § 166 II SGB VI zeigt damit insgesamt, dass nicht nur die Kompensation des Erwerbs- und Absicherungsausfalls bezweckt wird, sondern auch Honorierungs- und Anreizfunktion besteht.

bb) Vergleich zur konkreten Zeitbemessung nach alter Rechtslage

In der pauschalen Anknüpfung liegt eine entscheidende Neuregelung des PSG II. Nach alter Rechtslage bestimmte § 166 II SGB VI a. F. die Einnahmen anhand der Pflegestufe und des Pflegeaufwands in Stunden:

Beitragspflichtige Einnahmen der Pflegeperson in % der Bezugsgröße nach § 166 II 1 SGB VI i. d. F. bis 31.12.2016

	Wöchentliche Pflege durch die Pflegeperson		
	28 Std.	**21 Std.**	**14 Std.**
Pflegestufe III	80 %	60 %	40 %
Pflegestufe II		53,3333 %	35,5555 %
Pflegestufe I			26,6667 %

Die Regelung knüpfte indirekt an zusätzliche professionelle Leistungen an, da bei einem Bezug von Pflegesachleistungen weniger Zeitaufwand für ehrenamtliche Pflege anzusetzen war.[626] Es war keine höhere Rentenleistung dafür vorgesehen, wenn eine Pflegeperson eines Pflegebedürftigen mit Pflegestufe I diesen

623 BT-Drucks. 12/5262, 116.

624 BT-Drucks. 12/5952, 53.

625 Basierend auf der Bezugsgröße West 2021 bei 3.290 EUR. PG 2: 888,30 zu 689; PG 3: 1.414,70 zu 1.298; PG 4: 2.303 zu 1.612; PG 5: 3.290 zu 1.995 EUR.

626 Vgl. *Koch*, RV 2002, 64 (68).

21 Stunden oder mehr pflegte. Mit diesem Pflegebedarf wäre der Pflegebedürftige bereits in die Pflegestufe II einzuordnen gewesen, § 15 III 1 Nr. 2 SGB XI a. F. Die höheren durchschnittlichen Pflegezeiten insbesondere bei Pflegebedürftigen mit eingeschränkter Alltagskompetenz ergaben sich aus Pflegezeiten, die nicht unter den abschließenden Katalog des § 14 IV SGB XI a. F. gefasst werden konnten.[627]

Ursprünglich sollte § 166 II SGB VI a. F. nur an der Pflegestufe anknüpfen. Die Zeitkomponente wurde erst im Laufe des Gesetzgebungsverfahrens zum PflegeVG eingeführt.[628] Der höchste Wert bei Pflegegrad III sollte 80 % der Bezugsgröße sein, bei Pflegegrad II und I sollten 2/3 bzw. 1/3 dessen angesetzt werden. Dies wurde relativiert, indem die Höchstwerte nur beim höchsten Zeitaufwand erreicht werden konnten.[629]

Nach § 166 II SGB VI a. F. wurde derselbe Zeitaufwand in den verschiedenen Pflegestufen unterschiedlich bewertet, da derselbe zeitliche Aufwand bei Personen mit höherer Pflegestufe eine höhere tatsächliche, körperliche wie seelische Belastung darstelle.[630] Die zeitliche Bemessung von Pflege war als Anknüpfungspunkt naheliegend, da die Pflegebedürftigkeit zeitlich bestimmt wurde. Mit der Umstellung auf das NBA musste eine neue Bemessung gefunden werden, wobei sich mit der Integrierung der eingeschränkten Alltagskompetenz in die Pflegebedürftigkeit die Frage der zeitlichen Differenzierung zwischen qualitativ und quantitativ aufwendigen Pflege- und Betreuungstätigkeiten stellte.[631] Mit der Pauschalierung nach § 166 II SGB VI n. F. wirkt sich hier aus, dass durch den neuen Pflegebedürftigkeitsbegriff der Pflegegrad nicht mehr gleichbedeutend

---

627 Vgl. BARMER Pflegereport 2015, S. 204 f., 212 f. Zum Verrichtungsbezug oben S. 59 ff.

628 BT-Drucks. 12/5262, 47, 160 f.; BT-Drucks. 12/5952, 53.

629 Die Höhe wurde schon im Gesetzgebungsverfahren kritisiert, so Redebeitrag Konrad Weiß in der 1. Beratung zum PflegeVG, BT-PlPr. 12/168, S. 14438: „BÜNDNIS 90/DIE GRÜNEN geht davon aus, daß eine problemadäquate Alterssicherung die fiktive Anrechnung eines Durchschnittseinkommens voraussetzt, daß also mindestens ein Entgeltpunkt für die Rentenberechnung zu berücksichtigen ist.“, ders. nochmals S. 14459: „Für die Benachteiligungen, die pflegende Frauen gerade im Hinblick auf die eigene Erwerbstätigkeit hinnehmen, werden sie nach dem Willen der Regierungskoalition im Rentenalter dann noch einmal bestraft. Wenigstens müßte hier durch Anrechnung eines vollen Entgeltpunktes – nicht nur von 0,7 Punkten, wie die Koalition es plant – eine Gleichstellung mit dem Durchschnittsverdiener herbeigeführt werden, damit nicht ausgerechnet diejenigen, die einen unerhört wichtigen sozialen Dienst leisten, im Alter von Sozialhilfe leben müssen.“

630 BT-Drucks. 12/5952, 53.

631 *Wingenfeld/Büscher/Gansweid*, Abschlussbericht Begutachtungsinstrument, S. 99 f.

mit dem konkreten Pflegeaufwand ist und somit ganz unterschiedliche Pflegezeiten auftreten können.[632]

cc) Maximale Beitragshöhe und Abzüge für professionelle Pflege

Bei Pflege eines Pflegebedürftigen mit dem höchsten Pflegegrad, der keine Pflege durch Leistungserbringer erhält, werden 100 % der Bezugsgröße als beitragspflichtiges Einkommen angesetzt, § 166 II 1 Nr. 1a SGB VI. In der bis zum 31.12.2016 gültigen Fassung konnten höchstens 80 % der Bezugsgröße bei mindestens 28 Stunden Pflegeaufwand in der Woche angesetzt werden. Mit dem PSG II wurden die höchstmöglichen Leistungen an Pflegepersonen also verbessert. Fraglich ist aber, ob die höchstmöglichen Leistungen auch erreicht werden können, da die Einnahmen gemindert werden, wenn die Pflegeperson die Versorgung nicht alleine erbringt,[633] was nach alter Rechtslage auch bei voller Inanspruchnahme von Sachleistungen nach § 36 SGB XI nicht erfolgte, sofern daneben noch 28 Stunden Pflegebedarf bestanden.[634]

Die pauschale Kürzung bei Bezug von häuslicher Pflegehilfe oder Kombinationsleistungen beruht auf der Vorstellung, dass sich typischerweise der Aufwand der Pflegeperson reduziert, wenn ein ambulanter Pflegedienst einen Teil der Pflege übernimmt.[635] Es ist aber nicht ersichtlich, woran sich die „Entlastungs"-Abschläge von 30 bzw. 15 % orientieren und ob sie im Verhältnis zur tatsächlichen Entlastung der Pflegeperson stehen. Letzteres erscheint fraglich, wenn keine Ablöse der Pflegeperson erfolgt, sondern sie mit der professionellen Pflegekraft zusammen Handgriffe ausübt oder parallel andere Tätigkeiten übernimmt. Entlastungen durch Tag- und Nachtpflege oder stundenweise Verhinderungspflege werden dagegen nicht beachtet. Bei Kombinationspflege erfolgt ein pauschaler Abschlag von 15 %, obwohl die Kombinationspflege nicht pauschal, sondern individuell ist.

§ 166 II SGB VI knüpft daran an, welche Leistungen der Pflegebedürftige *bezieht*, obwohl § 3 S. 1 Nr. 1a SGB VI lediglich einen *Anspruch* auf Leistungen voraussetzt. § 166 II SGB VI kann nicht die Versicherungspflicht bestimmen, sondern knüpft an den Regelfall an. § 166 II SGB VI ist so anzuwenden, dass

---

632 BeckOK-SozR/*Pfitzner* SGB XI § 14 Rn. 55.

633 Jedenfalls keine professionellen Pflegeleistungen durch Leistungserbringer der SPV in Anspruch genommen werden und keine weitere ehrenamtliche Pflegeperson beteiligt ist.

634 Vgl. *Schmidt*, ZFSH/SGB 1998, 402 (403); *Koch*, WzS 2002, 97 (98).

635 BT-Drucks. 18/5926, 150.

eine Pflegesachleistung unabhängig des Trägers mindernd wirkt und ohne eine solche der jeweilige Höchstbetrag anzusetzen ist.

Lediglich 3,4 % der Pflegebedürftigen, die ausschließlich Pflegegeld beziehen, sind in Pflegegrad 5 eingeordnet.[636] Nur ihre Pflegepersonen können 100 % der Bezugsgröße als beitragspflichtige Einnahmen nach § 166 II 1 Nr. 1a SGB VI erreichen. Dies wird weiter durch § 166 II 2 SGB VI relativiert, da umso seltener nur eine Person an der Pflege beteiligt ist, je höher die Pflegebedürftigkeit ist.[637]

dd) Beitragspflichtige Einnahmen in den niedrigeren Pflegegraden

Der weit überwiegende Teil der Pflegepersonen erreicht schon aus dem Grund nur geringe beitragspflichtige Einnahmen, dass fast die Hälfte der Pflegebedürftigen Pflegegrad 2 hat.[638] Teilweise wird angemahnt, dass in den niedrigeren Pflegegraden geringere Leistungen als vor Inkrafttreten des PSG II erbracht werden.[639] Im Vergleich des beitragspflichtigen Einkommens nach § 166 II SGB VI[640] kann bei Pflegegrad 2 nur ohne gleichzeitigen Bezug von professionellen Pflegeleistungen ein fiktives Einkommen erreicht werden wie bei Pflegestufe I; bei Pflegegrad 3 wird auch in diesem Fall nicht die Höhe wie bei Pflegestufe II erreicht (maximal 43 % statt 53,3333 %); zu bedenken ist aber, dass nach alter Rechtslage gegebenenfalls überhaupt keine Leistungen erbracht worden wären, da die Pflegeperson neben der professionellen Pflege nicht die erforderlichen Mindeststunden erreicht hätte, dies aber nun durch die Senkung der Mindestpflegezeit und die Anerkennung von Betreuungsleistungen tut. Die Leistung bei Pflegegrad 4 setzt höher ein als bei Pflegestufe III, erreicht aber maximal 70 % statt 80 %. Jedoch wurden PEA noch einen weiteren Pflegegrad hochgestuft (§ 140 II 3 Nr. 2 SGB XI), während sich ihr Betreuungsbedarf in der sozialen Sicherung der Pflegeperson vormals weder in der Pflegestufe niederschlug noch für die Pflegezeit beachtlich war. Damit können jetzt höhere Anwartschaften erreicht werden sowie zusätzliche Anwartschaften für die Versorgung von PEA, die zuvor nur begrenzt von der Pflegeversicherung erfasst wurden.

---

636 Vgl. Statistisches Bundesamt, Pflegestatistik 2019, S. 19.

637 Vgl. Abschlussbericht Evaluation PNG PSG I, S. 54.

638 Vgl. Statistisches Bundesamt, Pflegestatistik 2019, S. 19.

639 So *Nakielski*/*Winkel*, SoSi 2017, 24 (25 f.).

640 Vgl. § 140 II 3 Nr. 1 SGB XI: Pflegestufe I entspricht Pflegegrad 2, Pflegestufe II entspricht Pflegegrad 3, Pflegestufe III entspricht Pflegegrad 4 und Pflegestufe III bei besonderem Härtefall entspricht Pflegegrad 5.

b) Warum keine Anknüpfung an entgangenes Einkommen und entgangene Anwartschaften?

Statt der derzeitigen Regelung könnte „lückenfüllend“ am entgangenen Einkommen bzw. den entgangenen Rentenanwartschaften angeknüpft werden. Für die „Lückenfüllung“ wäre der Pflegeaufwand zunächst kein entscheidendes Kriterium. Über den Aufwand könnte geschlossen werden, in welchem Umfang die Pflegeperson ihre Arbeitskraft nicht stattdessen auf dem Arbeitsmarkt einsetzen kann. Stattdessen kann ehrenamtliche Arbeit auch anhand marktüblicher Entgelte bewertet werden.[641] Jedoch ist für die Pflegepersonen nicht der Einsatz der Arbeitskraft entscheidend, sondern die Beschäftigungsfeindlichkeit der Pflege.[642] Zur Verwaltungsvereinfachung wäre eine Vermutungsregelung denkbar, nach der eine Arbeitszeitreduzierung zu Beginn der Pflegephase als aufgrund der Pflege erfolgt gilt, etwa auch bei mehreren Pflegepersonen eines Pflegebedürftigen, die nach neuem Recht nicht mehr nach ihrem tatsächlichen Aufwand, sondern anteilig bewertet werden.

Beitragsrechtliche Nachteile im Fall des nicht versicherungspflichtigen Ehrenamtes können nach § 163 III SGB VI ausgeglichen werden. Der versicherungspflichtige Arbeitnehmer kann für den Unterschiedsbetrag Beiträge erbringen, § 168 Nr. 5 SGB VI. Eine solche Regelung bestand auch nach § 177 II SGB VI i. d. F. v. 1.1.1992 bis 31.3.1995 vor Inkrafttreten des § 3 S. 1 Nr. 1a SGB VI für Pflegepersonen, die ihre Beschäftigung einschränken.

Dies findet nicht mehr statt, da die soziale Sicherung für Pflegepersonen nicht nur bereits versicherungspflichtige Beschäftigte in den Fokus nimmt, sondern die Pflegetätigkeit aller Personen gleichermaßen honoriert. Ob die Höhe des fiktiven Einkommens nach § 166 II SGB VI einen Gewinn oder einen Verlust darstellt, ist also von der jeweiligen Rentenbiografie abhängig.[643] Nicht alle Personen sind vor Aufnahme der Pflege erwerbstätig oder reduzieren eine bereits bestehende Erwerbstätigkeit. Ihnen entgeht aber Rentensicherung, wenn sie aufgrund der Pflege eine Erwerbstätigkeit nicht wiederaufnehmen.

In der Analyse von Versichertenkontenstichproben zeigt sich, dass die in der Pflegephase durchschnittlich erreichten Anwartschaften in der breiten Masse an die vor der Pflegephase erreichten Anwartschaften heranreichen, die aber

---

641 Hierzu *Igl*, SGb 2003, 6 (9). Zu § 166 II 2 SGB VI siehe S. 186 f.

642 So auch *Just*, SoSi 2008, 74 (75).

643 *Czaplicki*, SoFo 2016, 105 (106).

schon zuvor nicht dem Durchschnittseinkommen entsprechen.[644] Pflegepersonen, die über mehr als die Hälfte der Pflegephase auch sozialversicherungspflichtig beschäftigt waren, erreichen nicht nur das vorherige Sicherungsniveau, sondern steigern ihre durchschnittlichen Anwartschaften deutlich.[645] Das Absicherungspotenzial des Nebeneinanders von Pflege und Beruf wäre noch deutlich erhöht, wenn nicht über § 3 S. 3 SGB VI Personen mit einer Erwerbstätigkeit von mehr als 30 Stunden von der Versicherungspflicht ausgeschlossen wären – gerade dies soll § 3 S. 3 SGB VI aber ausschließen. Der Höchstwert des § 166 II 1 Nr. 1a SGB VI könnte so verstanden werden, dass die Rentensicherung entsprechend dem Durchschnittseinkommen kompensiert wird und von dort aus die Einnahmen entsprechend heruntergerechnet werden.[646] Personen, die zuvor durchschnittlich verdienten, erhalten bei Aufgabe oder Reduzierung ihrer Erwerbstätigkeit zugunsten der Pflege eine Erwerbseinbuße, zumal die meisten häuslich versorgten Pflegebedürftigen Pflegegrad 2 oder 3 haben und somit höchstens 27 % bzw. 43 % der Bezugsgröße als Einkommen angesetzt werden, vorausgesetzt, dass der Pflegebedürftige keine zusätzlichen Sachleistungen erhält.[647] Da die meisten Pflegebedürftigen einen geringen Pflegegrad haben, werden aufgrund von § 166 II SGB VI für die meisten Pflegepersonen geringere

---

644 So die Ergebnisse der Untersuchung bei *Czaplicki*, SoFo 2016, 105 (111): Ohne sozialversicherungspflichtige Beschäftigung in der Pflegephase erreichten Frauen durchschnittlich 0,47 EP (vor der Pflege 0,44 EP), Männer 0,49 EP (zuvor 0,54 EP). Personen mit sozialversicherungspflichtiger Beschäftigung während weniger als der Hälfte der Pflegephase erreichten 0,56 EP (Frauen, zuvor 0,55 EP) bzw. 0,56 EP (Männer, zuvor 0,65 EP). Somit verschlechterten sich nur für Männer, die während der Pflegephase niemals sozialversicherungspflichtig beschäftigt waren, die durchschnittlichen Anwartschaften.

645 So die Ergebnisse der Untersuchung bei *Czaplicki*, SoFo 2016, 105 (111): Frauen erreichten 0,91 EP (vor der Pflegephase 0,58), Männer erreichten 1,12 EP (zuvor 0,67). Dabei handelt es sich um Personen, die weniger als 30 Stunden wöchentlich erwerbstätig waren. Siehe dazu auch die Berechnungen in der Gesetzesbegründung des Gesetzes zur Vereinbarkeit von Pflege und Beruf, BT-Drucks. 17/6000, 12: Hier wurde aufgeschlüsselt, wie viele Entgeltpunkte über einen Zeitraum von vier Jahren durch Pflege und parallele Teilzeitarbeit erreicht werden könnten.

646 Wobei selbst dieser Höchstwert nicht dem Durchschnittseinkommen von Vollzeitbeschäftigten entspricht, da die Bezugsgröße auch Teilzeitbeschäftigte miteinbezieht, vgl. *Kemper*, Absicherung von Erziehungsarbeit, S. 228.

647 Bericht des Beirats zur Vereinbarkeit von Pflege und Beruf, S. 64, der daher eine Verbesserung des rentenrechtlichen Ausgleichs fordert, um eine Schlechterstellung durch eine Freistellung auszuschließen.

Beiträge erbracht.[648] Vom Pflegegrad nach NBA kann nicht auf den Pflegeaufwand der Pflegeperson und damit ihre häusliche Bindung geschlossen werden, sodass sich auch nicht sagen lässt, wie erwerbsfeindlich die Pflege ist.

Von der individuellen Rentenbiografie abrückend lässt sich feststellen, dass Personen mit Pflegephasen in ihrer Rentenbiografie geringere Versicherungszeiten und persönliche Entgeltpunkte aufweisen als Personen ohne Pflegephasen und nicht das Eckrentner-Niveau erreichen.[649] Dies wird nicht nur auf Kausaleffekte der Pflegephasen zurückgeführt, also eine negative Auswirkung der Pflege auf den Erwerbsverlauf währenddessen und danach; vielmehr wird von der Forschung angenommen, dass bereits Selektionseffekte stattfinden, also der bisherige Erwerbsverlauf maßgeblich bestimmt, wer die Pflege aufnimmt und welche Erwerbsbeteiligung stattfindet.[650] Frauen, die Angehörige pflegen, weisen durchschnittlich auch mehr Zeiten an Kindererziehung und Zeiten ohne Erwerbstätigkeit oder Pflege auf, woraus insbesondere für westdeutsche Frauen eine häusliche Orientierung schon vor Beginn der Pflege geschlossen wird.[651] Männer pflegen häufiger als Frauen in Phasen der Arbeitslosigkeit oder organisieren die Pflege auch durch ein Netzwerk an Helfern um ihre Erwerbstätigkeit herum.[652] Sie pflegen häufiger in ihrer eigenen Generation und somit in einem späteren Lebensalter.[653]

Wenn zu einem erheblichen Teil Personen pflegen, die schon zuvor nicht erwerbsorientiert waren, führt die Entscheidung, nicht am entgangenen

648 *Stegmann/Bieber*, DRV 2011, 161 (182).

649 *Stegmann/Mika*, DRV 2007, 771 (782 ff.). Für den rentenrechtlichen Wert der Kindererziehung wird vorgeschlagen, statt auf den durchschnittlichen sozialversicherungspflichtig Beschäftigten abzustellen, die tatsächliche nachhaltige Einbuße (von insgesamt mehr als 3 EP) an Alterssicherung durch Kindererziehung zu ersetzen (so *Kemper*, Absicherung von Erziehungsarbeit, S. 457 f.). In den alten Bundesländern liegt bei Frauen mit einem oder mehr Kindern eine nachhaltige Einbuße im durchschnittlichen Einkommen vor, die auch im weiteren Erwerbsleben nicht mehr aufgeholt wird (*Stegmann*, DRV 2005, 675 (680 f.)).

650 *Rothgang/Unger*, FNA-Journal 4/2013, 33 ff.; *Czaplicki*, SoFo 2016, 105 (110 f.); *Czaplicki*, Pflege- und Erwerbstätigkeit im Lebensverlauf, S. 33 ff. m. w. N. Zum Anreiz durch Pflegegeld siehe Fn. 307.

651 *Stegmann/Mika*, DRV 2007, 771 (782 f.); *Czaplicki*, SoFo 2012, 159 (163).

652 *Czaplicki*, SoFo 2016, 105 (109); *Czaplicki*, Pflege- und Erwerbstätigkeit im Lebensverlauf, S. 335 ff. m. w. N.; *Auth/Dierkes/Leiber/Leitner*, ZSR 2016, 79,

653 BARMER GEK Pflegereport 2015, S. 198 f. *Czaplicki*, Pflege- und Erwerbstätigkeit im Lebensverlauf, S. 403 vermutet, dass Männer die Pflege häufiger als Übergangsphase in die Altersrente nutzen.

Einkommen, sondern an einer fiktiven aufwandsbezogenen Größe anzuknüpfen, zu einer weitgehenden Begünstigung. Der Gleichbehandlung der Pflegeleistung steht aber § 3 S. 3 SGB VI entgegen.

c) *Mehrfachpflege*

Wird ein Pflegebedürftiger durch mehrere Pflegepersonen gepflegt (Mehrfachpflege), wird das beitragspflichtige Einkommen auf die Pflegepersonen aufgeteilt. Bei der Pflege durch mehrere Pflegepersonen sind die beitragspflichtigen Einnahmen auf sie nach § 166 II 2 SGB VI entsprechend dem prozentualen Umfang ihrer Pflegetätigkeit im Verhältnis zum Gesamtpflegeaufwand aufzuteilen, unter Berücksichtigung des Abschlags für Sachleistungserhalt des Pflegebedürftigen.[654] Hier zeigt sich, dass die soziale Sicherung eine Leistung aus der Versicherung des Pflegebedürftigen ist und für dessen Pflege ein gewisses Budget nur einmal zur Verfügung steht.[655] Bei der Aufteilung sind Pflegepersonen zu berücksichtigen, die dem Grunde nach versicherungspflichtig sind, weil sie die Mindestpflegezeit erreichen, auch wenn sie versicherungsfrei sind.[656] Der Anteil am Gesamtpflegeaufwand wird nach § 44 I 3–6 SGB XI unter Zugrundelegung der Angaben der Pflegepersonen festgestellt, ansonsten erfolgt eine Aufteilung zu gleichen Teilen.[657]

---

654 Die beitragspflichtigen Einnahmen der Pflegepersonen wurden nach alter Rechtslage unabhängig von der Inanspruchnahme professioneller Pflegeleistungen berechnet, Hauck/Noftz/*Fichte* SGB VI § 3 Rn. 39: Dadurch konnte der Anteil der professionellen Pflege erhöht werden, ohne die Bemessungsgrundlage der Pflegepersonen zu verringern.

655 Kreikebohm/Roßbach/*Segebrecht* § 166 Rn. 41; BeckOK-SozR/*v. Koch* SGB VI § 166 Rn. 31.

656 BeckOK-SozR/*v. Koch* SGB VI § 166 Rn. 32 f.; KassKomm/*Wehrhahn* SGB VI § 166 Rn. 72; BT-Drucks. 18/5926, 150; *Schmidt*, ZFSH/SGB 1998, 402 (411 f.); a. A. GemRdschr RVAloV v. 13.12.2016, III 1.4, S. 62, jurisPK-SGB VI/*Wißing* § 166 Rn. 203; Kreikebohm/Roßbach/*Segebrecht* § 166 Rn. 41: Aufteilung auch, wenn Mindestpflegezeit nicht erreicht wird. Eine Regelung wie § 166 II 3 SGB VI a. F., dass nur Pflegepersonen berücksichtigt werden, die die Mindestpflegezeit an diesem Pflegebedürftigen erfüllen, besteht nach derzeitiger Rechtslage nicht.

657 Der Entwurf zum PSG II sah als Voraussetzung des § 3 S. 1 Nr. 1a SGB VI (und entsprechend § 166 II SGB VI) vor, dass bei Mehrfachpflege die Pflegetätigkeit mindestens 30 Prozent des Gesamtpflegeaufwands umfasste, was als addierter Mindestpflegeaufwand aber auch durch die Pflege weiterer Pflegebedürftiger erreicht werden konnte (BT-Drucks. 18/5926, 129, 150). Dies wurde zur Vereinfachung der Feststellung im Gesetzgebungsverfahren gestrichen, da schon der Mindestpflegeaufwand eine ausreichende Erheblichkeitsschwelle darstellte (BT-Drucks. 18/6688, 143).

d) Additionspflege

Pflegt eine Pflegeperson mehrere Pflegebedürftige (Additionspflege), gelten nach § 166 II 3 SGB VI die beitragspflichtigen Einnahmen nach § 166 II 1 und 2 SGB VI. Die beitragspflichtigen Einnahmen werden addiert. Nach § 166 III 1 SGB VI i. d. F. v. 1.1.2013 bis 31.12.2016 waren die beitragspflichtigen Einnahmen für Personen, die die Mindestpflegezeit erst durch die Pflege mehrerer Personen erreichten, auf 26,6667 % der Bezugsgröße festgelegt, entsprechend den fiktiven Einnahmen bei der Pflege eines Pflegebedürftigen mit Pflegestufe I. Bei Additionspflege wurde eine höhere Pflegestufe nicht berücksichtigt, sie minderte bei Mehrfachpflege aber auch nicht die beitragspflichtigen Einnahmen anderer Pflegepersonen, § 166 II 3 SGB VI a. F.

e) Exkurs: Beiträge bei Leistungen der Hilfe zur Pflege

Nach § 64f I SGB XII (§ 65 I 1 SGB XII a. F.) werden den zum Pflegegeld gem. § 64a I SGB XII Berechtigten auch die Beiträge einer Pflegeperson oder einer besonderen Pflegekraft für eine angemessene Alterssicherung erstattet, wenn die Alterssicherung nicht anderweitig sichergestellt ist.

4. Beitragswirkung und Leistung der Rentenversicherung

Da die Pflege zur Versicherungspflicht führt, liegen Pflichtbeitragszeiten vor, wenn aufgrund dieser Beiträge gezahlt werden.[658] Soweit rentenrechtliche Regelungen wie die Wartezeit nach § 51 SGB VI an rentenrechtliche Zeiten, Beitragszeiten oder Pflichtbeitragszeiten anknüpfen, erfüllt die Pflegeperson durch ihre Versicherungspflicht diese Voraussetzungen. Die ehrenamtliche versicherungspflichtige Pflege kann so rentenerhöhend oder anspruchsbegründend sein.[659] Die Entgeltpunkte werden nach § 70 I 1 SGB VI ermittelt.[660] Die Beitragszeiten wirken sich zudem auf die Grundleistungsbewertung und die Grundrentenzeiten

---

658 Vgl. KassKomm/*Gürtner* SGB VI § 55 Rn. 4.

659 *Schmidt*, ZFSH/SGB 1998, 402 (409).

660 Die Differenz, die sich zwischen der Bezugnahme auf die Bezugsgröße in § 166 II SGB VI für Pflegepersonen und der Bezugnahme auf Entgeltpunkte in § 70 II SGB VI ergibt, wurde im Gesetzgebungsverfahren zum PSG II bemängelt, so Stellungnahme des Bundesrates, BT-Drucks. 18/6182, 20: damit auf die Verbesserungen durch das PSG II kein „unnötiger Schatten" falle, dass die Pflege schlechter gestellt werde als die Kindererziehung (im Jahr 2015 entspräche dies einem Unterschied von 0,82 €). Dies wurde aus systematischen Gründen abgelehnt (BT-Drucks. 18/6182, 31).

aus. Die Mehrfachversicherung etwa durch Beschäftigung und Pflege im selben Zeitraum erhöht die Entgeltpunkte, nicht die Beitragszeiten.[661] Die Beiträge für die Pflegeperson gehen wie Beiträge aus einem Arbeitsentgelt in die Berechnung der Entgeltpunkte ein und finanzieren im Umlageverfahren die derzeitigen Rentenausgaben. Der Vertrauensschutz nach § 26 I 3 SGB IV gilt auch für zu Unrecht für die Pflegeperson entrichtete Pflichtbeiträge.[662]

Um schließlich aufgrund der Leistungen zur Alterssicherung durch die Pflegeversicherung Rentenleistungen zu erhalten, müssen die allgemeinen Leistungsvoraussetzungen erfüllt werden, insbesondere die Wartezeit von fünf Jahren nach § 50 SGB VI. Die besonderen Leistungsvoraussetzungen ergeben sich nach §§ 35 ff. SGB VI je nach Rentenart. Da die Rentenversicherung auf die Versicherung des gesamten Erwerbslebens abstellt, sind in der Regel noch Versicherungszeiten nötig, um die Leistungsvoraussetzungen zu erfüllen.[663]

5. Beitragspflicht, Finanzierung

Auf die Versicherungspflicht folgt grundsätzlich Beitragspflicht.[664]

a) Beitragspflicht

Die Beitragspflicht für die Alterssicherung der Pflegepersonen liegt nach § 170 I Nr. 6 SGB VI, abweichend von der Beitragsparität der Versicherung der Beschäftigten (§ 168 I Nr. 1 SGB VI), vollständig bei der Pflegekasse oder dem Pflegeversicherungsunternehmen, bei dem der Pflegebedürftige versichert ist, oder seiner Beihilfestelle. Für die Pflegeperson ist unerheblich, wie der Pflegebedürftige pflegeversichert ist.[665] Damit werden die Pflegepersonen

---

661 Vgl. KassKomm/*Gürtner* SGB VI § 1 Rn. 6.

662 BSG, Urt. v. 16.6.2021 – B 5 RE 5/20 R.

663 Im Rahmen des PSG II empfahl der Bundesrat eine Nachzahlungsmöglichkeit von freiwilligen Beiträgen für nicht erwerbsmäßige Pflegepersonen, um damit die allgemeine Wartezeit zu erfüllen, in § 208 SGB VI zu normieren (vgl. BT-Drucks. 18/6182, 19 f.). Dies wurde durch die Bundesregierung abgelehnt, da schon regulär ab dem 55. Lebensjahr eine Rentenauskunft erteilt werde, aus der hervorgehe, ob die allgemeine Wartezeit erfüllt sei und die Möglichkeit eingeräumt werde, laufend freiwillige Beiträge zur Erreichung der allgemeinen Wartezeit einzuzahlen (BT-Drucks. 18/6182, 31).

664 SRH/*Ruland* § 17 Rn. 162 f.

665 Private Pflegeversicherungsunternehmen müssen nach § 23 I 2 SGB XI Leistungen zur Verfügung stellen, die den Leistungen der SPV gleichwertig sind. Zu diesem Grundsatz *Ladage*, in: FS 50 Jahre BSG, 673 ff.

gleichbehandelt und das Ziel einer besseren sozialen Sicherung erreicht.[666] Die Beiträge werden anders als bei der pauschalen Beitragsabgeltung für Kindererziehungszeiten (§ 177 II–IV SGB VI) nach dem Grundsatz des § 173 SGB VI durch die beitragspflichtige Stelle bzw. das Unternehmen gezahlt.[667]

b) *Insbesondere: Beitragsfinanzierung*

Die Alterssicherung ist eine Pflegeversicherungsleistung (§ 28 I Nr. 10 SGB XI) und wird als solche grundsätzlich durch die Beiträge finanziert.

Die Beitragsfinanzierung ist zulässig, da die Leistungen zur Alterssicherung der Pflegeperson Leistungen zur mittelbaren Absicherung des Pflegebedürftigen sind. Für die Alterssicherung der Pflegepersonen stehen die *Solidargemeinschaft der Pflegeversicherung* beziehungsweise die Beitragszahler der privaten Pflegeversicherungsträger und die Beihilfe ein. Sie wird als systemspezifische Aufgabe behandelt. Dem ließe sich entgegenhalten, dass die Angleichung der Rentenniveaus eigentlich eine staatliche Aufgabe ist, die durch Steuermittel zu finanzieren wäre. Die Finanzierung durch Sozialversicherungsbeiträge ist grundrechtlich und kompetenzrechtlich streng zweckgebunden.[668] Die Zwangsmitgliedschaft in der Sozialversicherung stellt einen Eingriff in die allgemeine Handlungsfreiheit nach Art. 2 I GG dar. Der Eingriff in die Handlungsfreiheit des Zwangsversicherten wird durch die Schutzbedürftigkeit des Versicherten und ihre Einbeziehung in eine öffentlich-rechtliche Vorsorgestruktur, die ein bestimmtes Risiko (und nur dieses) absichert, gerechtfertigt.[669] Die unter Eingriff in das Grundrecht auf allgemeine Handlungsfreiheit zustande gekommene Zwangsmitgliedschaft in der Sozialversicherung kann die Auferlegung nur solcher Geldleistungspflichten rechtfertigen, die ihren Grund und ihre Grenze in den Aufgaben der Sozialversicherung finden.[670] Die Schranke der verfassungsmäßigen Ordnung in

---

666 BT-Drucks. 12/5262, 161.

667 Genaueres zum Verfahren können nach § 176a SGB VI die Spitzenverbände der Pflegekassen, der Verband der privaten Krankenversicherung e. V., die Festsetzungsstellen für die Beihilfe und die Deutsche Rentenversicherung Bund durch Vereinbarung regeln. Siehe hierzu GemRdschr RVAloV v. 13.12.2016, III 4.1, III 4.2, S. 73 ff.

668 Vgl. BVerfG, Beschl. v. 18.7.2005 – 2 BvF 2/01, BVerfGE 113, 167, juris Rn. 98.

669 *Hase*, in: FS Bieback, 127 (132) m. w. N.; *Hase*, S. 46 ff. m. w. N.

670 BVerfG, Beschl. v. 18.7.2005 – 2 BvF 2/01, BVerfGE 113, 167, juris Rn. 98. Hierzu *Rolfs*, Versicherungsprinzip, S. 226 ff.; *Bieback*, in: FS 50 Jahre BSG, 117 ff.; *Hase*, S. 46 ff., 162 ff.; *Ehler/Langelüddeke*, DRV 2006, 397 (402 f.); *Koop*, NZS 2015, 650 (653); *Koop*, VSSR 2012, 279 (286 ff.); *Brosius-Gersdorf*, SGb 2019, 509 (513 f.). Dies gilt im gesteigerten Maße für Arbeitgeber und andere Personen, die mit ihren Beiträgen aufgrund

Art. 2 I GG bezieht sich auf die verfassungsmäßige Rechtsordnung, also alle formell und materiell verfassungsmäßigen Gesetze.[671] Die Gesetzgebungskompetenz nach Art. 74 Nr. 12 GG ist aber auf die Finanzierung der *Sozialversicherung* begrenzt, sodass der Gesetzgeber sich ihrer nicht bedienen kann, um Mittel für den allgemeinen staatlichen Finanzbedarf zu beschaffen.[672]

Gesamtgesellschaftliche Aufgaben dürfen nicht durch Beiträge finanziert werden, da die Finanzierungsverantwortung für sie beim Steuerzahler liegt und nur für systemspezifische Aufgaben bei den Beitragszahlern. Die Grenze ist kritisch, wo das bestehende Sozialversicherungssystem dazu genutzt wird, soziale Lasten auszugleichen und so der Staat in seiner Finanzierungsverantwortung „subventioniert" wird.[673] Ein Umlegen der Kosten von Maßnahmen sozialen Ausgleichs auf die Versichertengemeinschaft auch zugunsten von Personen, die nicht Teil dieser sind, birgt die Gefahr einer Umverteilung von unten nach oben.[674] Werden Kosten auf die Versichertengemeinschaft (also die Beitragszahler) umgelegt, wird damit eine andere Gruppe belastet, als wenn die Kosten durch den Bundeszuschuss, also die Steuerzahler[675], getragen werden.[676] Durch Ausschluss von höher verdienenden Berufsgruppen und die Beitragsbemessungsgrenze sind die von der Beitragserhebung erfassten Einkommen im Durchschnitt geringer als die steuerpflichtigen Einkommen. Dies führt auch zur Frage der Zulässigkeit vor Art. 3 I GG.

Diese für die Umverteilung innerhalb einer Versichertengemeinschaft diskutierten Punkte[677] gelten in gleichem Maße, wenn wie bei den

---

spezifischer Verantwortlichkeitsbeziehungen ein fremdes Risiko versichern, BVerfG, Beschl. v. 22.5.2018 – 1 BvR 1728/12, 1 BvR 1756/12, BVerfGE 149, 50, juris Rn. 77 f.

671 BVerfG, Urt. v. 16.1.1957 – 1 BvR 253/56, BVerfGE 6, 32; BVerfG, Beschl. v. 6.6.1989 – 1 BvR 921/85, BVerfGE 80, 137, juris Rn. 62 ff. m. w. N.

672 BVerfG, Beschl. v. 8.4.1987 – 2 BvR 909/82, BVerfGE 75, 108, juris Rn. 99; BVerfG, Beschl. v. 18.7.2005 – 2 BvF 2/01, BVerfGE 113, 167, juris Rn. 98.

673 Vgl. *Isensee*, S. 11; Schulin HS-RV/*Ebsen* § 4 Rn. 49 ff.

674 *Ruland*, SGb 1987, 133 (134); *Butzer*, S. 14 ff.; vgl. *Ruland*, NZS 2016, 361 (365).

675 Die Bundeszuschüsse gleichen die der Versichertengemeinschaft aus Gründen des Allgemeinwohls auferlegten öffentlichen Lasten aus, die nicht beitragsgedeckt sind, vgl. BVerfG, Beschl. v. 26.3.1980 – 1 BvR 121/76, 1 BvR 122/76, BVerfGE 54, 11, juris Rn. 55.

676 *Ruland*, DRV 1995, 28; *Ruland*, SGb 1987, 133.

677 Kindererziehungsleistungen sind bei ihrer rentenrechtlichen Anerkennung durch Steuergelder gegenzufinanzieren, denn sie betreffen eine gesamtgesellschaftliche Aufgabe, die nicht lediglich (durch Beitragsfreiheit) auf die Solidargemeinschaft der GRV umzulegen ist, *Ruland*, SGb 1987, 133 (138); *Ruland*, DRV 1995, 28 (30); *Ruland*, NZS 2016, 361 (365); *Koop*, NZS 2015, 650 (653 ff.); kritisch *Kingreen*, SDSRV Bd. 57, S. 71 (82 ff.). In diese Richtung auch BSG, Urt. v. 5.7.2006 – B 12 KR 20/04 R, SozR 4-2600

Rentenleistungen für Pflegepersonen aus einem Versicherungszweig heraus, finanziert durch die Beiträge der dort Versicherten, eine Beitragszahlung zur Absicherung in einem anderen Versicherungszweig erfolgt.

Die Finanzierung der Rentenversicherungsbeiträge für Pflegepersonen entspricht einer spezifischen Aufgabe der Pflegeversicherung, die durch Beiträge finanziert werden kann, da diese Leistung durch ihre Anreizfunktion dazu dient, im Leistungsfall der Pflegebedürftigkeit die Versorgung der Pflegebedürftigen in ihrer häuslichen Umgebung sicherzustellen.[678] Es handelt sich um eine Leistung aufgrund des Versicherungsfalls des Pflegebedürftigen. Die Rentenabsicherung von Pflegepersonen ist also keine allgemein staatliche Aufgabe, sondern eine spezifisch dem Versicherungsfall des Pflegebedürftigen zuzuordnende Leistung, die zulässigerweise durch Beiträge finanziert werden kann.

6. Pflege als Sorgearbeit: Auswirkung auf Pflichtbeitragszeiten

Die rentenrechtliche Anerkennung der Pflege ist Teil des sozialen Ausgleichs in der Rentenversicherung, durch den die starke Orientierung des Versicherungszweiges am Versicherungsprinzip ausgeglichen wird. Im Folgenden soll die Anerkennung der Pflege im Rahmen des sozialen Ausgleichs untersucht werden. Anschließend soll die darüber hinausgehende Bedeutung der Pflege in der Rentenversicherung insbesondere im Vergleich zur Anerkennung der Kindererziehung betrachtet werden.

a) Pflegetätigkeit und sozialer Ausgleich

Die Rentenversicherungspflicht der Pflegepersonen soll die soziale Absicherung von Personen verbessern, die ihre Erwerbstätigkeit bei Aufnahme der Pflege ganz oder teilweise aufgeben oder aufgrund der ausgeübten Pflege nicht wieder aufnehmen.[679] Ebenso wie die 1986 eingeführte Berücksichtigung von Kindererziehungszeiten[680] soll die Berücksichtigung von Pflegezeiten ausgleichen, dass Rentenanwartschaften vor allem durch Erwerbstätigkeit gebildet werden (§ 63 I SGB VI) und somit familienorientierte Personen – überwiegend

---

§ 157 Nr. 1, juris Rn. 53 ff. Auch zu Finanzierungsfragen der Grundrente *Brosius-Gersdorf*, SGb 2019, 509 (513). Unten auch weiter zur Frage des generativen Beitrags S. 199 ff.

678 Hierzu schon oben Abschnitt A.I.2.a., S. 50 ff.

679 BT-Drucks. 12/5262, 116.

680 Vgl. BT-Drucks. 10/2677, 28.

Frauen[681] – im Aufbau einer eigenständigen Alterssicherung benachteiligt sind.[682]

aa) Versicherungsprinzip und diskontinuierliche Erwerbsbiografien

Die Rentenversicherung ist im Vergleich zu anderen Zweigen der Sozialversicherung besonders durch das Versicherungs- bzw. Äquivalenzprinzip geprägt.[683] Die Höhe der später erbrachten Leistungen bestimmt sich vor allem nach dem beitragspflichtigen Einkommen (Einkommensfaktor) und den Erwerbs- bzw. Beitragsjahren (Zeitfaktor).[684] Das führt dazu, dass Personen mit diskontinuierlicher Erwerbsbiografie, etwa aufgrund von Pflege oder Kindererziehung, geringere Rentenanwartschaften bilden. Über den Zeitfaktor wirken sich Lücken der Erwerbstätigkeit negativ aus, während über den Einkommensfaktor niedrige Stundenlöhne durch schlechte Bezahlung in frauendominierten Branchen, schlechtere Bezahlung von Frauen bei gleicher Qualifikation und Arbeit, geringe Aufstiegsstufen und Teilzeitarbeit zu niedrigeren Frauenrenten führen.[685] Der im Rentenrecht vorausgesetzte „Normal-lebenslauf" aus möglichst durchgehender Vollzeiterwerbstätigkeit ist nicht „normal" für die Mehrheit der Frauen.[686]

Der Gender Pension Gap, also das geschlechtsspezifische Rentengefälle, liegt in Deutschland bei 39,2 %.[687] In späteren Rentenzugangsjahrgängen hat sich das Rentenniveau durch die erweiterte Frauenerwerbstätigkeit sowie die gleich zu behandelnden Ausgleichsmaßnahmen weiter angeglichen. Im

681 BT-Drucks. 12/5262, 179. Neuere Zahlen: BARMER Pflegereport 2018, S. 113 ff.: 69,5 % der Pflegepersonen sind Frauen; Abschlussbericht Evaluation PNG PSG I, S. 57: 68 % (2016).

682 Vgl. Schulin HS-RV/*Kreikebohm/v. Koch/Krauß* § 30 Rn. 86 ff.; Schulin HS-RV/*Frerich/Frey* § 2 Rn. 146 ff.; *Stegmann*, DRV 2001, 137.

683 *Ruland*, DRV 2013, 101 (102); SRH/*Ruland* § 17 Rn. 3.

684 *Klammer*, SoFo 2017, 359 (361). Eine zentrale Rolle für die Alterssicherung spielt daher die Länge der Kindererziehungs- und Pflegephasen bzw. der Wiedereinstieg in den Beruf (hierzu *Heien/Frommert/Loose*, DRV 2012, 233).

685 Vgl. *Klammer*, SoFo 2017, 359 (361); *Brussig/Postels/Zink*, DRV 2018, 39; *Armbruster/Fuchsloch*, DRV 2020, 226 (231 ff.); *Stegmann*, DRV 2001, 137; Gutachten zum 2. Gleichstellungsbericht, BT-Drucks. 18/12840, 91.

686 *Kerschbaumer/Schulze Buschoff*, SoSi 2016, 353.

687 G7 Dashboard on Gender Gaps 2022 (https://www.g7germany.de/resource/blob/974430/2058072/6bc4870be5da311ac4334eaa4592f43d/2022-06-28-gender-gap-germany-data.pdf abgerufen 20.11.2022); siehe auch *Kreyenfeld/Mika/Radenacker*, SoFo 2018, 973; *Frommert*, DRV 2020, 211.

Rentenzugang 2018 wiesen Frauen und Männer in den neuen Bundesländern erstmals mit 43,3 Versicherungsjahren gleich hohe Versicherungszeiten auf und ab 2019 Frauen längere Versicherungszeiten als Männer; westdeutsche Frauen erreichten 2019 mit 34,7 Versicherungsjahren aber noch nicht die 41,4 Jahre westdeutscher Männer.[688] Die pro Versicherungsjahr durchschnittlich erreichten Entgeltpunkte divergieren weiterhin. Im Rentenzugang 2019 erreichten bei den Renten wegen Alters Männer rund 0,96 EP pro Versicherungsjahr, Frauen rund 0,76 EP.[689] Die Forderung nach einer geschlechtergerechten Alterssicherung, die den Gender Pension Gap vermeidet und zu einer eigenständigen, existenzsichernden Alterssicherung von Frauen führt, ist noch nicht erfüllt und wirft weitere Fragen auf.[690]

Neben weiteren Ausgleichsmaßnahmen werden insbesondere Kindererziehungszeiten nach § 56 SGB VI angerechnet, während derer Versicherungspflicht nach § 3 S. 1 Nr. 1 SGB VI besteht und für die folglich Pflichtbeitragszeiten erlangt werden.[691] Nicht erwerbstätige Frauen konnten zuvor oftmals lediglich abgeleitete (Hinterbliebenen-)Leistungen aus der Versicherung erwerbstätiger Ehepartner erhalten, die nicht mehr ausreichende Alterssicherung bieten.[692]

---

688 Vgl. Rentenversicherung in Zeitreihen 2020, S. 127 f.

689 Rentenversicherung in Zeitreihen 2020, S. 129 f.

690 Hierzu *Fuchsloch,* in: FS Plagemann, 109 ff. Zur historischen Entwicklung der Frauenrenten siehe *Haerendel*, DRV 2007, 99.

691 Zur Kompensationswirkung der Kindererziehungsleistungen *Frommert/Lizon*, DRV 2017, 273.

692 Hierzu *Köbl,* DRV 2002, 686; juris PK-FuB/*Kemper* Kap. 21 Rn. 8 f. Für ein Rentensplitting statt der Hinterbliebenenrentenlösung *Köbl*, ZFSH/SGB 2002, 594 (598); *Fuchsloch,* in: FS Plagemann, 109 (117 f.). Frauen werden oftmals über die Alterssicherung von Partnern im gemeinsamen Haushalt mitversorgt oder kumulieren die eigene Rente mit Hinterbliebenenrenten (*Mika/Czaplicki/Post*, RVaktuell 2016, 117) und weisen geringere Anwartschaften bei der Zusatzvorsorge als Männer auf (*Frommert*, DRV 2020, 211 (218 ff.)). Die Ehe diente und dient als Anknüpfungspunkt der (abgeleiteten) Absicherung durch Familien-, Erb- und auch Sozialrecht (hierzu *Scheiwe*, in: Soziale Sicherungsmodelle revisited, S. 95 ff. und *Krause*, DRV 1986, 280 für die Zeit vor Bestehen eines Familienlastenausgleichs). Für Frauen, die nicht (mehr) über eine Ehe oder Partnerschaft oder Ehe abgesichert werden, können sich so Versorgungslücken ergeben, hierzu die Untersuchung zur Auswirkung der Ehescheidung *Kreyenfeld/Mika/Radenacker*, SoFo 2018, 973; vgl. auch Gutachten zum 1. Gleichstellungsbericht, BT-Drucks. 17/6240, 209; Gutachten zum 2. Gleichstellungsbericht, BT-Drucks. 18/12840, 191; *Klammer,* SoFo 2017, 359 (364 f.).

bb) Anerkennung von Pflege zum sozialpolitischen Ausgleich

Die Leistungen der gesetzlichen Rentenversicherung sind nicht allein Ausdruck des Versicherungsprinzips, sondern enthalten auch Elemente des sozialen Ausgleichs, die auf einem fürsorgerischen Prinzip beruhen.[693] Die Anerkennung von Pflege zählt zum sozialpolitischen Ausgleich als rentensteigernde Maßnahme aus sozialpolitischen Gründen.[694] Der sozialpolitische Ausgleich kann durch Beitragszahlung, Anerkennung beitragsloser Zeiten oder Kompensation entgangenen Einkommens durch Aufwertung erbrachter Beitragszahlungen erfolgen.[695] Ein erleichterter Zugang zu (abschlagsfreien) Leistungen fand sich nach § 39 SGB VI a. F. (§ 237a II SGB VI i. V. m. Anl. 20 zum SGB VI) bei der Altersrente für Frauen, die typisierend Frauen begünstigte, die aufgrund von Pflege oder Kindererziehung geringere Versicherungszeiten aufwiesen.[696] Sie sollte die Doppelbelastung von Frauen durch Beruf und Familie und den resultierenden stärkeren Kraftverbrauch ausgleichen wie auch das Ausbildungsdefizit in Antizipation einer späteren Mutterrolle und die Erwerbsunterbrechungen, durch die Versicherungszeiten nicht erfüllt werden könnten.[697] Pflegepersonen werden dagegen dabei unterstützt, die allgemeinen Leistungsvoraussetzungen zu erfüllen, indem Lücken in der Erwerbsbiografie mit Pflichtbeitragszeiten gefüllt werden.[698] Die Elemente des sozialen Ausgleichs werden zur Lückenschließung in der Rentenbiografie versicherungsmäßig eingefügt.[699] Die Pflege wird als Umstand anerkannt, der unmöglich oder unzumutbar macht, Pflichtbeitragszeiten durch Erwerbstätigkeit zu erwerben und der deswegen aus sozialpolitischen Gründen gleichgestellt wird.[700] Anders als die durch den Bundeszuschuss finanzierten Leistungen des sozialen Ausgleichs entspricht die Rentenversicherung der Pflegeperson dem Versicherungsprinzip, da ihr eine Beitragszahlung gegenüber steht.

---

693 BVerfG, Urt. v. 6.6.1978 – 1 BvR 102/76, BVerfGE 48, 346, juris Rn. 39 m. w. N.; SRH/*Papier/Shirvani* § 3 Rn. 98; SRH/*Ruland* § 17 Rn. 11; *Kolb*, in: Versicherungsprinzip und soziale Sicherung, S. 120 ff.; *Heidel/Loose*, DAngVers 2004, 221.

694 *Heidel/Loose*, DAngVers 2004, 221 (223).

695 Hierzu *Igl*, SGb 2003, 6 (8 f.).

696 Hierzu *Nebe*, in: FS Pfarr, 416 (417 f.).

697 BVerfG, Beschl. v. 28.1.1987 - 1 BvR 455/82.

698 Kreikebohm/Roßbach/*Segebrecht* § 3 Rn. 2.

699 Vgl. SRH/*Ruland* § 17 Rn. 14.

700 Vgl. Hauck/Noftz/*Fichte* SGB VI § 3 Rn. 9; Löschau/*Löschau* § 3 Rn. 31.

cc) Pflege als Sorgearbeit

Pflegetätigkeiten im privaten Bereich werden zusammen mit Kindererziehung unter dem Begriff der Sorgearbeit oder „care" zusammengefasst. Der Begriff „Sorgearbeit" umfasst übergreifend alle Sorgetätigkeiten wie Tätigkeiten der Pflege, Zuwendung und Versorgung.[701] Die Berücksichtigung von Kindererziehungs- und Pflegezeiten werden auch als „care"-Elemente des Rentenrechts bezeichnet.[702] Sie werden etwa im Rahmen des Gutachtens zum Gleichstellungsbericht der Bundesregierung[703] einheitlich unter dem Aspekt der Gleichstellungspolitik in der Lebensverlaufsperspektive[704] betrachtet. Es wird gefordert, die Rentenleistungen für Pflege an die für Kindererziehung hinsichtlich der Systematik, Höhe oder Möglichkeit zur additiven Anrechnung neben einer Erwerbstätigkeit anzugleichen.[705]

Die rentenrechtlichen Regelungen zu Kindererziehung und Pflege betreffen vielfach denselben Adressatinnenkreis, da pflegende Personen in höherem Maße auch Erziehungszeiten aufweisen.[706] Die Bundesregierung sieht Sorgearbeit und Erwerbsarbeit als sich ergänzende „wesentliche Voraussetzungen für das Funktionieren unserer Gesellschaft", die „im Lebensverlauf gleichrangig nebeneinander stehen" müssen.[707] Sorgearbeit wird als wirtschaftlich relevantes Gegenstück zur Erwerbsarbeit verstanden, da erst die innerhalb der Familie oder der häuslichen Umgebung stattfindende unbezahlte Arbeit die bezahlte Erwerbsarbeit

---

701 Gutachten zum 2. Gleichstellungsbericht, BT-Drucks. 18/12840, 92.

702 Vgl. *Rust*, SGb 2001, 649 (650).

703 Der Gleichstellungsbericht wurde erstmals 2011 vorgelegt. Im Koalitionsvertrag 2005 wurde erstmals vereinbart, dass einmal pro Legislaturperiode ein Bericht zur Gleichstellung von Frauen und Männern vorzulegen sei. Eine jeweils nachfolgende Regierungserklärung soll Fortschritte, verbleibende Defizite und daraus gezogene Konsequenzen behandeln (Koalitionsvertrag vom 11.11.2005, S. 102). Auf Antrag BT-Drucks. 17/8879 soll in jeder Legislaturperiode ein Gleichstellungbericht vorgelegt werden. Die Gleichstellungsberichte werden durch Gutachten einer Sachverständigenkommission aus Mitgliedern verschiedener Fachbereiche unter Einbezug von weiteren Fachexpertisen vorbereitet, die Handlungsempfehlungen aussprechen.

704 Also der Entstehung und Verfestigung von Ungleichheiten zwischen den Geschlechtern über den gesamten Lebensverlauf zu entgegnen. Siehe hierzu BT-Drucks. 17/6240, 4 f.

705 Gutachten zum 1. Gleichstellungsbericht, BT-Drucks. 17/6240, 211, 226, 244 f.; Gutachten zum 2. Gleichstellungsbericht, BT-Drucks. 18/12840, 169, 194.

706 Vgl. *Stegmann/Mika*, DRV 2007, 771 (784); *Czaplicki*, SoFo 2016, 105 (109).

707 Stellungnahme zum 1. Gleichstellungsbericht, BT-Drucks. 17/6240, 8.

ermöglicht: Marktökonomie und Versorgungsökonomie müssen im Zusammenhang gesehen werden.[708] Die näherungsweise Quantifizierung von zeitlichem Umfang und wirtschaftlichem Wert der unbezahlten Arbeit ergibt, dass unbezahlte Arbeit in Privathaushalten 135 % (2013) der Zeit der Erwerbsarbeit einnimmt und schon bei niedrig angesetzten fiktiven Stundenlöhnen deren Wertniveau erreicht.[709]

Der Anreiz zur nicht erwerbsmäßigen Pflege dient dazu, diesen Wert der Pflege ohne eine entsprechende Lohnzahlung zu erhalten.

b) Bedeutung der Pflegetätigkeit für das Rentenversicherungssystem

Der Ausgleich der Absicherungslücken und die Honorierung der Pflege sind Gegenpole der rentenrechtlichen Anerkennung. Sie finden verschieden starke Ausprägung in den unterschiedlichen Regelungen. Dabei stellt sich die Frage, ob die Pflegeleistung bei der Alterssicherung relativiert werden kann, wenn sie nicht der Bildung anderweitiger Anwartschaften entgegensteht oder ob ihr wie der Kindererziehung ein absoluter rentenrechtlicher Wert zukommt, der unabhängig von einer Absicherungslücke honoriert werden muss.

aa) Gleichsetzung mit Kindererziehung

Sozialpolitisch besteht die Tendenz, die Behandlung von Pflege und Kindererziehung und deren Sicherungsniveau einander anzunähern als Umstände, die zu Einbußen in der Alterssicherung führen, wenn sie einer versicherungspflichtigen Erwerbstätigkeit entgegenstehen.

Ein erster Schritt zur „Gleichbewertung der Tätigkeit in der Familie und der außerhäuslichen Erwerbstätigkeit“ erfolgte mit dem HEZG.[710] Dies war auch ein Motiv der Rentenreform 1992.[711] Die Einführung der Versicherungspflicht der Pflegeperson wurde in diese Reformen aufgrund ihrer frauenpolitischen Wirkungen eingereiht.[712]

---

708 Gutachten zum 2. Gleichstellungsbericht, BT-Drucks. 18/12840, 95; *Scheele*, S. 7 jew. m. w. N.

709 *Schwarz/Schwahn*, WISTA 2016, 35.

710 BT-Drucks. 10/2677, 28.

711 BT-Drucks. 11/4124, 142.

712 BT-Drucks. 12/5262, 179.

bb) Systembedeutung der Pflege

Die häusliche Pflege selbst ist nicht systemnotwendig für die Rentenversicherung, sondern um das soziale Risiko der Pflegebedürftigkeit im Gesamtaufwand von Staat und Bürgern abzudecken, insbesondere also für die Pflegeversicherung und die Sozialhilfe. Nach *Fichte*[713] ist die Versicherungspflicht nach § 3 S. 1 Nr. 1a SGB VI systematisch zwischen der Versicherungspflicht aufgrund von Kindererziehung und derjenigen aufgrund von Erwerbsarbeit einzuordnen. Da die Pflegebedürftigkeit statistisch ein Risiko des Älterwerdens darstelle, erfolge die Pflege überwiegend in der Großelterngeneration, also der Elterngeneration der Erwerbstätigen. Ehrenamtliche Pflegepersonen erbrächten bei Pflege innerhalb der Familie damit Naturalbeiträge zur Versorgung der älteren Generation. Auch wenn es sich für den Versicherten zunächst als Leistung darstelle, da er ohne eigene Beitragszahlung versichert werde, handele es sich tatsächlich um eine Anerkennung seines Naturalbeitrags zur Versorgung der älteren Generation, der in der Regel nicht durch die Höhe des Pflegegeldes abgegolten sei. Die Versicherungspflicht nach § 3 S. 1 Nr. 1a SGB VI fördere, dass die stationäre Pflege weniger in Anspruch genommen und somit der „pflegebedingte Sozialaufwand" geringgehalten werde.

Global – über die Grenzen der verschiedenen Sozialleistungsträger hinweg – stellt die ehrenamtliche Pflege einen Beitrag zur Entlastung der Sozialkassen dar. Eine Entlastung tritt zugunsten der Pflegeversicherung und der Sozialhilfeträger ein, die ohne ehrenamtliche Pflege Leistungen zur professionellen Pflege erbringen und gegebenenfalls ausgleichen müssten, dass die Versicherten aufgrund der hohen Kosten in den Sozialhilfebezug geraten.

Der während der Pflegephase eingezahlte Beitrag finanziert wie die anderen Beiträge im Umlagesystem die laufenden Renten und ist somit für die Rentenversicherung vorteilhaft.[714] Die Sozialkassen werden in der Folge auch für die Versorgung der Pflegeperson selbst entlastet, die durch die Leistung zur sozialen Sicherung eine eigenständige Alterssicherung aufbaut und so im Alter nicht auf die (aufstockende) Sozialhilfe angewiesen ist. Diesen Vorteilen stehen die Einnahmen gegenüber, die den Sozialkassen dadurch entgehen, dass Personen zugunsten der Pflege auf Erwerbstätigkeit verzichten.[715]

Mit der rentenrechtlichen Absicherung von Pflegearbeit wird diese gewürdigt und so ein Anreiz gesetzt, die Pflege zu übernehmen und dem Pflegebedürftigen

713 Hauck/Noftz/*Fichte* SGB VI § 3 Rn. 3.
714 *Rust*, SGb 2001, 649 (653 f.).
715 Hierzu *Rebeggiani/Stöwhase*, SoFo 2018, 79.

den Verbleib in der häuslichen Umgebung zu ermöglichen. Dies entspricht dem Vorrang der häuslichen Pflege und der Konzeption des SGB XI, nur ergänzend zu familiärer und sonstiger ehrenamtlicher Pflege zu wirken. Andererseits entspricht der Anreiz zu gesellschaftlich gewünschtem Verhalten nicht dem eigentlichen Zweck der Rentenversicherung, Schutz bei Alter und Invalidität zu bieten.[716]

cc) Systembedeutung der Kindererziehung

Während die ehrenamtliche Pflege jedenfalls auf der Ausgaben-Seite die Sozialkassen entlastet, kommt der Kindererziehung eine erweiterte Bedeutung als Beitrag zur Nachhaltigkeit der Umlageversicherung zu.

Die ursprüngliche Berücksichtigung von Kindererziehung durch das HEZG mit Wirkung vom 1.1.1986 entstammte wie auch die Einführung der Rentenversicherung der Pflegepersonen dem Grundgedanken, eine eigenständige Absicherung für Personen zu schaffen, die aufgrund der Sorgearbeit nicht erwerbstätig sind und daher keinen vollen eigenen Rentenanspruch erwerben.[717] Die Kindererziehung als existenzielle Voraussetzung für die Zukunft der Umlagefinanzierung wurde erst später erkannt.[718] Die Finanzierung im Umlagesystem (§ 153 I SGB VI) setzt ein grundsätzlich den Ausgaben entsprechendes Beitragsaufkommen vor allem durch eine ausreichende Zahl von Beitragszahlern im selben Zeitraum voraus, die auch in Zukunft bestehen muss.[719] Die Finanzierbarkeit der Rentenversicherung trotz des weiten Auseinanderfallens von Beitrags- und Leistungsphase beruht damit auf einem Generationenvertrag[720] und der Kontinuität der Versicherung,[721] damit die Rentenanwartschaften der heute Einzahlenden „morgen" im Umlageverfahren valutiert werden können.[722] Kindererziehung ist daher nicht nur ein „Privatvergnügen", sondern als Erziehung der nächsten Generation an Steuer- und Beitragszahlern gesamtgesellschaftlich für das Fortbestehen des Staates und des Versicherungssystems entscheidend, verhindert aber gleichzeitig potenziell die Beitragszahlung.[723] Da zunehmend

---

716 *Igl*, SGb 2003, 6 (10).
717 BT-Drucks. 10/2677, 28.
718 *Lindner*, NZS 2014, 686 (687).
719 *V. Koppenfels-Spies*, Sozialrecht, Rn. 518; vertiefend *Ruland*, NZS 2018, 793.
720 Siehe *Brumm/Langelüddeke/Zanker*, DRV 2018, 209.
721 *Sodan*, NZS 2005, 561; zur Nachhaltigkeit der Sozialsysteme *Hebeler*, NZS 2018, 848.
722 Hauck/Noftz/*Fichte* SGB VI § 1 Rn. 8.
723 *Ruland*, in: FS Zacher, 835 (851 f.); BVerfG, Urt. v. 7.7.1992 – 1 BvL 51/86, BVerfGE 87, 1, juris Rn. 127.

Personen kinderlos bleiben,[724] gerät dieses System in Finanzierungsschwierigkeiten. Werden weniger Kinder geboren, gefährdet dies einerseits die Zukunftsfähigkeit der Rentenversicherung, andererseits sind die Beitragseinnahmen rückläufig.[725] Es leisten nicht alle Versicherten gleichermaßen einen Beitrag zur Kontinuität des Umlageverfahrens, da kindererziehende Versicherte neben einem monetären auch einen generativen Beitrag unter Inkaufnahme von Einbußen in Vermögensbildung und eigenen Anwartschaften leisten.[726]

Die Kindererziehung ist nach dem oben Gesagten bestandssichernd für das Umlagesystem, führt bei strengem Abstellen auf die monetären Beiträge aber zu einer geringeren Rente der Eltern. Im Trümmerfrauenurteil vom 7.7.1992[727] wurde vor diesem Hintergrund eine Verletzung des Art. 3 I GG i.V. m. Art. 6 I GG festgestellt, da die entstehende Benachteiligung der Familien nicht in ausreichendem Umfang durch die Hinterbliebenenrenten und das „Babyjahr" im HEZG und KLG ausgeglichen wurde. Aus Art. 3 I GG i. V. m. Art. 6 I GG wurde ein Verfassungsauftrag zum Ausgleich der kindererziehungsbedingten Rentennachteile abgeleitet, der sich auch auf die eigenständige Alterssicherung von Frauen erstreckt.[728] Da sich die Benachteiligung im Rentenrecht niederschlägt, ist sie auch vornehmlich in dessen Rahmen auszugleichen und nicht nur durch den allgemeinen Familienlastenausgleich.[729] Der weitere Ausgleich im Rentensystem wurde in der Folge nachgeholt.[730] Es wurde mehrfach diskutiert, ob der generative Beitrag mit einem monetären Beitrag gleichzusetzen und die Familien schon in der Erziehungsphase auf Beitragsseite zu entlasten seien.[731] Dies wird

---

724 Endgültige Kinderlosenquote der Frauen des Jahrgangs 1967: 20,8 % – im Vergleich dazu Jahrgang 1957: 16,7 %; Jahrgang 1947: 12,5 %; Jahrgang 1937: 11 %. Statistisches Bundesamt, Daten zu Kinderlosigkeit, Geburten und Familien, Ausgabe 2017, S. 41.

725 *Rust*, SGb 2001, 649 (654); *Ruland*, in: FS Zacher, 835 ff.

726 BSG, Urt. v. 20.7.2017 – B 12 KR 14/15 R, BSGE 124, 26, juris Rn. 35.

727 BVerfG, Urt. v. 7.7.1992 – 1 BvL 51/86, BVerfGE 87, 1. Siehe auch die Übersicht bei *Rust*, VSSR 2004, 75 (88 f.).

728 BVerfG, Urt. v. 7.7.1992 – 1 BvL 51/86, BVerfGE 87, 1, juris Rn. 123; Schulin HS-RV/ *Kreikebohm/v. Koch/Krauß* § 30 Rn. 91.

729 BVerfG, Urt. v. 7.7.1992 – 1 BvL 51/86, BVerfGE 87, 1, juris Rn. 135 f.

730 Vgl. BSG, Urt. v. 20.7.2017 – B 12 KR 14/15 R, BSGE 124, 26, juris Rn. 48; BSG, Urt. v. 30.9.2015 – B 12 KR 15/12 R, BSGE 120, 23, juris Rn. 47.

731 *Sodan*, NZS 2005, 561 (567); *Glombik*, RV 2009, 167 (168): „zeitnah zu den tatsächlich anfallenden Belastungen". Zur Diskussion auch BT-Drucks. 14/6099; *Ruland*, NZS 2016, 361 ff. m. w. N.; *Schmähl*, DRV 2002, 715.

für die Rentenversicherung abgelehnt.[732] In der Pflegeversicherung wurden mit Urt. v. 3.4.2001 Voraussetzungen für eine zwingende Berücksichtigung auf der Beitragsseite aufgestellt,[733] die in der Rentenversicherung nicht erfüllt sind.[734] Während das Leistungsrecht der sozialen Pflegeversicherung bedarfsabhängig ist, nicht zwischen Kinderlosen und Versicherten mit Kindern differenziert und eine Differenzierung daher nur im Beitragsrecht erfolgen konnte,[735] bestehen im Recht der Rentenversicherung Leistungen, die speziell einen Nachteilsausgleich für Versicherte mit Kindern bieten und als ausreichend angesehen werden.[736]

---

732 BVerfG, Urt. v. 7.7.1992 – 1 BvL 51/86, BVerfGE 87, 1, juris Rn. 135; BVerfG, Bes chl. v. 12.3.1996 – 1 BvR 609/90, 1 BvR 692/90, BVerfGE 94, 241, juris Rn. 63; BSG, Urt. v. 5.7.2006 – B 12 KR 20/04 R, SozR 4-2600 § 157 Nr. 1, juris Rn. 51 ff.; BSG, Urt. v. 30.9.2015 – B 12 KR 15/12 R, BSGE 120, 23, juris Rn. 47 ff.; BSG, Urt. v. 20.7.2017 – B 12 KR 14/15 R, BSGE 124, 26, juris Rn. 33 ff. (Az. beim BVerfG: 1 BvR 2824/17); BSG, Beschl. v. 10.10.2017 – B 12 KR 119/16 B, juris Rn. 16 ff. m. w. N.; BSG, Urt. v. 28.6.2018 – B 5 R 12/17 R, BSGE 126, 118, juris Rn. 29. Dagegen eingehend *v. Koppenfels-Spies*, in: FS Preis, 1405 (1411 ff.).

733 Vgl. BVerfG, Urt. v. 3.4.2001 – 1 BvR 1629/94, BVerfGE 103, 242, juris Rn. 55 ff.: Eine Nichtberücksichtigung des „generativen Beitrags" durch Betreuung und Erziehung von Kindern bei der Beitragsbemessung kann Art. 3 I GG i. V. m. Art. 6 I GG nur verletzen, wenn drei Kriterien erfüllt sind: (1) Das Sozialversicherungssystem deckt ein Risiko ab, das überproportional im Alter auftritt und durch Beiträge nachwachsender Generationen finanziert wird; (2) das Sozialversicherungssystem weist eine Mindestgeschlossenheit auf, es besteht also ein so hoher Versicherungsgrad, dass davon ausgegangen werden kann, dass die heute von Versicherten erzogenen Kinder in diesem System in der Zukunft zu Beitragszahlern werden und die Finanzierung von Versicherungsleistungen, die er dann beansprucht, durch Beiträge sicherstellen; (3) es ist absehbar, dass ein signifikanter Teil der Versicherten keine Kinder bekommt. Daraufhin wurde der Kinderlosenzuschlag nach § 55 III SGB XI eingeführt.

734 Die Mindestgeschlossenheit des Systems der GRV wird verneint, BSG, Urt. v. 30.9.2015 – B 12 KR 15/12 R, BSGE 120, 23, juris Rn. 38; BSG, Urt. v. 5.7.2006 – B 12 KR 20/04 R, SozR 4-2600 § 157 Nr. 1, juris Rn. 58; anders noch BVerfG, Urt. v. 7.7.1992 – 1 BvL 51/86, BVerfGE 87, 1, juris Rn. 127; verneint auch für die Alterssicherung der Landwirte: BVerfG, Beschl. v. 9.12.2003 – 1 BvR 5 58/99, BVerfGE 109, 96, juris Rn. 85. Hierzu auch *Hase*, VSSR 2004, 55; *Rust*, VSSR 2004, 75; *Sodan*, NZS 2005, 561 (566 f.); *Seiler*, NZS 2016, 641; *Lenze*, SGb 2017, 130; *Koop*, NZS 2019, 808; *Brosius-Gersdorf*, SGb 2019, 509; *v. Koppenfels-Spies*, in: FS Preis, 1405 ff.

735 BSG, Urt. v. 20.7.2017 – B 12 KR 14/15 R, BSGE 124, 26, juris Rn. 53; *Ruland*, NZS 2016, 361 (363); BT-Drucks. 14/6099, 6 f.

736 BSG, Urt. v. 20.7.2017 – B 12 KR 14/15 R, BSGE 124, 26, juris Rn. 48; BSG, Urt. v. 30.9.2015 – B 12 KR 15/12 R, BSGE 120, 23, juris Rn. 47 m. w. N.

Der Ausgleich dient demnach einem *Kinderlastenausgleich* zum Ausgleich der finanziellen Schlechterstellung von Eltern und einem *Kinderleistungsausgleich* zum Ausgleich, dass auch Kinderlose von der späteren Beitrags- und Steuerzahlung der heutigen Kinder profitieren.[737] Die Verwirklichung des generativen Beitrags liegt in der Beitragszahlung der aufgezogenen Kinder und somit der Kontinuität der Umlagefinanzierung. Jedenfalls für die soziale Pflegeversicherung könnte vertreten werden, dass sich der generative Beitrag der Elterngeneration auch darin verwirklicht, dass sie von ihren Kindern gepflegt werden können und somit selbst mittelbar wie oben erläutert die Sozialkassen entlaste.[738] Auch dies bezieht sich auf die Elterngeneration, nicht auf die Generation der Pflegepersonen.

dd) Vergleich von Kindererziehung und Pflege in der Rentenversicherung

Die systematische Bedeutung der Erziehungsleistungen führt dazu, dass sie nicht nur subsidiär zur Erwerbstätigkeit berücksichtigt werden dürfen. Für die Rentenversicherung erfüllt die Pflegeleistung keinen *Beitrag* in diesem Sinne. Die Pflege ist nicht systemrelevant im Umlagesystem der Rentenversicherung, womit die Berücksichtigung der Pflegeleistung nicht an diese verfassungsrechtliche Maxime gebunden ist. Systematische Angleichungsversuche sind sozialpolitisch denkbar, aber nicht systemnotwendig. Die gesamtgesellschaftliche Bedeutung beider Tätigkeiten ist weitreichend. So wie die Kindererziehung kein „Privatvergnügen“ ist, ist auch die Pflege eine gesamtgesellschaftliche Aufgabe, vgl. § 8 I SGB XI. Während die Altersversorgung der vorangegangenen Generation mit der Einführung der Rentenversicherung vergesellschaftet wurde,[739] ist die pflegerische Versorgung weiter maßgeblich insbesondere dem Familienverband auferlegt. Die gesetzliche Pflegeversicherung als vergesellschaftendes Element greift lediglich ergänzend und entlastend zu familiärer, nachbarschaftlicher und sonstiger ehrenamtlicher Pflege und Betreuung (§ 4 II SGB XI), aber auch vorrangig zur Zahlungsverantwortung der Sozialhilfe. Es ist daher eine Überlegung wert, ob nicht eine verfassungsrechtliche Implikation daraus entsteht, dass die Pflegeperson genau der Tätigkeit nachkommt, zu der die Pflegeversicherung

737 *Ehler/Langelüddeke*, DRV 2006, 397 (405); *Ebsen*, VSSR 2004, 3 (12 ff.). Zum Familienleistungsausgleich *Kingreen*, SDSRV Bd. 57, S. 71.

738 Dies war im Rahmen des SPV-Urteils vorgebracht worden und scheint sich jedenfalls im ambulanten Bereich zu bestätigen, BVerfG, Urt. v. 3.4.2001 – 1 BvR 1629/94, BVerfGE 103, 242, juris Rn. 52.

739 Hierzu *Ruland*, in: FS Zacher, 835 (850 ff.).

Anreize setzt und die, wie oben gezeigt, oftmals die Grenzen einer familienrechtlichen Beistandspflicht überschreitet. Die bezweckte Refamilialisierung der Pflege kann aufgrund der Erwerbsfeindlichkeit der Pflege im Zusammenwirken mit dem Versicherungsprinzip zu Nachteilen in der Rentenabsicherung der Pflegenden führen und eine rentenpolitische Schieflage befeuern, deren Ausgleich eigentlich bezweckt wird.

7. Weiterer Ausgleich durch Aufwertung von Beitragszeiten

Als Ausgleichsmechanismen über die Versicherungszeiten hinaus kann die Pflegeperson auch von der Aufwertung rentenrechtlicher Zeiten profitieren. Über die Gesamtleistungsbewertung nach § 71 SGB VI wirken sich die Beitragszeiten durch die Versicherung als Pflegeperson auch bei der Bewertung von beitragsfreien Zeiten positiv aus. Die Beitragszeiten selbst können höher bewertet werden, insbesondere nach § 70 IIIa SGB VI bei paralleler Kindererziehung oder nach § 76g SGB VI bei der Grundrente.

a) Berücksichtigungszeiten

Für die Kindererziehung bestehen Berücksichtigungszeiten nach § 57 SGB VI in den ersten zehn Lebensjahren eines Kindes. Vor Einführung der Rentenversicherungspflicht bestanden auch für Pflegepersonen Berücksichtigungszeiten (oben S. 156). Berücksichtigungszeiten steigern die Rentenleistungen nur mittelbar als rentenrechtliches Instrument sui generis im Zusammenspiel mit anderen Vorschriften zur Begründung oder Wahrung von Rechten.[740] Die

---

740 Hauck/Noftz/*Fichte* SGB VI § 57 Rn. 2. Über § 54 I Nr. 3 SGB VI sind die Berücksichtigungszeiten rentenrechtliche Zeiten, die nach § 51 III, IIIa SGB VI anrechenbare Zeiten zur Wartezeiterfüllung nach § 50 IV, V SGB VI darstellen. Für die Rente für langjährig Versicherte (§ 36 I Nr. 2 SGB VI bzw. § 236 I 1 Nr. 2 SGB VI), die Altersrente für schwerbehinderte Menschen (§ 37 S. 1 Nr. 3 SGB VI bzw. § 236a I 1 Nr. 3 SGB VI) und die Altersrente für besonders langjährig Versicherte (§ 38 Nr. 2 SGB VI bzw. § 236b I Nr. 2 SGB VI) können die Berücksichtigungszeiten so anspruchsbegründend wirken. Für die Erwerbsminderungsrente wird die Wartezeit um die Berücksichtigungszeit verlängert gem. § 43 IV Nr. 2 SGB VI (bzw. § 241 II 1 Nr. 4 SGB VI) (gilt auch für die Rente für Bergleute, § 45 IV SGB VI bzw. § 242 II SGB VI). Die Berücksichtigungszeiten werden nicht bei der Berechnung der persönlichen Entgeltpunkte nach § 66 SGB VI relevant, aber im Rahmen der Gesamtleistungsbewertung nach § 71 III SGB VI, mit der für beitragsfreie Zeiten (§ 54 IV SGB VI) Entgeltpunkte ermittelt werden. Somit bestimmen die Berücksichtigungszeiten mit, in welcher Höhe versicherungsfremde Leistungen erbracht werden.

Berücksichtigungszeiten können zu einer Aufwertung von Rentenzeiten führen. Dies gilt auch für die Eltern von pflegebedürftigen Minderjährigen, die im Gefüge von SGB V, SGB XI, SGB IX und SGB VIII sowie allgemeinen Familienleistungen auf verschiedene Hürden und Möglichkeiten stoßen.[741]

b) Aufwertung von Pflichtbeitragszeiten nach § 70 IIIa 2 lit. a) SGB VI

Nach § 70 IIIa SGB VI werden Pflichtbeitragszeiten aufgewertet, die mit Kindererziehungszeiten nach § 57 SGB VI oder der Pflege eines pflegebedürftigen Kindes zusammenfallen. Dazu zählen auch Pflichtbeitragszeiten als Pflegeperson. Bei der Pflege eines pflegebedürftigen[742] Kindes[743] ist nicht erforderlich, dass der Elternteil auch versicherungspflichtig nach § 3 S. 1 Nr. 1a SGB VI ist, sondern nur, dass er tatsächlich pflegt.[744] Wenn der Elternteil während der Pflege des pflegebedürftigen Kindes aufgrund dieser auch versicherungspflichtig nach

---

741 Vgl. dazu etwa die Expertise von *Klie/Bruker* im Rahmen einer Studie zur Versorgungskoordination.

742 Dies ist erfüllt, wenn das Kind pflegebedürftig i. S. d. SGB VII, SGB IX, SGB XII oder BVG ist, KassKomm/*Körner* SGB VI § 70 Rn. 16 f.; nach *Roller*, NZS 2008, 25 (27) bezieht sich die Norm implizit auf die Voraussetzungen des SGB XI.

743 Bei Kindern wird die Pflegebedürftigkeit nach § 15 VI SGB XI durch einen Vergleich der Beeinträchtigungen der Selbstständigkeit und Fähigkeiten im Vergleich zu altersentsprechend entwickelten Kindern ermittelt. Eine Pflegezeit für minderjährige Pflegebedürftige nach § 3 V PflegeZG kann auch bei stationärer Versorgung erfolgen, steht aber nur einmalig für sechs Monate zur Verfügung. § 3 S. 1 Nr. 1a SGB VI ist dagegen nur bei häuslicher Pflege einschlägig. Bei längeren Krankenhausaufenthalten des Kindes etwa zur Behandlung von der Pflegebedürftigkeit zugrunde liegenden Krankheiten entfallen nach vier Wochen die Leistungen zur Alterssicherung an die Pflegeperson nach § 34 III SGB XI und das Pflegegeld nach § 34 II SGB XI, was sich als problematisch erweist, wenn Familien mangels Möglichkeit zur Erwerbstätigkeit neben der Pflege auf das Pflegegeld angewiesen sind. Für Erwerbstätige wird Kinderkrankengeld nach § 45 II 1 SGB V nur für zehn Krankentage im Jahr gezahlt bzw. zwanzig für Alleinerziehende. Andererseits besteht ein Krankengeldanspruch bei der Sterbebegleitung von Kindern nach § 45 IV SGB V. Dafür wird im Einkommensteuerrecht das Kindergeld auch über die Volljährigkeit hinaus für Kinder gezahlt, die wegen einer vor dem 25. Lebensjahr eingetretenen körperlichen, geistigen oder seelischen Behinderung außerstande sind, sich selbst zu unterhalten; dies gilt nach §§ 63 I 2, 66 II, 32 IV Nr. 3 EStG.

744 Kreikebohm/Roßbach/*v. Koch* § 70 Rn. 25; BeckOK-SozR/*Kuszynski* SGB VI § 70 Rn. 8; *Roller*, NZS 2008, 25 (27) auch zum Nachweis der Pflege.

§ 3 S. 1 Nr. 1a SGB VI ist, werden regelmäßig zusätzliche Entgeltpunkte nach § 70 IIIa 2 lit. a) SGB VI gutgeschrieben, ohne dass weitere Pflichtbeitragszeiten etwa aus einer Beschäftigung erforderlich sind.[745] Bis zur Vollendung des 18. Lebensjahres des pflegebedürftigen Kindes wird der Pflichtbeitrag für die Pflegeperson bzw. der nach alter Rechtslage zum Pflichtbeitrag umgewandelte freiwillige Beitrag nach § 249b Nr. 1 SGB VI aufgewertet. Die Berücksichtigung ist nicht personell begrenzt wie bei den Kinderberücksichtigungszeiten, sodass beide Eltern eines pflegebedürftigen Kindes zugleich die Voraussetzungen des § 70 IIIa SGB VI erfüllen können.[746] So wird die besondere Situation der Familien mit pflegebedürftigen Kindern berücksichtigt, die von der Situation der Versorgung nicht pflegebedürftiger Kinder und der Pflege Erwachsener abweicht.

c) Aufwertung nach § 70 IIIa 2 lit. b)SGB VI ohne Pflichtbeitragszeiten

Wenn Berücksichtigungszeiten wegen Kindererziehung oder Zeiten der Pflege eines pflegebedürftigen Kindes mit den entsprechenden Zeiten für ein anderes Kind zusammentreffen, werden auch ohne Pflichtbeitragszeiten nach § 70 IIIa 2 lit. b) SGB VI Entgeltpunkte gutgeschrieben und so Beitragszeiten geschaffen, § 55 I 3 SGB VI.[747] Dem liegt die Vorstellung zugrunde, dass in dieser Zeit auch keiner Teilzeitbeschäftigung nachgegangen werden kann und daher nicht nur lediglich geringe, sondern überhaupt keine Pflichtbeiträge erbracht werden können.[748] Die Regelung nach a) soll einen Anreiz zur früheren Wiederaufnahme der Erwerbstätigkeit nach der Sorgephase bieten.[749] Die Regelung nach b) wird vor diesem Hintergrund kritisiert, da sie durch das Erlassen von Pflichtbeitragszeiten die Hausfrauenehe fördere[750] und die Höchstförderung gerade nicht der Erwerbstätigen zuspreche.[751] Entsprechend den unterschiedlichen

---

745 BR-Drucks. 764/00, 112.

746 Kreikebohm/Roßbach/*v. Koch* § 70 Rn. 26; KassKomm/*Körner* SGB VI § 70 Rn. 16 f.

747 Fallgruppen bei *Roller*, NZS 2001, 408 (409).

748 BR-Drucks. 764/00, 112. Diese Annahme widerspricht etwa der Wertung des heutigen Unterhaltsrechts in § 1570 I 1 BGB, dass grundsätzlich mit dem vollendeten dritten Lebensjahr des jüngsten Kindes eine Vollzeiterwerbstätigkeit wieder möglich ist.

749 BT-Drucks. 14/4595, 41.

750 Gutachten zum 1. Gleichstellungsbericht, BT-Drucks. 17/6240, 211. Die Regelungszwecke sind nicht geeignet, die Ungleichbehandlung der Fallgruppen zu rechtfertigen nach *Roller*, NZS 2001, 408 (409 ff.).

751 *Rust*, SGb 2001, 649 (657).

Erwerbsbiografien profitieren Frauen in den neuen Bundesländern stark von der Aufwertung von Zeiten mit Pflichtbeiträgen, Frauen in den alten Bundesländern dagegen in geringerem Maße.[752]

Die Regelung des § 70 IIIa SGB VI entwickelt die Rente nach Mindesteinkommen nach § 262 SGB VI für Personen mit Kindern weiter.[753] Nachdem eine Mindestrente nicht mehr vorgesehen war, erfolgte hier begrenzt auf Versicherte mit Kindern eine ähnliche „[s]ozialpolitische Korrektur der Fakten“[754]. Nach dem für Beitragszeiten vor 1992 anwendbaren § 262 SGB VI wurden vollwertige Beitragszeiten von Personen mit geringem Arbeitsentgelt (etwa aufgrund von Teilzeitarbeit), die 75 % des Durchschnittsverdienstes nicht erreichten, um 50 % angehoben. Es sollen Nachteile insbesondere für Frauen, die aufgrund von Kindererziehung bzw. der Pflege eines pflegebedürftigen Kindes keiner Erwerbstätigkeit in Vollzeit nachgehen konnten, ausgeglichen werden.[755] Auch der § 262 SGB VI erfasst zu 80 % Frauen.[756] Die Vorschrift begünstigt nicht die Kindererziehung per se, sondern gleicht spezifisch die aus dem dafür erfolgten Verzicht auf Erwerbsarbeit entstandenen Nachteile in Form der Absicherungslücke aus.[757] Es kann höchstens auf 0,0833 EP (0,9996 EP im Jahr) aufgewertet werden, § 70 IIIa 3 SGB VI. Da die Hälfte der erreichten Entgeltpunkte, bis zu 0,0278 (0,3336 EP im Jahr), gutgeschrieben wird, profitieren Personen, die an die 0,66 EP im Jahr erreichen, am meisten von der Regelung.[758] Nach § 70 IIIa 2 b) SGB VI wird der absolute Betrag von 0,0278 EP pro Monat gutgeschrieben.

d) Grundrente, § 76g SGB VI

Eine relative Aufwertung von Beitragszeiten erfolgt nach der zum 1.1.2021 eingeführten Grundrente nach § 76g SGB VI. Liegen mindestens 33 Jahre mit Grundrentenzeiten vor, zu denen nach § 76g II i. V. m. § 51 IIIa 1 Nr. 1 SGB VI auch Pflichtbeitragszeiten für die Pflege zählen, werden als Grundrentenbewertungszeiten nach § 76g III SGB VI die Kalendermonate erfasst, auf die mindestens

---

752 Siehe hierzu *Stegmann*, DRV 2001, 753 (760 ff.) auf Basis der AVID 1996.

753 BR-Drucks. 764/00, 111.

754 *Ruland*, DRV 1995, 28 (34).

755 BR-Drucks. 764/00, 111 f.

756 KassKomm/*Körner* SGB VI § 262 Rn. 2a.

757 *Kemper*, in: Soziale Sicherungsmodelle revisited, 113 (115).

758 Zur Einführung der Regelung wurde daher spekuliert, ob sich auf dem Arbeitsmarkt vermehrt 2/3-Teilzeitstellen bilden würden, so *Köbl*, ZFSH/SGB 2002, 594 (599).

0,025 Entgeltpunkte entfallen.[759] Für die Grundrentenbewertungszeiten wird ein Zuschlag an Entgeltpunkten ermittelt. Dieser verdoppelt nach § 76g IV SGB VI die Entgeltpunkte höchstens um 0,4 EP auf 0,8 EP pro Jahr.[760] Die Leistung ist von einer Einkommensprüfung nach § 97a SGB VI abhängig.[761] Die Grundrente nach § 76g SGB VI sollte einen weiteren Mechanismus zur Angleichung der Frauenrenten schaffen als Anerkennung der Lebensleistung über die Pflege- und Kindererziehungsleistungen hinaus.[762]

Die Pflichtbeiträge als Pflegeperson können als Grundrentenzeiten und Grundrentenbewertungszeiten fungieren, also nicht nur den Anwendungsbereich der Grundrente für andere Beitragszeiten eröffnen, sondern auch selbst aufgewertet werden. Das die Rentenversicherung bestimmende Versicherungsprinzip führt bei geringen Gehältern zu einer geringen Rente, die für ausgleichsbedürftig erachtet wird. Es spricht zugleich gegen Leistungen, denen keine Beiträge gegenüberstehen und eine Ungleichbehandlung verschiedener Beitragszahlungen.[763] Mit der Erhöhung von Freibeträgen wird zwar der Abstand zum Grundsicherungsniveau erreicht, dafür wird aber der Grundsicherungsbezug entgegen dem Bedürftigkeitsgrundsatz im SGB XII ausgeweitet.[764] Die Mindestsicherung bricht also entweder mit der Beitragsäquivalenz der Rentenversicherung oder der Subsidiarität der Grundsicherung.[765]

Über die Höherbewertung von Beitragszeiten der Pflegeperson als Grundrentenzeiten im Rahmen des § 76g SGB VI kommt eine weitere Dimension der Finanzierungsverantwortung hinzu. Die durch die Pflegeversicherung

---

759 Die Aufwertung nach § 70 IIIa SGB VI ist bei den Grundrentenbewertungszeiten zu berücksichtigen, BT-Drucks. 19/18473, 37. Durch die Untergrenze sollen Zeiten mit „lediglich sehr geringer Beitragszahlung", insbesondere bei geringfügiger Beschäftigung, ausgenommen werden, BT-Drucks. 19/18473, 24. Effektiv führt dies dazu, dass insbesondere Frauen mit Teilzeitstellen im Niedriglohnbereich nicht von der Grundrente profitieren, *Kerschbaumer*, DRV 2020, 239 (247); *Armbruster/Fuchsloch*, DRV 2020, 226 (230).

760 „Zur Stärkung des Äquivalenzprinzips" (BT-Drucks. 19/18473, 23, 37) erfolgt schließlich eine Reduzierung des Zuschlags um 12,5 % (Faktor 0,875), die die Aufwertung wieder kürzt, *Kerschbaumer*, DRV 2020, 239 (247).

761 Kritisch *Kerschbaumer*, DRV 2020, 239 (247 f.).

762 BT-Drucks. 19/18473, 22; kritisch *Armbruster/Fuchsloch*, DRV 2020, 226 (230).

763 *V. Koppenfels-Spies*, SGb 04/2020, I; *Kerschbaumer*, DRV 2020, 239 (245); *Ruland*, NZS 2021, 241 (249).

764 *Kerschbaumer*, DRV 2020, 239 (245).

765 *Kerschbaumer*, DRV 2020, 239 (245); Gutachten des Sozialbeirats zum Rentenversicherungsbericht 2017, Nr. 27; *Ruland*, NZS 2021, 241 (249).

getragenen Beiträge der Pflegeperson eröffnen die Möglichkeit einer Höherbewertung, die wiederum aus Steuergeldern des Bundeszuschusses (§ 213 SGB VI) finanziert wird.

8. Ergebnis und Ausblick

Durch die Versicherungspflicht nach § 3 S. 1 Nr. 1a SGB VI erhält die Pflegeperson Pflichtbeitragszeiten in der gesetzlichen Rentenversicherung, die systematisch eine vollständige Eingliederung bedeuten. Über die fiktiven beitragspflichtigen Einnahmen nach § 166 II SGB VI ist die Absicherung der Pflegeperson unabhängig von der Höhe (oder Zahlung) einer Aufwandsentschädigung oder einer vor der Pflege bestehenden Versicherungspflicht.

Die Alterssicherung der Pflegeperson stößt auf Hemmnisse und Widersprüche, die den gegensätzlichen Leitbildern entsprechen, die sie verfolgt – einerseits dem Ziel des Anreizes durch Honorierung und andererseits des Ausgleichs von Versorgungslücken.

Die Beschränkung der Versicherungspflicht nach § 3 S. 3 SGB VI auf Pflegepersonen, die neben der Pflege weniger als 30 Stunden wöchentlich erwerbstätig sind, wird ihren Zielen nicht gerecht. Die Annahme, dass Personen, die in Vollzeit oder vollzeitnah in Teilzeit erwerbstätig sind, ausreichend abgesichert sind, wird systemisch nicht weiter aufgegriffen. Es wird nicht am Lohnniveau des beitragspflichtigen Einkommens oder an die erreichten Entgeltpunkte angeknüpft, sodass Personen mit hoch bezahlten Teilzeittätigkeiten unter 30 Stunden trotz eines höheren Absicherungsniveaus zusätzlich die Leistungen als Pflegepersonen erhalten können, während in Vollzeit Tätige im Niedriglohnsektor vollständig ausgeschlossen werden. Diese Pflegepersonen werden nicht durch Leistungen zur Alterssicherung honoriert, die als Anreiz zur Pflege dienen könnten. Eine Regelung auf Leistungsseite, die auf ein bestimmtes Sicherungsniveau abstellt, könnte passgenau eine Absicherungslücke ausgleichen und begegnet nicht den Bedenken wie bei der Anerkennung von Kindererziehung. Vollzeiterwerbstätige Geringverdiener würden dennoch von der sozialen Sicherung als Pflegeperson profitieren.

Aufgrund der Altersverteilung der Pflegepersonen werden diese besonders durch die Versicherungsfreiheit beim Bezug einer Vollrente wegen Alters erfasst. Durch den Wechsel in die Teilrente können Pflegepersonen diese umgehen. In zukünftigen Reformen ist zu überlegen, die Tätigkeit als Pflegeperson von der Versicherungsfreiheit nach § 5 IV 1 SGB VI auszunehmen.

II. Arbeitslosenversicherung

§ 44 IIb SGB XI verweist auf die Versicherungspflicht in der Arbeitslosenversicherung nach Maßgabe des § 26 IIb SGB III. Die Versicherungspflicht der Pflegeperson in der Arbeitslosenversicherung ist die „jüngste" in der sozialen Sicherung der Pflegeperson und darunter der am meisten von Reformen betroffene Bereich. Sie besteht erst seit dem 1.1.2017 mit Inkrafttreten des PSG II für Pflegepersonen, die unmittelbar vor Beginn der Pflegetätigkeit versicherungspflichtig waren oder Anspruch auf eine laufende Entgeltersatzleistung nach dem SGB III hatten. Seit dem 1.2.2006 bis zum 31.12.2016 konnten Pflegepersonen eine Versicherungspflicht auf Antrag nach § 28a I 1 Nr. 1 SGB III a. F. bei eigener Beitragstragung begründen. Versicherungspflicht bestand nach § 26 IIb SGB III a. F. lediglich für Beschäftigte in Pflegezeit nach § 3 I 1 PflegeZG seit Inkrafttreten des PflegeZG zum 1.7.2008 bis zum 31.12.2016. Vor Einführung der Versicherungspflicht bestanden für die Entgeltersatzleistungen verlängerte Rahmenfristen, sodass Pflegephasen unschädlich waren. Ratio der Versicherungspflicht ist der Wiedereinstieg in der Nachpflegephase. Leistungen der Arbeitsförderung können auch parallel zur Pflege bezogen werden.

Im folgenden Kapitel soll untersucht werden, wie die Pflegeperson in der Arbeitslosenversicherung eingegliedert ist und wie sich die Pflegetätigkeit zum Versicherungsfall der Arbeitslosigkeit verhält. Dabei liegt zum Verständnis der heutigen Rechtslage ein besonderes Augenmerk auf den Schritten, die zur vollen Eingliederung der Pflegeperson in der Arbeitslosenversicherung geführt haben sowie auf den damit verbundenen Finanzierungs- und systematischen Umbruch. Weiterhin soll die Auswirkung von Pflegetätigkeiten auf die Arbeitslosigkeit und dazu die Frage der Vereinbarkeit von Pflege und Beschäftigungssuche untersucht werden.

1. Versicherungspflicht

a) Pflegepersonen (§ 26 IIb SGB III, § 28a I 1 Nr. 1 SGB III a. F.)

Versicherungspflicht besteht nach § 26 IIb SGB III für Personen in der Zeit, in der sie nicht erwerbsmäßig als Pflegeperson wenigstens zehn Stunden wöchentlich, verteilt auf regelmäßig mindestens zwei Tage in der Woche, einen Pflegebedürftigen mit mindestens Pflegegrad 2 i. S. d. SGB XI in seiner häuslichen Umgebung pflegen, der Leistungen aus der Pflegeversicherung nach dem SGB XI, Hilfe zur Pflege nach dem SGB XII oder gleichartige Leistungen nach anderen Vorschriften bezieht, wenn sie unmittelbar vor Beginn der Pflegetätigkeit versicherungspflichtig waren oder Anspruch auf eine laufende Entgeltersatzleistung nach dem

SGB III hatten. Die Mindestpflegezeit kann auch durch die Pflege mehrerer Pflegebedürftiger erfüllt werden, § 26 IIb 2 SGB III. Mit der Mindestpflegezeit und dem mindestens vorausgesetzten Pflegegrad 2 wird eine Erheblichkeitsschwelle gezogen.[766] § 26 IIb SGB III setzt inhaltlich die Versicherungspflicht auf Antrag nach § 28a I 1 Nr. 1 SGB III a. F. fort und ist daher im Zusammenhang zu dieser zu sehen.

aa) Bezug von Leistungen durch den Pflegebedürftigen

Anders als in der Rentenversicherung genügt ein (auch ruhender) Anspruch des Pflegebedürftigen auf eine Leistung nach dem SGB XI oder aus einer privaten Pflege-Pflichtversicherung nicht, sondern die Leistung muss auch bezogen werden. Infrage kommen neben Leistungen nach dem SGB XI oder aus einer privaten Pflege-Pflichtversicherung auch Leistungen der Hilfe zur Pflege nach §§ 61 ff. SGB XII oder „gleichartige Leistungen“ nach § 35 BVG, § 44 SGB VII, § 34 BeamtVG oder aus einer ausländischen gesetzlichen Pflegeversicherung[767]. Diese Diskrepanz zur rentenrechtlichen Regelung ergibt sich daraus, dass die sozialpolitische Entscheidung zur Vorgängernorm § 124 III 1 Nr. 1 SGB III a. F. fortwirkt. Die Rahmenfristverlängerung erfasste Pflegepersonen von Pflegebedürftigen, die mangels Erfüllung der Vorversicherungszeit oder aufgrund von gesetzlichen Konkurrenzregelungen keine Leistungen aus der sozialen Pflegeversicherung erhalten, aber aufgrund derselben Pflegebedürftigkeit andere Leistungen bezogen.[768] Dies wurde später übernommen.

bb) Anbindung an Versicherung

Die Versicherungspflicht der Pflegepersonen nach § 26 IIb SGB III ist eine Weiterversicherung kraft Gesetzes. Anders als nach dem SGB VI erhalten Pflegepersonen keinen neuen Zugang zum Versicherungszweig.[769] Die Pflegeperson muss unmittelbar vor Beginn der Pflegetätigkeit versicherungspflichtig gewesen sein oder Anspruch auf eine laufende Entgeltersatzleistung nach dem SGB III gehabt haben. Damit wird die Einbeziehung in die Arbeitslosenversicherung für diejenigen aufrechterhalten, die bereits vor der Pflege zum geschützten Personenkreis gehörten.[770] Für Personen, die grundsätzlich Teil des Arbeitslebens sind,

---

766 BT-Drucks. 18/5926, 147. Hierzu S. 46 f.

767 LPK-SGB III/*Reinhard* § 28a Rn. 5 (2. Aufl. 2015). Hierzu schon oben S. 46 f.

768 BT-Drucks. 13/8994, 61.

769 Zum Für und Wider der Einführung der Versicherungspflicht *Bothfeld/Gronbach*, WSI-Mitteilungen 2002, 220 (222 f.).

770 BT-Drucks. 18/5926, 147; Brand/*Brand* § 26 Rn. 25.

wird die Pflege versicherungsrechtlich als Phase zwischen zwei Erwerbsphasen behandelt.

Die Anknüpfung an die Bindung an die Versichertengemeinschaft war schon Voraussetzung für die Weiterversicherung nach der Vorgängervorschrift § 28a I 1 Nr. 1 SGB III a. F..[771] Nach aktueller Rechtslage muss unmittelbar vor Beginn der Pflegetätigkeit eine Versicherungspflicht oder der Anspruch auf eine Entgeltersatzleistung vorliegen, es wird aber keine Vorversicherungszeit innerhalb einer Rahmenfrist vorausgesetzt. Die Vorversicherung differenziert nicht nach den Versicherungspflichttatbeständen und kann auch in einer Versicherung auf Antrag bestehen.[772] Es genügt ein *Anspruch* auf Entgeltersatzleistungen wie auch nach § 28 II 1 Nr. 2 SGB III i. d. F. ab 1.8.2016.[773] Unterhaltsgeld nach dem ESF ist keine Entgelter-satzleistung nach dem SGB III.[774] Anknüpfungspunkt der Unmittelbarkeit ist der Beginn der Pflegetätigkeit. Daher kann Versicherungspflicht nach § 26 IIb SGB III auch eintreten, wenn die Pflegetätigkeit bereits vor Einführung des § 26 IIb SGB III begonnen wurde und fortbesteht.[775]

771 Vgl. KKW/*Berchtold* SGB III § 28a Rn. 9 (5. Aufl. 2017); BT-Drucks. 15/1515, 78; BT-Drucks. 17/1945, 14; LSG Stuttgart, Urt. v. 19.1.2010 – L 13 AL 1583/09, info also 2010, 115, juris Rn. 22.

772 Die Versicherungspflicht auf Antrag setzte bis 31.12.2010 ein „Versicherungspflichtverhältnis nach den Vorschriften des Ersten Abschnitts“, also nach §§ 24–28 SGB III, voraus. Mit Wirkung zum 1.1.2011 wurde der Zugang zur Versicherung flexibilisiert (BT-Drucks. 17/1945, 14). Anders als für Selbstständige wurde keine § 28 II 2 SGB III entsprechende Norm geschaffen, die ein wiederkehrendes, „zweckwidriges“ Abwechseln von Pflege und Arbeitslosengeldbezug verhinderte. Danach war möglich, aus einer Versicherungspflicht auf Antrag als Selbstständiger heraus eine Versicherungspflicht als Pflegeperson zu erlangen – am Anfang der „Versicherungskette“ muss aber zwangsläufig eine Versicherung gestanden haben, die keine Vorversicherung voraussetzt. Die Versicherungspflicht nach § 26 IIb SGB III a. F. differenzierte nie nach der Art der Vorversicherung, diese war aber de facto schon aufgrund der Voraussetzungen der Pflegezeit begrenzt.

773 *Winkler*, info also 2017, 51. Der bis zum 31.7.2016 nach § 28a II SGB III a. F. vorausgesetzte *Bezug*, also tatsächliche Erhalt, der Entgeltersatzleistung ließ Sperrzeit oder Ruhen des Anspruchs nicht genügen, NK SGB III/*Scheidt* § 28a Rn. 45; hierzu BSG, Urt. v. 4.12.2014 – B 5 AL 1/14 R, SozR 4-4300 § 28a Nr. 9, juris Rn. 20 ff. m. w. N.; BSG, Urt. v. 7.4.2016 – B 5 AL 1/15 R, NZS 2016, 714, juris Rn. 17 ff.

774 BSG, Urt. v. 30.3.2011 – B 12 AL 2/10 R, SozR 4-4300 § 28a Nr. 4, juris Rn. 17; zweifelnd Brand/*Brand* § 28a Rn. 7 vor dem Hintergrund der neueren Rechtsprechung zu § 26 SGB III.

775 Vgl. LSG Hamburg, Urt. v. 11.8.2021 – L 2 AL 2/21, Rn. 31 ff. – juris.

cc) *Insbesondere: Begriff der Unmittelbarkeit*

Die Vorversicherung bzw. Entgeltersatzleistung muss den Anschluss wahren und *unmittelbar* vor Beginn der Pflegetätigkeit vorgelegen haben.[776] „Unmittelbar" ist ein auslegungsbedürftiger unbestimmter Rechtsbegriff. Neben § 26 IIb SGB III verwenden § 26 II und IIa SGB III „unmittelbar" in diesem Zusammenhang wie auch § 28a II SGB III als Voraussetzung der Versicherungspflicht auf Antrag. Die Begriffe werden unterschiedlich ausgelegt, weshalb sich die Frage stellt, wie die Voraussetzung für die von § 28a nach § 26 SGB III „umgesiedelte" Versicherung der Pflegeperson auszulegen ist.

(1) Unmittelbarkeit im Sinne des § 28a II SGB III

Nach der Gesetzesbegründung zu § 28a II 1 SGB III liegt Unmittelbarkeit vor, wenn zwischen dem Ende der Vorversicherung oder dem Anspruch auf Entgeltersatzleistungen und dem Beginn der Pflegetätigkeit nicht mehr als ein Monat liegt.[777] Die Rechtsprechung zu § 28a SGB III schließt sich dem an unter weiterer Berufung auf die vom Gesetzgeber geforderte besonders enge Beziehung zur Arbeitslosenversicherung und schließt die Versicherung auf Antrag aus, wenn mehr als ein Monat vergangen ist, ebenso die Literatur.[778]

(2) Unmittelbarkeit im Sinne des § 26 SGB III

Die Wertung des § 28a SGB III wurde zunächst auch für die Auslegung der Unmittelbarkeit i. S. v. § 26 SGB III herangezogen[779] und erst in jüngerer Zeit

---

776 Unmittelbarkeit wurde seit dem 1.1.2011 nur noch hinsichtlich der Entgeltersatzleistung gefordert (vgl. NK SGB III/*Scheidt* § 28a Rn. 43; Hauck/Noftz/*Timme* SGB III § 28a Rn. 33). *Scheidt* (a. A. o.) stellt die Frage auf, ob es sich um ein Redaktionsversehen handelte oder um ein gesetzgeberisches Inkaufnehmen von Lücken im Versicherungsverlauf, obwohl die Regelung laut Gesetzesbegründung BT-Drucks. 17/1945, 14 lediglich die bisherige Rechtsanwendung umsetze.

777 BT-Drucks. 15/1515, 78.

778 BSG, Urt. v. 30.3.2011 – B 12 AL 2/10 R, SozR 4-4300 § 28a Nr. 4, juris Rn. 22, 18; BSG, Urt. v. 4.12.2014 – B 5 AL 1/14 R, SozR 4-4300 § 28a Nr. 9, juris Rn. 19; BSG, Urt. v. 7.4.2016 – B 5 AL 1/15 R, NZS 2016, 714, juris Rn. 12 f.; BeckOK-SozR/*Ulmer* SGB III § 28a Rn. 12a; Brand/*Brand* § 28a Rn. 7; Gagel/*Schneil* SGB III § 28a Rn. 4; KKW/*Berchtold* SGB III § 28a Rn. 10; NK SGB III/*Scheidt* § 28a Rn. 47; Hauck/Noftz/*Timme* SGB III § 28a Rn. 36; Eicher/Schlegel/*Schlegel* § 28a Rn. 96.

779 Für § 26 IIa: LSG Potsdam, Urt. v. 25.4.2013 – L 8 AL 339/09, juris Rn. 23; zweifelnd LSG Schleswig, Urt. v. 29.8.2008 – L 3 AL 76/07, juris Rn. 22 (kein Verweis auf § 28a, nur auf § 7 III SGB IV); a. A. Eicher/Schlegel/*Schlegel* § 26 Rn. 103 (86. EL 2008).

höchstrichterlich geklärt. Das BSG stellt bei der Auslegung entscheidend auf die Zielsetzungen der Normen ab. Der Maßstab des § 28a SGB III wird nicht streng übertragen, da Personen in § 28a I SGB III „aufgrund selbst gewählter Gestaltung" aus dem Schutz der Arbeitslosenversicherung fallen und diesen dann gegen eigene Beiträge aufrechterhalten können, wenn ein besonders enges Verhältnis zur Versichertengemeinschaft besteht. § 26 SGB III schütze dagegen Personen, „die durch besondere, außerhalb ihres Einflussbereichs liegende Umstände an einer Beschäftigung mit Verbleib in der Versichertengemeinschaft gehindert sind".[780] Deswegen können im Einzelfall auch über einen Monat hinausgehende Unterbrechungen anschlusswahrend sein.[781] Die Umstände der Unterbrechung sind zu beachten, sie dürfen nicht auf die Abkehr von der Arbeitslosenversicherung schließen lassen.[782]

(3) Auslegung des Kriteriums für § 26 IIb SGB III

Durch die Verschiebung der Versicherung der Pflegeperson in die Versicherungspflicht nach § 26 SGB III ist dessen Auslegung zur Unmittelbarkeit auch auf § 26 IIb SGB III anwendbar. Die Gesetzesbegründung nennt als nach wie vor bestehenden Grundgedanken der Versicherungspflicht, dass nur Personen erfasst werden, die vor Aufnahme der Pflege bereits zum geschützten Personenkreis gehörten.[783] Daher ist die Wertung des § 28a SGB III[784] einzubeziehen, dass Unmittelbarkeit jedenfalls vorliegt, wenn nicht mehr als ein Monat vergangen ist. Die Gesetzesbegründung will das Unmittelbarkeitskriterium „entsprechend

§ 26 II: LSG Darmstadt, Urt. v. 15.7.2011 – L 9 AL 125/10, juris Rn. 28 (grds. 1 Monat auch unter Verweis auf § 7 III SGB IV; hier ausnahmsweise noch 32 Tage); a. A. LSG Essen, Urt. v. 22.5.2014 – L 16 AL 287/13, juris Rn. 27 f. SG Marburg, Urt. v. 26.10.2015 – S 2 AL 114/13, NZS 2016, 117, juris Rn. 23 (schon in richtung der späteren BSG-Rspr.).

§ 26 II und IIa: Brand/*Brand* § 26 Rz. 20, 24 (7. Aufl. 2015); NK SGB III/*Scheidt* § 26 Rn. 43, 51 (6. Aufl. 2017); Gagel/*Fuchs* SGB III § 26 Rn. 29 (EL 62, 6/16); jurisPK-SGB III/*Wehrhahn* § 26 Rn. 32, 44 (1. Aufl. 2014).

780 BSG, Urt. v. 23.2.2017 – B 11 AL 3/16 R, BSGE 122, 279, juris Rn. 24; BSG, 23.2.2017 – B 11 AL 4/16 R, juris Rn. 24.

781 BSG, Urt. v. 23.2.2017 – B 11 AL 3/16 R, BSGE 122, 279, juris Rn. 17; BSG, Urt. v. 23.2.2017 – B 11 AL 4/16 R, juris Rn. 18.

782 BSG, Urt. v. 23.2.2017 – B 11 AL 3/16 R, BSGE 122, 279, juris Rn. 25; BSG, 23.2.2017 – B 11 AL 4/16 R, juris Rn. 25.

783 BT-Drucks. 18/5926, 147.

784 BT-Drucks. 15/1515, 78.

der vergleichbaren Regelungen für sonstige Versicherungspflichtige" anwenden.[785] Mit der Einordnung der Pflegepersonen in den neuen Kontext der versicherungspflichtigen Personen, die durch äußere Umstände am Verbleib in der versicherungspflichtigen Beschäftigung gehindert sind in § 26 SGB III, ist die vergleichbare Regelung nunmehr § 26 II SGB III.[786] Die unmittelbar vorhergehende Anbindung an den Kreis der Versicherten ist nicht die Rechtfertigung des Privilegs des Versicherungszugangs, sondern definiert den sozial schützenswerten Personenkreis. Bei § 26 II SGB III ist bei der Feststellung der Unmittelbarkeit die Besonderheit der jeweiligen Lohnersatzleistung zu beachten[787] und damit welcher Personenkreis vom gesetzgeberischen Willen umfasst ist.

Für die Pflegeperson ist *Unmittelbarkeit* nach § 26 IIb SGB III daher so auszulegen, dass den Besonderheiten der abzusichernden und zu flexibilisierenden Übergänge zwischen zwei Erwerbsphasen und der Vereinbarkeit von Familie und Beruf Rechnung getragen wird, die nach der Gesetzesbegründung der Regelung zugrunde liegen[788] und die zu Unterbrechungen von mehr als einem Monat führen können, ohne dass die unmittelbare Anbindung an den Versichertenkreis der Arbeitslosenversicherung zu verneinen wäre.[789] Wie auch in den durch das BSG entschiedenen Fällen dürfen Eigenheiten des Verfahrens bzw. der Leistungen, auf die die Versicherungspflicht Bezug nimmt,[790] nicht zur Versagung des Versicherungsschutzes führen. Für § 26 IIa SGB III nennt die

785 BT-Drucks. 18/5926, 147.

786 Hauck/Noftz/*Timme* SGB III § 26 Rn. 53, 36a – so auch schon in einer vorherigen Edition zu § 26 IIb SGB III, der sich noch auf Pflegezeit bezog: Hauck/Noftz/*Timme* SGB III § 26 Rn. 48c (Lfg. 1/09); Gagel/*Schneil* § 26 Rn. 36, 29.

787 BSG, Urt. v. 23.2.2017 – B 11 AL 3/16 R, BSGE 122, 279, juris Rn. 25; BSG, 23.2.2017 – B 11 AL 4/16 R juris Rn. 25; *Pitz*, NZS 2017, 870; *Palsherm*, SGb 2018, 304 (307).

788 BT-Drucks. 18/5926, 147.

789 Vgl. Gagel/*Schneil* § 26 Rn. 36, 29. Anders noch GemRdschr RVAloV v. 13.12.2016, II 1.1, S. 15.

790 Im ersten Fall des BSG (BSG, Urt. v. 23.2.2017 – B 11 AL 3/16 R) wäre der Anspruch des Versicherten bei einer Anwendung des Maßstabs nach § 28a SGB III von der Zufälligkeit des Rentenverfahrens abhängig gewesen (weil die Erwerbsminderungsrente erst sechs Monate nach dem Eintritt der Erwerbsminderung gezahlt wird; jetzt durch § 101 Ia SGB VI gelöst), im zweiten Fall (BSG, 23.2.2017 – B 11 AL 4/16 R) davon, dass die Zahlung nach EFZG nicht für den Höchstzeitraum erfolgte wegen der Beendigung des Arbeitsverhältnisses. Im Fall des LSG Stuttgart, Urt. v. 21.11.2018 – L 3 AL 2273/18, info also 2019, 122, juris Rn. 24 ff. hätten die Zufälligkeiten des Mutterschutzes zum Ausschluss geführt.

Gesetzesbegründung keinen zeitlichen Maßstab der Unmittelbarkeit.[791] Hier sind die sich aus der Zielsetzung der Lückenfüllung und die sich insbesondere aus Beschäftigungsverboten des MuSchG ergebenden Besonderheiten zu beachten.[792] In der Pflegesituation ist zu denken an Fälle, in denen Pflegebedürftigkeit vorliegt, die Pflegeperson schon die Beschäftigung aufgegeben hat und die häusliche Pflege vorbereitet, aber der Pflegebedürftige z. B. noch im Krankenhaus behandelt wird. Hier könnten Lücken entstehen, weil die Pflegetätigkeit selbst noch nicht aufgenommen wurde. Eine Pflegeperson könnte gegebenenfalls mangels Unmittelbarkeit keine Versicherungspflicht mehr erreichen. In diesem Fall ist die Länge der Unterbrechung des Versicherungsschutzes durch die Pflegeperson ggf. nicht beeinflussbar. Sie hat sich nicht vom Sicherungsziel der ALV abgekehrt, sondern bereitet die Tätigkeit vor, die ihren späteren Versicherungsschutz begründet. Gerade eine belastende, erwerbsfeindliche Situation für Pflegebedürftige und Angehörige wie die anfängliche ungelöste Pflegesituation dürfen nicht zur Versagung des Versicherungsschutzes führen, der an dieser Stelle ansetzen soll. Die Zielsetzung, Übergänge und Flexibilisierung abzusichern, würde konterkariert, wenn Eigenheiten dieser Übergänge zur Versagung des Versicherungsschutzes führen könnten. Die Vorversicherungszeit kann auch erfüllt sein, wenn sich die Pflege einer Person unmittelbar an die versicherungspflichtige Pflege einer anderen Person anschließt.[793]

Das Unmittelbarkeitskriterium führt dazu, dass anders als nach der Verlängerung der Rahmenfrist nach § 124 III SGB III a. F. nicht unter Herausrechnung

---

791 BT-Drucks. 14/6944, 30; Eicher/Schlegel/*Schlegel* § 26 Rn. 125 bejaht Unmittelbarkeit, wenn Versicherungspflicht am Tag vor der Geburt des Kindes bzw. der Elternzeit bestand.

792 Dazu *Schmidt*, SGb 2014, 242 (246 f.). Unter Übertragung der Grundsätze der BSG Urt. v. 23.2.2017: LSG Saarbrücken, Urt. v. 25.9.2019 – L 6 AL 2/18, juris Rn. 58: 48 Tage; LSG Stuttgart, Urt. v. 21.11.2018 – L 3 AL 2273/18, info also 2019, 122, juris Rn. 24 ff: 45 Tage.

793 Für § 26 IIa SGB III entschied das BSG, dass im Falle direkt aneinander anschließender bzw. sich überschneidender Kindererziehungszeiten die Versicherungspflicht „unmittelbar vor Geburt des ältesten Kindes" vorgelegen haben musste (BSG, Urt. v. 29.5.2008 – B 11a/7a AL 64/06 R, juris Rn. 18). Bei der Streichung der Rahmenfristverlängerung für die Personen, deren Erziehungszeiten teilweise vor und nach Inkrafttreten der Versicherungspflicht lagen, müsse die Versicherungspflicht nahtlos die Rahmenfristverlängerung ablösen (BSG, a. A. o. Rn. 19). Die Vorschrift des § 26 IIa SGB III ist nicht rückwirkend für die Zeit vor ihrem Inkrafttreten anwendbar (BSG, Urt. v. 19.1.2005 – B 11a/11 AL 35/04 R, juris Rn. 20).

der Zeiten der Pflege (und Erziehung) generell die Anwartschaftszeiten entscheidend sind, sondern stichtagsmäßig nur noch Personen von der Weiterversicherung profitieren, die direkt zuvor angebunden waren.[794]

dd) Keine Versicherungsfreiheit

Es sind die Regelungen zur Versicherungsfreiheit anwendbar. Der Hauptanwendungsfall für Pflegepersonen ist die Versicherungsfreiheit nach § 28 I Nr. 1 SGB III nach Überschreiten der Regelaltersgrenze der GRV.

ee) Subsidiarität

Die Versicherungspflicht als Pflegeperson tritt nach § 26 III 5, 6 SGB III nicht ein, wenn eine Versicherungspflicht nach anderen Vorschriften des SGB III vorliegt (auch aufgrund von Kindererziehung nach § 26 IIa SGB III) oder während der Pflege ein Anspruch auf Entgeltersatzleistungen nach dem SGB III besteht (zu Letzterem sogleich). Die Subsidiarität nach § 26 III 5 SGB III beruht darauf, dass nur ein Nachteil im Arbeitslosenversicherungsschutz durch die Unterbrechung der versicherungspflichtigen Beschäftigung ausgeglichen werden soll, der nicht auftreten kann, wenn weiterhin eine versicherungspflichtige Beschäftigung ausgeübt wird.[795] Der Ausschluss der Versicherungspflicht während des Bezugs einer Entgelter-satzleistung nach dem SGB III soll vermeiden, dass die Erziehung oder Pflege während des Bezugs einer Entgeltersatzleistung gleichzeitig wieder einen neuen Anspruch auf eine Entgeltersatzleistung begründet.[796]

ff) Normhistorie: Versicherungspflicht auf Antrag, § 28a I 1 Nr. 1 SGB III a. F.

Die Regelung zur Arbeitslosenversicherung der Pflegeperson ist unter den Vorschriften zur sozialen Sicherung der Pflegeperson der meistbewegte Bereich. Im Folgenden soll die Entwicklung nachgezeichnet werden, die sich auch in der Bewertung der heutigen Regelungen fortsetzt.

Bemerkenswert ist, dass die unmittelbare Vorgängerregelung zu § 26 IIb SGB III, die Versicherungspflicht auf Antrag nach § 28a I 1 Nr. 1 SGB III a. F., nicht nur ein Novum in der Systematik der Arbeitslosenversicherung darstellte, sondern zudem anders als § 19 SGB XI lediglich pflegende *Angehörige* erfasste.

---

794 jurisPK-FuB/*Kemper* Kap. 27 Rn. 56.
795 Vgl. BT-Drucks. 14/6944, 30.
796 Vgl. BT-Drucks. 14/6944, 30.

Die vorherige Fassung des § 26 IIb SGB III bezog sich dagegen auf die besonderen Voraussetzungen der Pflegezeit.

(1) Allgemeine Voraussetzungen des § 28a I 1 Nr. 1 SGB III a. F.

Nach § 28a I 1 Nr. 1 SGB III a. F. konnten vom 1.2.2006 an Personen auf Antrag ein Versicherungspflichtverhältnis begründen, die als Pflegeperson einen der Pflegestufe I bis III i. S. d. SGB XI zugeordneten Angehörigen, der Leistungen nach dem SGB XI oder Hilfe zur Pflege nach dem SGB XII oder gleichartige Leistungen nach anderen Vorschriften bezieht, wenigstens 14 Stunden wöchentlich pflegten. § 28a I 1 Nr. 1 SGB III a. F. knüpfte an die früheren Mindestpflegezeiten und Pflegestufen an.[797] Nach § 28a I 2 SGB III bestand seit dem 1.1.2011 eine Unbeachtlichkeitsregelung, wenn gelegentlich und mit geringer Dauer die Mindeststundenzahl unterschritten wurde.[798] Unmittelbar vor der Pflege musste eine Vorversicherung oder Entgeltersatzleistung vorgelegen haben (dazu oben S. 211 ff.). Die Vorschrift richtete sich damit an Personen, die bereits zuvor Teil des Arbeitsmarktes waren und zu diesem zurückkehrten und nicht nur Leistungen der aktiven Arbeitsförderung, sondern auch eine Entgeltersatzleistung benötigten, weil sie einer finanziellen Absicherung bedurften. Das Versicherungspflichtverhältnis endete nach § 28a V SGB III mit Bezug einer Entgeltersatzleistung, wenn die Voraussetzungen nach § 28a I 1 Nr. 1 SGB III a. F. nicht mehr erfüllt wurden, bei Beitragsverzug, Kündigung oder Versicherungsfreiheit nach § 28 SGB III.

(2) Figur der Versicherungspflicht auf Antrag

Die Versicherungspflicht trat auf den Antrag hin kraft Gesetzes ein, wenn ihre Voraussetzungen erfüllt wurden. Sie war keine freiwillige Versicherung i. e. S., sondern „freiwillig“ durch das Antragserfordernis, der Rechtsnatur nach aber

797 Seit dem 1.1.2013 in § 28a I 1 Nr. 1 letzter Hs. SGB III a. F. ausdrücklich Additionspflege zugelassen.

798 Dies sollte die bisherige Verwaltungspraxis klarstellen und den schwankenden Beschäftigungszeiten insbesondere von Existenzgründern Rechnung tragen (BT-Drucks. 17/1945, 14), nahm durch die Nennung von § 28a I 1 Nr. 1 SGB III a. F. aber auch ausdrücklichen Bezug auf die Pflege. KKW/*Berchtold* SGB III § 28a Rn. 8 zieht den Vergleich zur Regelung bei gelegentlichen Abweichungen bei der Feststellung der Beschäftigungslosigkeit nach § 138 III 1 Hs. 2 SGB III (dazu Gagel/*Baldschun* SGB III § 138 Rn. 100 ff.). Für die Pflegeperson war an dieser Stelle auch an das Regelmäßigkeits-Erfordernis zu denken.

Pflichtversicherung (wie § 4 SGB VI).[799] Die Versicherungspflicht auf Antrag nach § 28a SGB III stellte bei ihrer Einführung zum 1.2.2006 ein Kuriosum im Recht der Arbeitslosenversicherung dar, die sonst lediglich die Pflichtversicherung kannte.[800] § 28a SGB III sollte die Möglichkeit zur freiwilligen Weiterversicherung und damit der Aufrechterhaltung des Versicherungsschutzes lediglich den dort genannten Personengruppen eröffnen, die nicht mehr kraft Gesetzes der Versichertengemeinschaft angehörten,[801] sondern durch Gestaltung aus der Versicherung fielen.[802] Die Arbeitslosenversicherung war durch das Erfordernis der vorherigen Zugehörigkeit nicht frei zugänglich.[803]

(3) Versicherungspflicht für Pflegende statt Rahmenfristverlängerung

Mit § 28a I 1 Nr. 1 SGB III a. F. wurde erstmals eine Möglichkeit zur Arbeitslosenversicherung für Pflegende eingeführt. Als primäre Arbeitnehmer-Versicherung[804] kannte die Arbeitslosenversicherung zuvor nur Unschädlichkeitsregelungen. Zeiten der Pflege wurden aus den Rahmenfristen der Anwartschaftszeiten herausgerechnet und der Rahmen in die Vergangenheit verlängert.[805]

(4) Begrenzung auf Angehörige

Die Versicherungspflicht auf Antrag nach § 28a I 1 Nr. 1 SGB III a. F. war wie schon § 124 III Nr. 1 SGB III a. F. und §§ 78 S. 2, 20 Nr. 1 SGB III a. F. (1998) – aber anders als § 46 I 4 AFG[806] – auf Personen beschränkt, die einen Angehörigen pflegten. § 124 III Nr. 1 und § 20 SGB III a. F. sollten dem besonderen Schutzbedürfnis von Arbeitnehmern Rechnung tragen, die ihre Berufsausübung zur „Angehörigenpflege“ unterbrachen.[807] Dies wurde bei der

---

799 Eicher/Schlegel/*Schlegel* § 28a Rn. 1.

800 *Wenner*, SoSi 2006, 9 spricht von einem „Systembruch“. Lediglich das AVAVG (Deutsches Reichsgesetzblatt 1927, Teil I, S. 197) kannte in § 86 die freiwillige Weiterversicherung bei Überschreiten der Entgeltgrenze. Zu § 28a SGB III eingehend auch *Rust*, in: Neue Mitgliedschaft in der Sozialversicherung, S. 100 ff.

801 BT-Drucks. 15/1515, 78; BT-Drucks. 17/1945, 14; KKW/*Berchtold* SGB III § 28a Rn. 9.

802 BSG, Urt. v. 23.2.2017 – B 11 AL 3/16 R, BSGE 122, 279, juris Rn. 24; BSG, 23.2.2017 – B 11 AL 4/16 R juris Rn. 24.

803 *Winkler*, info also 2017, 51 (52).

804 Vgl. SRH/*Bieback* § 21 Rn. 39.

805 Hierzu unten S. 233 ff.

806 Die Gesetzesbegründung spricht von Pflege „z. B.“ eines Angehörigen, BT-Drucks. 12/5262, 162.

807 BT-Drucks. 13/4941, 156, 177.

Einführung von § 28a I 1 Nr. 1 SGB III a. F. übernommen. Damit unterschied sich § 28a I 1 Nr. 1 SGB III a. F. von §§ 19, 44 SGB XI, § 3 S. 1 Nr. 1a SGB VI und § 2 I Nr. 17 SGB VII, die nicht nur Angehörige erfassten. Die überwiegende Ansicht in der Literatur sprach das Antragsrecht nach § 28a I 1 Nr. 1 SGB III a. F. lediglich verwandten und verschwägerten Angehörigen zu und griff auf die Angehörigendefinition des § 16 V SGB X zurück.[808] Der Begriff der „nahen Angehörigen" nach § 7 III PflegeZG wurde nicht herangezogen, da § 28a I 1 Nr. 1 SGB III a. F. die bloße Angehörigeneigenschaft ausreichen ließ.[809] Im SGB XI wird der Angehörigenbegriff uneinheitlich verwendet. Er wird einerseits im Zusammenhang von Informationsangeboten gegenüber Pflegebedürftigen bzw. Versicherten „und ihren Angehörigen" gebraucht (§§ 7 II 1, 17 I a 3, 85, 91 IV, 114 II, 115, 123), andere Vorschriften sprechen von „Angehörigen und Nachbarn" (§§ 3 S. 1, 8 II 3) oder „Angehörigen und anderen Personen", die an der Pflege des Versicherten beteiligt sind (§§ 7a II 1, 18 IV 2). „Angehörige" sind in diesem Zusammenhang die Personen, die mit dem Pflegebedürftigen die Pflegesituation organisieren, mit der Pflegekasse kommunizieren und entsprechende Informationen erhalten müssen. Eine Definition von „Angehörigen" erfolgt nicht. Für die ehrenamtliche Pflege wird in §§ 19, 44 SGB XI nicht zwischen verwandten und nicht verwandten Pflegepersonen unterschieden. Die Vorschriften des §§ 45 ff. SGB XI unterscheiden begrifflich zwischen Angehörigen und sonstigen Pflegepersonen. § 45 SGB XI richtet sich an „Angehörige und sonstige an einer ehrenamtlichen Pflegetätigkeit interessierte Personen", die §§ 45a–45d SGB XI an „pflegende Angehörige und vergleichbar nahestehende Pflegepersonen". Die Pflegenden werden so typisierend umschrieben. Der uneinheitliche Gebrauch zeigt, dass das SGB XI verschiedene Nähekreise um den Pflegebedürftigen kennt: Personen, die dem Pflegebedürftigen so nahestehen, dass sie die persönlichen Angelegenheiten des Pflegebedürftigen und die Pflegesituation regeln und Personen, die aus dem Näheverhältnis heraus pflegen. Angehörige werden aber immer gesondert genannt. Die Regelungen zur sozialen Sicherung der Pflegeperson waren nie gleichlautend im Wortlaut,

---

808 LPK-SGB III/*Reinhard* § 28a Rn. 5 (2. Aufl. 2015); BeckOK-SozR/*Ulmer* SGB III § 28a Rn. 1 (43. Ed. 2016); Brand/*Brand* § 28a Rn. 3; Brand/*Kühl* § 8 Rn. 5; NK SGB III/*Scheidt* § 28a Rn. 26 (5. Aufl. 2013); Hauck/Noftz/*Timme* SGB III 28a Rn. 14 (Lfg. 3/2011); Gagel/*Fuchs* § 28a Rn. 6 (63. EL Mai 2016); a. A. Eicher/Schlegel/*Schlegel* § 28a Rn. 36; KKW/*Berchtold* § 28a Rn. 5 zweifelnd, weist aber auf Wortlautgrenze hin. Für die Gleichstellung der Partner einer nichtehelichen Lebensgemeinschaft mit Angehörigen: Brand/*Kühl* § 8 Rn. 5; BeckOK-SozR/*Ulmer* SGB III § 28a Rn. 1 (43. Ed. 2016).

809 Hauck/Noftz/*Timme* SGB III 28a Rn. 13 (Lfg. 3/2011).

bezogen sich aber stets auf denselben Personenkreis. Dass die Versicherungspflicht für Pflegepersonen weiter begrenzt sein sollte, ist so in der Gesetzesbegründung zu § 124 III Nr. 1 SGB III a. F.[810] und § 28a I 1 Nr. 1 SGB III a. F.[811] nicht ersichtlich, noch Gründe dafür. Das Näheverhältnis zwischen Pflegeperson und Pflegebedürftigem dient in §§ 19, 44 SGB XI, § 3 S.1 Nr. 1a SGB VI und § 2 I Nr. 17 SGB VII auch zur Einschätzung der nicht berufsmäßigen Prägung der Pflege. Alles deutet darauf hin, dass der Begriff der Angehörigenpflege hier als Umschreibung der ehrenamtlichen Pflege verwendet wurde, ohne dass eine Differenzierung innerhalb der Pflegepersonen nach Verwandtschaftsgrad gewollt war.[812] Es wurde nur über den Gebrauch des Pflegepersonenbegriffs, aber nicht ausdrücklich die Nichterwerbsmäßigkeit der Pflege vorausgesetzt (wie auch in § 2 I Nr. 17 SGB VII, der dafür auf § 19 SGB XI verweist). Der Bezug auf Angehörige stellte den ehrenamtlichen Charakter der Pflege klar. So erfasst auch die Pflegestatistik Fälle, in denen das Pflegegeld nach § 37 SGB XI (und etwa keine Kombinationsleistungen nach § 38 SGB XI) in Anspruch genommen wird, als „Pflege allein durch Angehörige".[813] Die nur nahen Angehörigen zustehende Versicherung nach § 26 IIb SGB III wurde erst später eingeführt, womit § 28a I 1 Nr. 1 SGB III a. F. der Folge von § 124 III Nr. 1 SGB III a. F. zuzuordnen und erst später im Gesamtkonzept mit § 26 IIb SGB III a. F. zu sehen ist.[814]

b) Versicherungspflicht während der Pflegezeit, § 26 IIb SGB III a. F.

Bis zum Inkrafttreten der heutigen Regelung enthielt § 26 IIb SGB III die Versicherungspflicht für Personen in der Zeit, in der sie eine Pflegezeit nach § 3 I 1 PflegeZG in Anspruch nahmen und eine pflegebedürftige Person pflegten, wenn sie unmittelbar vor der Pflegezeit versicherungspflichtig waren oder eine als Arbeitsbeschaffungsmaßnahme geförderte Beschäftigung ausgeübt hatten, die ein Versicherungspflichtverhältnis oder den Bezug einer laufenden Entgeltersatzleistung nach dem SGB III unterbrochen hatte.

---

810 BT-Drucks. 13/4941, 177 spricht von einem besonderen Schutzbedürfnis von Arbeitnehmern, die die Beschäftigung für die Pflege von Angehörigen unterbrochen haben.

811 BT-Drucks. 15/1515, 78 übernimmt lediglich § 124 SGB III.

812 Dafür spricht, dass die Gesetzesbegründung davon ausgeht, dass in der GRV für die Betreffenden Beiträge entrichtet werden; BT-Drucks. 15/1515, 78.

813 Statistisches Jahrbuch 2019, S. 136.

814 § 28a I 1 Nr. 1 als Weiterversicherung zu § 26 IIb nach BT-Drucks. 16/7439, 94; deswegen Hauck/Noftz/*Timme* SGB III 28a Rn. 12 (Lfg. 3/2011) für die Begrenzung auf verwandte oder verschwägerte Angehörige.

Da sich die Pflegezeit lediglich an Beschäftigte richtet, waren von dieser Regelung ohnehin nur Personen umfasst, die vor Aufnahme der Pflege Teil des Arbeitsmarktes waren.

Die Norm wurde zum 1.7.2008 mit der Pflegezeit eingeführt und galt fort bis Ende 2016. § 44a II SGB XI a. F. verwies entsprechend: „Pflegende Personen sind während der Inanspruchnahme einer Pflegezeit im Sinne des Pflegezeitgesetzes nach Maßgabe des Dritten Buches nach dem Recht der Arbeitsförderung versichert." Wie auch § 44 SGB XI war § 44a II SGB XI a. F. eine Einweisungsvorschrift ohne eigenen Regelungsgehalt.[815]

c) Verhältnis der Versicherungen, heutige Perspektive

Bis zum Inkrafttreten des PSG II lief die Absicherung von Pflegenden in der Arbeitslosenversicherung zweispurig. Nach dem Willen des Gesetzgebers des PfWG sollten die Regelungen aneinander anknüpfen. Mit der Einführung einer Versicherungspflicht während der Pflegezeit sollten explizit nicht die sozialen Leistungen an Pflegepersonen ausgeweitet, sondern nur punktuell die Situation von Beschäftigten verbessert werden, die für die familiäre Pflege die Pflegezeit für die im PflegeZG vorgesehene Dauer in Anspruch nehmen und daher von der Arbeitsleistung befreit oder daran gehindert sind.[816] Über diese Bezugnahme auf die Pflegezeit nach § 3 I 1 PflegeZG wurden deren Voraussetzungen auch Voraussetzungen der Versicherungspflicht.[817] Die Versicherungspflicht nach § 26 IIb SGB III a. F. war unabhängig von einem Status als Pflegeperson.[818]

Da die Pflegezeit keinen Mindestumfang der Pflege voraussetzt, war auch der Versicherungsschutz nach § 26 IIb SGB III a. F. im ersten halben Jahr während der Pflegezeit nicht von einer Mindestpflegezeit abhängig, danach bei § 28a I 1 Nr. 1 SGB III a. F. aber schon.[819] Beide Regelungen betrafen *Angehörige*, der Kreis der nahen Angehörigen nach § 7 III PflegeZG, § 26 IIb SGB III a. F. war aber enger als der Begriff des allgemein für § 28a I 1 Nr. 1 SGB III a. F. verwendeten § 16 V SGB X.

Mit dem PSG II wurde die Arbeitslosenversicherung der Pflegepersonen auf Grundlage einer umfassenden Versicherungspflicht neu geregelt.[820] Die heutige Fassung des § 26 IIb SGB III ist daher als Nachfolge des

815 KKW/*Philipp* § 44a Rn. 11 (4. Aufl. 2015).
816 BT-Drucks. 16/7439, 59.
817 Ausführlich zu den Voraussetzungen der Pflegezeit unten S. 301 ff.
818 Vgl. *v. Koppenfels-Spies*, Angehörigenpflege und Beschäftigung, Rn. 581.
819 *Winkel*, SoSi 2012, 165 (166); GemRdschr ALV v. 1.7.2008, II 2, S. 15.
820 BT-Drucks. 18/5926, 64.

§ 28a I 1 Nr. 1 SGB III a. F. zu sehen und nicht des § 26 IIb SGB III a. F. Bei Einführung des § 26 IIb SGB III a. F. wurde er dem schon zuvor bestehenden § 28a I 1 Nr. 1 SGB III a. F. zeitlich vorgeordnet. § 26 IIb SGB III a. F. sollte die vorübergehende Pflege erfassen, § 28a I 1 Nr. 1 SGB III a. F. nach Aufgabe der Erwerbstätigkeit zugunsten der Pflege die Weiterversicherung ermöglichen.[821] Wurde nach Ende der Pflegezeit (und damit der Versicherungspflicht nach § 26 IIb SGB III a. F.) die Erwerbstätigkeit aufgegeben, konnte eine Weiterversicherung nach § 28a I 1 Nr. 1 SGB III a. F. erfolgen.[822] Mit der Neueingliederung der Pflegepersonen in den § 26 IIb SGB III wurden auch Merkmale der Versicherungen des § 26 SGB III übernommen wie die unmittelbar vorhergehende Versicherungspflicht anstatt einer Vorversicherungszeit (dazu schon oben S. 209 ff.).

Offen bleibt die Frage, wieso erst jetzt eine durchgehende Versicherungspflicht der Pflegepersonen geschaffen wurde. Schon die Gesetzesbegründung zu § 44a SGB XI a. F. nennt das Anliegen, die Pflegeversicherung durch die Leistungen finanziell nicht zu überfordern.[823] § 28a I 1 Nr. 1 SGB III a. F. hingegen sollte Bezug darauf nehmen, dass in der Arbeitslosenversicherung keine Beiträge entrichtet wurden.[824] Ein Grund ist also jedenfalls in der Finanzierung der Leistungen zu sehen. Weiterhin lässt sich vermuten, dass der Gesetzgeber davon ausging, dass die Pflegezeit vielfach angenommen würde.[825] Durch die Voraussetzung der vorherigen Anbindung an die Arbeitslosenversicherung betrifft die Regelung primär Pflegepersonen, die zuvor beschäftigt waren. Es fehlen Zahlen dazu, wie viele Personen die Versicherungspflicht auf Antrag nach § 28a I 1 Nr. 1 SGB III a. F. in Anspruch nahmen, insbesondere im Vergleich zu den Personen, die dazu berechtigt gewesen wären.[826]

§ 26 IIb SGB III vereinheitlicht in seiner aktuellen Fassung die Voraussetzungen, unter denen die Pflegeperson Versicherungsschutz genießt. Mit der weiterhin geforderten Voranbindung an den Kreis der Versicherten zeigt sich der

---

821 BT-Drucks. 16/7439, 94.

822 BT-Drucks. 16/7439, 94.

823 BT-Drucks. 16/7439, 59.

824 BT-Drucks. 15/1515, 78.

825 Die Freistellung wurde tatsächlich kaum in Anspruch genommen, siehe hierzu Fn. 1228.

826 Finanziell standen bei der Einführung der Versicherungspflicht der Pflegepersonen Einsparungen im Bundeshaushalt von 5 Mio. EUR und für Länder und Gemeinden von 2 Mio. EUR Mehrausgaben der Pflegeversicherung von 17 Mio. EUR gegenüber (BT-Drucks. 18/5926, 68 ff.). Der Gesetzesentwurf geht von 48.000 Fällen aus (BT-Drucks. 18/5926, 76).

Grundcharakter der Arbeitslosenversicherung als Arbeitnehmerversicherung. Die Versicherungspflicht nach § 26 IIb SGB III für Pflegepersonen findet sich nun systematisch bei der Versicherungspflicht nach § 26 IIa SGB III in den ersten drei Lebensjahren eines Kindes. Sie dient der Absicherung der Übergangsphasen zur Flexibilisierung von Vereinbarkeit von Familie und Beruf und der Förderung der Frauenerwerbstätigkeit.[827] Mit Inkrafttreten des PSG II zum 1.1.2017 kann für Personen in Pflegezeit eine Absicherungslücke auftreten, wenn sie nicht als Pflegepersonen nach § 26 IIb SGB III n. F. oder anderweitig versicherungspflichtig sind.[828] Sie fallen so aus dem Schutz des SGB III, wenn sie das ihnen arbeitsrechtlich eingeräumte Recht wahrnehmen. Sie können diesen nicht selbst herstellen, da § 28a I SGB III keinen Tatbestand hierfür vorsieht und das SGB III keine allgemeine freiwillige Versicherung vorsieht.

2. Beiträge

a) Beitragspflicht

Die Beiträge für nach § 26 IIb SGB III versicherungspflichtige Pflegepersonen werden nach § 347 Nr. 10 SGB III durch die Pflegekasse des Pflegebedürftigen, bei privat Pflegeversicherten durch das private Pflegeversicherungsunternehmen und bei Beihilfeberechtigten anteilig durch die Beihilfestelle und die Pflegekasse bzw. das Versicherungsunternehmen getragen – wie auch in der Rentenversicherung nach § 170 I Nr. 6 SGB VI. Für die Pflegeperson ist ihre Absicherung auch hier kostenlos. Die Gesetzesbegründung zum PSG II stellt nochmals fest, dass der Zugang zur Arbeitslosenversicherung das Versicherungsrisiko auf die Gemeinschaft der Beitragszahler überträgt, was einer „verlängerten Verantwortung der Arbeitslosenversicherung für arbeitsmarktpolitische Ziele der Arbeitsförderung“ Rechnung trage.[829]

Anders als in der Rentenversicherung korrespondiert die Beitragspflicht für die Pflegeperson nicht mit der Leistungspflicht an den Pflegebedürftigen. § 3 S. 1 Nr. 1a SGB VI setzt den Anspruch des Pflegebedürftigen auf Leistungen der gesetzlichen oder privaten Pflegeversicherung voraus, deren

---

827 BT-Drucks. 18/5926, 147.

828 Zum Beispiel bei einer Freistellung nach § 3 V PflegeZG zugunsten eines Minderjährigen, der stationär gepflegt wird – wobei in diesem Fall auch nach § 26 IIb SGB III a. F. keine Versicherungspflicht in der ALV bestanden hätte, da dieser sich nur auf § 3 I 1 PflegeZG bezog.

829 BT-Drucks. 18/5926, 147.

Träger bzw. Unternehmen auch die Beiträge für die Pflegeperson leistet. Der von § 26 IIb SGB III vorausgesetzte Leistungsbezug kann auch aus der Hilfe zur Pflege oder gleichartigen Leistungen erfolgen, die anderen Leistungsträger sind aber nicht beitragspflichtig nach § 347 Nr. 10 SGB III.

Besteht ein Anspruch, der subsidiär nach § 13 I SGB XI ist, ruhen die Leistungen der Pflegeversicherung nach § 34 I Nr. 2 SGB XI, *soweit* vorrangige Leistungen bestehen. Da § 44 SGB VII aber keine Leistungen an die Pflegeperson vorsieht, ruht der Anspruch der Pflegeperson nicht, die Pflegeversicherung leistet weiterhin die soziale Sicherung der Pflegeperson.[830] Es entsteht also ohne Leistung an den Pflegebedürftigen eine Beitragspflicht des Pflegeversicherungsträgers für die Arbeitslosenversicherung der Pflegeperson nach § 347 Nr. 10 SGB III.

Der nach § 26 IIb SGB III ausreichende, ausschließliche Bezug von Leistungen der Hilfe zur Pflege kann dagegen nur auftreten, wenn der Pflegebedürftige keinen Anspruch aus der sozialen Pflegeversicherung hat, vgl. § 13 III Nr. 1 SGB XI. Für diesen Fall bestehen weder Vorschriften im SGB III noch im SGB XII.[831] Es erfolgt keine Beitragszahlung des Sozialhilfeträgers oder des Pflegeversicherungsträgers oder -unternehmens zur Arbeitslosenversicherung der Pflegeperson.[832] Da auch keine Ermächtigungsgrundlage zur Beitragserhebung bei der Pflegeperson besteht, bleibt die Versicherung in diesem Fall beitragsfrei. § 64f I SGB XII sieht lediglich die Übernahme der Beiträge zur Alterssicherung vor. Weitere Beiträge werden nur beim Arbeitgebermodell geleistet (§ 64f III SGB XII), also bei „erwerbsmäßigen" Pflegepersonen, die nicht von § 26 IIb SGB III erfasst werden.

Nach § 349 IVa SGB III werden die Beiträge durch die beitragspflichtigen Stellen gezahlt. Eine Vereinbarung regelt das genauere Verfahren.[833]

b) Beitragsbemessung

Die Beiträge werden mit dem Beitragssatz von 2,4 % von der Beitragsbemessungsgrundlage, also den beitragspflichtigen Einnahmen bis zur Beitragsbemessungsgrenze erhoben, § 1 BeiSaV 2019. Beitragspflichtige Einnahmen der Pflegeperson sind wie in der gesetzlichen Rentenversicherung nicht ein tatsächlich gezahltes Entgelt (z. B. weitergereichtes Pflegegeld), sondern ein – anders als in der gesetzlichen Rentenversicherung aufwandsunabhängiges – fiktives Einkommen i. H. v.

830 Hierzu schon S. 44 f.
831 Hauck/Noftz/*Reimer* SGB XI § 44 Rn. 40.
832 GemRdschr RVAloV v. 13.12.2016, III 3, S. 72.
833 Vgl. GemRdschr ALV v. 1.7.2008, 4.1, S. 23 ff.

50 % der monatlichen Bezugsgröße, § 345 Nr. 8 SGB III.[834] Vor Inkrafttreten des PSG II wurde für nach § 26 IIb SGB III a. F. bzw. § 28a I 1 Nr. 1 SGB III a. F. versicherte Pflegende gleichermaßen ein beitragspflichtiges Einkommen von 10 % der Bezugsgröße angesetzt, §§ 345 Nr. 8 bzw. 345b S. 1 Nr. 1 SGB III a. F. Die Erhöhung auf 50 % erfolgte, um die Mehrausgaben durch besseren Schutz bei Einführung einer flächendeckenden Versicherungspflicht zu kompensieren.[835] Durch die Vergrößerung der Versichertengruppe erhöhten sich die Gesamtausgaben, während individuell gesehen keine Mehrausgaben pro Versicherten erfolgten. Die Beitragserhöhung wurde erst dadurch erforderlich, dass die individuellen Kosten nicht beitragsgedeckt waren und durch die erhöhte Fallzahl nicht mehr aufgefangen wurden.

c) Beitragswirkung

Die Versicherungspflicht erhält die Absicherung aufrecht und wirkt anwartschaftsbegründend zum ALG-Anspruch, § 142 I 1 SGB III. Der Beitrag hat anders als in der Rentenversicherung keinen Einfluss auf die Leistungshöhe, da das Äquivalenzprinzip in der Arbeitslosenversicherung nur schwach ausgeprägt ist.[836] Das Arbeitslosengeld wird nicht anhand der Beitragszahlungen, sondern anhand des Entgelts bemessen, das im Bemessungszeitraum erzielt wurde, § 149 SGB III. Bei Arbeitnehmern ist das Arbeitsentgelt beitragspflichtige Einnahme, § 342 SGB III. Das fiktive Einkommen in § 348 Nr. 8 SGB III ist kein Entgelt i. S. d. § 149 SGB III. Es ist lediglich Beitragsbemessungsgrundlage. Wurde kein Arbeitsentgelt verdient, kennt das SGB III zu diesem Zweck als eigenes Instrument das fiktive Arbeitsentgelt gem. § 152 SGB III.

3. Pflege und Arbeitslosigkeit

Im Folgenden soll das Verhältnis von Pflegetätigkeit und Arbeitslosigkeit untersucht werden. Die Versicherungspflicht nach § 26 IIb SGB III überbrückt nur zwischen vorhergehender Versicherungspflicht und Entgeltersatzleistung. Mit dem Anspruch auf eine Entgeltersatzleistung scheidet die Versicherungspflicht nach § 26 IIb SGB III aus, auch wenn noch weitergepflegt wird, § 26 III 5 SGB III. Obwohl die Versicherungspflicht der Pflegeperson hier also endet, bedeutet dies

834 Bei einer monatlichen Bezugsgröße 2022 i. H. v. 3.290 EUR W/ 3.150 EUR O also 1.645 EUR/ 1.575 EUR.

835 BT-Drucks. 18/5926, 147.

836 SRH/*Bieback* § 21 Rn. 40.

nicht, dass auch die Pflegetätigkeit endet. Für die Pflegeperson ist insbesondere für die Leistungen bei Arbeitslosigkeit von Interesse, wie sich die Pflegetätigkeit auf diese auswirkt.

Arbeitslosigkeit der Pflegeperson kann in der Nachpflegephase vorliegen, wenn Arbeitslosigkeit oder Beschäftigung für die Pflege unterbrochen wurden und die Pflegeperson die Arbeitsuche wiederaufnimmt, sowie in der Pflegephase, wenn die Pflegeperson (weiterhin oder wieder) Pflege und Beruf vereinbaren möchte. Arbeitslosigkeit ist Voraussetzung des Anspruchs auf ALG nach § 137 I SGB III. Arbeitslos ist nach § 138 I SGB III, wer Arbeitnehmerin oder Arbeitnehmer ist und (1.) nicht in einem Beschäftigungsverhältnis steht (Beschäftigungslosigkeit), sich (2.) bemüht, die eigene Beschäftigungslosigkeit zu beenden (Eigenbemühungen), und (3.) den Vermittlungsbemühungen der Agentur für Arbeit zur Verfügung steht (Verfügbarkeit).[837]

Personen, die die Beschäftigung nach einer längeren Phase ohne Erwerbstätigkeit wieder aufnehmen wollen, sind qua Wiedereinstiegs Arbeitnehmer i. S. d. § 138 SGB III. Arbeitnehmer ist, wer im Zeitpunkt der Antragstellung und während der Zeit der anschließenden Arbeitslosigkeit dem Kreis von Personen zuzurechnen ist, die andernfalls in dieser Zeit eine abhängige Beschäftigung von mehr als geringfügigem Umfang ausüben würden,[838] wovon ausgegangen werden kann, wenn mit der Arbeitslosenmeldung oder Antragstellung die Bereitschaft zum Ausdruck gebracht wird, eine abhängige Beschäftigung aufzunehmen.[839] Das ALG steht damit auch Personen offen, die nach einer längeren Phase ausschließlicher Familienarbeit in die Beschäftigung zurückkehren. Das versicherte Risiko Arbeitslosigkeit kann sich daher auch bei einer Pflegeperson realisieren.[840]

---

837 Die „Arbeitslosen"-Definition des § 16 SGB III setzt neben Beschäftigungslosigkeit und Beschäftigungssuche eine Arbeitslosmeldung bei der Agentur für Arbeit voraus. Der Anspruch auf Arbeitslosengeld wegen Arbeitslosigkeit trennt Definition von Arbeitslosmeldung, vgl. § 137 I SGB III. Dazu Gagel/*Baldschun* SGB III § 16 Rn. 2 ff.

838 BSG, Urt. v. 15.6.1976 – 7 RAr 50/75, BSGE 42, 76, juris Rn. 14, 30.

839 BSG, Urt. v. 15.6.1976 – 7 RAr 50/75, BSGE 42, 76, juris Rn. 30; BSG, Urt. v. 7.7.2004 – B 8 KN 7/03 R, SozR 4-2600 § 237 Nr. 4, juris Rn. 22 m. w. N.

840 Zweifelnd aber SRH/*Bieback* § 21 Rn. 49.

a) *Verfügbarkeit während der Pflege*

Wird während der Pflegetätigkeit ein Anspruch auf Arbeitslosengeld geltend gemacht, stellt sich die Frage, ob neben der Pflege eine Arbeitslosigkeit nach § 138 SGB III, insbesondere die Verfügbarkeit, bestehen kann.

Verfügbar ist nach § 138 V SGB III, wer kumulativ für die gesamte Dauer des ALG-Bezugs[841] eine versicherungspflichtige, mindestens 15 Stunden wöchentlich umfassende zumutbare Beschäftigung unter den üblichen Bedingungen des für sie oder ihn in Betracht kommenden Arbeitsmarktes ausüben kann, darf und auszuüben bereit ist, Vorschlägen der Agentur für Arbeit zur beruflichen Eingliederung zeit- und ortsnah Folge leisten kann sowie bereit ist, an Maßnahmen zur beruflichen Eingliederung in das Erwerbsleben teilzunehmen. Pflegt die Pflegeperson neben der Beschäftigungssuche, kann dies die Verfügbarkeit für Vermittlungsbemühungen der Arbeitsagentur nach § 138 I Nr. 3 SGB III beschränken und sich so negativ auf den Anspruch auf Arbeitslosengeld auswirken.

aa) *Teilzeit gesucht*

Die Pflegeperson kann ihre Suche auf eine Teilzeitbeschäftigung beschränken, die sie neben der Pflege ausüben kann. Der Arbeitslose muss nicht vollschichtig zur Verfügung stehen. Die Suche nach einer Teilzeitbeschäftigung schließt die Verfügbarkeit nach § 139 IV 1 SGB III nicht aus, wenn sie sich auf versicherungspflichtige Beschäftigungen mit mindestens 15 Stunden wöchentlich bezieht, die den üblichen Bedingungen des in Betracht kommenden Arbeitsmarktes entsprechen.[842] Der Arbeitnehmer darf seine Verfügbarkeit ohne besonderen Grund einschränken.[843] Einschränkungen der Verfügbarkeit waren auch nach alter Rechtslage gem. § 119 IV 1 Nr. 2 SGB III i. d. F. bis 31.12.2004 ausnahmsweise zulässig, wenn die Pflege eines Angehörigen[844] die Beschränkung auf eine Teilzeitbeschäftigung (von mindestens 15 Stunden wöchentlich) erforderlich machte.[845] Es erfolgt ein Ausgleich beim Bemessungsentgelt, wenn

---

841 Brand/*Brand* § 138 Rn. 55.

842 Die „üblichen Bedingungen" beziehen sich etwa auf die angestrebte Arbeitszeit in Lage und Dauer, sodass aus einer bestehenden Übung solcher Stellen geschlossen werden kann, dass nach dem Zuschnitt der Stelle die Vermittlung realistisch ist, jurisPK-FuB/*Kemper* Kap. 27 Rn. 44.

843 Brand/*Brand* § 139 Rn. 19, § 138 Rn. 57.

844 Siehe hierzu auch oben S. 217 ff.

845 *Igl*, SGb 2003, 6 (11). Nach § 103 I 3 Nr. 1 AFG stand der Verfügbarkeit nicht entgegen, wenn Beschäftigungen aufgrund der Betreuung pflegebedürftiger Personen nur zu bestimmten Arbeitszeiten ausgeübt werden konnten – andere häusliche oder

im Bemessungszeitraum mehr Arbeitsstunden erbracht wurden als in der nun gesuchten Beschäftigung, § 151 V SGB III.[846]

bb) Vollzeitpflege, bis Beschäftigung gefunden wird

Denkbar ist auch, dass die Pflegeperson eine Vollzeitbeschäftigung sucht.

Vor allem Männer überbrücken mit der Pflege eine bestehende Arbeitslosigkeit bis zur Rente oder bis eine Beschäftigung gefunden wird.[847] Pflegt die Pflegeperson in Vollzeit auch zu Zeiten, zu denen sie in Zukunft arbeiten würde, war ihr im Rückblick an jedem Tag der zeitfüllenden Pflege tatsächlich nicht möglich, eine Erwerbsarbeit auszuüben. Das könnte die Verfügbarkeit und somit auch den Anspruch auf Arbeitslosengeld ausschließen. Fraglich ist, ob die ernstliche Bereitschaft genügt, die Pflege bei Unterbreitung und Annahme eines Beschäftigungsangebots sofort aufzugeben.

Nach der Gleichzeitigkeitsthese des 7. Senats des BSG muss die Verfügbarkeit von vornherein täglich bestehen. Es genügt demnach nicht, wenn in der Rückschau in der Zeit, für die ALG beansprucht wird, Umstände vorlagen, die ein gegenwärtig berufliches Tätigsein ausschlossen und die objektive Vermittelbarkeit erst hergestellt werden soll, wenn dem Arbeitslosen ein Arbeitsangebot unterbreitet wird.[848] Übliche Freizeitaktivitäten werden davon ausgenommen, auch wenn sie planmäßig verfolgt werden.[849] Dies liegt anders bei Pflegetätigkeiten, die während üblicher Arbeitszeiten ausgeübt werden. Auch eine ehrenamtliche

---

ehrenamtliche Tätigkeiten aber schon (*Igl*, ZFSH/SGB 1994, 561 (576)). Bei anderem ehrenamtlichen oder bürgerschaftlichen Engagement konnte es bis zur Einführung des § 118a SGB III a. F. dazu kommen, dass die Verfügbarkeit ausgeschlossen war und damit der Leistungsanspruch entfiel, da keine generelle Regelung bestand, nach der sich das Ehrenamt nicht auf die Verfügbarkeit auswirkte, *Igl*, SDSRV Bd. 50, 101 (141 f.). Durch § 118a SGB III a. F. wurde die Voraussetzung der Verfügbarkeit („[…] wenn dadurch die Eingliederung des Arbeitslosen nicht beeinträchtigt wird“) aber nicht aufgegeben, *Igl*, SGb 2003, 6 (11).

846 Nach § 133 III SGB III i. d. F. bis 31.12.2004 „kann der Arbeitslose nicht mehr […] leisten, weil er tatsächlich oder rechtlich gebunden oder sein Leistungsvermögen eingeschränkt ist“; nach § 131 V SGB III i. d. F. v 1.1.2005 bis 31.3.2012 „ist der Arbeitslose nicht mehr bereit oder in der Lage“.

847 Vgl. *Czaplicki*, SoFo 2016, 105 (109). Zum Risiko der sozialen Exklusion im Zusammenwirken von Pflege und Arbeitslosigkeit: *Grüttner*, SoFo 2016, 290.

848 BSG, Urt. v. 29.11.1989 – 7 RAr 8/89, SozR 4100 § 103 Nr. 46, juris Rn. 15; BSG, Urt. v. 28.10.1987 – 7 RAr 80/86, juris Rn. 28; BSG, Urt. v. 29.9.1987 – 7 RAr 15/86, BSGE 62, 166, juris Rn. 27.

849 Gagel/*Baldschun* SGB III § 138 Rn. 202.

Betätigung im kulturellen, karitativen, sportlichen oder gesundheitlichen Bereich stand nach dem 7. Senat der Verfügbarkeit entgegen, wenn sie ihrem Umfang und ihrer zeitlichen Lage nach verhinderte, dass der Arbeitslose unverzüglich eine vermittelte Arbeit aufnehmen könne.[850] Verfügbarkeit trotz Tätigkeit im Rahmen kultureller, karitativer, sportlicher oder gesundheitlicher Interessen wurde nur angenommen, wenn sie wie bei einem Arbeitnehmer „in der Freizeit" stattfand und insbesondere nicht vollständig die potenziell für die Berufstätigkeit erforderliche Zeit einnahm.[851] Die Verfügbarkeit i. d. S. darf nicht erst ab Unterbreitung eines Arbeitsangebots hergestellt werden.[852] Der 11. Senat modifizierte diese Rechtsprechung für den sozialen, karitativen und sportlichen Bereich. In diesem Rahmen, zu dem er auch die Führung des Familienhaushalts mit Kindern und die Pflege eines Angehörigen zählte, begründe schon der Aufgabewille die Verfügbarkeit, wenn die Verhältnisse die Aufgabe der Tätigkeit und die Aufnahme einer Arbeit zuließen.[853] Nach § 139 V Nr. 2 SGB III wird vorausgesetzt, dass der Arbeitslose zeit- und ortsnah Vorschlägen der Agentur für Arbeit zur beruflichen Eingliederung Folge leisten kann – daraus wird abgeleitet, dass ausreichend ist, wenn eine anderweitige Betreuung zeitnah organisiert werden kann und nicht ständig eine anderweitige Betreuungsmöglichkeit vorgehalten werden muss, wenn noch keine konkrete Stelle in Aussicht ist.[854] Das BSG lässt eine vorvertragliche Zusicherung der alternativen Betreuungsperson über die Bereitschaft, die Pflege zu übernehmen, ausreichen.[855]

Somit ist die Pflegeperson, die die Pflege an eine andere Person (oder Stelle) übergeben kann, sobald sie eine entsprechende Beschäftigung gefunden hat, verfügbar und erhält die Leistungen bei Arbeitslosigkeit.[856]

---

850 BSG, Urt. v. 28.10.1987 – 7 RAr 80/86, juris Rn. 34.

851 BSG, Urt. v. 28.10.1987 – 7 RAr 80/86, juris Rn. 34. Nach *Ebsen*, SGb 1995, 229 (231 f.) grenzte sich hier nicht die Verfügbarkeit ab, sondern die Beschäftigungslosigkeit.

852 BSG, Urt. v. 29.11.1989 – 7 RAr 8/89, SozR 4100 § 103 Nr. 46, juris Rn. 15.

853 BSG, Urt. v. 12.12.1990 – 11 RAr 137/89, SozR 3-4100 § 103 Nr. 4, juris Rn. 20; BSG, Urt. v. 25.4.1991 – 11 RAr 9/90, SozR 3-4100 § 134 Nr. 7, juris Rn. 34; ebenso LSG Celle, Urt. v. 25.5.2004 – L 7 AL 231/02, juris Rn. 32.

854 So jurisPK-FuB/*Kemper* Kap. 27 Rn. 42.

855 BSG, Urt. v. 25.4.1991 – 11 RAr 9/90, SozR 3-4100 § 134 Nr. 7, juris Rn. 40.

856 Dem entspricht die Wertung des § 138 II SGB III. Die Vorschrift ist nicht auf Pflegepersonen anwendbar, weil die Tätigkeit nur zugunsten von Personen, die der eigenen Familie angehören, nicht gemeinnützig ist (vgl. Eicher/Schlegel/*Söhngen* § 138 Rn. 178). § 138 II SGB III erfasst Pflegepersonen nicht, die nur eine bestimmte Person pflegen. Zu beachten ist, dass die Rspr. des 11. Senats sich nur auf den sportlichen, karitativen und sozialen Bereich bezieht. Am Grundsatz, dass die Verfügbarkeit

cc) Zumutbarkeit

Eine Pflegeverantwortung kann begrenzen, welche Beschäftigung für den Pflegenden zumutbar ist. Im Rahmen der Verfügbarkeit muss der Arbeitslose bereit sein, eine zumutbare Beschäftigung i. S. d. § 140 SGB III anzunehmen und auszuüben.[857] Der Arbeitsfähigkeit entsprechende Beschäftigungen sind grundsätzlich zumutbar, soweit nicht allgemeine oder personenbezogene Gründe entgegenstehen, § 140 I SGB III. Die Ablehnung einer zumutbaren Beschäftigung kann zu einer Sperrzeit und dem Erlöschen des ALG-Anspruchs führen, §§ 159 I 2 Nr. 2, 161 I Nr. 2 SGB III.

Eine Beschäftigung, deren Aufnahme einen Umzug erfordert, kann aufgrund familiärer Bindungen wie bei der Pflege pflegebedürftiger Angehöriger[858] unzumutbar sein, § 140 IV 7 SGB III. Unzumutbar sind Beschäftigungen, die Pendelzeiten erfordern, die unverhältnismäßig lang sind, weil die zusätzliche Abwesenheit die Pflege insbesondere eines Angehörigen gefährdet.[859] Auch eine

---

nicht erst zum Zeitpunkt herbeigeführt werden kann, wenn ein Arbeitsangebot unterbreitet wird, wurde auch im Folgenden durch den 11. Senat festgehalten (BSG, Urt. v. 8.2.2001 – B 11 AL 111/99 R, SGb 2001, 243, juris Rn. 13 für die Aufgabe einer Promotion; BSG, 5.11.1998 – B 11 AL 35/98 R, juris Rn. 16 für den Abbruch eines stationären Heilverfahrens), nicht jedoch in BSG, Urt. v. 17.12.2013 – B 11 AL 20/12 R, SozR 4-1300 § 48 Nr. 29, juris Rn. 19 beim Abbruch einer Tätigkeit zur stufenlosen Wiedereingliederung. Objektive Verfügbarkeit wurde in letzterem Fall angenommen, weil keine Bindung des Arbeitslosen vorgelegen habe, die ihm rechtlich oder praktisch unmöglich gemacht hätte, nach dem jederzeit und ohne Angabe von Gründen möglichen Abbruch der Wiedereingliederung eine Beschäftigung aufzunehmen. Die Möglichkeit zur Beendigung einer Maßnahme jederzeit und ohne größere Nachteile ist entscheidend (Brand/*Brand* § 138 Rn. 68).

857 Zum sozialpolitischen Hintergrund: Eicher/Schlegel/*Estelmann* § 140 Rn. 3 ff. m. w. N.

858 Gagel/*Baldschun* SGB III § 140 Rn. 145; nach Eicher/Schlegel/*Estelmann* § 140 Rn. 144 auch schon vor Feststellung einer Pflegestufe und Bezug von Pflegeversicherungsleistungen, wenn altersbedingt progressiv ein vermehrter Hilfebedarf bei der hauswirtschaftlichen Versorgung oder anderen Verrichtungen besteht.

859 jurisPK-FuB/*Kemper* Kap. 27 Rn. 46; vgl. auch Brand/*Brand* § 140 Rn. 13. Eicher/Schlegel/*Estelmann* § 140 Rn. 123 verweist auf die Wertungen des § 119 IV Nr. 2 SGB III i. d. F. bis 31.12.2004: „Arbeitsbereit und arbeitsfähig ist der Arbeitslose auch dann, wenn er bereit oder in der Lage ist, unter den üblichen Bedingungen des für ihn in Betracht kommenden Arbeitsmarktes nur […] versicherungspflichtige, mindestens 15 Stunden wöchentlich umfassende Beschäftigungen mit bestimmter Dauer, Lage und Verteilung der Arbeitszeit aufzunehmen und auszuüben, wenn dies wegen der Betreuung und Erziehung eines aufsichtsbedürftigen Kindes oder Pflege eines pflegebedürftigen Angehörigen erforderlich ist“. Die Einschränkung auf Teilzeitbeschäftigungen

nur vorübergehend getrennte Haushaltsführung kann im Einzelfall aufgrund der Betreuung und Erziehung aufsichtsbedürftiger Kinder oder der Pflege pflegebedürftiger Angehöriger unzumutbar sein.[860]

Die Aufzählung in § 140 II–V SGB III ist nicht abschließend.[861] Über die genannten Fälle hinaus kann Unzumutbarkeit aufgrund eines personenbezogenen Grundes bestehen. Dabei sind besonders schwerwiegende Umstände des Einzelfalls zu beachten, darunter auch die familiären und sonstigen persönlichen Verhältnisse,[862] insbesondere personale Bindungen, die über die allgemeine Handlungsfreiheit nach Art. 2 I GG hinaus grundrechtlichen Schutz genießen.[863] Das Grundsicherungsrecht stellt eigene Unzumutbarkeitsgrenzen in § 10 II SGB II auf, die nicht auf § 140 SGB III zu übertragen sind, da die Arbeitslosenversicherung auf Eigenleistung in Form von Beiträgen beruht und nicht nur das Existenzminimum absichert.[864] Im Rahmen eines Erst-recht-Schlusses können sie aber bei der Auslegung personenbezogener Gründe als Untergrenze der Zumutbarkeit im Rahmen des SGB III angewendet werden.[865]

Nach § 10 I Nr. 4 SGB II ist eine Arbeit nicht zumutbar, wenn ihre Ausübung mit der Pflege eines Angehörigen nicht vereinbar wäre und die Pflege nicht auf andere Weise sichergestellt werden kann.[866] Für die Zumutbarkeit i. S. d. SGB III ist damit jedenfalls zu beachten, dass über Pendelzeiten und Umzug hinaus möglich ist, dass eine Beschäftigung unzumutbar ist, wenn sie eine Pflegeverantwortung gefährdet.

---

ist seit dem 1.1.2005 nicht mehr nur bei Vorliegen eines wichtigen Grundes zulässig. Die Einschränkung in Dauer, Lage und Verteilung zugunsten von Pflege sollte auch nach der Reform weiter zulässig sein, BT-Drucks. 15/1515, 83.

860 Eicher/Schlegel/*Estelmann* § 140 Rn. 135.

861 KKW/*Kallert* SGB III § 140 Rn. 6; Gagel/*Baldschun* SGB III § 140 Rn. 59.

862 Brand/*Brand* § 140 Rn. 12.

863 Gagel/*Baldschun* SGB III § 140 Rn. 59, 63, 170, 179 f.

864 jurisPK-FuB/*Kemper* Kap. 27 Rn. 45; Gagel/*Baldschun* SGB III § 140 Rn. 72.

865 Gagel/*Baldschun* SGB III § 140 Rn. 72.

866 Die Weigerung, eine nicht vereinbare Arbeit aufzunehmen, ist keine Pflichtverletzung nach § 31 I 1 Nr. 2 SGB II. *Soweit* die Pflege der Arbeit nicht entgegensteht, muss Bereitschaft bestehen, eine Arbeit aufzunehmen, also etwa eine Teilzeitstelle neben der Betreuung eines Pflegebedürftigen mit niedriger Pflegestufe (*Winkel*, SoSi 2012, 165 (167)). Die Aufgabe einer nach § 10 I Nr. 4 SGB II unzumutbaren Arbeit ist nicht sozialwidrig nach § 34 SGB II (LSG Celle, Urt. v. 12.12.2018 – L 13 AS 162/17, ZFSH/SGB 2019, 155, juris Rn. 37).

b) Unterbrechung der Arbeitslosigkeit zugunsten der Pflege

Die Arbeitslosigkeit kann zugunsten der Pflege unterbrochen werden. Die Wirkung der Arbeitslosmeldung hält nach § 141 II Nr. 1 SGB III auch bei einer bis zu sechs Wochen andauernden Unterbrechung an, in der die Voraussetzungen des § 138 I SGB III nicht vorliegen, also etwa wenn die Verfügbarkeit aufgrund der Pflege erlischt oder die Beschäftigungssuche eingestellt wird. § 26 IIb SGB III setzt ein, wenn kein Anspruch auf eine laufende Entgeltersatzleistung besteht, § 26 III 5 SGB III.

Der Erwerbstätigkeit und Arbeitssuche entgegenstehende Pflegezeiten auch unterhalb der Voraussetzungen des § 26 IIb SGB III[867] werden nicht als Unterbrechung der Arbeitslosigkeit berücksichtigt für die Leistungen, die Langzeitarbeitslosigkeit voraussetzen, § 18 II Nr. 3 SGB III.[868]

c) Zwischenfazit

Arbeitslosigkeit kann auch während einer Pflegetätigkeit bestehen.

Die Verfügbarkeit kann auf eine versicherungspflichtige Teilzeitbeschäftigung beschränkt werden, die neben der Pflege ausgeübt werden kann, wenn sie mindestens 15 Stunden wöchentlich beträgt und den üblichen Bedingungen des in Betracht kommenden Arbeitsmarktes entspricht.

Wenn eine Vollzeitbeschäftigung gesucht wird und die Pflege nur die Zeit bis zu deren Aufnahme überbrücken soll, besteht trotz der zu üblichen Arbeitszeiten ausgeübten Pflege die volle Verfügbarkeit, sofern die Pflege im Falle einer Beschäftigungsaufnahme von einer alternativen Pflegeperson übernommen werden kann.

Bei einer bestehenden Pflegeverantwortung kann eine Beschäftigung, die mit einem Umzug oder langen Pendelzeiten einhergeht oder die mit der nicht anders sichergestellten Pflege nicht vereinbar wäre, unzumutbar sein.

---

867 Vgl. Eicher/Schlegel/*Becker* § 18 Rn. 55a; NK SGB III/*Heinz* § 18 Rn. 19.

868 An das Merkmal der Langzeitarbeitslosigkeit wird nur noch in § 45 VI 4 SGB III angeknüpft. Der Anwendungsbereich des § 18 II SGB III soll teleologisch auf Leistungen erweitert werden, die erhebliche Vermittlungshemmnisse voraussetzen und daher typischerweise Langzeitarbeitslose betreffen wie die verstärkte Vermittlung gem. § 35 I 3 SGB III (Eicher/Schlegel/*Becker* § 18 Rn. 43; jurisPK-SGB III/*Janda* § 18 Rn. 20; kritisch Gagel/*Baldschun* § 18 Rn. 12) oder beim Eingliederungszuschuss an den Arbeitgeber zum Ausgleich einer Minderleistung nach § 88 SGB III, da die Langzeitarbeitslosigkeit zu einem in der Person des Arbeitnehmers liegenden Vermittlungshemmnis beitragen kann (Hauck/Noftz/*Timme* SGB III § 18 Rn. 3).

4. Leistungen der Arbeitslosenversicherung

Die Versicherungspflicht soll den Übergang in die Nachpflegephase, also die Wiederaufnahme der Erwerbsarbeit nach Ende der Pflege, absichern.[869] Sie besteht nicht, wenn während der Pflege Arbeitslosigkeit und ein Anspruch auf Arbeitslosengeld bestehen, § 26 III 5 SGB III.[870] Pflegephasen und noch stattfindende Pflege finden aber Beachtung bei den Leistungen der Arbeitslosenversicherung.

a) Arbeitslosengeld bei Arbeitslosigkeit und beruflicher Weiterbildung

aa) Voraussetzungen

Die Pflegeperson hat einen Anspruch auf ALG bei Arbeitslosigkeit nach § 137 I SGB III, wenn sie arbeitslos ist, sich bei der Agentur für Arbeit arbeitslos gemeldet hat und die Anwartschaftszeit erfüllt. Mit der Meldung bei der Arbeitsagentur gilt der nach § 323 I 1 SGB III erforderliche Antrag als gestellt, § 323 I 2 SGB III. Die Pflegeperson darf die Regelaltersgrenze der gesetzlichen Rentenversicherung nicht überschritten haben, § 136 II SGB III. Während der Pflege und in der Nachpflegephase ergeben sich Besonderheiten im Rahmen des Begriffs der Arbeitslosigkeit nach § 138 SGB III insbesondere bei der aktuellen Verfügbarkeit und der Zumutbarkeit von Beschäftigungen (dazu oben S. 224 ff.).

Ein Anspruch auf Arbeitslosengeld besteht auch bei beruflicher Weiterbildung, § 136 I Nr. 2 SGB III. Einen Anspruch auf Arbeitslosengeld bei beruflicher Weiterbildung hat nach § 144 SGB III, wer die Voraussetzungen des Anspruchs auf ALG bei Arbeitslosigkeit aufgrund einer nach § 81 SGB III geförderten Weiterbildungsmaßnahme nicht erfüllt. Grundsätzlich können alle fehlenden Anspruchsvoraussetzungen fingiert werden, sofern die Ursache in der beruflichen Weiterbildungsmaßnahme liegt, in der Regel die Verfügbarkeit (§ 138 I Nr. 3 SGB III) und die Eigenbemühungen (§ 138 I Nr. 2 SGB III).[871]

bb) Anwartschaftszeiten

Der Arbeitslose muss die Anwartschaftszeit erfüllen und in der Rahmenfrist nach § 143 SGB III mindestens zwölf Monate in einem Versicherungspflichtverhältnis gestanden haben, § 142 I 1 SGB III. Dazu genügen auch ausschließlich Zeiten der Versicherungspflicht nach § 26 IIb SGB III.

---

869 BT-Drucks. 18/5926, 147.

870 Aber Versicherungspflicht in der GRV, da § 3 S. 3 SGB VI nicht einschlägig ist, s. o.

871 Gagel/*Baum* SGB III § 144 Rn. 18.

Exkurs: Rahmenfristverlängerungen bei Pflege nach altem Recht

An dieser Stelle griffen nach alter Rechtslage vor Einführung der Versicherungspflicht der Pflegeperson erleichterte Rahmenbedingungen für Pflegepersonen, die hier zum weiteren Verständnis umrissen werden sollen.

Vor Einführung der Versicherungspflicht wurden Pflegezeiten aus der Rahmenfrist für den Anspruch auf Arbeitslosengeld nach § 117 SGB III a. F. nach § 124 III Nr. 1 SGB III i. d. F. bis zum 31.12.2003 (heute § 143 SGB III) herausgerechnet und die Rahmenfrist entsprechend verlängert, innerhalb derer die Anwartschaftszeiten zu erfüllen waren. § 124 III 1 Nr. 1 SGB III a. F. knüpfte im Wortlaut an § 19 SGB XI an: Unschädlich waren Zeiten, in denen der Arbeitslose als Pflegeperson einen der Pflegestufe I bis III i. S. d. SGB XI zugeordneten Angehörigen, der Leistungen aus der sozialen oder einer privaten Pflegeversicherung nach dem SGB XI oder Hilfe zur Pflege nach dem BSHG oder gleichartige Leistungen nach anderen Vorschriften bezog, wenigstens 14 Stunden wöchentlich gepflegt hatte.[872] Die Rahmenfristverlängerung erfolgte beitragsfrei.

Pflege war damit nicht unmittelbar anspruchsbegründend, sondern nur nicht schädlich für bestehende Anwartschaftszeiten.[873]

Eine weitere Rahmenfristverlängerung bestand beim Unterhaltsgeld bei beruflicher Weiterbildung nach §§ 20 Nr. 1, 78 S. 2, 153 SGB III a. F. Diese ging zurück auf die Rahmenfristverlängerung bei Pflege nach § 46 I 4 AFG für das

872 Die Ursprungsfassung des § 124 SGB III i. d. F. d. AFRG setzte die Pflege eines Angehörigen voraus, der Anspruch auf Leistungen aus der SPV oder PPV hatte (BT-Drucks. 13/4941, 40, 177). Dies wurde noch vor Inkrafttreten des SGB III in § 124 III 1 Nr. 1 SGB III a. F. erweitert durch das 1. SGB III-ÄndG.

873 Der zu dem Zeitpunkt maßgebliche § 124 III 1 Nr. 3 SGB III a. F. wurde 2004 vor dem BVerfG angegriffen und verlangt, diesen durch eine unmittelbar anwartschaftsbegründende Regelung zu ersetzen. Die Sache wurde nicht zur Entscheidung angenommen. Das BVerfG ließ dahinstehen, „ob und inwieweit der Gesetzgeber von Verfassungs wegen verpflichtet ist, bei der Festlegung der Voraussetzungen für einen Anspruch auf Arbeitslosengeld überhaupt einen Nachteilsausgleich für Pflegezeiten vorzusehen“ – mit der Rahmenfristverlängerung habe der Gesetzgeber eine solche aber getroffen, die Art. 3 I GG genüge und vom BVerfG nach st. Rspr. nicht darauf zu überprüfen sei, ob sie die zweckmäßigste, vernünftigste oder gerechteste unter mehreren möglichen Maßnahmen sei (BVerfG, Nichtannahmebeschl. v. 13.12.2004 – 1 BvR 1487/04, SozR 4-4300 § 124 Nr. 3, juris Rn. 4; zur Nachprüfbarkeit gesetzgeberischer Entscheidungen vgl. BVerfG, Beschl. v. 9.7.1969 – 2 BvL 20/65, BVerfGE 26, 302, juris Rn. 33 m. w. N.). Das Grundgesetz verpflichte den Gesetzgeber nicht dazu, Pflegezeiten unabhängig vom Pflegegeldbezug zu berücksichtigen (BVerfG, Nichtannahmebeschl. v. 13.12.2004 – 1 BvR 1487/04, SozR 4-4300 § 124 Nr. 3, juris Rn. 5).

Unterhaltsgeld, die mit dem PflegeVG eingefügt worden war, um Pflege und Erziehungstätigkeit gleichzustellen.[874] Da der Anspruch auf Unterhaltsgeld nach § 46 I 1 AFG voraussetzte, dass innerhalb der letzten drei Jahre vor Beginn der Weiterbildung 720 Kalendertage mit beitragspflichtiger Beschäftigung, Bezug von ALG oder daran anschließend Arbeitslosenhilfe erfüllt wurde, ließ eine Lücke von einem Jahr den Anspruch entfallen. § 46 I 3, 4 AFG kompensierte dies, indem die Rahmenfrist für die Vorbeschäftigungszeit für die Leistungen nach §§ 44 II, IIb und 45 AFG a. F. um die Zeit der Pflege um bis zu fünf Jahre je Pflegebedürftigen verlängert wurde.[875] Die Pflegeperson konnte bis zu fünf Jahre für jeden Pflegebedürftigen aussetzen, ohne dass ein bereits zuvor bestehender Anspruch „verfiel". Nach § 46 I 2, 4 AFG galt für Berufsrückkehrer nach einer Pflegephase keine Rahmenfrist, sodass insgesamt 720 Kalendertage mit Zeiten beitragspflichtiger Beschäftigung, Arbeitslosengeld- oder Arbeitslosenhilfebezug genügten.[876]

Nach Inkrafttreten des SGB III zum 1.1.1998 konnten Pflegepersonen gemäß § 44 I 7 SGB XI a. F. bei Teilnahme an Vollzeitmaßnahmen der beruflichen Weiterbildung Unterhaltsgeld nach Maßgabe von §§ 20, 78, 153 SGB III a. F. erhalten, wenn sie die allgemeinen Förderungsvoraussetzungen für die Förderung der beruflichen Weiterbildung einschließlich der Vorbeschäftigungszeit erfüllten. Die Rahmenfrist zur Vorbeschäftigungszeit nach § 78 S. 1 SGB III a. F. galt für Pflegepersonen nicht, § 78 S. 2 SGB III a. F. Der Berufsrückkehrerbegriff nach § 20 SGB III beinhaltete auch Personen, die nach einer Unterbrechung zugunsten der Betreuung pflegebedürftiger Angehöriger in angemessener Zeit in die Erwerbstätigkeit zurückkehren wollten. § 78 S. 2 SGB III reichte weiter als § 46 I 3, 4 AFG, da Berufsrückkehrer unabhängig von der Dauer der Unterbrechung ihrer Berufstätigkeit umfasst wurden.[877] Anders als § 46 I 4 AFG – aber so wie § 124 III SGB III a. F. – bezog sich § 20 Nr. 1 Alt. 2 SGB III a. F. nur auf pflegebedürftige Angehörige. Unterhaltsgeld konnte auch gewährt werden, wenn der Pflegende aufgrund der Pflege nur an einer Teilzeitmaßnahme teilnehmen konnte, § 44 II 2 AFG.

Die Rahmenfristverlängerungen in § 78 S. 2/§ 124 III Nr. 1 SGB III a. F. (§ 434j III, IIIa SGB III) galten parallel, bis zum 1.1.2005 Unterhaltsgeld und Arbeitslosengeld zu einer einheitlichen Leistung bei beruflicher Weiterbildung

874 Vgl. BT-Drucks. 12/5262, 162.

875 BT-Drucks. 12/5262, 162; *Igl*, ZFSH/SGB 1994, 561 (576); Niesel/*Menard* § 46 Rn. 21.

876 Gagel/*Fuchsloch* SGB III § 8 Rn. 5; Niesel/*Menard* § 46 Rn. 28.

877 BT-Drucks. 13/4941, 168 f.

und Arbeitslosigkeit zusammengeführt wurden und die beitragsfreie, versicherungssystematisch problematische Rahmenfristverlängerung der beitragspflichtigen, freiwilligen Weiterversicherung wich.[878]

cc) Leistungssatz

Das Arbeitslosengeld wird anhand des Leistungssatzes nach § 149 SGB III vom Entgelt erhoben, das im Bemessungszeitraum erzielt wurde. Für Personen, die Kinder erziehen, gilt nach § 149 Nr. 1 SGB III ein erhöhter Leistungssatz von 67 %. Über den Verweis auf § 32 IV 1 Nr. 3 EStG werden Kinder altersunabhängig berücksichtigt, wenn sie sich aufgrund einer körperlichen, geistigen oder seelischen Behinderung nicht selbst unterhalten können, wenn die Behinderung vor Vollendung des 25. Lebensjahres eingetreten ist. Dies kann Pflegepersonen pflegebedürftiger Kinder betreffen.

Hiervon abgesehen gilt der allgemeine Leistungssatz von 60 %.[879]

dd) Bemessungsgrundlage: Höhe

Das Arbeitslosengeld wird anhand des vorherigen durchschnittlichen beitragspflichtigen Arbeitsentgelts ermittelt. Der Leistungssatz wird auf das Leistungsentgelt nach § 153 SGB III angewendet, das sich aus dem Bemessungsentgelt nach § 151 SGB III ergibt. Das Bemessungsentgelt ist das durchschnittliche beitragspflichtige Arbeitsentgelt im Bemessungszeitraum. Der Bemessungszeitraum nach § 150 I SGB III umfasst die beim Ausscheiden aus dem Beschäftigungsverhältnis abgerechneten Entgeltabrechnungszeiträume der versicherungspflichtigen Beschäftigungen im Bemessungsrahmen von grundsätzlich einem Jahr. Der Bemessungsrahmen endet mit dem Tag des letzten Versicherungspflichtverhältnisses – auch nach § 26 SGB III[880] – vor Entstehung des ALG-Anspruchs,

878 BT-Drucks. 15/1515, 84. Für die Berufsrückkehrenden entfiel also ein wesentlicher Vorteil. Bei nicht weitergeführter Versicherung entfiel der Einkommensersatz und damit der Anreiz zu beruflichen Eingliederungsmaßnahmen (*Fuchsloch*, NZA-Beilage 2014, 59 (63)).

879 Beim Unterhaltsgeld galt nach § 44 II 1 Nr. 1 AFG i. d. F. d. AFKG seit dem 1.7.1983 ein erhöhter Leistungssatz auch, wenn der Ehegatte, mit dem der Teilnehmer der Maßnahme in häuslicher Gemeinschaft lebte, nicht erwerbstätig sein konnte, weil er der Pflege bedurfte. Der erhöhte Leistungssatz wurde auch nach Inkrafttreten des AFRG ab 1.1.1998 für die Pflege beim Übergangsgeld nach § 163 SGB III a. F. beibehalten, nicht jedoch beim Unterhaltsgeld, das die auch heute noch bestehenden Sätze des (§ 157 I Nr. 2 SGB III a. F. i. V. m. § 129 SGB III a. F.) übernahm.

880 BSG, Urt. v. 29.5.2008 – B 11a/7a AL 64/06 R, juris Rn. 25.

§ 150 I 2 SGB III. Für Pflegepersonen liegt das letzte beitragspflichtige Arbeitsentgelt oftmals länger zurück. Arbeitseinkommen während einer (Familien-)Pflegezeit ist unbeachtlich. Nach dem Entgeltausfallprinzip soll das ALG abbilden, welches Arbeitsentgelt erzielt werden könnte, wenn der Arbeitslose gegenwärtig nicht arbeitslos wäre.[881] Daher wird nach § 151 V SGB III das Bemessungsentgelt reduziert, wenn der Arbeitslose nicht mehr die im Bemessungszeitraum erbrachte Arbeitszeit leisten kann oder will. Hat die Pflegeperson innerhalb der letzten zwei Jahre vor Aufnahme der Pflege Arbeitslosengeld bezogen, wird das Arbeitslosengeld nach § 151 IV SGB III mindestens nach der Höhe des vorher zugrunde gelegten Entgelts bemessen.

Nach § 155 SGB III erfolgt eine Anrechnung von Nebeneinkommen. Da nur Erwerbseinkommen angerechnet wird, ist weitergeleitetes Pflegegeld nach § 37 SGB XI nicht erfasst, wenn es nicht zur Einkommenserzielung erbracht wird, sondern zur Erfüllung einer sittlichen Pflicht.[882]

(1) Bei kurzem Ausscheiden aus der Beschäftigung: Arbeitsentgelt

Da sich der individuelle Lohnausfall eines Arbeitslosen nicht konkret ermitteln lässt, kann die Höhe des ALG nur nach typisierenden und pauschalierenden Merkmalen bestimmt werden. Das ALG knüpft grundsätzlich an das letzte Netto-Entgelt an, das der Arbeitslose vor Eintritt der Arbeitslosigkeit bezogen hat, auch aus Gründen der Verwaltungsvereinfachung.[883] Das im (ggf. nach § 150 III Nr. 1 SGB III von einem auf zwei Jahre erweiterten) Bemessungsrahmen erzielte Entgelt hat eine Indizwirkung für das erzielbare Einkommen und begründet die widerlegliche Vermutung, dass der Arbeitslose auch in Zukunft dieses Arbeitsentgelt verdienen könnte.[884] War die Pflegeperson nur kurz aus der Beschäftigung ausgeschieden und weist innerhalb des Bemessungsrahmens mindestens 150 Tage mit Anspruch auf Arbeitsentgelt auf, bemisst sich ihr Anspruch nach diesem Arbeitsentgelt.

---

881 BT-Drucks. 13/5062, 6 f.; BT-Drucks. 13/4941, 145; vgl. BVerfG, Beschl. v. 3.4.1979 – 1 BvL 30/76, BVerfGE 51, 115, juris Rn. 39; BVerfG, Beschl. v. 8.3.1983 – 1 BvL 21/80, BVerfGE 63, 255, juris Rn. 24; BVerfG, Kammerbeschl. v. 15.2.1993 – 1 BvR 1754/92, SozR 3-4100 § 111 Nr. 2, juris Rn. 7.

882 Gagel/*Bender* SGB III § 155 Rn. 30; Brand/*Brand* § 155 Rn. 7.

883 BVerfG, Beschl. v. 8.3.1983 – 1 BvL 21/80, BVerfGE 63, 255, juris Rn. 24.

884 BSG, Urt. v. 21.7.2009 – B 7 AL 23/08 R, SozR 4-4300 § 132 Nr. 3, juris Rn. 26 m. w. N.

(2) Bei längerem Ausscheiden: Fiktive Bemessung nach § 152 SGB III

Das beitragspflichtige *Arbeitsentgelt* ist entscheidend, auch wenn zuletzt eine Versicherung nach § 26 SGB III vorlag.[885] Lohnzeiträume vor dem Bemessungszeitraum bleiben unberücksichtigt, weil der zu weit zurückliegende vergangene Lohn keine ausreichende Indizwirkung mehr für den aktuellen Lohnausfall hat und die daraus berechnete Entgeltersatzleistung nicht den auf Arbeitseinkommen gegründeten durchschnittlichen Lebensstandard repräsentieren würde.[886] Der Bemessungsrahmen kann dazu führen, dass kein vorheriger Lohn festgestellt werden kann, auch wenn davor Zeiten mit Arbeitsentgelt vorhanden sind. Der Lohnausfall und der zu erbringende Lohnersatz werden in diesem Fall anhand eines fiktiven Arbeitsentgelts nach § 152 SGB III bemessen, das nach Qualifikation abgestuft und an die Bezugsgröße gekoppelt ist. Es entspricht den Beschäftigungen, auf die sich die Vermittlungsbemühungen der Arbeitsagentur primär erstrecken.[887]

Aus diesem Gesichtspunkt stieß schon der mit § 28a I 1 Nr. 1 SGB III a. F. eingeführte Zugang zur Arbeitsförderung auf Kritik, da Pflegepersonen und die anderen Personengruppen des § 28a I 1 SGB III gegen einen sehr geringen pauschalen Beitrag (§§ 341, 345b S. 1 SGB III a. F.) auch ohne beitragspflichtiges Arbeitsentgelt innerhalb des Bemessungsrahmens Zugang zum fiktiv bemessenen, verschieden hohen ALG erhielten, das damit überwiegend aus den Beitragsmitteln der übrigen Versicherten finanziert wurde.[888] Personen ohne Arbeitsentgelt wurden also besonders

885 Nach §§ 134 II, 135 SGB III a. F. wurden auch den Versicherungspflichtverhältnissen nach § 26 SGB III bis 31.12.2004 Entgelte zugeordnet. Die resultierende Komplexität des Berechnungsverfahrens und der folgende, auch personelle, Verwaltungsaufwand sollte durch eine höhere Pauschalierung zurückgefahren werden, BT-Drucks. 15/1515, 85.

886 BSG, Urt. v. 10.3.1994 – 7 RAr 56/93, BSGE 74, 96, juris Rn. 19 m. w. N.; BSG, Urt. v. 29.5.2008 – B 11a/7a AL 64/06 R, juris Rn. 38; BSG, Urt. v. 6.5.2009 – B 11 AL 7/08 R, SozR 4-4300 § 130 Nr. 5, juris Rn. 27.

887 BT-Drucks. 15/1515, 85 f.

888 *Just*, SoSi 2008, 74 (77); *Wenner*, SoSi 2006, 9 (12); *Winkel*, SoSi 2006, 15 ff.; *Winkel*, SoSi 2012, 165 (167); *Winkler*, info also 2017, 51 (53); SRH/*Bieback* § 21 Rn. 49. Die Relation zwischen Beitragshöhe und Bemessung des ALG wurde für die Versicherung der Selbstständigen nach § 28a I 1 Nr. 2 SGB III auch kritisiert, da sie eine Ungleichbehandlung gegenüber den Arbeitnehmern darstellte – nur die Überwindung von Arbeitslosigkeit durch Begründung von Selbstständigkeit, also die Existenzgründung, sei Aufgabe der ALV und somit durch Zwangsbeiträge der Arbeitnehmer finanzierbar (*Wenner*, SoSi 2006, 9 (12 f.)).

privilegiert.[889]

(3) *Unbeachtlichkeit nach § 150 II SGB III, Abdrängen in fiktive Bemessung*

Zeiten einer versicherungspflichtigen Beschäftigung können unbeachtlich sein nach § 150 II SGB III. Die Beschäftigungssachverhalte in § 150 II SGB III führen zu einem atypisch niedrigen Arbeitsentgelt, das sich nicht auf die Höhe des ALG auswirken soll, da es nicht repräsentativ für zukünftige Erwerbschancen ist und zu unbilligen Bemessungsergebnissen führen würde.[890] Unbeachtlich sind nach § 150 II 1 Nr. 4 SGB III Zeiträume einer Pflegezeit oder Familienpflegezeit, in deren Rahmen Arbeitsumfang und damit -entgelt reduziert wurden. Zusammen mit § 26 IIb SGB III a. F. wurde die Pflegezeit insgesamt überbrückt: Die Versicherungslücke wurde geschlossen und das vorherige nichtreduzierte Arbeitsentgelt blieb maßgeblich. Auch nach Inkrafttreten des PSG II bezieht sich § 150 II 1 Nr. 4 SGB III lediglich auf eine „offizielle" (Familien-)Pflegezeit. Besteht eine andere Teilzeitvereinbarung, kann diese Zeit nach § 150 II 1 Nr. 5 SGB III unbeachtlich sein. Die Arbeitszeitreduzierung darf nicht nur vorübergehend sein, muss also für mindestens drei Monate vereinbart sein.[891]

§ 150 II Nr. 4 SGB III erfordert ein wegen der Pflege gemindertes Arbeitsentgelt, also eine Kausalwirkung der Pflege für die Entgelteinbuße. Eine im Zeitumfang reduzierte, aber im Vergleich besser bezahlte Teilzeitbeschäftigung bleibt

---

889 Für die Selbstständigen, deren Privilegierung besonders kritisiert wurde, wurde das beitragspflichtige Einkommen 2011 erhöht, nachdem zunächst ein niedriger Beitrag den Übergang von der beitragsfreien Rahmenfristverlängerung zur beitragspflichtigen Versicherungspflicht auf Antrag gestalten sollte. Durch die Senkung des Beitragssatzes von 6,5 % (§ 341 II SGB III a. F.) auf 3 % war der anfänglich geringe Beitrag noch weiter gesunken. Das beitragspflichtige Einkommen für Selbstständige wurde ab 2011 auf die Höhe der Bezugsgröße angehoben und somit Beitrag und Leistung dem Versicherungsprinzip unterstellt, um die dauerhafte Leistungsfähigkeit der Weiterversicherung und deren Akzeptanz bei der Versichertengemeinschaft sicherzustellen. Für Pflegepersonen wurde bis 2016 der geringe Beitrag beibehalten, um der „besonderen sozialpolitischen Bedeutung der häuslichen Pflege Rechnung zu tragen" (BT-Drucks. 17/1945, 17).

890 BSG, Urt. v. 6.5.2009 – B 11 AL 7/08 R, SozR 4-4300 § 130 Nr. 5, juris Rn. 21; BSG, Urt. v. 29.5.2008 – B 11a AL 23/07 R, BSGE 100, 295, juris Rn. 23; BSG, Urt. v. 29.5.2008 – B 11a/7a AL 64/06 R, juris Rn. 27; Hauck/Noftz/*Valgolio* SGB III § 150 Rn. 77; BT-Drucks. 15/1515, 85; *Brockmann*, in: Rechtstatsachen, 105 (116); BT-Drucks. 16/7439, 94.

891 Gagel/*Rolfs* SGB III § 150 Rn. 49.

beachtlich, denn sie führt weder zu einem Minderverdienst, noch ist die Pflege kausal.[892] Bei Familienpflegezeit sind mit der Nachpflegephase bis zu vier Jahre nach § 150 II 1 Nr. 4 SGB III unbeachtlich. § 151 III Nr. 2 SGB III wird ausdrücklich ausgeschlossen.[893]

§ 150 II SGB III verlängert nicht den Bemessungsrahmen.[894] Anders als die sukzessive Erweiterung des Bemessungszeitraums nach § 130 II SGB III a. F. trennt die Nachfolgeregelung[895] § 150 III SGB III streng nach kalendarisch bestimmtem Bemessungsrahmen und den Entgelt-abrechnungszeiträumen, also dem Bemessungszeitraum.[896] § 150 II SGB III soll Zeiträume außer Betracht lassen, die eigentlich nach § 150 I SGB III zu berücksichtigen wären, in denen das erzielte Arbeitsentgelt aber atypisch niedrig und deshalb nicht repräsentativ war,[897] nicht jedoch eine Sonderregelung dazu treffen, welche vor der

---

892 Vgl. zu § 150 II 1 Nr. 3 SGB III: Hauck/Noftz/*Valgolio* SGB III § 150 Rn. 95.

893 BT-Drucks. 17/6000, 18 f. Mit dem Gesetz zur besseren Vereinbarkeit von Familie, Pflege und Beruf und der Umstellung der Förderstruktur gibt es keine Nachpflegephase im früheren Sinne mehr, da die Familienpflegezeit nicht mehr über ein (negatives) Wertguthaben des Beschäftigten nach § 7b SGB IV bzw. Arbeitszeitguthaben nach § 116 SGB IV organisiert wird. Nicht der Arbeitgeber nimmt das Darlehen auf und zahlt es nach § 6 FPfZG zurück unter „Einbehalt" eines Teils des Arbeitsentgelts, sondern das Darlehen nach § 3 FPfZG kann nur durch den Pflegenden aufgenommen und in der neuen „Nachpflegephase" durch ihn zurückgezahlt werden. Damit ist die Zeit des aufgrund der Familienpflegezeit reduzierten Einkommens auf die Pflegephase begrenzt. Erstere Konstellation wurde kaum angenommen. Wenige Arbeitgeber ließen sich darauf ein, mithilfe eines Darlehens in Vorleistung zu gehen: Ausweislich der Gesetzesbegründung zum Gesetz zur besseren Vereinbarkeit von Familie, Pflege und Beruf – also bis 2014 – wurden durchschnittlich 135 Fälle jährlich mit dem Darlehen nach dem FPfZG gefördert (BT-Drucks. 18/3124, 28).

894 Erklärungsbedürftig vor dem Hintergrund des § 130 II SGB III a. F., nach dem der Bemessungszeitraum sukzessive verlängert wurde, bis 39 Wochen mit Anspruch auf Entgelt erreicht waren, womit der Bemessungszeitraum auch mit Zeiten außerhalb des Bemessungsrahmens aufgefüllt werden konnte. Zeiten, die außer Betracht blieben, wirkten als Aufschubtatbestand bei der Feststellung des Bemessungszeitraums und -rahmens (vgl. BSG, Urt. v. 29.5.2008 – B 11a AL 23/07 R, BSGE 100, 295, juris Rn. 27 f.).

895 Vgl. BT-Drucks. 15/1515, 85.

896 BSG, Urt. v. 29.5.2008 – B 11a/7a AL 64/06 R, juris Rn. 30; BSG, Urt. v. 29.5.2008 – B 11a AL 23/07 R, BSGE 100, 295, juris Rn. 28.

897 BSG, Urt. v. 29.5.2008 – B 11a/7a AL 64/06 R, juris Rn. 27.

Kindererziehungs-/Pflegephase liegenden Zeiträume nach § 150 I, III SGB III zu beachten sind.[898]

Da der Bemessungsrahmen auf maximal zwei Jahre erweitert wird, kann § 150 II SGB III auslösen, dass keine 150 Tage mit Anspruch auf Arbeitsentgelt festgestellt werden können. Der begünstigende Normzweck tritt nicht ein, da statt des vorherigen, nicht reduzierten Einkommens das fiktive, oft geringere Arbeitsentgelt nach § 152 SGB III maßgeblich wird.[899] Der Arbeitslose kann sich aufgrund des Entgeltausfallprinzips nicht auf frühere höhere eingezahlte Beiträge berufen.[900]

§ 150 II SGB III ist daher im Wege einer teleologischen Reduktion nur anzuwenden, wenn die Nichtberücksichtigung für den Arbeitslosen günstiger ist als die Berücksichtigung.[901]

---

898 BSG, Urt. v. 29.5.2008 – B 11a AL 23/07 R, BSGE 100, 295, juris Rn. 23; BSG, Urt. v. 25.8.2011 – B 11 AL 19/10 R, SozR 4-4300 § 132 Nr. 7, juris Rn. 22.

899 Gagel/*Rolfs* SGB III § 150 Rn. 46; Hauck/Noftz/*Valgolio* SGB III § 150 Rn. 23; *Brockmann,* in: Rechtstatsachen, 105 (116).

900 BSG, Urt. v. 6.5.2009 – B 11 AL 7/08 R, SozR 4-4300 § 130 Nr. 5, juris Rn. 26. Das Entgeltausfallprinzip liegt auch § 151 V SGB III zugrunde, nach dem das Bemessungsentgelt reduziert und damit das ALG I gekürzt wird, wenn z. B. aufgrund parallel zur Arbeitssuche stattfindender Pflege nicht mehr dieselbe Anzahl von Arbeitsstunden geleistet werden kann wie im Bemessungszeitraum – gegebenenfalls auf null, wenn keine Verfügbarkeit mehr besteht (*Winkel,* SoSi 2012, 165 (167)). Das ALG ist nach der verbliebenen zeitlichen Restarbeitsfähigkeit bzw. Leistungsfähigkeit zu bemessen und kann deswegen nicht höher sein als es dem Arbeitseinkommen entspricht, das der Arbeitslose erzielen könnte, wenn er nicht arbeitslos wäre (BSG, Urt. v. 7.8.1979 – 7 RAr 45/78, BSGE 48, 288, juris Rn. 22, 28).

901 Ebenso Bundesagentur für Arbeit, Fachliche Weisungen zu § 150, 150.2 (1); Gagel/*Rolfs* SGB III § 150 Rn. 36 zu § 150 II Nr. 3 SGB III; NK SGB III/*Jakob* § 150 Rn. 61 zu § 150 II Nr. 4 SGB III; jurisPK-FuB/*Kemper* Kap. 27 Rn. 70 ff. m. w. N.; Eicher/Schlegel/*Behrend* § 150 Rn. 62; BeckOK-SozR/*Michalla-Munsche* SGB III § 150 Rn. 29. In diese Richtung für § 130 II i. V. m. § 132 SGB III a. F.: BSG, Urt. v. 16.12.2009 – B 7 AL 39/08 R, info also 2010, 171, juris Rn. 16. Nicht entschieden, ob es sich um eine gleichheitswidrige Schlechterstellung handelt, weil die fiktive Bemessung im vorgelegten Fall vorteilhafter war: BVerfG, Beschl. v. 14.3.2011 – 1 BvL 13/07. A. A. Hauck/Noftz/*Valgolio* SGB III § 150 Rn. 80 f., der keinen Raum für eine teleologische Reduktion sieht, da der Gesetzgeber hier eine Ausnahme anders als in § 150 III 2 SGB III nicht vorsieht.

ee) Dauer

Die Dauer des Anspruchs auf Arbeitslosengeld ist abhängig von der Dauer des Versicherungspflichtverhältnisses und dem Lebensalter, § 147 SGB III. Für ältere Arbeitslose, die innerhalb der fünfjährigen erweiterten Rahmenfrist lange Zeiten der Versicherungspflicht – auch als Pflegeperson – aufweisen, kann die Dauer des Anspruchs bis zu 24 Monate betragen.

b) Weitere Leistungen, insbesondere an Berufsrückkehrer

Es können Leistungen der aktiven Arbeitsförderung gewährt werden. Diese sind grundsätzlich Ermessensleistungen, § 3 III SGB III. Bei der Ausübung des Ermessens nach § 7 SGB III ist zu beachten, dass eine besondere Förderverpflichtung gegenüber Frauen aus Art. 3 II 2 GG besteht.[902] Diese wird konkretisiert durch § 8 I SGB III, der bei der Ermessensausübung heranzuziehen ist.[903] Die Leistungen der aktiven Arbeitsförderung sollen nach § 8 I SGB III in ihrer zeitlichen, inhaltlichen und organisatorischen Ausgestaltung die Lebensverhältnisse von Frauen und Männern berücksichtigen, die aufsichtsbedürftige Kinder betreuen und erziehen oder pflegebedürftige Personen betreuen oder nach diesen Zeiten wieder in die Erwerbstätigkeit zurückkehren wollen. Damit werden hier Kindererziehung und Pflege in einem Atemzug genannt. Die Norm knüpft an konkrete, typischerweise erwerbsfeindliche Lebenssituationen an, nicht an die Eigenschaft als Frau[904] – betrifft aber wie bereits dargelegt überwiegend Frauen.

Bei der Auswahl der Ermessensleistungen soll besonders auf den arbeitsmarktpolitischen Handlungsbedarf abgestellt werden, § 7 S. 2 Nr. 3 SGB III. § 7 III SGB III nannte bis zum 31.12.2001 besonders förderungswürdige Gruppen, darunter auch Berufsrückkehrer.[905]

aa) Berufsrückkehrer

Berufsrückkehrende können gem. § 8 II SGB III die zu ihrer Rückkehr in die Erwerbstätigkeit notwendigen Leistungen der Arbeitslosenversicherung erhalten, wenn sie i. S. v. § 20 SGB III ihre Erwerbstätigkeit, Arbeitslosigkeit oder

902 Vgl. Gagel/*Bieback* SGB III § 7 Rn. 44.

903 Eicher/Schlegel/*Behrend* § 8 Rn. 1, 4. Zur Bedeutung der Familienförderung in der Arbeitsmarktpolitik siehe insbesondere Gagel/*Fuchsloch* SGB III § 8 Rn. 16 ff.

904 Eicher/Schlegel/*Behrend* § 8 Rn. 11.

905 Die Festlegung auf Zielgruppen wurde mit Einführung des Profilings in § 6 SGB III als entbehrlich gesehen (BT-Drucks. 14/6944, 29), welches wiederum der Potenzialanalyse nach § 37 I SGB III wich (BT-Drucks. 16/10810, 26).

betriebliche Berufsausbildung wegen der Betreuung und Erziehung von aufsichtsbedürftigen Kindern oder der Betreuung pflegebedürftiger Personen unterbrochen haben und in angemessener Zeit[906] danach in die Erwerbstätigkeit zurückkehren wollen. § 26 IIb SGB III soll zur Vereinbarkeit von Familie und Beruf und zur Förderung der Erwerbstätigkeit von Frauen beitragen, wie dies auch dem Gleichstellungsziel der Arbeitsförderung nach § 1 I 3 SGB III entspricht.[907] Als Berufsrückkehrer werden aber auch Pflegepersonen erfasst, die nicht versicherungspflichtig nach § 26 IIb SGB III waren. Der Ausgleich von Qualifikationsverlusten und die Förderung der Rückkehr in die Arbeitswelt sind kritische Punkte zur Chancengleichheit und zur nachhaltigen eigenständigen Existenzsicherung.[908]

§ 20 SGB III knüpfte bis 2016 an den Angehörigenstatus an, was zur Anpassung an die Zielsetzungen und Neuregelungen des PSG II aufgegeben wurde.[909] Als Leistungen der aktiven Arbeitsförderung kommen insbesondere Beratung (§§ 29–34 SGB III) und Vermittlung (§§ 35–39 SGB III) sowie die Förderung der beruflichen Weiterbildung durch Übernahme der Weiterbildungskosten (§§ 81 ff. SGB III) in Betracht. Liegen die individuellen und maßnahmenbezogenen Leistungsvoraussetzungen nach Maßgabe des SGB III vor, können Berufsrückkehrende alle zur Wiedereingliederung notwendigen Leistungen der aktiven Arbeitsförderung erhalten.[910]

bb) Berufliche Weiterbildung

Die Kosten der beruflichen Weiterbildung (Weiterbildungskosten, Lehrgangskosten, Fahrkosten, Kosten für auswärtige Unterbringung und Verpflegung, Kinderbetreuungskosten) können nach den Voraussetzungen der §§ 81 ff. SGB III übernommen werden. Nach § 81 II 1 Nr. 1, S. 2 SGB III kann eine berufliche Weiterbildung wegen Berufsentfremdung infrage kommen, wenn die Pflegeperson über einen Berufsabschluss verfügt, aber die entsprechende Tätigkeit aufgrund der Pflege für mehr als vier Jahre nicht ausüben konnte. Die Norm

906 Dazu Brand/*Kühl* § 20 Rn. 6 m. w. N.

907 BT-Drucks. 18/5926, 147.

908 Vgl. Gutachten zum 2. Gleichstellungsbericht, BT-Drucks. 18/12840, 174; Gutachten zum 1. Gleichstellungsbericht, BT-Drucks. 17/6240, 190 ff; BMFSFJ, Gerechtigkeit für Familien, S. 67, 256.

909 BT-Drucks. 18/5926, 146.

910 Brand/*Kühl* § 8 Rn. 7; BT-Drucks. 15/1749, 24; zum ESF-Unterhaltsgeld Hauck/Noftz/*Timme* SGB III § 8 Rn. 12.

erkennt an, dass eine langjährige Pflegephase wie eine langjährige Beschäftigung in an- oder ungelernter Tätigkeit zu einer Berufsentfremdung führen kann.[911] Die Übernahme der Weiterbildungskosten ist unabhängig von der Erfüllung der Voraussetzungen auf ALG bei beruflicher Weiterbildung möglich.[912] Für Pflegepersonen, die ein (auch volljähriges) aufgrund einer Behinderung aufsichtsbedürftiges Kind pflegen, können Betreuungskosten während der beruflichen Weiterbildung nach § 87 SGB III übernommen werden.[913] Das Sachverständigengutachten zum Gleichstellungsbericht empfiehlt eine Erweiterung auf die Wiederaufstockung einer zugunsten der Erziehung oder Pflege reduzierten Arbeitszeit, weitere arbeitsrechtliche und betriebliche Maßnahmen und arbeitsförderungsrechtliche Unterstützung durch Information, Beratung und Weiterbildung sowie sozialleistungsunabhängige lebensphasenbegleitende Beratungs- und Informationsangebote.[914]

cc) Besondere Bedeutung des Wiedereinstiegs

Die aktive Arbeitsförderung ist für Pflegepersonen von besonderer Bedeutung, wenn sie aufgrund der Pflege ihre Erwerbstätigkeit reduziert, aufgegeben oder nicht wiederaufgenommen haben. Dies betrifft nicht nur die Arbeit als primäre Quelle für den Lebensunterhalt, sondern auch den Zugang zur Erarbeitung einer existenzsichernden Alterssicherung.

Die bereits besprochenen Unterschiede in den Rentenbiografien nehmen in der Beschäftigung ihren Anfang. Pflegepersonen weisen im Vergleich zu biografisch und sozio-demografisch vergleichbaren Personen nach der Pflege geringere Beschäftigungsquoten auf, insbesondere je intensiver und länger die Pflege, je älter die Pflegeperson am Ende der Pflegephase und je weniger stetig ihre Erwerbskarriere vor Beginn der Pflege war.[915] Frauen mit Pflegephasen in ihrer Rentenbiografie weisen im Vergleich zu Nichtpflegenden weniger Erwerbs- und mehr Erziehungszeiten auf – daraus wird eine höhere Familienorientierung der Pflegenden abgeleitet.[916] Statistische Analysen zeigen, dass die

---

911 BT-Drucks. 17/6277, 101. Kritisch dazu Gutachten zum 2. Gleichstellungsbericht, BT-Drucks. 18/12840, 175: Zugunsten der Flexibilität der Leistungen solle die Zeitkomponente der vier Jahre andauernden Berufsunterbrechung gelockert werden.

912 Vgl. Feststellung und Entschließung des BT in BT-Drucks. 15/1728, 14 f.

913 Gagel/*Grühn* SGB III § 87 Rn. 9.

914 Gutachten zum 2. Gleichstellungsbericht, BT-Drucks. 18/12840, 174.

915 *Keck*, SoFo 2016, 112; vgl. auch *Schroeder*, in: FS Pfarr, 405 (411).

916 *Stegmann*/*Mika*, DRV 2007, 771 (783).

bisherige Erwerbsbiografie entscheidend dafür ist, ob Pflegepersonen neben und nach der Pflege erwerbstätig sind und welche Personen die Pflege aufnehmen. Pflegende, vor allem westdeutsche, Frauen sind oft bereits vor Beginn der Pflege aus der Beschäftigung ausgeschieden (Selektionseffekt statt Kausaleffekt).[917] Durch die vorherigen Familienphasen sind verfestigt innerhalb der Familie für Sorgearbeit zuständig. Langzeitpflegende Frauen kehren vielfach nicht zu einer versicherungspflichtigen Beschäftigung zurück.[918] Die Arbeitsförderung für Pflegepersonen richtet sich sowohl an grundsätzlich Berufstätige, die pflegen (aber statistisch auch eher am Ende ihres erwerbsfähigen Alters stehen), als auch an Wiedereinsteigende.[919] Dies wirkt dem Effekt entgegen, dass die „qualifikationsadäquate und vollzeitnahe“[920] Rückkehr in den Beruf umso erschwerter ist, je länger die Unterbrechung war.

c) Zwischenfazit

Die Pflegeperson hat in der Nachpflegephase oder bei entsprechender Verfügbarkeit neben der Pflege einen Anspruch auf Arbeitslosengeld, wenn sie die weiteren Voraussetzungen erfüllt. Durch die Versicherungszeiten als Pflegeperson kann sie die Anwartschaftszeiten erfüllen. Die Bemessungsgrundlage für das Arbeitslosengeld ist grundsätzlich das Arbeitsentgelt, auch bei Pflegepersonen. Weist die Pflegeperson auch im nach § 150 III SGB III auf zwei Jahre erweiterten Bemessungsrahmen nicht 150 Tage mit Anspruch auf Arbeitsentgelt auf, wird das Arbeitsentgelt fiktiv nach § 152 SGB III bemessen. Die Nichtbeachtlichkeit von Zeiten der Pflegezeit oder Familienpflegezeit nach § 150 II Nr. 4 SGB III

---

917 *Czaplicki*, SoFo 2016, 105 (107 ff. m. w. N.); *Czaplicki*, Pflege- und Erwerbstätigkeit im Lebensverlauf, S. 351 ff.; ausführlich m. w. N. *Rothgang/Unger*, FNA-Journal 4/2013.

918 *Czaplicki*, Pflege- und Erwerbstätigkeit im Lebensverlauf, S. 292 ff.

919 Letztere werden von § 26 IIb SGB III nicht erfasst, da die vorhergehende Anbindung an die ALV fehlt. Die Leistungen der aktiven Arbeitsförderung setzen nicht allgemein voraus, dass die Pflegeperson versicherungspflichtig in der ALV war, ist die Pflegeperson aber leistungsberechtigt i. S. d. SGB II, richtet sich der Anspruch nach §§ 16 ff. SGB II, § 22 IV SGB III.

920 Dazu das Gutachten zum 2. Gleichstellungsbericht, BT-Drucks. 18/12840, 88 – ein gelungener Wiedereinstieg wird hier daran gemessen, „inwiefern trotz sorgearbeitsbedingter Erwerbsarbeitspausen eine langfristige soziale Sicherung, eigenständige Existenzsicherung und beruflicher Aufstieg unabhängig vom Geschlecht gewährleistet sind“, BT-Drucks. 18/12840, 174. Auch die Pflege von mehr als zehn Wochenstunden erhöht etwa die Wahrscheinlichkeit, nicht mehr aus dem ALG II-Bezug heraus Arbeit zu finden (*Achatz/Trappmann*, IAB Discussion Paper 2/2011, S. 24, 27).

ist im Wege der teleologischen Reduktion nur dann anzuwenden, wenn sie nicht zu einer nachteilhaften fiktiven Bemessung des Arbeitsentgelts nach § 152 SGB III führt.

Pflegepersonen erhalten auch die Ermessensleistungen zur aktiven Arbeitsförderung, insbesondere als Berufsrückkehrer nach § 20 SGB III. Damit wird ein wesentlicher Beitrag für den Wiedereinstieg geleistet.

5. Finanzierung der Arbeitslosenversicherung der Pflegenden

Bei der Finanzierung der Arbeitslosenversicherung der Pflegepersonen sind mehrere Umbrüche festzustellen.

a) Finanzierungsumbrüche

Die Regelungen in der Arbeitslosenversicherung mit Bezug auf Pflege wurden nicht stets durch Beiträge der Pflegeversicherung bzw. der privaten Pflegeversicherungsunternehmen finanziert.

aa) Beitragsfreie Rahmenfristverlängerung

Die zunächst vorgesehene Rahmenfristverlängerung für den Anspruch auf Unterhaltsgeld nach § 46 I 3 AFG/ § 78 S. 2 SGB III a. F. und ab 1998 den Anspruch auf Arbeitslosengeld nach § 124 III Nr. 1 SGB III a. F. war beitragsfrei, sodass die zusätzlichen Kosten für die Aufrechterhaltung der Leistungsberechtigung aus dem allgemeinen Finanzaufkommen bestritten wurden. Damit lag die Zahlungsverantwortung für die Berücksichtigung von Pflege in der Arbeitslosenversicherung bei deren Versichertengemeinschaft. § 44 I 7 SGB XI nannte bis zum 31.12.2016 lediglich die berufliche Weiterbildung, nicht jedoch das Arbeitslosengeld bei Arbeitslosigkeit.

bb) Einführung der beitragspflichtigen Versicherung

Diese Regelungen wurden abgelöst durch die Versicherungspflicht auf Antrag nach § 28a I 1 Nr. 1 SGB III a. F., die Pflegepersonen selbst herbeiführen konnten und für die sie wie andere Versicherungspflichtige auf Antrag nach § 349a S. 1 SGB III die Beiträge zu ihrer Versicherung vollständig selbst tragen mussten.[921] Die Versicherungspflicht auf Antrag wurde als Nachfolgeregelung

---

921 Eine hälftige Beitragstragung wie nach § 346 I 1 SGB III scheidet in den Fällen des § 28a SGB III in der Regel schon aus, weil kein Arbeitgeber vorhanden ist. Die Künstlersozialversicherung bietet besondere Regelungen für den „Arbeitgeber"anteil.

zur Rahmenfristverlängerung nach § 124 III SGB III a. F. begriffen – aber mit einer neuen Beitragsbelastung versehen.[922] Die Versicherung sollte dem Versicherungsprinzip besser entsprechen und somit „versicherungsgerechter" sein.[923] Die Versichertengemeinschaft sollte von der Finanzierung von Leistungen befreit werden, die gesamtgesellschaftlich oder von Einzelpersonen getragen werden sollten.[924]

Für Arbeitnehmer in Pflegezeit wurde die beitragsfinanzierte Versicherungspflicht nach § 26 IIb SGB III a. F. eingeführt mit einer korrespondierenden Beitragstragung für diese Versicherung nach § 347 Nr. 10 SGB III i. d. F. bis 31.12.2016 durch die Pflegekasse bzw. das private Pflegeversicherungsunternehmen. Dabei wurde die Finanzierungslast für die Versicherung nach § 28a I 1 Nr. 1 SGB III a. F. bei der Pflegeperson belassen, weil keine allgemeine Ausweitung der sozialen Sicherung an Pflegepersonen erfolgen und die Pflegeversicherung finanziell nicht überlastet werden sollte.[925]

Das beitragspflichtige Einkommen während der Pflege betrug nach der Rechtslage bis zum 31.12.2016 10 % der monatlichen Bezugsgröße (§ 345 Nr. 8 SGB III a. F. bzw. § 345b S. 1 Nr. 1 SGB III a. F.). Dadurch konnten im Zusammenwirken mit dem Leistungsrecht (insbes. § 152 SGB III) weiterhin Kosten bei der Versichertengemeinschaft verbleiben. Hochqualifizierte Pflegepersonen, die keine Zeiträume mit Arbeitsentgelt aufwiesen und deshalb der fiktiven Bemessung nach § 152 SGB III unterlagen, konnten mit einem geringen Beitrag vergleichsweise hohe Arbeitslosengeldbeträge erreichen.[926]

---

922 *Wenner,* SoSi 2006, 9 (11).

923 BT-Drucks. 15/1515, 78, 84.

924 BT-Drucks. 15/1515, 84.

925 BT-Drucks. 16/7439, 59.

926 Anders werden Kindererziehungszeiten behandelt: Die Rahmenfristverlängerung wurde durch Versicherungspflicht nach § 26 IIa SGB III ersetzt, diese ist aber beitragsfrei. Die Beitragszahlung erfolgte erst pauschaliert durch den Bund. Inzwischen ist die Versicherung beitragsfrei, beruht also auf einem sozialen Ausgleich innerhalb der Versichertengemeinschaft der ALV. Die Pauschale nach §§ 347 Nr. 9, 345a II SGB III a. F. wurde durch das 6. SGB III-ÄndG aufgehoben, aber durch das 7. SGB III-ÄndG wieder eingefügt (jurisPK-FuB/*Kemper* Kap. 27 Rn. 23). Dies erfolgte zur Herstellung der gerechten Lastenverteilung in der ALV, um Mehrbelastungen durch den mit dem 7. SGB III-ÄndG vom 8.4.2008 eingeführten verlängerten ALG-Anspruch älterer Arbeitsloser auszugleichen, die der Ersparnis des Bundes für die Beitragsfreiheit der Erziehenden nach dem 6. SGB III-ÄndG entsprachen (BT-Drucks. 16/7460, 11). Durch das 8. SGB III-ÄndG wurde die Regelung wiederum aufgehoben und der Bund von der Beitragspflicht zur Versicherung der Erziehenden befreit – zu einer Beitragszahlung nach dem 7. SGB III-ÄndG kam es somit nie, da die Beiträge

cc) Versicherungspflicht der Pflegeperson und fremde Beitragstragung

Den letzten Umbruch erfuhr die Regelung mit dem PSG II. Pflegepersonen können bei Vorliegen der Voraussetzungen nicht mehr wählen, ob sie versichert werden wollen, ihnen entsteht aber auch keine finanzielle Belastung daraus. Die Beiträge wurden erhöht, die allgemeine Versicherungspflicht für Pflegepersonen eingeführt und die Beitragsverantwortung durch die Pflegeversicherung des Pflegebedürftigen normiert. Sie entspricht nun also der Regelung im Rentenrecht. Die Absicherung in der Arbeitslosenversicherung wurde erst 2017 Leistung der Pflegeversicherung. Das beitragspflichtige Einkommen der Pflegepersonen wurde auf 50 % der monatlichen Bezugsgröße erhöht (§ 345 Nr. 8 SGB III), um die Kosten der verbesserten Einbeziehung der Pflegepersonen in den Schutz der Arbeitslosenversicherung auszugleichen.[927] Als Arbeitsentgelt wird bei der fiktiven Bemessung in der geringsten Qualifikationsgruppe 4 nach § 152 II 2 Nr. 4 SGB III ein Arbeitsentgelt i. H. v. täglich 1/600 der Bezugsgröße zugrunde gelegt, auf den Monat gerechnet also 61 % der Bezugsgröße. Individuell gesehen entspricht der Beitrag nicht den Leistungen.

b) Finanzierungsumbrüche auf dem Prüfstand

Die Finanzierung durch Sozialversicherungsbeiträge unterliegt in jedem Fall strengen Grenzen, da durch die Beitragspflicht aufgrund gesetzlich angeordneter Versicherungspflicht ein Grundrechtseingriff gegenüber den Versicherten vorliegt. Beitragsmittel müssen zweckgebunden für Aufgaben des Sozialversicherungszweiges eingesetzt werden und können nicht für den allgemeinen Finanzbedarf des Staates verwendet werden.[928]

aa) Finanzierung aus Beitragsmitteln der Arbeitslosenversicherung

Nach alter Rechtslage lag für Pflegepersonen nach §§ 28a I 1 Nr. 1, 345b S. 1 Nr. 1 SGB III a. F. keine Leistung der Pflegeversicherung im Sinne

---

für das Jahr 2008 nachträglich zum 15.1.2009 für das vorangegangene Kalenderjahr gezahlt worden wären, aber die Regelung aufgehoben wurde, bevor es zur Zahlung 2009 für 2008 kam (BT-Drucks. 16/11241, 6). In Verbindung mit der Rahmenfrist für den Anspruch auf ALG ist damit im Ergebnis eine Erwerbsunterbrechung bis zur Vollendung des vierten Lebensjahres des Kindes beitragsfrei und somit Solidarbeitrag der Gemeinschaft der Beitragszahler zur ALV zur Verwirklichung familienpolitischer Zielsetzungen, die nicht zum Kernbereich der ALV gehören (BT-Drucks. 18/8042, 23).

927 BT-Drucks. 18/5926, 147.

928 Siehe hierzu bereits oben S. 188 ff.

einer Beitragsfinanzierung vor. Über den Zugang zum Leistungsrecht profitierte sie aber von den Ausgleichsmechanismen innerhalb des Versicherungszweigs. Wird die Solidargemeinschaft um eine Gruppe erweitert, wird sie in den versicherungsmäßigen Ausgleich einbezogen. Bei der Arbeitslosenversicherung ist dies von besonderer Bedeutung, da durch die pauschale Beitragsbemessung und das fiktive Bemessungsentgelt nach § 152 SGB III für Leistungen an die Pflegeperson oftmals die Solidargemeinschaft der Versicherten Teile der Finanzierung trägt. Dies galt in besonderem Maße bis zur Reform durch das PSG II aufgrund der geringen Beitragslast von 10 % der Bezugsgröße nach §§ 345 Nr. 8, 345b S. 1 Nr. 1 SGB III a. F. Es sind die Grenzen der Beitragsverwendung zu beachten, denen die durch Zwangsmitgliedschaft bedingten Beiträge unterliegen, nämlich in Bezug auf den Eingriff gegenüber den anderen Mitgliedern der Versichertengemeinschaft, die zwar aufgrund ihrer eigenen Schutzbedürftigkeit[929] in die Versicherung einbezogen wurden, aber gleichzeitig in diesem Rahmen als leistungsfähig gelten, während die leistungsfähigsten Personen außerhalb der Solidargruppe der Sozialversicherung stehen und deshalb allenfalls mittelbar durch Steuerzahlungen zur Finanzierung beitragen.[930] Diesem Widerspruch wird nur gerecht, wenn ein Ausgleich nur unter Personen erfolgt, die bereits einer gesellschaftlich homogenen Gruppe mit einem im Wesentlichen gleich gelagerten Bedürfnis nach sozialer Sicherung und gleichen sozialen Interessen angehören, sodass für einen typischerweise ausgleichsbelasteten Versicherten der Rollenwechsel vom Ausgleichsgeber zum Ausgleichsnehmer erfolgen kann.[931] In der Arbeitslosenversicherung ist typisierend zu betrachten, ob die pflegenden Personen zur grundsätzlich versicherten Gruppe der Arbeitnehmer zählen.

Die Versicherungspflicht nach § 26 IIb SGB III ist wie schon § 26 IIb SGB III a. F. und § 28a I 1 Nr. 1 SGB III a. F. als Überbrückungstatbestand angelegt. Der grundsätzliche Bezugspunkt ist die zuvor bestehende und wieder aufzunehmende Erwerbstätigkeit. Die Versicherung nach § 26 IIb SGB III a. F. hatte schon aufgrund der zeitlichen Begrenzung der Pflegezeit Überbrückungscharakter. Auch wenn Pflegepersonen nach der Pflegephase oftmals nicht wieder berufstätig werden, soll die Versicherung und die daran anknüpfende Leistungsberechtigung gerade die Rückkehr in den Beruf und damit in die beitragspflichtige Population fördern. § 26 IIb SGB III spricht damit weiterhin Mitglieder

929 Eingehend *Hase*, S. 46 ff.

930 *Isensee*, S. 20.

931 *Isensee*, S. 18, 20 f.; *Hase*, S. 162 ff.

der homogenen Gruppe der Arbeitnehmer in einer bestimmten Lebensphase an. Der Rollenwechsel ist möglich und soll hier gerade gefördert werden.[932] Damit wird auch eine Aufgabe der Arbeitslosenversicherung erfüllt, da diese die Vereinbarkeit von Familie und Beruf fördern soll. Personen, die ihre Erwerbstätigkeit zur Pflege unterbrochen haben und in angemessener Zeit danach in den Beruf zurückkehren, sind Berufsrückkehrende nach § 20 SGB III. Nach § 8 II SGB III sollen sie nach den Voraussetzungen des SGB III Leistungen der aktiven Arbeitsförderung erhalten, insbesondere Leistungen zur Beratung, Vermittlung und Übernahme von Weiterbildungskosten.[933] Das Risiko des beruflichen Wiedereinstiegs nach der Familienphase wird also als besonderer Fall der Arbeitslosigkeit ausdrücklich erfasst.

Die Eingliederung in die Arbeitslosenversicherung und der Solidarausgleich zugunsten von Pflegepersonen sind daher zulässig.

bb) Finanzierung aus Beitragsmitteln der Pflegeversicherung

Neben der Versichertengemeinschaft der Arbeitslosenversicherung ist auch die Versichertengemeinschaft der Pflegeversicherung zu beachten. Die Übernahme der Beiträge für die Pflegeperson erfolgt im Grundfall akzessorisch zur Leistung an den Pflegebedürftigen, lässt aber auch den Bezug gleichartiger Leistungen genügen. Für Personen in Pflegezeit wurde die Beitragspflicht der Pflegeversicherung sogar damit begründet, dass Pflege eine gesamtgesellschaftliche Aufgabe (vgl. § 8 SGB XI) sei.[934] Mit dieser Begründung hätte auch eine Steuerfinanzierung vorgesehen werden können. Entscheidend ist die Akzessorietät zum Versicherungsfall des Pflegebedürftigen. Im Fall der §§ 26 IIb SGB III, 345 Nr. 8 SGB III a. F. wurde eine Sonderverantwortung für die Beiträge zur Arbeitslosenversicherung zur Versicherung der Personen in Pflegezeit

---

932 Vgl. *Fuchs*, in: FS 50 Jahre BSG, 151 (159 f.). Anders *Hase*, S. 195, der die Eingliederung der Pflegeperson in die Rentenversicherung und somit Sozialversicherung kritisiert, da das Risiko des Wegfalls der Lebensgrundlage aus Erwerbsarbeit bei Pflegepersonen (wie bei Kindererziehenden) nicht bestehe, weil diese nicht flächendeckend eigene Erwerbseinkünfte erzielten oder erzielen würden. Diese Prämissen sind nicht mehr haltbar angesichts der gerade auf die Frauenerwerbstätigkeit ausgerichteten Arbeitsmarktpolitik, der steigenden Erwerbsquoten, der Bedeutung eigenständiger Absicherung und der Öffnung durch das Flexirentengesetz.

933 Damit erfolgt die Finanzierung der aktiven Arbeitsförderung auch für Nichtversicherte auch über Beitragsmittel, hierzu *Hase*, in FS Bieback, 127 (131 ff.) m. w. N.; *Butzer*, S. 70 ff. m. w. N.

934 BT-Drucks. 16/7439, 91.

begründet, obwohl diese keine Leistung an den Pflegebedürftigen voraussetzte. Nach §§ 28a I 1 Nr. 1, 345b S. 1 Nr. 1 SGB III a. F. genügte auch der Bezug gleichartiger Leistungen durch den Pflegebedürftigen, die Beitragspflicht lag aber bei der Pflegeperson selbst. Nach heutiger Rechtslage kann die Pflegeversicherung in diesen Fällen beitragspflichtig sein, auch wenn der Pflegebedürftige keine Leistungen nach dem SGB XI erhält, etwa in dem Fall, dass ein Anspruch dem Grunde nach besteht, aber der Pflegebedürftige vorrangige Leistungen nach § 44 SGB VII erhält.

Da diese keine Leistungen zur sozialen Sicherung der Pflegeperson kennt, tritt der Anspruch der Pflegepersonen hier nicht zurück.

Die Finanzierung ist in diesem Fall zulässig, da ein Anspruch des Pflegebedürftigen dem Grunde nach vorliegt, aus dem sich die Finanzierung ableitet.

Anders liegt es in den Fällen, in denen kein Anspruch dem Grunde nach besteht und nur Leistungen der Hilfe zur Pflege bezogen werden und bei denen der Pflegeversicherungsträger die Beiträge für die Pflegeperson erbringt. Die Sonderverantwortung der Pflegeversicherung für diese Beitragstragung lässt sich hier nicht mit der mittelbaren Versorgung des Leistungsfalls des Pflegebedürftigen rechtfertigen und ist somit ein nicht gerechtfertigter Eingriff in die Handlungsfreiheit der Versicherten nach Art. 2 I GG nach den bereits im Abschnitt zur Rentenversicherung dargelegten Grundsätzen. Die Finanzierung hat hier aus Steuermitteln zu erfolgen statt aus Beitragsmitteln.

6. Fazit

Die Versicherungspflicht nach § 26 IIb SGB III reiht sich in ihren Voraussetzungen und ihrer Finanzierung in die sonstige soziale Sicherung der Pflegeperson ein. Die heutige Regelung stellt die bisher vorteilhafteste Absicherung dar, da kein Antrag zur Versicherung notwendig ist, die Kosten übernommen werden und die Anwartschaftszeit auch allein durch Pflege erfüllt werden kann. Die Pflegeperson ist voll eingegliedert.

Pflegepersonen können durch die Versicherungspflicht in Pflegephasen die Voraussetzungen insbesondere für den Anspruch auf Arbeitslosengeld erfüllen. Die systematische Eingliederung in die Versicherungstatbestände nach § 26 SGB III zeigt, dass Pflege nun als außerhalb des Einflussbereichs liegender Umstand innerhalb einer Versichertenbiografie anerkannt wird. Das Unmittelbarkeitskriterium begrenzt die Versicherungspflicht auf Pflegepersonen, deren Pflegetätigkeit an eine versicherte Tätigkeit anschließt. Versicherte profitieren durch das Entgeltausfallprinzip von vollen Leistungen, insbesondere im Rahmen der fiktiven Bemessung des ALG. Diese Umverteilung zugunsten der

Pflegeperson ist vor dem Hintergrund zulässig, dass zwischen den versicherten Pflegepersonen und den restlichen Versicherten eine Solidargemeinschaft als grundsätzlich Erwerbstätige besteht.

Die Arbeitslosenversicherung ist offen gegenüber der Pflege parallel zur Arbeitssuche. Die Pflege schließt die Arbeitslosigkeit nicht zwingend aus. Insbesondere ist möglich, die Verfügbarkeit auf Teilzeitbeschäftigungen zu beschränken. Es kann bis zur Annahme eines Arbeitsangebots auch tagfüllend gepflegt werden, wenn die Pflege direkt niedergelegt werden kann. In der Nachpflegephase können auch Berufsrückkehrer, die keinen Anschluss an die Arbeitslosenversicherung unmittelbar vor Aufnahme der Pflegetätigkeit hatten, alle notwendigen Leistungen der aktiven Arbeitsförderung erhalten. Die berufliche Weiterbildung wegen Berufsentfremdung steht dabei im Fokus.

Die Finanzierung der Beiträge entspricht der Regelung in der Rentenversicherung. Sofern die Finanzierungsverantwortung der Pflegekasse auch dort auferlegt wird, wo kein paralleler Leistungsanspruch des Pflegebedürftigen besteht, bestehen verfassungsrechtliche Bedenken gegen den Einsatz von Beitragsmitteln der Pflegeversicherten zur Absicherung.

III. Unfallversicherung

Pflegepersonen im Sinne des § 19 SGB XI sind nach Maßgabe der §§ 2, 4, 105, 106, 129, 185 SGB VII, § 44 IIa SGB XI in den Versicherungsschutz der gesetzlichen Unfallversicherung einbezogen. Der Unfallversicherungsschutz bei der nicht erwerbsmäßigen Pflege wurde mit dem PflegeVG in § 539 I Nr. 19 RVO eingeführt und mit dem UVEG[935] in § 2 I Nr. 17 SGB VII verankert. Die Norm bestand vom 1.1.1997 an unverändert fort bis zur Änderung durch das PSG II zum 1.1.2017. Die Haftungsbegrenzungen nach §§ 104, 105 SGB VII gelten nach § 106 II SGB VII entsprechend für die Ansprüche der Pflegeperson gegenüber dem Pflegebedürftigen, Pflegepersonen eines Pflegebedürftigen untereinander und Ansprüchen des Pflegebedürftigen gegen die Pflegeperson. Zahlenmäßig spielt die Unfallversicherung der Pflegepersonen eine eher untergeordnete Rolle.[936]

---

935 Unfallversicherungs-Einordnungsgesetz vom 7.8.1996, BGBl. I, 1254.

936 *Kunze/Ziegler*, DGUV Forum 5/2014, 26 (28): Für die Unfallkasse Nord (SH/HH) wurden 2012 32 Unfälle, 2013 39 Unfälle von Pflegepersonen gemeldet. Zu diesem Zeitpunkt waren etwa 160.000 Pflegepersonen bei dieser Unfallkasse versichert (UK Nord, Jahresbericht 2017, S. 21 für die Zahlen ab 2013).

1. Versicherter Personenkreis

Versichert nach § 2 I Nr. 17 SGB VII sind Pflegepersonen im Sinne des § 19 S. 1 und 2 SGB XI bei der Pflege eines Pflegebedürftigen mit mindestens Pflegegrad 2 im Sinne der §§ 14, 15 III SGB XI.

a) Besondere Voraussetzungen

Anders als die Absicherung in Renten- und Arbeitslosenversicherung verlangt die Unfallversicherungspflicht keinen Leistungsanspruch oder -bezug des Pflegebedürftigen.[937]

Über den dynamischen Verweis[938] auf die Voraussetzungen des SGB XI muss die Pflegeperson nach § 19 S. 1 SGB XI nicht erwerbsmäßig und in häuslicher Umgebung pflegen und dabei nach § 19 S. 2 SGB XI die Min-destpflegezeit von wenigstens zehn Stunden wöchentlich, verteilt auf regelmäßig mindestens zwei Tage in der Woche, erfüllen. § 2 I Nr. 17 SGB VII bezieht sich auf die Pflege eines Pflegebedürftigen mit mindestens Pflegegrad 2 im Sinne der §§ 14 und 15 III SGB XI. Über den Bezug auf § 15 III SGB XI ist die förmliche Feststellung des Pflegegrades anhand der nach Anl. 2 zu § 15 SGB XI errechneten Punkte Voraussetzung und die Unfallkasse ist an diese Entscheidung der Pflegeversicherung gebunden.[939] Durch die Einschränkung auf Pflegebedürftige mit Pflegegrad 2 war in dem Verweisformat der Norm auch ein Verweis auf § 15 III SGB XI notwendig. Das Vorliegen von mindestens Pflegegrad 2 zum Unfallzeitpunkt kann auch rückwirkend festgestellt werden.[940]

---

937 Lauterbach/*Schwerdtfeger* § 2 Rn. 605; a. A. Krauskopf/*Wagner*, § 44 SGB XI Rn. 35: Anspruch dem Grunde nach. Hierzu schon oben S. 48.

938 Vgl. KassKomm/*Lilienfeld* SGB VII § 2 Rn. 103.

939 *Leube*, ZFSH/SGB 2017, 204 (205); Hauck/Noftz/*Riebel* SGB VII § 2 Rn. 261; *Bereiter-Hahn*/*Mehrtens* § 2 Rn. 33.8; Krauskopf/*Wagner* SGB XI § 44 Rn. 35. In § 3 S. 1 Nr. 1a SGB VI und § 26 IIb SGB III erfolgt dagegen kein ausdrücklicher Verweis auf § 15 III SGB XI. Der Verweis auf § 15 III SGB XI führt nicht dazu, dass die versicherte Tätigkeit auf den im Pflegebescheid festgestellten Bedarf festgelegt und begrenzt ist, oben S. 71 f.

940 KassKomm/*Lilienfeld* SGB VII § 2 Rn. 112; EvKSW/*v. Koppenfels-Spies* § 2 Rn. 127; BeckOK-SozR/*Wietfeld* SGB VII § 2 Rn. 216; *Leube*, ZFSH/SGB 2017, 204 (205); so auch schon GemRdschr UV v. 17.12.2006, 1.3.4, S. 5.

b) Mindestpflegezeit in der Unfallversicherung

Seit dem 1.1.2017 verweist § 2 I Nr. 17 SGB VII ausdrücklich auf § 19 S. 2 SGB XI, wonach Leistungen zur sozialen Sicherung nach § 44 SGB XI nur gewährt werden, wenn die Pflegeperson die Mindestpflegezeit von wenigstens zehn Stunden wöchentlich, verteilt auf regelmäßig mindestens zwei Tage in der Woche, erfüllt. Geringfügige, gelegentliche oder alltägliche Unterstützungsleistungen sollen keine Ansprüche auf Leistungen zur sozialen Sicherung auslösen.[941] Versicherungspflicht besteht nach § 2 I Nr. 17 SGB VII bei der Pflege „eines" Pflegebedürftigen. Dies bezieht sich auf den Versicherungsfall. Die Mindestpflegezeit nach § 19 S. 2 SGB XI kann auch durch die Pflege mehrerer Pflegebedürftiger erreicht werden.[942] Die Voraussetzung von mindestens Pflegegrad 2 entspringt der Erheblichkeitsschwelle des Leistungsrechts der Pflegeversicherung und ist im Zusammenhang zur Mindestpflegezeit zu sehen.[943] Unterhalb dieser Schwelle bleibt die Tätigkeit der Pflegeperson unversichert in der Unfallversicherung wie andere private Tätigkeiten. Es kommen Leistungen der gesetzlichen Kranken- und Rentenversicherung infrage.[944] Anders als § 3 S. 1 Nr. 1a SGB VI und § 26 IIb SGB III nennt § 2 I Nr. 17 SGB VII die Mindestpflegezeit nicht selbst als Voraussetzung, sondern verweist auf § 19 SGB XI, seit dem 1.1.2017 auch ausdrücklich auf dessen Satz 2. Vor dieser Gesetzesfassung war umstritten, ob die Mindestpflegezeit für den Unfallversicherungsschutz der Pflegeperson vorauszusetzen ist.

Dieser Streit setzt sich – trotz der eindeutigen Gesetzesfassung – bis heute fort und ist daher an dieser Stelle nochmals zu erörtern.

aa) Frühere Rechtslage und Urteil des BSG vom 7.9.2004

Die Unfallversicherungspflicht nach § 2 I Nr. 17 SGB VII a. F. erfasste bis zur Reform durch das PSG II zum 1.1.2017 „Pflegepersonen im Sinne des § 19 des Elften Buches". Nach § 44 I 6 SGB XI a. F. waren Pflegepersonen während der pflegerischen Tätigkeit nach Maßgabe der §§ 2, 4, 105, 106, 129, 185 SGB VII in den Versicherungsschutz der gesetzlichen Unfallversicherung einbezogen. Nach dem Urteil des BSG vom 7.9.2004[945] war § 2 I Nr. 17 SGB VII a. F. so auszulegen,

941 BT-Drucks. 18/5926, 117.

942 BT-Drucks. 18/5926, 151; KassKomm/*Lilienfeld* SGB VII § 2 Rn. 113; LPK-SGB VII/*Hedermann* § 2 Rn. 201. Hierzu bereits oben S. 141 f.

943 Hierzu oben S. 134.

944 Lauterbach/*Schwerdtfeger* § 2 Rn. 609; *Leube*, ZFSH/SGB 2017, 204 (204 f.).

945 BSG, Urt. v. 7.9.2004 – B 2 U 46/03 R, SozR 4-2700 § 2 Nr. 3.

dass er die Mindestpflegezeit nach § 19 S. 2 SGB XI nicht voraussetzte. In dem Urteil zugrunde liegenden Fall erfüllte die Pflegeperson den Pflegebedarf eines Pflegebedürftigen von 10,5 Wochenstunden (und so dessen Mindestvoraussetzungen der Pflegestufe I), aber nicht die 14 Stunden Mindestpflegezeit.

Das BSG bestätigte diese Auslegung später nochmals.[946] Somit waren praktisch auch kurzzeitige und geringfügige Pflegetätigkeiten unfallversichert. Das BSG stützte seine Auslegung auf folgende Argumente:

(1) Die Einweisungsvorschrift § 44 I 6 SGB XI a. F. i. V. m. § 19 S. 2 SGB XI könne nicht die Modalitäten der Versicherung festlegen, sondern nur § 2 I Nr. 17 SGB VII, der die Mindestpflegezeit nicht ausdrücklich voraussetze.[947]
(2) § 2 I Nr. 17 SGB VII verweise mit der „Pflegeperson i. S. d. § 19 SGB XI" auf die Definition der Pflegeperson nach § 19 S. 1 SGB XI.[948]
(3) Die Mindestpflegezeit nach § 19 S. 2 SGB XI sei nicht mehr Teil der Definition.[949]
(4) Die Teilung des § 19 SGB XI a. F. in zwei Sätze habe klarstellen sollen, dass nur für die Leistungen zur sozialen Sicherung nach § 44 SGB XI die Mindestpflegezeit erforderlich sei.[950]
(5) Dazu zähle die UV nicht, da sie keine Leistung der Pflegeversicherung sei wie die Beitragsentrichtung zur Rentenversicherung, sondern eine unmittelbar durch Gesetz eingeräumte Rechtsposition.[951]
(6) Die Gesetzesbegründung zu § 539 I Nr. 19 RVO enthalte keinen Hinweis auf die Voraussetzung der Mindestpflegezeit.[952]
(7) Eine Mindestanforderung widerspreche dem sonst durchgängigen Fehlen einer Geringfügigkeitsgrenze in der UV und dem besonderen Schutzzweck der Versicherung ehrenamtlich Engagierter nach § 2 I Nr. 9 bis 13 SGB VII und „Wie"-Beschäftigter nach § 2 II SGB VII.[953]

---

946 BSG, Urt. v. 9.11.2010 – B 2 U 6/10 R, SozR 4-2700 § 2 Nr. 16, juris Rn. 13.
947 BSG, Urt. v. 7.9.2004 – B 2 U 46/03 R, SozR 4-2700 § 2 Nr. 3, juris Rn. 23.
948 BSG, Urt. v. 7.9.2004 – B 2 U 46/03 R, SozR 4-2700 § 2 Nr. 3, juris Rn. 16.
949 BSG, Urt. v. 7.9.2004 – B 2 U 46/03 R, SozR 4-2700 § 2 Nr. 3, juris Rn. 16 ff.
950 BSG, Urt. v. 7.9.2004 – B 2 U 46/03 R, SozR 4-2700 § 2 Nr. 3, juris Rn. 19 f.
951 BSG, Urt. v. 7.9.2004 – B 2 U 46/03 R, SozR 4-2700 § 2 Nr. 3, juris Rn. 22.
952 BSG, Urt. v. 7.9.2004 – B 2 U 46/03 R, SozR 4-2700 § 2 Nr. 3, juris Rn. 20.
953 BSG, Urt. v. 7.9.2004 – B 2 U 46/03 R, SozR 4-2700 § 2 Nr. 3, juris Rn. 21.

In der Folge schloss sich der überwiegende Teil der Literatur der Rechtsprechung an und hielt die Mindestpflegezeit für entbehrlich.[954]

bb) Aktuelle Rechtslage und Diskussion

Mit dem PSG II wurde auch § 2 I Nr. 17 SGB VII geändert. Er verweist nunmehr auf „Pflegepersonen im Sinne des § 19 S. 1 und 2 SGB XI", was der Gesetzesbegründung zufolge klarstellt, dass die Versicherungspflicht nach § 2 I Nr. 17 SGB VII erst bei einer Erfüllung des Mindestpflegeaufwandes eintritt.[955] Die Rechtsprechung des BSG ist damit überholt und deutlich, dass es sich bei der beitragsfreien Einbeziehung in den sozialen Schutz der Unfallversicherung um eine Leistung zur sozialen Sicherung der Pflegeperson im Sinne des § 44 SGB XI handelt – wenn auch nicht durch die Pflegeversicherung getragen.[956] Der Gesetzgeber des PSG II widerspricht insofern der Annahme des BSG,[957] dass die zum 1. SGB XI-ÄndG und UVEG nicht erfolgte Änderung von einem Willen des Gesetzgebers zeugte, dass eine Mindestpflegezeit nicht mehr erforderlich sei.

Somit besteht schließlich eine klare Rechtslage: Die Mindestpflegezeit nach § 19 S. 2 SGB XI muss auch für den Unfallversicherungsschutz erfüllt werden.[958] Einmalige oder kurzzeitige Pflege- und Betreuungstätigkeiten sind

---

954 KassKomm/*Lilienfeld* SGB VII § 2 Rn. 100 (EL 87 Sept. 2015); KKW/*Holtstraeter* SGB VII § 2 Rn. 50 (4. Aufl. 2015); *Schmitt* § 2 Rn. 152; BeckOK-SozR/*Marschner* SGB VII § 2 Rn. 71 (40. Ed. 2015); Lauterbach/*Schwerdtfeger* § 2 Rn. 608 (53. Lfg. Juni 2014); *Bereiter-Hahn/Mehrtens* § 2 Rn. 33.2 (EL 5/15); Hauck/Noftz/*Riebel* SGB VII § 2 Rn. 262a; jurisPK-SGB VII/*Bieresborn* § 2 Rn. 376 (2. Aufl. 2014); LPK-SGB XI/*Gallon/Kuhn-Zuber* § 44 Rn. 44 (4. Aufl. 2014); Udsching/*Udsching* § 44 Rn. 17 (4. Aufl. 2015); jurisPK-FuB/*Beetz* Kap. 24.1 Rn. 8, Kap. 24.3 Rn. 10; *Riebel*, SGb 2005, 603; *Günther-Nicolay*, NZS 2006, 17 (19); *Keller*, jurisPR-SozR 11/2005, Anm. 4; *Spellbrink*, Sozialrecht aktuell 2013, 59 (60 f.). Ebenso auch das GemRdschr UV v. 17.12.2006, 1.3, S. 3. KBHB/*Kruschinsky* § 2 Rn. 787a, 787b (Mai 2010) gab seine Bedenken schließlich auf, da der Gesetzgeber nicht korrigierend eingegriffen hatte. Dagegen weiter für das Erfordernis der Mindestpflegezeit: *Leube*, ZfS 2006, 48 (51); LPK-SGB VII/*Richter* § 2 Rn. 199 f. (4. Aufl. 2014). kritisch *Dalichau*, § 44 Rn. 154 (1. Aufl. 2014).

955 BT-Drucks. 18/5926, 151.

956 *Leube*, ZFSH/SGB 2017, 204 (206); *Felix*, in: FS Igl, 221 (228, 230).

957 Vgl. BSG, Urt. v. 7.9.2004 – B 2 U 46/03 R, SozR 4-2700 § 2 Nr. 3, juris Rn. 18 ff.

958 BeckOK-SozR/*Pfitzner* SGB XI § 19 Rn. 8; BeckOK-SozR/*Molitor* SGB XI § 44 Rn. 20; BeckOK-SozR/*Wietfeld* SGB VII § 2 Rn. 213; Krauskopf/*Wagner* SGB XI § 44 Rn. 35; Udsching/Schütze/*Rasch* § 44 Rn. 39; KassKomm/*Lilienfeld* SGB VII § 2 Rn. 107; KKW/*Holtstraeter* SGB VII § 2 Rn. 50a; LPK-SGB VII/*Hedermann* § 2 Rn. 199; EvKSW/*v. Koppenfels-Spies* § 2 Rn. 124; Hauck/Noftz/*Riebel* SGB VII § 2 Rn. 261;

nicht versichert, also auch Verhinderungspflegepersonen nach § 39 I 3 SGB XI ausgeschlossen.[959]

Die Diskussion um die Mindestpflegezeit wird dennoch mit den hergebrachten Argumenten weitergeführt.

(1) *Kurzzeitprinzip*

Der neue Bezug auf § 19 S. 1 und 2 SGB XI in § 2 I Nr. 17 SGB VII wird aufgrund des Kurzzeitprinzips der Unfallversicherung in der Literatur stark kritisiert und teilweise die Geltung der Mindestpflegezeit für die Unfallversicherung auch nach neuer Gesetzesfassung verneint.[960] Durch die einheitlich vorausgesetzte Mindestpflegezeit wurde ein Gleichklang der Regelungen erzeugt,[961] obwohl sich die Versicherungszweige systematisch und in ihren absichernden Risiken unterscheiden.[962]

(a) *Versicherung einmaliger oder kurzfristiger Tätigkeiten*

Wie bereits durch das BSG angemerkt, kennt die Unfallversicherung grundsätzlich (und anders als Renten-, Arbeitslosen-, Kranken- und Pflegeversicherung) typischerweise keine zeitlichen oder entgeltbezogenen Mindestgrenzen und versichert auch einmalige oder kurzfristige Tätigkeiten. § 2 I Nr. 1 SGB VII erfasst auch geringfügig oder kurzfristig Beschäftigte. Wie-Beschäftigte sind nach § 2 II SGB VII abgesichert. Auch die versicherten Personengruppen nach § 2 I Nr. 9–13 SGB VII werden vielfach bei einmaligen Vorkommnissen versichert, wie etwa der Unfallhelfer nach § 2 I Nr. 13a SGB VII. Ein Fehlen einer zeitlichen Mindestgrenze entspricht dem besonderen Schutzzweck der Unfallversicherung.[963] Die gesetzliche Unfallversicherung ist eine Tätigkeitsversicherung,

---

Lauterbach/*Schwerdtfeger* § 2 Rn. 599d, 610a; *Felix*, in: FS Igl, 221 (222); *Leube*, SGb 2020, 87 (88); *Leube*, SGb 2018, 340.

959 *Bereiter-Hahn/Mehrtens* § 2 Rn. 33.9.

960 Kritisch KassKomm/*Lilienfeld* SGB VII § 2 Rn. 108; *Schlaeger*, SGb 2016, 684 (685); *v. Koppenfels-Spies*, SGb 06/2016, I; SRH/*Spellbrink* § 16 Rn. 70. Mindestpflegezeit weiter entbehrlich: KassKomm/*Koch* SGB XI § 44 Rn. 11; KassKomm/*Weber* SGB XI § 19 Rn. 13; Udsching/Schütze/*Udsching* § 19 Rn. 16; KKW/*Philipp* SGB XI § 19 Rn. 7, § 44 Rn. 16 will in § 2 I Nr. 17 SGB VII keinen ausdrücklichen Verweis auf die Mindestpflegezeit finden; zweifelnd KBHB/*Becker* § 2 Rn. 787b; *Bereiter-Hahn/Mehrtens* § 2 Rn. 33.9.

961 BT-Drucks. 18/5926, 151.

962 KassKomm/*Lilienfeld* SGB VII § 2 Rn. 108; *Schlaeger*, SGb 2016, 684 (685).

963 BSG, Urt. v. 7.9.2004 – B 2 U 46/03 R, SozR 4-2700 § 2 Nr. 3, juris Rn. 21.

die statt einem längerfristigen Risiko in der Person des Versicherten selbst nur das Versicherungsrisiko *Unfall* abdeckt, also punktuelle Risiken aus der versicherten Tätigkeit.[964] Die Unfallversicherung der nicht erwerbsmäßigen Pflegeperson ist Teil der unechten Unfallversicherung, die Personen außerhalb eines abhängigen Beschäftigungsverhältnisses aufgrund ihrer sozialen Schutzbedürftigkeit oder ihrer Tätigkeit im Allgemeinwohlinteresse (z. B. Nothelfer nach § 2 I Nr. 13a SGB VII, Blut- und Organspender § 2 I Nr. 13b SGB VII oder Ehrenamtliche § 2 I Nr. 9 SGB VII) umfasst und über die Rechtsfolgen des Unfallversicherungsrechts von dessen bestehendem, umfassenden Entschädigungssystem profitieren lässt.[965] Die Versicherung der Personen nach § 2 I Nr. 9–13 SGB VII, die bei Diensten im Interesse der Allgemeinheit zu Schaden kommen, sind Fälle der sozialen Entschädigung, für die sich der gesetzlichen Unfallversicherung bedient wird, um das dortige Ausgleichsniveau zu erreichen.[966] Statt von formalen ist der Versicherungsschutz von materiellen Aspekten abhängig, um der Schutzbedürftigkeit der Personen nachzukommen.[967] Insofern widerspräche die Mindestpflegezeit dem sonstigen Fehlen von Mindestgrenzen als Prinzip der Unfallversicherung.[968] Es wird auch bezweifelt, dass die Unterschiede zwischen der Pflege eines Pflegebedürftigen mit Pflegegrad 1 so gewichtet sind, dass die Regelung vor Art. 3 I GG bestehen kann.[969] Jedenfalls die Öffnung des allgemeinen Leistungsrechts der Pflegeversicherung ab Pflegegrad 2 ist aufgrund der Finanzierung der Leistung nicht entscheidend.

Andererseits spricht gegen den Vergleich mit den anderen Bereichen der unechten Unfallversicherung, dass der Regelfall der gesetzlichen Unfallversicherung Dauerverhältnisse betrifft und kurzfristiges oder einmaliges Handeln

---

964 *Schlaeger*, SGb 2016, 684 (685); KassKomm/*Ricke* SGB VII vor § 2 Rn. 1.

965 KKW/*Philipp* SGB XI § 44 Rn. 3; *Felix*, in: FS Igl, 221 f.; Schulin HS-UV/*Gitter*/*Nunius* § 7 Rn. 6. Zum Anfang der unechten Unfallversicherung durch die Unfallversicherung für Lebensretter in § 553c RVO a. F. nach dem Dritten Gesetz über Änderungen in der Unfallversicherung vom 20.12.1928 *Sprang*, SoFo 1984, 126 (131); siehe auch die Nachweise bei *Lülf*, S. 25 f.

966 SRH/*Spellbrink* § 16 Rn. 41.

967 *Günther-Nicolay*, NZS 2006, 17 (18); so auch schon die Argumente der Revision, vgl. BSG, Urt. v. 7.9.2004 – B 2 U 46/03 R, SozR 4-2700 § 2 Nr. 3, juris Rn. 4.

968 So BSG, Urt. v. 7.9.2004 – B 2 U 46/03 R, SozR 4-2700 § 2 Nr. 3, juris Rn. 21; *v. Koppenfels-Spies*, SGb 06/2016, I; KBHB/*Becker* § 2 Rn. 787b; SRH/*Spellbrink* § 16 Rn. 70; KassKomm/*Lilienfeld* SGB VII § 2 Rn. 108; KKW/*Philipp* SGB XI § 19 Rn. 7; *Schlaeger*, SGb 2016, 684 (685).

969 *Schlaeger*, SGb 2016, 684 (687).

die Ausnahme bildet – und dies nicht nur bei der Beschäftigung, sondern etwa auch beim langfristigen Engagement in Unternehmen zur Hilfe in Unglücksfällen oder im Zivilschutz (§ 2 I Nr. 12 SGB VII) oder der ehrenamtlichen Tätigkeit im staatlichen Interesse (§ 2 I Nr. 10 SGB VII).[970] Damit würde die Mindestpflegezeit die Vorfrage betreffen, ob ein Versicherungsverhältnis vorliegt, also eine Tätigkeit grundsätzlich versichert sei – das Kurzzeitprinzip, nach dem schon kurze oder einmalige Tätigkeiten erfasst seien, differenziere, welche Tätigkeiten innerhalb eines bestehenden Versicherungsverhältnisses versichert seien.[971] Die ehrenamtliche Tätigkeit kann auch nur gelegentlich ausgeübt werden, dies muss aber in Wahrnehmung einer bestimmten Funktion geschehen.[972] Auch der Versicherungsschutz beim – inzwischen ausgelaufenen[973] – Freiwilligendienst aller Generationen nach § 2 Ia SGB VII war von der Erfüllung von einer Mindestzeit von acht Stunden wöchentlich und einer Mindestdauer von sechs Monaten abhängig. Somit wurde auch hier wie bei der Pflegeperson der grundsätzliche Versicherungsschutz durch ein Mindestkriterium begrenzt.[974] Ebenso nennt die Versicherung der Notärzte im Rettungsdienst eine Mindestvoraussetzung von mindestens 15 Stunden wöchentlich – allerdings für die Beschäftigung, neben der der Rettungsdienst ausgeübt wird, § 2 I Nr. 13d) SGB VII.

(b) Abgrenzung zur familienhaften Mithilfe und Gefälligkeit

Für die Mindestpflegezeit als Voraussetzung des Unfallversicherungsschutzes der Pflegeperson spricht aber, dass eine Erheblichkeitsschwelle dazu dienen kann, die familienhafte Mithilfe und Gefälligkeit von der pflegeversicherungserheblichen Pflege abzugrenzen.

Da die Pflege überwiegend innerhalb der Familie erfolgt, nimmt die Versicherung der Pflegeperson eine Sonderstellung in der Unfallversicherung ein. Tätigkeiten von Angehörigen, die im Rahmen des unter Angehörigen Üblichen, etwa in Erfüllung von Beistandspflichten, bleiben, sind grundsätzlich ohne Unfallversicherungsschutz.[975] Gefälligkeitshandlungen, die in einer persönlichen

---

970 *Leube*, ZfS 2006, 48 (51).

971 So *Leube*, SGb 2018, 340 (341). Zur Frage des „Versicherungsverhältnises" auch S. 264 f.

972 LPK-SGB VII/*Franke* § 2 Rn. 96.

973 LPK-SGB VII/*Franke* § 2 Rn. 210a.

974 *Felix*, in: FS Igl, 221 (232).

975 KassKomm/*Lilienfeld* SGB VII § 2 Rn. 43; *Köbl*, in: FS Schwab, 997 (999 f., 1004); *Leube*, SGb 2018, 340; Schulin HS-UV/*Schlegel* § 18 Rn. 91.

Verbindung jeweils üblich sind, werden auch von der Versicherung als Wie-Beschäftigung nach § 2 II SGB VII ausgenommen.[976] Gefälligkeitshandlungen unter Verwandten erhalten ihr Gepräge durch die familiären Beziehungen zwischen Angehörigen und sind daher ihrem Wesen nach von den Tätigkeiten eines Außenstehenden, der „in ein Unternehmen unterstützend eingreift", verschieden und so nicht beschäftigungsähnlich.[977]

Sorgearbeit ist außerhalb des § 2 I Nr. 17 SGB VII als Wie-Beschäftigung ausschließlich in landwirtschaftlichen Haushalten i. S. v. § 124 SGB VII versichert (§§ 2 II, 4 IV SGB VII) und bei Wegen zur erwerbsbedingten Fremdbetreuung von Kindern (§ 8 II Nr. 2a SGB VII).[978] Innerhalb eines nicht landwirtschaftlichen Haushalts sind Verwandte von der Versicherung als Wie-Beschäftigte explizit nach § 4 IV SGB VII ausgeschlossen, da angenommen wird, dass sie „wegen ihrer Tätigkeit zu privaten Zwecken auf enger persönlicher Basis nicht versicherungsbedürftig sind"[979]. § 2 I Nr. 17 SGB VII bildet also eine Ausnahme und versichert auch Tätigkeiten, die familiär geprägt sind. Während im Vergleich mit anderen Tatbeständen der unechten Unfallversicherung ein Bruch mit dem Kurzzeitprinzip vorzuliegen scheint, bietet die Mindestpflegezeit eine leicht handzuhabende Regelung für die Abgrenzung zum Privatbereich, dessen Ausgrenzung aus dem Versicherungsschutz ein Grundprinzip der Unfallversicherung ist.[980]

Unterhalb der Mindestpflegezeit wird die Pflegetätigkeit weiter dem unversicherten Privatbereich zugeordnet.[981] Die Mindestpflegezeit kodifiziert daher, was bisher schon für den Unfallversicherungsschutz bei Tätigkeiten unter Angehörigen vorausgesetzt wurde. Im Übrigen steht es dem Gesetzgeber bei der Gewährung von Versicherungsschutz für eine Personengruppe frei, aus sachlichen Gründen wie Finanzierungsgesichtspunkten Grenzen der Gewährung zu schaffen und dabei vorbehaltlich höherrangigen Rechts auch (vermeintliche) Prinzipien des Versicherungszweigs zu durchbrechen.[982]

---

976 KKW/*Holtstraeter* SGB VII § 2 Rn. 55; *Köbl*, in: FS Schwab, 997 (1010 ff.); *Leube*, SGb 2018, 340 (342) m. w. N.

977 BSG, Urt. v. 26.10.1978 – 8 RU 14/78, SozR 2200 § 539 Nr. 49, juris Rn. 20, 22; *Niedermeyer*, NZS 2010, 312 (313) m. w. N.

978 *Köbl*, in: FS Schwab, 997 (1004 ff.).

979 KassKomm/*Lilienfeld* SGB VII § 4 Rn. 13.

980 Hierzu unten S. 282 ff.

981 *Leube*, NZS 1995, 343 (344); vgl. Hauck/Noftz/*Diel* SGB VII § 129 Rn. 36: Zuordnung zum „Haushalt".

982 KassKomm/*Lilienfeld* SGB VII § 2 Rn. 108. *Felix*, in: FS Igl, 221 (232) merkt zudem an, dass dies ja auch in anderen Rechtsgebieten erfolgt sei. „Hinsichtlich bestehender und

(2) Dauerhaftigkeit als Teil des Pflegebegriffs

Für eine Erheblichkeitsschwelle spricht auch, dass der Begriff „Pflege" seiner Wortbedeutung nach schon ein „fortgesetztes Handeln mit Hinwendung gegenüber dem Pflegebedürftigen" voraussetzt.[983] Ein kurzzeitiges oder einmaliges Tätigwerden ist kein solches fortgesetztes Handeln.

(3) Mindestpflegezeit nach § 44 IIa SGB XI

Als weiteres systematisches Argument wird vorgebracht, dass § 44 I SGB XI mit seinen Vorschriften zur Ermittlung der Mindestpflegezeit nur noch für die Rentenversicherung gelte und in § 44 IIa SGB XI die Unfallversicherung der Pflegeperson davon unabhängig geregelt sei.[984] Dies ist aber unerheblich, da § 44 i. V. m. § 19 S. 2 SGB XI eine Einweisungsvorschrift ist, die nur Hinweise auf die Modalitäten der Versicherung in den jeweiligen Zweigen gibt.[985] Das ist hier § 2 I Nr. 17 SGB VII, der auf § 19 S. 2 SGB XI verweist.

(4) Rechtsposition statt Leistung zur sozialen Sicherung

Bezweifelt wurde, ob die *Leistungen* zur sozialen Sicherung nach § 19 S. 2 bzw. § 44 SGB XI auch den Unfallversicherungsschutz umfassten, denn diese seien „nach dem allgemeinen Sprachverständnis solche, die eine Pflegekasse oder ein die Pflegeversicherung durchführendes privates Versicherungsunternehmen zu Gunsten der Pflegeperson zu erbringen"[986] habe, wie die Beiträge zur Rentenversicherung. Der Unfallversicherungsschutz sei keine Leistung eines Trägers der Pflegeversicherung, sondern nur eine „unmittelbar durch Gesetz eingeräumte Rechtsposition"[987], da die Versicherung beitragsfrei ist. Dagegen spricht nicht nur die systematische Stellung in § 44 SGB XI bei den Leistungen zur sozialen Sicherung, sondern auch dass die anderen Leistungen wie die Beiträge zur Rentensicherung ebenfalls keine Leistungen i. S. d. § 11 SGB I sind und hier ein

---

vermeintlich in Stein gemeißelter Prinzipien ist daher auch im Sozialrecht Vorsicht geboten". Vertiefend zu „Systemen" und folgender Selbstbindung des Gesetzgebers *Becker,* in: FS 50 Jahre BSG, 77 ff. mit zahlreichen Nachweisen.

983 Vgl. *Gitter*, VSSR 1996, 1 (10); *Leube*, ZfS 2006, 48 (51); *Leube*, SGb 2020, 87.

984 KBHB/*Becker* § 2 Rn. 787b; *Bereiter-Hahn/Mehrtens* § 2 Rn. 33.9.

985 Vgl. BT-Drucks. 12/5262, 116.

986 BSG, Urt. v. 7.9.2004 – B 2 U 46/03 R, SozR 4-2700 § 2 Nr. 3, juris Rn. 22.

987 Vgl. hierzu unten S. 280.

eigener Begriff zugrunde liegt, der unbeschadet des zuständigen Trägers und der Finanzierung besteht.[988]

(5) Rechtsänderung durch Teilung des § 19 SGB XI

Die Entscheidung des BSG beruhte wesentlich darauf, dass die Definition der „Pflegeperson i. S. d. § 19 SGB XI", auf die sich § 2 I Nr. 17 SGB VII a. F. bezog, nach Inkrafttreten des § 539 I Nr. 19 RVO und wortgleicher Übernahme der Regelung in das SGB VII in § 19 S. 1 SGB XI ausgegliedert worden sei, während § 19 S. 2 SGB XI nur eine Leistungsvoraussetzung sei.[989]

Durch die klare Formulierung des § 19 SGB XI in seiner ersten vom 1.1.1995 bis 24.6.1996 gültigen Fassung umfasste die Definition der Pflegeperson auch die Mindestpflegezeit, wie auch die Gesetzesbegründung ausdrücklich formuliert: „Pflegepersonen sind nur diejenigen, die einen Pflegebedürftigen im Sinne des (§ 12) wenigstens 14 Stunden wöchentlich nicht erwerbsmäßig zu Hause pflegen"[990]. Definiert werden sollte der Personenkreis der Pflegepersonen, für den nach § 44 SGB XI (§ 40 d. E.) und den spezialgesetzlichen Vorschriften die soziale Absicherung verbessert werden sollte.[991] Der Versicherungsschutz nach § 539 I Nr. 19 RVO setzte daher ursprünglich durch seinen Bezug auf § 19 SGB XI auch die Erfüllung der Mindestpflegezeit voraus.[992]

Das Mindestzeiterfordernis wurde mit dem 1. SGB XI-ÄndG v. 14.6.1996[993] „zur begrifflichen Klarstellung"[994] in einen Satz 2 verlagert: „Leistungen zur sozialen Sicherung nach § 44 erhält eine Pflegeperson nur dann, wenn sie eine pflegebedürftige Person wenigstens 14 Stunden wöchentlich pflegt." § 539 I Nr. 19 RVO wurde nicht angepasst und bezog sich weiter auf „Pflegepersonen im Sinne des § 19 SGB XI", ebenso wie die Nachfolgenorm § 2 I Nr. 17 SGB VII ab dem 1.1.1997. Die Mindestpflegezeit wurde im Folgenden weiter vorausgesetzt. Die Literatur differenzierte entsprechend dem Wortlaut und vor dem Hintergrund der eindeutigen Gesetzesbegründung nicht zwischen den verschiedenen

988 So *Leube*, ZfS 2006, 48 (50); *Felix*, in: FS Igl, 221 (227 f.) zieht einen Vergleich zum Arbeitgeberanteil an den Sozialversicherungsbeiträgen.

989 Hierzu S. 131 f.

990 BT-Drucks. 12/5262, 100.

991 BT-Drucks. 12/5262, 100.

992 So die Gesetzesbegründung zu § 539 I Nr. 19 RVO, BT-Drucks. 12/5262, 161. Ebenso *Leube*, NZS 1995, 343 (344); *Gitter*, VSSR 1996, 1 (8); rückblickend *Schmitt* § 2 Rn. 152. Kritisch *Vollmar*, SGb 1995, 9 (11).

993 Erstes SGB XI-Änderungsgesetz vom 14.6.1996, BGBl. I S. 830.

994 BT-Drucks. 13/3696, 12.

Zweigen der sozialen Sicherung der Pflegepersonen und setzte auch für die Unfallversicherung die Mindestpflegezeit voraus.[995]

Mit der Änderung der Definition der Pflegeperson als Gegenstand der dynamischen Verweisung in § 2 I Nr. 17 SGB VII wurde auch die verweisende Norm geändert.[996] Da in der gesetzlichen Rentenversicherung eine Mindestpflegezeit ausdrücklich gefordert wurde, nicht aber in der UV, wurde geschlossen, dass sie dort nicht gelten solle.[997] Das BSG wollte der Gesetzesbegründung entgegen ihrem eindeutigen Wortlaut[998] keinen Hinweis auf einen gesetzgeberischen Willen zur Voraussetzung der Mindestpflegezeit entnehmen.[999] Die durch das 1. SGB XI-ÄndG bezweckte Klarstellung könne nur auf diese Trennung von Definition und Leistungsvoraussetzung zu den Leistungen zur sozialen Sicherung bezogen gewesen sein, also dass die Mindestpflegezeit nur für Leistungen zur sozialen Sicherung erforderlich sei, nicht für den Unfallversicherungsschutz der Pflegeperson.[1000] Die überwiegende Literaturmeinung, die eine Mindestpflegezeit voraussetzte, beziehe sich noch auf diese vorherige Gesetzeslage.[1001] Dieses Klarstellungserfordernis bestand bis zu der Reform nicht.[1002] Die Mindestpflegezeit wurde vor dem 1. SGB XI-ÄndG auch für die Unfallversicherung vorausgesetzt. Das BSG unterstellte dem Gesetzgeber, bewusst nicht die Gelegenheit

995 Kater/Leube/*Leube* § 2 Rn. 393, 399; Udsching/*Udsching* § 19 Rn. 4, 14 (2. Aufl. 2000); *Leube*, SGb 1998, 97; Lauterbach/*Schwerdtfeger* § 2 Rn. 607 (4. Aufl., 4. Lfg. 1997); *Schmitt*, § 2 Rn. 127 (2. Aufl. 2004); LPK-SGB VII/*Richter* § 2 Rn. 199 (1. Aufl. 2000); *Tofall*, S. 132; *Schmidt*, ZFSH/SGB 1998, 402 (414); *Gitter*, in: FS Stoll, 33 (39); nach Schulin HS-UV/*Schlegel* § 18 Rn. 96 schon Teil der Definition; a. A. *Schmitt*, RdA 1997, 86 (87 f.): Seit der Änderung bestehe das Mindesterfordernis nur noch für die Rentenversicherung.

996 *Keller*, jurisPR-SozR 11/2005, Anm. 4.

997 BSG, Urt. v. 7.9.2004 – B 2 U 46/03 R, SozR 4-2700 § 2 Nr. 3, juris Rn. 23; zustimmend *Riebel*, SGb 2005, 603 (604 f.); *Spellbrink*, Sozialrecht aktuell 2013, 59 (61).

998 Schon oben: „Entsprechend § 17 SGB XI ist Voraussetzung für den Versicherungsschutz in der Unfallversicherung, daß die Pflegetätigkeit nicht erwerbsmäßig, in häuslicher Umgebung sowie in einem Umfang von mindestens 14 Stunden wöchentlich erbracht wird.“, BT-Drucks. 12/5262, 161.

999 BSG, Urt. v. 7.9.2004 – B 2 U 46/03 R, SozR 4-2700 § 2 Nr. 3, juris Rn. 20; krit. auch *Riebel*, SGb 2005, 603 (604); *Keller*, jurisPR-SozR 11/2005, Anm. 4; *Felix*, in: FS Igl, 221 (225 f.).

1000 BSG, Urt. v. 7.9.2004 – B 2 U 46/03 R, SozR 4-2700 § 2 Nr. 3, juris Rn. 19.

1001 BSG, Urt. v. 7.9.2004 – B 2 U 46/03 R, SozR 4-2700 § 2 Nr. 3, juris Rn. 17 mit Nachweisen zum Literaturstand.

1002 So auch *Leube*, ZfS 2006, 48 (50).

i. R. d. 1. SGB XI-ÄndG und des UVEG genutzt zu haben, um den Verweis auf die Mindestpflegezeit in § 2 I Nr. 17 SGB VII zu (re-)implementieren.[1003] Damit lag aber eine Änderung der Rechtslage vor, die angesichts ihrer Folgen wohl kaum als Klarstellung hätte bezeichnet werden können.[1004] Von gesetzgeberischer Seite erfolgte weder im Zuge des 1. SGB XI-ÄndG noch danach ein Hinweis, dass sich der ursprüngliche Wille, wie er sich in der Gesetzesbegründung zum PflegeVG dargelegt findet, revidiert werden sollte.[1005] Andererseits bestand somit über mehrere Legislaturperioden hinweg ein Klarstellungsbedürfnis, insbesondere nachdem nach dem Urteil aus 2004 ganz überwiegend von der Entbehrlichkeit ausgegangen wurde. Dies wird dem Gesetzgeber nicht entgangen sein.[1006] Die Gesetzesbegründung zum PSG II spricht wieder von einer Klarstellung, keiner Neueinführung des Mindestpflegezeitgebots. Eine „Klärung" der Rechtslage durch den Gesetzgeber, die sich nachträglich gegen eine höchstrichterlich geklärte Auslegung eines Gesetzes richtet, ist eine konstitutiv rückwirkende Regelung.[1007] Anders als bei anderen Gesetzen, in denen die Rechtsprechung korrigiert wird, fehlt in der Gesetzesbegründung des PSG II ein Bezug auf die BSG-Rechtsprechung, der die Neuregelung eine Absage erteilt.[1008] Die Rechtsänderung hinsichtlich der Mindestpflegezeit zeigt sich auch in der Formulierung der Besitzstandsschutzregelung § 141 VII SGB XI.[1009]

cc) Zwischenfazit

Bis zur Rechtsänderung durch das PSG II zum 1.1.2017 war für den Unfallversicherungsschutz der Pflegeperson nicht entscheidend, dass diese die Mindestpflegezeit erfüllte, da mit dem 1. SGB XI-ÄndG der dynamische Verweis in § 2 I Nr. 17 SGB VII auf § 19 SGB XI einen anderen Inhalt erhielt.

Aufgrund des fehlenden Verweises auf § 19 S. 2 SGB XI wurde die Unfallversicherung der Pflegepersonen nach § 2 I Nr. 17 SGB VII a. F. nicht vom Erreichen der Mindestpflegezeit abhängig gemacht. Es wurde kein Versicherungsverhältnis

---

1003 Vgl. BSG, Urt. v. 7.9.2004 – B 2 U 46/03 R, SozR 4-2700 § 2 Nr. 3, juris Rn. 18 ff.

1004 So auch *Felix*, in: FS Igl, 221 (226).

1005 So auch *Felix*, in: FS Igl, 221 (226 f.).

1006 Siehe z. B. KBHB/*Kruschinsky* § 2 Rn. 787b (13. Aufl., 5. Lfg. Stand Mai 2010), der seine ursprünglichen Bedenken gegen die Rechtsprechung als „nicht mehr zu erörtern" zurückzog, da der Gesetzgeber bis 2010 weder korrigierend noch klarstellend eingegriffen habe.

1007 BVerfG, Beschl. v. 17.12.2013 – 1 BvL 5/08, BVerfGE 135,1, juris Rn. 55.

1008 KBHB/*Becker* § 2 Rn. 787b.

1009 KBHB/*Becker* § 2 Rn. 787b. Hierzu B.III.1.c.

als Dauerverhältnis vorausgesetzt. Mit dem PSG II wurde ein ausdrücklicher Verweis auf § 19 S. 2 SGB XI eingefügt, durch den nun eindeutig ist, dass die Versicherungspflicht nach § 2 I Nr. 17 SGB VII voraussetzt, dass die Mindestpflegezeit erfüllt werden muss. Mindestschwellen sind dem System der Unfallversicherung anders als der Renten- und Arbeitslosenversicherung grundsätzlich fremd. Die Voraussetzung der Mindestpflegezeit verstößt so auf den ersten Blick gegen Grundprinzipien der Unfallversicherung, entspricht aber tatsächlich der im Begriff der *Pflege* angelegten Dauerhaftigkeit der Tätigkeit. Mit der Mindestpflegezeit wird zudem eine Erheblichkeitsschwelle gezogen. Dies entspricht dem der Unfallversicherung immanenten Bedürfnis, die nicht versicherungspflichtige familienhaft geprägte Tätigkeit von versicherten Tatbeständen, hier der versicherten Tätigkeit als Pflegeperson, abzugrenzen.

c) Übergangsregelung

Die Übergangsregelung nach § 141 VII SGB XI ist von besonderem Interesse, da sie auch Aufschlüsse über die gesetzgeberische Sicht auf die Mindestpflegezeit gibt.

Nach § 141 VII SGB XI besteht für Personen, die am 31.12.2016 wegen nicht erwerbsmäßiger Pflege in der gesetzlichen Unfallversicherung versicherungspflichtig waren, die Versicherungspflicht für die Dauer dieser Pflegetätigkeit fort, wenn nicht günstigere Ansprüche nach neuem Recht bestehen. Aufgrund der etablierten Rechtsauffassung zu § 2 I Nr. 17 SGB VII a. F. bestand für geringfügig Pflegende das berechtigte Vertrauen, unter Versicherungsschutz zu stehen. Fraglich ist, welche Personen von dieser Regelung profitieren. Offenkundig liegt der Formulierung „versicherungspflichtig *waren*" die Vorstellung eines Versicherungspflichtverhältnisses im Sinne eines Dauerverhältnisses zugrunde, das es bei der punktuellen Absicherung im Versicherungsfall nach alter Rechtslage nicht gab.[1010] Um eine Schlechterstellung durch das PSG II wie beabsichtigt zu vermeiden,[1011] erfasst der Besitzstandsschutz auch Pflegepersonen, die nach neuer Rechtslage nicht versicherungspflichtig wären, weil sie die Mindestpflegezeit nicht erfüllen. Versicherungspflichtig waren in diesem Sinne Pflegepersonen, die aufgrund der Pflege in einem Grund- oder Vorsorgeverhältnis standen, also dem Grunde nach versichert waren.[1012]

1010 *Schlaeger*, SGb 2016, 684 (689); KBHB/*Becker* § 2 Rn. 787b, 792b; vgl. Schulin HS-UV/*Spellbrink* § 22 Rn. 21 zum Fehlen eines „Versicherungsschutzverhältnisses".

1011 Vgl. BT-Drucks. 18/5926, 144.

1012 Lauterbach/*Schwerdtfeger* § 2 Rn. 627; *Schlaeger*, SGb 2016, 684 (689). Der Bezug auf ein Versicherungspflichtverhältnis in der Unfallversicherung lässt KBHB/*Becker*

Daher besteht nach § 141 VII SGB XI der Versicherungsschutz für die Dauer einer vor dem 31.12.2016 aufgenommenen, in regelmäßigen oder unregelmäßigen Abständen wiederkehrenden Pflegetätigkeit fort, auch wenn sie die Mindestpflegezeit nicht erreichen.[1013]

Die versicherte Tätigkeit bestimmt sich nach neuem Recht.[1014]

d) Konkurrenzen

§ 2 I Nr. 17 SGB VII dient dem subsidiären Lückenschluss.[1015] Anders als nach § 3 S. 3 SGB VI schließt eine parallel zur Pflege ausgeübte Vollzeiterwerbstätigkeit nicht den Versicherungsschutz in der gesetzlichen Unfallversicherung aus.[1016] Unterliegt die Pflegetätigkeit § 2 I Nr. 1, 5, 9 oder 10 SGB VII, geht dies der Versicherung nach § 2 I Nr. 17 SGB VII vor, § 135 I Nr. 6, III 1 SGB VII. Wenn sie zugleich nach anderen Vorschriften des § 2 SGB VII versichert sein kann, geht die Versicherung vor, der die Tätigkeit vorrangig zuzurechnen ist, § 135 VI SGB VII.

Die Pflege im Rahmen eines Beschäftigungsverhältnisses ist nach § 2 I Nr. 1 SGB VII versichert. Unter Familienangehörigen kommt die Pflege in einem Beschäftigungsverhältnis aber grundsätzlich nur dann in Betracht, wenn entweder eine familienrechtliche Beistandspflicht nicht besteht oder die Pflegeanforderungen so hoch sind, dass sie in der Regel eine berufsmäßige Pflegekraft erfordern.[1017] Die persönliche Verbindung steht der Versicherung als Wie-Beschäftigter nach § 2 II 1 SGB VII entgegen, wenn die Hilfe durch die verwandtschaftlichen Beziehungen geprägt und daher nicht beschäftigungsähnlich ist und gegebenenfalls Versicherungsfreiheit nach § 4 IV SGB VII besteht.[1018] Bei

---

§ 2 Rn. 787b anzweifeln, „ob der Gesetzgeber überhaupt wusste, was er tat". Dem schließt sich *Bereiter-Hahn/Mehrtens* § 2 Rn. 33.9 an.

1013 Udsching/Schütze/*Rasch* § 44 Rn. 39; KassKomm/*Lilienfeld* SGB VII § 2 Rn. 119; *Schlaeger*, SGb 2016, 684 (690).

1014 Lauterbach/*Schwerdtfeger* § 2 Rn. 627; nach KassKomm/*Lilienfeld* SGB VII § 2 Rn. 120 ist die günstigere Regelung anzuwenden (§ 141 VII 2 SGB XI) – dies ist i. d. R. die Neuregelung.

1015 Lauterbach/*Schwerdtfeger* § 2 Rn. 598; Krauskopf/*Wagner* SGB XI § 44 Rn. 38.

1016 Lauterbach/*Schwerdtfeger* § 2 Rn. 604a; Krauskopf/*Wagner* SGB XI § 44 Rn. 35, Udsching/Schütze/*Rasch* § 44 Rn. 38.

1017 BSG, Urt. v. 29.11.1990 – 2 RU 18/90, SozR 3-2200 § 539 Nr. 6, juris Rn. 21 ff. BSG, Urt. v. 18.3.1999 – B 3 P 9/98 R, BSGE 84, 1, juris Rn. 20. Dazu schon oben Abschnitt A.II.3., S. 115 ff. zur Frage der Nichterwerbsmäßigkeit.

1018 Lauterbach/*Schwerdtfeger* § 2 Rn. 598, 636; GemRdschr UV v. 17.12.2006, 1.3.5.5, S. 8 f.; *Leube*, NZS 1995, 343 (344). Die Versicherungsfreiheit bestimmter Angehöriger

der Feststellung, ob Beschäftigung vorliegt, sind Art, Umfang und Zeitdauer der Hilfe sowie die Nähe der verwandtschaftlichen Beziehungen entscheidend.[1019] Je enger die verwandtschaftliche Beziehung, desto weiter ist der Rahmen, innerhalb dessen bestimmte Tätigkeiten ihr Gepräge erhalten.[1020]

Die Versicherung nach § 2 I Nr. 9 SGB VII umfasst auch ehrenamtliche Helfer im Rahmen eines ambulanten Pflegedienstes.[1021] Erst bei darüber hinausgehender Tätigkeit kommt Versicherungsschutz etwa im Ehrenamt nach § 2 I Nr. 9 SGB VII infrage.[1022]

Anders als nach § 539 II RVO kennt das SGB VII keine „Wie-Versicherten" mehr, weshalb kurzzeitig Pflegende nicht als „Wie-Pflegeperson" versichert

---

bei unentgeltlicher Beschäftigung im Haushalt wurde in § 541 I Nr. 5 RVO bei Einführung der Pflegeversicherung für Pflegepersonen ausgenommen („unbeschadet des § 539 I Nr. 19"), um die häusliche Pflege abzusichern und zu fördern, auch wenn ein enges verwandtschaftliches Verhältnis bestand (BT-Drucks. 12/5262, 162). Die Versicherungsfreiheit bei unentgeltlicher Beschäftigung im Haushalt nach § 541 I Nr. 5 RVO wurde bei Überführung der RVO in das SGB VII durch § 4 IV SGB VII ersetzt. Dieser sollte „entsprechend dem geltenden Recht" die Versicherungsfreiheit der im Haushalt tätigen Ehegatten und Verwandten des Haushaltsführenden regeln (BT-Drucks. 13/2204, 76). Nach § 4 IV SGB VII scheidet Versicherungspflicht als Wie-Beschäftigung bei unentgeltlichen Haushaltstätigkeiten der dort genannten Verwandten aus. Darüber hinaus scheidet die Wie-Beschäftigung aus, wenn die Tätigkeit nicht arbeitnehmerähnlich ist, weil sie nach Art, Umfang, Dauer und dem Grad der familienhaften Beziehung zwischen den Verwandten üblich ist (KassKomm/*Lilienfeld* SGB VII § 2 Rn. 135 ff. mit Kasuistik). § 4 IV SGB VII ordnet anders als § 541 I Nr. 5 RVO keine Versicherungsfreiheit der unentgeltlichen Beschäftigung an, wenn denn trotz Unentgeltlichkeit (die nicht vorausgesetzt wird) eine Beschäftigung nach § 2 I Nr. 1 SGB VII vorliegt (BeckOK-SozR/*Wietfeld* SGB VII § 4 Rn. 34). Auch § 2 I Nr. 17 SGB VII ist nicht vom Wortlaut des § 4 IV SGB VII umfasst.

1019 GemRdschr UV v. 17.12.2006, 1.3.5.5, S. 8 f.; Lauterbach/*Schwerdtfeger* § 2 Rn. 636.

1020 BSG, Urt. v. 20.4.1993 – 2 RU 38/92, SozR 3-2200 § 539 Nr. 25, juris Rn. 13 m. w. N.

1021 LPK-SGB VII/*Hedermann* § 2 Rn. 209. Zu § 2 I Nr. 9 SGB VII ist auch die frühere Rechtsprechung vor Inkrafttreten der Versicherungspflicht als nicht erwerbsmäßige Pflegeperson zu beachten. Hierzu Fn. 1111.

1022 KassKomm/*Lilienfeld* SGB VII § 2 Rn. 43. Vgl. als Beispiel institutioneller Anbindung das Projekt „Malteser Nachbarschaft", in dessen Rahmen die Berliner Senatsverwaltung und die Pflegekassen nachbarschaftliche Hilfe für Pflegebedürftige koordinieren und die Pflegenden schulen und versichern: https://www.malteser-berlin.de/angebote-und-leistungen/pflegedienst/malteser-nachbarschaft.html (abgerufen 24.11.2022).

sind.[1023] Eine Versicherung nach § 2 II SGB VII scheidet bei Pflegetätigkeit „in eigener Regie und Verantwortung“ auch aus, weil die Tätigkeit nicht beschäftigungs-, sondern unternehmerähnlich ist und so nicht in einem Beschäftigungsverhältnis erbracht werden könnte.[1024] Im Einzelfall kann eine Versicherung nach § 2 II SGB VII vorliegen, wenn nur bestimmte Verrichtungen übernommen werden (z. B. Transport eines Rollstuhlfahrers im Treppenhaus) oder Hilfen übernommen werden, die keine Pflegetätigkeiten im o. g. Sinne darstellen (z. B. Begleitung eines Pflegebedürftigen bei einem Spaziergang oder beim Besuch einer kulturellen Veranstaltung).[1025]

2. Versicherungsfall

Als Versicherungsfälle der Pflegeperson kommen ein Arbeitsunfall infolge einer versicherten Tätigkeit (Pflegeunfall), ein Wegeunfall, ein Unfall mit Arbeitsgerät oder eine Berufskrankheit infrage.

a) Pflegeunfall, § 8 I SGB VII

Arbeitsunfälle als Versicherungsfälle der gesetzlichen Unfallversicherung sind nach § 8 I 1 SGB VII Unfälle von Versicherten infolge einer den Versicherungsschutz nach § 2, 3 oder 6 begründenden Tätigkeit (versicherte Tätigkeit). Die Verrichtung des Versicherten zur Zeit des Unfalls muss der versicherten Tätigkeit zuzurechnen sein (innerer bzw. sachlicher Zusammenhang), die Verrichtung muss zu dem Unfallereignis – dem zeitlich begrenzten, von außen auf den Körper einwirkenden Ereignis i. S. v. § 8 I 2 SGB VII – geführt (Unfallkausalität) und das Unfallereignis einen Gesundheitsschaden oder den Tod des Versicherten rechtlich wesentlich verursacht haben (haftungsbegründende Kausalität).[1026]

Es muss zum Unfallzeitpunkt eine Verrichtung ausgeübt worden sein, die als körperbezogene Pflegemaßnahme, pflegerische Betreuungsmaßnahme oder Hilfe bei der Haushaltsführung als Pflegetätigkeit zu den in § 14 II SGB XI aufgezählten Bereichen zu rechnen ist. Die Verrichtung muss zum Unfallereignis geführt haben, das wiederum zum Schaden geführt hat.

1023 Dazu noch *Wolber*, SozVers 1995, 71 (73); *Gitter*, VSSR 1996, 1 (9 f.).

1024 *Leube*, ZFSH/SGB 2017, 204 (209); vgl. BSG, Urt. v. 7.9.2004 – B 2 U 46/03 R, SozR 4-2700 § 2 Nr. 3, juris Rn. 14.

1025 Beispiele bei GemRdschr UV v. 17.12.2006, 1.3.5.5, S. 8; Lauterbach/*Schwerdtfeger* § 2 Rn. 636. Auch vorausgesetzt von Hauck/Noftz/*Diel* SGB VII § 129 Rn. 36.

1026 Vgl. st. Rspr. BSG, Urt. v. 20.12.2016 – B 2 U 16/15 R, SozR 4-2700 § 8 Nr. 60, juris Rn. 12 m. w. N.

aa) Versicherte Tätigkeit

§ 2 I Nr. 17 SGB VII weist die Besonderheit auf, dass die versicherte Tätigkeit anders als nach der Typusbildung anderer Versicherungstatbestände dem Wortlaut nach auf bestimmte Tätigkeiten eingegrenzt wird.[1027]

(1) Pflegetätigkeiten nach § 14 II SGB XI und § 18 Va 3 Nr. 2 SGB XI

Die versicherte Tätigkeit nach § 2 I Nr. 17 SGB VII umfasst pflegerische Maßnahmen in den in § 14 II SGB XI genannten Bereichen sowie Hilfen bei der Haushaltsführung nach § 18 Va 3 Nr. 2 SGB XI, bestimmt sich also durch Bezugnahme auf das Pflegeversicherungsrecht.[1028]

Pflegepersonen werden entsprechend dem abschließenden Katalog nach § 14 II SGB XI lediglich bei „Pflegetätigkeiten im Rahmen der Pflegeversicherung"[1029] und nicht bei allen Tätigkeiten, die unter den Begriff der „Pflegehandlung" fallen könnten, abgesichert.[1030] Als flankierende Maßnahme zur Pflegeversicherung sind deren Bestimmungen und Wertungen erheblich.[1031] Die versicherten Tätigkeiten decken sich insofern mit der häuslichen Pflegehilfe nach § 36 SGB XI.[1032] Maßgeblich sind auch die Richtlinien des GKV-Spitzenverbandes.[1033] Zu den Pflegetätigkeiten im Einzelnen siehe S. 57 ff.

(2) Pflegekurse nach § 45 SGB XI

Die Teilnahme an Pflegekursen nach § 45 SGB XI ist nicht als versicherte Tätigkeit in § 2 I Nr. 17 SGB VII genannt. Sie ist nur als „Pflege" versichert, wenn im Rahmen des Pflegekurses nach § 45 I 3 SGB XI auch Pflegetätigkeiten in der eigenen Häuslichkeit für den Pflegebedürftigen erfolgen.[1034] Die Teilnahme an Pflegekursen ohne Pflegetätigkeit ist nicht nach § 2 I Nr. 17 SGB VII versichert,

---

1027 BeckOK-SozR/*Wietfeld* SGB VII § 2 Rn. 219; *Gitter*, in: FS Stoll, 33 (40); *Tofall*, S. 135.

1028 BSG, Urt. v. 22.8.2000 – B 2 U 15/99 R, SozR 3-2200 § 539 Nr. 52, juris Rn. 20 zum Vorvorgänger der Norm.

1029 Vgl. BT-Drucks. 13/2204, 75.

1030 *Leube*, ZFSH/SGB 2017, 204 (207); LPK-SGB VII/*Hedermann* § 2 Rn. 207 f.; siehe auch Vorauflage LPK-SGB VII/*Richter* § 2 Rn. 204 f. (4. Aufl. 2014); LSG Essen, Urt. v. 3.9.2010 – L 4 U 87/09, UV-Recht aktuell 2010, 1167, juris Rn. 20.

1031 BT-Drucks. 18/5926, 151; LPK-SGB VII/*Hedermann* § 2 Rn. 196, 200; BeckOK-SozR/*Wietfeld* SGB VII § 2 Rn. 212.

1032 BT-Drucks. 18/5926, 151; EvKSW/*v. Koppenfels-Spies* § 2 Rn. 129.

1033 Vgl. *Schlaeger*, SGb 2013, 199 (202).

1034 *Schlaeger*, SGb 2013, 199 (205); LPK-SGB VII/*Richter* § 2 Rn. 208 (4. Aufl. 2014).

da Ausbildungsveranstaltungen – anders als § 2 I Nr. 10 und 12 SGB VII – nicht erfasst werden.[1035] Es besteht aber Versicherungsschutz nach § 2 I Nr. 2 SGB VII, da die „berufliche Aus- oder Fortbildung“ nicht nur auf Erwerbstätigkeit bezogen ist, sondern auch auf andere versicherte Tätigkeiten.[1036] Die Schulungskurse sollen nach § 45 I 2 SGB XI Fertigkeiten für eine eigenständige Durchführung der Pflege vermitteln. Damit sind Pflegepersonen, die bereits pflegen, aber auch Personen, die den Kurs in Vorbereitung auf die Übernahme einer Pflegetätigkeit besuchen, versichert.[1037]

(3) Vorbereitungshandlungen

Neben den Pflegetätigkeiten können auch Vorbereitungshandlungen oder vorbereitende Tätigkeiten versichert sein, also Maßnahmen, die einer versicherten Tätigkeit vorangehen und ihre Durchführung erleichtern oder überhaupt erst ermöglichen.[1038] Sie stehen unter Versicherungsschutz, „wenn diese mit der eigentlichen versicherten Tätigkeit oder der kraft Gesetzes versicherten Vorbereitungshandlung so eng verbunden sind, dass sie bei natürlicher Betrachtungsweise eine Einheit bilden. Hierfür ist ein besonders enger sachlicher, örtlicher und zeitlicher Zusammenhang erforderlich, der die Vorbereitungshandlung nach den Gesamtumständen selbst bereits als Bestandteil der versicherten Tätigkeit erscheinen lässt“[1039]. Vor- und Nachbereitungshandlungen können tatbestandlich miterfasst sein, wenn sie für die jeweilige tatbestandlich versicherte Hauptverrichtung im Einzelfall notwendig sind und in einem sehr engen sachlichen, zeitlichen und örtlichen Zusammenhang mit ihr stehen.[1040] Als Vorbereitungshandlung zur Pflege ist zum Beispiel das Einlassen von Badewasser

---

1035 Nach Udsching/*Udsching* § 44 Rn. 18 (4. Aufl. 2015) spricht der Rechtsgedanke des § 2 I Nr. 10 und 12 SGB VII für eine Versicherung von Teilnehmern an Pflegekursen. Vorschlag zur Erweiterung der Norm bei *Leube*, Die BG 1995, 211 (212 f.).

1036 Vgl. BSG, Urt. v. 27.1.1994 – 2 RU 17/93, SozR 3-2200 § 539 Nr. 27, juris Rn. 17; KassKomm/*Lilienfeld* SGB VII § 2 Rn. 7. Ebenso *Bereiter-Hahn/Mehrtens* § 2 Rn. 33.19; *Schlaeger*, SGb 2013, 199 (205); nach alter Rechtslage § 539 I Nr. 19 i. V. m. § 539 Nr. 14c RVO: *Gitter*, VSSR 1996, 1 (11); *Vollmar*, SGb 1995, 9 (11); a. A. *Leube*, Die BG 1995, 211 (212).

1037 *Schlaeger*, SGb 2013, 199 (205); *Gitter*, VSSR 1996, 1 (11).

1038 BSG, Urt. v. 23.1.2018 – B 2 U 3/16 R, SozR 4-2700 § 8 Nr. 64, juris Rn. 17 m. w. N.

1039 BSG, Urt. v. 23.1.2018 – B 2 U 3/16 R, SozR 4-2700 § 8 Nr. 64, juris Rn. 19; BSG, Urt. v. 17.2.2009 – B 2 U 26/07 R, SozR 4-2700 § 8 Nr. 32, juris Rn. 22; BSG, Urt. v. 28.4.2004 – B 2 U 26/03 R, SozR 4-2700 § 8 Nr. 5, juris Rn. 16 m. w. N.

1040 BSG, Urt. v. 13.11.2012 – B 2 U 27/11 R, SozR 4-2700 § 8 Nr. 45, juris Rn. 20.

versichert,[1041] als Nachbereitungshandlung etwa die Überwachung nach Gabe eines Medikaments.[1042] Auch Verrichtungen im unmittelbaren, untrennbaren Zusammenhang zur Pflege sind versichert, wie das Anreichen von Kleidung.[1043]

bb) Sachlicher bzw. innerer Zusammenhang, insbesondere Handlungen mit gemischter Motivationslage

Die Verrichtung zum Zeitpunkt des Unfalls muss der versicherten Tätigkeit zuzurechnen sein (sachlicher bzw. innerer Zusammenhang).

(1) Innerer Zusammenhang

Zur Feststellung des inneren Zusammenhangs ist wertend zu entscheiden, ob die Tätigkeit innerhalb der Grenze liegt, bis zu der nach dem Gesetz der Unfallversicherungsschutz reicht.[1044] Im Gegensatz hierzu stehen eigenwirtschaftliche Verrichtungen, die dem Versicherten selbst und nicht dem Unternehmen zu dienen bestimmt sind und damit nicht dem Schutz der Unfallversicherung unterstehen.[1045] Maßgeblich ist, ob der Versicherte eine dem Unternehmen dienende Tätigkeit ausüben wollte und ob diese Handlungstendenz durch die objektiven Umstände des Einzelfalls bestätigt wird.[1046]

(2) Handlungen mit gemischter Motivationslage

Der innere Zusammenhang ist fraglich, wenn zum Unfallzeitpunkt eine einzige Verrichtung ausgeübt wird, die gleichzeitig einen eigenwirtschaftlichen und einen betrieblichen Zweck verfolgt, also eine Handlung mit gemischter Motivationslage bzw. Handlung mit gespaltener Handlungstendenz vorliegt.[1047] Diese Fälle treten bei der häuslichen Pflege insbesondere bei der Haushaltsführung im gemeinsamen Haushalt auf. Werden beispielsweise Mahlzeiten nicht nur für

---

1041 GemRdschr UV v. 17.12.2006, 1.4.2.1, S. 10; Hauck/Noftz/*Riebel* SGB VII § 2 Rn. 264; LPK-SGB VII/*Richter* § 2 Rn. 206 (4. Aufl. 2014).

1042 Beispiel bei Hauck/Noftz/*Riebel* SGB VII § 2 Rn. 264; *Bereiter-Hahn/Mehrtens* § 2 Rn. 33.9 (Lfg. 2/14) – sofern als Pflege zu fassen, siehe S. 79.

1043 *Schlaeger*, SGb 2013, 199 (204); BeckOK-SozR/*Wietfeld* SGB VII § 2 Rn. 219.

1044 St. Rspr: BSG, Urt. v. 10.10.2006 – B 2 U 20/05 R, SozR 4-2700 § 8 Nr. 19, juris Rn. 14 m. w. N.

1045 jurisPK-SGB VII/*Wagner* § 8 Rn. 49.

1046 BSG, Urt. v. 10.10.2006 – B 2 U 20/05 R, SozR 4-2700 § 8 Nr. 19, juris Rn. 14 m. w. N.

1047 BSG, Urt. v. 26.6.2014 – B 2 U 4/13 R, SozR 4-2700 § 8 Nr. 52, juris Rn. 20 m. w. N.; LPK-SGB VII/*Ziegler* § 8 Rn. 110; *Leube*, ZFSH/SGB 2017, 204 (208); zum Kriterium der Handlungstendenz eingehend *Krasney*, NZS 2013, 681 m. w. N.

den Pflegebedürftigen, sondern gleichzeitig auch für die anderen Haushaltsangehörigen zubereitet, liegt eine einheitliche Tätigkeit vor, die gleichzeitig zwei Zwecken dient: dem betrieblichen Zweck der Pflege (als Hilfe bei der Haushaltsführung für den Pflegebedürftigen) und dem eigenwirtschaftlichen Zweck der Familienernährung.

Eine Verrichtung mit gemischter Motivationslage ist eine versicherte Tätigkeit, wenn das konkrete Geschehen hypothetisch auch ohne die private Motivation des Handelns vorgenommen worden wäre, wenn also die Verrichtung nach den objektiven Umständen in ihrer konkreten, tatsächlichen Ausgestaltung ihren Grund in der versicherten Handlungstendenz findet.[1048]

Die betrieblichen Zwecke müssen bei der Tätigkeit mit gemischter Handlungstendenz nicht mit mehr als 50 % überwiegen, die Tätigkeit darf nur nicht allein eigenwirtschaftlich motiviert sein und nur „gelegentlich" einen betrieblichen Zweck erfüllen.[1049] Bei der Aufnahme eines Pflegebedürftigen zu dessen Versorgung in einen gemeinsamen Haushalt, der in der Folge wie zuvor weitergeführt wird, bleibt die Haushaltsführung eigenwirtschaftlich. Tätigkeiten, bei denen die Versorgung der gesamten Familie im Vordergrund steht, sind nicht als Pflege versichert.[1050] Entscheidend ist nach der obigen Formel, ob die Zubereitung der Mahlzeit auch ohne die private Motivation vorgenommen worden wäre, ob also in ihrer konkreten, tatsächlichen Ausgestaltung die Motivation der Pflege erkennbar ist. Die Zubereitung der Mahlzeit ist eine versicherte Tätigkeit, wenn sie nach ihrem äußeren Gepräge aufgrund der Notwendigkeit der Versorgung des Pflegebedürftigen erfolgt und ohne diese nicht stattgefunden hätte. Das ist der Fall, wenn erst aufgrund der Pflege weitere Haushaltstätigkeiten aufgenommen werden wie das eigenhändige Zubereiten von Mahlzeiten und Diätspeisen. Die Motivation hierzu ist nicht allein eigenwirtschaftlich, obwohl andere Haushaltsmitglieder mitversorgt werden, wenn die Rücksichtnahme auf die Bedürfnisse der Pflege maßgeblich für die Zubereitung war bzw. die Zubereitung ohne die Pflege nicht in dieser Form erfolgt wäre.[1051] Die Zubereitung einer separaten Mahlzeit für den Pflegebedürftigen dient allein „betrieblichen" Pflege-Belangen, bei zeitgleicher (nicht in zeitliche, hintereinanderliegende Abschnitte

---

1048 BSG, Urt. v. 26.6.2014 – B 2 U 4/13 R, SozR 4-2700 § 8 Nr. 52, juris Rn. 20 m. w. N.; *Leube*, ZFSH/SGB 2017, 204 (208).

1049 LPK-SGB VII/*Ziegler* § 8 Rn. 111 f.

1050 Hauck/Noftz/*Reimer* SGB XI § 44 Rn. 30.

1051 *Leube*, ZFSH/SGB 2017, 204 (208); *Leube*, NZS 1995, 343 (345) noch zur alten Rechtslage.

einteilbarer) Zubereitung einer Mahlzeit für andere Personen kann jedoch eine gemischte Tätigkeit vorliegen.

cc) Zusätzliche Voraussetzung „Überwiegend zugutekommen"

Ein Kuriosum der Vergangenheit war das Kriterium des „überwiegend Zugutekommens". § 2 I Nr. 17 SGB VII a. F. begrenzte die versicherte Tätigkeit auf bestimmte Verrichtungen. Dabei wurden Pflegetätigkeiten im Bereich der Körperpflege uneingeschränkt umfasst,[1052] Tätigkeiten im Bereich der Ernährung, Mobilität und hauswirtschaftlichen Versorgung (vgl. § 14 IV SGB XI a. F.) aber nur, soweit sie überwiegend dem Pflegebedürftigen zugutekamen.

Mit der Voraussetzung sollte ausgeschlossen werden, dass die allgemeine hauswirtschaftliche Versorgung des gesamten Haushalts versichert würde, weil ein Pflegebedürftiger im selben Haushalt nur „auch" davon mitprofitierte.[1053] Die Tätigkeit kam dem Pflegebedürftigen überwiegend zugute, wenn die Dauer der Pflegetätigkeit im Verhältnis zur gesamten Tätigkeit sowie die Bedeutung der Pflegetätigkeit für die Gesamttätigkeit nach Zweck, Art und Zeitpunkt der Verrichtungen mehr als gleichwertig war.[1054]

Der Gesetzgeber des PSG II sah das Kriterium nicht mehr als erforderlich an,[1055] sodass nun die oben erläuterten allgemeinen Grundsätze zur gespaltenen Handlungstendenz gelten.

dd) Unfallereignis

Unfälle sind zeitlich begrenzte, von außen auf den Körper einwirkende Ereignisse, die zu einem Gesundheitsschaden oder zum Tod führen, § 8 I 2 SGB VII.

1052 Diese mussten nur wesentlich der Grundpflege dienen. Dies galt auch, wenn die Tätigkeit gleichzeitig überwiegend der Behandlungspflege diente, *Gitter*, VSSR 1996, 1 (14).

1053 BT-Drucks. 12/5262, 161; *Gitter*, in: FS Stoll, 33 (40); *Leube*, NZS 1995, 343 (345).

1054 *Leube*, NZS 1995, 343 (345); Kater/Leube/*Leube* § 2 Rn. 405; *Schlaeger*, SGb 2013, 199 (203); LPK-SGB VII/*Richter* § 2 Rn. 207 (4. Aufl. 2014); KBHB/*Kruschinsky* § 2 Rn. 791 (2. Lfg. 2009): „inhaltlich nicht nur im Wesentlichen gleichwertig, sondern ausschließlich oder mehr dem Pflegebedürftigen als anderen Personen dient oder zu dienen bestimmt ist"; Lauterbach/*Schwerdtfeger* § 2 Rn. 619 (53. Lfg. Juni 2014) und KKW/*Holtstraeter* SGB VII § 2 Rn. 52 (4. Aufl. 2015) stellten dagegen auf die wesentliche Zielsetzung der Tätigkeit ab; *Bereiter-Hahn*/*Mehrtens* § 2 Rn. 33.9 (Lfg. 2/14) auf Zielsetzung bzw. Anlass. Kritisch *Köbl*, in: FS Schwab, 997 (1006), da dies nur die Anwendungsprobleme verschleiere.

1055 Vgl. BT-Drucks. 18/5926, 151.

„Zeitlich begrenzt“ ist ein Ereignis, wenn es innerhalb einer Arbeitsschicht eintritt.[1056]

ee) Kausalität der versicherten Tätigkeit für das Unfallereignis

(1) Unfallkausalität

Die versicherte Tätigkeit ist nach der Rechtsprechung des BSG für das Unfallereignis kausal, wenn sie nicht nur (1) objektiv Wirkursache im Sinne der Conditio-sine-qua-non-Formel, sondern auch (2) rechtlich *wesentlich* für den Erfolg der Einwirkung war.[1057] Das ist der Fall, wenn die Wirkung rechtlich unter Würdigung auch aller auf der ersten Stufe festgestellten mitwirkenden unversicherten Ursachen die Realisierung einer in den Schutzbereich des jeweils erfüllten Versicherungstatbestandes fallenden Gefahr ist, also sich durch das versicherte Handeln ein Risiko verwirklicht hat, gegen das der jeweils erfüllte Versicherungstatbestand gerade Schutz gewähren soll.[1058] Die Einstandspflicht der Unfallversicherung besteht nicht, wenn unversicherte Wirkursachen das Unfallgeschehen „derart geprägt haben, dass sie die versicherte Wirkursache verdrängen, so dass der Schaden ‚im Wesentlichen' rechtlich nicht mehr dem Schutzbereich des Versicherungstatbestandes unterfällt“[1059]. Kausal und rechtserheblich sind nur Ursachen, die wegen ihrer besonderen Beziehung zum Erfolg zu dessen Eintritt wesentlich mitgewirkt haben.[1060] „Wesentlich“ ist nicht gleichzusetzen mit „gleichwertig“ oder „annähernd gleichwertig“, sondern auch eine nicht annähernd gleichwertige, sondern rechnerisch verhältnismäßig niedriger zu bewertende Ursache kann für den Erfolg rechtlich wesentlich sein, solange die andere Ursache keine überragende Bedeutung hat.[1061] Das überwiegende Dienen ist nicht erforderlich, das Handeln im Interesse des versicherten Zweiges darf aber nicht nur Nebenzweck der Tätigkeit sein.[1062]

1056 St. Rspr. BSG, Urt. v. 31.1.2012 – B 2 U 2/11 R, SozR 4-2700 § 8 Nr. 43, juris Rn. 24 m. w. N. Dagegen zur Berufskrankheit S. 278.

1057 BSG, Urt. v. 13.11.2012 – B 2 U 19/11 R, BSGE 112, 177, juris Rn. 32 ff.

1058 BSG, Urt. v. 13.11.2012 – B 2 U 19/11 R, BSGE 112, 177, juris Rn. 37; BSG, Urt. v. 26.6.2014 – B 2 U 4/13 R, SozR 4-2700 § 8 Nr. 52, juris Rn. 26. Hierzu auch *Köhler*, ZFSH/SGB 2012, 383.

1059 BSG, Urt. v. 13.11.2012 – B 2 U 19/11 R, BSGE 112, 177, juris Rn. 42.

1060 St. Rspr. BSG, Urt. v. 9.5.2006 – B 2 U 1/05 R, BSGE 96, 196, juris Rn. 14 m. w. N.

1061 Ausführlich BSG, Urt. v. 9.5.2006 – B 2 U 1/05 R, BSGE 96, 196, juris Rn. 15 m. w. N.

1062 BSG, Urt. v. 31.8.1956 – 2 RU 129/54, BSGE 3, 240, juris Rn. 47 m. w. N.; BSG, Urt. v. 5.5.1994 – 2 RU 26/93, SozR 3-2200 § 548 Nr. 19, juris Rn. 18 m. w. N.

(2) Gemischte Tätigkeiten

Die Unfallkausalität ist fraglich bei gemischten Tätigkeiten, bei denen der Versicherte zur Zeit des Unfallereignisses mehrere untrennbare Verrichtungen gleichzeitig ausübt, von denen (zumindest) eine im sachlichen Zusammenhang mit der versicherten Tätigkeit steht und (zumindest) eine andere nicht.[1063] Versicherungsschutz besteht, wenn die aus der versicherten Tätigkeit stammende Gefahr *wesentlich* für die Entstehung des Unfallereignisses war.[1064] Beispiele für gemischte Tätigkeiten sind das alkoholisierte Autofahren auf einem an sich versicherten Weg,[1065] das dienstliche Telefonat beim Hundeausführen[1066] oder das Rauchen bei der versicherten Tätigkeit.[1067] Entscheidend ist, welche Gefahr sich verwirklicht. Ein Unfall beim privaten Telefonieren während der Pflegetätigkeit ist demnach ein versicherter Arbeitsunfall bzw. Pflegeunfall, wenn er sich aufgrund einer Ablenkung durch den Pflegebedürftigen ereignet, nicht jedoch, wenn die Ablenkung durch das Telefonat wesentliche Ursache war.[1068] Bei einem Unfall während einer Rufbereitschaft kommt es auf die während der Rufbereitschaft konkret ausgeübte und versicherte Verrichtung an.[1069]

ff) Haftungsbegründende Kausalität

Das Unfallereignis muss einen Gesundheitsschaden oder den Tod des Versicherten rechtlich wesentlich verursacht haben.

gg) Zwischenfazit

Zur versicherten Tätigkeit sind alle Pflegetätigkeiten in den Bereichen des § 14 II SGB XI zu rechnen. Darüber hinaus ist die Teilnahme an Pflegekursen nach § 2 I Nr. 2 SGB VII versichert. Bei der Pflege ist oftmals der innere Zusammenhang der Verrichtung zur versicherten Tätigkeit fraglich, insbesondere bei der hauswirtschaftlichen Versorgung, die dem gesamten Haushalt dient. Bei Verrichtungen mit gemischter Motivationslage ist entscheidend, dass die Tätigkeit

---

1063 BSG, Urt. v. 26.6.2014 – B 2 U 4/13 R, SozR 4-2700 § 8 Nr. 52, juris Rn. 20 m. w. N.

1064 BSG, Urt. v. 26.6.2014 – B 2 U 4/13 R, SozR 4-2700 § 8 Nr. 52, juris Rn. 26 m. w. N.

1065 BSG, Urt. v. 13.11.2012 – B 2 U 19/11 R, BSGE 112, 177, juris Rn. 49: Eine Verkehrsgefahr auf einem an sich versicherten Weg, die durch Alkoholgenuss entsteht, wird nicht vom Schutzzweck der Wegeunfallversicherung umfasst.

1066 BSG, Urt. v. 26.6.2014 – B 2 U 4/13 R, SozR 4-2700 § 8 Nr. 52, juris Rn. 27.

1067 Vgl. Hauck/Noftz/*Keller* SGB VII § 8 Rn. 24.

1068 *Leube*, ZFSH/SGB 2017, 204 (208); vgl. auch *Spellbrink*, NZS 2016, 527 (531).

1069 BSG, Urt. v. 26.6.2014 – B 2 U 4/13 R, SozR 4-2700 § 8 Nr. 52, juris Rn. 28.

nicht allein eigenwirtschaftlich motiviert ist und nicht nur „gelegentlich“ einen betrieblichen Zweck erfüllt. Die Unfallkausalität liegt vor, wenn die aus der versicherten Tätigkeit objektiv Wirkursache im Sinne der Conditio-sine-qua-non-Formel war und rechtlich wesentlich für den Erfolg der Einwirkung. Daher ist bei gemischten Tätigkeiten wie etwa dem Telefonat während der Pflege oder anderweitigen Tätigkeiten während einer Rufbereitschaft darauf abzustellen, ob sich die spezifische Gefahr der Pflegetätigkeit verwirklicht hat.

b) Betriebswege und Wegeunfall, § 8 II Nr. 1–4 SGB VII

Auch Wegeunfälle von und zur versicherten Tätigkeit der Pflegeperson sind versichert. Die versicherte Tätigkeit bei Wegen nach und von dem Ort der Tätigkeit nach § 8 II SGB VII sowie bei direkt von der Wohnung aus angetretenen Betriebswegen beginnt grundsätzlich erst mit dem Durchschreiten der Außentür des Gebäudes.[1070] Bei häuslicher Pflege ist für den Versicherungsschutz daher auch die Wohnkonstellation von Pflegeperson und Pflegebedürftigem maßgeblich. In der häuslichen Pflegesituation ist besonders zwischen versicherten Wegen und Betriebswegen abzugrenzen. Betriebswege sind Teil der versicherten Tätigkeit i. S. v. § 8 I SGB VII, weil sie im unmittelbaren Betriebsinteresse zurückgelegt werden und im sachlichen Zusammenhang mit der versicherten Tätigkeit stehen.[1071] Dies bestimmt sich nach der objektivierten Handlungstendenz.[1072]

aa) Wohnen in verschiedenen Haushalten

Wenn Pflegeperson und Pflegebedürftiger nicht im selben Haushalt wohnen und die Pflegeperson sich zur Pflege in der Wohnung des Pflegebedürftigen aufhält, sind grundsätzlich alle Wege in der Wohnung des Pflegebedürftigen außer eigenwirtschaftliche Tätigkeiten als Betriebswege sowie der Hin- und Rückweg zu der Wohnung geschützt.[1073]

1070 BSG, Urt. v. 5.7.2016 – B 2 U 5/15 R, BSGE 122, 1, juris Rn. 21; BSG, Urt. v. 12.12.2006 – B 2 U 1/06 R, BSGE 98, 20, juris Rn. 14 mit zahlreichen Nachweisen.

1071 BSG, Urt. v. 7.9.2004 – B 2 U 35/03 R, SozR 4-2700 § 8 Nr. 6, juris Rn. 16; BSG, Urt. v. 12.1.2010 – B 2 U 35/08 R, SozR 4-2700 § 8 Nr. 36, juris Rn. 16 m. w. N.; BSG, Urt. v. 9.11.2010 – B 2 U 14/10 R, SozR 4-2700 § 8 Nr. 39, juris Rn. 20 m. w. N.

1072 BSG, Urt. v. 9.11.2010 – B 2 U 14/10 R, SozR 4-2700 § 8 Nr. 39, juris Rn. 20; BSG, Urt. v. 10.10.2006 – B 2 U 20/05 R, SozR 4-2700 § 8 Nr. 19, juris Rn. 14. Siehe auch oben S. 270 ff. zum inneren Zusammenhang.

1073 KKW/*Holtstraeter* SGB VII § 2 Rn. 52; Lauterbach/*Schwerdtfeger* § 2 Rn. 617; *Bereiter-Hahn*/*Mehrtens* § 2 Rn. 33.10; GemRdschr UV v. 17.12.2006, 1.4.3.2, 1.4.4,

bb) Wohnung der Pflegeperson und Pflegeort im selben Gebäude

Liegen der Pflegeort und die Wohnung der Pflegeperson im selben Gebäude, ist die Rechtsprechung zu Fällen anwendbar, in denen sich Arbeitsstätte und Wohnung des Versicherten im selben Haus befinden. Die Grenzziehung anhand des Durchschreitens der Außentür des Wohngebäudes greift bei Betriebswegen im Unterschied zur Wegeunfallversicherung nach § 8 II SGB VII nicht, wenn sich Wohnung und Arbeitsstätte im selben Gebäude befinden und der Betriebsweg in Ausführung einer versicherten Tätigkeit zurückgelegt wird.[1074] Ereignet sich der Unfall an einem Ort, der weder eindeutig der Wohnung des Pflegebedürftigen noch der Wohnung der Pflegeperson zugeordnet werden kann (z. B. im Treppenhaus), ist die subjektive Handlungstendenz des Versicherten bei der zum Zeitpunkt des Unfalls ausgeübten Verrichtung entscheidend.[1075] § 8 II SGB VII beschreibt als End- und Ausgangspunkt des Weges nur den Ort der Tätigkeit, aber nicht, wo der Weg zum Ort der Tätigkeit beginnt oder wo der Weg von der Tätigkeit endet – entscheidend ist die betriebliche Handlungstendenz.[1076] Daher ist ein Unfall auf dem Rückweg von versicherten Pflegeleistungen am Urlaubsort zurück versichert, auch wenn Wohnung und Pflegeort in einem Haus liegen.[1077]

S. 11; LPK-SGB XI/*Kuhn-Zuber* § 44 Rn. 52: Aus der realen Kette einzelner, der Pflege dienlicher Maßnahmen im Rahmen konkreter Einsätze der Pflegepersonen könne keine Einzeltätigkeiten gedanklich herausgelöst und aus dem Schutz der GUV herausgenommen werden, sofern und solange diese Maßnahmen für die Pflegepersonen keinen eigenwirtschaftlichen Charakter annehmen; Udsching/Schütze/*Rasch* § 44 Rn. 42 zweifelt, ob Wegeunfälle nach Inkrafttreten des PSG II weiter versichert sind.

1074 BSG, Urt. v. 27.11.2018 – B 2 U 28/17 R, SozR 4-2700 § 8 Nr. 68, juris Rn. 18 m. w. N.; BSG, Urt. v. 31.8.2017 – B 2 U 9/16 R, BSGE 124, 93, juris Rn. 11 m. w. N.; BSG, Urt. v. 12.12.2006 – B 2 U 1/06 R, BSGE 98, 20, juris Rn. 15.

1075 BSG, Urt. v. 31.8.2017 – B 2 U 9/16 R, BSGE 124, 93, juris Rn. 12; schon die Rechtsprechungswende andeutend BSG, Urt. v. 5.7.2016 – B 2 U 5/15 R, BSGE 122, 1, juris Rn. 25; differenzierend *Ricke*, WzS 2017, 9 (13 f.). Nach älterer Rspr. war entscheidend, ob der Unfallort rechtlich wesentlich Betriebszwecken diente. Neben den gesamten Umständen des Einzelfalls wurde für die Wesentlichkeit darauf abgestellt, ob der Unfallort ständig und nicht nur gelegentlich für betriebliche Zwecke genutzt wurde, vgl. BSG, Urt. v. 12.12.2006 – B 2 U 1/06 R, BSGE 98, 20, juris Rn. 16; BSG, Urt. v. 27.10.1987 – 2 RU 32/87 juris Rn. 15 m. w. N.; dadurch wird aber nicht ausgeschlossen, dass zum Zwecke der Objektivierung der Handlungstendenz auch in Zukunft u. U. mangels anderer Anhaltspunkte der konkrete Ort des Unfallgeschehens und dessen objektive Zweckbestimmung als Indiz berücksichtigt werden können, BSG, Urt. v. 27.11.2018 – B 2 U 28/17 R, SozR 4-2700 § 8 Nr. 68, juris Rn. 23.

1076 BSG, Urt. v. 27.4.2010 – B 2 U 23/09 R, SGb 2010, 414, juris Rn. 14.

1077 Vgl. LSG Essen, Urt. v. 17.9.2010 – L 4 U 57/09, SGb 2011, 292, juris Rn. 32.

Betriebswege liegen auch vor bei der versicherten Begleitung des Pflegebedürftigen aus der Wohnung.[1078] Da die Hilfe bei Arztbesuchen nach alter Rechtslage nicht zur Pflege zu rechnen war, war auch ein entsprechender Weg, um dem Hausarzt zum Hausbesuch die Wohnung aufzuschließen, nicht versichert.[1079]

Befindet sich die Pflegeperson in der eigenen Wohnung in Rufbereitschaft und der Unfall ereignet sich nach Ruf unter der Notwendigkeit, sofort zu handeln, ist für den Versicherungsschutz unschädlich, dass die Verrichtung noch im privaten Bereich ausgeübt wird.[1080]

cc) Wohnen im selben Haushalt

Wohnen Pflegeperson und Pflegebedürftiger im selben Haushalt, besteht Versicherungsschutz bei Pflegehandlungen, aber nicht bei Wegen innerhalb des Hauses, die nicht im unmittelbaren Zusammenhang zur versicherten Tätigkeit stehen.[1081] Es kommt auf die objektive Handlungstendenz an. Sucht die Pflegeperson das Badezimmer auf, um sich die Hände zu waschen, handelt es sich um eine typisch eigenwirtschaftliche Tätigkeit. Ist das Händewaschen aber pflegebedingt notwendig, wird der Weg im unmittelbaren Pflegeinteresse zurückgelegt und ist ein versicherter Betriebsweg. Während Betriebswege versichert sind, sind Wege zur eigenen Wohnung unversichert, wenn sie nicht mit betrieblicher Handlungstendenz erfolgen.[1082]

1078 Zu den versicherten außerhäuslichen Aktivitäten oben A.I.2.b.cc.1, S. 74 ff.

1079 LSG Stuttgart, Urt. v. 1.7.2011 – L 8 U 4065/10, NZS 2012, 191, juris Rn. 37.

1080 Vgl. BSG, Beschl. v. 26.6.1985 – 2 RU 71/84, SozR 2200 § 548 Nr. 72, juris Rn. 14; Lauterbach/*Schwerdtfeger* § 2 Rn. 617; GemRdschr UV v. 17.12.2006, 1.4.3.1, S. 10; vorausgesetzt, dass sich eine durch den Versicherungstatbestand des § 2 I Nr. 17 SGB VII geschützte Gefahr verwirklicht und keine unversicherte Wirkursache für das Unfallereignis verantwortlich ist, LSG Essen, Urt. v. 21.11.2016 – L 17 U 325/16, NZS 2018, 48, juris Rn. 32; nur in der Schifffahrt besteht ein Betriebsbann in der GUV. Rufbereitschaft eröffnet nicht für alle währenddessen ausgeübten Verrichtungen Versicherungsschutz, sondern durch die während der Rufbereitschaft konkret ausgeübten und versicherten Verrichtung muss sich eine durch einen Versicherungstatbestand des SGB VII geschützte Gefahr verwirklicht haben, BSG, Urt. v. 26.6.2014 – B 2 U 4/13 R, SozR 4-2700 § 8 Nr. 52, juris Rn. 28.

1081 Lauterbach/*Schwerdtfeger* § 2 Rn. 617; GemRdschr UV v. 17.12.2006, 1.4.3.1, S. 10; LPK-SGB XI/*Kuhn-Zuber* § 44 Rn. 52; *Bereiter-Hahn/Mehrtens* § 2 Rn. 33.10.

1082 LPK-SGB VII/*Richter* § 2 Rn. 208 (4. Aufl. 2014).

c) Unfälle mit Arbeitsgerät, § 8 II Nr. 5 SGB VII

Nach § 8 II Nr. 5 SGB VII ist die Pflegeperson auch versichert, wenn sie ein Pflegehilfsmittel als Arbeitsgerät oder Schutzausrüstung verwahrt, befördert, instand hält, erneuert oder neu beschafft.[1083] Arbeitsgerät sind alle Gegenstände, die als Mittel zur Erledigung der versicherten Tätigkeit geeignet sind und hauptsächlich genutzt werden wie besondere Kleidung.[1084] Schutzausrüstung sind alle denkbaren Arbeitsschutzmittel im weiteren Sinne wie Hautsalben zum Schutz während der Pflege.[1085] Es muss ein innerer Zusammenhang der Verrichtung zur versicherten Tätigkeit bestehen.[1086]

d) Berufskrankheiten, § 9 SGB VII i. V. m. Anl. 1 zur BKV

Als weiterer Versicherungsfall kommt eine Berufskrankheit infrage, § 7 I SGB VII. Berufskrankheiten sind Krankheiten, die die Bundesregierung durch Rechtsverordnung mit Zustimmung des Bundesrates als Berufskrankheiten bezeichnet und die Versicherte infolge einer den Versicherungsschutz nach §§ 2, 3 oder 6 SGB VII begründenden Tätigkeit erleiden, § 9 I 1 SGB VII. Nur sog. Listenkrankheiten, die durch die Bundesregierung im Wege einer Rechtsverordnung als mögliche Berufskrankheiten anerkannt wurden, erfüllen den formellen Begriff der Berufskrankheit nach § 9 I 1 SGB VII.[1087] Sie sind aufgelistet in der Anl. 1 zur Berufskrankheiten-Verordnung (BKV). Zudem müssen wie beim Arbeitsunfall die allgemeinen Voraussetzungen hinsichtlich der versicherten Person, versicherten Tätigkeit (sachlicher Zusammenhang) und des ursächlichen Zusammenhangs der Krankheit mit der versicherten Tätigkeit vorliegen.[1088]

Für Pflegepersonen sind insbesondere bandscheibenbedingte Erkrankungen der Lendenwirbelsäule durch Heben oder Tragen von Lasten oder extreme Rumpfbeugehaltung (BK Nr. 2108)[1089] oder pflegebedingte Hauterkrankungen

---

1083 Krauskopf/*Wagner* SGB XI § 44 Rn. 43; zu § 549 RVO schon *Gitter*, VSSR 1996, 1 (15). § 8 II Nr. 5 SGB VII gilt für alle Versichertengruppen, BeckOK-SozR/*Wietfeld* SGB VII § 8 Rn. 246.

1084 KassKomm/*Ricke* SGB VII § 8 Rn. 392; KBHB/*Krasney* § 8 Rn. 604, 607.

1085 Vgl. KassKomm/*Ricke* SGB VII § 8 Rn. 394.

1086 *Schmitt* § 8 Rn. 294; Hauck/Noftz/*Keller* SGB VII § 8 Rn. 54; KBHB/*Krasney* § 8 Rn. 616b.

1087 BeckOK-SozR/*Wietfeld* SGB VII § 9 Rn. 5.

1088 KassKomm/*Ricke* SGB VII § 9 Rn. 2.

1089 Die BK 2108 ist nach Untersuchungen des BAuA bei Frauen in Krankenpflege, Pflege und weiteren medizinischen Berufen verbreitet, *Liebers/Latza*, S. 31 ff. Pflegende

(BK Nr. 5101) von Belang, die sich durch Mittel ergeben, die für die Pflege erforderlich sind, aber nicht vertragen werden.[1090] Pflegende befinden sich statistisch in einem schlechteren physischen und psychischen gesundheitlichen Gesamtzustand im Vergleich zu Nichtpflegenden.[1091] Psychische oder psychosomatische Erkrankungen (z. B. Burn-out, Erschöpfungsdepression, stressbedingte Herz-Kreislauf-Erkrankungen) erfüllen nicht die Kriterien der Berufskrankheit.[1092]

3. Versicherungsleistungen

Die Leistungen der Unfallversicherung werden parallel zur Krankenversicherung als Sachleistung erbracht und umfassen Heilbehandlung, Rehabilitation, Pflege und Geldleistungen sowie Renten, Beihilfen und Abfindungen. Daneben erbringt die gesetzliche Unfallversicherung Leistungen zur Prävention.

Angehörige berichten allgemein vermehrt über Rückenschmerzen als nicht-pflegende Personen, *Wetzstein/Rommel/Lange*, GBE kompakt 3/2015, 6.

1090 Krauskopf/*Wagner* SGB XI § 44 Rn. 43.

1091 *Wetzstein/Rommel/Lange*, GBE kompakt 3/2015, 8 m. w. N.; BARMER GEK Pflegereport 2015, S. 194 f. m. w. N.; 7. Altenbericht BT-Drucks. 18/10210, 197 m. w. N.; BARMER Pflegereport 2018, S. 158. Siehe auch die Untersuchungen von *Eberl/Lang/Seebaß*, SoFo 2017, 77 zur psychischen Gesundheit der Pflegenden. Die Zahl der Pflegepersonen, die nach der Pflegephase in die Erwerbsminderungsrente übergeht, untersucht *Czaplicki*, Pflege- und Erwerbstätigkeit im Lebensverlauf, S. 309 ff., 336 ff. Zu den Präventionsmaßnahmen der GKV siehe unten S. 317 f. Hierein spielt auch die besondere Belastungssituation durch die Pflege. In einer Befragung gaben 0,8 % der Hauptpflegepersonen an, dass sie nicht mehr bereit seien, die Pflege fortzusetzen und 6,6 % nur, wenn sie weitere Hilfe erhalten; 185.000 Pflegepersonen seien also kurz davor, die Pflege einzustellen (BARMER Pflegereport 2018, S. 183 f.). Nach Ergebnissen zur Studie zur Wirkung des PNG und PSG I 2016 gaben 3 % der Befragten an, dass die Pflegesituation eigentlich gar nicht mehr zu bewältigen sei, 17 % nur noch mit Schwierigkeiten (Abschlussbericht Evaluation PNG PSG I, S. 63). Der DAK Pflegereport spricht von „Systemen im Dauerstress" (DAK Pflegereport 2019, S. 167).

1092 Sie können aber mittelbare Folge einer Berufskrankheit sein, *Molkentin*, SGb 2019, 200. Bei diesen Erkrankungen ist oft nicht nachweisbar, dass sie durch besondere Einwirkungen verursacht werden, denen bestimmte Personengruppen durch ihre versicherte Tätigkeit im erheblich höheren Grade als die übrige Bevölkerung ausgesetzt sind im Sinne des § 9 I 2 SGB VII (BeckOK-SozR/*Wietfeld* SGB VII § 9 Rn. 65; LSG München, Urt. v. 27.4.2018 – L 3 U 233/15, juris Rn. 51 ff.). Dies verhindert auch die Anerkennung als Wie-Berufskrankheit nach § 9 II SGB VII. Siehe hierzu auch *Molkentin*, SGb 2019, 200 und SGb 2021, 76.

Die Pflegeperson kann auch eine Verletztenrente nach § 56 SGB VII erhalten. Zur Berechnung wird nach § 56 III SGB VII der Jahresarbeitsverdienst zugrunde gelegt. Es gilt der Mindestjahresarbeitsverdienst von 60 % der Bezugsgröße, § 85 I 1 Nr. 2 SGB VII.[1093]

4. Zuständiger Träger und Finanzierung

Der zuständige Träger der Leistungen an Pflegepersonen ist nach § 129 I Nr. 7 SGB VII der Unfallversicherungsträger im kommunalen Bereich.[1094] Örtlich zuständig ist der Träger des Pflegeortes.[1095] Für versicherte Pflegepersonen werden nach § 185 II 1 SGB VII keine Beiträge erhoben. Die Aufwendungen für die Versicherung der Pflegepersonen werden auf die Gebietskörperschaften umgelegt.[1096] Die herausragende soziale, uneigennützige Aufgabe der häuslichen Pflege sollte nicht durch Beitragserhebung für den Unfallversicherungsschutz durch die Gemeinden und Gemeindeunfallversicherungsverbände erschwert werden.[1097] Die Umlagekosten sind steuerfinanziert. Da ein öffentliches Interesse an der Tätigkeit besteht, werden aufopferungsähnliche Schädigungen wie im Arbeitsleben abgegolten.[1098] Im Gesetzgebungsverfahren zum UVEG sprach

---

1093 2022 betrug die monatliche Bezugsgröße für die alten Bundesländer 3.290 EUR. Für erwachsene Versicherte wird damit nach § 85 I 1 Nr. 2 SGB VII ein Verdienst von mindestens 1.974 EUR zugrunde gelegt. Dies macht die Absicherung in der GUV auch für andere abgesicherte Ehrenamtliche interessant, die kein Arbeitsentgelt erhalten, *Igl*, SGb 2002, 705 (712 f.). Kritisch KassKomm/*Ricke* SGB VII § 85 Rn. 2 f., der in Verbindung mit der abstrakten Schadensberechnung eine Überentschädigung befürchtet, wenn Renten auf Grundlage des Mindest-JAV an Personen geleistet werden, für die kein abstrakter Erwerbsschaden eintreten kann.

1094 Für Baden-Württemberg ist dies die Unfallkasse Baden-Württemberg (UKBW), errichtet durch RV der Landesregierung Baden-Württemberg vom 8.4.2003 (GBl. 2003, 171). Liste der Unfallversicherungsträger auf Landes- und Kommunalebene bei KassKomm/*Lilienfeld* SGB VII § 114 Rn. 9.

1095 GemRdschr UV v. 17.12.2006, 2.3.1, S. 12; Lauterbach/*Schwerdtfeger* § 2 Rn. 628.

1096 Bsp. UKBW: Diese ist eine gemeinsame Unfallkasse für den Landes- und den kommunalen Bereich i. S. v. § 116 I 2 SGB VII. Nach § 185 II 3 SGB VII werden bei den gemeinsamen Unfallkassen Umlagegruppen für den kommunalen Bereich und den Landesbereich gebildet. Dies setzt § 25 II der Satzung der UKBW i. d. F. des 9. Nachtrags vom 22.11.2017 um. Nach § 25 VI der Satzung werden die Aufwendungen für die Versicherung von Pflegepersonen (§ 4 S. 2 Nr. 14 der Satzung) auf die Gemeinden umgelegt.

1097 BT-Drucks. 12/5262, 162 zu § 770 S. 5 RVO i. V. m. § 657 I Nr. 10.

1098 LPK-SGB VII/*Spanknebel* § 185 Rn. 5; BeckOK-SozR/*Schlaeger* SGB VII § 185 Rn. 2.

sich der Deutsche Städte- und Gemeindebund ausdrücklich gegen die Zuweisung des Versicherungsschutzes von Pflegepersonen an die Unfallversicherungsträger im kommunalen Bereich aus.[1099] Durch die Beitragsfreiheit stellt die Zuweisung einerseits eine Belastung des Haushalts dar.[1100] Andererseits wurden die Kommunen durch Einführung der Pflegeversicherung entlastet.[1101]

5. Haftungsausschluss, § 106 II SGB VI

Pflegebedürftige und Pflegepersonen unterliegen bei der Pflege einem Haftungsausschluss. Nach § 106 II SGB VII haften im Fall des § 2 I Nr. 17 SGB VII Pflegebedürftige gegenüber Pflegepersonen, Pflegepersonen gegenüber Pflegebedürftigen und Pflegepersonen desselben Pflegebedürftigen untereinander für Personenschäden entsprechend den §§ 104, 105 SGB VII nur bei vorsätzlicher Herbeiführung des Versicherungsfalls oder auf einem Weg nach § 8 II SGB VII. Die mit dem PflegeVG eingeführte Haftungsbeschränkung nach § 637 V RVO begrenzte die Haftung „entsprechend für Ersatzansprüche einer Pflegeperson, deren Angehörigen und Hinterbliebenen gegen den Pflegebedürftigen wie auch für Ersatzansprüche von Pflegepersonen desselben Pflegebedürftigen untereinander". Die Ersatzansprüche des Pflegebedürftigen gegen die Pflegeperson wurden erst mit dem UVEG in den Haftungsausschluss nach § 106 II Nr. 2 SGB VII einbezogen.[1102] Seitdem besteht Reziprozität: Alle Personen, die den Ausschluss der zivilrechtlichen Haftung gegen sich gelten lassen müssen, können sich auch selbst darauf berufen. Dies entspricht dem haftungsrechtlichen Grundgedanken, dass demjenigen, der als Schädiger von einer Haftungsbeschränkung profitiert, in der umgekehrten Situation als Geschädigtem zugemutet werden kann, dass seine Schadensersatzansprüche ebenfalls einer Haftungsbeschränkung unterliegen, damit die Risikoverteilung innerhalb einer Gefahrengemeinschaft symmetrisch ist.[1103]

1099 BT-Drucks. 13/4853, 11.

1100 Die von *Leube*, ZfS 2006, 48 (51) vorgebrachte Befürchtung der unabsehbaren finanziellen Belastung der öffentlichen Haushalte durch die Absicherung schon kurzfristiger oder einmaliger Pflegetätigkeiten ist nach über zehn Jahren der dahingehenden Verwaltungspraxis quantifizierbar. So betrug sie in Baden-Württemberg im Jahr 2017 0,07 EUR je Einwohner (UKBW, Jahresbericht 2017, S. 25).

1101 *Igl*, SGb 2002, 705 (713).

1102 BT-Drucks. 13/2204, 100 ohne weitere Begründung.

1103 Vgl. BSG, Urt. v. 26.6.2007 – B 2 U 17/06 R, BSGE 98, 285, juris Rn. 21 m. w. N.; BGH, Urt. v. 3.7.2001 – VI ZR 198/00, BGHZ 148, 209, juris Rn. 9; BVerfG,

§ 106 II SGB VII wirft verschiedene Fragen auf, die trotz Diskussion in der Literatur in den vergangenen Reformen nicht aufgegriffen wurden. Für die Pflegepersonen, die durch den Pflegebedürftigen einen Personenschaden erleiden, besteht ein Anspruch gegen die Unfallversicherung als Versicherte nach § 2 I Nr. 17 SGB VII, wenn die Haftung des Pflegebedürftigen ausgeschlossen ist. Da der Pflegebedürftige nicht versicherungspflichtig in der Unfallversicherung ist, droht durch den Haftungsausschluss, dass er für den Ersatz eines Personenschadens, der durch die Pflegeperson verursacht wurde, weder Ersatz durch die Pflegeperson noch durch die Unfallversicherung erhält. Als Ausgleich kommen aber Leistungen nach § 105 II SGB VII infrage, wenn der Pflegebedürftige unversicherter Unternehmer der Pflege ist.

a) Unternehmereigenschaft, Unternehmen „Pflege“

Es stellt sich die Frage, ob die Pflegesituation nicht schon vom Haftungsausschluss nach §§ 104, 105 SGB VII erfasst ist.

Das wäre der Fall, wenn der Pflegebedürftige Unternehmer wäre und die Pflegeperson Versicherter in seinem Unternehmen. Eine Unternehmereigenschaft könnte dem Pflegebedürftigen gegebenenfalls auch die freiwillige Versicherung eröffnen.

aa) Unternehmerbegriff

Unternehmer ist nach § 136 III Nr. 1 SGB VII die natürliche oder juristische Person, der das Ergebnis des Unternehmens unmittelbar zum Vor- oder Nachteil gereicht. § 136 III Nr. 2 bis 7 SGB VII bestimmt für Tatbestände der unechten Unfallversicherung einen Unternehmer, da oftmals mehrere Personen infrage kommen, in deren Interesse die Tätigkeit erfolgt – darunter auch die versicherte Person selbst.[1104] Anders als etwa bei Rehabilitanden, deren Unternehmer nach § 136 III Nr. 2 SGB VII der Rehabilitationsträger ist,[1105] ist der Unternehmer für Versicherte nach § 2 I Nr. 17 SGB VII nicht festgelegt, also insbesondere nicht der Pflegeversicherungsträger oder die Kommune als Sachkostenträger.

Beschl. v. 7.11.1972 – 1 BvL 4/71, BVerfGE 34, 118, juris Rn. 54; *Otto*, NZV 2002, 10 (16).

1104 *Fries*, S. 177.

1105 Daher kein Haftungsausschluss des Krankenhausträgers, BGH, Urt. v. 13.1.1981 – VI ZR 26/80.

bb) Pflege als Unternehmen

Auch Tätigkeiten privater Lebenshaltung und -gestaltung sind unternehmensfähig.[1106]

(1) Pflege als Teil des Unternehmens „Haushaltung"

Die Betreuung und Pflege der zur häuslichen Gemeinschaft gehörenden Personen wird gemeinhin dem Unternehmen „Haushaltung" zugeordnet, zu dem alle häuslichen Tätigkeiten gehören, die im inneren Zusammenhang zur Haushaltung stehen, z. B. Einkaufen, Kochen, Waschen und Putzen.[1107] Pflegeleistungen sind nach der Rechtsprechung häusliche Betätigungen, die mit der Haushaltung in einer inneren Beziehung stehen, wenn sie dem Üblichen und Typischen entsprechen, das unter Berücksichtigung der gesetzlichen, insbesondere der familienrechtlichen Beziehungen zwischen den Haushaltsangehörigen zu erwarten ist.[1108] Unternehmer ist der Haushaltsvorstand,[1109] dem das Ergebnis des Unternehmens „Haushalt" unmittelbar zum Vor- oder Nachteil gereicht.[1110] Somit gelten die allgemeinen Regeln.

(2) Abgrenzung zwischen Haushaltung und Wohlfahrtspflege

In vergangener Rechtsprechung wurde die Pflege einem Unternehmen der Wohlfahrtspflege nach § 2 I Nr. 9 SGB VII zugeordnet, wenn der selbstständige, von der Haushaltsführung zu trennende Zweck der Pflegeleistungen überwiegt, wenn die Pflegeanforderungen so hoch sind, dass sie die Kräfte und Qualifikation einer ganztätigen berufsmäßigen Pflegeperson erfordern.[1111] Die

---

1106 KassKomm/*Lilienfeld* SGB VII § 121 Rn. 6; *Ricke*, SGb 2007, 342.

1107 Vgl. Hauck/Noftz/*Riebel* SGB VII § 3 Rn. 25; LPK-SGB VII/*Ziegler* § 3 Rn. 22; EvKSW/*v. Koppenfels-Spies* § 3 Rn. 33; Lauterbach/*Schwerdtfeger* § 3 Rn. 37; *Fries*, S. 209; BSG, Urt. v. 27.3.2012 – B 2 U 5/11 R, NZS 2012, 826, juris Rn. 54; BSG, Urt. v. 29.11.1990 – 2 RU 18/90, SozR 3-2200 § 539 Nr. 6, juris Rn. 20.

1108 BSG, Urt. v. 29.11.1990 – 2 RU 18/90, SozR 3-2200 § 539 Nr. 6, juris Rn. 21; vgl. BSG, Urt. v. 25.10.1989 – 2 RU 4/89, SozR 2200 § 539 Nr. 134, juris Rn. 21 m. w. N.

1109 KassKomm/*Feddern* SGB VII § 136 Rn. 28; EvKSW/*v. Koppenfels-Spies* § 3 Rn. 33.

1110 Hauck/Noftz/*Riebel* SGB VII § 3 Rn. 25; EvKSW/*v. Koppenfels-Spies* § 3 Rn. 33.

1111 BSG, Urt. v. 29.11.1990 – 2 RU 18/90, SozR 3-2200 § 539 Nr. 6, juris Rn. 23. Danach war der Gepflegte selbstständiger Unternehmer der Wohlfahrtspflege i. S. v. § 539 I Nr. 7 RVO a. F. bzw. § 2 I Nr. 9 SGB VII. Dem ist mit *Tillmann*, Die BG 1993, 108 (109 f.); *Ricke*, SozVers 2001, 174 (176) zu widersprechen. § 539 I Nr. 7 RVO erfasste gerade die in der Wohlfahrtspflege „Tätigen", wozu der Gepflegte nicht zu rechnen ist. Versicherungsschutz bestünde nur bei Tätigkeiten als Unternehmer in seinem Unternehmen der Wohlfahrtspflege, nicht jedoch bei den Pflegetätigkeiten

Unterscheidung zwischen häuslichen Betätigungen und der Tätigkeit für ein Unternehmen der Wohlfahrtspflege verlief entlang der Unterscheidung zwischen der familienhaft geprägten Tätigkeit und der Beschäftigung, wie sie auch für die Bestimmung der Nichterwerbsmäßigkeit der Pflege zum Tragen kommt.[1112] Es wurde die unversicherte Sphäre des Privatlebens von der versicherten Sphäre der Beschäftigung abgegrenzt.

(3) Pflege als eigenes Unternehmen

Das entscheidende Unternehmen zu § 2 I Nr. 17 SGB VII betrifft demgegenüber als dritte Variante die Sphäre des unfallversicherten Privatlebens.

Mit Einführung der Pflegeversicherung und der Unfallversicherung der Pflegeperson wurde ein Regelungskomplex geschaffen, in dem die Pflegetätigkeiten im Rahmen der Pflegeversicherung gerade von der allgemeinen Haushaltsführung und ergänzender Pflege und Betreuung abgegrenzt werden, ohne im Rahmen einer Beschäftigung zu erfolgen. Ihm entspricht das Unternehmen „nicht erwerbsmäßige Pflege". Dafür spricht auch § 129 I SGB VII, der die Zuständigkeiten für Haushalte (Nr. 2) und für die Pflege (Nr. 7) separat nennt, was bei einer Zurechnung der Pflege zu den Haushalten überflüssig wäre.[1113] Bestimmte, vor allem familienintern vorgenommene private Tätigkeiten werden versichert und dem Eigenrisiko der Beteiligten entrückt. Auch eine weit über das unter Beistandspflichtigen Erwartbare hinausgehende Pflegetätigkeit kann familienhaft geprägt und damit nicht erwerbsmäßig sein.[1114] Die Pflege ist von allgemeiner Haushaltstätigkeit abzugrenzen und unter Versicherungsschutz zu stellen, wenn die Pflegeperson die Voraussetzungen des § 19 S. 1 und S. 2 SGB XI erfüllt.[1115] Sie findet im häuslichen Bereich statt, ist aber qua der

---

(*Bereiter-Hahn/Mehrtens* § 2 Rn. 20.25). Zudem geht der Begriff der Wohlfahrtspflege über die Selbsthilfe hinaus, vgl. BSG, Urt. v. 26.6.1985 – 2 RU 79/84, BSGE 58, 210, juris Rn. 13.

1112 Siehe oben Abschnitt A.II.3, S. 115 ff.

1113 *Leube*, SozVers 2000, 314. Hauck/Noftz/*Diel* SGB VII § 129 Rn. 36 ordnet die Pflege unterhalb der Mindestpflegezeit dem Haushalt zu.

1114 Siehe oben A.II.3.c., S. 123 ff.

1115 In der Entscheidung BSG, Urteil vom 29.11.1990 – 2 RU 18/90, SozR 3-2200 § 539 Nr. 6, juris Rn. 23 hieß es hierzu „Wenn die Pflegebedürfnisse wie im vorliegenden Fall dazu noch dadurch geprägt sind, daß sie gerade im Hinblick auf das fortgeschrittene Alter des volljährigen Pfleglings seine Unterbringung in gesonderten Pflegeeinrichtungen und Pflegeheimen anstelle des elterlichen Haushalts objektiv auch geeignet erscheinen lassen, dann überwiegt der einheitliche Zweck der Pflege den allgemeinen Zweck der Haushaltsführung in entscheidendem Maße." Dies ist nach

pflegeversicherungsrechtlichen Anknüpfung aus diesem herausgelöst zu sehen. Wenn die Pflege weiterhin der Haushaltung zuzurechnen wäre, wäre nur der Pflegebedürftige, der im eigenen Haushalt verbleibt, Unternehmer.[1116] Stattdessen ist der Unternehmer der „nicht erwerbsmäßigen Pflege“ stets der Pflegebedürftige, da ihm das Ergebnis unmittelbar zum Vor- oder Nachteil gereicht im Sinne des § 136 III Nr. 1 SGB VII.[1117] § 106 II SGB VII ist somit klarstellend[1118] und beantwortet die Frage nach dem Unternehmer des Unternehmens „nicht erwerbsmäßige Pflege“. Er nimmt vorweg, dass trotz der Finanzierung der Pflegeleistungen durch die soziale Pflegeversicherung, der (bisherigen) Zurechnung der Pflege zur Haushaltung und der beitragsfreien Unfallversicherung der Pflegepersonen für den Haftungsausschluss stets der Pflegebedürftige Unternehmer der Pflege ist.[1119] Aufgrund der vor Einführung der Versicherungspflicht der Pflegeperson bestehenden hohen Schwelle zur Versicherung im Familienverband und damit zur Unternehmerstellung zeigt § 106 II SGB VII i. V. m. § 2 I Nr. 17 SGB VII zudem auf, dass nicht erst ab Überschreiten der Schwelle zur Beschäftigung ein Haftungsausschluss stattfinden soll.

Einführung der Pflegeversicherung soweit zu modifizieren, dass die Pflegeanforderungen nicht das Maß der berufsmäßigen Pflege erreichen müssen, um statt dem Haushalt der Pflege zugerechnet zu werden, da zwischen den unversicherten Bereich „Haushalt“ und den versicherten Bereich „Beschäftigung“ die Pflege tritt. Dies ist jedenfalls der Fall, wenn der Pflegebedürftige Pflegegrad 2 erreicht und damit die Leistungen nach § 28 SGB XI erhält.

1116 So *Fries*, S. 210.

1117 So *Leube*, Die BG 2001, 139 (141); *Leube*, SozVers 2000, 314 (315); LPK-SGB VII/*Spanknebel* § 129 Rn. 5. Auch ein geschäftsunfähiger Pflegebedürftiger kann Unternehmer sein, solange sein gesetzlicher Vertreter für ihn handelt, vgl. KassKomm/*Feddern* SGB VII § 136 Rn. 28.

1118 *Leube*, Die BG 2001, 139 (141).

1119 A. A. *Fries*, S. 209 f., die die Pflege der Haushaltsführung zurechnet, womit §§ 104, 105 SGB VII die Haftung bei pflegebedürftigem Haushaltsvorstand ausschließe und § 106 II SGB VII als Auffangvorschrift bestehe, wenn die Pflege nicht im Haushalt des Pflegebedürftigen stattfinde. Nach *Ricke*, SozVers 2001, 174 (177) ist § 106 II SGB VII die Bestätigung, dass zwischen den Beteiligten keine haftungsfreistellenden Unternehmerbeziehungen bestehen, weil die Pflegebedürftigen kein Unternehmen betreiben. Dem ist schon aus dem Grund nicht zuzustimmen, dass der Pflegebedürftige – verneinte man das Unternehmen „Pflege“ als Figur – ggf. immer noch Unternehmer der Haushaltung wäre, s. o.

cc) Exkurs: Freiwillige Versicherung des Pflegebedürftigen nach § 6 I 1 Nr. 1 SGB VII

Der Pflegebedürftige kann sich als Unternehmer der Pflege nach § 6 I 1 Nr. 1 SGB VII freiwillig versichern.[1120] Als Unternehmer einer Haushaltung wäre er wie weitere privatnützige „Hobbyunternehmer" von der Versicherung kraft Gesetz, Satzung und auch von der freiwilligen Versicherung nach § 6 I 1 Nr. 1 SGB VII ausgeschlossen, da Privates grundsätzlich nicht der Unfallversicherung unterliegt.[1121] Der Ausschluss privatnütziger Unternehmer von Versicherungsmöglichkeiten ist ein wesenstypischer und ungeschriebener Grundsatz der gesetzlichen Unfallversicherung: Tätigkeiten, die in den Bereich des Privatlebens gehören, sollen nicht vom Versicherungsschutz erfasst werden.[1122] Die Unternehmerversicherung ist durch die Fremdnützigkeit der Arbeitstätigkeit geprägt.

Das Unternehmen „Pflege" fällt anders als die Haushaltung nicht unter diesen ungeschriebenen Grundsatz. Ein privater Bezug der Pflegetätigkeit für den Pflegebedürftigen ist evident. Was ihn aber vom privatnützigen, nicht versicherbaren „Hobbyunternehmer" unterscheidet, ist, dass seine Pflege nicht völlig im Eigeninteresse liegt und seine Handlungsfreiheit verwirklicht.[1123] Der Pflegebedürftige ist zur Wahrung seiner körperlichen Unversehrtheit auf die Pflege angewiesen und folgt den finanziellen Anreizen des Gesetzgebers, sich in die Gefahrengemeinschaft der häuslichen Pflege zu begeben. Seine Position ist vergleichbar mit der der Rehabilitanden nach § 2 I Nr. 15a SGB VII, deren Versicherungsschutz ebenfalls keinen inneren Zusammenhang zu einem Beschäftigungsverhältnis voraussetzt.[1124] Sie geht darüber hinaus, da sich Rehabilitanden keinem Haftungsausschluss des Rehabilitationsträgers (§ 136 III Nr. 2 SGB VII) ausgesetzt sehen und ihr Versicherungsschutz nicht haftungsersetzend ist.[1125] Für Pflegebedürftige entsteht aufgrund des Haftungsausschlusses der Pflegeperson eine entscheidende Schutzlücke, die erst durch die Mechanismen der Unfallversicherung

---

1120 *Leube*, SozVers 2000, 314 (315); *Wolf*, SGb 2008, 516 (517).

1121 Vgl. *Ricke*, SozVers 2001, 174 (175 f.); Schulin HS-UV/*Schlegel* § 20 Rn. 4, § 19 Rn. 19; LPK-SGB VII/*Ziegler* § 4 Rn. 13.

1122 BT-Drucks. 4/120, 53; *Ricke*, SozVers 2001, 174 ff.; *Ricke*, SGb 2007, 342 (343); KassKomm/*Lilienfeld* SGB VII § 6 Rn. 4; *Fries*, S. 51 ff.

1123 Dies überzeugt *Ricke*, SozVers 2001, 174 jedoch nicht.

1124 Dazu wiederum kritisch KassKomm/*Lilienfeld* SGB VII § 2 Rn. 82.

1125 Vgl. LG Köln, Urt. v. 11.8.2010 – 20 O 527/09, UV-Recht Aktuell 2010, 1085, juris Rn. 36.

virulent wird und die in der Privatwirtschaft kaum versicherbar ist. Dem Pflegebedürftigen steht deshalb das Recht nach § 6 I 1 Nr. 1 SGB VII zu, sich bei eigener Beitragszahlung nach § 150 I 2 SGB VII freiwillig zu versichern. Dies gilt auch bei der Absicherung der Pflege im Arbeitgebermodell, wenn eine Beschäftigung vorliegt und die Pflege über die „Haushaltung" hinausgeht.[1126]

dd) Zwischenergebnis

Die Pflege ist damit ein eigenständiges Unternehmen im Sinne der Unfallversicherung, wenn die Mindestpflegezeit erfüllt wird, und ist nicht der Haushaltung zuzuordnen. Der Pflegebedürftige ist Unternehmer des Unternehmens „Pflege" i. S. d. § 136 III Nr. 1 SGB VII. Er ist daher nicht von der freiwilligen Versicherung nach § 6 I 1 Nr. 1 SGB VII ausgeschlossen.

Damit gelten bereits die §§ 104, 105 SGB VII für die Pflegesituation, § 106 II SGB VII ist lediglich klarstellend.

b) Voraussetzungen des Haftungsausschlusses

aa) Gegenstand des Haftungsausschlusses

Gegenstand der Haftungsbeschränkung sind alle Ersatzansprüche für Schäden, die ihre Grundlage in einem Gesundheitsschaden haben sowie in der nach § 8 III SGB VII gleichgestellten Beschädigung oder dem Verlust eines Hilfsmittels.[1127] Schädigungen des Pflegebedürftigen, die sich über mehr als eine Pflegeschicht hinweg entwickelt haben (z. B. Dekubitus, Hauterkrankungen durch Pflegemittel) stellen keinen Unfall im Sinne der Unfallversicherung dar und unterliegen nicht dem Haftungsausschluss.[1128]

1126 So auch Hauck/Noftz/*Riebel* SGB VII § 2 Rn. 256.

1127 KassKomm/*Ricke* SGB VII § 104 Rn. 5; KKW/*v. Koppenfels-Spies* SGB VII § 104 Rn. 3. Also insbesondere § 280 I BGB ggf. i. V. m. § 241 II BGB. Bei Pflege innerhalb der Familie sind Haftungsbeschränkungen auf eigenübliche Sorgfalt i. S. v. § 277 BGB zu beachten, also insbesondere § 1664 BGB bei der Pflege eines pflegebedürftigen Kindes durch die Eltern (nicht anwendbar bei vertraglichen Pflichten, MüKo/*Huber* § 1664 Rn. 14 m. w. N.) und § 1359 BGB zwischen Ehegatten (Jauernig/*Budzikiewicz* § 1359 Rn. 4). Zu den Haftungsgrundlagen *Gitter*, in: FS Stoll, 33 (45 ff.); zu haftungsrechtlichen Sorgfaltspflichten in der professionellen Pflege *Gaßner*/*Strömer*, MedR 2012, 487.

1128 *Gitter*, in: FS Stoll, 33 (44) mit Verweis auf BSG, Urt. v. 25.8.1961 – 2 RU 106/59, BSGE 15, 41, juris Rn. 19.

bb) Betriebliche Tätigkeit

Die schädigende Handlung muss eine betriebliche Tätigkeit sein, also der Pflege dienen.[1129] Der Haftungsausschluss tritt in Abgrenzung zu Gefälligkeiten bzw. familienhaft geprägten Fällen nur in Fällen des § 2 I Nr. 17 SGB VII ein. Damit besteht insbesondere keine Haftungsbeschränkung bei lediglich kurzzeitigen oder vorübergehenden Pflegetätigkeiten.[1130]

Bei der Feststellung der quasi-versicherten Tätigkeit des Pflegebedürftigen sind die pflegebedingten Eigenarten zu berücksichtigen.[1131] Dazu zählen Tätigkeiten, die mit der Pflegeperson verrichtet werden und bei der die Pflegeperson unter dem Versicherungsschutz nach § 2 I Nr. 17 SGB VII steht.[1132] Auch Tätigkeiten, die an sich eigenwirtschaftlich und unversichert sind, können quasiversicherte Tätigkeit des Pflegebedürftigen sein, wenn die Hilfe der Pflegeperson die eingeschränkte Selbstständigkeit zur Vornahme der eigenwirtschaftlichen Tätigkeiten ausgleicht. Versichert ist jede Handlung, zu oder bei der der Pflegebedürftige aufgrund seiner Pflegebedürftigkeit durch die Pflegeperson pflegend oder betreuend unterstützt wird sowie das auf der Pflegebedürftigkeit bzw. ihrer zugrunde liegenden Krankheit oder Behinderung beruhende Verhalten.

cc) Keine Haftungsbeschränkung bei Vorsatz und Wegeunfall

Die Haftungsbeschränkung ist bei vorsätzlicher Herbeiführung des Versicherungsfalls ausgeschlossen. Eine „vorsätzliche" Herbeiführung liegt bei „doppeltem" Vorsatz auf die Schädigungshandlung *und* den Erfolg vor.[1133]

Der Haftungsausschluss greift daher z. B. trotzdem weiter, wenn der Pflegebedürftige vorsätzlich handelt, aber die Folgen nicht abschätzen kann.[1134]

1129 KKW/*v. Koppenfels-Spies* § 106 SGB VII Rn. 8.

1130 Hauck/Noftz/*Kranig* SGB VII § 106 Rn. 12a.

1131 Für die Schülerunfallversicherung KassKomm/*Ricke* SGB VII § 8 Rn. 254 ff.

1132 Vgl. *Leube*, SozVers 2000, 314 (316): Verrichtungen, die dem Pflegebedürftigen zugewandte Pflege der Pflegeperson unterstützen.

1133 BAG, Urt. v. 20.6.2013 - 8 AZR 471/12, NZA 2014, 168, juris Rn. 23; BGH, Urt. v. 11.2.2003 - VI ZR 34/02, BAGE 154, 11, juris Rn. 9, 11 m. w. N.; BGH, Urt. v. 8.3.2012 - III ZR 191/11, NZS 2012, 546, juris Rn. 14 m. z. N.

1134 Im Rahmen des Haftungsausschlusses im Schulbetrieb nach § 106 I SGB VII wird der Vorsatz auf den Verletzungserfolg oftmals verneint, wenn den vorsätzlich handelnden Kindern alters- und entwicklungsbedingt die Einsicht fehlt, den konkreten Schadensumfang zu überblicken (KKW/*v. Koppenfels-Spies* SGB VII § 106 Rn. 7 mit Nachweisen zur Rspr.). Bei Pflegebedürftigen kann dies ähnlich liegen. In schweren Fällen können demenzielle Erkrankungen schon die Verschuldensfähigkeit ausschließen. Dies schließt nicht nur eigene Ansprüche der Pflegeperson aus, sondern

c) *Haftungsersetzende Leistungen und Rechtfertigung des Ausschlusses*

Das Prinzip der Haftungsersetzung durch Versicherungsschutz und das soziale Schutzprinzip sind tragende Strukturprinzipien der Unfallversicherung:[1135] Sie adressieren die Problemlage vor Einführung des Unfallversicherungsgesetzes von 1884, dass geschädigte Arbeiter auf einen zivilrechtlichen Schadensersatz verwiesen waren, der oftmals an Verschuldens- und anderen Beweisfragen oder mangelnder Liquidität des Schädigers scheiterte, zumal ihre tatsächlichen Möglichkeiten durch das Abhängigkeitsverhältnis zum Unternehmer beschränkt waren. Nach dem Haftungsersetzungsprinzip wird die zivilrechtliche Haftpflicht des Unternehmers gegenüber seinen Arbeitnehmern durch die Leistungen der gesetzlichen Unfallversicherung abgelöst, um diese betriebliche Konfliktsituation zu vermeiden; an die Stelle der privatrechtlichen Haftpflicht des Unternehmers wird die Gesamthaftung der in der Berufsgenossenschaft zusammengeschlossenen Unternehmer gesetzt.[1136] Im Gegenzug zum Verlust seiner zivilrechtlichen Ansprüche erhält der Geschädigte Leistungen der gesetzlichen Unfallversicherung. Die Kompensation durch Versicherungsleistungen ist vor dem Hintergrund des Art. 14 GG erforderlich, wenn der zivilrechtliche Schadensersatz ausgeschlossen wird.[1137] Zudem liegt eine rechtfertigungsbedürftige Ungleichbehandlung des Geschädigten im Geltungsbereich des Haftungsausschlusses gegenüber einem Geschädigten bei einem anderen zugrunde liegenden Vertragsverhältnis vor im Sinne des Art. 3 I GG.[1138]

aa) *Leistungen an die Pflegeperson als versicherte Geschädigte*

Die nach § 2 I Nr. 17 SGB VII versicherte Pflegeperson erhält Unfallversicherungsleistungen bei Schädigung durch den Pflegebedürftigen, wenn dessen Haftung ausgeschlossen ist. Der versicherten Pflegeperson steht das gesamte

---

auch Ansprüche der Angehörigen bzw. Hinterbliebenen (§§ 844, 845 BGB). Zu Schädigungen im Rahmen der Pflege vgl. nur die Beiträge in *Bonacker/Geiger* (Hrsg.), Menschenrechte in der Pflege.

1135 *Gitter*, Schadensausgleich, S. 38 ff. m. w. N.; *Rolfs*, Haftung, S. 2 ff.; *Sprang*, SoFo 1984, 126 (128 f.); Schulin HS-UV/*Gitter/Nunius* § 5 Rn. 43 ff, 51 ff.; BT-Drucks. 13/2204, 72; BVerfG, Beschl. v. 7.11.1972 – 1 BvL 4/71, BVerfGE 34, 118, juris Rn. 38.

1136 BVerfG, Beschl. v. 7.11.1972 – 1 BvL 4/71, BVerfGE 34, 118, juris Rn. 38; Schulin HS-UV/*Gitter/Nunius* § 5 Rn. 51.

1137 *Waltermann*, NJW 2002, 1225 (1228); *Lepa*, S. 36 f, 109 f. m. w. N. zur Rechtsprechung.

1138 BVerfG, Beschl. v. 7.11.1972 – 1 BvL 4/71, BVerfGE 34, 118, juris Rn. 34 ff.

Leistungsspektrum der UV offen. Ihre zivilrechtlichen Ansprüche werden auch dort ausgeschlossen, wo die gesetzliche Unfallversicherung keinen kongruenten Ausgleich für den Personenschaden bietet, namentlich im Falle des Schmerzensgeldes nach § 253 II BGB für den Ausgleich immaterieller Schäden, für den keine Anspruchsgrundlage im SGB VII besteht.[1139] Dem Ausschluss zivilrechtlicher Ansprüche stehen Leistungen nach dem SGB VII korrespondierend gegenüber, ohne dass die Ansprüche kongruent sind oder der Geschädigte die Differenzbeiträge verlangen kann.[1140]

bb) Leistungen an den Pflegebedürftigen als Unversicherten?

Die Haftung der Pflegeperson gegenüber dem Pflegebedürftigen wird nach § 106 II Nr. 2 SGB VII bzw. § 105 II SGB VII ausgeschlossen, auch wenn der Pflegebedürftige nicht unfallversichert ist.

(1) Versicherung des Pflegebedürftigen

Pflegebedürftige sind nicht qua ihrer Pflegebedürftigkeit versichert nach § 2 SGB VII, da die gesetzliche Unfallversicherung keine Volksversicherung darstellt und neben der Beschäftigung lediglich Tätigwerden im Interesse des Gemeinwohls absichert.[1141] Sie zählen nicht zu den Rehabilitanden nach § 2 I Nr. 15a) SGB VII.[1142]

(2) Pflegebedürftiger als unversicherter Unternehmer

Wie bereits oben behandelt, ist der Pflegebedürftige Unternehmer der nicht erwerbsmäßigen Pflege. Als ein solcher Unternehmer unterliegt er auch der Regelung des § 105 II SGB VII. § 105 II SGB VII ist auch in der unechten Unfallversicherung anwendbar.[1143] Nach § 105 II 1 SGB VII wird die Haftung auch bei Schädigung eines unversicherten Unternehmers begrenzt. Die Haftung hängt nicht von der Zufälligkeit ab, ob der Unternehmer versichert ist.[1144] Im

---

1139 Vgl. KKW/*v. Koppenfels-Spies* § 104 Rn. 2.

1140 *Mann,* ZFSH/SGB 2001, 259 („Korrespondenzprinzip"); *Gitter,* Schadensausgleich, S. 247 ff.; *Waltermann,* in: FS 50 Jahre BSG, 571 (572); vgl. auch BVerfG, Beschl. v. 7.11.1972 – 1 BvL 4/71, BVerfGE 34, 118, juris Rn. 37 ff.

1141 Vgl. BT-Drucks. 14/429, 16: Die Bundesregierung sah insofern keine Benachteiligung.

1142 KKW/*Holtstraeter* SGB VII § 2 Rn. 43; BeckOK-SozR/*Wietfeld* SGB VII § 2 Rn. 192; BSG, Urt. v. 25.1.1979 – 3 RK 83/78, SozR 2200 § 184 Nr. 11, juris Rn. 20.

1143 *Fries*, S. 257 ff.

1144 BeckOK-SozR/*Stelljes* SGB VII § 105 Rn. 21; KKW/*v. Koppenfels-Spies* SGB VII § 105 Rn. 6 m. w. N.

Gegenzug für den Haftungsausschluss – als „Versicherungsschutz als Haftungsersatz“ statt der „Haftungsersetzung durch Versicherungsschutz“[1145] – hat der unversicherte Unternehmer nach § 105 II 2 SGB VII einen Anspruch gegen die Unfallversicherung wie ein Versicherter.[1146]

Der Anspruch setzt einen Quasi-Arbeitsunfall des Unternehmers voraus, also dass seine Tätigkeit qua innerem Zusammenhang eine versicherte Tätigkeit gewesen wäre, wenn er versichert gewesen wäre.[1147]

(3) Verweis in § 106 II SGB VII auf § 105 II SGB VII

§ 106 II SGB VII verweist „für die Ersatzpflicht“ auf §§ 104, 105 SGB VII.

Teilweise wird aus diesem Wortlaut geschlossen, dass für den unversicherten Pflegebedürftigen die *leistungsrechtliche* Regelung des § 105 II SGB VII gerade nicht anzuwenden sei, womit dessen Schadensersatzansprüche ersatzlos ausgeschlossen würden – daher sei § 106 II Nr. 2 SGB VII verfassungswidrig, da er den Pflegebedürftigen rechtlos stelle.[1148] Dabei ist schon fraglich, ob „für die Ersatzpflicht“ als „nur für den Ausschluss der Ersatzpflicht“ zu verstehen ist oder als „im Haftungsfall“.[1149] Bei dieser Diskussion wird übersehen, dass der Pflegebedürftige – wie oben dargestellt – Unternehmer und § 105 SGB VII somit direkt anwendbar ist. § 106 II Nr. 2 SGB VII ist lediglich klarstellend. Der unversicherte Pflegebedürftige wird nicht rechtlos gestellt. Er erhält nach § 105 II SGB VII Unfallversicherungsleistungen.[1150]

1145 Vgl. *Waltermann*, NJW 2002, 1225 (1228); *Waltermann*, Die BG 1997, 310 (317).

1146 Hauck/Noftz/*Kranig* SGB VII § 105 Rn. 21.

1147 *Kock*, NZS 2006, 471 (472). Dies ist parallel zur schädigenden „betrieblichen“ Handlung des Pflegebedürftigen zu beurteilen, hierzu B.III.5.b.bb., S. 288 f.

1148 *Lepa*, S. 120; *Wolf*, SGb 2008, 516 (517 f.); *Waltermann*, NJW 2004, 901 (906); *Waltermann*, in: FS 50 Jahre BSG, 571 (587); EvKSW/*Waltermann* § 106 Rn. 4; Hauck/Noftz/*Kranig* SGB VII § 106 Rn. 12.

1149 *Fries*, S. 285.

1150 Anwendung teilweise über § 106 II Nr. 2 SGB VII: Lauterbach/*Dahm* § 106 Rn. 12; *Bereiter-Hahn*/*Mehrtens* § 106 Rn. 7; MAH/*Plagemann* § 25 Rn. 22; *Leube*, Die BG 2001, 139 (141); *Mann*, ZFSH/SGB 2001, 259 (260 f.); *Fries*, S. 260 f. *Lepa*, S. 122 lehnt die Anwendbarkeit des § 105 II SGB VII ab, da § 105 II SGB VII selbst verfassungswidrig sei; hierzu im Folgenden.

(4) Ansprüche als unversicherter Unternehmer

Der Sachleistungsanspruch nach §§ 26 ff, 105 II 2 SGB VII besteht in vollem Umfang.[1151] Ein Anspruch auf Verletztenrente nach § 56 SGB VII kommt infrage bei einer Minderung der Erwerbsfähigkeit (MdE) von mindestens 20 % über die 26. Woche nach dem Versicherungsfall hinaus. Bei den Geldleistungen gelten die besonderen Vorschriften nach § 105 II 3–4 SGB VII.

Im Bruch mit der sonstigen abstrakten Schadensberechnung werden Geldleistungen nach § 105 II 4 SGB VII nur bis zur Höhe des zivilrechtlichen Schadensersatzanspruchs erbracht (hierzu sogleich vertieft).

Nach § 105 II 3 SGB VII wird der Mindestjahresarbeitsverdienst (§ 85 I SGB VII) als Jahresarbeitsverdienst angesetzt.

(5) Zulässigkeit des Haftungsausschlusses des unversicherten Pflegebedürftigen

Die Vorschrift des § 105 II SGB VII selbst ist aber nicht unumstritten, da Geldleistungen nur im reduzierten Umfang gewährt werden. Ein Haftungsausschluss mit -ersetzung ist nur zulässig, wenn rechtfertigende Gründe für die Haftungsersetzung bestehen und die gewährten Leistungen ausreichend mit den ausgeschlossenen Ansprüchen korrespondieren.

(a) Höhe der korrespondierenden Leistungen

Die Begrenzung auf den zivilrechtlichen Schadensersatzanspruch nach § 105 II 4 SGB VII ist insofern problematisch, als dass dem – ebenfalls ausgeschlossenen – Schmerzensgeldanspruch keine direkte Unfallversicherungsleistung gegenübersteht und die Rechtfertigung dieses Ausschlusses sich bei *Versicherten* wesentlich darauf gründet, dass die Vorteile durch die abstrakte Schadensberechnung dies im Ergebnis ausgleichen.[1152]

1151 *Kock*, NZS 2006, 471 (473); KassKomm/*Ricke* SGB VII § 105 Rn. 22; Hauck/Noftz/*Kranig* SGB VII § 105 Rn. 23; EvKSW/*Waltermann* § 105 Rn. 17.

1152 Hierzu BSG, Urt. v. 10.4.2003 – B 4 RA 32/02 R, SozR 4-2600 § 93 Nr. 2, juris Rn. 31; BVerfG, Beschl. v. 7.11.1972 – 1 BvL 4/71, BVerfGE 34, 118, juris Rn. 47 m. w. N.; BVerfG, Nichtannahmebeschl. v. 8.2.1995 – 1 BvR 753/94, SozR 3-2200 § 636 Nr. 1, juris Rn. 4 (im Zusammenspiel mit § 93 II Nr. 2a SGB VI); BVerfG, Nichtannahmebeschl. v. 27.2.2009 – 1 BvR 3505/08, NZA 2009, 509, juris Rn. 11; BVerfG, Nichtannahmebeschl. v. 16.3.2011 – 1 BvR 591/08, NZS 2011, 895, juris Rn. 39 f. Dazu *Gitter*, Schadensausgleich, S. 162 ff.; *Henning*, S. 22 ff.; *Lepa*, S. 34 ff.; nicht tragfähig nach *Fuhlrott*, NZS 2007, 237; *v. Koppenfels-Spies*, SDSRV Bd. 62, 87 (99, 102); *Richardi*, NZA 2002, 1004 (1009); *Fuchs/Pauker/Baumgärtner*, S. 367; *Eichenhofer*, Sozialrecht,

Unversicherte Unternehmer erhalten über die Voraussetzung des zivilrechtlichen Schadensersatzanspruchs nach § 105 II 4 SGB VII Verletztenrente nur bei und in Höhe von einem konkreten Schaden, der zwar nach § 253 II BGB auch den immateriellen Schaden umfasst, aber gegebenenfalls wegen Mitverschuldens nach § 254 BGB gemindert ist oder durch einen zivilrechtlichen Haftungsausschluss zwischen den Parteien ausgeschlossen werden kann.[1153]

Ein Anspruch auf Verletztenrente ist gegebenenfalls schon aus dem Grund ausgeschlossen, dass der Pflegebedürftige schon zuvor vollständig erwerbsgemindert war. In diesem Fall erhält der Pflegebedürftige keinen Ausgleich für den ausgeschlossenen Schmerzensgeldanspruch über die abstrakt berechnete Verletztenrente.[1154] Gegen die Eingliederung des Pflegebedürftigen in die gesetzliche Unfallversicherung im Wege der freiwilligen Versicherung wird zuweilen vorgebracht, dass der Grundtyp der Pflegebedürftigen bereits völlig erwerbsunfähig sei und die spezifischen Leistungen der gesetzlichen Unfallversicherung zur beruflichen Rehabilitation und Erwerbsminderungsrente nicht benötige.[1155] Dies übersieht, dass ein Verlust des Schmerzensgeldanspruchs auszugleichen ist. Zudem ist dem entgegenzuhalten, dass jeder dritte junge Pflegebedürftige im Alter von 25 bis 44 seinen Lebensunterhalt durch eigene Berufs- oder Erwerbstätigkeit sichert[1156] und ein Interesse an der Absicherung seiner Erwerbsfähigkeit hat.

Damit treten die ausgleichenden Vorteile des geschädigten Versicherten in der gesetzlichen Unfallversicherung nicht ein. Der konkrete, eingetretene Schaden wird nicht kompensiert: In der wertenden Gesamtbetrachtung gewähren die Leistungen nach § 105 II 2–4 SGB VII keinen adäquaten Ausgleich im Sinne

---

Rn. 413: nicht mehr gerechtfertigt, weil die Schmerzensgelder erheblich ausgeweitet wurden.

1153 Nach *Gitter*, in: FS Stoll, 33 (45 f.) ist ein geminderter Sorgfaltsmaßstab nach §§ 1369, 277 BGB bzw. §§ 1664 I, 277 BGB anzuwenden, sonst gilt ggf. ein stillschweigender Haftungsausschluss für leichte Fahrlässigkeit auch im Rahmen des § 662 BGB (so auch *Mann*, ZFSH/SGB 2001, 259 (261)).

1154 Vgl. dazu die Nachweise in Fn. 1152. Gleichzeitig kann sich der Unfallversicherungsträger nach § 110 SGB VII gegebenenfalls auch in Höhe des Schmerzensgeldes beim grob fahrlässigen Schädiger schadlos halten, dazu *v. Koppenfels-Spies*, SDSRV Bd. 62, 87 (102 ff.) m. w. N.

1155 *Ricke*, SozVers 2001, 174 (177).

1156 Vgl. BARMER Pflegereport 2017, S. 216 f.

des Korrespondenzprinzips.[1157] Daher wird die Verfassungsmäßigkeit des § 105 II SGB VII bezweifelt oder sogar verneint.[1158]

(b) Rechtfertigung aufgrund der Art der Tätigkeit

Teilweise wird vertreten, dass dem Pflegebedürftigen der Wegfall seiner Ansprüche zumutbar sei, weil die Pflegeperson „aus ethischen Motiven eine schwierige Aufgabe übernommen" habe und daher ihre Haftung dabei „grob unbillig" sei.[1159]

Hier spielt eine besondere Rolle, dass mit den sozialversicherungsrechtlichen Begleitregelungen und auch dem Haftungsausschluss die Pflegebereitschaft der Pflegeperson gefördert und ihr hoher Einsatz zu der herausragenden sozialen, uneigennützigen Pflege anerkannt werden sollte.[1160] Die Pflegeperson erfüllt im Gesamtsystem der Pflegeversicherung eine entscheidende Aufgabe. Die Pflegeversicherung ist auf ihre Pflegebereitschaft angewiesen und erbringt dafür Leistungen zu ihrer sozialen Sicherung, die mittelbar wiederum dem Pflegebedürftigen zugutekommen, weil die Pflegeperson die Pflege und den Verbleib in der häuslichen Umgebung gewährleistet.

Gerade in der häuslichen Pflege besteht aber ein besonderes Schutzbedürfnis des Pflegebedürftigen, das verbietet, dass der Schutz der Pflegeperson auf seine Kosten verwirklicht wird.[1161] Daher rechtfertigt das Bestreben, die

---

1157 *Mann*, ZFSH/SGB 2001, 259 (262 f.); *Rolfs*, DB 2001, 2294 (2298 f.); *Jungfleisch*, Die BG 2006, 464 (466 f.); *Waltermann*, NJW 2004, 901 (904); *Eichenhofer*, Sozialrecht, Rn. 413; KKW/*v. Koppenfels-Spies* SGB VII § 105 Rn. 6; EvKSW/*Waltermann* § 105 Rn. 19; *Rolfs*, Versicherungsprinzip, S. 466 ff.; *Lepa*, S. 106; a. A. *Kock*, NZS 2006, 471 (475).

1158 So *Jungfleisch*, Die BG 2006, 464 (467); *Rolfs*, DB 2001, 2294 (2298 f.); *Mann*, ZFSH/SGB 2001, 259 (265); EvKSW/*Waltermann* § 105 Rn. 18 f.; KKW/*v. Koppenfels-Spies* SGB VII § 105 Rn. 6; Hauck/Noftz/*Kranig* SGB VII § 105 Rn. 18; *Lepa*, S. 106 ff.

1159 KassKomm/*Ricke* SGB VII § 106 Rn. 17; eine Parallele ließe sich auch zur Haftungsbegrenzung des Arbeitnehmers bei gefahrgeneigter Arbeit ziehen: Aus dem das Arbeitsverhältnis beherrschenden Treue- und Fürsorgepflichtgedanken soll er auch bei fahrlässiger Herbeiführung von Schädigungen nicht mit Ersatzansprüchen belastet werden, die sich aus der besonderen Gefahr und Eigenart der ihm übertragenen Arbeit ergeben und als solche zum typischen vom Arbeitgeber zu tragenden Betriebsrisiko gehören, BAG, Beschl. v. 25.9.1957 – GS 4/56, GS 5/56 – BAGE 5, 1, juris Rn. 33 ff.

1160 Vgl. BT-Drucks. 12/5262, 82, 107, 161.

1161 *Lepa*, S. 121. Im Gegenteil geht *Mann*, ZFSH/SGB 2001, 259 (264 f.) aufgrund der Anknüpfung an die Pflegebedürftigkeit in § 106 II SGB VII von einem Verstoß gegen Art. 3 III 2 GG aus.

Pflegebereitschaft der Pflegeperson zu fördern, nicht schon die Begrenzung der Ansprüche der Person, der die Pflegebereitschaft zugutekommen soll.

(c) Allgemeine Rechtfertigungsgründe

Der Ausschluss der Ansprüche des Pflegebedürftigen und die geringere Haftungsersetzung sind aus anderen Gründen gerechtfertigt.

Der Haftungsausschluss mit Ersetzung durch Versicherungsleistungen wird allgemein dadurch gerechtfertigt, dass mit dem Träger der Unfallversicherung stets ein leistungsfähiger Schuldner gegenübersteht, kein Streit über Verschulden und Mitverschulden aufkommt, kein Prozessrisiko besteht und gerichtliche Auseinandersetzungen nicht den Betriebsfrieden gefährden.[1162]

Das Friedensargument erlangt in der Pflegekonstellation wesentliche Bedeutung.[1163] Der Haftungsausschluss dient dem Betriebsfrieden, indem ein Schädiger nicht persönlich verantwortlich gemacht wird, Rechtsstreitigkeiten um den Schadensersatz aus dem Betrieb herausgehalten werden und ein Weiterarbeiten im Betrieb ohne Konflikt während eines Prozesses möglich ist.[1164] Das gilt in der Pflege besonders. Über das „übliche Maß an Betriebsfrieden" zwischen zwei Pflegepersonen eines Pflegebedürftigen hinaus hat das Vertrauensverhältnis zwischen Pflegebedürftigem und Pflegeperson herausragende Bedeutung, da die Pflege intimste Bereiche berührt.[1165]

Die Pflege führt zudem zu einer Gefahrengemeinschaft zwischen allen Beteiligten, in deren Rahmen in beide Richtungen durch geringe Unachtsamkeit erheblicher Schaden und erhebliche daraus folgende Ansprüche auftreten können.[1166] Die Gefahrgeneigtheit ergibt sich auch daraus, dass die ehrenamtliche Pflege durch angelernte Personen erbracht wird, die überwiegend mittleren

---

1162 Vgl. BVerfG, Beschl. v. 7.11.1972 – 1 BvL 4/71, BVerfGE 34, 118, juris Rn. 44 ff.

1163 *Mann*, ZFSH/SGB 2001, 259 (260); *Fries*, S. 257. Zur einschränkenden teleologischen Reduktion der Haftungsfreistellung in den Fällen, in denen keine Beitragsfinanzierung vorliegt und keine Gefährdung des Betriebsfriedens siehe *Fries*, S. 211 ff. m. w. N.

1164 Vgl. Schulin HS-UV/*Gitter/Nunius* § 5 Rn. 53; BVerfG, Beschl. v. 7.11.1972 – 1 BvL 4/71, BVerfGE 34, 118, juris Rn. 46. Zur Schwächung des Betriebsfriedens trotz Haftungsausschlusses durch die Regressmöglichkeiten nach § 110 SGB VII siehe *Gitter*, Schadensausgleich, S. 220; *Henning*, S. 58 ff.; *Fries*, S. 165 f.; *Fuhlrott*, NZS 2007, 237 (239) kritisiert, dass es nicht Aufgabe des einzelnen Arbeitnehmers sei, den sozialen Arbeitsfrieden durch Verzicht auf seinen Schmerzensgeldanspruch zu erkaufen.

1165 *Gitter*, in: FS Stoll, 33 (48); *Mann*, ZFSH/SGB 2001, 259 (260); *Fries*, S. 162 f., 235, 257.

1166 KKW/*v. Koppenfels-Spies* SGB VII § 106 Rn. 2c.

Alters oder älter sind und regelmäßig an die Grenzen ihrer körperlichen Belastbarkeit gehen. Die Beteiligten in einer Gefahrengemeinschaft teilen das Interesse der Entlastung von Haftungsrisiken; dafür müssen sie im Gegenzug als Geschädigter in der gleichen Situation auf ihren Schadensersatzanspruch verzichten.[1167] Andere Gefahrengemeinschaften kennen die Begrenzung auf eigenübliche Sorgfalt nach § 277 BGB (§§ 708, 1359 BGB), aber keinen Ausschluss aller Schadensersatzansprüche.[1168]

(d) Zwischenergebnis

Dem Ausschluss des zivilrechtlichen Schadensersatzanspruchs durch § 105 II 1 SGB VII steht nur eine reduzierte Leistung der Unfallversicherung gegenüber. Dies ist gerechtfertigt aufgrund des für die häusliche Pflege notwendigen Vertrauensverhältnisses, aus dem rechtliche Konflikte um die Schadensersatzpflicht herausgehalten werden sollen, und der bestehenden Gefahrengemeinschaft zwischen der Pflegeperson und dem Pflegebedürftigen.

d) Ergebnis

Die Haftung für Personenschäden, die bei der Pflegetätigkeit verursacht werden, wird nach § 106 II SGB VII für die an der Pflege Beteiligten jeweils untereinander ausgeschlossen. Der Pflegebedürftige ist Unternehmer des Unternehmens „nicht erwerbsmäßige Pflege“ i. S. v. § 136 III Nr. 1 SGB VII, wenn die Erheblichkeitsschwelle des § 2 I Nr. 17 SGB VII erreicht wird. Die Unternehmerstellung des Pflegebedürftigen besteht unabhängig davon, ob er Haushaltsvorstand ist. Er kann sich nach § 6 I Nr. 1 SGB VII freiwillig versichern. Wird er geschädigt und muss sich den Haftungsausschluss des § 105 SGB VII entgegenhalten lassen, werden seine Schadensersatzansprüche nicht ersatzlos gesperrt, sondern er

---

1167 Vgl. *Gitter*, Schadensausgleich, S. 246 f.; *Lepa*, S. 48; *v. Koppenfels-Spies*, NZS 2006, 561 (565 f.); *Waltermann*, NJW 2002, 1225 (1228). Vgl. die Rechtsprechung zur „gemeinsamen Betriebsstätte“ nach § 106 III Alt. 3 SGB VII: Die alleinige Rechtfertigung liege in der Gefahrengemeinschaft, BGH, Urt. v. 23.9.2014 – VI ZR 483/12, NZV 2015, 179, juris Rn. 18 m. w. N.; Schulin HS-UV/*Gitter/Nunius* § 5 Rn. 79.

1168 KKW/*v. Koppenfels-Spies* SGB VII § 104 Rn. 2; *Rolfs*, Haftung, S. 53 f. *Henning*, S. 84 ff., 92 f. möchte daher die Haftungsfreistellung schon bei grober Fahrlässigkeit entsperren und führt für die Entsperrung der Haftung in der Pflege bei grober Fahrlässigkeit an, dass bei Gefälligkeitsverträgen aufgrund der Uneigennützigkeit der Handlung Haftungsprivilegierungen nur für leichte Fahrlässigkeit gewährt werden (§§ 521, 599, 690 BGB).

erhält als unversicherter Unternehmer Leistungen der gesetzlichen Unfallversicherung nach § 105 II SGB VII.

6. Fazit

Die Pflegeperson ist nach § 2 I Nr. 17 SGB VII bei der Pflegetätigkeit im Rahmen von § 14 II SGB XI unfallversichert. Es ist erforderlich, dass sie die Mindestpflegezeit nach § 19 S. 2 SGB XI erfüllt, nicht jedoch für eine Pflegetätigkeit, die vor dem 31.12.2016 bereits aufgenommen wurde. Hinsichtlich der Absicherung wird im Gegensatz zur alten Rechtslage nicht zwischen den verschiedenen Pflegetätigkeiten differenziert. Es sind jedoch die allgemeinen Regeln der Unfallversicherung anzuwenden, um insbesondere die Tätigkeit aus dem Zusammenleben der häuslichen Gemeinschaft von Pflegetätigkeiten abzugrenzen.

Zwischen Pflegebedürftigem und Pflegepersonen untereinander sowie mehreren Pflegepersonen desselben Pflegebedürftigen gilt der Haftungsausschluss nach §§ 104, 105 SGB VII. § 106 II SGB VII ist insoweit klarstellend. Der Pflegebedürftige ist Unternehmer des Unternehmens „Pflege“ und kann sich als solcher freiwillig versichern oder im Falle des Haftungsausschlusses Leistungen als unversicherter Unternehmer nach § 105 II SGB VII erhalten.

IV. Kranken- und Pflegeversicherung: Beitragszuschuss bei Pflegezeit, § 44a SGB XI

Die Kranken- und Pflegeversicherung der Pflegepersonen ist nicht gesondert geregelt. Beschäftigte in Pflegezeit erhalten aber auf Antrag einen Beitragszuschuss nach § 44a I SGB XI.

1. Versicherungspflicht

Der Kranken- und Pflegeversicherungsschutz der nicht erwerbsmäßigen Pflegeperson ist unabhängig von ihrer Pflegetätigkeit. Sie ist nach den allgemeinen Regeln versicherungspflichtig oder auf die freiwillige Versicherung verwiesen. Auch hier führt das weitergeleitete Pflegegeld nicht zur Annahme einer Beschäftigung gegen Entgelt.[1169]

1169 *Gitter*, VSSR 1996, 1 (17); schon oben S. 100 ff.

Die Familienversicherung (§ 10 SGB V, § 25 SGB XI) der nicht erwerbstätigen Pflegeperson wird als Regelfall zugrunde gelegt.[1170] Daneben kommen die Versicherungspflicht als Rentner (§ 5 I Nr. 11 SGB V, § 20 I 2 Nr. 11 SGB XI) für Pflegepersonen im Rentenbezug infrage, die freiwillige Versicherung nach § 9 I Nr. 1 SGB V, § 20 III SGB XI (ggf. „automatisch" nach § 188 IV SGB V), wenn die Vorversicherungszeit erfüllt wird und die „Auffangversicherung" nach § 5 I Nr. 13 SGB V, § 20 I 2 Nr. 12 SGB XI.[1171] Privat versicherte Pflegepersonen, die durch die Arbeitsreduzierung unter die JAEG sinken (§ 6 I Nr. 1 SGB V) und damit wieder versicherungspflichtig wären, können sich nach § 8 I 1 Nr. 2a und 3 SGB V bei oder nach einer (Familien-)Pflegezeit auf Antrag von der Versicherungspflicht befreien lassen und bei ihrer privaten Krankenversicherung verbleiben.

2. Beiträge

Die Familienversicherung nach § 10 SGB V, § 25 SGB XI ist beitragsfrei, § 3 S. 3 SGB V, § 56 I SGB XI. Für die freiwillige bzw. Auffangversicherung tragen die Versicherten selbst die Beiträge, § 250 II, III SGB V, § 59 IV SGB XI. Die Beitragsbemessung berücksichtigt die gesamte wirtschaftliche Leistungsfähigkeit des Mitglieds, § 240 I 2 SGB V (i. V. m. § 227 SGB V), § 57 IV 1 SGB XI.[1172]

1170 Udsching/Schütze/*Udsching* § 19 Rn. 3 zieht dies aus BT-Drucks. 12/5262, 101; *Winkel*, SoSi 2012, 165 (168); *Gitter*, VSSR 1996, 1 (17); Gutachten zum 1. Gleichstellungsbericht, BT-Drucks. 17/6240, 79; kritisch *Just*, SoSi 2008, 74 (77 f.).

1171 § 5 I Nr. 13 SGB V setzt keine Vorversicherungszeit voraus und bietet damit einen Zugang zur Krankenversicherung, dessen Fehlen in der Vergangenheit bemängelt wurde (für Pflegepersonen z. B. von: *Gitter*, VSSR 1996, 1 (18); *Benz*, Die BG 1993, 180 (182); *Just*, SoSi 2008, 74 (77 f.). Zu den vorherigen Lücken KassKomm/*Peters* SGB V § 5 Rn. 161.

1172 Die Beitragspflicht orientiert sich an der untersten Grenze der Lebensunterhaltskosten, von denen auch ausgegangen wird bei Versicherten, die kein Bareinkommen, sondern Lebensunterhalt in Naturalleistungen erhalten (Hauck/Noftz/*Gerlach* SGB V § 240 Rn. 119; vgl. zu § 180 RVO BT-Drucks. 8/883, 60). Als beitragspflichtiges Einkommen wird nach § 240 IV 1 SGB V mindestens 1/3 der Bezugsgröße angesetzt, ansonsten wird die gesamte wirtschaftliche Leistungsfähigkeit des freiwillig Versicherten berücksichtigt, § 240 I 2 SGB V. Somit fließen grundsätzlich Einnahmen aller Art in die Berechnung mit ein, vgl. hierzu die „Beitragsverfahrensgrundsätze Selbstzahler" des GKV-Spitzenverbands auf Grundlage der §§ 239 S. 1, 240 I 1, 254 S. 2 SGB V, § 23 I 1 SGB IV.

Ein weitergeleitetes Pflegegeld ist nach § 240 II 4 SGB V, § 57 IV SGB XI nicht beitragspflichtig.

Durch die fiktiven Mindesteinnahmen nach § 240 IV 1 SGB V, § 57 IV 1 SGB XI besteht in der freiwilligen und Auffangversicherung ein Mindestbeitrag, unabhängig von den tatsächlichen Einnahmen oder Vermögensverhältnissen der Pflegeperson.[1173]

3. Keine Sonderregelung für die Pflegeperson

Für Pflegepersonen besteht kein eigener Pflichtversicherungstatbestand der Kranken- und Pflegeversicherung, da das Rückkehrrecht in die gesetzliche Versicherung für bisher privat Versicherte begrenzt werden soll.[1174] Die Begrenzung der Rückkehrmöglichkeiten soll die Versichertengemeinschaft vor „schlechten Risiken" schützen, denen kein „gutes Risiko" zu einem früheren Zeitpunkt gegenüberstand. Verhindert werden soll, dass die Umverteilung dort umgangen wird, wo sie zum eigenen Nachteil wäre (z. B. gesunde Gutverdiener, die in der privaten Krankenversicherung geringere Beiträge erbringen, als sie in der gesetzlichen Krankenversicherung müssten) und dann zu einem späteren Zeitpunkt das Sozialsystem zum eigenen Vorteil genutzt wird (Gutverdiener ist inzwischen krank oder möchte Familie beitragsfrei mitversichern).[1175]

Statt einer Versicherungspflicht für Pflegepersonen wurde zum Ausgleich der Beitragsbelastung mit Einführung der Pflegezeit der Beitragszuschuss nach § 44a I SGB XI eingeführt. Die Krankenversicherung sollte durch ein beitragsfreies Fortbestehen der Mitgliedschaft wie bei der Elternzeit nach §§ 192, 224 SGB V nicht einseitig belastet werden.[1176]

1173 KassKomm/*Peters* SGB V § 240 Rn. 56. Auf die mangelnde Finanzierbarkeit wies bereits *Gitter*, VSSR 1996, 1 (18) hin. Zur Höhe siehe S. 305 f.

1174 Daher im Rahmen des PfWG abgelehnt, vgl. BT-Drucks. 16/7439, 61. Für das Ehrenamt: *Igl*, Rechtsfragen des freiwilligen sozialen Engagements, S. 57 f. Dagegen schon *Gitter*, VSSR 1996, 1 (19), der befürchtete, dass hohe Beiträge für die freiwillige Versicherung einen Anreiz gegen die Übernahme häuslicher Pflege setzen könnten.

1175 *Igl*, ZFSH/SGB 1994, 561 (566); daher wird der Zugang zur KVdR nach § 5 I Nr. 11 SGB V auf Personen begrenzt, die in der zweiten Hälfte ihres Erwerbslebens zu 90 % als Mitglieder oder Familienversicherte in der GKV versichert waren. Die Schutzbedürftigkeit von Rentnern, die zuvor freiwillig versichert waren, hängt davon ab, in welchem Ausmaß sie sich zuvor an der Solidargemeinschaft der GKV beteiligt haben (BVerfG, Beschl. v. 15.3.2000 – 1 BvL 16/96, BVerfGE 102, 68, juris Rn. 82 f.).

1176 BT-Drucks. 16/7439, 61.

Die freiwillige und Auffangversicherung von Pflegepersonen erhält auch zunehmend an Bedeutung, da die Zahl der geschiedenen oder ledigen Pflegepersonen steigt, bei denen die Familienversicherung ausscheidet.[1177] Eine Versicherungspflicht käme Pflegepersonen aufgrund der Altersverteilung der Pflegepersonen besonders zugute, weil die Krankenversicherung der Rentner nach § 5 I Nr. 11 SGB V Vorversicherungszeiten in der gesetzlichen Krankenversicherung voraussetzt. Eine Pflegeperson, die während der Pflege privat krankenversichert war, kann mit diesen Zeiten die Vorversicherungszeiten nach § 5 I Nr. 11 SGB V nicht erfüllen.[1178] Sie muss Zeiten der Mitgliedschaft oder Familienversicherung aufweisen. Durch § 6 IIIa SGB V werden Personen über 55 Jahren versicherungsfrei, wenn sie nicht die letzten fünf Jahre vor Eintritt der Versicherungspflicht gesetzlich versichert waren.[1179]

4. Beitragszuschuss nach § 44a I SGB XI

Nach § 44a I SGB XI wird auf Antrag ein Beitragszuschuss für Beschäftigte gewährt, die während einer Freistellung nach § 3 PflegeZG in der freiwilligen (§ 9 SGB V, § 20 III SGB XI) oder Auffangversicherung (§ 5 I Nr. 13 SGB V, § 20 I 2 Nr. 12 SGB XI) versicherungspflichtig sind. Wie auch bei § 44 SGB XI handelt es sich bei § 44a SGB XI um einen originären Rechtsanspruch des Pflegenden.[1180]

1177 Vgl. Abschlussbericht Evaluation PNG PSG I, S. 57: von zusammen 12 % Geschiedenen und Ledigen 1998 auf 21 % 2016.

1178 Anders ist dies für Kindererziehungszeiten, die seit dem 1.8.2017 pauschal auf die Vorversicherungszeit angerechnet werden, § 5 II 3 SGB V. Hierzu KassKomm/*Peters* SGB V § 5 Rn. 148c; *Felix*, NZS 2018, 241 ff.

1179 LSG Essen, Urt. v. 9.5.2019 – L 5 KR 658/18, PKR 2019, 154, juris Rn. 38: trotz § 5 II 3 SGB V. § 6 IIIa SGB V ist auch auf die KVdR anwendbar: LSG Stuttgart, Urt. v. 28.7.2004 – L 11 KR 5300/03, juris Rn. 22; BeckOK-SozR/*Ulmer* SGB V § 6 Rn. 42 – das kommt aufgrund der Vorversicherungszeit des § 5 I Nr. 11 SGB V sonst nur begrenzt zum Tragen (so auch KassKomm/*Peters* SGB V § 6 Rn. 58; jurisPK-SGB V/*Felix* § 6 Rn. 68).

1180 Krauskopf/*Wagner* SGB XI § 44a Rn. 3.

a) Voraussetzungen des § 44a I SGB XI

aa) Freistellung nach § 3 PflegeZG

Die Leistung nach § 44a I SGB XI ist streng an die tatbestandlichen Voraussetzungen des § 3 PflegeZG gebunden.[1181] Das Pflegezeitgesetz normiert in § 3 PflegeZG drei Freistellungen: die Pflegezeit (Abs. 1), die Freistellung zur Betreuung eines pflegebedürftigen Minderjährigen (Abs. 5) und die Freistellung zur Begleitung in der letzten Lebensphase (Abs. 6).[1182]

Nach § 3 I PflegeZG sind Beschäftigte[1183] vollständig oder teilweise von der Arbeit freizustellen, wenn sie einen pflegebedürftigen[1184] nahen Angehörigen[1185] in häuslicher Umgebung[1186] pflegen. Die Pflegezeit beträgt für jeden pflegebedürftigen nahen Angehörigen höchstens sechs Monate, § 4 I 1 PflegeZG. Das Gestaltungsrecht besteht in Betrieben mit in der Regel mehr als 15 Beschäftigten, § 3 I 2 PflegeZG. Ein Beschäftigter „pflegt" i. S. d. § 3 I PflegeZG, wenn er die Pflege alleine oder mit anderen Pflegepersonen zusammen sicherstellt, aber auch wenn er zusätzlich zu oder neben einem Pflegedienst oder einer Tagespflegeeinrichtung Pflegetätigkeiten erbringt.[1187] Er muss tatsächlich pflegen, dabei

---

1181 KassKomm/*Süsskind* SGB XI § 44a Rn. 3; vgl. LSG München, Urt. v. 25.2.2015 – L 2 P 25/13, juris Rn. 35. Einen guten Überblick über die Regelungen zur Pflegezeit und Familienpflegezeit bietet *Tamm*, PersV 2019, 164; vertiefend *v. Koppenfels-Spies*, Angehörigenpflege und Beschäftigung und *Schauß* (2017).

1182 Das Familienpflegezeitgesetz enthält in § 2 FPfZG einen weiteren Freistellungsanspruch, in dessen Rahmen für bis zu 24 Monate eine Reduzierung auf eine Teilzeittätigkeit von mindestens 15 Stunden wöchentlich verlangt werden kann.

1183 Nach § 7 I PflegeZG Arbeitnehmerinnen und Arbeitnehmer, zu ihrer Berufsbildung Beschäftigte und Arbeitnehmerähnliche. Damit sind z. B. Beamte ausgeschlossen (BT-Drucks. 16/7439, 40). Für sie gelten eigene beamtenrechtliche Vorschriften, §§ 92 ff. BBG.

1184 § 7 IV PflegeZG: Verweis auf §§ 14, 15 SGB XI. Aus § 18 III SGB XI ergibt sich, dass die Pflegebedürftigkeit zum Zeitpunkt des Beginns der Pflegezeit noch nicht festgestellt worden sein muss. Der Nachweis kann daher später erfolgen (*Schauß*, S. 188 f. m. w. N.).

1185 Lediglich die in § 7 III PflegeZG abschließend genannten Personen.

1186 Dies entspricht dem Begriff der häuslichen Pflege in § 44 SGB XI. Ausgeschlossen ist also lediglich die vollstationäre Pflege, vgl. S. 129 f.; Krauskopf/*Wagner* SGB XI § 44a Rn. 10; KassKomm/*Süsskind* SGB XI § 44a Rn. 6.

1187 HWK/*Lembke* PflegeZG § 3 Rn. 12; Krauskopf/*Wagner* SGB XI § 44a Rn. 11; BT-Drucks. 16/7439, 60; *Schauß*, S. 170 f.

aber nicht die Mindestpflegezeit erreichen.[1188] Schon für die Pflege eines Pflegebedürftigen mit Pflegegrad 1 kann eine vollständige Freistellung in Anspruch genommen werden.[1189] Es können mehrere Angehörige eine Pflegezeit für denselben Pflegebedürftigen in Anspruch nehmen. In Ermangelung einer Konkurrenzregelung ist dies auch gleichzeitig möglich.[1190] Eine Erforderlichkeitsprüfung erfolgt nicht.

Der Zuschuss nach § 44a I SGB XI kommt auch bei Freistellungen nach § 3 V PflegeZG und § 3 VI PflegeZG infrage. Nach § 3 V PflegeZG ist eine Freistellung von bis zu sechs Monaten[1191] zur Betreuung[1192] eines minderjährigen Pflegebedürftigen in häuslicher oder außerhäuslicher[1193] Umgebung möglich. Nach § 3 VI PflegeZG ist die vollständige oder teilweise Freistellung von bis zu drei Monaten[1194] zur Begleitung eines nahen Angehörigen in der letzten Lebensphase möglich.

Andere Freistellungen nach § 9a TzBfG,[1195] FPfZG oder § 45 IV, V SGB V genügen für den Anspruch nach § 44a I SGB XI nicht. Wer aufgrund sonstiger tarifrechtlicher oder bilateraler Regelungen oder von vornherein zeitlich unbegrenzt zugunsten der Pflege ganz oder teilweise von der Arbeit freigestellt wird, kann den Zuschuss nicht in Anspruch nehmen.[1196] Neben den gesetzlichen

1188 GesR/*Fischinger*/*Werthmüller* SGB XI § 44a Rn. 9. Obwohl die Gesetzesbegründung zum PSG II davon spricht, dass die Mindestpflegezeit auch für „eine am Gesetzesziel orientierte Auslegung von arbeitsrechtlichen Ansprüchen auf Pflegezeit von Bedeutung“ sei (BT-Drucks. 18/5926, 118), findet dies keinen Niederschlag im PflegeZG oder FPfZG (*Müller*/*Becker*, BB 2016, 3000 (3001)).

1189 Vgl. *Schauß*, S. 173 ff.; kritisch *Preis*/*Nehring*, NZA 2008, 729 (734) (Pflegestufe I); *Preis*/*Weber*, NZA 2008, 82 (84).

1190 Zur Diskussion *Schauß*, S. 211 f.

1191 § 4 III 1, I PflegeZG.

1192 Der Anspruch setzt keine Pflege voraus, BT-Drucks. 18/3124, 40.

1193 Der Anspruch sollte insbesondere ermöglichen, sich zur Betreuung eines stationär untergebrachten Minderjährigen freistellen zu lassen, BT-Drucks. 18/3124, 40.

1194 § 4 III 2 PflegeZG.

1195 Eingehend zur Brückenteilzeit *Rauls*/*Haberland*, SGb 2019, 534; *Preis*/*Schwarz*, NJW 2018, 3673; *Bayreuther*, NZA 2018, 1577

1196 BT-Drucks. 16/7439, 59; KassKomm/*Süsskind* SGB XI § 44a Rn. 4; KKW/*Philipp* SGB XI § 44a Rn. 3. In der Verwaltungspraxis wird der Beitragszuschuss auch gewährt, wenn der Arbeitgeber in Kleinunternehmen die Freistellung gleichwohl einräumt, siehe Besprechung des Arbeitskreises Versicherung und Beiträge vom 12.6.2008, S. 11; auf die im Gem. Rdschr. LeistungsR SGB XI, S. 258 verwiesen wird. Vgl. ebenso GemRdschr ALV v. 1.7.2008, S. 18 zu § 26 II SGB III a. F.

Ansprüchen bieten zahlreiche Unternehmen Vereinbarkeitslösungen an, die sich nicht mit den Anforderungen des § 3 PflegeZG überschneiden müssen.[1197] Eine analoge Anwendung des § 44a SGB XI auf diese Fälle kommt nicht in Betracht, weil es an einer planwidrigen Regelungslücke fehlt.[1198] Beamte erhalten bei Erfüllen der Voraussetzungen des § 3 I PflegeZG einen § 44a I SGB XI entsprechenden Zuschuss nach § 92 V 3 BBG.

bb) Vollständige Freistellung oder Reduzierung zum Minijob

§ 44a I SGB XI setzt voraus, dass der Beschäftigte vollständig freigestellt oder durch die Reduzierung der Arbeitszeit geringfügig beschäftigt nach § 8 I Nr. 1 SGB IV ist. Durch die Freistellung ruhen die Hauptpflichten des Arbeitsverhältnisses.[1199] Entsprechend ruht auch (teilweise) der Vergütungsanspruch.[1200] Bei vollständiger Freistellung ohne Entgeltfortzahlung aufgrund individueller oder kollektiver Vereinbarung entfällt die Beschäftigung gegen Arbeitsentgelt als Anknüpfungspunkt der Sozialversicherung. Auch die Fiktion des Fortbestehens für bis zu einen Monat nach § 7 III 1 SGB IV ist nicht anwendbar, § 7 III 4 SGB IV. Ein Darlehen nach § 3 FPfZG und das weitergeleitete Pflegegeld stellen kein beitragspflichtiges Entgelt dar.

cc) Zuschussfähige Versicherung

Die Zuschüsse werden nach § 44a I 2 SGB XI für eine freiwillige Versicherung (§ 9 SGB V), Auffangversicherung (§ 5 I Nr. 13 SGB V oder § 2 I Nr. 7 KVLG 1989 in der Krankenversicherung der Landwirte), eine Versicherung in der privaten Krankenversicherung, bei der Postbeamtenkasse oder Krankenversorgung der Bundesbahnbeamten[1201] gewährt, soweit im Einzelfall eine

---

1197 Beispiele in BMFSFJ, Vereinbarkeit von Beruf und Pflege, S. 14 ff. und *Reuyß*, Freistellungen zur Pflege und Betreuung, S. 10 ff. Der TVöD/TV-L sieht in § 11 die Teilzeitvereinbarung zur Betreuung und Pflege eines pflegebedürftigen Angehörigen und in § 28 TVöD/TV-L einen Anspruch auf Sonderurlaub vor. Dazu und zu weiteren Besonderheiten des öD: *Karb*, ZTR 2015, 427 ff.

1198 LSG München, Urt. v. 25.2.2015 – L 2 P 25/13, juris Rn. 70 ff.; BT-Drucks. 16/7439, 59.

1199 ErfK/*Gallner* PflegeZG § 3 Rn. 4; BAG, Urt. v. 15.11.2011 – 9 AZR 348/10, BAGE 140, 23, juris Rn. 25 m. w. N.

1200 Dazu *Schauß*, S. 200 ff, 259 ff.

1201 Sofern diese Versicherten keine Beamten sind, da diese keine Beschäftigten nach § 7 PflegeZG sind und somit die Voraussetzungen des § 3 PflegeZG nicht erfüllen (BT-Drucks. 16/7439, 61; KassKomm/*Süsskind* SGB XI § 44a Rn. 14; Krauskopf/*Wagner* SGB XI § 44a Rn. 16; Udsching/Schütze/*Rasch* § 44a Rn. 10).

beitragsfreie Familienversicherung ausscheidet, bei der kein Bedarf für einen Zuschuss bestünde.[1202] Daher werden die Zuschüsse nur zu einer substitutiven privaten Krankenversicherung gewährt und nicht, wenn eine Ruhensversicherung vereinbart wird für die Zeit einer beitragsfreien Familienversicherung, um Nachteile wie die Neuuntersuchung zu vermeiden.[1203] Aus den zuschussfähigen Versicherungen ergibt sich, dass der Wegfall der Pflichtversicherung nach § 5 I Nr. 1 SGB V vorausgesetzt wird.[1204] Da der Wortlaut anders als bei der Reduzierung unter die Minijob-Grenze nicht voraussetzt, dass die freiwillige Versicherung erst „durch die Reduzierung der Arbeitszeit" eingegangen wird, greift § 44a I SGB XI auch, wenn zuvor schon eine freiwillige Versicherung bestand und keine Versicherungspflicht.[1205]

dd) Stationärer Aufenthalt des nahen Angehörigen

Für die Leistungen nach § 44a SGB XI gilt ebenfalls die Ausnahme vom Ruhen der Leistungen nach § 34 III SGB XI in den ersten vier Wochen einer vollstationären Krankenhausbehandlung oder einer stationären Leistung zur medizinischen Rehabilitation. § 34 III Var. 4 SGB XI bezieht sich auf die häusliche Pflege, die für die Freistellungen nach § 3 V und V PflegeZG gerade nicht vorausgesetzt wird. Nach dem Sinn und Zweck der Regelung sind im Fall der außerhäuslichen Betreuung eines minderjährigen pflegebedürftigen nahen Angehörigen nach § 3 V PflegeZG oder bei der Freistellung zur Begleitung in der letzten Lebensphase nach § 3 VI PflegeZG für die gesamte Zeit der Freistellung Leistungen zu erbringen, auch wenn der Pflegebedürftige längerfristig im Krankenhaus behandelt wird oder stationäre Leistungen zur medizinischen Rehabilitation erhält.

ee) Antrag, § 33 SGB XI, § 44a I SGB XI

Der Antrag ist bei der Pflegekasse oder dem Versicherungsunternehmen zu stellen, bei dem der pflegebedürftige Angehörige versichert ist.[1206]

1202 BT-Drucks. 16/7439, 60.

1203 BT-Drucks. 16/7439, 61; KassKomm/*Süsskind* SGB XI § 44a Rn. 12; Udsching/Schütze/*Rasch* § 44a Rn. 10; Krauskopf/*Wagner* SGB XI § 44a Rn. 17.

1204 KassKomm/*Süsskind* SGB XI § 44a Rn. 7.

1205 KassKomm/*Süsskind* SGB XI § 44a Rn. 11; KKW/*Philipp* SGB XI § 44a Rn. 6; Udsching/Schütze/*Rasch* § 44a Rn. 9.

1206 Krauskopf/*Wagner* SGB XI § 44a Rn. 19; KassKomm/*Süsskind* SGB XI § 44a Rn. 13.

b) *Höhe und Dauer des Zuschusses*

Der Zuschuss wird nach § 44a I 3 SGB XI in Höhe der Mindestbeiträge nach §§ 240 IV 1 SGB V, 57 IV SGB XI erbracht, begrenzt auf die tatsächliche Höhe der Beiträge.

aa) Höhe des Zuschusses

Bei der Beitragsberechnung werden Mindesteinnahmen vorausgesetzt, §§ 240 IV SGB V, 57 SGB XI. Diese betragen für den Kalendertag den neunzigsten Teil der monatlichen Bezugsgröße, also bei einer Bezugsgröße von monatlich 3.290 EUR (W)/ 3.150 EUR (O) für 2022 monatlich 1.096,67 EUR (W)/ 1.050 EUR (O). Für die Mindestbeiträge werden bei Mitgliedern der GKV nach § 44a I 4 SGB XI der allgemeine Beitragssatz (§ 241 SGB V: 14,6 %) und der kassenindividuelle Zusatzbeitragssatz (§ 242 I SGB V) zugrunde gelegt. Der Beitragssatz für die soziale Pflegeversicherung beträgt (ohne den Beitragszuschlag für Kinderlose) 3,05 % nach § 55 I 1 SGB XI. Bei einem Zusatzbeitrag von 1,3 % beträgt der Beitragszuschuss für Pflegende mit Kindern daher 207,82 EUR (W)/ 198,98 EUR (O).

bb) Abdeckung der tatsächlichen Beiträge durch den Zuschuss

Der Zuschuss deckt den gesamten Beitrag ab, wenn der Pflegende kein Einkommen oder ein Einkommen unter den Mindesteinnahmen hat.[1207] Für privat Versicherte wird der Zuschuss in derselben Höhe erbracht. Soweit ihr Versicherungsbeitrag höher ist, ist er von den pflegenden Angehörigen selbst zu tragen.[1208] Pflegen mehrere Beschäftigte einen Pflegebedürftigen und nehmen dazu gleichzeitig eine Freistellung nach § 3 PflegeZG in Anspruch, wird der zur Verfügung stehende Zuschuss nicht unter ihnen aufgeteilt.

cc) Dauer der Zuschussgewährung

Der Zuschuss kann höchstens für die Länge der Freistellung von bis zu sechs bzw. drei Monaten (§ 4 I 1, III 2 PflegeZG) bezogen werden.[1209] Mit Ende der Pflegezeit durch Zeitablauf oder Entfallen der Pflegebedürftigkeit, Unmöglichkeit oder Unzumutbarkeit der häuslichen Pflege (§ 4 II PflegeZG) endet der Anspruch nach § 44a I SGB XI, auch wenn die Erwerbstätigkeit nicht wiederaufgenommen

---

1207 Krauskopf/*Wagner* SGB XI § 44a Rn. 22.
1208 BT-Drucks. 16/7439, 61.
1209 BT-Drucks. 16/7439, 59.

wurde. Im Falle des § 4 II PflegeZG wird der Zuschuss bis zum Ende der Pflegezeit vier Wochen nach Eintritt des die Pflegezeit beendenden Tatbestands erbracht.[1210] Die Höchstdauer der Freistellung gilt je pflegebedürftigem Angehörigem, § 4 I 1, III 1, 2 PflegeZG. Der Beschäftigte kann im selben Arbeitsverhältnis nochmals für die Pflege eines anderen nahen Angehörigen sein Recht nach § 3 PflegeZG ausüben[1211] und nochmals den Zuschuss nach § 44a XI SGB XI beantragen. In einem neuen Arbeitsverhältnis beginnt die Höchstdauer von Neuem zu laufen. Entsprechend ist auch der Zuschuss nochmals möglich.

Hat der Arbeitgeber einer Unterteilung in mehrere Abschnitte zugestimmt und den Beschäftigten freigestellt, handelt es sich um eine Freistellung nach § 3 PflegeZG, wie dies auch bei der nachträglichen Verlängerung nach § 4 I 2 PflegeZG der Fall wäre. Es ist aber umstritten, ob ein Recht auf eine Verteilung der Pflegezeit auf mehrere Abschnitte besteht wie bei der Elternzeit nach § 16 I 6 BEEG.[1212]

Die höchstmögliche Dauer der Pflegezeit von sechs Monaten wird kritisiert, weil sie einer viel längeren Durchschnittsdauer der Pflege gegenübersteht.[1213] Pflegende müssen gegebenenfalls von vornherein länger ihre Erwerbstätigkeit unterbrechen oder nach der Pflegezeit ganz aufgeben.[1214] Durch die Bindung an die Pflegezeit wird der Zuschuss nach § 44a I SGB XI nicht weitergewährt, wenn im Anschluss an die Pflegezeit eine geringfügige Teilzeitbeschäftigung im

---

1210 BT-Drucks. 16/7439, 62.

1211 *Schauß*, S. 190 f.

1212 Offen gelassen in BAG, Urt. v. 15.11.2011 – 9 AZR 348/10, BAGE 140, 23, juris Rn. 31. Für eine Aufteilungsmöglichkeit *Joussen*, NZA 2009, 69 (73). Gegen das Splitting: *Preis/Nehring*, NZA 2008, 729 (734); ErfK/*Gallner* PflegeZG § 4 Rn. 1 m. w. N.; *Stüben/v. Schwanenflügel*, NJW 2015, 577 (579); *Grundmann*, GuP 2013, 100 (106 f.); *Hexel/Lüders*, NZS 2009, 264 (268). Ausführlich zur Rechtsnatur des § 3 PflegeZG: *Schauß*, S. 196 ff.

1213 Vgl. *Preis/Nehring*, NZA 2008, 729 (733); *Schwerdle*, ZTR 2007, 655 (659); *Schauß*, S. 191. Zum Zeitpunkt der Datenerhebung pflegten nach Hochrechnungen des BARMER Pflegereports 2018 (S. 125 f.) 92,8 % der Hauptpflegepersonen bereits sieben Monate oder länger. Zur Pflegedauer schon oben Fn. 496. Zum Vorschlag des Beirats zur Vereinbarkeit von Pflege und Beruf zur Verlängerung der Freistellung siehe Unabhängiger Beirat, S. 46 f.

1214 Nach den Ergebnissen einer Befragung im Jahr 2018 setzten bei einer Erwerbstätigkeit bei Pflegebeginn 53 % der Pflegenden die Erwerbstätigkeit unverändert fort, 37 % mussten ihre Erwerbstätigkeit aufgrund der Pflege aufgeben oder einschränken, 9 % schränkten ihre Erwerbstätigkeit aus anderen Gründen ein (*Geiss/Pupeter/Schneekloth*, S. 104).

Rahmen der Familienpflegezeit nach dem FPfZG ausgeübt wird, um die weiter bestehende Pflegesituation zu bewältigen.[1215]

c) *Mitteilungs- und Mitwirkungspflichten*

Die Pflegeperson hat eine Mitteilungspflicht nach § 44a I 6 SGB XI bei Änderungen in den Verhältnissen, wie sich schon aus den allgemeinen Mitteilungspflichten nach § 60 I 1 Nr. 2 SGB I i. V. m. §§ 21a I Nr. 3a SGB I, 28 I Nr. 11 SGB XI ergibt.[1216] Mitzuteilen ist etwa das vorzeitige Ende der Pflegezeit nach § 4 II PflegeZG.[1217] Dies entspricht der arbeitsrechtlichen Mitteilungspflicht nach § 4 II 2 PflegeZG gegenüber dem Arbeitgeber.[1218]

5. Unterschiede der Voraussetzungen des § 44a SGB XI zu § 44 SGB XI, Ausblick

Die Leistungen zur sozialen Sicherung von Pflegepersonen nach § 44 SGB XI und die „zusätzlichen Leistungen bei Pflegezeit" nach § 44a I SGB XI erscheinen auf den ersten Blick denselben Personenkreis zu betreffen, unterscheiden sich aber in ihren Voraussetzungen. Dies ergibt sich daraus, dass sich die Voraussetzungen der Freistellungen nach § 3 PflegeZG von denen des Pflegepersonenbegriffs nach § 19 SGB XI unterscheiden. Die Freistellungen nach § 3 PflegeZG sind unabhängig von einem Status als Pflegeperson im Sinne des § 19 SGB XI. Die Ansprüche nach § 44 SGB XI und nach § 44a SGB XI sind unabhängig voneinander und nicht koordiniert. Der Gesetzgeber ging aber davon aus, dass während Pflegezeit und Familienpflegezeit die Leistungen nach § 44 SGB XI erbracht würden.[1219]§ 44a SGB XI sollte lediglich für Beschäftigte, die unter den Voraussetzungen des PflegeZG für die dort vorgesehene Dauer ihre Arbeitsleistung

1215 Aufgrund der Mindestarbeitszeit von 15 Wochenstunden (§ 2 I 2 FPfZG) tritt bei einer Familienpflegezeit nur im Ausnahmefall Versicherungsfreiheit bei Entgeltgeringfügigkeit ein, etwa bei Auszubildenden: Zu ihrer Berufsbildung Beschäftigte (also nicht nur Auszubildende i. R. d. BBiG, BeckOK-ArbR/*Joussen* PflegeZG § 7 Rn. 5) sind Beschäftigte i. S. d. § 7 I Nr. 2 PflegeZG i. V. m. § 2 III FPfZG, aber als zur Berufsausbildung Beschäftigte nach § 22 III MiLoG vom persönlichen Geltungsbereich des MiLoG ausgenommen. Nach alter Rechtslage war § 7 Ia SGB IV anwendbar (*Brose*, NZS 2012, 499 (501)).

1216 KassKomm/*Süsskind* SGB XI § 44a Rn. 17.

1217 BT-Drucks. 16/7439, 61.

1218 KassKomm/*Süsskind* SGB XI § 44a Rn. 17; Krauskopf/*Wagner* SGB XI § 44a Rn. 24.

1219 BT-Drucks. 16/7439, 40; BT-Drucks. 17/6000, 12.

einschränken, ergänzend Leistungen gewähren, um die Pflegezeit sozial abzufedern.[1220]

a) *Weitergehende Voraussetzungen des § 44a SGB XI*

Beschäftigte in Pflegezeit werden nicht automatisch auch als Pflegepersonen abgesichert. § 3 PflegeZG und damit § 44a I SGB XI gehen in verschiedenen Aspekten über § 44 SGB XI hinaus, da die Schwellen geringer sind.

aa) *Pflegebedürftigkeit und Leistungsbezug des pflegebedürftigen nahen Angehörigen*

§ 3 I, V PflegeZG setzt lediglich die Pflegebedürftigkeit des nahen Angehörigen voraus (§ 7 IV 1 PflegeZG) und fordert anders als § 44 SGB XI und die spezialgesetzlichen Regelungen nicht mindestens Pflegegrad 2. § 44a I SGB XI wird daher bereits bei Pflegegrad 1 des Pflegebedürftigen gewährt, obwohl das Gesamtsystem des SGB XI für Pflegegrad 1 nur eingeschränkte Leistungen vorsieht (vgl. § 28a SGB XI, hierzu S. 133 f.)[1221] und obwohl die Leistungen nach § 44a SGB XI in § 28 I Nr. 11 SGB XI unter den Leistungen genannt sind, die erst ab Pflegegrad 2 gewährt werden. Andererseits wird der Zuschuss nach § 44a I SGB XI auch bei der Freistellung zur Begleitung in der letzten Lebensphase nach § 3 VI PflegeZG gewährt, die keine Pflegebedürftigkeit voraussetzt.

Bei vollständiger Freistellung zur Pflege eines nahen Angehörigen mit Pflegegrad 1 kann eine Absicherungslücke in der sozialen Sicherung entstehen, da die Voraussetzungen des § 3 S. 1 Nr. 1a SGB VI nicht gegeben sind und auch keine Anrechnungszeit nach § 58 SGB VI vorgesehen ist. Durch den neuen Pflegebedürftigkeitsbegriff wurde der Anwendungsbereich der §§ 44, 44a SGB XI erheblich erweitert. Insbesondere ist nun eine Freistellung zur Betreuung von Personen möglich, die lediglich kognitive oder psychische Einschränkungen haben.[1222] § 44a SGB XI setzt anders als § 3 S. 1 Nr. 1a SGB VI bzw. § 26 IIb SGB III nicht voraus, dass der Pflegebedürftige einen Anspruch auf Leistungen der Pflegeversicherung hat oder solche bezieht.

1220 BT-Drucks. 16/7439, 40, 59. Bei der Familienpflegezeit sollte durch die Mindestarbeitszeit von 15 Wochenstunden gewährleistet werden, dass eine Abgrenzung zur Feststellung des Versicherungsfalls möglich ist (BT-Drucks. 17/6000, 15), da eine geringere Arbeitszeit die Beschäftigungslosigkeit nicht ausschließt, § 138 III 1 SGB III.

1221 BT-Drucks. 18/5926, 118.

1222 LPK-SGB XI/*v. Kries* § 44a Rn. 7.

bb) Keine Mindestpflegezeit

Das PflegeZG setzt nicht voraus, dass die Mindestpflegezeit erreicht wird.[1223] Der Beschäftigte kann sich auch vollständig freistellen lassen, wenn die gesamten Leistungen nach § 36 SGB XI in Anspruch genommen werden. Die Erforderlichkeit der Freistellung wird nicht vorausgesetzt.

cc) Nicht nur häusliche Pflege

Anders als die Pflegezeit nach § 3 I PflegeZG setzen die Freistellungen nach § 3 V PflegeZG und § 3 VI PflegeZG nicht die häusliche Pflege voraus.

dd) Keine Nichterwerbsmäßigkeit

Die Freistellungen nach § 3 PflegeZG setzen nicht voraus, dass die Pflege nichterwerbsmäßig erfolgt. Der Pflegende kann ein sozialversicherungspflichtiges Beschäftigungsverhältnis gegen Entgelt mit dem Inhalt der Pflege während seiner Pflegezeit eingehen. Selbst in diesem Fall kann § 44a SGB XI infrage kommen, z. B. weil wegen § 6 IIIa SGB V keine Versicherungspflicht nach § 5 I Nr. 1 SGB V besteht.

b) Weitergehende Voraussetzungen des § 44 SGB XI

Die soziale Sicherung nach § 44 SGB XI geht teilweise auch über die Voraussetzungen des § 3 PflegeZG und somit § 44a I SGB XI hinaus.

aa) Keine zeitliche Begrenzung

Die Leistungen zur sozialen Sicherung der Pflegeperson werden nicht zeitlich begrenzt. Es wird die gesamte Pflegephase abgesichert, so lange die Voraussetzungen vorliegen, auch bei einem dauerhaften Ausstieg aus dem Beruf.

bb) Keine Beschränkung auf Angehörige

Die Leistungen nach § 44 SGB XI sind anders als die Pflegezeit nicht auf (nahe) Angehörige beschränkt, sondern setzen nur eine nicht erwerbsmäßige Prägung

1223 Nach der Gesetzesbegründung zum PSG II sollte die Mindestpflegezeit nach § 19 S. 2 SGB XI „ebenso für eine am Gesetzesziel orientierte Auslegung von arbeitsrechtlichen Ansprüchen auf Pflegezeit von Bedeutung“ sein (BT-Drucks. 18/5926, 117 zu § 19 S. 2 SGB XI). Eine solche Voraussetzung wurde nicht ausdrücklich aufgenommen, obwohl im Rahmen des Art. 7 PSG II auch das PflegeZG (den Wortlaut klarstellend) geändert wurde.

der Pflege voraus, die insbesondere bei Angehörigen vermutet wird (hierzu S. 121 f.). Die Pflege findet nur in geringem Umfang durch nicht oder weitläufiger verwandte Personen statt.[1224] Wenn dies erfolgt, erhält der Pflegende bei Vorliegen der Voraussetzungen auch alle anderen Leistungen zur sozialen Sicherung als Pflegeperson. Der Ausschluss von Personen, die nicht nahe Angehörige sind, verschließt sich neuen Familienmodellen und der Übernahme von überobligatorischer Pflegeverantwortung, die beitragen kann, die Pflegeversicherung zu entlasten.[1225]

cc) Keine Begrenzung auf die Unterbrechung der Beschäftigung zur Pflege

Die soziale Sicherung der Pflegeperson ist grundsätzlich unabhängig von einer Erwerbstätigkeit mit einigen schon oben behandelten Ausnahmen: Die Versicherungspflicht in der Arbeitslosenversicherung nach § 26 IIb SGB III setzt voraus, dass unmittelbar vor Beginn der Pflegetätigkeit Versicherungspflicht oder ein Anspruch auf eine laufende Entgeltersatzleistung nach dem SGB III bestanden. Soweit die Beschäftigung gegen Entgelt aufrechterhalten wird, ist die Versicherungspflicht nach § 26 IIb SGB III subsidiär, § 26 III 5 SGB III. Die Versicherungspflicht nach § 3 S. 1 Nr. 1a SGB VI besteht nicht, wenn die Pflegeperson neben der Pflege mehr als dreißig Stunden erwerbstätig ist, § 3 S. 3 SGB VI. Im Weiteren ist sie aber kumulativ zur Absicherung aus Erwerbstätigkeit.[1226] Es wird impliziert, dass die Pflegeperson aufgrund der Pflege keiner Erwerbstätigkeit nachgeht, aber nicht vorausgesetzt, dass die Reduzierung erst aufgrund der Pflege erfolgt. Aufgrund von § 3 S. 3 SGB VI können Beschäftigte, die ihre Erwerbstätigkeit nur in geringem Umfang reduziert haben[1227] und die Vereinbarkeit z. B. primär über die Neuverteilung der Arbeitszeit realisieren, trotz substanzieller Pflegeleistungen und auch in der Pflegezeit von der Absicherung in der Rentenversicherung als Pflegeperson ausgeschlossen sein.

1224 Vgl. Fn. 348.

1225 Zur Erweiterung auf weitere Angehörigengruppen und sonstige Personen mit einem entsprechenden Näheverhältnis zum Pflegebedürftigen siehe Unabhängiger Beirat, S. 48 f. mit Verweis auf die Erklärung der Fraktion BÜNDNIS 90/DIE GRÜNEN im Gesetzgebungsverfahren, BT-Drucks. 18/3449, 11.

1226 Zu den negativen Auswirkungen der Familienpflegezeit in der Nachpflegephase nach altem Recht auf die Rentenabsicherung siehe *Brose*, NZS 2012, 499 (502). Zu den Auswirkungen auf den Krankengeldanspruch siehe *Winkel*, SoSi 2012, 165 (169).

1227 Anders als die Elternzeit (§ 15 IV 1 BEEG) sehen die Pflegezeit und Familienpflegezeit keine Höchstarbeitszeit vor.

dd) *Tatsächlicher Anwendungsbereich*

§ 44a I SGB XI hat einen geringen tatsächlichen Anwendungsbereich. Die Freistellungen nach § 3 PflegeZG werden wenig genutzt.[1228]

Dabei spielen die Mindestbetriebsgröße[1229] und der Interimscharakter der Pflegezeit eine Rolle. Sind das Ende der Pflegesituation oder eine Ablösung nicht ersichtlich und die Arbeitszeit von vornherein unbefristet reduziert, greifen PflegeZG und FPfZG nicht. Die geringe Nutzungsquote rührt auch daher, dass die Ansprüche den Berechtigten nicht bekannt sind.[1230]

c) *Erweiterung der Arbeitslosenversicherung auf Pflegepersonen*

Mit dem PSG II wurde die Versicherungspflicht in der Arbeitslosenversicherung in § 26 IIb SGB III neu geregelt und von einer Absicherung ausschließlich für Personen in Pflegezeit zu einer Absicherung für Pflegepersonen, die zuvor lediglich auf Antrag und bei eigener Beitragstragung ihre Versicherungspflicht nach § 28a I 1 Nr. 1 SGB III a. F. begründen konnten.[1231]

1228 Da die Freistellungen nach PflegeZG nicht meldepflichtig sind, können nur Schätzungen zur Zahl der Personen gegeben werden, die diese in Anspruch nehmen. Ersten Meldungen zufolge rechneten Regierungsexperten mit einer Inanspruchnahme durch 45.000 Menschen. 540.000 pflegende Angehörige seien vor Beginn der Pflegetätigkeit erwerbstätig gewesen, die Hälfte davon habe bereits die Erwerbstätigkeit eingeschränkt oder aufgegeben (https://www.n-tv.de/politik/Auszeit-fuer-Pflegezeit-article197429.html vom 5.11.2006, abgerufen am 24.11.2022). Zunächst wurde das PflegeZG in noch geringerem Umfang genutzt. In der Zeit zwischen dem Inkrafttreten 1.7.2008 und dem Erhebungszeitpunkt 2011 nahmen von 480.000 Berechtigten 18.000 die Pflegezeit in Anspruch (5. Pflegebericht der Bundesregierung 2011, S. 37). Neue Schätzungen ergeben 70.000 Personen seit dem Jahr 2015 bis zum Befragungszeitpunkt 2016 (TNS Emnid im Auftrag des BMFSFJ) bzw. 82.000 Personen für das Jahr 2017 (Mikrozensus des Statistischen Bundesamtes 2017), beide zitiert nach BT-Drucks. 19/11550, 3. Vgl. auch die Schätzungen in BT-Drucks. 18/3124, 28 f.

1229 Vgl. Diskussion in BT-Drucks. 18/8449, 10 f. Kritisch *Brockmann*, in: FS Igl, 196 (201 f.). Zu pflegenden Beschäftigten in Kleinbetrieben siehe Unabhängiger Beirat, S. 27 f. m. w. N.

1230 In der Befragung im Rahmen der Studie der Wirkungen des Pflege-Weiterentwicklungsgesetzes gaben 52 % der Befragten an, § 3 PflegeZG nicht in Anspruch genommen zu haben, weil der Anspruch nicht bekannt war (Abschlussbericht Wirkungen PWG, S. 33). 2016 gaben erwerbstätige ehrenamtliche Pflegepersonen von häuslich versorgten Pflegebedürftigen zu 40 % an, den Anspruch auf Pflegezeit nicht zu kennen, lediglich 49 % gaben an, den Anspruch auf Familienpflegezeit zu kennen, Abschlussbericht Evaluation PNG PSG I, S. 67, 69.

1231 Hierzu bereits oben S. 215 ff.

Die Bindung des Beitragszuschusses nach § 44a I SGB XI an die Pflegezeit gründet wie auch § 26 IIb SGB III a. F. auf der Vorstellung des Gesetzgebers, einen separaten Adressatenkreis zu bedienen: nicht die Pflegenden generell, sondern spezifisch grundsätzlich Beschäftigte, die interimsweise pflegen.[1232]

§ 26 IIb SGB III erfasst nun alle Pflegepersonen, die ihre versicherungspflichtige Erwerbstätigkeit aussetzen. Sie sind nicht nur auf Antrag versicherungspflichtig und die Beiträge werden durch die Pflegeversicherung übernommen. Die Arbeitslosenversicherung der Pflegepersonen als Weiterversicherung fügt sich in die Konzeption des SGB III ein (vgl. oben S. 209 ff.).

Die Pflegezeit nach § 3 I 1 PflegeZG und die Pflegephase und Nachpflegephase der Familienpflegezeit bleiben nach § 150 II 1 Nr. 4 SGB III bei der Ermittlung des Bemessungszeitraums des ALG außer Betracht. Diese Norm wurde offensichtlich in der Reform durch das Gesetz zur verbesserten Vereinbarkeit von Familie, Pflege und Beruf übersehen und besteht unverändert seit dem 1.4.2012, obwohl es seit dem 1.1.2015 weitere Freistellungsansprüche gibt, aber dafür keine Nachpflegephase mehr (vgl. oben Fn. 893).

d) Ausblick: Erweiterung der Krankenversicherung

In der Vergangenheit bestand eine Schutzlücke für nicht erwerbstätige Pflegende in der gesetzlichen Krankenversicherung.[1233] Diese wurde mit der Einführung der Auffangpflichtversicherung verringert, weil der Zugang anders als die freiwillige Versicherung nach § 9 SGB V keine Vorversicherungszeit voraussetzt.[1234]

1232 Gutachten zum 1. Gleichstellungsbericht, BT-Drucks. 17/6240, 79.

1233 *Gitter*, VSSR 1996, 1 (17 f.); *Benz*, Die BG 1993, 180 (182); *Just*, SoSi 2008, 74 (77 f.).

1234 Die vorherige Lage zeigt der LSG Schleswig, Urt. v. 8.2.2000 – L 1 KR 41/99, SGb 2001, 626 zugrunde liegende Sachverhalt eindrucksvoll: Die Klägerin hatte ihre Beschäftigung zugunsten der Pflege zuerst ihrer Mutter und dann ihrer Schwester aufgegeben. Da sie weder als Pflegeperson versicherungspflichtig war noch zeitnah eine freiwillige Versicherung begründet hatte, war sie in den Jahren der Pflege nicht krankenversichert. Als sie nach 28 Jahren der Pflege ihre Rente beantragte und einen Antrag auf Mitgliedschaft in der KVdR stellte, erfüllte sie die erforderlichen Vorversicherungszeiten nicht. Nach heutiger Rechtslage wäre sie jedenfalls nach § 5 I Nr. 13 SGB V versicherungspflichtig gewesen und hätte die 28 Jahre der Pflege hindurch anhand der Mindesteinnahmen Beiträge (von einem nicht ersichtlichen Einkommen) zahlen müssen (was sie ihrerzeit durch die heute grds. ausgeschlossene Nichtversicherung vermieden hatte). Dafür hätte sie nach Renteneintritt die Vorversicherungszeit des § 5 I Nr. 11 SGB V erfüllt, um dann auf Grundlage ihrer Rente und paritätisch mit dem Rentenversicherungsträger beitragspflichtig zu werden.

Kritisch ist weiterhin die Beitragshöhe. Hier greift während der Pflegezeit die Regelung des § 44a I SGB XI. Für Pflegepersonen außerhalb der Pflegezeit wird dagegen keine eigene Regelung getroffen, sondern davon ausgegangen, dass eine Familienversicherung möglich sei, was wiederum eine asymmetrische Partnerschaft in Hinblick auf die Erwerbstätigkeit und daraus folgende Absicherung voraussetzt.[1235] Bei einer freiwilligen Versicherung oder Auffangversicherung sehen sich Pflegepersonen gegebenenfalls hohen Beiträgen gegenüber.

aa) Gestaltungsmöglichkeiten in der Krankenversicherung

Aufgrund der geringen Einkommen von Pflegepersonen[1236] kann der Mindestbeitrag durch § 240 IV SGB V[1237] die Pflegeperson finanziell überfordern oder eine Aufstockerleistung nach § 26 II, IV SGB II erforderlich machen. Ein beitragsfreies Fortbestehen der Mitgliedschaft wie während des Anspruchs auf Kranken- oder Mutterschaftsgeld oder während des Bezugs von Elterngeld (§§ 192 I Nr. 2, 224 I SGB V) wurde für Pflegepersonen nicht eingeführt, um die Versichertengemeinschaft der gesetzlichen Krankenversicherung nicht einseitig zu belasten.[1238] Ein Zwischenweg zwischen beitragsfreiem Fortbestehen der Mitgliedschaft und dem Mindestbeitrag wäre, wie bei freiwillig versicherten Kleinrentnern nach § 240 IV 3 SGB V statt der fiktiven Mindesteinnahmen einkommensproportional auch geringere Beiträge zuzulassen.[1239]

Gegen die Mindestbeiträge bei der freiwilligen und Auffangversicherung von Pflegepersonen spricht auch, dass über die Anwendbarkeit des § 240 IV 1 SGB V bei Fehlen anderer Einkünfte auch aus dem weitergereichten Pflegegeld Beiträge entrichtet werden müssen, obwohl dieses selbst nach § 240 II 4 SGB V nicht als Einnahme berücksichtigt wird.[1240] Die Beitragsfreiheit des weitergeleiteten

---

1235 Gutachten zum 1. Gleichstellungsbericht, BT-Drucks. 17/6240, 79. Zur Einführung einer zeitlich begrenzten, eigenständigen KV für Phasen ausschließlicher Sorgetätigkeit siehe die Vorschläge in BT-Drucks. 17/6240, 80, 154, 241; BT-Drucks. 18/12840, 30 ff. (m. w. N.), 182 f.

1236 Hierzu BARMER Pflegereport 2018, S. 117.

1237 Dies ist über § 57 IV 1 SGB XI auch in der Pflegeversicherung anwendbar.

1238 Vgl. BT-Drucks. 16/7439, 61.

1239 Vgl. zum heutigen § 240 IV 3 SGB V BT-Drucks. 14/1245, 97 f. Zu dessen Historie und Anwendungsbereich s. KassKomm/*Peters* SGB V § 240 Rn. 65.

1240 Ähnlich gestaltet sich dies beim Elterngeld, das nach § 224 I 1, 2 SGB V beitragsfrei ist, aber nicht die Beitragspflicht nach Mindesteinnahmen aushebelt, KassKomm/*Peters* SGB V § 224 Rn. 11 f.; BSG, Urt. v. 30.11.2016 – B 12 KR 6/15 R, SozR 4-2500 § 224 Nr. 2, juris Rn. 18 ff. m. w. N. Anders beim beitragsfreien Kranken- und Mutterschaftsgeld, während deren Bezug seit dem 1.1.2019 nach § 224 I 3 SGB V keine

Pflegegeldes soll berücksichtigen, dass Pflegepersonen zugunsten der Pflege nicht oder nur eingeschränkt erwerbstätig sind und die finanzielle Unterstützung durch die Weiterleitung des Pflegegeldes benötigen und die Anerkennung durch das Pflegegeld nicht dadurch geschmälert werden sollte, dass Beiträge darauf entrichtet werden müssen.[1241] Die Mindesteinnahmen übersteigen noch das Pflegegeld bei Pflegegrad 5 i. H. v. 901 EUR (§ 37 I 3 Nr. 4 SGB XI).

bb) Gestaltungsmöglichkeiten im Bereich des § 44a SGB XI

Denkbar wäre, den Zuschuss nach § 44a I SGB XI auf (alle) Pflegepersonen auszuweiten. Die Belastung würde so in Höhe des Mindestbeitrags von den beitragspflichtigen Pflegepersonen auf die Pflegeversicherungsträger und -unternehmen übertragen. Zu prüfen wäre die tatsächliche Mehrbelastung der Pflegeversicherung bei einer Beitragsbezuschussung aller freiwillig oder auffangversicherten Pflegepersonen.[1242]

Eine Verbesserung für Pflegepersonen in der freiwilligen oder Auffangversicherung würde schon erzielt, wenn jedenfalls ein Teil des Beitrags bezuschusst würde, etwa der „Arbeitgeberanteil" wie in § 106 SGB VI für freiwillig, gesetzlich oder privat krankenversicherte Rentner.

e) Ausblick: Gestaltungsmöglichkeiten im Bereich des § 44 SGB XI

Denkbar wäre, die Regelungen zur sozialen Sicherung von Pflegepersonen auf die Fälle auszuweiten, in denen jetzt Absicherungslücken entstehen, wenn die Freistellungen nach § 3 PflegeZG in Anspruch genommen werden.

Die Regelungen für Beschäftigte in Pflegezeit könnten ausgeweitet werden auf Personen, die Freistellungen nach § 3 V PflegeZG oder § 2 V FPfZG in Anspruch nehmen und dabei das Häuslichkeitskriterium des § 44 SGB XI und der spezialgesetzlichen Regelungen nicht erfüllen. Würde an dieser Stelle auf das Kriterium der häuslichen Pflege verzichtet oder § 34 III SGB XI nicht angewendet, setzte die Versicherungspflicht nicht aus, wenn ein vollstationärer Krankenhausaufenthalt oder eine medizinische Rehabilitationsmaßnahme des pflegebedürftigen Kindes mehr als vier Wochen andauern. Dies würde sich weiter positiv auswirken, da die nach § 70 IIIa SGB VI zusätzlich ermittelten und gutgeschriebenen

---

Mindestbeiträge gezahlt werden, BT-Drucks. 19/5112, 42 f. Während des Bezugs dieser Leistungen werden die freiwillig und Auffangversicherten besonders entlastet.

1241 BT-Drucks. 16/13428, 93 f.

1242 § 44a SGB XI sollte die Pflegezeit sozial abfedern, ohne die Pflegeversicherung finanziell zu überfordern (BT-Drucks. 16/7439, 59). Dies muss im Blick behalten werden.

Entgeltpunkte bei nicht erwerbsmäßiger Pflege eines pflegebedürftigen minderjährigen Kindes Pflichtbeiträge voraussetzen, wenn nicht Zeiten für ein anderes Kind damit zusammentreffen.

Jedenfalls sollte die freiwillige Arbeitslosenversicherung an dieser Stelle für Beschäftigte, die nach § 3 V oder VI PflegeZG freigestellt sind, geöffnet werden, wie auch nach § 28a I Nr. 4 SGB III für Personen, die außerhalb des § 26 IIa SGB III Elternzeit in Anspruch nehmen. Wie auch in diesen Fällen[1243] würde hiermit eine Absicherungslücke geschlossen, die Personen davon abhalten könnte, diese ihnen zustehende Rechte wahrzunehmen.

f) Entgeltersatzleistung

Sowohl Pflegepersonen als auch Beschäftigte in Pflegezeit betrifft, dass eine steuerfinanzierte Entgeltersatzleistung nicht vorgesehen ist. Der Pflegegeldanspruch nach § 37 SGB XI ist ein Anspruch des Pflegebedürftigen. Er kann wählen, ob er das Pflegegeld an die Pflegeperson weiterleitet. Beschäftigte können während einer Freistellung nach § 2 I FPfZG, § 3 I 1, V 1 oder VI 1 PflegeZG ein zinsloses Darlehen nach § 3 FPfZG durch das Bundesamt für Familie und zivilgesellschaftliche Aufgaben erhalten. Schon dieses erstreckt sich nicht auf die Pflegepersonen außerhalb der genannten Freistellungen. Das Darlehen wird auch nach Änderung der Förderstruktur kaum genutzt.[1244] Stattdessen wird immer wieder eine nicht zurückzuzahlende Entgeltersatzleistung nach dem Beispiel des Elterngeldes diskutiert.[1245] Dies ist zu befürworten. Sie könnte einen wichtigen Beitrag dazu

---

1243 Vgl. BT-Drucks. 18/8042, 23.

1244 Der Gesetzgeber ging davon aus, dass mit Einführung des Anspruchs nach § 2 FPfZG die Inanspruchnahme des Darlehens von 795 für das Jahr 2015 auf 4.219 Fälle im Jahr 2018 steigen würde (BT-Drucks. 18/3124, 29). Die Darlehenslösung wird tatsächlich kaum wahrgenommen. Seit dem Inkrafttreten 2015 erhielten bis zum noch laufenden Haushaltsjahr 2019 *insgesamt* 921 Personen ein Darlehen, davon 520 während einer Freistellung nach dem PflegeZG und 401 während einer Freistellung nach dem FPfZG (BT-Drucks. 19/11550, 4). Nach der INTERVAL-Studie S. 62 (unveröffentlicht, zitiert nach Unabhängiger Beirat, S. 45) wird der Lebensunterhalt während der Freistellung zu 70.7 % aus beruflichem Einkommen, 55,3 % aus weitergereichtem Pflegegeld, 46,3 % aus Ersparnissen, 28,5 % aus der Rente des Pflegebedürftigen, 16,3 % aus Beschäftigungseinkommen anderer Familienmitglieder bestritten.

1245 Vgl. Antrag der Abgeordneten und der Fraktion Bündnis 90/Die Grünen zur „PflegeZeit Plus“, BT-Drucks. 18/9007; zuvor auch BT-Drucks. 17/9566; BT-Drucks. 17/1754, 2; Gutachten zum 2. Gleichstellungsbericht, BT-Drucks. 18/12840, 169; *v. Schwanenflügel*, ZRP 2018, 114 (117); *Hesse*, SoFo 2016, 103 (105); *Brockmann*,

leisten, Familien die Entscheidung zur Pflege zu erleichtern und Opportunitätskosten zu senken. Der nach § 14 FPfZG eingesetzte unabhängige Beirat für die Vereinbarkeit von Pflege und Beruf empfiehlt in seinem ersten Bericht, das Darlehen durch eine steuerfinanzierte Entgeltersatzleistung analog zum Elterngeld zu ersetzen, das ab Pflegegrad 2 insgesamt für bis zu 36 Monate gezahlt wird, in denen die überwiegende Zeit mindestens 15 Stunden pro Woche gearbeitet werden muss.[1246] Derzeit wird keine Gesetzesänderung beabsichtigt.[1247] Mit einer Entgeltersatzleistung wäre der Ansatz der Familienpflegezeit, eine angemessene Aufteilung zwischen Beruf und Pflege zu erreichen,[1248] auch auf Dauer durchsetzbar, da die Finanzierbarkeit des Pflegemodells geklärt wäre. Der Beschäftigte könnte, wie ursprünglich beabsichtigt,[1249] seine beruflichen Fähigkeiten und Kenntnisse erhalten und weiterentwickeln und seine sozialen Partizipationschancen wahren, während der Arbeitgeber weiter auf seine Kompetenz und Erfahrung zurückgreifen könnte. Dies adressiert auch, dass bei einer repräsentativen Umfrage zwei Drittel der Personen angaben, bei einer neu zu übernehmenden Pflegeverantwortung die Arbeitszeit reduzieren zu müssen.[1250] Gleichzeitig wird Pflegepotenzial innerhalb der Gruppe der Erwerbstätigen erschlossen.[1251]

---

in: Rechtstatsachen, 105 (112); *Brockmann*, in: FS Igl, 196 (207 f.); in diese Richtung auch *Frerk/Leitner*, SoFo 2017, 267 (280).

1246 Dies entspricht der Empfehlung, die insgesamt mögliche Freistellung auf 36 Monate zu verlängern, davon höchstens sechs Monate vollständiger, ansonsten teilweiser Freistellung bei restlicher Arbeitszeit von mindestens 15 Wochenstunden, Unabhängiger Beirat, S. 45 ff.

1247 BT-Drucks. 19/11550, 5; Stand 12.7.2019. Die Minister und Ministerinnen, Senatoren und Senatorinnen für Arbeit und Soziales der Länder aber halten neben anderen grundsätzlichen Veränderungen der Vereinbarkeit von Pflege und Beruf mehrheitlich eine Lohnersatzleistung für dringend erforderlich (ASMK-Ergebnisprotokoll 2018, S. 17).

1248 Vgl. BT-Drucks. 17/6000, 12 f. Zum positiven Effekt der parallel zur Pflege ausgeübten Erwerbstätigkeit siehe *Eberl/Lang/Seebaß*, SoFo 2017, 77 (92).

1249 Vgl. BT-Drucks. 17/6000, 15.

1250 Institut für Demoskopie Allensbach (2010): Vereinbarkeit von Pflege und Beruf: Eine repräsentative Bestandsaufnahme unter Berufstätigen, im Auftrag des BMFSFJ, zit. nach BT-Drucks. 17/6000, 11.

1251 *Brockmann*, in: Rechtstatsachen, 105 (118).

6. Besondere Leistungen der gesetzlichen Krankenversicherung an die Pflegeperson

Für pflegende Angehörige bestehen Sonderregelungen zu gesundheitsfördernden Maßnahmen, die die besondere Belastung pflegender Angehöriger bis hin zur Überforderung, Gesundheitsgefährdung oder Erkrankung adressieren.[1252] Dazu zählt ein eigenständiger Anspruch auf stationäre Leistungen zur Rehabilitation nach § 40 II 2 SGB V, der aus Rücksicht auf die Pflegesituation nicht voraussetzt, dass ambulante Maßnahmen ausgeschöpft sind.[1253] Die stationäre Rehabilitation (§ 40 II 3 SGB V) und Vorsorgeleistungen (§ 23 IV 1 Hs. 2 SGB V) können in Einrichtungen des Müttergenesungswerks oder gleichartigen Einrichtungen nach § 111a SGB V erfolgen.[1254] Die besonderen Belastungen pflegender Angehöriger werden nach § 23 V 1 Hs. 2 SGB V berücksichtigt.

Über § 42 IV SGB XI kann die Pflegeperson auch bei eigener Teilnahme an stationären Vorsorge- oder Rehabilitationsmaßnahmen in einer Vorsorge- oder Rehabilitationseinrichtung den Pflegebedürftigen „mitnehmen", der dort Leistungen zur Kurzzeitpflege erhält.[1255] Der pflegende Angehörige hat einen Anspruch auf die Versorgung des Pflegebedürftigen, wenn er in derselben Einrichtung aufgenommen wurde, § 40 III 2 SGB V. Die Mitaufnahme und Versorgung ist Teil des Anspruchs des pflegenden Angehörigen und wird von dessen Krankenkasse getragen.[1256]

Die Leistungen an die Pflegeperson ruhen nicht nach § 34 III Var. 5 SGB XI, der sich lediglich auf eine stationäre Rehabilitationsleistung des Pflegebedürftigen[1257] bezieht – sofern nicht gleichzeitig auch eine Rehabilitationsmaßnahme

---

1252 Vgl. BT-Drucks. 17/9369, 54 f. – die Begriffe Pflegepersonen und pflegende Angehörige werden synonym verwendet.

1253 BT-Drucks. 19/4453, 71.

1254 Das Müttergenesungswerk hält entsprechend abgestimmte Leistungsangebote bereit, wie durch den Gesetzgeber in BT-Drucks. 17/10170, 23, 25 beabsichtigt. Siehe auch https://www.muettergenesungswerk.de/kuren-fuer-pflegende.html (abgerufen am 24.11.2022).

1255 Die Einrichtung muss nicht als Pflegeeinrichtung nach dem SGB XI zugelassen sein. Der Gesetzgeber ging davon aus, dass diese Einrichtungen auch ohne eine Zulassung fachlich und organisatorisch in der Lage seien, die Pflegebedürftigen angemessen zu betreuen und zu pflegen (BT-Drucks. 17/9369, 41).

1256 BT-Drucks. 19/5593, 115. Ursprünglich sollte eine Leistung durch die Krankenkasse mit anschließendem Aufwendungsaufsatz durch die Pflegeversicherung des Pflegebedürftigen erfolgen, BT-Drucks. 19/4453, 21.

1257 Krauskopf/*Reissenberger-Safadi* SGB XI § 34 Rn. 18.

für den Pflegebedürftigen erfolgt. In Ermangelung einer Weitergewährung von Leistungen zur sozialen Sicherung während der „Arbeitsunfähigkeit“ durch Krankheit der Pflegeperson (siehe oben S. 90) wird hier zur Kontinuität der Leistungen nach §§ 44, 44a SGB XI ein „Erholungsurlaub“ geltend gemacht werden können.

C. Pflegeunterstützungsgeld und soziale Sicherung

Eine besondere Rolle nimmt die kurzzeitige Arbeitsverhinderung nach § 2 PflegeZG ein, während der als Entgeltersatzleistung das Pflegeunterstützungsgeld nach § 44a III SGB XI mit korrespondierenden Leistungen zur sozialen Sicherung gewährt wird.

I. Kurzzeitige Arbeitsverhinderung, § 2 I PflegeZG

Beschäftigte haben nach § 2 I PflegeZG das Recht, bis zu zehn Arbeitstage der Arbeit fernzubleiben, wenn dies erforderlich ist, um für einen pflegebedürftigen nahen Angehörigen in einer akut aufgetretenen Pflegesituation eine bedarfsgerechte Pflege zu organisieren oder eine pflegerische Versorgung in dieser Zeit sicherzustellen. Dabei gelten dieselben Anforderungen des § 7 PflegeZG für den Beschäftigten- und Arbeitgeberbegriff sowie die berechtigten nahen Angehörigen. Eine bestimmte Betriebsgröße wird nicht vorausgesetzt. Das Recht, ohne Ankündigung der Arbeit fernzubleiben, ist auf Akutfälle begrenzt und kann nur in Anspruch genommen werden, wenn im konkreten Fall die Notwendigkeit einer pflegerischen Versorgung oder Organisation besteht.[1258]

1. Akut aufgetretene Pflegesituation

a) Pflegesituation

Die Gesetzesbegründung nennt als besondere Pflegesituation, die eine zeitnahe und zügige Reaktion erwerbstätiger Angehöriger erforderlich macht, das plötzliche Auftreten eines Pflegebedarfs nach einem Akutereignis.[1259] Das Recht nach § 2 I PflegeZG besteht nach dem Eintritt der besonderen Pflegesituation, um sich über Pflegeleistungsangebote zu informieren und Organisationsschritte einzuleiten. Eine Pflegesituation ist also zunächst die akut eingetretene Pflegebedürftigkeit.[1260] Daher ist i. R. d. § 2 I PflegeZG die voraussichtliche Pflegebedürftigkeit

---

1258 BT-Drucks. 16/7439, 91. Zusammenfassend also ein „Krisenmanagement", vgl. *Nakielski/Winkel*, ArbuR 2015, 18.

1259 BT-Drucks. 16/7439, 90.

1260 *Glatzel*, NJW 2009, 1377 (1378) schlug daher vor, „Pflegesituation" durch „Pflegebedürftigkeit" zu ersetzen mit Bezug auf *Preis/Nehring*, NZS 2008, 729 (730).

des Angehörigen ausreichend, § 7 IV 2 PflegeZG.[1261] Neben der Organisation von Pflegesachleistungen im häuslichen Bereich soll auch ermöglicht werden, selbst kurzfristig den Angehörigen zu Hause zu versorgen, wenn nach einem Krankenhausaufenthalt nicht direkt die Unterbringung in einer Pflegeeinrichtung möglich ist.[1262] Der Gesetzgeber ging davon aus, dass das Akutereignis regelmäßig nur einmal je pflegebedürftigem Angehörigen auftrete und daher § 2 I PflegeZG regelmäßig auch nur einmal pro Pflegefall ausgeübt werde.[1263]

§ 2 I PflegeZG ist weder auf die akut eingetretene *Pflegebedürftigkeit* noch auf ein *einmaliges* Akutereignis beschränkt. Die Feststellung des Gesetzgebers ist daher als rein empirisch zu sehen.[1264] Eine Pflegesituation liegt auch vor, wenn die regelmäßige Pflegekraft unvorhergesehen vorübergehend ausfällt, z. B. durch Krankheit, ihre unvorhergesehene Kündigung oder plötzliche Schließung einer Pflegeeinrichtung.[1265] In jüngster Vergangenheit ist in diesem Zusammenhang § 9 I PflegeZG zu nennen, wonach Beschäftigte bis einschließlich 30.4.2023 als Sonderregelung aus Anlass der COVID-19-Pandemie abweichend von § 2 I PflegeZG für bis zu 20 Tage der Arbeit fernbleiben können, wenn die Pflegesituation aufgrund der Pandemie aufgetreten ist.[1266] Der Zusammenhang wird nach § 9 I 2 PflegeZG vermutet.

Eine Pflegesituation liegt auch vor, wenn ein naher Angehöriger im akuten Sterbeprozess versorgt und betreut wird.[1267] Dafür spricht die Wertung des § 28 IV SGB XI.

1261 Die Feststellung eines Pflegegrades muss also überwiegend wahrscheinlich sein (*Müller*, BB 2008, 1058 (1059); ErfK/*Gallner* PflegeZG § 2 Rn. 2). Es muss kein Antrag auf Pflegeleistungen vorliegen (BeckOK-SozR/*Molitor* SGB XI § 44a Rn. 28).

1262 BT-Drucks. 16/7439, 90 f.

1263 BT-Drucks. 16/7439, 91.

1264 ErfK/*Gallner* PflegeZG § 2 Rn. 2.

1265 *Hexel/Lüders*, NZS 2009, 264 (266); *Linck*, BB 2008, 2738 (2739 f.); *Preis/Nehring*, NZA 2008, 729 (730 f.); *Schwerdle*, ZTR 2007, 655 (657); Küttner/*Poeche*, Pflegezeit Rn. 8; ErfK/Gallner PflegeZG § 2 Rn. 2; *Schauß*, S. 123; anders GemRdschr Leistungsrecht v. 21.4.2020, § 44a 2.1.1 (4), S. 266: Bei vorübergehendem Ausfall der Pflegeperson sei kein Pflegeunterstützungsgeld zu zahlen, sondern lediglich Verhinderungspflege nach § 39 SGB XI. Nur ein endgültiges Ausscheiden der Pflegeperson könne zum Anspruch nach § 44a III SGB XI führen, da nur dann die pflegerische Versorgung neu zu organisieren sei.

1266 Zum „Corona-Pflegeunterstützungsgeld“ nach § 150 Vs SGB XI siehe BT-Drucks. 19/18967, 74; BT-Drucks. 19/19216, 108.

1267 Vgl. Hinweis des Ausschusses für Gesundheit, BT-Drucks. 16/8525, 89; zustimmend *Schauß*, S. 123; Unabhängiger Beirat, S. 48.

b) Akut

Akut ist eine Pflegesituation, wenn sie plötzlich, also unerwartet und unvermittelt, auftritt.[1268] Planbare und vorhersehbare Ereignisse scheiden aus.[1269] Das heißt, dass etwa direkt nach einem Schlaganfall eines nahen Angehörigen, nach dem voraussichtlich Pflegebedürftigkeit vorliegt, das Recht nach § 2 I PflegeZG bestehen kann, um die Anschlussversorgung zu organisieren. Wird der Angehörige schließlich aus dem Krankenhaus entlassen und muss im Anschluss pflegerisch versorgt werden, der Entlassungstermin war aber lange absehbar, liegt keine Akutsituation vor.[1270] Ist der Angehörige bereits pflegebedürftig und die Pflegesituation ändert sich nicht wesentlich, ist § 2 PflegeZG nicht anwendbar.[1271]

2. Dauer und mehrfache Inanspruchnahme

Das Recht nach § 2 I PflegeZG besteht für bis zu zehn Arbeitstage.[1272] Die zehn Tage müssen nicht zusammenhängend genommen werden. § 2 I PflegeZG kann bei Vorliegen der Voraussetzungen flexibel wieder in Anspruch genommen werden, wenn ein weiteres Akutereignis erfolgt, also auch mehrfach im Jahr und mehrfach für denselben Angehörigen.[1273]

1268 BAG, Urt. v. 15.11.2011 – 9 AZR 348/10, BAGE 140, 23, juris Rn. 44; *Glatzel*, NJW 2009, 1377 (1378); *Freihube/Sasse*, DB 2008, 1320; *Müller*, BB 2008, 1058 (1059); BT-Drucks. 16/7439, 91.

1269 Küttner/*Poeche* Pflegezeit Rn. 8; *Schauß*, S. 122 f.

1270 *Glatzel*, NJW 2009, 1377 (1378); *Freihube/Sasse*, DB 2008, 1320 (1321); *Linck*, BB 2008, 2738 (2739).

1271 BAG, Urt. v. 15.11.2011 – 9 AZR 348/10, BAGE 140, 23, juris Rn. 44; *Hexel/Lüders*, NZS 2009, 264 (266); *Linck*, BB 2008, 2738 (2739); *Schauß*, S. 123 f.; ErfK/*Gallner* PflegeZG § 2 Rn. 2.

1272 Zur Diskussion, ob die zehn „Arbeitstage" auf individuelle Arbeitszeit, die Fünftagewoche (so z. B. *Linck*, BB 2008, 2738 (2740); *Rose/Dörstling*, DB 2008, 2137 (2138); *Karb*, ZTR 2015, 427, i. E. am naheliegendsten) oder die betriebliche Arbeitszeit (so *Hexel/Lüders*, NZS 2009, 264 (266 f.)) abstellen, siehe umfassend *Schauß*, S. 128 ff.

1273 ErfK/*Gallner* PflegeZG § 2 Rn. 2; BeckOK-ArbR/*Joussen* PflegeZG § 2 Rn. 9; Hauck/Noftz/*Reimer* SGB XI § 44a Rn. 21; Küttner/*Poeche* Pflegezeit Rn. 11; GesR/*Fischinger/Werthmüller* SGB XI § 44a Rn. 20; *Hexel/Lüders*, NZS 2009, 264 (266); *Joussen*, NZA 2009, 69 (70); *Preis/Nehring*, NZA 2008, 729 (730 f.); *Linck*, BB 2008, 2738 (2740); *Schwerdle*, ZTR 2007, 655 (657); *Schauß*, S. 142; BT-Drucks. 18/3449, 13. Für eine ausdrückliche Regelung Unabhängiger Beirat, S. 48.

3. Erforderlichkeit

Das Fernbleiben muss erforderlich sein und tatsächlich ein Interessenkonflikt mit der Arbeitspflicht bestehen.[1274] Die Erforderlichkeit kann sich auch aus dem Wunsch des Pflegebedürftigen nach einer bestimmten Pflegeperson oder -art ergeben.[1275] Wenn eine andere Person objektiv und subjektiv die Pflege organisieren oder sicherstellen kann, ist das Fernbleiben von der Arbeit nicht erforderlich.[1276]

4. Leistungsverweigerungsrecht

§ 2 I PflegeZG normiert ein Leistungsverweigerungsrecht.[1277] Dadurch kann der Beschäftigte unmittelbar von der Arbeit fernbleiben, ohne eine Freistellung durch den Arbeitgeber erreichen zu müssen.[1278] Die Verhinderung und ihre voraussichtliche Dauer sind dem Arbeitgeber unverzüglich mitzuteilen, § 2 II PflegeZG. Die Mitteilung ist keine Tatbestandsvoraussetzung.[1279]

Der Arbeitgeber kann keine dringenden betrieblichen Gründe gegen das Fernbleiben vorbringen, sondern nur die Vorlage einer ärztlichen Bescheinigung nach § 2 II 2 PflegeZG verlangen.

Neben § 2 PflegeZG kommt auch das kurzfristige Leistungsverweigerungsrecht nach § 275 III BGB infrage.[1280] Hiernach kann der Schuldner die Leistung verweigern, wenn er die Leistung persönlich zu erbringen hat und sie ihm unter Abwägung des seiner Leistung entgegenstehenden Hindernisses mit dem Leistungsinteresse des Gläubigers nicht zugemutet werden kann.[1281]

1274 Zur Dauer siehe *Schauß*, S. 127 ff.

1275 *Schauß*, S. 126; ErfK/*Gallner* PflegeZG § 2 Rn. 2; Küttner/*Poeche* Pflegezeit Rn. 9; *Linck*, BB 2008, 2738 (2740); *Müller*, BB 2008, 1058 (1059) verweist auf das Selbstbestimmungsrecht des Pflegebedürftigen nach Art. 1 und 2 GG, § 2 SGB XI.

1276 ErfK/*Gallner* PflegeZG § 2 Rn. 2; Küttner/*Poeche* Pflegezeit Rn. 9; *Hexel/Lüders*, NZS 2009, 264 (266); *Preis/Nehring*, NZA 2008, 729 (731).

1277 Dazu *Preis/Nehring*, NZA 2008, 729 (731); weiterführend *Schauß*, S. 150 ff.; a. A. Küttner/*Poeche* Pflegezeit Rn. 7: normierte Unmöglichkeit i. S. v. § 275 I BGB.

1278 *Schauß*, S. 41, 153; zu § 275 III BGB *Greiner*, NZA 2007, 490 (491).

1279 Zur Mitteilung weiterführend *Schauß*, S. 142 ff. m. w. N.

1280 § 2 PflegeZG konkretisiert insofern nicht nur § 275 III BGB (*Müller*, BB 2008, 1058 (1063); *Joussen*, NZA 2009, 69 (70)), sondern hat abweichende Voraussetzungen, *Preis/Nehring*, NZA 2008, 729 (731); *Linck*, BB 2008, 2738 (2739); ErfK/*Gallner* PflegeZG § 2 Rn. 1; ausführlich *Schauß*, S. 160 ff. m. w. N.

1281 Die Diskussion um ein Leistungsverweigerungsrecht fand vor der Schuldrechtsmodernisierung 2002 im Rahmen des Anspruchs nach § 616 BGB statt (vgl. BAG, Urt. v. 19.4.1978 – 5 AZR 834/76, BAGE 30, 240, juris Rn. 20), in dessen Rahmen für

Die Gesetzesbegründung nennt als Anwendungsfall auch die notwendige Versorgung schwerwiegend erkrankter Angehöriger.[1282] Als kollidierende rechtliche Positionen sind über die Drittwirkung der Grundrechte insbesondere die Berufsfreiheit des Arbeitgebers (Art. 12 GG) abzuwägen mit z. B. bei pflegebedürftigen Kindern die Elternverantwortung (Art. 6 II GG) neben der einfachgesetzlichen Personensorgepflicht (§ 1626 BGB),[1283] bei Ehe- bzw. Lebenspartnern die Beistandspflichten nach § 1353 BGB bzw. § 2 LPartG.[1284] Unzumutbarkeit liegt vor, wenn aufgrund einer strafrechtlichen Garantenstellung das Unterlassen der Personensorge zur Abwendung einer Lebens- oder Gesundheitsgefahr strafbewehrt wäre.[1285]

Nach § 2 I PflegeZG wird die Erforderlichkeit des Fernbleibens von der Arbeit vorausgesetzt, aber eine Abwägung mit den Belangen des Arbeitgebers ist nicht notwendig.[1286] § 2 PflegeZG ist zugunsten naher Angehöriger im Sinne des

---

die Verhinderung ausreichend war, dass dem Arbeitnehmer die Arbeitsleistung nach Treu und Glauben unter Berücksichtigung seiner Treuepflicht nicht zuzumuten war (BAG, Urt. v. 25.4.1960 – 1 AZR 16/58, BAGE 9, 179, juris Rn. 15). Ein Leistungsverweigerungsrecht wurde bei unverschuldeter Pflichtenkollision angenommen, die zur subjektiven Unmöglichkeit führten (BAG, Urt. v. 22.12.1982 – 2 AZR 282/82, BAGE 41, 229, juris Rn. 58 ff., 64). Dies war nicht der Fall, wenn die Kollision von vornherein erkennbar und vermeidbar war (BAG, Urt. v. 21.5.1992 – 2 AZR 10/92, BAGE 70, 262, juris Rn. 31 ff.). Nach heutiger Rechtslage wird in § 275 III BGB anders als bei § 275 II 2 BGB das Vertretenmüssen nicht berücksichtigt, da die Vorschrift den Besonderheiten des Arbeitsrechts Rechnung tragen sollte (MüKo/*Ernst* § 275 Rn. 122; vgl. BT-Drucks. 14/6857, 47 f.). Die Voraussetzungen von § 275 III BGB und einer währenddessen infrage kommenden Entgeltfortzahlung nach § 616 BGB decken sich nicht und sind unabhängig voneinander zu bewerten (MüKo/*Henssler* § 616 Rn. 10 m. w. N.). Dazu *Schauß*, S. 23 ff., 39 f. jew. m. w. N.

1282 BT-Drucks. 14/6040, 130 (im Entwurf noch § 275 II 2 BGB): neben dem Schulbeispiel der Sängerin, die sich weigert, aufzutreten, weil ihr Kind lebensgefährlich erkrankt ist.

1283 Zu den Grundsätzen des Leistungsverweigerungsrechts bei Erkrankung des Kindes *Treichel*, NZA 2016, 459; *Brose*, NZA 2011, 719 (720) m. w. N.; *Greiner*, NZA 2007, 490 m. w. N.

1284 *Schauß*, S. 30; *Greiner*, Ideelle Unzumutbarkeit, S. 251.

1285 *Schauß*, S. 30 f.; *Greiner*, Ideelle Unzumutbarkeit, S. 249 f.; Staudinger/*Oetker* § 616 Rn. 57.

1286 Beziehungsweise ist § 2 PflegeZG eine abstrakt-typisierende Abwägung der Interessen bereits immanent, *Preis/Nehring*, NZA 2008, 729 (731); *Greiner*, NZA 2007, 490 (493) für § 45 SGB V.

§ 7 III PflegeZG anwendbar, ohne dass die besondere Nähe und die sich daraus ergebenden Pflichten weiter begründet werden müssen.

Bei Erkrankung eines behinderten und auf Hilfe angewiesenen Kindes kommt zudem der Freistellungsanspruch nach § 45 III, V SGB V infrage, wenn das Fernbleiben von der Arbeit erforderlich ist, um das Kind zu beaufsichtigen, zu betreuen oder zu pflegen, keine andere Person im Haushalt das Kind beaufsichtigen kann und das Kind gesetzlich versichert ist.[1287] Der Anspruch ist subsidiär zu einer bezahlten Freistellung. Wenn kein Anspruch nach § 616 BGB besteht, kann bei Vorliegen beider Voraussetzungen frei zwischen § 2 PflegeZG und § 45 III, V SGB V gewählt werden.[1288]

II. Entgeltfortzahlung und Pflegeunterstützungsgeld, § 44a III SGB XI

Während der kurzzeitigen Arbeitsverhinderung entfällt der Vergütungsanspruch grundsätzlich nach § 326 I 1 BGB. Ein Anspruch auf Entgeltfortzahlung besteht nur, soweit sich dies aus anderen gesetzlichen Vorschriften oder einer Vereinbarung ergibt, § 2 III 1 PflegeZG.[1289]

1. Entgeltfortzahlung

Als Entgeltfortzahlungsansprüche kommen z. B. § 616 BGB oder § 19 I Nr. 2b BBiG infrage, die § 326 I 1 BGB durchbrechen.[1290] § 616 S. 1 BGB setzt voraus, dass der Arbeitnehmer für verhältnismäßig nicht erhebliche Zeit durch einen in seiner Person liegenden Grund ohne sein Verschulden an der Dienstleistung verhindert wird. Die Pflege naher Angehöriger ist ein anerkannter Fall des § 616 S. 1 BGB.[1291] § 616 S. 1 BGB ist nicht stets einschlägig im Fall des § 2 I PflegeZG, da er engere Voraussetzungen hat.[1292] So wird die Entgeltfortzahlung nach § 616 S. 1 BGB nur für einen engeren Kreis von Angehörigen

---

1287 Dazu *Brose*, NZA 2011, 719 ff.

1288 *Schauß*, S. 164 f.: § 2 PflegeZG ist aufgrund des Kündigungsschutzes nach § 5 PflegeZG vorzugswürdig.

1289 *Linck*, BB 2008, 2738 (2741); *Brockmann*, in: Rechtstatsachen, 105 (109).

1290 BT-Drucks. 16/7439, 91.

1291 *Grundmann*, GuP 2013, 100 (105); *Preis/Nehring*, NZA 2008, 729 (732 f.); *Linck*, BB 2008, 2738 (2741); Staudinger/*Oetker* § 616 Rn. 57 f.

1292 *Freihube/Sasse*, DB 2008, 1320 (1321); BeckOK-BGB/*Baumgärtner* § 616 Rn. 7.

anerkannt.[1293] Grundsätzlich wird vorausgesetzt, dass ein besonderes Näheverhältnis besteht und dass der Angehörige auf die Hilfe angewiesen ist.[1294] Unzumutbarkeit der Dienstleistung kann bei schwerer Erkrankung eines nahen Angehörigen vorliegen, wenn die Beaufsichtigung, Betreuung oder Pflege geboten ist und andere im Haushalt lebende Personen nicht zur Verfügung stehen.[1295] § 616 S. 1 BGB ist dispositiv,[1296] sodass bei Einführung des § 2 PflegeZG eine vermehrte Abbedingung für den Fall der Pflege befürchtet wurde.[1297]

Welche Zeitdauer verhältnismäßig unerheblich ist, ist nicht gesetzlich bestimmt, sondern abhängig von den gesamten Umständen des konkreten Einzelfalls zu bestimmen, insbesondere dem Verhinderungsgrund.[1298] Neben der Dauer, Art und Schwere der Pflegesituation ist auch entscheidend, ob der Pflegebedürftige nach einer Übergangszeit anderweitig versorgt werden kann.[1299] Für die Angehörigenpflege wird ein Zeitraum von fünf Tagen regelmäßig als verhältnismäßig unerheblich angesehen.[1300]

1293 Ehepartner/Lebenspartner, Eltern, Abkömmlinge, Geschwister; Staudinger/*Oetker* § 616 Rn. 60 f. (m. Nachw. zur Rspr.); ErfK/*Gallner* PflegeZG § 2 Rn. 4; *Freihube/Sasse*, DB 2008, 1320 (1321 m. w. N.); *Schauß*, S. 267 ff.

1294 Staudinger/*Oetker* § 616 Rn. 57 ff.; Umstritten ist, ob das Näheverhältnis voraussetzt, dass der Angehörige in den Haushalt des Dienstverpflichteten integriert ist (so Staudinger/*Oetker* § 616 Rn. 58 m. w. N.; MüKo/*Henssler* § 616 Rn. 39; a. A. BeckOK-ArbR/*Joussen* BGB § 616 Rn. 29; HWK/*Krause* BGB § 616 Rn. 24; jedenfalls ein Indiz für ein besonderes Näheverhältnis nach *Schauß*, S. 270.).

1295 BAG, Urt. v. 19.4.1978 – 5 AZR 834/76, BAGE 30, 240, juris Rn. 20.

1296 BAG, Urt. v. 7.2.2007 – 5 AZR 270/06, NZA 2007, 1072, juris Rn. 27; ErfK/*Gallner* PflegeZG § 2 Rn. 4.

1297 *Glatzel*, NJW 2009, 1377 (1378); *Preis/Nehring*, NZA 2008, 729 (733). Empfohlen durch *Freihube/Sasse*, DB 2008, 1320 (1321). § 8 PflegeZG führt nur zur Unabdingbarkeit der Vorschriften des PflegeZG (*Grundmann*, GuP 2013, 100 (105)). Zu Regelungen durch Betriebsvereinbarungen *Koll*, AiB 12/2018, 31 (33). § 29 I 1e) TVöD/TV-L trifft eine den § 616 BGB konkretisierende Regelung, dazu *Karb*, ZTR 2015, 427; *Schauß*, S. 55 ff. Hier findet man noch die frühere implizite Funktion des § 616 BGB vor Einführung des § 275 III BGB, auch den Entfall der Arbeitspflicht zu regeln (*Greiner*, NZA 2007, 490 (492) m. w. N.).

1298 Staudinger/*Oetker* § 616 Rn. 104; ErfK/*Preis* BGB § 616 Rn. 10a; Schaub/*Linck* § 97 Rn. 16 m. w. N. A. A. Erman/*Riesenhuber* § 616 Rn. 50 m. w. N.: Entscheidend sei das Verhältnis der Dauer der Verhinderung zur planmäßigen Vertragsdauer.

1299 *Schwerdle*, ZTR 2007, 655 (657) differenzierend.

1300 BAG, Urt. v. 19.4.1978 – 5 AZR 834/76, BAGE 30, 240, juris Rn. 20, 22: einheitlich unabhängig von der Dauer des Arbeitsverhältnisses; GesR/*Fischinger*/*Werthmüller* SGB XI § 44a Rn. 21 f.; MüKo/*Henssler* § 616 Rn. 68; Staudinger/*Oetker* § 616 Rn. 107; *Preis/Nehring*, NZA 2008, 729 (732 f.). *Linck*, BB 2008, 2738 (2741).

2. Pflegeunterstützungsgeld

Seit dem 1.1.2015 bietet das Pflegeunterstützungsgeld eine Entgeltersatzleistung mit korrespondierenden Regelungen zur sozialen Sicherung.

Während der kurzzeitigen Arbeitsverhinderung haben Beschäftigte[1301] nach § 44a III SGB XI einen Anspruch auf Pflegeunterstützungsgeld zum Ausgleich des entgangenen Arbeitsentgelts für bis zu zehn Tage, wenn sie keine Entgeltfortzahlung (etwa nach § 616 S. 1 BGB oder als bezahlten Urlaub) vom Arbeitgeber[1302] und kein Kinderkrankengeld (§ 45 SGB V)[1303] oder Kinderverletztengeld (§ 45 IV SGB VII) beanspruchen können. Dies soll das Recht nach § 2 PflegeZG stärken, um einer besseren Vereinbarkeit von Pflege und Beruf Rechnung zu tragen.[1304]

a) *Begrenzung des Anspruchs*

Der Anspruch wird insbesondere durch die Voraussetzungen einer Akutsituation und der Erforderlichkeit des Fernbleibens von der Arbeit nach § 2 PflegeZG

Für eine längere Gewährung *Schauß*, S. 276; ErfK/*Gallner* PflegeZG § 2 Rn. 4: Der gesamte Zeitraum des § 2 I PflegeZG ist verhältnismäßig unerheblich; BeckOK-ArbR/*Joussen* PflegeZG § 2 Rn. 17: Einzelfallabhängig können durchaus auch zehn Tage umfasst sein; nach ErfK/*Preis* BGB § 616 Rn. 10a verbietet der unbestimmte Rechtsbegriff eine Festlegung auf eine feste Zahl von Tagen, als Maßstab sei eher an die sechs Wochen des EFZG anzuknüpfen. Für eine längere Gewährung spricht, dass BAG, Urt. v. 19.4.1978 – 5 AZR 834/76, BAGE 30, 240, juris Rn. 20 auf die Dauer des Anspruchs auf Kinderkrankengeld nach § 185c II RVO Bezug nimmt und als Anhaltspunkt wertet, welchen Rahmen der Gesetzgeber dem Arbeitnehmer zugesteht.

1301 Eine analoge Anwendung auf Selbstständige scheidet aus, LSG Stuttgart, Beschl. v. 27.3.2020 – L 4 P 2797/19 – juris Rn. 25 ff.

1302 Da der Anspruch nach § 616 BGB rückwirkend entfällt, wenn die Verhinderung nicht mehr „verhältnismäßig nicht erheblich" i. S. d. § 616 BGB ist (Staudinger/*Oetker* § 616 Rn. 99 m. w. N.), wird oft erst nachträglich klar, ob der vorrangige Entgeltfortzahlungsanspruch gegen den Arbeitgeber bestand und deswegen das Pflegeunterstützungsgeld ausgeschlossen ist, GesR/*Fischinger*/*Werthmüller* SGB XI § 44a Rn. 21.

1303 Zu dessen Voraussetzungen *Brose*, NZA 2011, 719 (720 ff) m. w. N. Zur Frage, ob Kinderkrankengeld während der Freistellung nach § 2 PflegeZG bezogen werden kann, siehe *Schauß*, S. 281 f.

1304 BT-Drucks. 18/3124, 26. Anders als das Darlehen nach § 3 FPfZG wird das Pflegeunterstützungsgeld wahrgenommen, siehe 6. Pflegebericht der Bundesregierung 2016, S. 56.

begrenzt. Das Pflegeunterstützungsgeld wird für eine pflegebedürftige Person nur einmal für bis zu zehn Arbeitstage[1305] pro Pflegebedürftigen und akut aufgetretener Pflegesituation gezahlt, § 44a III 2 SGB XI.[1306] Es muss nicht zusammenhängend in Anspruch genommen werden, sondern kann auf mehrere Zeiträume verteilt werden.[1307]

Das Pflegeunterstützungsgeld wird aus der Pflegeversicherung des (voraussichtlich) pflegebedürftigen Angehörigen geleistet (§ 44a III 3 SGB XI). Somit wird ein Versicherungsverhältnis vorausgesetzt.[1308] Die Freistellung nach § 2 I PflegeZG kann zwar zugleich von mehreren Angehörigen für einen Pflegebedürftigen geltend gemacht werden, aber sie müssen den Anspruch auf Pflegeunterstützungsgeld von bis zu zehn Arbeitstagen unter sich teilen. Der Anspruch ist dem Grunde nach auf den Pflegebedürftigen und seine akut aufgetretene Pflegesituation bezogen und nur der Höhe nach auf den Pflegenden. Mit dem Pflegeunterstützungsgeld sollte eine Entgeltersatzleistung analog zum Kinderkrankengeld geschaffen werden.[1309]

b) Antrag

Das Pflegeunterstützungsgeld wird auf Antrag gewährt. Der Antrag ist nach § 44a III 3 SGB XI unverzüglich zu stellen, also ohne schuldhaftes Zögern (§ 121 I BGB),[1310] was vor dem Hintergrund der familiären Belastungssituation und des geringen Bekanntheitsgrads des Pflegeunterstützungsgelds nicht zu streng zu handhaben ist.[1311] Dies dient vor allem Informations- und Verwaltungszwecken. Die Pflegekasse soll zeitnah ein ärztliches Attest verlangen können, auch wenn der Arbeitgeber darauf verzichtet hat. Dabei soll die ärztliche Bescheinigung nach § 2 II 2 PflegeZG vorgelegt werden.[1312] Erforderliche Angaben und Unterlagen können nachgereicht werden.[1313]

1305 BT-Drucks. 18/3449, 13. Zu den Sonderregelungen aufgrund der SARS-Covid-2-Pandemie siehe § 150 Vd SGB XI.

1306 BeckOK-SozR/*Molitor* SGB XI § 44a Rn. 37. Nach der Empfehlung des Beirats zur Vereinbarkeit von Pflege und Beruf soll dies auf einen jährlichen Anspruch ausgedehnt werden (Unabhängiger Beirat, S. 48 – beachte aber das Minderheitenvotum des BDA).

1307 GemRdschr Leistungsrecht v. 21.4.2020, § 44a 2.1.1, S. 265.

1308 BeckOK-SozR/*Molitor* SGB XI § 44a Rn. 29; KKW/*Philipp* SGB XI § 44a Rn. 7.

1309 BT-Drucks. 18/3124, 26.

1310 BeckOK-SozR/*Molitor* SGB XI § 44a Rn. 32.

1311 KKW/*Philipp* SGB XI § 44a Rn. 8; daher reiche eine Antragstellung innerhalb von zwei bis drei Wochen regelmäßig noch aus.

1312 Zu dessen Inhalt Gem Rdschr Leistungen SGB XI, S. 254.

1313 BT-Drucks. 18/3124, 47.

c) Höhe

Die Höhe des Pflegeunterstützungsgeldes richtet sich nach den Vorschriften über das Kinderkrankengeld nach § 45 II 3–5 SGB V, § 44a III 4 SGB XI. Die Höhe beträgt grundsätzlich 90 % des ausgefallenen Nettoarbeitsentgelts aus beitragspflichtigem Arbeitsentgelt, höchstens 70 % der Beitragsbemessungsgrenze, § 45 II 3 SGB V. Das Pflegeunterstützungsgeld wird wie das Krankengeld nach Tagen ausbezahlt.[1314] Während die Gesetzesbegründung davon ausgeht, dass auch geringfügig Beschäftigte einen Anspruch haben, wenn sie einen Verlust an Arbeitsentgelt haben,[1315] wären diese Personen durch den Bezug auf das beitragspflichtige Entgelt in § 45 II 3 SGB V dem Wortlaut nach vom Anspruch ausgeschlossen.[1316] Anzusetzen ist das tatsächlich entfallene Entgelt. Da das Pflegeunterstützungsgeld anders als das Kinderkrankengeld nicht aus der eigenen Versicherung, sondern aus der Versicherung des Pflegebedürftigen gezahlt wird, sind die Wertungen des Krankengeldes außen vor zu lassen. Für die Beitragspflicht in der Sozialversicherung während Bezugs von Pflegeunterstützungsgeld werden bei Entgeltgeringfügigkeit eigene Regeln getroffen, § 347 Nr. 6b SGB III letzter Hs., § 249c S. 2 SGB V, § 170 I Nr. 2e 2. Hs. SGB VI.

Neben dem Pflegeunterstützungsgeld ist bei einer akuten Pflegesituation aufgrund des Ausfalls der sonstigen Pflegeperson auch ein Anspruch auf Kostenersatz durch die Verhinderungspflege nach § 39 SGB XI denkbar. Wird Pflegeunterstützungsgeld geleistet, kann der Verdienstausfall nicht doppelt im Wege der Verhinderungspflege geltend gemacht werden.[1317]

d) Subsidiarität zum Kinderkrankengeld

Haben Eltern pflegebedürftiger Kinder einen Anspruch auf Kinderkrankengeld nach § 45 SGB V oder auf Kinderverletztengeld nach § 45 IV SGB VII, sind diese Ansprüche vorrangig vor dem Pflegeunterstützungsgeld, § 44a III 1 SGB XI. Der Anspruch besteht längstens für zehn Arbeitstage (20 Arbeitstage für Alleinerziehende) hintereinander und für bis zu 25 Arbeitstage im Kalenderjahr (50 Arbeitstage für Alleinerziehende), § 45 II 1–2 SGB V. Während der Dauer des Anspruchs haben die Arbeitnehmer einen Anspruch auf Freistellung

---

1314 BT-Drucks. 18/3124, 47.

1315 BT-Drucks. 18/3124, 47.

1316 *Brockmann*, in: FS Igl, 196 (199 f.) schlägt einen Verweis auf § 249b SGB V vor.

1317 jurisPK-SGB XI/*Behrend* § 44a Rn. 11.

nach § 45 III SGB V.[1318] Ist der Anspruch ausgeschöpft und eine akute Pflegesituation tritt ein, ist ein Anspruch auf Pflegeunterstützungsgeld möglich. § 44a III 4 SGB XI bezieht sich nur auf die § 45 II 3–5 SGB V, nicht jedoch auf § 45 II 2 SGB V zur Höchstdauer. § 45 SGB V setzt voraus, dass ein erkranktes, versichertes Kind durch den Versicherten beaufsichtigt, betreut oder gepflegt werden muss, § 2 PflegeZG hingegen eine akut aufgetretene Pflegesituation. Ein Vorfall kann beide Voraussetzungen erfüllen, etwa wenn das pflegebedürftige Kind erkrankt und nicht in einer Gemeinschaftseinrichtung betreut (und gepflegt) werden kann.

Bei schwerster und unheilbarer Erkrankung eines Kindes besteht für ein Elternteil ein zeitlich unbegrenzter[1319] Krankengeld- und Freistellungsanspruch nach § 45 IV SGB V. Nach § 3 VI 4 PflegeZG bleibt der Anspruch nach § 45 SGB V unberührt. Der Anspruch geht über § 3 VI PflegeZG hinaus, der auf drei Monate befristet ist und eine Mindestgröße des Betriebs (§ 3 I 2 PflegeZG) und eine schriftliche Vorankündigung mit Erklärung des Zeitraums zehn Arbeitstage vor Beginn (§ 3 III 1 PflegeZG) verlangt. Er bietet eine Entgeltersatzleistung, wo § 3 VII PflegeZG ein Darlehen gewährt (§§ 3, 4, 5 I 1, II, 6–10 FPfZG).

III. Sozialversicherung

Wird das Entgelt nach § 616 S. 1 BGB fortgezahlt, besteht auch die Beschäftigung gegen Entgelt weiter, an welche die Sozialversicherung anknüpft. Eine Beschäftigung gegen Arbeitsentgelt gilt nach § 7 III 1 SGB IV als fortbestehend, solange das Beschäftigungsverhältnis ohne Anspruch auf Arbeitsentgelt fortdauert, jedoch nicht länger als einen Monat.[1320] Von der Einführung des § 2 PflegeZG bis zum 31.12.2014 wurde nach § 7 III 1 SGB IV bis zu einem Monat der „Mangel an Entgeltlichkeit“[1321] auch bei kurzzeitiger Arbeitsverhinderung überspielt, wenn kein Anspruch nach § 616 BGB bestand. Diese allgemeine Regel wird durch § 7 III 3 SGB IV bei Bezug von Pflegeunterstützungsgeld durchbrochen. Die Beschäftigung gegen Entgelt gilt nicht als fortbestehend. Die Kontinuität der Sozialversicherung wird durch spezialgesetzliche Regelungen garantiert.

1318 Der Freistellungsanspruch besteht auch für Arbeitnehmer, die nicht Versicherte mit Anspruch auf Kinderkrankengeld nach § 45 I SGB V sind, § 45 V SGB V.

1319 KassKomm/*Schifferdecker* SGB V § 45 Rn. 59.

1320 Siehe dazu bei Freistellungen *Seewald*, SGb 2010, 448.

1321 Vgl. BSG, Urt. v. 20.3.2013 – B 12 R 13/10 R, SozR 4-2400 § 7 Nr. 19, juris Rn. 30.

Während des Bezugs von Pflegeunterstützungsgeld besteht Versicherungspflicht in der Arbeits- (§ 26 II Nr. 2b SGB III) und in der Rentenversicherung (§ 3 S. 1 Nr. 3 SGB VI) nach den dortigen Voraussetzungen. Die Mitgliedschaft in der Kranken- und Pflegeversicherung bleibt nach § 192 I Nr. 2 SGB V, § 49 II SGB XI für die Zeit des Bezugs erhalten.[1322] In der Pflegeversicherung sind Mitglieder für die Dauer des Bezugs von Pflegeunterstützungsgeld beitragsfrei, § 56 V SGB XI. Das Pflegeunterstützungsgeld ist wie auch das Kinderkrankengeld beitragspflichtiges Einkommen in der Arbeits-, Renten- und Krankenversicherung.[1323] Als beitragspflichtige Einnahmen gelten 80 % des während der Freistellung ausgefallenen laufenden Arbeitsentgelts (§ 345 Nr. 6b SGB III, § 232b SGB V, § 166 I Nr. 2f SGB VI). Die Beiträge werden durch den Versicherten zur Hälfte getragen, soweit sie auf das Pflegeunterstützungsgeld entfallen, im Übrigen durch die Pflegekasse bzw. das Pflegeversicherungsunternehmen des Pflegebedürftigen (§ 347 Nr. 6b SGB III, § 170 I Nr. 2e, II SGB VI, § 249c S. 1 SGB V).[1324]

Übersteigt das dem Pflegeunterstützungsgeld zugrunde liegende Arbeitsentgelt 450 EUR nicht, tragen die Pflegeversicherungsträger die Beiträge alleine, § 347 Nr. 6b SGB III letzter Hs., § 249c S. 2 SGB V. In der Rentenversicherung werden die Beiträge alleine durch die Leistungserbringer getragen, wenn der Bezieher des Pflegeunterstützungsgeldes zur Berufsausbildung beschäftigt ist *und* das der Leistung zugrunde liegende Arbeitsentgelt 450 EUR nicht übersteigt, § 170 I Nr. 2e 2. Hs. SGB VI.[1325]

Privat Krankenversicherte und Versicherte der PBeaKK oder KVB erhalten auf Antrag Zuschüsse zu ihrer Versicherung für die Dauer des Bezugs von Pflegeunterstützungsgeld in der Höhe des Leistungsträgeranteils (§ 249c SGB V), § 44a IV 1–4 SGB XI. Auf Antrag werden nach § 44a IV 5–6 SGB XI Beiträge für berufsständische Rentenversicherungen in Höhe des Leistungsträgeranteils,[1326] also höchstens der Hälfte der in der Zeit vor dem Leistungsbezug durch den Beschäftigten an die berufsständische Versorgungseinrichtung zu zahlenden Beiträge, erbracht.

1322 Für die Versicherung der Landwirte siehe §§ 25 I Nr. 1, 48a, 49 II KVLG 1989.

1323 BeckOK-SozR/*Molitor* SGB XI § 44a Rn. 36; Spickhoff/*Udsching* SGB XI § 44a Rn. 5; Udsching/Schütze/*Rasch* § 44a Rn. 13.

1324 BT-Drucks. 18/3124, 45.

1325 Dies entspricht § 170 I Nr. 2a 2. Hs. SGB VI, der wiederum an § 168 I Nr. 1 SGB VI, § 20 III 1 Nr. 1 SGB IV orientiert ist, BeckOK-SozR/*v. Koch* SGB VI § 168 Rn. 3, § 170 Rn. 6 f.

1326 BT-Drucks. 18/11488, 57.

Das Pflegeunterstützungsgeld wird in weiteren Vorschriften berücksichtigt. Zuschüsse des Arbeitgebers während der Zeit der Gewährung von Pflegeunterstützungsgeld gelten nicht als beitragspflichtiges Arbeitsentgelt, wenn die Einnahmen zusammen mit dem Pflegeunterstützungsgeld das Nettoarbeitsentgelt (§ 47 SGB V) nicht um mehr als 50 EUR im Monat übersteigen, § 23c I 1, II 1, 5 SGB IV. Der Bezug von Pflegeunterstützungsgeld unmittelbar vor der Arbeitsunfähigkeit oder Heilbehandlung ist unschädlich für den Anspruch auf Verletztengeld, § 45 I Nr. 2, 47 IV SGB VII. Das Pflegeunterstützungsgeld wird bei Renten wegen Todes nach § 18a I 1 Nr. 2, III 1 Nr. 1 SGB IV als Erwerbsersatzeinkommen berücksichtigt.

IV. Mitwirkungs- und Mitteilungspflichten

Die Pflegekasse bzw. das Versicherungsunternehmen stellen eine Bescheinigung über Zeitraum des Bezugs und Höhe des Pflegeunterstützungsgeldes aus, die der Beschäftigte unverzüglich seinem Arbeitgeber vorzulegen hat, § 44 V SGB XI. Zur Vereinfachung des Verfahrens hat der Leistungsbezieher im Rahmen der Antragstellung selbst die Informationen zu übermitteln.[1327] Zur Koordination bei Pflegebedürftigen mit Anspruch auf Beihilfeleistungen oder Leistungen der Heilfürsorge ist nach § 44a VII SGB XI die Festsetzungsstelle der Beihilfe oder der Dienstherr zu erfragen und diesem bei Feststellung der Beitragspflicht die Angaben zum Beschäftigten zu übermitteln.

1327 BT-Drucks. 18/3124, 47.

Zusammenfassung und Ausblick

Die häusliche nicht erwerbsmäßige Pflege nimmt einen signifikanten Stellenwert bei der Versorgung der Pflegebedürftigen ein. Die soziale Sicherung der nicht erwerbsmäßig pflegenden Pflegepersonen tritt neben weitere Leistungen wie das Pflegegeld nach § 37 SGB XI, die die häusliche Pflege fördern sollen.

Als Leistung der Pflegeversicherung des Pflegebedürftigen ist die Absicherung der Pflegepersonen in der Sozialversicherung an die Wertungen der Pflegeversicherung gebunden, auf die die letztlich entscheidenden spezialgesetzlichen Normen der Renten-, Arbeitslosen- und Unfallversicherung Bezug nehmen. Die Pflegereform durch die Pflegestärkungsgesetze führte auch bei der sozialen Sicherung der Pflegeperson zu Umbrüchen.

Mit dem neuen Pflegebedürftigkeitsbegriff und Begutachtungsassessment hat auch die versicherte Tätigkeit der Pflegeperson eine bedeutende Erweiterung erfahren. Die Pflegetätigkeit bestimmt sich nach Maßgabe der pflegeversicherungsrechtlichen Regelungen. Die Tätigkeit der Pflegeperson entspricht dem, was als Sachleistung durch professionelle Pflegekräfte als Leistungserbringer der Pflegeversicherung erbracht werden kann. Dementsprechend hat sich mit der Erweiterung des Pflegebedürftigkeitsbegriffs auf Einschränkungen der Fähigkeiten und der Selbstständigkeit bei kognitiven und kommunikativen Fähigkeiten, Verhaltensweisen und psychische Problemlagen und Gestaltung des Alltagslebens und sozialer Kontakte ein neuer Bereich der pflegerischen Betreuung aufgetan, der einerseits zur Absicherung in der Renten- und Arbeitslosenversicherung führen kann und andererseits unfallversichert ist. Es ergeben sich auch neue Überschneidungsbereiche zur Rehabilitation und Teilhabe, da in der häuslichen Versorgung auch begrenzt außerhäusliche Tätigkeiten infrage kommen.

Während der Pflegebedürftigkeitsbegriff von der Zeitbemessung konkreter Verrichtungen gelöst wurde und nun die verbliebene Selbstständigkeit und die Fähigkeiten des Pflegebedürftigen abstrakt bemessen werden, bestehen für die Versicherung der Pflegeperson ein konkreter Bezug und eine zeitliche Bemessung fort. So wird nunmehr für Renten-, Arbeitslosen- *und* Unfallversicherung vorausgesetzt, dass die Mindestpflegezeit nach § 19 S. 2 SGB XI von zehn Stunden wöchentlich, verteilt auf regelmäßig zwei Tage in der Woche, erfüllt wird.

Die Nichterwerbsmäßigkeit der Pflege liegt vor, wenn die Pflege familienhaft geprägt ist. Davon ist auch noch bei erheblichem Pflegeaufwand auszugehen. Das weitergeleitete Pflegegeld und auch eine darüber hinausgehende Zahlung führen nicht zu einer Annahme, dass ein Beschäftigungsverhältnis zwischen dem Pflegebedürftigen und der Pflegeperson besteht.

Die Pflegeperson ist in der Rentenversicherung versicherungspflichtig. Sie kann mit den durch die Pflegeversicherung des Pflegebedürftigen erbrachten Pflichtbeiträgen vollwertige Anwartschaften aufbauen, wenn sie die Mindestpflegezeit erreicht. Die Beiträge sind aufwandsbezogen, aber pauschaliert. Durch die Eingliederung in die Rentenversicherung kann die Pflegeperson weitere Aufwertungen der Beitragszeiten erlangen. Durch die Neuerungen des FlexirentenG können auch Pflegepersonen profitieren, die bereits die Regelaltersgrenze der Rentenversicherung erreicht haben. Dies erfordert allerdings gegebenenfalls, dass nach Erreichen der Regelaltersgrenze durch den Wechsel in die Teilrente das Eintreten der Versicherungsfreiheit umgangen wird. Die Versicherungspflicht scheidet aus, wenn die Pflegeperson mehr als 30 Stunden wöchentlich erwerbstätig ist. Damit besteht nur für die Pflegeperson eine von den sonstigen rentenversicherungsrechtlichen Mechanismen abweichende Regelung, mit der sichergestellt werden soll, dass die Leistungen nur aufstockend erbracht werden, während zudem durch die allgemeinen Regelungen eine Obergrenze der Absicherung besteht. Passgenauer wäre hier eine Regelung, die sich daran orientiert, welches Absicherungsniveau durch eine parallel zur Pflege ausgeübte Erwerbstätigkeit erreicht wird. Nur so wird die Regelung ihrer Zielsetzung gerecht, Rentenlücken zu kompensieren, die aufgrund der Pflege entstehen, auch durch die Wahl einer pflegevereinbaren Erwerbstätigkeit im Niedriglohnsektor. Die Rentenversicherungspflicht der Pflegeperson ist bedeutsam zum Ausgleich des geschlechtsspezifischen Rentengefälles. Der Vergleich zur Rentenversicherungspflicht bei Kindererziehung liegt nahe, da beide Arten der Sorgearbeit erwerbs- und damit rentenfeindlich sind. Anders als die Kindererziehung ist die Berücksichtigung von Pflege in der Rentenversicherung aber nicht systematisch zwingend.

Die Berücksichtigung von Pflege in der Arbeitslosenversicherung hat die meisten Umbrüche erfahren. Es ist ein Wandel der Regelungstechnik erfolgt von der Rahmenfristverlängerung, mit der Pflegepersonen geholfen wurde, die regulären Voraussetzungen zu erfüllen, über die Versicherungspflicht auf Antrag hin zur Versicherungspflicht qua Gesetz. Parallel bestand eine Versicherungspflicht nur für die Dauer einer Freistellung nach dem PflegeZG. Die mit dem PSG II eingeführte Versicherungspflicht für Pflegepersonen erhält die Anbindung an die Arbeitslosenversicherung über die Pflegephase hinweg aufrecht, unabhängig von deren Dauer. Pflegepersonen werden als Teil der an sich erwerbstätigen Bevölkerung angesprochen, die unterstützt werden, ihre Arbeit nach Ende der Pflege wieder aufzunehmen. Die Arbeitslosenversicherung ist offen gegenüber verschiedenen Pflegekonstellationen und sichert nicht nur die Arbeitssuche nach Ende der Pflegephase ab, sondern auch die Arbeitssuche parallel zur Pflege. Eine Einschränkung der Verfügbarkeit zugunsten der Pflege ist möglich. Pflegepersonen profitieren bei der Höhe der Leistungen von der begrenzten Orientierung am Versicherungsprinzip.

Bei der Unfallversicherung der Pflegeperson sind die versicherte Pflege und Betreuung von Tätigkeiten des familienhaften Zusammenlebens abzugrenzen. Für den grundsätzlichen Schutz in der Unfallversicherung muss nun auch die Mindestpflegezeit erfüllt werden, was wiederum insbesondere dazu dient, im gemeinsamen Haushalt abzugrenzen, ob nur gelegentlich oder darüber hinaus regelmäßig und in erheblichem Maße Pflegetätigkeiten erbracht werden. Ein eigener Versicherungstatbestand ist erforderlich, da die Nichterwerbsmäßigkeit der Pflege und familienhafte Pflege eine Versicherung als Beschäftigte oder Wie-Beschäftigte ausschließen. Die versicherte Tätigkeit der Pflegeperson hat sich mit dem neuen Pflegebedürftigkeitsbegriff erheblich erweitert. Es sind die allgemeinen Regeln der Unfallversicherung anzuwenden, um eine Grenze zum Zusammenleben zu ziehen. Die Haftung wegen Personenschäden ist zwischen den an der Pflege Beteiligten ausgeschlossen. Seit der Einführung der Versicherungspflicht der Pflegepersonen ist die Tätigkeit der Pflegeperson dem Unternehmen „Pflege" zuzuordnen, wenn die Mindestvoraussetzungen des § 19 SGB XI erfüllt werden. Der Pflegebedürftige ist der Unternehmer der Pflege im unfallversicherungsrechtlichen Sinne und kann als nicht versicherter Unternehmer haftungsersetzende Leistungen erhalten. Mit den letzten Reformen wurde versäumt, die Formulierung des § 106 II SGB VII dahingehend zu verdeutlichen. Da die Pflege von der Haushaltung als unfallversicherungsrechtliches Unternehmen zu trennen ist, ist dem Pflegebedürftigen auch die freiwillige Unternehmerversicherung nach § 6 I Nr. 1 SGB VII zu öffnen.

Neben den auf alle Pflegepersonen bezogenen Vorschriften bestehen Sondervorschriften begleitend zur Freistellung nach dem PflegeZG.

Eine gesonderte Versicherungspflicht wird nicht normiert, wenn die Beschäftigten in Pflegezeit nicht unter die allgemeinen Regelungen für Pflegepersonen fallen. Die Voraussetzungen der Vorschriften decken sich nicht vollständig. Beschäftigte in Pflegezeit erhalten einen Beitragszuschuss für eine freiwillige oder Auffangversicherung in der Kranken- und Pflegeversicherung, gebunden an die Voraussetzungen des § 3 PflegeZG. Pflegepersonen, die freiwillig oder auffangversichert sind, müssen gegebenenfalls auch ein weitergeleitetes Pflegegeld zur Beitragszahlung einsetzen, dieses ist aber selbst nicht beitragspflichtig.

Während der kurzzeitigen Arbeitsverhinderung nach § 2 PflegeZG wird nach dem Vorbild des Kinderkrankengeldes Pflegeunterstützungsgeld als

Entgelt-ersatzleistung gezahlt und der Fortbestand der sozialen Sicherung normiert.

Die sozialversicherungsrechtliche Absicherung der nicht erwerbsmäßigen Pflegepersonen hat seit der Einführung der Pflegeversicherung einige Neuerungen durchlaufen und zeigt sich in seiner heutigen Form klarer und eindeutiger denn je. Dennoch verbleiben Bereiche, in denen Anpassungsbedarf besteht, um den gesetzlichen Zielvorgaben nachzukommen.

Literaturverzeichnis

Achatz, Juliane/*Trappmann*, Mark: Arbeitsmarktvermittelte Abgänge aus der Grundsicherung, Der Einfluss von personen- und haushaltsgebundenen Arbeitsmarktbarrieren, IAB-Discussion Paper 2/2011

Armbruster, Doris/*Fuchsloch*, Christine: Die Grundrente: Meilenstein oder Stolperstein? – Ziele und Instrumente einer echten geschlechtergerechten Alterssicherung, DRV 2020, 226

Arnau, Karl: Probleme beim Regreß der Pflegekasse, NZV 1997, 30

Arndt, Joachim/*Kubath*, Birgit: Soziale Sicherung der Pflegepersonen – Umsetzung in der Verwaltungspraxis, DAngVers 1997, 77

Auth, Diana/*Dierkes*, Mirjam/*Leiber*, Simone/*Leitner*, Sigrid: Trotz Pflege kein Vereinbarkeitsproblem? Typische Arrangements und Ressourcen erwerbstätiger pflegender Söhne, ZSR 2016, 79

Banafsche, Minou/*Körtek*, Yasemin/*Kruse*, Jürgen (Hrsg.): Sozialgesetzbuch III: Arbeitsförderung; Lehr- und Praxiskommentar, 2. Auflage 2015 (zit. LPK-SGB III/*Bearbeiter* … 2. Aufl. 2015)

Baumeister, Peter: Pflegebedürftigkeit und allgemeiner Gleichheitssatz, VSSR 2000, 399

– Verfassungswidrige Ungleichbehandlung dementer Menschen im Recht der sozialen Pflegeversicherung – zugleich Anmerkung zu BVerfG, Kammerbeschlüsse v. 22.5.2003 – 1 BvR 452/99 und 1 BvR 1077/00, NZS 2004, 191

Bayreuther, Frank: Die neue Brückenteilzeit und andere Änderungen im TzBfG, NZA 2018, 1577

Becker, Ulrich: Selbstbindung des Gesetzgebers im Sozialrecht. Zur Bedeutung von Konsistenz bei der Ausgestaltung von Sozialversicherungssystemen, in: Festschrift 50 Jahre Bundessozialgericht/hrsg. von Matthias von Wulffen, Otto Ernst Krasney, Köln/Berlin/München 2004, S. 77 ff. (zit. *Becker*, in: FS 50 Jahre BSG)

Becker, Harald/*Franke*, Edgar/*Molkentin*, Thomas (Hrsg.): Sozialgesetzbuch VII: Gesetzliche Unfallversicherung; Lehr- und Praxiskommentar, 4. Auflage 2014 (zit. LPK-SGB VII/*Bearbeiter* … 4. Aufl. 2014)

– Sozialgesetzbuch VII: Gesetzliche Unfallversicherung; Lehr- und Praxiskommentar, 5. Auflage 2018 (zit. LPK-SGB VII/*Bearbeiter*)

Benz, Manfred: Soziale Absicherung des unentgeltlich tätig werdenden Angehörigen einer nach § 558 RVO pflegebedürftigen Person, WzS 1991, 105

– Soziale Absicherung von pflegenden (§ 558 RVO) Angehörigen, Die BG 1993, 180

– Die Pflege nach § 44 SGB VII, Die BG 2001, 89

– Pflegegeld und Pflege in der gesetzlichen Unfallversicherung, NZS 2004, 125

Berchtold, Josef/*Huster*, Stefan/*Rehborn*, Martin (Hrsg.): Gesundheitsrecht: SGB V, SGB XI, 1. Auflage 2015 (zit. GesR/*Bearbeiter* … 1. Aufl. 2015)

– Gesundheitsrecht: SGB V, SGB XI, 2. Auflage 2018 (zit. GesR/*Bearbeiter*)

Bereiter-Hahn, Werner/*Mehrtens*, Gerhard: Gesetzliche Unfallversicherung Handkommentar; Loseblattsammlung Lieferung 4/22, Stand 10/22

Bieback, Karl-Jürgen: Sozialversicherung und versicherungsfremde Leistungen in der Rechtsprechung des Bundessozialgerichts, in: Festschrift 50 Jahre Bundessozialgericht/hrsg. von Matthias von Wulffen, Otto Ernst Krasney, Köln/Berlin/München 2004, S. 117 ff. (zit. *Bieback*, in: FS 50 Jahre BSG)

Bokeloh, Arno: Grenzüberschreitende Aspekte der rentenrechtlichen Absicherung von Pflegepersonen, DRV 2018, 192

Bonacker, Marco/*Geiger*, Gunter (Hrsg.): Menschenrechte in der Pflege: ein interdisziplinärer Diskurs zwischen Freiheit und Sicherheit, 2018

Both, Ulrike: Familienlastenausgleich in der Rentenversicherung, SozVers 1997, 14

Bothfeld, Silke/*Gronbach*, Sigrid: Autonomie und Wahlfreiheit – neue Leitbilder für die Arbeitsmarktpolitik?, WSI-Mitteilungen 2002, 220

Brand, Jürgen/*Düe*, Wolfgang/*Hassel*, Rupert/*Karmanski*, Carsten/*Kühl*, Martin (Hrsg.): Sozialgesetzbuch: Arbeitsförderung SGB III: Kommentar, 7. Auflage 2015 (zit. Brand/*Bearbeiter* … 7. Aufl. 2015)

– Sozialgesetzbuch: Arbeitsförderung SGB III: Kommentar, 9. Auflage 2021 (zit. Brand/*Bearbeiter*)

Braun, Julian: Digitale Pflegeanwendungen in der gesetzlichen Pflegeversorgung, NZS 2021, 710

Brockmann, Judith: Arbeitsrechtliche Pflegezeitregelungen und soziale Absicherung von Pflegepersonen: Beiträge zur Vereinbarkeit von Erwerbstätigkeit und Pflege?, in: Rechtstatsachen und Rechtswirkungen im Arbeits- und Sozialrecht/hrsg. von Dorothea Alewell, München und Mering 2013, S. 105 ff. (zit. *Brockmann*, in: Rechtstatsachen)

– Arbeitsrechtliche Pflegezeiten und deren sozialversicherungsrechtliche Absicherung – Entwicklungen und Perspektiven, in: Gesundheit, Alter, Pflege, Rehabilitation – Recht und Praxis im interdisziplinären Dialog: Festschrift für Gerhard Igl/hrsg. von Christine Fuchsloch, Maximilian Fuchs, Gerhard

Naegele, Peter Udsching und Felix Welti, Baden-Baden 2017, S. 196 ff. (zit. *Brockmann*, in: FS Igl)

Brors, Christiane/*Böning*, Marta: Rechtliche Rahmenbedingungen für 24-Stunden-Pflegekräfte aus Polen und Deutschland, NZA 2015, 846

Brosche, Hartmut: Nachentrichtung von Rentenversicherungsbeiträgen für Pflegepersonen – zur Auslegung von Art. 2 des 3. ÄndG/BSHG, ZfF 1979, 32

Brose, Wiebke: Das erkrankte Kind des Arbeitnehmers im Arbeits- und Sozialrecht, NZA 2011, 719

– Die sozialversicherungsrechtlichen Nebenwirkungen von Pflegezeit und Familienpflegezeit, NZS 2012, 499

Brosius-Gersdorf, Frauke: Demografischer Wandel und Familienförderung, Tübingen 2011 (zit. Demografischer Wandel)

– Aktuelle verfassungsrechtliche Probleme der Rentenversicherung, SGb 2019, 509

Brumm, Brumm/*Langelüddeke*, Anne/*Zanker*, Dagmar: Der Generationenvertrag – ein Plädoyer für eine differenzierte Betrachtungsweise, DRV 2018, 209

Brussig, Martin/*Postels*, Dominik/*Zink*, Lina: Niedrigrenten trotz vieljähriger Versicherung – zur Rolle des sozialen Ausgleichs in der gesetzlichen Rentenversicherung, DRV 2018, 39

Budel, Manfred: Regreß der Pflegeversicherung, r + s 1997, 133

Butzer, Hermann: Fremdlasten in der Sozialversicherung: zugleich ein Beitrag zu den verfassungsrechtlichen Vorgaben für die Sozialversicherung, Tübingen 2001

Czaplicki, Christin: Pflege und Erwerbstätigkeit – Eine lebensverlaufstheoretische Perspektive, SoFo 2012, 159

– Pflege zahlt sich aus – Der Beitrag nichterwerbsmäßiger Pflege zur Alterssicherung, SoFo 2016, 105

– Die Kombination von Pflege- und Erwerbstätigkeit im Lebensverlauf, Berlin 2020 (zit. Pflege- und Erwerbstätigkeit im Lebensverlauf)

Dalichau, Gerhard: Kommentar zum Sozialgesetzbuch XI, 1. Auflage 2014 (zit. Dalichau … 1. Aufl. 2014)

– Kommentar zum Sozialgesetzbuch XI, 2. Auflage 2018 (zit. Dalichau)

Degener, Theresia: Das ambulante Pflegerechtsverhältnis als Modell eines Sozialrechtsverhältnisses, Frankfurt am Main und New York 1994

Dietz, Berthold: Soziale Sicherungssysteme, in: Herausforderung demografischer Wandel/hrsg. von Bernhard Frevel, Wiesbaden 2004, S. 192 ff.

Doering-Striening, Gudrun: Häusliche Pflege von Eltern – was bringt sie „fürsorgenden“ Kindern ein?, FamFR 2012, 531

Doering-Striening, Gudrun/*Hauß*, Jörn/*Schürmann*, Heinrich: Elternunterhalt 2020 – quo vadis?, FamRZ 2020, 137

Dudel, Christian: Vorausberechnung des Pflegepotentials von erwachsenen Kindern für ihre pflegebedürftigen Eltern, SoFo 2015, 14

Düwell, Franz Josef/*Göhle-Sander*, Kristina/*Kohte*, Wolfhard (Hrsg.): Juris Praxiskommentar Vereinbarkeit von Familie und Beruf, Saarbrücken 2009 (zit. jurisPK-FuB/*Bearbeiter*)

Eberl, Andreas/*Lang*, Sebastian/*Seebaß*, Katharina: The Impact of Informal Care and Employment on the Mental Health of the Caregiver, SoFo 2017, 77

Ebsen, Ingwer: Grenzfragen der Verfügbarkeit bei Betätigungen des Arbeitslosen ohne Erwerbscharakter, SGb 1995, 229

– Familienlastenausgleich und die Finanzierung der Sozialversicherung aus verfassungs- und sozialrechtlicher Sicht, VSSR 2004, 3

Eggert, Simon/*Schnapp*, Patrick/*Sulmann*, Daniela: Aggression und Gewalt in der informellen Pflege, ZQP-Analyse 2018, https://www.zqp.de/wp-content/uploads/ZQP_Analyse_Gewalt_informelle_Pflege.pdf (abgerufen 24.11.2022)

Ehler, Jürgen/*Langelüddeke*, Anne: Systematisierung und Bewertung aktuell diskutierter Überlegungen für eine verstärkte Berücksichtigung von Kindern in der Alterssicherung, DRV 2006, 397

Eichenhofer, Eberhard: Anm. zu EuGH, 08.07.2004 – C-31/02, C-502/01 – Gaumain-Cerri und Barth, ZESAR 2005, 397

– Vorschläge der Kommission im Hinblick auf Pflegeleistungen, ZESAR 2017, 371

– „Mehr-Säulen“ – Altersversorgung und Recht, SoFo 2018, 909

– Armutsmessung zwischen Deskription und Präskription, SoFo 2018, 327

– Sozialrecht, 12. Auflage Tübingen 2021

Eichenhofer, Eberhard/*Wenner*, Ulrich (Hrsg.): Kommentar zum Sozialgesetzbuch VI, 2014 (zit. Eichenhofer/Wenner/*Bearbeiter*)

Eichenhofer, Eberhard/*v. Koppenfels-Spies*, Katharina/*Wenner*, Ulrich (Hrsg.): Kommentar zum Sozialgesetzbuch VII, 2. Auflage 2019 (zit. EvKSW/*Bearbeiter*)

Eicher, Wolfgang/*Schlegel*, Rainer (Hrsg.): SGB III Arbeitsförderungsrecht Kommentar, Loseblattsammlung 193. Lieferung, Stand 04/2022 (zit. Eicher/Schlegel/*Bearbeiter*)

Fachinger, Uwe: Die Altersvorsorge in Deutschland: Einige Anmerkungen zu Mehrsäuligkeit, Abdeckungsgraden und staatlicher Verantwortung, SoFo 2018, 929

Felix, Dagmar: Pflegepersonen und gesetzliche Unfallversicherung. Und es gibt sie doch: Zum Erfordernis einer Mindestpflegezeit, in: Gesundheit, Alter, Pflege, Rehabilitation – Recht und Praxis im interdisziplinären Dialog: Festschrift für Gerhard Igl/hrsg. von Christine Fuchsloch, Maximilian Fuchs, Gerhard Naegele, Peter Udsching und Felix Welti, Baden-Baden 2017, S. 221 ff. (zit. *Felix*, in: FS Igl)

– Kindererziehungszeiten im SGB V – zur Reform der Krankenversicherung der Rentner. Zugleich ein Beitrag zu den Schwierigkeiten der Gesetzgebung und den Grenzen der teleologischen Reduktion, NZS 2018, 241

Franke, Edgar (Hrsg.): Sozialgesetzbuch VII: Gesetzliche Unfallversicherung; Lehr- und Praxiskommentar, 1. Auflage 2000 (zit. LPK-SGB VII/*Bearbeiter* … 1. Aufl. 2000)

Freihube, Dirk/*Sasse*, Stefan: Was bringt das neue Pflegezeitgesetz?, DB 2008, 1320

Frerk, Timm/*Leitner*, Sigrid: Zur Vereinbarkeit von Pflege und Beruf: Quantitative und qualitative Perspektiven, SoFo 2017, 267

Frey, Michael: Häusliche Pflege und Selbsthilfevorbehalt, Frankfurt am Main 2009

Fries, Svenja: Die Haftungsbeschränkung der §§ 104 ff. SGB VII in den Fällen der unechten Unfallversicherung: zugleich zu Bedeutung und Reichweite der unechten Unfallversicherung, Berlin 2013

Frommert, Dina: Der Gender Pension Gap und soziale Elemente im Mehrsäulensystem, DRV 2020, 211

Frommert, Dina/*Lizon*, Marcel: Teilzeitarbeit neben Kindererziehung – Auswirkungen auf die gesetzliche Rente, DRV 2017, 273

Fuchs, Harry: Was sich im Bereich von Pflege und Eingliederungshilfe änderte – und was sich 2018 ändern wird, SoSi 2017, 237

Fuchs, Maximilian/*Pauker*, Werner/*Baumgärtner*, Alex: Delikts- und Schadensersatzrecht, 9. Auflage, Berlin/Heidelberg 2017

Fuchsloch, Christine: Die Vereinbarkeit von Familie und Beruf als Herausforderung für das Sozialrecht in Deutschland – Eine ernüchternde Bilanz, NZA-Beilage 2014, 59

– Geschlechtergerechtigkeit in der Alterssicherung, in: Weiterdenken: Recht an der Schnittstelle zur Medizin, Festschrift für Hermann Plagemann zum 70. Geburtstag/hrsg. von Matthias Jacobs, Florian Plagemann, Martin

Schafhausen und Ole Ziegler, München 2020, S. 109 ff. (zit. *Fuchsloch,* in: FS Plagemann)

Fuhlrott, Michael: Der Schmerzensgeldausschluss durch die Unfallversicherung – Verfassungswidriger Zustand oder gerechtfertigte Ungleichbehandlung?, NZS 2007, 237

Gagel, Alexander: Der “freie Arbeitsvertrag” als Merkmal des “Beschäftigungsverhältnisses”, in: Festschrift für Otto Ernst Krasney zum 65. Geburtstag am 16. Dezember 1997/hrsg. von Wolfgang Gitter, Bertram Schulin und Hans Friedrich Zacher, München 1997, S. 147 ff. (zit. *Gagel,* in: FS Krasney)

Gaßner, Maximilian/*Strömer*, Jens M.: Im Dickicht der Standards verfangen – Haftungsrechtliche Sorgfaltspflichten in der Pflege, MedR 2012, 487

Geyer, Johannes/*Schulz*, Erika: Who cares? Die Bedeutung der informellen Pflege durch Erwerbstätige in Deutschland, DIW-Wochenbericht Nr. 14/2014, S. 294 ff.

Gitter, Wolfgang: Schadensausgleich im Arbeitsunfallrecht: die soziale Unfallversicherung als Teil des allgemeinen Schadensrechts, Tübingen 1969 (zit. Schadensausgleich)

– Der Versicherungsschutz der Pflegepersonen in der Unfall- und Krankenversicherung, VSSR 1996, 1

– Die Haftung der Pflegepersonen und Pflegebedürftigen bei Unfällen, in: Festschrift für Hans Stoll zum 75. Geburtstag/hrsg. von Gerhard Hohloch, Rainer Frank und Peter Schlechtriem, Tübingen 2001, S. 33 ff. (zit. *Gitter,* in: FS Stoll)

Glatzel, Brigitte: Fallen im Pflegezeitgesetz – für Arbeitnehmer und Arbeitgeber, NJW 2009, 1377

Glombik, Manfred: Familie in der Rentenversicherung, RV 2009, 167

Graba, Hans-Ulrich: Betreuungsunterhalt auf Grund des erweiterten Unterhaltsbegriffs, NJW 2016, 833

– Familienunterhalt, NZFam 2019, 49

Greiner, Stefan: Ideelle Unzumutbarkeit, Dogmatik und Praxis der Leistungsverweigerung bei Rechtsgüter- und Pflichtenkollisionen im Zivilrecht, Berlin 2004 (zit. Ideelle Unzumutbarkeit)

– Familienfreundliches Arbeitsrecht? – Die Erkrankung des Kindes als Gegenstand widersprüchlicher Regelungen, NZA 2007, 490

– Mindestlohn und Ehrenamt, NZA 2015, 285

Grundmann, Cornelia: Das Pflegezeitgesetz, GuP 2013, 100

Grüttner, Michael: Informelle Pflege, Arbeitslosigkeit und soziale Exklusion: Kumulierende oder kompensierende Risiken?, SoFo 2016, 290

Günther-Nicolay, Elke: Zu den Voraussetzungen der Einbeziehung häuslicher Pflegepersonen in den Schutz der gesetzlichen Unfallversicherung, NZS 2006, 17

Haas, Ulrich/*Holla*, Matthias: Ausgleich für die enttäuschte Erberwartung, ZEV 2002, 169

Haerendel, Ulrike: Geschlechterpolitik und Alterssicherung – Frauen in der gesetzlichen Rentenversicherung von den Anfängen bis zur Reform von 1957, DRV 2007, 99

Hajek, André/*Lehnert*, Thomas/*Wegener*, Annemarie/*Riedel-Heller*, Steffi/*König*, Hans-Helmut: Langzeitpflegepräferenzen der Älteren in Deutschland – Ergebnisse einer bevölkerungsrepräsentativen Umfrage, Das Gesundheitswesen 2018, 685

Hannes, Frank (Hrsg.): Formularbuch Vermögens- und Unternehmensnachfolge, 2. Auflage München 2017 (zit. Hannes Formularbuch)

Hase, Friedhelm: Versicherungsprinzip und sozialer Ausgleich, Tübingen 2000

– Familienlastenausgleich und die Finanzierung der Gesetzlichen Kranken- und Pflegeversicherung, VSSR 2004, 55

– Finanzierungsverantwortung für Leistungen der "aktiven Arbeitsmarktpolitik", in: Arbeitsmarktpolitik in der Krise: Festgabe für Professor Dr. Karl-Jürgen Bieback/hrsg. von Sabine Knickrehm, Karl-Jürgen Bieback und Ursula Rust, Baden-Baden 2010, S. 127 ff. (zit. *Hase*, in: FS Bieback)

Hau, Wolfgang/*Poseck*, Roman (Hrsg.): Beck'scher Online-Kommentar zum BGB, 63. Edition, Stand 1.5.2022 (zit. BeckOK-BGB/*Bearbeiter*)

Hauck, Karl (begr.)/*Noftz*, Wolfgang (fortgef.): Sozialgesetzbuch Gesamtkommentar, Loseblattsammlung (zit. Hauck/Noftz/*Bearbeiter*)

– Sozialgesetzbuch III: Arbeitslosenversicherung, Werksstand 06/22

– Sozialgesetzbuch IV: Gemeinsame Vorschriften für die Sozialversicherung, Werksstand 03/22

– Sozialgesetzbuch V: Gesetzliche Krankenversicherung, Werksstand 10/22

– Sozialgesetzbuch VI: Gesetzliche Rentenversicherung, Werksstand 02/22

– Sozialgesetzbuch VII: Gesetzliche Unfallversicherung, Werksstand 05/22

– Sozialgesetzbuch XI: Soziale Pflegeversicherung, Werksstand 02/22

Hebeler, Timo: Nachhaltigkeit der Sozialsysteme unter verfassungsrechtlichen Gesichtspunkten, NZS 2018, 848

Heidel, Susanne/*Loose*, Brigitte L.: Das „Soziale" in der gesetzlichen Rentenversicherung, DAngVers 2004, 221

Heien, Thorsten/*Frommert*, Dina/*Loose*, Brigitte L.: Unterschiede in den Kindererziehungsphasen von Frauen und ihr Einfluss auf die Alterssicherung, DRV 2012, 233

Heinz, Dirk: Sozialversicherungsrechtliche Leistungen im Pflegefall, der sozialrechtliche Beratungsanspruch und „Wiedergutmachung" bei fehlgeschlagener Beratung, PflR 2014, 346

– Begrenzungen sozialhilferechtlicher Verantwortungen aufgrund familiärer Verantwortlichkeiten in der Eingliederungshilfe für behinderte Menschen und im Rahmen der Hilfe zur Pflege durch die Sozialämter, ZFSH/SGB 2015, 413

Heinz, Andreas/*Schmidt-De Caluwe*, Reimund/*Scholz*, Bernhard (Hrsg.): Sozialgesetzbuch III Großkommentar, 7. Auflage, Baden-Baden 2021 (zit. NK SGB III/*Bearbeiter*)

Henning, Virginia Eileen: Die Harmonisierung von Haftungsprivilegierungen und Regress in der gesetzlichen Unfallversicherung Baden-Baden 2015

Henssler, Martin/*Willemsen, Heinz Josef*/*Kalb, Heinz-Jürgen* (Hrsg.): Arbeitsrecht Kommentar, 9. Auflage, Köln 2020 (zit. HWK/*Bearbeiter*)

Hesse, Werner: Soziale Situation der Pflegepersonen: Was bleibt nach den Pflegestärkungsgesetzen I und II zu tun?, SoFo 2016, 103

Heuermann, Bernd/*Brandis*, Peter (Hrsg.): Blümich EStG, KStG, GewStG Kommentar, Stand Mai 2021, 157 Ergänzungslieferung, zit. Blümich/*Bearbeiter*

Hexel, Christoph/*Lüders*, Holger: Offene Fragen des neuen Pflegezeitrechts, NZS 2009, 264

Hielscher, Volker/*Kirchen-Peters*, Sabine/*Nock*, Lukas/*Ischebeck*, Max: Pflege in den eigenen vier Wänden: Zeitaufwand und Kosten: Pflegebedürftige und ihre Angehörigen geben Auskunft, 2017, https://www.boeckler.de/pdf/p_study_hbs_363.pdf (abgerufen 24.11.2022)

Hofmann, Ekkehard: Der Begriff der Beschäftigung im Sinne von § 7 SGB IV im Bereich der Pflege, NZS 2015, 41

Igl, Gerhard: Soziale Sicherung und steuerrechtliche Fragen der ehrenamtlichen Tätigkeit, ZFSH/SGB 1994, 561

– Rechtsfragen des freiwilligen sozialen Engagements: Rahmenbedingungen und Handlungsbedarf, 2. Aufl., Stuttgart 1996

– Die unbehelfliche Abgrenzung der Leistungen häuslicher Krankenpflege nach dem SGB V und häuslicher Pflege nach dem SGB XI. Zugleich eine Besprechung der Urteile des BSG v. 19.2.1998 – B 3 P 3/97 R, B 3 P 5/97 R und B 3 P 11/97 R, SGb 1999, 111

– Sozialrechtliche Stellung mitmenschlich und bürgerschaftlich Engagierter – Bestandsaufnahme und Zukunftsperspektiven, SGb 2002, 705

– Sozialrechtliche Stellung mitmenschlich und bürgerschaftlich Engagierter – Bestandsaufnahme und Zukunftsperspektiven, in: Mitmenschliches und bürgerschaftliches Engagement im Sozialrecht, Schriftenreihe des Deutschen Sozialrechtsverbandes e. V. (SDSRV), Band 50/hrsg. vom Deutschen Sozialrechtsverband, Wiesbaden 2003, S. 101 ff. (zit. *Igl*, SDSRV Bd. 50)

– Sozialrechtliche Stellung mitmenschlich und bürgerschaftlich Engagierter – Bestandsaufnahme und Zukunftsperspektiven Teil II, SGb 2003, 6

Igl, Gerhard/*Welti*, Felix: Die Leistungsinhalte der häuslichen Krankenpflege und ihre Abgrenzung von den Leistungen der Pflegebedürftigkeit, VSSR 1995, 117

Isensee, Josef: Umverteilung durch Sozialversicherungsbeiträge: eine finanzverfassungsrechtliche Studie über den Solidarausgleich in der Gesetzlichen Krankenversicherung, Berlin 1973 (zit. Umverteilung durch Sozialversicherungsbeiträge)

Jahnke, Jürgen: Pflegeleistungen nach SGB V und SGB XI: Forderungsübergang und Abfindung, VersR 1996, 924

Janda, Constanze: Die Entlastung von Angehörigen in der Pflege, VSSAR 2020, 297

Joussen, Jacob: Die Rentenversicherungspflicht von Pflegepersonen und Europäisches Recht, ZESAR 2002, 62

– Streitfragen aus dem Pflegezeitgesetz, NZA 2009, 69

Jung, Eberhard: Anmerkung zu BSG, Urt. v. 14.12.1999 – B 2 U 37/98 R, SGb 2000, 438

– Urteilsbesprechung zu BSG Urt. v. 26.6.2014 – B 2 U 9/13 R, SGb 2015, 456

Jungfleisch, Horst: Leistungsansprüche des nicht versicherten Unternehmers, Die BG 2006, 464

Just, Katrin: Absicherung von nicht erwerbsmäßig tätigen Pflegepersonen in der Sozialversicherung, SoSi 2008, 74

Kaeding, Nadja: Leistungen bei Pflegebedürftigkeit – die geplante Änderung der VO (EG) Nr. 883/2004, ZESAR 2019, 206

Karb, Svenja: Das Pflegezeit- und Familienpflegezeitgesetz 2015, ZTR 2015, 427

Kater, Horst/*Leube*, Konrad: Gesetzliche Unfallversicherung SGB VII: Kommentar, München 1997 (zit. Kater/Leube/*Bearbeiter*)

Keck, Wolfgang: Was kommt nach der Pflege? Die Pflege eines Angehörigen senkt Beschäftigungschancen von Pflegepersonen nachhaltig, SoFo 2016, 112

Kehl, Konstantin: Nach dem Pflegestärkungsgesetz II: Eine alternative Interpretation der Probleme und ein Plädoyer für potenzialorientierte Reformen, ZSR 2016, 49

Keim, Christoph: Entgeltlicher Vertrag oder Belohnende Schenkung?, FamRZ 2004, 1081

Keller, Wolfgang: Anmerkung zu BSG 2. Senat, Urteil vom 07.09.2004 – B 2 U 46/03 R, jurisPR-SozR 11/2005, Anm. 4

Kemper, Johanna: Leistungen für Familienarbeit in der Sozialversicherung – Bewertung der Ausgestaltung unter Gleichstellungsgesichtspunkten, in: Soziale Sicherungsmodelle revisited: Existenzsicherung durch Sozial- und Familienrecht und ihre Geschlechterdimensionen/hrsg. von Kirsten Scheiwe, Baden-Baden 2007, S. 113 ff. (zit. *Kemper*, in: Soziale Sicherungsmodelle revisited)

– Absicherung von Erziehungsarbeit: Unterhalts-, sozial- und steuerrechtliche Regelungen im Licht von Art. 3 Abs. 2, 3 und Art. 6 Abs. 1 GG, Baden-Baden 2014 (zit. Absicherung von Erziehungsarbeit)

Kerschbaumer, Judith: Grundrente versus Freibeträge in der Grundsicherung, DRV 2020, 239

Kerschbaumer, Judith/*Schulze Buschoff*, Karin: Die Alterssicherung von Frauen – wie weiter mit der Rente?, SoSi 2016, 353

Kingreen, Thorsten: Bestand und Reform des Familienleistungsausgleichs in der Sozialversicherung, in: Familie und Sozialleistungssystem, Bundestagung des Deutschen Sozialrechtsverbandes e. V. 11./12. Oktober 2007 in Ingolstadt Schriftenreihe des Deutschen Sozialrechtsverbandes e. V. (SDSRV), Band 57/hrsg. vom Deutschen Sozialrechtsverband, S. 71 (zit. *Kingreen*, SDSRV Bd. 57)

Kirchhof, Paul/*Seer*, Roman (Hrsg.): Einkommensteuergesetz, 21. Auflage, Köln 2022 (zit. Kirchhof/*Bearbeiter*)

Klammer, Ute: Alterssicherung von Frauen revisited – aktuelle Entwicklungen und zukünftige Perspektiven, SoFo 2017, 359

Klie, Thomas: Hilfe zur Pflege gemäß §§ 61 ff. SGB XI im Transformationsprozess, NDV 2020, 15

Klie, Thomas/*Bruker*, Christine: Versorgungskoordination bei Familien mit schwer und lebensverkürzend erkrankten Kindern in Berlin, Expertise, Freiburg 2016 https://www.kinderpflegenetzwerk.de/download/2016/Expertise_Versorgungskoordination_Klie_2016.pdf (abgerufen 24.11.2022)

Klie, Thomas/*Krahmer*, Utz: Sozialgesetzbuch XI: soziale Pflegeversicherung; Lehr- und Praxiskommentar, 1. Auflage 1998 (zit. LPK-SGB XI/*Bearbeiter* … 1. Aufl. 1998)

– Sozialgesetzbuch XI: soziale Pflegeversicherung; Lehr- und Praxiskommentar, 3. Auflage 2009 (zit. LPK-SGB XI/*Bearbeiter* … 3. Aufl. 2009)

Klie, Thomas/*Krahmer*, Utz/*Bachem*, Jörn: Sozialgesetzbuch XI: soziale Pflegeversicherung; Lehr- und Praxiskommentar, 4. Auflage 2014 (zit. LPK-SGB XI/*Bearbeiter* … 4. Aufl. 2014)

Knickrehm, Sabine/*Deinert*, Olaf (Hrsg.): Gagel SGB II/SGB III Grundsicherung und Arbeitsförderung Kommentar/beck-online.Großkommentar zum SGB II, SGB III, Loseblattsammlung 86. EL Stand 1. Mai 2022, soweit nicht anders angegeben (zit. Gagel/*Bearbeiter*)

Knickrehm, Sabine/*Kreikebohm*, Ralf/*Waltermann*, Raimund (Hrsg.): Kommentar zum Sozialrecht, 4. Auflage München 2015 (zit. KKW/*Bearbeiter* … 4. Aufl. 2015)

– Kommentar zum Sozialrecht, 5. Auflage München 2017 (zit. KKW/*Bearbeiter* … 5. Aufl. 2017)

– Kommentar zum Sozialrecht, 7. Auflage München 2021 (zit. KKW/*Bearbeiter*)

Knopp, Lothar: Gesetzlicher Mindestlohn auch für osteuropäische Pflegehilfen – legale Modelle versus Schwarzmarkt, NZA 2015, 851

– Osteuropäische Pflegehilfen in der häuslichen Pflege: Dringender Handlungsbedarf!, NZS 2016, 445

Köbl, Ursula: Weitergereichtes Pflegegeld als Einkommen der Pflegeperson?, in: Festschrift für Otto Ernst Krasney zum 65. Geburtstag/hrsg. von Wolfgang Gitter, Bertram Schulin und Hans F. Zacher, München 1997, S. 25 ff. (zit. *Köbl*, in: FS Krasney)

– Familienleistungen in der Alterssicherung, DRV 2002, 686

– Reform der Hinterbliebenenrenten – Ausbau der eigenständigen Sicherung der Frauen und der Familienkomponente in der Rentenversicherung, ZFSH/SGB 2002, 594

– Familienarbeit und Soziale Sicherheit – zur Ausgrenzung vom gesetzlichen Unfallversicherungsschutz, in: Perspektiven des Familienrechts: Festschrift für Dieter Schwab zum 70. Geburtstag am 15. August 2005/hrsg. von Dieter Schwab, Sibylle Hofer, Diethelm Klippel, Ute Walter und Ursula Köbl, S. 997 ff. (zit. *Köbl*, in: FS Schwab)

– Die Neuordnung des erbrechtlichen "Pflegeausgleichs" (§ 2057a BGB – § 2057b E-BGB), in: Lebendiges Familienrecht: Festschrift für Rainer Frank zum 70. Geburtstag/hrsg. von Rainer Frank, Tobias Helms und Jens Martin Zeppernick, Frankfurt 2008, S. 159 ff. (zit. *Köbl*, in: FS Frank)

– Sozialstaatentlastung durch mehr Familiensolidarität, in: Rechtsdogmatik und Rechtsvergleich im Sozialrecht I/hrsg. von Ulrich Becker, Baden-Baden 2010, S. 393 ff.

Körner, Anne/*Krasney*, Martin/*Mutschler*, Bernd/*Rolfs*, Christian: Kasseler Kommentar Sozialversicherungsrecht/beck-online.Großkommentar zum SGB I, SGB IV, SGB V, SGB VI, SGB VII, SGB X, SGB XI, Loseblattsammlung, soweit nicht anders angegeben Stand 1.5.2022, 119. Ergänzungslieferung (zit. KassKomm/*Bearbeiter*)

Koch, Erich: Die Rentenversicherungspflicht der nicht erwerbsmäßig tätigen Pflegepersonen, RV 2002, 64

– Rentenversicherung: Versicherungspflichtiger Personenkreis der nicht erwerbsmäßig tätigen Pflegepersonen, WzS 2002, 97

Kock, Martin: Der Leistungsanspruch des nicht versicherten Unternehmers bei Arbeitsunfällen, NZS 2006, 471

Köhler, Karl Friedrich: Die „Theorie der wesentlichen Bedingung" im Recht der gesetzlichen Unfallversicherung, ZFSH/SGB 2012, 383

Kolb, Winfried: Die Bedeutung des Versicherungsprinzips für die gesetzliche Rentenversicherung, in: Versicherungsprinzip und soziale Sicherung/hrsg. von Winfried Schmähl, Tübingen 1985, S. 120 ff.

Koll, Maike: Kind krank?, AiB Nr. 12/2018, 31

Kollmeyer, Daniel: Ausgleich von Pflegeleistungen unter Abkömmlingen, NJW 2017, 1849

Koop, Thorsten: Die Änderung des § 179 Abs. 1 SGB VI durch das Vierte SGB IV-Änderungsgesetz im verfassungsrechtlichen Kontext – zugleich eine Untersuchung der Grundrechtsfähigkeit von Rentenversicherungsträgern, VSSR 2012, 279

– Die „Mütterrente" im verfassungsrechtlichen Kontext, NZS 2015, 650

– Verfassungsrechtliche Aspekte der Berücksichtigung der Kindererziehung („generativer Beitrag") bei der Beitragsbemessung in der gesetzlichen Rentenversicherung, NZS 2019, 808

Von Koppenfels-Spies, Katharina: Der Risikobereich des Haftungsausschlusses gem. § 105 Abs. 1 SGB VII – Betrieb oder Unternehmen?, NZS 2006, 561

– Kongruenzen und Inkongruenzen im sozial- und privatrechtlichen Haftungsrecht, in: Selbständigkeit und Abhängigkeit der Dogmatik des Sozialrechts, Schriftenreihe des Deutschen Sozialrechtsverbandes e. V. (SDSRV), Band 62/hrsg. vom Deutschen Sozialrechtsverband, Berlin 2012, S. 87 ff. (zit. *v. Koppenfels-Spies*, SDSRV Bd. 62)

– Angehörigenpflege und Beschäftigung: Familienpflegezeit und Pflegezeit, München 2016 (zit. Angehörigenpflege und Beschäftigung)

– Editorial, SGb 06/2016, I

– Sozialrecht, 1. Auflage, Tübingen 2018

– Editorial, SGb 04/2020, I

– Aspekte der Systemgerechtigkeit in der gesetzlichen Rentenversicherung, NZS 2021, 632

– Die Notwendigkeit eines generativen Beitrags in der Sozialversicherung, in: Grundlagen des Arbeits- und Sozialrechts, Festschrift für Ulrich Preis zum 65. Geburtstag/hrsg. von Wiebke Brose, Stefan Greiner, Christian Rolfs, Adam Sagan, Angie Schneider, Markus Stoffels, Felipe Temming und Daniel Ulber, München 2021, S. 1405 ff. (zit. *v. Koppenfels-Spies*, in: FS Preis)

Krahmer, Utz/*Plantholz*, Markus/*Bachem*, Jörn/*Böhm*, *Annett*: Sozialgesetzbuch XI: soziale Pflegeversicherung; Lehr- und Praxiskommentar, 5. Auflage 2017 (zit. LPK-SGB XI/*Bearbeiter*)

Krasney, Otto Ernst: Zum Pflegegeld des § 37 SGB XI, SGb 1996, 253

– Die Handlungstendenz als Kriterium für die Zurechnung in der gesetzlichen Unfallversicherung, NZS 2013, 681

Krasney, Otto Ernst/*Becker*, Peter/*Heinz*, Andreas/*Bieresborn*, Dirk: Gesetzliche Unfallversicherung (SGB VII): Kommentar; Loseblattsammlung 45. Ergänzungslieferung, Stand 05/22 (zit. KBHB/*Bearbeiter*)

Krause, Peter: Die Familie in der Rentenversicherung, DRV 1986, 280

Krauthausen, Hermann/*Schmidt*, Michael: Rentenrechtliche Situation von Pflegepersonen heute und morgen: Pflegezeitenregelung im Rentenreformgesetz 1992 und Verbesserungen durch das Pflege-Versicherungsgesetz, DRV 1994, 379

Kreikebohm, Ralf/*Roßbach*, Gundula: (Hrsg.): Sozialgesetzbuch: gesetzliche Rentenversicherung – SGB VI Kommentar, 6. Auflage München 2021 (zit. Kreikebohm/Roßbach/*Bearbeiter*)

Kreyenfeld, Michaela/*Mika*, Tatjana/*Radenacker*, Anke: Der Gender Pension Gap in Ost- und Westdeutschland: Welchen Einfluss hat eine Scheidung auf die Alterssicherung?, SoFo 2018, 973

Kunstmann, Anne-Christin: Familiale Verbundenheit und Gerechtigkeit, Wiesbaden 2010

Kunze, Martin/*Ziegler*, Eberhard: Ehrenamtliche Pflege, DGUV Forum 5/2014, 26

Küppersbusch, Gerhard: Probleme beim Regreß der Pflegekasse, NZV 1997, 30

Ladage, Klaus: Der Standard der sozialen Pflegeversicherung als Maßstab für Vertragsleistungen der privaten Pflegeversicherungsunternehmen, in: Festschrift 50 Jahre Bundessozialgericht/hrsg. von Matthias von Wulffen, Otto Ernst Krasney, Köln/Berlin/München 2004, S. 673 ff. (zit. *Ladage*, in: FS 50 Jahre BSG)

Lauterbach, Herbert/*Watermann*, Friedrich: Unfallversicherung Sozialgesetzbuch VII: Kommentar zum Siebten Buche des Sozialgesetzbuchs und zu weiteren die Unfallversicherung betreffenden Gesetzen, Loseblattsammlung, 71. Ergänzungslieferung, Stand 4/2021 (zit. Lauterbach/*Bearbeiter*)

Lenze, Anne: Koordinationsrechtliche Probleme bei Pflegebedürftigkeit – aus deutscher Sicht, ZESAR 2008, 371

– Auf ein Neues: Beitragsgerechtigkeit in der Sozialversicherung, Anmerkung zum Urteil des 12. Senats des BSG vom 30.9.2015, SGb 2017, 130

Lepa, Meike: Haftungsbeschränkungen bei Personenschäden, 2004

Leube, Konrad: Pflege-Unfallversicherung Pflegeversicherung – Unfallschutz der Teilnehmer an Pflegekursen, Die BG 1995, 211

– Unfallversicherung häuslicher Pflegepersonen, NZS 1995, 343

– Soziale Sicherung der häuslichen Pflegepersonen – Notwendiger Umfang der pflegerischen Tätigkeit, SGb 1998, 97

– Pflegebedürftige als Versicherte, SozVers 2000, 314

– Haftungsbeschränkung – Personenkreis der Unternehmer und der Versicherten (§§ 104 ff. SGB VII), Die BG 2001, 139

– Unfallversicherung häuslicher Pflegepersonen – Mindestpflegezeit unbeachtlich?, ZfS 2006, 48

– Neuordnung der Unfallversicherung häuslicher Pflegepersonen durch das PNG II (§ 2 Abs. 1 Nr. 17 SGB VII), ZFSH/SGB 2017, 204

– Gesetzliche Unfallversicherung häuslicher Pflegepersonen – Mindestpflegezeit systemgerecht, SGb 2018, 340

– Zweifelsfragen beim Unfallschutz häuslicher Pflegepersonen, SGb 2020, 87

Liebers, Falk/*Latza*, Ute: Berufskrankheiten durch mechanische Einwirkungen – Raten bestätigter BK-Fälle in Einzelberufen, baua: Bericht, 2016

Linck, Rüdiger: Offene Fragen des Pflegezeitgesetzes, BB 2008, 2738

Linder, Myra/*Schlaeger*, Tobias: Anmerkung zu LSG NRW Urt. v. 17.9.2010 – L 4U 57/09, SGb 2011, 295

Lindner, Christian: Verfassungsrechtliche Probleme bei der Bewertung von Kindererziehungszeiten, NZS 2014, 686

– Rentenrechtliche Diskriminierung berufstätiger Mütter und die Rolle des BVerfG, NZS 2018, 565

– Anm. zu BSG, Urteil vom 16.10.2019 – B 13 R 14/18 R, NZS 2020, 468

Looschelders, Dirk: Schuldrecht. AT, 18. Auflage 2020

Löschau, Martin (Hrsg.): Gesetzliche Rentenversicherung (SGB VI) Kommentar, Loseblattsammlung 39. Ergänzungslieferung, Stand 08/2022 (zit. Löschau/*Bearbeiter*)

Ludyga, Hannes: Unterhaltspflichten von Kindern gegenüber ihren Eltern im Alter und bei Pflegebedürftigkeit unter Berücksichtigung des SGB XII, NZS 2011, 606

– Pflicht zur Pflege, FPR 2012, 54

– Schenkungsrückforderungsansprüche gemäß § 528 BGB bei Pflege durch den Zuwendungsempfänger und § 93 SGB XII, NZS 2012, 121

Lülf, Gregor: Die unechte Unfallversicherung: Eingliederung in das Versorgungsrecht, Aachen 1996

Lux, Katharina/*Eggert, Simon:* ZQP-Analyse Erfahrungen von Jugendlichen mit Pflegebedürftigkeit in der Familie, in: ZQP-Report Junge Pflegende/hrsg. vom Zentrum für Qualität in der Pflege, Berlin 2017, S. 14 ff.

Maier, Kurt: Kindererziehungszeiten teilweise verfassungswidrig!, SGb 1997, 1

Mann, Ullrich: Die Haftungsbeschränkung der Pflegepersonen gegenüber den Pflegebedürftigen gem. § 106 Abs. 2 Nr. 2, §§ 104, 105 SGB VII, ZFSH/SGB 2001, 259

Marburger, Horst: Aktuelle Änderungen der Versicherungs- und Beitragspflicht für Pflegepersonen in der gesetzlichen Rentenversicherung, RV 2013, 121

Marschner, Andreas: Anm. zu BSG, Urt. v. 5.5.2010 – B 12 R 6/09 R, SGb 2011, 166

Maschmann, Frank: Die soziale Absicherung familienangehöriger Pflegepersonen, Teil I, SGb 1995, 325

– Die soziale Absicherung familienangehöriger Pflegepersonen, Teil II, SGb 1995, 381

Marlok, Dana/*Fecher*, Katharina: Das Flexirentengesetz und seine Regelungen, DRV 2017, 1

Mätzke, Margitta: Staatsbürger als Wirtschaftssubjekte und als demografische Ressource: Die Ziele staatlicher Akteure in der Sozialpolitik, Leviathan 2011, 385

Von Mielecki, Katrin: Grenzen des Vorrangs der ambulanten vor der stationären Pflege in der sozialen Pflegeversicherung, Berlin 2017

Mika, Tatjana/*Czaplicki*, Christin/*Post*, Julia C.: Alterseinkommen von Müttern und kinderlosen Frauen im Haushaltskontext, RVaktuell 2016, 117

Molkentin, Thomas: Psychische Erkrankungen und Berufskrankheiten, SGb 2019, 200

– Psychisch vermittelte Arbeitsunfälle und Wie-Berufskrankheiten – aktuelle Lage, SGb 2021, 76

Mrozynski, Peter: Zweifelsfragen der Pflegeversicherung im Zusammenhang mit geistiger, körperlicher oder seelischer Behinderung, SGb 1995, 104

– Anmerkung zu BSG, Urt. v. 10.12.2013 – B 13 R 91/11 R, SGb 2015, 41

Müller, Stefan: Das Pflegezeitgesetz (PflegeZG) und seine Folgen für die arbeitsrechtliche Praxis, BB 2008, 1058

Müller, Stefan/*Becker*, Marc: (Keine) Vermutungsregelung beim Vorliegen des Pflegegrades 1, BB 2016, 3000

Müller-Glöge, Rudi/*Preis*, Ulrich/*Schmidt*, Ingrid (Hrsg.): Erfurter Kommentar zum Arbeitsrecht, 22. Auflage 2022 (zit. ErfK/*Bearbeiter*)

Mutschler, Bernd/*Schmidt-de Caluwe*, Reimund/*Coseriu*, Pablo/*Abler*, Marcus: Sozialgesetzbuch III Großkommentar, 5. Auflage, Baden-Baden 2013 (zit. NK SGB III/*Bearbeiter* … 5. Aufl. 2013)

– Sozialgesetzbuch III Großkommentar, 6. Auflage, Baden-Baden 2017 (zit. NK SGB III/*Bearbeiter* … 6. Aufl. 2017)

Nakielski, Hans/*Winkel*, Rolf: Bessere Rechte für Arbeitnehmer, die Angehörige pflegen: Rechtsanspruch auf zweijährige Teilzeit zur Pflege, ArbuR 2015, 18

– Die neuen Regelungen zum sozialen Schutz für pflegende Angehörige, SoSi 2017, 24

Nebe, Katja: Der Vorrang häuslicher Pflege und die Genderfrage – Risiken und Chancen sozial- und arbeitsrechtlicher Regelungen, in: Geschlechtergerechtigkeit: Festschrift für Heide Pfarr/hrsg. von Christine Hohmann-Dennhardt, Marita Körner und Reingard Zimmer, Baden-Baden 2010, S. 416 ff. (zit. *Nebe*, in: FS Pfarr)

Neumann, Volker: Die Zulassung einzelner Pflegekräfte zur pflegerischen Versorgung, NZS 1995, 397

Neumann, Dirk/*Pahlen*, Ronald/*Greiner*, Stefan/*Winkler*, Jürgen/*Jabben*, Jürgen: Sozialgesetzbuch IX, Rehabilitation und Teilhabe behinderter Menschen, Kommentar, 14. Auflage München 2020 (zit. NPGWJ/*Bearbeiter*)

Niedermeyer, Sabine: Die „Wie-Beschäftigten" nach § 2 Abs. 2 S. 1 SGB VII – Ein Beitrag zur Frage der Notwendigkeit einer neuen Systematisierung der bisherigen Judikatur, NZS 2010, 312

Niens, Christine/*Hille*, Cornelius/*Marggraf*, Rainer: Subjektive Qualität ambulanter Pflege – Bewertungsrelevante Aspekte aus Sicht von Pflegebedürftigen und Pflegepersonen, ZSR 2019, 115

Niens, Christine/*Hille*, Cornelius/*Schüler*, Stefan/*Hoffmeister*, Friederike/*Marggraf*, Rainer: Bedarfsgerechtigkeit ambulanter Pflege: Stärkung der subjektiven

Perspektive durch Reformmaßnahmen der sozialen Pflegeversicherung?, ZSR 2017, 517

Niesel, Klaus (Hrsg.): AFG Arbeitsförderungsgesetz, Kommentar, 2. Auflage, München 1997 (zit. Niesel/*Bearbeiter*)

Nothacker, Gerhard: Unfallversicherung und Haftung im Ehrenamt und im bürgerschaftlichen sozialen Engagement, Baden-Baden 2013

O'Sullivan, Daniel: Ambulante Pflege und Betreuung in Familie und neuem Ehrenamt, 2000

Otto, Dirk-Ulrich: Die BGH-Rechtsprechung zur Haftungsbefreiung beim Unfall auf einer gemeinsamen Betriebsstätte, NZV 2002, 10

Palsherm, Ingo: Anmerkung zu BSG, Urt. v. 23.2.2017 – B 11 AL 3/16 R, SGb 2018, 304

Petersen, Ulrich: Die soziale Sicherung der Pflegepersonen in der gesetzlichen Rentenversicherung, DAngVers 1994, 260

Pitz, Andreas: Anmerkung zu BSG, Urt. v. 23.2.2017 – B 11 AL 3/16 R, NZS 2017, 870

Plagemann, Hermann (Hrsg.): Münchener Anwaltshandbuch Sozialrecht, 5. Auflage München 2018 (zit. MAH/*Bearbeiter*)

Preis, Ulrich/*Nehring*, Linda: Das Pflegezeitgesetz, NZA 2008, 729

Preis, Ulrich/*Schwarz*, Katharina: Reform des Teilzeitarbeitsrechts, NJW 2018, 3673

Preis, Ulrich/*Weber*, Astrid: Der Regierungsentwurf eines Pflegezeitgesetzes, NZA 2008, 82

Rasch, Edna: Behinderung, Eingliederung und Pflegebedürftigkeit, NDV 2015, 318

Rauls, Henning/*Haberland*, Annett: Der Anspruch auf befristete Arbeitszeitverringerung, SGb 2019, 534

Rebeggiani, Luca/*Stöwhase*, Sven: Effekte informeller Pflege auf die Sozialversicherung – Eine Gegenüberstellung gesparter Aufwendungen und potentiell entgangener Einnahmen in der gesetzlichen Krankenversicherung und der Pflegeversicherung, SoFo 2018, 79

Reinhardt, Helmut/*Hirsch*, Stefan: Sozialgesetzbuch VI: gesetzliche Rentenversicherung Lehr- und Praxiskommentar, 3. Auflage 2014 (zit. LPK-SGB VI/*Bearbeiter* … 3. Aufl. 2014)

Reinhardt, Helmut/*Silber*, Wolfgang: Sozialgesetzbuch VI: gesetzliche Rentenversicherung Lehr- und Praxiskommentar, 5. Auflage 2021 (zit. LPK-SGB VI/*Bearbeiter*)

Reuther, Florian: Die Private Pflegeversicherung in der Pflegereform, KrV 2015, 104

Reuyß, Stefan: Freistellungen zur Pflege und Betreuung, 3. Auflage, Düsseldorf 2017; https://www.boeckler.de/pdf/mbf_bvd_pflegefreistellung_3.pdf (abgerufen 24.11.2022)

Richardi, Reinhard: Leistungsstörungen und Haftung im Arbeitsverhältnis nach dem Schuldrechtsmodernisierungsgesetz, NZA 2002, 1004

– Ehe und Familie im Arbeitsrecht, in: Perspektiven des Familienrechts: Festschrift für Dieter Schwab zum 70. Geburtstag am 15. August 2005/hrsg. von Dieter Schwab, Sibylle Hofer, Diethelm Klippel, Ute Walter und Ursula Köbl, S. 1027 ff. (zit. *Richardi,* in: FS Schwab)

Ricke, Wolfgang: Keine Unfallversicherung für „privatnützige" Unternehmer einschließlich Pflegebedürftiger, SozVers 2001, 174

– Von Yachteignern, Jagdgästen, Häuslebauern und anderen privatnützig tätigen Personen in der Unfallversicherung, SGb 2007, 342

– „Gebrochenes Bein im Home Office ist kein Arbeitsunfall" – Vermischtes zum Urteil des 2. Senats des BSG vom 5.7.2016, WzS 2017, 9

Riebel, Jürgen: Anmerkung zu BSG Urt. v. 7.9.2004 – B 2 U 46/03 R, SGb 2005, 603

Rolfs, Christian: Die Haftung unter Arbeitskollegen und verwandte Tatbestände, Karlsruhe 1995 (zit. *Rolfs*, Haftung)

– Das Versicherungsprinzip im Sozialversicherungsrecht, München 2000 (zit. *Rolfs*, Versicherungsprinzip)

– Aktuelle Entwicklungen beim unfallversicherungsrechtlichen Haftungsausschluss (§§ 104 ff. SGB VII), DB 2001, 2294

– Die neue Flexirente, NZS 2017, 164

Rolfs, Christian/*Giesen*, Richard/*Kreikebohm*, Ralf/*Meßling*, Miriam/*Udsching*, Peter (Hrsg.): Beck'scher Online-Kommentar Sozialrecht, 66. Edition, Stand 1.9.2022 (zit. BeckOK-SozR/*Bearbeiter*)

– Beck'scher Online-Kommentar Arbeitsrecht, 65. Edition, Stand 1.9.2022 (zit. BeckOK-ArbR/*Bearbeiter*)

Röller, Jürgen (Hrsg.): Küttner Personalbuch 2020: Arbeitsrecht, Lohnsteuerrecht, Sozialversicherungsrecht, 27. Auflage 2020 (zit. Küttner/*Bearbeiter*)

Roller, Steffen: Die „kindbezogene Höherbewertung von Beitragszeiten bei der Rentenberechnung" nach dem Altersvermögensergänzungsgesetz – eine Neuerung mit verfassungsrechtlichen Risiken?, NZS 2001, 408

– Pflegebedürftigkeit: eine Analyse der §§ 14, 15 SGB XI mit ihren rechtlich-systematischen und pflegewissenschaftlichen Bezügen, Baden-Baden 2007 (zit. *Roller*, Pflegebedürftigkeit)

– Kinderpflegezeit nach § 70 Abs. 3a SGB VI, NZS 2008, 25

Rose, Franz-Josef/*Dörstling*, Tanja: Flucht in die Pflege – Kündigungsschutz allein durch Ankündigung sinnvoll?, DB 2008, 2137

Rothgang, Heinz/*Unger*, Rainer: Forschungsbericht zum FNA-Projekt „Auswirkungen einer informellen Pflegetätigkeit auf das Alterssicherungsniveau von Frauen", FNA-Journal 4/2013

Ruland, Franz: Der Sozialversicherungsbeitrag zwischen Versicherungsprinzip und sozialem Ausgleich – Zum Urteil des Bundessozialgerichts vom 17.13.1985 – 12 RK 38/83, SGb 1987, 133

– Versicherungsfremde Leistungen in der gesetzlichen Rentenversicherung, DRV 1995, 28

– Gesellschaftliche Veränderung und Rentenversicherung, in: Verfassung, Theorie und Praxis des Sozialstaats: Festschrift für Hans F. Zacher zum 70. Geburtstag/hrsg. von Franz Ruland, Bernd Baron von Maydell, Hans-Jürgen Papier, Heidelberg 1998, S. 835 ff. (zit. *Ruland*, in: FS Zacher)

– Subsidiaritätsprinzip und gesetzliche Rentenversicherung, DRV 2000, 395

– Die Absicherung Arbeitsloser in der Rentenversicherung, DRV 2008, 167

– Die Bedeutung des Äquivalenzprinzips in der gesetzlichen Rentenversicherung, DRV 2013, 101

– Rentenversicherung und Familienlastenausgleich – Zum Urteil des BSG vom BSG 30.9.2015, NZS 2016, 361

– Das Flexirentengesetz, SGb 2017, 121

– Demographie und Sozialstaat, NZS 2018, 793

– Die Grundrente – Voraussetzungen, Berechnung, Verfahren und Versorgungsausgleich, NZS 2021, 241

Ruland, Franz/*Becker*, Ulrich/*Axer*, Peter (Hrsg.): Sozialrechtshandbuch: SRH, 6. Auflage Baden-Baden 2018 (zit. SRH/*Bearbeiter*)

Rust, Ursula: Alterssicherung der Frau – neue Widersprüche und rechtliche Risiken als Folge der „Riester-Rentenreform", SGb 2001, 649

– Mögliche Auswirkungen der beiden Urteile des BVerfG zum Beitragsrecht der Pflegeversicherung für die gesetzliche Rentenversicherung, VSSR 2004, 75

– Neue Mitgliedschaft in der Arbeitslosenversicherung, in: Neue Mitgliedschaft in der Sozialversicherung/hrsg. von Karl-Jürgen Bieback, Münster/Hamburg/London 2010, S. 100 ff. (zit. *Rust*, in: Neue Mitgliedschaft in der Sozialversicherung)

Säcker, Franz Jürgen/*Rixecker*, Roland/*Oetker*, Hartmut/*Limperg*, Bettina (Hrsg.): Münchener Kommentar zum Bürgerlichen Gesetzbuch (zit. MüKo/*Bearbeiter*)

– Band 2: §§ 241–310 BGB, Band-Redakteur: *Krüger*, Wolfgang, 9. Auflage 2022

– Band 4: §§ 433–534 BGB, Finanzierungsleasing, CISG, Band-Redakteur: *Westermann*, Harm Peter (1. Halbband)/*Oetker*, Hartmut (2. Halbband), 8. Auflage 2019

– Band 5: §§ 535–630h BGB, BetrKV, HeizkostenV, WärmeLV, EFZG, TzBfG, KSchG, MiLoG, Band-Redakteure: *Henssler*, Martin/*Krüger*, Wolfgang, 8. Auflage 2020

– Band 9: §§ 1297–1588 BGB, GewSchG, VersAusglG, LPartG, Band-Redakteurin: *Koch*, Elisabeth, 9. Auflage 2022

Schaub, Günter (begr.)/bearbeitet von Martina Ahrendt, Ulrich Koch, Rüdiger Linck, Ursula Rinck, Jürgen Treber und Hinrich Vogelsang: Schaub Arbeitsrechts-Handbuch, 19. Auflage München 2021 (zit. Schaub/*Bearbeiter*)

Schäufele, Martina/*Köhler*, Leonore/*Hendlmeier*, Ingrid: Erwerbstätigkeit und Pflege von Menschen mit Demenz: Ergebnisse einer bundesweiten Repräsentativstudie, in: ZQP Themenreport Vereinbarkeit von Beruf und Pflege (Hrsg.: Zentrum für Qualität in der Pflege), 2016, S. 44 ff.

Schauß, Lena-Marie: Der Beitrag des Pflegezeitgesetzes zur besseren Vereinbarkeit von Angehörigenpflege und Beruf, Baden-Baden 2017

Scheele, Sebastian: Gender- und Sozialraumorientierung in der Pflege. Expertise im Rahmen des Zweiten Gleichstellungsberichts der Bundesregierung 2017, https://www.gleichstellungsbericht.de/kontext/controllers/document.php/34.5/4/56eff7.pdf (abgerufen am 24.11.2022)

Scheiwe, Kirsten: Existenzsicherung zwischen Sozial- und Familienrecht in der BRD – individualisiert, ehebezogen, familialistisch, care-orientiert? Ein Beitrag mit rechtsvergleichenden Anmerkungen, in: Soziale Sicherungsmodelle revisited: Existenzsicherung durch Sozial- und Familienrecht und ihre Geschlechterdimensionen/hrsg. von Kirsten Scheiwe, Baden-Baden 2007, S. 95 ff.

Schellhorn, Helmut/*Hohm*, Karl-Heinz/*Scheider*, Peter/*Legros*, Christoph: Kommentar zum Sozialgesetzbuch XII, 20. Auflage, Köln 2020 (zit. Schellhorn/*Bearbeiter*)

Schlaeger, Tobias: Versicherungsschutz der häuslichen Pflegepersonen gemäß § 2 Abs. 1 Nr. 17 SGB VII, SGb 2013, 199

– Rechtsprechungsübersicht zu § 2 Abs. 1 Nr. 17 SGB VII, WzS 2013, 163

– Unfallversicherungsschutz von häuslichen Pflegepersonen nach dem Zweiten Pflegestärkungsgesetz (PSG II), SGb 2016, 684

Schlegel, Rainer: Das Familienpflegezeitgesetz, jurisPR-SozR 2012, Anm. 1

Schlegel, Rainer/*Voelzke*, Thomas/*Brandenburg*, Stephan (Hrsg.): juris Praxis-Kommentar SGB VII, 3. Auflage 2022 (zit. jurisPK-SGB VII/*Bearbeiter*)

– juris PraxisKommentar SGB VII, 2. Auflage 2014 mit Aktualisierungen bis 2021 (zit. jurisPK-SGB VII/*Bearbeiter* 2. Aufl. 2014)

Schlegel, Rainer/*Voelzke*, Thomas/*Engelmann*, Klaus (Hrsg.): juris PraxisKommentar SGB V, 4. Auflage 2020 (zit. jurisPK-SGB V/*Bearbeiter*)

Schlegel, Rainer/*Voelzke*, Thomas/*Hauck*, Ernst (Hrsg.): juris PraxisKommentar SGB XI, 3. Auflage 2021 (zit. jurisPK-SGB XI/*Bearbeiter*)

Schlegel, Rainer/*Voelzke*, Thomas/*Schubert*, Jens M. (Hrsg.): juris PraxisKommentar SGB III, 2. Auflage 2019 (zit. jurisPK-SGB III/*Bearbeiter*)

– juris PraxisKommentar SGB III, 1. Auflage 2014 (zit. jurisPK-SGB III/*Bearbeiter* 1. Aufl. 2014)

Schlegel, Rainer/*Voelzke*, Thomas/*Winkler*, Jürgen/*Matlok*, Dana (Hrsg.): juris PraxisKommentar SGB VI, 3. Auflage 2021 (zit. jurisPK-SGB VI/*Bearbeiter*)

Schmähl, Winfried: Familienleistungen und Alterssicherung – Anmerkungen aus ökonomischer Sicht, DRV 2002, 715

Schmidt, Benjamin: Mutterschaft und Arbeitslosengeld, SGb 2014, 242

Schmidt, Michael: 1. April 1995 – 1. April 1998 – Drei Jahre verbesserte soziale Sicherung der ehrenamtlichen Pflegepersonen, ZFSH/SGB 1998, 402

Schmidt, Wolfgang: Altersrenten und Hinzuverdienst: Die Rechtsentwicklung bis zum Flexirentengesetz, RVaktuell 2017, 215

Schmitt, Jochem: Die Rechtsstellung von pflegenden Personen unter Geltung des SGB XI, RdA 1997, 86

– Gesetzliche Unfallversicherung, Kommentar, 2. Auflage, München 2004 (zit. *Schmitt* … 2. Aufl. 2004)

– Gesetzliche Unfallversicherung, Kommentar, 4. Auflage, München 2009 (zit. *Schmitt*)

Schneider, Thomas: Berücksichtigung von Pflegeleistungen eines Abkömmlings im Erbfall, ZEV 2018, 380

Schneider, Ulrike: Informelle Pflege aus ökonomischer Sicht, ZSR 2006, 493

Schroeder, Wolfgang: Geschlechtergerechtigkeit im Vorsorgenden Sozialstaat, in: Geschlechtergerechtigkeit: Festschrift für Heide Pfarr/hrsg. von Christine Hohmann-Dennhardt, Marita Körner und Reingard Zimmer, Baden-Baden 2010, S. 405 ff. (zit. *Schroeder*, in: FS Pfarr)

Schulin, Bertram: Die soziale Pflegeversicherung des SGB XI – Grundstrukturen und Probleme, NZS 1994, 433

Schulin, Bertram (Hrsg.): Handbuch des Sozialversicherungsrechts, Band 1 Unfallversicherungsrecht, München 1994 (zit. Schulin HS-KV/*Bearbeiter*)

– Band 2 Unfallversicherungsrecht, München 1996 (zit. Schulin HS-UV/*Bearbeiter*)

– Band 3 Rentenversicherungsrecht, München 1999 (zit. Schulin HS-RV/*Bearbeiter*)

– Band 4 Pflegeversicherungsrecht, München 1997 (zit. Schulin HS-PV/*Bearbeiter*)

Schulin, Bertram/*Karuth*, Georg: Lückenschließungskonzept oder Honorierungsmodell, NZS 1996, 273

Schulz, Erika: Das deutsche Pflegesystem ist im EU-Vergleich unterdurchschnittlich finanziert, DIW Wochenbericht 13/2012, 10

Schütte, Wolfgang: Freiwillige Pflege: Angehörige und sozial Engagierte – Kritik des Pflegegeldes, in: Reform der Pflegeversicherung: Auswirkungen auf die Pflegebedürftigen und die Pflegepersonen/hrsg. von Gerhard Igl, Silke Hamdorf und Gerhard Naegele, Hamburg 2007, S. 152 ff.

– Das Pflegegeld nach § 37 SGB XI, NDV 2007, 211

Von Schwanenflügel, Matthias: Pflege im demografischen Wandel, ZRP 2018, 114

Schwarz, Norbert/*Schwahn*, Florian: Entwicklung der unbezahlten Arbeit privater Haushalte, WISTA 02/2016, 35

Schwerdle, Jutta: Arbeitsbefreiung bei Pflege von nahen Angehörigen – Kündigungsschutz selbst in der Probezeit? Eine kritische Betrachtung des Entwurfs eines Pflegezeitgesetzes, ZTR 2007, 655

Seewald, Otfried: Zur Versicherungs- und Beitragspflicht bei ehrenamtlicher Tätigkeit, Teil I, SGb 2001, 213

– Sozialversicherung bei Freistellung, SGb 2010, 448

Seiler, Christian: Richterlicher Eigensinn im Sozialversicherungsrecht (Zugleich Anmerkung zu BSG, Urt. v. 30.09.2015 – B 12 KR 15/12 R), NZS 2016, 641

Sodan, Helge: Verfassungsrechtliche Determinanten der gesetzlichen Rentenversicherung, NZS 2005, 561

Spellbrink, Wolfgang: Der Schutz der Pflegepersonen in der gesetzlichen Unfallversicherung nach § 2 Abs. 1 Nr. 17 SGB VII, Sozialrecht aktuell 2013, 59

– Unfallversicherungsschutz bei Tätigkeiten im Home Office und bei Rufbereitschaft, NZS 2016, 527

Spickhoff, Andreas: Medizinrecht Beck'scher Kurzkommentar, 3. Auflage 2018 (zit. Spickhoff/*Bearbeiter*)

Sprang, Friedrich: 100 Jahre gesetzliche Unfallversicherung, SoFo 1984, 126

Stahl, Helmut: Aufwertung der Kindererziehung, DRV 2001, 320

Von Staudinger, Julius (begr.): J. von Staudingers Kommentar zum Bürgerlichen Gesetzbuch (zit. Staudinger/*Bearbeiter*)

– §§ 516–534 BGB (Schenkungsrecht), Band-Hrsg.: *Chiusi*, Tiziana/*Herrler*, Sebastian; Neubearbeitung 2021

– §§ 611–613 BGB (Dienstvertrag und Arbeitsvertrag), Band-Hrsg.: *Richardi*, Reinhard/*Fischinger*, Philipp S./*Latzel*, Clemens/*Rieble*, Volker; Neubearbeitung 2022

– §§ 613a–619a BGB (Betriebsübergang, Zahlung der Vergütung, Arbeitsschutz, Arbeitnehmerhaftung), Band-Hrsg.: *Fischinger*, Philipp S./*Richardi*, Reinhard/*Annuß*, Georg/*Oetker*, Hartmut/*Rieble*, Volker; Neubearbeitung 2022

– §§ 1353–1362 BGB (Wirkung der Ehe im Allgemeinen), Band-Hrsg.: *Coester*, Michael; Neubearbeitung 2018

– §§ 1616–1625 BGB (Kindesname, Eltern-Kind-Verhältnis), Band-Hrsg.: *Hilbig-Lugani*, Katharina/*Coester*, Michael; Neubearbeitung 2020

– §§ 1967–2063 BGB (Rechtsstellung des Erben), Band-Hrsg.: *Kunz*, Lena/*Dobler*, Katrin/*Raff*, Thomas/*Löhnig*, Martin/*Marotzke*, Wolfgang/*Baldus*, Christian; Neubearbeitung 2020

– §§ 2265–2302 BGB (Gemeinschaftliches Testament, Erbvertrag), Band-Hrsg.: *Baldus*, Christian; Neubearbeitung 2019

Stegmann, Michael: Die Bedeutung von Kindererziehung und anderer soziodemographischer Merkmale auf die Anwartschaften aus Erwerbstätigkeit der Frauen, DRV 2001, 137

– Höherbewertung von Pflichtbeiträgen während Zeiten der Kindererziehung – Abschätzung der Auswirkungen auf Basis der AVID 1996, DRV 2001, 753

– Der Einfluss der Kindererziehung auf Erwerbstätigenmuster von Frauen und die Auswirkungen auf das Alterseinkommen, DRV 2005, 675

Stegmann, Michael/*Bieber*, Ulrich: Sozialer Wandel und die Absicherung von Ehe, Partnerschaft und Familie in der gesetzlichen Rentenversicherung und der geförderten privaten Altersvorsorge, DRV 2011, 161

Stegmann, Michael/*Mika*, Tatjana: Ehrenamtliche Pflege in den Versicherungsbiographien, DRV 2007, 771

Straub, Fritz: Die rentenrechtliche Absicherung von Pflegepersonen, ZFSH/SGB 1992, 237

Stüben, Christine/*von Schwanenflügel*, Matthias: Die rechtliche Stärkung der Vereinbarkeit von Familie, Pflege und Beruf, NJW 2015, 577

Stürner, Rolf (Hrsg.): Jauernig Bürgerliches Gesetzbuch Kommentar, 18. Auflage, München 2021 (zit. Jauernig/*Bearbeiter*)

Tamm, Marina: Eckpunkte und Probleme der neuen Pflegezeit und Familienpflegezeit, PersV 2019, 164

Ternes, Hanna/*Eisenbarth*, Johannes M.: Die Reform der europäischen Verordnungen zur Koordinierung der Systeme der sozialen Sicherheit im Bereich Pflege – ein Zwischenstand, ZESAR 2019, 329

Thüsing, Gregor/*Beden*, Yannik/*Denzer*, Matthias/*Bleckmann*, Lena/*Pöschke*, Carlo: Rechtskonforme Betreuung in den eigenen vier Wänden. Regelungen für die Betreuung in häuslicher Gemeinschaft (24-Stunden-Betreuung) de lege lata und de lege ferenda, NZS 2021, 321

Tillmann, Georg: Versicherten- und Unternehmereigenschaft von Pflegern und Pflegebedürftigen in der gesetzlichen Unfallversicherung bei häuslicher Pflege, Die BG 1993, 108

Tofall, Hubertus: Soziale Sicherung der Pflegepersonen, Bayreuth 1997

Treichel, Stefan: Nochmals: Das Leistungsverweigerungsrecht nach § 275 Absatz III BGB im Spannungsfeld von Beruf und Familie, NZA 2016, 459

Udsching, Peter: Rechtsfragen bei der Bemessung des Pflegebedarfs, VSSR 1996, 271

– (Hrsg.) SGB XI Soziale Pflegeversicherung Kommentar, 2. Auflage München 2000 (zit. Udsching/*Bearbeiter* ... 2. Aufl. 2000)

– (Hrsg.) SGB XI Soziale Pflegeversicherung Kommentar, 4. Auflage München 2015 (zit. Udsching/*Bearbeiter* ... 4. Aufl. 2015)

Udsching, Peter/*Schütze*, Bernd (Hrsg.): SGB XI Soziale Pflegeversicherung Kommentar, 5. Auflage München 2018 (zit. Udsching/Schütze/*Bearbeiter*)

Urban, Marko: Die Qualitätssicherung in der häuslichen Pflege in Deutschland und Österreich, Baden-Baden 2016

Vollmar, Karl: Zum Unfallversicherungsschutz der im häuslichen Bereich nicht erwerbsmäßig tätigen Pflegepersonen, SGb 1995, 9

Wagner, Regine/*Knittel*, Stefan (Hrsg.): Krauskopf, Soziale Krankenversicherung, Pflegeversicherung, Kommentar, Loseblatt, 111. Ergänzungslieferung Stand Mai 2021 (zit. Krauskopf/*Bearbeiter*)

Waltermann, Raimund: Gesetzliche Unfallversicherung, Grundlagen, Entwicklung und neues SGB VII, Die BG 1997, 310

– Aktuelle Fragen der Haftungsbeschränkung bei Personenschäden, NJW 2002, 1225

– Haftungsfreistellung bei Personenschäden – Grenzfälle und neue Rechtsprechung, NJW 2004, 901

– Auswirkungen des Sozialrechts, insbesondere des Unfallversicherungsrechts, auf die privatrechtliche Schadensersatzpflicht, in: Festschrift 50 Jahre

Bundessozialgericht/hrsg. von Matthias von Wulffen, Otto Ernst Krasney, Köln/Berlin/München 2004, S. 571 ff. (zit. *Waltermann,* in: FS 50 Jahre BSG)

Weber, Sebastian/*Philipp*, Albrecht: Anstellung und Kooperation im Sinne des § 36 SGB XI, NZS 2016, 931

Wellenhofer, Marina: Familiäre Solidarität und Pflege, in: Familie Ethik Recht, Festschrift für Gerd Brudermüller zum 65. Geburtstag/hrsg. von Isabell Götz, Ingeborg Schwenzer, Kurt Seelmann, Jochen Taupitz und Ingeborg Rakete-Dombek, München 2014, S. 923 ff. (zit. *Wellenhofer*, in: FS Brudermüller)

Welti, Felix: Das Spannungsfeld von Pflege und Behinderung, SoFo 2010, 39

Wenner, Ulrich: Die neue freiwillige Arbeitslosenversicherung für Selbstständige – Modernisierungsschub im Arbeitsföderungsrecht oder Einladung zur Rosinenpickerei?, SoSi 2006, 9

Wetzstein, Matthias/*Rommel*, Alexander/*Lange*, Cornelia: Pflegende Angehörige – Deutschlands größter Pflegedienst, GBE kompakt 3/2015

Wilcken, Christine: Pflegebedürftigkeit und Behinderung im Recht der Rehabilitation und Teilhabe und im Recht der Pflege, Münster 2011

Windel, Peter A.: Häusliche Pflege als Herausforderung für das Zivilrecht, ErbR 2010, 241

Winkel, Rolf: Unschlagbare Rendite für Selbständige bei Arbeitslosigkeit – Sie haben erhebliche Vorteile gegenüber abhängig Beschäftigten, SoSi 2006, 15

– Wirrwarr bei sozialer Absicherung für pflegende Angehörige, SoSi 2012, 165

Winkler, Ute: Brot und Steine – Neue Regeln für Leistungsberechtigte nach dem SGB III, info also 2017, 51

Winkler, Jürgen (Hrsg.): Sozialgesetzbuch IV – Lehr- und Praxiskommentar, 3. Auflage 2020 (zit. LPK-SGB IV/*Bearbeiter*)

Winter, Lothar: Pflegen, auch für die Rente, RV 2002, 61

Wolber, Kurt: Zum Schutzumfang der gesetzlichen Unfallversicherung bei Pflegepersonen nach dem Pflege-Versicherungsgesetz, SozVers 1995, 71

Wolf, Sven: Kuriositäten in der sozialversicherungsrechtlichen Gesetzgebung, SGb 2008, 516

Gemeinsame Rundschreiben, Richtlinien, Verwaltungsvorschriften

AOK Bundesverband, BBK Bundesverband, IKK-Bundesverband, See-Krankenkasse, Bundesverband der landwirtschaftlichen Krankenkassen, Knappschaft, Verband der Angestellten-Krankenkassen, AEV-Arbeiter-Ersatzkassen-Verband e. V., Hauptverband der gewerblichen Berufsgenossenschaften e. V., Bundesverband der landwirtschaftlichen Berufsgenossenschaften e. V., Bundesverband der Unfallkassen e. V.: Unfallversicherung der nicht erwerbsmäßig tätigen Pflegepersonen, Gemeinsames Rundschreiben vom 20.2.1995, in der Fassung vom 17.12.2006, https://www.vdek.com/content/dam/vdeksite/vdek/themen_vertragspartner/Pflege/unfallversicherung/gr_uv_pflegepersonen.pdf (abgerufen 22.11.2022), zit. GemRdschr UV v. 17.12.2006

AOK Bundesverband, Bundesverband der Betriebskrankenkassen, IKK-Bundesverband, Bundesverband der landwirtschaftlichen Krankenkassen, Knappschaft, Verband der Angestellten-Krankenkassen, AEV-Arbeiter-Ersatzkassen-Verband e. V., GKV-Spitzenverband, Verband der privaten Krankenversicherung e. V., Bundesagentur für Arbeit, Gemeinsames Rundschreiben Soziale Sicherung von Pflegepersonen während der Pflegezeit in der Arbeitslosenversicherung, 1.7.2008; http://www.portal-sozialpolitik.de/uploads/sopo/pdf/2008/2008-07-01_SV_RS_PflZt_Alv.pdf (abgerufen 22.11.2022), zit. GemRdschr ALV v. 1.7.2008

Bundesagentur für Arbeit, Fachliche Weisungen, Arbeitslosengeld Drittes Buch Sozialgesetzbuch – SGB III § 150 SGB III Bemessungszeitraum und Bemessungsrahmen; gültig ab 02/2019; https://www.arbeitsagentur.de/datei/fw-sgb-iii-150_ba015157.pdf (abgerufen 22.11.2022)

GKV-Spitzenverband, Deutsche Rentenversicherung Bund, Bundesagentur für Arbeit, Verband der privaten Krankenversicherung e. V.: Renten- und Arbeitslosenversicherung der nicht erwerbsmäßig tätigen Pflegepersonen, Gemeinsames Rundschreiben vom 13.12.2016, https://www.deutsche-rentenversicherung.de/SharedDocs/Downloads/DE/Fachliteratur_Kommentare_Gesetzestexte/summa_summarum/rundschreiben/2016/RV_und_AloV_nicht_erwerbs_pflegepersonen.pdf (abgerufen 22.11.2022), zit. GemRdschr RVAloV v. 13.12.2016

GKV-Spitzenverband, Verbände der Pflegekassen auf Bundesebene: Gemeinsames Rundschreiben zu den leistungsrechtlichen Vorschriftendes SGB XI vom 21.4.2020, https://www.gkv-spitzenverband.de/media/dokumente/pflegeversicherung/richtlinien__vereinbarungen__formulare/empfehlungen_zum_leistungsrecht/2020_05_18_Gemeinsamen_Rundschreiben_Pflege_Stand_21-04-2020.pdf (abgerufen 22.11.2022), zit. GemRdschr Leistungsrecht v. 21.4.2020

GKV-Spitzenverband, Verbände der Pflegekassen auf Bundesebene: Gemeinsames Rundschreiben zu Leistungen der Pflegeversicherung bei Auslandsaufenthalt vom 13.2.2018, https://www.gkv-spitzenverband.de/media/dokumente/pflegeversicherung/richtlinien__vereinbarungen__formulare/empfehlungen_zum_leistungsrecht/2018_02_16_GemR_bei_Auslandsaufenthalt.pdf (abgerufen 22.11.2022), zit. GemRdschr Ausland v. 13.2.2018

Richtlinien des GKV-Spitzenverbandes zur Begutachtung von Pflegebedürftigkeit nach dem XI. Buch des Sozialgesetzbuches (Begutachtungs-Richtlinien – BRi) vom 8.6.2009, https://www.bagues.de/spur-download/sht/52_09an.pdf (abgerufen 22.11.2022), zit. Begutachtungs-RL v. 8.6.2009

Richtlinien zum Verfahren der Feststellung von Pflegebedürftigkeit sowie zur pflegefachlichen Konkretisierung der Inhalte des Begutachtungsinstruments nach dem Elften Buch des Sozialgesetzbuches (Begutachtungs-Richtlinien – BRi) vom 15.4.2016 geändert durch Beschluss vom 22.3.2021, https://md-bund.de/fileadmin/dokumente/Publikationen/SPV/Begutachtungsgrundlagen/_21-05_BRi_Pflege_21_11_18_barrierefrei.pdf (abgerufen 23.11.2022), zit. Begutachtungs-RL v. 22.3.2021

Weitere Quellen

ASMK: Ergebnisprotokoll 95. Arbeits- und Sozialministerkonferenz 2018, https://www.asmk.saarland/media/e1ddpffd/externes_ergebnisprotokoll_asmk_2018.pdf (abgerufen 21.11.2022), zit. ASMK Ergebnisprotokoll 2018

BARMER (Hrsg.)/*Rothgang,* Heinz/*Müller,* Rolf: BARMER Pflegereport 2021: Wirkungen der Pflegereformen und Zukunftstrends, https://www.barmer.de/resource/blob/1032106/2ad4e5f56c47cb7b7e914190f9fae62f/barmer-pflegereport-2021-band-32-bifg-data.pdf (abgerufen 24.11.2022)

- BARMER Pflegereport 2018, https://www.barmer.de/resource/blob/1028518/9186b971babc3f80267fc329d65f8e5e/barmer-pflegereport-2018-band-12-data.pdf (abgerufen 24.11.2022)

BARMER (Hrsg.)/*Rothgang,* Heinz/*Müller,* Rolf/Preuß, Benedikt: BARMER Pflegereport 2020, Belastungen der Pflegekräfte und ihre Folgen, https://www.barmer.de/resource/blob/1025982/6b0313d72f48b2bf136d92113ee56374/barmer-pflegereport-2020-band-26-bifg-data.pdf (abgerufen 24.11.2022)

BARMER (Hrsg.)/*Rothgang,* Heinz/*Müller,* Rolf/*Runte,*Rebecca/*Unger*, Rainer: BARMER Pflegereport 2017, https://www.barmer.de/resource/blob/1028610/ac141c44b72fe5a24a6d453c6fda9bf0/barmer-pflegereport-2017-band-5-data.pdf (abgerufen 24.11.2022)

BARMER GEK (Hrsg.)/*Rothgang,* Heinz/*Kalwitzki,* Thomas/*Müller,* Rolf/*Runte,*Rebecca/*Unger*, Rainer: BARMER GEK Pflegereport 2015, Schwerpunktthema: Pflegen zu Hause, https://www.barmer.de/resource/blob/1026576/73f4ded2ea20652834aeedbb7c2bc16a/barmer-gek-report-pflege-2015-data.pdf (abgerufen 24.11.2022)

BMA (Hrsg.): Erster Pflegebericht, https://www.bundesgesundheitsministerium.de/fileadmin/Dateien/5_Publikationen/Pflege/Berichte/1.Pflegebericht.pdf (abgerufen 24.11.2022)

BMFSFJ (Hrsg.): Vereinbarkeit von Beruf und Pflege. Wie Unternehmen Beschäftigte mit Pflegeaufgaben unterstützen können, https://www.erfolgsfaktor-familie.de/fileadmin/ef/data/mediathek/Leitfaden_BerufundPflege_barrierefrei.pdf (abgerufen 24.11.2022)

– Gerechtigkeit für Familien, Zur Begründung und Weiterentwicklung des Familienlasten- und Familienleistungsausgleichs, Wissenschaftlicher Beirat für Familienfragen, Stuttgart 2001, https://www.bmfsfj.de/blob/94678/0b3974570b6a41360b867140bdc19ba6/prm-22510-sr-band-202-data.pdf (abgerufen 24.11.2022)

BMG (Hrsg.): Bericht des Beirats zur Überprüfung des Pflegebedürftigkeitsbegriffs, 26.1.2009, https://www.gkv-spitzenverband.de/media/dokumente/pflegeversicherung/pflegebeduerftigkeitbegriff/Bericht_Gesamt_26012009.pdf (abgerufen 24.11.2022), zit. Beirat Überprüfung des Pflegebedürftigkeitsbegriffs 2009

– TNS Infratest Sozialforschung/*Schmidt*, Manuela/*Schneekloth*, Ulrich: Abschlussbericht zur Studie „Wirkungen des Pflege-Weiterentwicklungsgesetzes" Bericht zu den Repräsentativerhebungen im Auftrag des Bundesministeriums für Gesundheit, Juni 2011 https://www.bundesgesundheitsministerium.de/fileadmin/Dateien/5_Publikationen/Pflege/Berichte/Abschlussbericht_zur_Studie_Wirkungen_des_Pflege-Weiterentwicklungsgesetzes.pdf (abgerufen 24.11.2022), zit. Abschlussbericht Wirkungen PWG

– Bericht des Expertenbeirats zur konkreten Ausgestaltung des neuen Pflegebedürftigkeitsbegriffs, Juli 2013, https://www.bundesgesundheitsministerium.de/fileadmin/Dateien/5_Publikationen/Pflege/Berichte/Bericht_Pflegebegriff_RZ_Ansicht.pdf (abgerufen 24.11.2022), zit. Expertenbeirat Pflegebedürftigkeitsbegriff

– TNS Infratest Sozialforschung/*Schneekloth*, Ulrich/*Geiss*, Sabine/*Pupeter*, Monika/*Rothgang*, Heinz/*Kalwitzki*, Thomas/*Müller*, Rolf: Abschlussbericht Studie zur Wirkung des Pflege-Neuausrichtungs-Gesetzes (PNG) und des ersten Pflegestärkungsgesetzes (PSG I), April 2017 https://www.bundesgesundheitsministerium.de/fileadmin/Dateien/5_Publikationen/Pflege/Berichte/Abschlussbericht_Evaluation_PNG_PSG_I.pdf (abgerufen 24.11.2022), zit. Abschlussbericht Evaluation PNG PSG I

– Statistik Zahlen und Fakten zur Pflegeversicherung, Stand April 2022 https://www.bundesgesundheitsministerium.de/fileadmin/Dateien/3_Downloads/Statistiken/Pflegeversicherung/Zahlen_und_Fakten/Zahlen_und_Fakten_Stand_April_2022_bf.pdf (abgerufen 18.10.2022)

Bundesregierung: Zweiter Bericht über die Entwicklung der Pflegeversicherung, BT-Drucks. 14/5590, zit. 2. Pflegebericht

– Erster Gleichstellungsbericht: Neue Wege – Gleiche Chancen, Gleichstellung von Frauen und Männern im Lebensverlauf, Stellungnahme der Bundesregierung zum Gutachten der Sachverständigenkommission, Gutachten der Sachverständigenkommission, BT-Drucks. 17/6240

– Zweiter Gleichstellungsbericht der Bundesregierung, BT-Drucks. 18/12840

– Bericht der Bundesregierung über die Entwicklung der Pflegeversicherung und den Stand der pflegerischen Versorgung in der Bundesrepublik Deutschland, https://www.bundesgesundheitsministerium.de/fileadmin/Dateien/5_Publikationen/Pflege/Berichte/5.Pflegebericht.pdf (abgerufen 24.11.2022), zit. 5. Pflegebericht

Deutsche Rentenversicherung Bund (Hrsg.): Rentenversicherung in Zeitreihen, DRV Schriften Band 22, Oktober 2020, https://www.deutsche-rentenversicherung.de/SharedDocs/Downloads/DE/Statistiken-und-Berichte/statistikpublikationen/rv_in_zeitreihen.pdf?__blob=publicationFile&v=5 (abgerufen 24.11.2022)

GKV-Spitzenverband (Hrsg.): Maßnahmen zur Schaffung eines neuen Pflegebedürftigkeitsbegriffs und eines Begutachtungsinstruments zur Feststellung der Pflegebedürftigkeit nach dem SGB XI, Schriftenreihe Modellprogramm zur Weiterentwicklung der Pflegeversicherung Band3, 2011, https://www.gkv-spitzenverband.de/media/dokumente/service_1/publikationen/schriftenreihe/GKV-Schriftenreihe_Pflege_Band_3_18963.pdf (abgerufen 24.11.2022), zit. Maßnahmen zur Schaffung eines neuen Pflegebedürftigkeitsbegriffs

Institut für Demoskopie Allensbach (2010): Vereinbarkeit von Pflege und Beruf: Eine repräsentative Bestandsaufnahme unter Berufstätigen, im Auftrag des BMFSFJ, zit. nach BT-Drucks. 17/6000, 11.

Institut für Pflegewissenschaft an der Universität Bielefeld (IPW)/Medizinischer Dienst der Krankenversicherung Westfalen-Lippe (MDK WL): *Wingenfeld*, K./*Büscher*, A./*Gansweid*, B.: Das neue Begutachtungsassessment zur Feststellung von Pflegebedürftigkeit, Abschlussbericht zur Hauptphase 1: Entwicklung eines neuen Begutachtungsinstruments, zit. Abschlussbericht Begutachtungsinstrument

Geiss, Sabine/*Pupeter*, Monika/*Schneekloth*, Ulrich: Wissenschaftliche Evaluation der Umstellung des Verfahrens zur Feststellung der Pflegebedürftigkeit (§ 18c Abs. 2 SGB XI), Los 2: Allgemeine Befragungen, Abschlussbericht für das BMG, https://www.bundesgesundheitsministerium.de/fileadmin/Dateien/3_Downloads/P/Pflegebeduerftigkeitsbegriff_Evaluierung/Abschlussbericht_Los_2_Evaluation_18c_SGB_XI.pdf (abgerufen 11.11.2022)

Koalitionsvertrag von CDU, CSU und SPD vom 11.11.2005, https://www.cdu.de/system/tdf/media/dokumente/05_11_11_Koalitionsvertrag_Langfassung_navigierbar_0.pdf?file=1&type=field_collection_item&id=543 (abgerufen 21.2.2021), zit. Koalitionsvertrag 2005

Koalitionsvertrag zwischen CDU, CSU und SPD: Deutschlands Zukunft gestalten, https://www.cdu.de/sites/default/files/media/dokumente/koalitionsvertrag.pdf (abgerufen 24.11.2022), zit. Koalitionsvertrag 18. Legislaturperiode

Koalitionsvertrag zwischen CDU, CSU und SPD: Ein neuer Aufbruch für Europa. Eine neue Dynamik für Deutschland. Ein neuer Zusammenhalt für unser Land, https://www.bundesregierung.de/resource/blob/974430/847984/5b8bc2359 0d4cb2892b31c987ad672b7/2018-03-14-koalitionsvertrag-data.pdf (abgerufen 24.11.2022), zit. Koalitionsvertrag 19. Legislaturperiode

Sozialbeirat (Hrsg.): Gutachten des Sozialbeirats zum Rentenversicherungsbericht 2017, https://sozialbeirat.de/media/gutachten_2017.pdf (abgerufen 24.11.2022)

Statistisches Bundesamt (Hrsg.): Statistisches Jahrbuch 2017, https://www.statistisch ebibliothek.de/mir/servlets/MCRFileNodeServlet/DEAusgabe_derivate_00001 629/StatistischesJahrbuch2017.pdf (abgerufen 24.11.2022)

– Statistisches Jahrbuch 2019, https://www.destatis.de/DE/Themen/Querschnitt/Jahrbuch/statistisches-jahrbuch-2019-dl.pdf?__blob=publicationFile (abgerufen 24.11.2022)

– Pflegestatistik 2019, https://www.destatis.de/DE/Themen/Gesellschaft-Umwelt/Gesundheit/Pflege/Publikationen/Downloads-Pflege/pflege-deutschlandergebnisse-5224001199004.pdf?__blob=publicationFile (abgerufen 24.11.2022)

Storm, Andreas (Hrsg.), Klie, Thomas: DAK Pflegereport 2019, https://www.dak.de/dak/download/dak-pflegereport-2019-2160270.pdf (abgerufen 24.11.2022)

Unfallkasse Baden-Württemberg (Hrsg.): Jahresbericht 2017, https://www.ukbw.de/fileadmin/media/dokumente/wir-ueber-uns/jahresbericht/Jahresbericht_2017.pdf (abgerufen 24.11.2022), zit. UKBW Jahresbericht 2017

Unfallkasse Nord (Hrsg.), Jahresbericht 2017, https://www.uk-nord.de/fileadmin/user_upload/pdf/publikationen/Jahresberichte/UK_Nord_Jahresbericht_2017_Web.pdf (abgerufen 24.11.2022), zit. UK Nord Jahresbericht 2017

Unabhängiger Beirat für die Vereinbarkeit von Pflege und Beruf: Erster Bericht des unabhängigen Beirats für die Vereinbarkeit von Pflege und Beruf, https://www.bmfsfj.de/blob/138138/1aac7b66ce0541ce2e48cb12fb962eef/erster-bericht-des-unabhaengigen-beirats-fuer-die-vereinbarkeit-von-pflege-und-beruf-data.pdf (abgerufen 24.11.2022), zit. Unabhängiger Beirat

www.ingramcontent.com/pod-product-compliance
Ingram Content Group UK Ltd.
Pitfield, Milton Keynes, MK11 3LW, UK
UKHW021926290926
8980IPUK00016B/1480

9 783631 888544